BABYLONIEN UND ISRAEL

WEGE DER FORSCHUNG

BAND 633

WISSENSCHAFTLICHE BUCHGESELLSCHAFT
DARMSTADT

BABYLONIEN UND ISRAEL

HISTORISCHE, RELIGIÖSE UND SPRACHLICHE BEZIEHUNGEN

Herausgegeben von

HANS-PETER MÜLLER

WISSENSCHAFTLICHE BUCHGESELLSCHAFT

DARMSTADT

CIP-Titelaufnahme der Deutschen Bibliothek

Babylonien und Israel: historische, religiöse und sprachliche Beziehungen / hrsg. von Hans-Peter Müller. – Darmstadt: Wiss. Buchges., 1991
(Wege der Forschung; Bd. 633)
ISBN 3-534-09554-5
NE: Müller, Hans-Peter [Hrsg.]; GT

Bestellnummer 09554-5

Gedruckt auf säurefreiem und alterungsbeständigem Werkdruckpapier
Satz: Fotosatz Janß, Pfungstadt
Druck und Einband: Wissenschaftliche Buchgesellschaft, Darmstadt
Printed in Germany
Schrift: Linotype Garamond, 9.5/11

ISSN 0509-9609
ISBN 3-534-09554-5

INHALT

3. Prophetie

4. „Handerhebungsgebete" und Psalmen

5. Das „Hiobproblem"

III. Sprachliche Beziehungen

EINFÜHRUNG

Von Hans-Peter Müller

I

1. Die altisraelitische Kultur, der Judentum und Christentum das Alte Testament verdanken, ist Teil der altorientalischen Kulturenfamilie, deren bedeutendste Glieder die babylonische, die ägyptische und die hethitische sind, letztere in Kleinasien beheimatet[1]. Syrien-Palästina war ein Durchgangsland, in dem sich die Einflüsse aller drei Hochkulturen brachen. Gleichwohl hat gerade diese Landbrücke eigenständige urbane Zivilisationen hervorgebracht, deren Schrifthinterlassenschaft umfangreich und bedeutend genug ist, uns eine Vorstellung von ihrer geistigen Welt zu vermitteln: es handelt sich vor allem um die Stadt Ebla im Norden, die im 25./24. Jahrhundert vor Chr. blühte[2], um Ugarit, wenig südlicher und näher an der Küste gelegen, mit einer Glanzzeit etwa von 1400 bis 1200 vor Chr., und um die Gruppe der kanaanäischen (phönizischen) Städte hauptsächlich westlich des Libanon, von denen im 1. Jahrtausend vor Chr. eine Kolonisationsbewegung durch den ganzen Mittel-

[1] Über die räumlich und zeitlich ausstrahlende Kultur der Hurriter, deren Keilschrifttexte in Ḫattusa (Boğazköj in Kleinasien), aber u. a. auch in Mari, Ugarit und Emar aufgefunden worden sind, unterrichtet G. Wilhelm, Grundzüge der Geschichte und Kultur der Hurriter (Grundzüge 45), Darmstadt 1982.

[2] Vgl. G. Pettinato, The Archives of Ebla. An Empire Inscribed in Clay, Garden City 1981; Ders., Ebla. Nuovi orizzonti della storia, Mailand 1986; P. Matthiae, Ebla. An Empire Rediscovered, London – New York 1980/1; L. Cagni (ed.), Ebla 1975–1985. Dieci anni di studi linguistici e filologici, Neapel 1987, mit umfangreicher Bibliographie S. 429–454; C. H. Gordon u. a. (edd.), Eblaitica: Essays on the Ebla Archives and Eblaite Language I, Winona Lake/Ind. 1987.

meerraum und darüber hinaus getragen wurde mit dem punischen Karthago als wichtigstem Dependens; der kanaanäischen Kultur gehören bekanntlich auch die palästinischen Stadtstaaten an, mit deren Einwohnern Israel, zumindest seit Errichtung des Königtums, sich zu arrangieren hatte.

Erst spät, d. h. ebenfalls im ersten Jahrtausend vor Chr., kommt es im Süden und Osten Syrien-Palästinas – z. T. gegen und neben dem philistäischen Städtebund, der mit dieser territorial-staatlichen Organisationsform kanaanäische Tradition weiterentwickelt – zu so etwas wie Nationalstaaten, die das Bewußtsein einer (oft freilich fiktiven) genealogischen und insoweit geschichtlichen, nicht so sehr territorialen Verbundenheit zusammenhielt: unter ihnen ist Israel[3], bald in die beiden Territorien des Nordreichs „Israel" und des Südreichs „Juda" zurückgeführt, gegenüber Edom, Moab, Ammon und vielleicht den Aramäerstaaten[4] das fast in jeder Hinsicht bedeutendste.

2. Das vorliegende Buch handelt von einer Beziehung zweier Kulturen, die nicht auf der unmittelbaren geographischen Nähe, sondern auf einer weitreichenden Ausstrahlungskraft *Babyloniens*[5]

[3] So wird das soziale Korpus „Israel" im Althebräischen mit dem Lexem *ʿam* „(Vatersbruder > väterliche Verwandtschaft > Sippe >) Volk" kategorisiert (vgl. A. R. Hulst, Art. גּוֹי/עַם *ʿam/gōj* „Volk", THAT II, 1976, 290–325), für das es im Akkadischen, Sumerischen und Hethitischen keine Entsprechungen gibt, da in Mesopotamien und Kleinasien die Zusammengehörigkeit von Menschen primär durch das Beieinander-Wohnen nichtverwandter Bevölkerungen und durch soziale Gruppierungen konstituiert ist; vgl. W. von Soden, Sprache, Denken und Begriffsbildung im Alten Orient (Akademie der Wissenschaften und der Literatur. Abhandlungen der geistes- und sozialwissenschaftlichen Klasse, 1973, 6), Mainz – Wiesbaden 1974; Vf., Art. Gesellschaft II. AT, TRE XII, 1984, 756–764, bes. 756.

[4] Die Strukturdifferenz zwischen den territorialstaatlichen kanaanäischen Stadtkönigtümern und einer Nationalstaatlichkeit, die Israel mit seinen südlichen und östlichen Nachbarn verband, erkannt und beschrieben zu haben, gehört zu den bleibenden historiographischen Verdiensten A. Alts, etwa in: Die Staatenbildung der Israeliten in Palästina (1930), Kleine Schriften zur Geschichte des Volkes Israel II, München ⁴1977, 1–65, bes. 228f., zur Einschränkung in bezug auf die Aramäer 28².

[5] Eine kurze und zugleich vielschichtige Darstellung der babylonischen Kultur bietet W. von Soden, Einführung in die Altorientalistik, Darmstadt

beruht, ohne daß sich *Israel* freilich gegenüber fremden Einflüssen rein oder auch nur vorwiegend rezeptiv verhalten hätte. Im Gegenteil: einerseits ist babylonischer Einfluß auf Israel, wenn man von einer Periode seiner politischen Unterwerfung vom 8. bis zum 6. Jahrhundert vor Chr. absieht, hauptsächlich durch die kanaanäischen Stadtstaaten vermittelt und schon dadurch eigenständig abgewandelt worden; andererseits hat Israel selbst seine einzigartige Bedeutung für das Christentum und die europäischen Kulturen mit deren weltweiten Ausstrahlungen eben seiner Fähigkeit zu verdanken, Anregungen von außen noch einmal in höchst souveräner Weise umzubilden und so sich zu eigen zu machen.

Einflüsse Israels auf die babylonische Kultur sind nicht erkennbar, obwohl das babylonische Exil ab 597 bzw. 587 vor Chr. den von ihm betroffenen Judäern eine weitgehende Integration in das Wirtschaftsleben ihres Wirtsvolkes ermöglichte; so zeigen die Murašû-Archive[6] für eine wenig spätere Zeit die kommerziellen Erfolge der babylonischen Judenschaft, die insbesondere durch Beteiligung am Kreditwesen und durch Kapitalbildung ermöglicht wurden. Diese erklären aber zum Teil den innerjudäischen Führungsanspruch, den die babylonische Diaspora in der priesterschriftlichen Theologie und Gesetzgebung sowie in den Reformen Esras und Nehemias geltend macht.

Von einer Beziehung zwischen Babylonien und Israel zu sprechen ist freilich auch dann sinnvoll, wenn sich eine direkte oder indirekte Einwirkung des einen Bereichs auf den anderen nicht

1985; das Buch liegt auch in spanischer (1987) und italienischer Übersetzung (1989) vor.

[6] H. Hilprecht – A. Clay, Business Documents of Murashū Sons of Nippur Dated in the Reign of Artaxerxes I (464–424 B.C.) (BE 9), Philadelphia 1898; A. Clay, Business Documents of Murashû Sons of Nippur Dated in the Reign of Darius II (424–404 B.C.) (BE 10), Philadelphia 1904; ders., Business Documents of Murashu Sons of Nippur Dated in the Reign of Darius II (PBS 2/I), Philadelphia 1912. Vgl. G. Cardascia, Les archives de Murašū: Une famille des hommes d'affaires babyloniens à l'époque perse (455–403 av. J.-C.), Paris 1951; M. D. Coogan, Life in the Diaspora: Jews at Nippur in the 5th Century B.C., BA 37, 1974, 6–12; ders., West Semitic Personal Names in the Murašû Documents (Harvard Semitic Monographs 7), 1976.

mehr schlüssig vermitteln läßt. Man braucht nur die biblische Sintfluterzählung Gen 6, 5–8, 22 JP+9P mit den Verarbeitungen desselben Stoffs im zweiten Teil des altbabylonischen Mythos von Atramḫasīs bzw. dessen neusumerischer Parallele von Ziusudra (s. II B 1 c), in Gilgamesch XI 8–196 und in den Babyloniaka des griechisch schreibenden Bēl-Priesters Berōs(s)os von Babylon zu vergleichen, um innezuwerden, wie ein bedeutendes literarisch-religiöses Gut aus mesopotamischer Quelle um den Alten Vorderen Orient lief, bis es in Ugarit, wo wir das "missing link" mit dem kurzen akkadischen Fragment R. S. 22.421 vor uns haben[7], und schließlich in den beiden biblischen Quellen wiederauftauchte. Keineswegs müssen wir die Kanäle kennen, auf denen diese und andere Einflüsse und Anregungen übermittelt wurden, um der Einwirkungen Babyloniens auf die kleineren Völker und Staaten des „Fruchtbaren Halbmonds" gewiß zu sein. Weitere Beispiele literarisch-religiöser Verbindungen zwischen Babylonien und Israel werden in Abschnitt II B erörtert. In die internationalen Verbindungen ist übrigens Ägypten einzubeziehen, das aus Babylonien am Anfang des 3. Jahrtausends vor Chr. zwar nicht die konkrete hieroglyphische Schrift, wohl aber die Technik einer gleichzeitig logographischen und syllabischen, also begriffs- und lautorientierten Verschriftung übernommen hat.

3. Die „babylonische Kultur" ist durch Zweisprachigkeit und eine entsprechende Konkurrenz der Sprachbenutzer auf geistigem und politisch-sozialem Gebiet geprägt: Sumerer und semitisch sprechende Völker bilden im 3. Jahrtausend vor Chr., von Südmesopotamien ausgehend, eine symbiotische Kultur, deren von der Keilschrift und zunehmend den akkadischen Dialekten geprägte relative Konsistenz unter Abwandlungen bis etwa um die Zeitenwende fortdauert, obwohl seit der Eroberung Babylons durch Kyros im Jahre 539 vor Chr. eine eigene politische Identität nicht mehr besteht.

[7] Eine bequeme Zusammenstellung aller genannten außerbiblischen Sintfluttexte, wenn auch mit nicht mehr ganz aktueller Textherstellung, Lesung und Übersetzung bieten W. G. Lambert – A. R. Millard, Atra–Ḫasīs. The Babylonian Story of the Flood – with the Sumerian Flood Story by M. Civil, Oxford 1969. Vgl. Anm. 31.

Unter „Babylonien“ verstehen wir in diesem Buch also, einem ebenso traditionellen wie populären Sprachgebrauch folgend, die gesamte in Mesopotamien angesiedelte sumerisch-semitische Kultur des 3. bis 1. Jahrtausends vor Chr., die sich am Anfang des 2. Jahrtausends vor Chr. nach Sprache und politischer Gliederung in einen nordwestlichen „assyrischen“ und einen südöstlichen, eigentlich „babylonischen“ Teilbereich spaltet. Sachlich präziser von einer Beziehung zwischen „Mesopotamien und Israel“ zu sprechen empfahl sich darum nicht, weil es sich bei „Mesopotamien“ um einen geographischen, bei „Israel“ um einen kulturellen und religiösen, dazu politischen Begriff handelt.

Die Herkunft der *Sumerer* und der geschichtliche Zusammenhang ihrer Sprache sind umstritten. Ihre politische Organisationsform ist seit frühsumerischer Zeit (3200–2800 vor Chr.) der arbeitsteilige, hierarchisch gegliederte Stadtstaat – mit wechselnden Hegomonien in der folgenden sog. frühdynastischen Zeit. Äußerlich sind die betr. Städte meist an kontinuierlicher Besiedlung und Ummauerung, einem Tempelbereich als Verwaltungszentrum und der Konzentration bildnerischer, kunsthandwerklicher und keramischer Produkte kenntlich[8]; dies entspricht weithin einer nicht viel später in Syrien-Palästina aufkommenden Urbanität[9], zu der das bereits im 7. Jahrtausend vor Chr. ummauerte und mit einem Turm versehene Jericho wegen Fehlens anderer konstitutiver Merkmale freilich noch nicht zu zählen ist.

Was die Sumerer und die nur wenig später erscheinenden *Semiten* zu Trägern einer geschichtsbewußten Kultur machte, war, wie be-

[8] Vgl. W. von Soden, Tempelstadt und Metropolis im Alten Orient, in: H. Stoob (ed.), Die Stadt. Gestalt und Wandel bis zum industriellen Zeitalter, Köln–Wien ^{2}1985, 37–79, bes. 37–42, wieder abgedruckt in: H.-P. Müller–L. Cagni (edd.), Wolfram von Soden: Aus Sprache, Geschichte und Religion Babyloniens, Neapel 1990, 293–336; zur frühsumerischen Zeit allgemein H. J. Nissen, Grundzüge einer Geschichte der Frühzeit des Vorderen Orients, Darmstadt 1983, 71–139.

[9] Vgl. zur Urbanität in Syrien-Palästina die unsere Thematik vielfach berührende Arbeit G. Buccellatis, Cities and Nations in Ancient Syria. An Essay on Political Institutions with Special Reference to the Israelite Kingdoms (Studi Semitici 26), Rom 1967, ferner H. Klengel, Geschichte Syriens im 2. Jahrtausend v. u. Z., 3 Bde., Berlin 1969–1970.

reits angedeutet, die frühe Erfindung der zunächst für ökonomische Abläufe benötigten Schrift. Die frühesten Semiten, die man in Anlehnung an W. von Soden „Nordsemiten“ nennen mag[10], scheinen noch vor den Akkadern nach Nordsyrien und Mesopotamien gekommen zu sein: auf sie gehen die „nordsemitischen“, d. h. die mit dem Altakkadischen nicht vereinbaren Elemente des Eblaitischen zurück, ferner solche Merkmale, die das Eblaitische mit dem Altassyrischen und der Sprache des gleichzeitig mit Ebla aufkommenden Alt-Mari, nicht dagegen mit dem Babylonischen teilt, schließlich aber auch die ältesten semitischen Entlehnungen im Sumerischen, die sich spätestens in den frühdynastischen Texten aus *Fāra* und *Abū-Ṣalābīḫ* finden. Nachwirkungen des „Nordsemitischen“ finden sich auch im späteren Amurritischen und Ugaritischen. – Die Akkader des späteren 3. Jahrtausends vor Chr., deren schriftliche Hinterlassenschaft uns im altakkadischen Dialekt vorliegt, sind die Träger des Reichs Sargon (genauer: *Šarru-kīns*) I (etwa 2330–2274), dessen imperiale Struktur die ältere Stadtstaatenorganisation ablöst, um künftigen, vorwiegend durch ihre Träger unterschiedenen semitischen und nichtsemitischen Imperien in und um Mesopotamien eine immer wiederkehrende Form zu geben. – Als Literatursprache hat das „Neusumerische“ der Ur-III-Zeit mit Gudea von Lagaš (etwa 2060–2035) als bekanntester Herrschergestalt eine Renaissance erlebt; danach erstarrt das Sumerische zur lingua sacra.

Die praktisch vom Beginn der babylonischen Kultur an herrschende Zweisprachigkeit[11] führte nicht nur zu einem frühen Aufkommen zunächst sumerisch-semitischer, später bis zu viersprachiger Wortlisten, welche letztere in Kleinasien und Ugarit zutage traten – in Ebla gab es sumerisch-eblaitische Vokabulare, z. T. mit Aussprachebezeichnungen für das Sumerische. Die Zweisprachigkeit förderte vielmehr auch verschiedene Geistesbeschäftigungen, die spätere Wissenschaftlichkeit vorbereiteten, wie eine „Theolo-

[10] Einführung (Anm. 5), 16–18.

[11] Vgl. W. von Soden, Zweisprachigkeit in der geistigen Kultur Babyloniens (Sitzungsberichte der Philosophisch-Historischen Klasse der Österreichischen Akademie der Wissenschaften 235/1), Wien 1960.

gie", die aus interpretationes Semiticae sumerischer Götternamen in zweispaltigen babylonischen Götterlisten (ab 12. Jahrhundert vor Chr.) und Götteridentifikationen hervorging, sowie mannigfaltige Formen von Auflistungen, an deren Einzelnotate, insbesondere in parallellaufenden Kommentarserien, sich u. a. pränaturwissenschaftliche Informationen anschließen konnten [12], ferner die Produktion sumerisch-akkadischer Bilinguen, angefangen mit Sammlungen von Satzaussagen und Sprichwörtern bis hin zu Bilinguen literarischer Werke u. v. a. Im übrigen liegen die präwissenschaftlichen Leistungen der sumerisch-semitischen Mischkultur auf den Gebieten Mathematik, Astronomie und Geographie, Medizin und Pharmazie [13]; reich entwickelt war eine Lehre von den Vorzeichen, der mantischen und magischen „Weisheit" [14]. Nur teilweise kehren diese Errungenschaften, vermittelt durch die althebräische Hof- und Bildungsweisheit, im Alten Testament wieder, in dessen Proverbiensammlungen vor allem auch der Einfluß ägyptischer „Lehren" sehr stark ist.

II

Das Beziehungsgeflecht, in dem sich Israel mit den altorientalischen Kulturen, insbesondere mit der ausstrahlungskräftigen babylonischen Kultur befand, beruht wie in allen vergleichbaren Fällen auf einer Vielzahl interdependenter Faktoren, von denen wir in diesem Buch – dem vermuteten Interesse des Lesers entsprechend, sachlich aber einigermaßen willkürlich – drei herausgreifen: A. den historischen, B. den religiösen und C. den sprachlichen Beziehungsfaktor.

[12] Weiteres dazu bei A. Cavigneaux, Art. Lexikalische Listen, RlA VI, 1983, 609–641.

[13] Vgl. W. von Soden, Leistung und Grenze der sumerischen und babylonischen Wissenschaft, Die Welt als Geschichte 2, 1936, 411 ff., 509 ff.; Neudruck mit Ergänzungen zusammen mit B. Landsberger, Die Eigenbegrifflichkeit der babylonischen Welt, Darmstadt 1965, ²1974; vgl. von Soden, Einführung (Anm. 5), 138–164.

[14] Vgl. Vf., Art. חָכָם *ḥākam*, ThWAT III, 1977, 920–925, 927–944, bes. die Abschnitte IV 3–4 und die Lit. dazu.

Eine vollständige Darstellung auch nur dieser Teilbeziehungen müßte zugleich den wirtschaftsgeschichtlichen Aspekt einbeziehen[15], dazu den zivilisatorisch-technologischen[16], aber auch andere kulturelle Bereiche wie Schrift- und Literaturgeschichte sowie schließlich das weite Feld der von außerhalb des Fruchtbaren Halbmonds auf beide Kulturen einströmenden Wirkungen. Verzichtet wurde auch völlig auf die archäologische Evidenz aus beiden Kulturräumen[17]: obwohl die israelitische Kultur erst mit der Eisen-I-Zeit beginnt, müßten, weil die Verbindungen zwischen Babylonien und Syrien-Palästina im Bereich der materiellen Kultur weiter zurückreichen, das 3. und das 2. Jahrtausend vor Chr. einbezogen werden, was einen eigenen Sammelband ergäbe.

A. Die historischen Berührungen zwischen babylonischen und israelitischen Staaten sind auf einen vergleichsweise engen Zeitraum begrenzt: ein eigentlich politischer Einfluß Babyloniens auf Israel reicht von der Mitte des 8., allenfalls des 9. Jahrhunderts vor Chr. bis zur Eroberung Babylons durch Kyros im Jahre 539 vor Chr.

Nachweisbarer kultureller Einfluß Babyloniens auf Syrien-Palästina, wie er durch die Benutzung der syllabischen Keilschrift in Ebla (25./24. Jahrhundert vor Chr.), Alalaḫ (um 1700–1200), Ugarit (um 1400–1200) und in dem etwa gleichzeitigen Emar[18], vor allem aber durch die Amarnakorrespondenz (14. Jahrhundert vor

[15] Vgl. F. M. Heichelheim, An Ancient Economic History 1, Leiden 1958; 2, 1964; 3, 1970, bes. 1, 96ff.; wichtiges Material bietet auch der ›Tübinger Atlas des Vorderen Orients‹ (Wiesbaden 1977ff.).

[16] Vgl. R. J. Forbes, Studies in Ancient Technology I–IX, z T. in Neuauflagen, Leiden 1955–1972.

[17] Vgl. A. Moortgat, Einführung in die Vorderasiatische Archäologie, Darmstadt 1971, zu Mesopotamien B. Hrouda, Mesopotamien, Babylonien, Iran und Anatolien (Handbuch der Archäologie, Vorderasien 1), München 1971, zu Palästina H. Donner, Einführung in die biblische Landes- und Altertumskunde, Darmstadt 1976, ^{2}1988, und H. Weippert, Palästina in vorhellenistischer Zeit (Handbuch der Archäologie, Vorderasien 2,1), München 1988.

[18] Erste den hier thematisierten Interessenhorizont betreffende Keilschriftkopien, Transkriptionen und Übersetzungen finden sich in: Recherches au pays d'Aštata. EMAR VI, 1, 1–3: D. Arnaud, Textes sumériens et accadiens, Paris 1985; 1,4: Ders., Textes de la bibliothèque, Paris 1987. – Daneben wurden hethitische und hurritische Texte in Emar gefunden.

Chr.)[19] gegeben ist, stellt wohl eher den Ausdruck eines zivilisatorischen Internationalismus dar, der der weit überlegenen babylonischen Kultur vor allem nach der Mitte des 2. Jahrtausends eine Führungsrolle einräumte[20]; auf politischem Gebiet ist ja die Amarnakorrespondenz gerade umgekehrt ein Zeugnis der ägyptischen Suprematie. Für literarischen, nicht politischen Einfluß Babyloniens auf Syrien-Palästina, das von Mesopotamien her den einzigen passierbaren Weg nach Ägypten bot, spricht es auch, wenn in Amarna das umfangreiche Stück einer möglicherweise eigenständigen Fassung des ein wenig älteren babylonischen Mythos von Adapa[21] und im palästinischen Megiddo ein kleines mittelbabylonisches Fragment der 7. Tafel des Gilgameschepos etwa aus dem 14. Jahrhundert vor Chr. gefunden wurden[22]; daß es in Ugarit neben der eigenständigen keil*alphabetischen* Literatur[23] – neben selteneren hurriti-

[19] J. A. Knudtzon, Die El-Amarna-Tafeln, 2 Bde., Leipzig 1915 = Aalen 1964; dazu jetzt Einführung, französiche Übersetzung und Anmerkungen bei W. L. Moran – V. Haas – G. Wilhelm, Les lettres d'el-Amarna (Littératures anciennes du proche-orient), Paris 1987.

[20] Letztlich die gleiche kulturelle Suprematie Babyloniens wirkt sich aus, wenn in der ugaritischen Alphabetschrift eine in Syrien-Palästina bereits autochthone Alphabetschrift (Strichschrift) in Keilschriftform (Stichschrift auf Tontafeln) umgesetzt wird; dazu jetzt M. Dietrich – O. Loretz, Die Keilalphabete. Die phönizisch-kanaanäischen und altarabischen Alphabete in Ugarit (Abhandlungen zur Literatur Altsyrien-Palästinas [= ALASP] 1), Bielefeld 1988, dazu der Vorbericht: Das ugaritische Alphabet, UF 18, 1986, 3–26, und: Die Alphabettafel aus Bet Šemeš und die ursprüngliche Heimat der Ugariter, FS K. Deller (AOAT 220), Neukirchen 1988, 61–85.

[21] S. A. Picchioni, Il poemetto di Adapa (Assyriologia VI), Budapest 1981; zur Interpretation des Mythos Vf., Mythos als Gattung archaischen Erzählens und die Geschichte von Adapa, AfO 29, 1983, 75–89, zur möglichen Eigenständigkeit der Amarnafassung EA 356 F. M. Th. de Liagre-Böhl, Die Mythe vom weisen Adapa, WdO 2, 1954–1959, 416–431, bes. 419ff.; vgl. W. von Soden, Bemerkungen zum Adapa-Mythos, FS S. N. Kramer (AOAT 25), Neukirchen 1976, 427–433, bes. 433.

[22] A. Goetze – S. Levy, Fragment of the Gilgamesh Epic from Megiddo, ʿAtiqot 2, 1959, 121–128 + pl. 18; vgl. B. Landsberger, Zur vierten und siebenten Tafel des Gilgamesch-Epos, RA 62, 1968, 97–135, bes. 120ff.

[23] M. Dietrich – O. Loretz – J. Sanmartín, Die keilalphabetischen Texte

schen Texten – die soeben erwähnten Zeugnisse in *syllabischer* Keilschrift gibt, beweist, wie sehr auch produktivste Kulturzentren babylonischem Einfluß offenstanden.

Über die politischen Geschicke Israels – zunächst angesichts des Zerfalls der ägyptischen Suprematie, der seine Staatenbildung ermöglichte, nach der Trennung des Nordreichs vom Südreich aber unter der Vormacht erst des neuassyrischen, dann des neubabylonischen Imperiums – unterrichten detailliert die beiden an erster Stelle wiedergegebenen Abschnitte aus H. Donners ›Geschichte des Volkes Israel und seiner Nachbarn in Grundzügen‹ (1, 1984; 2, 1986); der Leser kann sich so aus einer neuen umfassenden Veröffentlichung zum Thema über den äußeren Bezugsrahmen der Beziehung zwischen Babylonien und Israel zuverlässig unterrichten[24].

B. Da die meisten Benutzer dieses Buches Theologen und Religionshistoriker sein werden, legen wir auf die religiösen Beziehungen zwischen Babylonien und Israel[25] besonderen Wert. Soweit unsere wichtigste Quelle der altisraelitischen Religionsgeschichte, das Alte Testament, erkennen läßt, ist (zumeist kanaanäisch vermittelter) Einfluß babylonischer Religion auf die israelitische vor allem in fünf Sektoren greifbar: 1. bei den Menschen- und Weltschöpfungs-

aus Ugarit einschließlich der keilalphabetischen Texte außerhalb Ugarits, Teil 1: Transkription (AOAT 24), 1976. Verläßliche Übersetzungen u. a. mit Einführungen und kommentierenden Anmerkungen: A. Caquot – M. Sznycer – A. Herdner, Textes ougaritiques 1: mythes et legendes (Littératures anciennes du proche-orient), Paris 1974; J. C. L. Gibson, Canaanite Myths and Legends, Edinburgh 1978; G. del Olmo Lete, Mitos y leyendas de Canaan segun la tradicion de Ugarit, Madrid 1981; M. Dietrich – O. Loretz in: Texte aus der Umwelt des Alten Testaments (= TUAT) I 2/3.5; II 1.3, 1983–1988. – Keilalphabetische Texte werden seit 1976 auch in Ras Ibn Hani südwestlich von Ugarit gefunden; vgl. einstweilen J.-L. Cunchillos, Bibliographie des textes de Ras Ibn Hani, UF 14, 1982, 27–32.

[24] Vgl. sonst neben den einschlägigen Abschnitten in ›The Cambridge Ancient History‹, ›Fischer Weltgeschichte‹ (2–4) und in den Werken zur Geschichte Israels vor allem W. G. Lambert, Assyrien und Israel, TRE IV, 1979, 265–277, und ders., Babylonien und Israel, TRE V, 1980, 67–79.

[25] Vgl. zur Religion Mesopotamiens den Überblick W. von Sodens, Babylonisch-assyrische Religion, TRE V, 1980, 79–89 (Lit.).

mythen, 2. in Mythos und Ritus eines sakralen Königtums, 3. im Bereich prophetischen Erlebens und Auftretens, dazu der prophetischen Redeformen, 4. in einer durch rituelle Handlungs- und Sprachformen (Gattungen) bis ins einzelne konventionalisierten Gebetskultur sowie 5. in einer beiderseits konvergierenden „weisheitlichen" Auseinandersetzungsliteratur, die nach dem jeweiligen Zerbrechen des naiven Vertrauens in einen Tun-Ergehens-Zusammenhang als Ausdruck sittlicher Weltordnung die Frage nach der Gerechtigkeit Gottes bzw. der Götter stellt. Den genannten fünf Berührungspunkten entspricht die Gliederung des 2. Teils des Buches.

Allerdings muß man, was diese Berührungen angeht, sich von vornherein zwei einander widersprechende Gesichtspunkte klarmachen. Einerseits ist das Alte Testament eine Sammlung von Schriften, die vorwiegend in exilisch-nachexilischer Zeit, also nach dem Verlust einer eigenstaatlichen Ordnung, zum Teil sogar in spät-nachexilischer Zeit ihre vor uns liegende Form und vor allem ihre normative Funktion fanden; ein vielleicht recht widerspruchsvoller Synkretismus, wie er die Frühzeit Israels, aber auch noch die Königszeit beherrscht haben mag, wird nach der Zerstörung des Ersten Tempels (587 vor Chr.), die als Gottesgericht verstanden wurde, ängstlich verschwiegen, wenn nicht systematisch aus dem Bewußtsein getilgt worden sein. Die gemeinorientalischen Motive der vorexilischen Religion Israels mögen also zahlreicher und farbiger gewesen sein, als es das Alte Testament eingesteht; Archäologie und Epigraphik sind darin teilweise gesprächiger[26]. – Andererseits mag es lediglich auf der Höhe der babylonischen Zivilisation und Schriftkultur beruhen, wenn wir manches, das tatsächlich gemeinorientalisch ist, gleichsam zufällig nur aus babylonischen Quellen kennen: es ist eben nur hier zum Gegenstand schriftlicher Überlieferung geworden. In vielem stellen die keilalphabetischen Texte aus Ugarit, vor allem Mythen und Sagen, nicht nur ein überlieferungsgeschichtliches Bindeglied zwischen Mesopotamien und Syrien-Palästina dar; sie bieten zugleich noch einmal das Zeugnis für einen dem Fruchtbaren Halbmond gemeinsamen geistig-religiösen Hintergrund, obwohl der kraftvolle, z. T. grobschlächtig-monströse ugaritische Mythos auch in ästhetischer Hinsicht eine unverwechselbare Eigenart hat.

[26] Ob es sich bei den vielen weiblichen Statuetten und Figürchen aus Eisen I und II Palästinas, bei denen ein graziler „Astarte-Typ" von einem oft säulenhaften „Aschera-Typ" unterschieden wird, immer um Göttinnen

1. Der Vergleich der biblischen Urgeschichte Gen 1–11 insbesondere mit ihren babylonischen (und ägyptischen) Entsprechungen, aber auch mit „primitiven", besser: archaischen Parallelen etwa aus Zentralafrika[27] hat der Exegese eine dreifache Einsicht erbracht: (a) Bei den Schöpfungs- und Sintfluterzählungen, aber auch bei der Erzählung vom verbotenen Baum Gen 3 u. a. handelt es sich der Gattung nach um Mythen; (b) Menschen- und Weltschöpfung sind in der Bibel und in Babylonien, offenbar aber auch darüber hinaus zwei verschiedene Themen, wobei die genetische Priorität bei der Menschenschöpfung liegt; (c) ursprünglich haben Menschenschöpfung und Sintflut, später Weltschöpfung und Sintflut komplementäre Funktionen als Mythos und Antimythos.

a) „‚Mythen' – man erschrecke nicht vor diesem Worte – sind Göttergeschichten, im Unterschiede von den Sagen (scil. der Vätererzählungen Gen 12–36; 38), deren handelnde Personen Menschen sind", schrieb H. Gunkel in der Einleitung seines Genesiskommentars[28]; er setzte die Angst des Lesers vor dem betr. Begriff also schon in einer Zeit voraus, die der Segnungen des Entmythologisierungsprogramms noch nicht teilhaftig war. Daß das Alte Testament den Plural „Götter" nur im Blick auf fremde Religionen gebraucht, tut dem Charakter von Gen 1–3; 6–9 u. a. als Mythen keinen Abbruch: C. Westermann unterscheidet, offenbar im Anschluß an W. Wundt, „zwischen den Mythen der Hochkulturen, für die cha-

handelt, ist weder entscheidbar noch entscheidend; jedenfalls zeigen sie ein magisches oder religiöses Interesse an der weiblichen Gestalt. Zu Astarte vgl. Vf., Art. עשתרת *ʿštrt (ʿaštorät)*, ThWAT VI 3–5, 1987, 453–463 (Lit.). Zu Aschera als Partnerin Jahwes ist vor allem auf zwei Kruginschriften von *Kuntillat ʿAǧrūd* und eine Ostrakoninschrift von *Ḫirbat al-Qōm* zu verweisen; dazu zuletzt J. M. Hadley, The Khirbet el-Qom Inscription, VT 37, 1987, 50–62 (Lit. S. 62); dies., Some Drawings and Inscriptions on Two Pithoi from Kuntillet ʿAjrud, VT 37, 1987, 180–213 (Lit. S. 208–211). Deutsche Übersetzung von D. Conrad in: TUAT II 4, 1988, 557f., 563f.

[27] Das betr. Standardwerk ist wohl immer noch H. Baumann, Schöpfung und Urzeit des Menschen im Mythus der afrikanischen Völker, Berlin 1936; vgl. E. Dammann, Die Religionen Afrikas (Die Religionen der Menschheit 6), Stuttgart 1963, 82–93.

[28] Genesis, Göttingen ^{3}1910 = ^{9}1977, XIV.

rakteristisch ist ein dramatisches Geschehen zwischen mehreren Göttern mit den beiden Hauptthemen Kampf und Liebe und den ‚Mythen' der Frühkulturen, in denen gewöhnlich nur ein Gott oder überirdisches Wesen handelt, der andere Partner des Geschehens aber Menschen sind"[29]; die genannten biblischen Erzählungen gehören – in teilweiser Übereinstimmung mit der Lebensform ihrer Träger – der zweiten Kategorie an. Tatsächlich enthalten Gen 1–3; 6–9 alle wesentlichen Gattungsmerkmale des Mythos[30]: aus der Spannung zwischen Gestalten einer prototypischen Urzeit, seien es Götter im Verhältnis zueinander oder sei es ein Gott im Verhältnis zum Menschen, ergibt sich eine Handlung, an deren Ende ein neues Daseiendes, eine neue Gestalt erscheint, durch die die anfängliche Spannung gelöst wird; dies wieder verschafft dem neuen Dasein eine Bestehensgarantie bzw. eine Daseinslegitimation.

b) So wie sich in der Bibel Menschen- und Weltschöpfung auf die ältere Erzählung des Jahwisten (Gen 2) und die jüngere der Priesterschrift (Gen 1) verteilen, findet sich das Thema Menschenschöpfung schon im altbabylonischen Mythos von Astramḫasīs, dessen Haupttext das betr. Kolophon auf das 12./11. Jahr Ammiṣaduqas, d. i. 1570 vor Chr., datiert[31], während der Theogonie- und Weltschöpfungsmythos *Enūma eliš* „Als droben (der Himmel noch nicht genannt war)", dessen relative Vergleichbarkeit mit Gen 1 seit langem bekannt ist, wohl erst dem 14. Jahrhundert vor Chr. ent-

[29] Genesis II (BK I 2), 1981, 45; vgl. Wundts Begriff des „Mythenmärchens" in: Völkerpsychologie VI: Mythus und Religion III, Leipzig 1915, 275f.

[30] Vgl. zur Beschreibung der Gattung Mythos Vf., Mythos – Anpassung – Wahrheit. Vom Recht mythischer Rede und deren Aufhebung, ZThK 80, 1983, 1–25; ders., Babylonischer und biblischer Mythos von Menschenschöpfung und Sintflut, in: W. Strolz (ed.), Vom alten zum neuen Adam. Urzeitmythos und Heilsgeschichte, Freiburg 1986, 43–68.

[31] Vgl. Anm. 7. Dazu W. von Soden, Die erste Tafel des altbabylonischen Atramḫasīs-Mythus. „Haupttext" und Parallelversionen, ZA 68, 1978, 50–94; ders., Konflikte und ihre Bewältigung in babylonischen Schöpfungs- und Fluterzählungen. Mit einer Teilübersetzung des Atramḫasīs-Mythos, MDOG 111, 1979, 1–33.

stammt[32]. Auch die zahlreichen übrigen sumerischen und akkadischen Schöpfungserzählungen lassen sich leicht auf die beiden Themen verteilen[33]; daneben gibt es mesopotamische Erzählungen bzw. Erzählelemente im Blick auf Einzelschöpfungen wie die Spitzhacke, Mutterschaf und Getreide oder den Wurm, der Zahnschmerzen erregt, für welche die Bibel keine Parallelen kennt. Die Priorität der Menschenschöpfungsüberlieferung ist u. a. daran kenntlich, daß in ihr – wie in Gen 2 – alles Welthafte im Dienst des Menschen steht, ja in seinem Interesse geschaffen ist; die ganze Wirklichkeit ist „Welt" des Menschen, dessen Lebensraum sich in ihrem Mittelpunkt befindet. Dagegen setzen die Weltschöpfungsmythen einen objektiveren Weltbegriff voraus: der Mensch ist in *Enūma eliš* wie in Gen 1 ein Teil der übrigen Welt; in Gen 1 ist nicht der Mensch, sondern die Sakralinstitution Sabbat die „Krone der Schöpfung", darin dem Marduktempel von Babylon ähnlich, dessen Bau durch die Götter das ursprüngliche Ende von *Enūma eliš* darstellt.

c) Der altbabylonische Mythos von Atramḫasīs und seine mesopotamischen Parallelen zeigen ebenso wie die Grundstruktur der Urgeschichte des Jahwisten, daß *Menschen*schöpfung und Sintflut einander komplementär sind: es ist ursprünglich die „Welt" des Menschen, die durch die Sintflut – beinahe – vernichtet wird; entsprechend liegt die Ursache für die Vernichtung des Lebens, beim Jahwisten eine schuldhafte Ursache, sowie umgekehrt der Anlaß für die Rettung des Einen zumindest auch oder gar vorwiegend beim Menschen. Erst in der Priesterschrift treten *Welt*schöpfung

[32] Einleitung, Transkription und französische Übersetzung: R. Labat, Le poème babylonien de la création, Paris 1935.

[33] Eine Zusammenstellung der relevanten Texte bietet M.-J. Seux, La création du monde et de l'homme dans la littérature suméro-akkadienne, in: L. Derousseaux (ed.), La création dans l'orient ancien (Lectio divina 127), Paris 1987, 41–77. Dazu kommt ein jüngerer akkadischer Text aus dem Vorderasiatischen Museum zu Berlin; Kopien: J. van Dijk, Vorderasiatische Schriftdenkmäler der Staatlichen Museen zu Berlin 24, Berlin 1987, Nr. 92; Transkription, Übersetzung und Kommentar: W. R. Mayer, Ein Mythos von der Erschaffung des Menschen und des Königs, Or. 56, 1987, 55–68, dazu Vf., Eine neue babylonische Menschenschöpfungserzählung im Licht keilschriftlicher und biblischer Parallelen, Or. 58, 1989, 61–85.

und Flut zueinander; nun ist es denn auch „die Erde", die vor Gott verderbt, ja voller Gewalttat ist, bzw. „alles Fleisch", das seinen Weg auf der Erde verderbt hat (Gen 6, 11f., vgl. V. 13), so daß die Vernichtung allen Lebens für unser Bewußtsein besser, wenn auch immer noch nicht gut motiviert ist.[34] Was aber wichtiger ist: sowohl in der Erzählung von Atramḫasīs als auch in der Urgeschichte des Jahwisten und der Priesterschrift, aber auch in der neusumerischen Parallele zu Atramḫasīs, der Erzählung von Ziusudra[35], sind Schöpfung und Flut als *Mythos* und *Antimythos* in ihren Funktionen komplementär[36]: während der Mythos von der Schöpfung das Dasein des Menschen und der Welt garantieren bzw. legitimieren will, indem er aufzeigt, warum das, was da ist, da sein darf, will der Antimythos von der Flut durch ein einst magisch verstandenes Erzählen hinwegbannen, was dieses Dasein bedroht bzw. seine Rechtfertigung fraglich macht; der Antimythos verwirklicht also die Funktionen des Mythos gleichsam mit doppeltem Vorzeichenwechsel, wie denn auch beide biblischen Fassungen, ähnlich der Erzählung von Atramḫasīs in III 5:46–6:4 (vgl. Gilg XI 162–165), mit der Versicherung enden, daß es nie wieder eine Sintflut geben wird (Gen 8, 20–22J; 9, 8–17P); andere Fassungen der Sintfluterzählung wissen von einer regelrechten Neuschöpfung nach der Katastrophe[37], einem Motiv, das wir auch aus der Sintfluterzählung mit Deukalion und Pyrrha in Ovids Metamorphosen I 260–418 kennen.

[34] Zur mangelhaften erzählerischen Motivation der Sintflut, sofern diese, wie J und P voraussetzen, als Strafe für menschliche Schuld verstanden werden soll, und der ebenfalls mangelhaften Motivation für die Rettung eines einzelnen Überlebenden, den überlieferungsgeschichtlichen Ursachen dieser Defizite sowie zu den Funktionen von Mythos und Antimythos vgl. Vf., Das Motiv für die Sintflut. Die hermeneutische Funktion des Mythos und seiner Analyse, ZAW 97, 1985, 295–316.

[35] Atramḫasīs und Ziusudra entsprechen dem Noah der biblischen Erzählungen.

[36] Anders in Gilg XI 8–196: hier soll im Blick auf die scheiternde Lebenssuche Gilgameschs verständlich gemacht werden, warum allein der Sintflutheld das ewige Leben empfangen hat.

[37] Eine solche abweichende Fassung der Sintfluterzählung, von der wir sonst nur aus einer Reihe von Anspielungen wissen (dazu Vf., ZAW 95

2. Das Königtum in Israel war von mehrschichtiger Struktur und entsprechend von widersprüchlicher, dazu teilweise angezweifelter Legitimation.

Zunächst scheint die Jahwereligion in einer Stammesorganisation beheimatet gewesen zu sein, die eines Königtums zu ihrer Identität nicht bedurfte, ja die das Königtum, insbesondere in den urbanen und dynastischen Formen der von Israel im Lande vorgefundenen kanaanäischen Tradition, als fremd und z. T. schädlich empfinden mußte; es gibt Gründe für die Annahme, daß der Widerstand gegen das Königtum ebenso alt ist wie diese Institution selbst[38]. Während das „nationale Heerkönigtum" Sauls[39] sodann kaum mehr als die unmittelbare Nachbarschaft seines Stammes Benjamin und auch das nur während eines kurzen Zeitraums umfaßt haben dürfte, gewinnt David jeweils durch Vertrag mit den zuständigen Ältestenräten zunächst eine Art konstitutionellen Königtums über „Juda", dann über „Israel" (2 Sam 2, 4a; 5, 3); darauf folgt, aufgrund der Eroberung des zwischen Israel und Juda gelegenen Jerusalem (2 Sam 5, 6–9), als dritter königlicher Rechtstitel ein wirklich sakrales Königtum, nämlich die Nachfolge in einem priesterlichen Stadtherrschertum altkanaanäischer Provenienz „nach der Ordnung Melchisedeks" (Ps 110, 4).

Wirklich durchgesetzt hat sich diese an altorientalische Modelle anknüpfende sakrale Legitimationsform nur im späteren Südreich „Juda", dessen Bewohner das aus vorisraelitischer Tradition ehr-

[Anm. 34], 298/9, 303/4), ist jetzt durch eine sumerisch-akkadische Bilingue bekannt geworden: J. van Dijk, LUGAL UD ME-LÁM-bi NIR-ĞÁL. Le récit épique et didactique de travaux de Ninurta, du déluge et de la nouvelle création, 2 Bde., Leiden 1983.

[38] Vgl. F. Crüsemann, Der Widerstand gegen das Königtum. Die antiköniglichen Texte des Alten Testaments und der Kampf um den frühen israelitischen Staat (WMANT 49), Neukirchen 1978. Einige der von Crüsemann für die Frühzeit in Anspruch genommenen Zeugnisse mögen freilich deuteronomistisch sein; vgl. zum Problem R. Smend, Der Ort des Staates im Alten Testament, ZThK 80, 1983, 245–261, wieder abgedruckt in: ders., Gesammelte Studien 1: Die Mitte des Alten Testaments, München 1986, 186–199.

[39] Der Terminus stammt von Alt, a. a. O. (Anm. 4), 10.

würdige Jerusalem, nunmehr die „Stadt Davids", als ihren Mittelpunkt und eine davidische Dynastie als ihr Herrscherhaus akzeptierten: hier war der Davidide Adoptivsohn Jahwes, den der Gott am Tage seiner Krönung „zeugt" (Ps 2, 7); die Ankündigung, Jahwe werde David ein Haus bauen (2 Sam 7, 11bβ), Kern der späteren theologischen Idee vom Davidsbund[40], stellt eine Aneignung des Mythologems dar, die israelitischer Nüchternheit in der Bewertung von Herrschaft besser entspricht. Später sind Motive einer ägyptischen und babylonischen bzw. kanaanäischen religiösen Königsideologie[41] in die Ankündigung des Messias eingegangen, die Elemente aus Mythos und Initiationsritual des sakralen davididischen Königtums ins Zukünftige transponiert (Jes 9, 5f.; 11, 1–8; Mi 5, 1–5* u. ö.). – Dagegen hatte das ohnehin kurzlebigere Königtum des Nordreichs „Israel" einen instabilen, vom Charisma des jeweiligen Machthabers abhängigen Charakter; lediglich die Omriden (878–845 vor Chr.) mit Ahab (871–852) als bekanntestem Vertreter bekundeten durch eine dynastische Heiratspolitik und die Gründung der Königsstadt Samaria[42] ihren Willen, die Königsherrschaft

[40] 2 Sam 7, 11bβ hebt sich schon dadurch als ein Fossil vom jetzigen Kontext ab, daß von Jahwe in 3. Person die Rede ist. Auch zu V. 11bα, der V. 11bβ wie eine frühere Offenbarung einführt und darum in 11bβ die Ich-Rede Jahwes erwarten läßt, paßt 11bβ schlecht. Umgekehrt wird man, um etwa zwischen V. 10 und 12 oder V. 11a und 12 einen glatteren Zusammenhang herzustellen, V. 11 oder 11b nicht als Glossen einstufen können, da 11b als Interpretament zu 12, insbesondere zu 12b wenig hergäbe (gegen T. Veijola, Die ewige Dynastie, Helsinki 1975, 72ff.). Zur weiteren Analyse vgl. vorläufig Vf., GPM 41, 1986, 37–39.

[41] Vor einer undifferenzierten Einebnung mythisch-ritueller Vorstellungen und Verhaltungen insbesondere zu den Königtümern in den einzelnen altorientalischen Kulturen durch die Uppsala-Schule haben seitens der Orientalistik H. Frankfort, Kingship and the Gods. A Study of Ancient Near Eastern Religion as the Integration of Society and Nature, Chicago 1948, seitens der Alttestamentlichen Wissenschaft M. Noth in dem hier wieder abgedruckten Aufsatz, K.-H. Bernhardt, Das Problem der altorientalischen Königsideologie im Alten Testament (VT.S 8), Leiden 1961, und andere gewarnt.

[42] Vgl. jetzt Donner, a. a. O. (S. 10), 260–274, der damit unter Einbezug kritischer Stimmen eine Position A. Alts wiederaufnimmt.

als Familienbesitz zu handhaben, was in der prophetisch angezettelten Palastrevolution des Jehu (845 vor Chr.; 2 Kön 9f.) ein an Greueln reiches Ende fand.

In nachexilischer Zeit besteht Israel, nun auf ein Restterritorium des früheren Südreichs Juda beschränkt, als Jerusalemer Kultgemeinde fort; der Hohepriester ist kurzfristiger Träger messianischer Hoffnungen (Sach 3), danach, par faute de mieux, ständiger Erbe königlicher Insignien – freilich mit der Wirkung, daß das theokratische Sakralamt mit seinem Gegenwartsanspruch auf kultische Heilsvermittlung einem messianisch-eschatologischen Enthusiasmus den Boden zu entziehen suchte[43]. Das hasmonäische Königtum (103–63 vor Chr.), dessen Wegbereiter gegen eine assimilationswillige Hierarchie angetreten waren, büßte die revolutionären Impulse der Makkabäer sehr schnell ein und blieb Episode. – Ein eigentümliches fernes Nachleben haben Einzelmotive einer ägyptischen und babylonisch-kanaanäischen Königsideologie – vermittelt durch das Bewußtsein, daß Jesus von Nazareth als Messias Israels der Christus der Kirche ist, aber auch durch unmittelbares Fortleben altvorderorientalischer Königsverherrlichung in hellenistischen Erlösermythen – durch die Christologie gefunden.

3. Daß die Prophetie Israels als ganzheitliches Phänomen, insbesondere die Schriftprophetie, im übrigen Orient keine Entsprechung habe, ist ebenso wahr, wie es eine Banalität darstellt; kein geschichtliches Phänomen kehrt in seiner Ganzheitlichkeit jemals wieder. Dagegen ist es m. E. nicht zu bestreiten, daß wesentliche Elemente prophetischen Erlebens wie die Ekstase, Charakteristika prophetischen Auftretens wie etwa die mehr oder weniger öffentliche Kritik am Verhalten von Machthabern und elementare Eigenarten prophetischen Redens, nämlich die gegenwärtige Autorisierung als Sprecher Gottes aufgrund vorangehender Inspiration, sowie die Form des Heils- und Unheilsorakels, schon im Alten Vorderen Orient lange vor Israel bekannt waren. Dabei hat es den Anschein, als ob inspiratorische Prophetie insbesondere an den Rändern der altorientalischen Hochkulturen beheimatet war, überall dort, wo

[43] Vgl. O. Plöger, Theokratie und Eschatologie (WMANT 2), Neukirchen 1959, ^{3}1968.

das Bedürfnis nach Divination nicht oder nicht hinreichend durch die z. T. „technischen“ Mittel sakraler Institutionen wie Eingeweideschau, Losorakel, Traumdeutung u. a. befriedigt wurde: so fehlt sie in Südmesopotamien und in Ägypten[44] ebenso wie offenbar in Ugarit, während sie in Mari am mittleren Euphrat, am Schnittpunkt zwischen altbabylonischer Urbankultur und amurritischem Nomadismus, für das 18. Jahrhundert vor Chr.[45], im phönizischen Byblos für das 11. Jahrhundert[46] und in Ḥamath (aramäisches Nordsyrien) für das 8. Jahrhundert[47] bezeugt ist[48]. Für die neuassyrischen Prophetensprüche, die in gewisser Weise eine Ausnahme von der soeben bezeichneten Regel darstellen, ist außer dem hier wieder abgedruckten Aufsatz M. Weipperts ein neuer Artikel

[44] Zur Problematik der von G. Lanczkowski (Altägyptischer Prophetismus, Wiesbaden 1960) eingenommenen gegenteiligen Position vgl. F. Nötscher in dem hier wieder abgedruckten Aufsatz S. 214–258.

[45] Der weitaus größte Teil des Materials ist in: Archives royales de Mari (= ARM), Paris 1950ff., veröffentlicht; zu ARM X vgl. W. H. Ph. Römer, Frauenbriefe über Religion, Politik und Privatleben in Mari (AOAT 12), Neukirchen 1971, bes. 18–29, und J.-M. Durand, Archives épistolaires de Mari I/1 (ARM XXVI), 1988, 377–452. Deutsche Übersetzung: M. Dietrich, Prophetenbriefe aus Mari, TUAT II 1, 1986, 84–92. Vgl. Anm. 51.

[46] So nach dem Reisebericht des Wen-Amun I 38ff. um 1076 vor Chr.; A. Gardiner, Late Egyptian Stories (Bibliotheca Aegyptiaca I), 1932, 61–76, deutsch von E. Edel in: K. Galling (ed.), Textbuch zur Geschichte Israels, Tübingen ^{3}1979, 41–48. Einen ausführlichen Kommentar des Textes bietet H. Goedicke, The Report of Wenamun, Baltimore – London 1975.

[47] KAI 202 A 13–15; vgl. J. C. L. Gibson, Textbook of Syrian Semitic Inscriptions II: Aramaic Inscriptions, Oxford 1975, Nr. 5 (Lit.).

[48] Dagegen gehört die jetzt auch aus *Tell Deir ʿAllā* am Jordan inschriftlich bezeugte Gestalt des Bileam (Übersetzung der aramäischen Inschrift: J. Hoftijzer, TUAT II 1, 1986, 138–148 [Lit.]) in den Bereich des vom Prophetentum zu unterscheidenden Sehertums. – Vgl. insoweit Vf., Art. נָבִיא *nāḇîʾ*, ThWAT V, 1986, 140–163, bes. 147–149, zur Inschrift von *Tell Deir ʿAlla* ders., ZAW 94, 1982, 214–144. – Auf eine Reihe verschiedenartiger akkadischer Texte, die in einigen Hinsichten mit der biblischen Prophetie vergleichbar sind, macht außer Nötscher auch M. Dietrich (Prophetie in den Keilschrifttexten, Jahrbuch für Anthropologie und Religionsgeschichte 1, „1973“ [1976], 15–44) aufmerksam.

aus seiner Feder[49] und die deutsche Übersetzung einer Reihe entsprechender Spruchsammlungen und Einzelsprüche durch K. Hekker zu vergleichen[50], von Texten, die auf eine Auswertung seitens der alttestamentlichen Wissenschaft weithin noch warten. – Im Umkreis der sufitischen Mystik des Islam entwickelt sich im 13. Jahrhundert nach Chr. das Derwischtum: der Derwisch ist ein Ekstatiker, der sein Charisma in klosterähnlichen Gemeinschaften pflegt, die freilich später durch ihre Bettelpraxis in Mißkredit gerieten; die Unterscheidung von „heulenden" und „tanzenden" Derwischen beruht auf ekstatischen Verhaltensformen, die diejenigen wiederholen, welche 1 Kön 18, 19ff. an den mit Elia wetteifernden Baalspropheten verspottet werden.

Von den aufgezählten prophetischen Phänomenen waren die von Mari[51] schon wegen der relativ reichen Bezeugung für den Vergleich der alttestamentlichen Prophetie bislang am ergiebigsten. Die in zahlreichen Briefen bezeugten Mittler von Gottesbotschaften werden dort u. a. mit dem schon altakkadisch belegten Terminus *muḫḫûm* (< *maḫḫûm*) „Ekstatiker" bzw. *muḫḫūtum* „Ekstatikerin" bezeichnet; die Verwendung des entsprechenden Verbs *maḫû(m)* im akkadischen N-Stamm „in Raserei geraten" (ARM X 7:7; 8:7) läßt an dem ekstatischen Habitus zumindest einiger dieser Gottessprecher keinen Zweifel[52]. – Obwohl die übermittelten Botschaften auch Kritik am König enthalten, tritt der „Prophet" dem König nicht direkt gegenüber; er wendet sich an einen lokalen

[49] Assyrische Prophetien der Zeit Asarhaddons und Assurbanipals, in: F. M. Fales (ed.), Assyrian Royal Inscriptions: New Horizons (Orientis Antiqui Collectio 17), Rom 1981, 71–115.

[50] Deutungen der Zukunft in Briefen, Orakeln und Omina, TUAT II 1, 1986, 56–82, worin die assyrischen Prophetensprüche (S. 56–65) mit ähnlichen Texten wie der „Marduk-Prophetie", einer spätbabylonischen Prophetie aus Uruk u. a. zusammengestellt werden.

[51] An wichtigen Monographien von Alttestamentlern zur Mari-„Prophetie" sind die von Ellermeier, Noort und Schmitt zu nennen; vgl. Bibliographie VI, S. 521–523.

[52] Häufiger findet sich die Bezeichnung *āpilu(m)* „Beantworter", in ARM VIII 1:37–39.44 außerdem *kumrum* mit nicht genau festlegbarer Bedeutung.

Beamten, der, wenn er ihrer Authentizität sicher zu sein meint, die Botschaft dem König per Brief weitergibt. Das Botentum, das auch in Israel den Inbegriff prophetischen Autoritätsbewußtseins darstellt und keineswegs in einem Widerspruch zum ekstatischen Charakter der Inspiration steht, ist also auf zwei Instanzen verteilt: den „Propheten" und den Briefautor; so kann etwa *um-ma An-nu-ni-tum-ma* „so (spricht) Annunītum" ARM X 7:7 (vgl. 112:8'; A 1121:8) als ein Pendant der Botenformel „so spricht Jahwe" sowohl vom ausgesandten „Propheten"[53] als auch *umma* + Name des Briefschreibers als konventioneller Teil des Briefformulars verwendet werden[54]. – Die auf diese Weise autorisierten Inhalte, z. T. als Ich-Rede Gottes stilisiert, verdanken sich offenbar der reflektierten Umsetzung eines ekstatischen Impulses in formstreng artikulierte, knappe Sätze, die die aus dem Alten Testament bekannten Grundgattungen prophetischer Rede vorwegnehmen: die Ausgangsform prophetischer Gattungen scheint das Siegesorakel gewesen zu sein, dem eine Mahnung als Bedingung beigegeben sein konnte (etwa ARM X 50:25f.); die – faktisch als bedingt gedachten – Unheilsankündigungen mit Vorwürfen gegen die Angeredeten zielen auf eine Verhaltensänderung, laufen also auf Drohungen hinaus[55]. In Israel kommt zur formstrengen Artikulation die poetische Gestaltung[56],

[53] Akkadisch *šapāru(m)* „senden" wird auf die Mari-„Propheten" ähnlich häufig angewendet wie hebräisch *šlḥ* „senden" auf die biblischen Propheten: ARM II 90:19; III 40:13; XIII 114:11 u. ö. Vgl. den Aussendungsbefehl: „Jetzt geh! Ich habe dich gesandt, zu Zimrilim wirst du folgendermaßen sprechen" (S. 203 des unten wieder abgedruckten Aufsatzes von Sodens, Z. 31f.) mit Am 7,14f.; Jes. 6,9; Jer 1,7b; Hes 2,3f.

[54] Dazu K. Koch, Die Briefe „profetischen" Inhalts aus Mari. Bemerkungen zu Gattung und Sitz im Leben, UF 4, 1972, 53–77, bes. 55, wieder abgedruckt in: E. Otto (ed.), K. Koch: Studien zur alttestamentlichen und altorientalischen Religionsgeschichte, Göttingen 1988, 153–188 (mit Nachträgen und Berichtigungen).

[55] Vgl. das Beispiel von Sodens, S. 203, Z. 23ff.

[56] Zu fragen wäre, ob die Verben *šapāru(m)* bzw. *šlḥ* „senden" (Anm. 53) und mithin die prophetische Botenrolle nicht zugleich den *Weg* symbolisieren, den der Prophet zwischen inspiratorischem Impuls und prosaischer bzw. poetischer Artikulation zurücklegt.

die in Mari, soweit wir sehen, keine Entsprechung hat. Berichtet der Brief dagegen, wie in ARM X 7:5–7; 8:5–7; 50:22f. (vgl. 53:5–7; XIII 23:4–6), von einer im Tempel aufkommenden ekstatischen Raserei[57], scheinen sich die legitimatorischen Formeln zu erübrigen: die ekstatischen Phänomene sprechen hier, am Ursprung der Botschaft, für sich selbst.

Die Anlässe „prophetischen" Auftretens sind teils öffentlich-politischer Art, etwa die Auseinandersetzung des Stadtkönigs mit den umwohnenden Nomaden[58] in der Zeit vor der Eroberung Maris durch Ḫammurabi 1695 vor Chr., teils – wie im Fall von 1 Sam 9 – privater Art. Im ersteren Fall agiert der Gottessprecher ungefragt, wenn auch in grundsätzlicher Loyalität gegenüber Herrscher und Gesellschaft, zu deren Bewahrung auch die Unheilsankündigungen und natürlich die Mahnworte ergehen, zumal ein grundsätzlich intaktes Gottesverhältnis der Stadt und ihrer Könige – anders als in den meisten Worten des Amos oder in Jes 5, 1–7 – nirgends in Frage gestellt wird[59]. – Die Authentizität einer göttlichen Sendung des „Propheten" war auch in Mari mannigfaltigen Zweifeln ausgesetzt. Aber nicht in der vorausgesetzten Wirksamkeit solcher magischer Hilfsmaßnahmen, wie sie F. Nötscher in dem hier wieder abgedruckten Aufsatz S. 242 erwähnt, ist der Erfolg der Mari-„Prophetie" – wie der ekstatischen Prophetie der Frühzeit Israels – begründet; er beruht vielmehr auf einem Bedarf der betr. Gesellschaften nicht nur an Gottesbefragung und Kenntnis des Zukünftigen, sondern auch an Ausnahmeerscheinungen des psychischen Lebens, die die entmutigende Determiniertheit des Alltäglichen zumindest momentweise aufheben. Das Außergewöhnliche hat als Paradigma für die Freiheit des Menschen gegenüber der Normalität des Vorfindlichen Offenbarungsqualität; als solches ermutigt es zugleich dazu, auf das Zukünftige im Dialog mit den Göttern bzw. mit Gott einzuwirken.

[57] Vgl. Koch, a. a. O. (Anm. 54), 60/1, Wiederabdruck 164.

[58] Zum sozialgeschichtlichen Hintergrund vgl. J.-R. Kupper, Les nomades en Mésopotamie au temps des rois de Mari (Bibliothèque de la Faculté de Philosophie et Lettres de l'Université de Liège, fasc. 142), Paris 1957.

[59] Dazu paradigmatisch A. Malamat, A Mari Prophecy and Nathan's Dynastic Oracle, in: J. A. Emerton (ed.), FS G. Fohrer (BZAW 150), Berlin–New York 1980, 68–82.

4. Von den relativ zahlreichen Gattungen alttestamentlicher Psalmen, deren Unterscheidung und Analyse vor allem auf Arbeiten H. Gunkels[60] und C. Westermanns[61] zurückgehen, haben in sumerischer und akkadischer Sprache vor allem zwei Gattungen Parallelen: der Hymnus und die Klage des Einzelnen[62], die wohl als erste einer formalen Standardisierung unterlagen; insbesondere die Klage des Einzelnen folgt in einem nicht immer hinreichend gewürdigten Maße der Struktur von babylonischen „Handerhebung(sgebet)en" (šu-íl-la), da im Bereich der familialen und individuellen Religion, der die „Handerhebung" wie die psalmistische Klage des Einzelnen im Gegensatz zu den Sprachformen einer öffentlicheren Religion angehören[63], die spezifizierenden Merkmale der Einzelreligionen ohnehin weniger hervortreten. Vorwiegend an den babylonischen Hymnen war die hier wieder abgedruckte Arbeit von F. Stummer orientiert. Die Formensprache der „Handerhebung", mit deren Hilfe auf den Gott eingewirkt und zugleich die tröstliche Rückwirkung des Betens auf den Betenden sichergestellt werden sollte, hat W. Mayer in ›Untersuchungen zur Formensprache der babylonischen „Gebetsbeschwörungen"‹ (Studia Pohl: series maior 5; Rom 1976) dargestellt[64]; E. Gerstenberger, von dessen Nachfolgeuntersuchung[65] hier die

[60] H. Gunkel – J. Begrich, Einleitung in die Psalmen, Göttingen 1933, ^{4}1985; vgl. Gunkel, Die Psalmen, Göttingen ^{4}1929, ^{9}1977.

[61] Das Loben Gottes in den Psalmen, Berlin 1953; ders., Lob und Klage in den Psalmen, Göttingen $^{(5)}$1977, ^{6}1983.

[62] Repräsentative Auswahlen in Übersetzung: A. Falkenstein – W. von Soden, Sumerische und akkadische Hymnen und Gebete, Zürich – Stuttgart 1953 (erweiterte Neubearbeitung in Vorbereitung); M.-J. Seux, Hymnes et prières aux dieux de Babylonie et d'Assyrie, Paris 1976. Neue deutsche Übersetzungen sumerischer Hymnen, Klagelieder und Gebete sowie akkadischer Hymnen und Gebete von W. H. Ph. Römer bzw. K. Hecker finden sich in: TUAT II 5, 1989.

[63] Vgl. R. Albertz, Persönliche Frömmigkeit und offizielle Religion (Calwer Theologische Monographien 9), Stuttgart 1978.

[64] Zum Formelinventar der biblischen Psalmensprache, das der Vf. dabei für ein Merkmal mündlicher Literatur ansieht, vgl. R. Culley, Oral Formulaic Language in the Biblical Psalms, Toronto 1967.

[65] Vgl. auch E. Gerstenberger, Der klagende Mensch, FS G. von Rad, München 1971, 64–72.

›Schlußbetrachtung‹ wiedergegeben wird, hat als Sitz-im-Leben für die „Handerhebungen" wie für die Klagen des Einzelnen Krankenbeschwörungen vermutet, deren Heilungserfolg von den nonverbalen Beschwörungsriten (die wir uns zu den psalmistischen Klagen hinzuzudenken hätten) und den sie begleitenden Gebeten erwartet wurden; der in den babylonischen und den biblischen Klagepsalmen abgeschrittene Weg von der Klage über die Bitte zum Lobgelübde – in Israel offenbar vermittelt durch ein priesterliches Heilsorakel[66] und das darauf antwortende „Bekenntnis der Zuversicht" (Westermann) – antizipiert den Heilungserfolg bzw. das rettende Eingreifen des angerufenen Gottes aus anderen Nöten.

Vielleicht deutet sich in den Übereinstimmungen von „Handerhebung" und Klage des Einzelnen darüber hinaus an, wie gleichförmig die individuelle Gebetssprache in der ganzen Menschheit determiniert ist, möglicherweise aufgrund von psychischen Nötigungen, die dem Menschen schon aus seiner biologischen Befindlichkeit erwachsen; eine menschheitlich übereinstimmende Ritualisierung von Handlungs- und Sprachformen des Einwirkens auf Gott, übertragen und weiterentwickelt aus den entsprechenden mitmenschlichen Handlungs- und Sprachformen, ist auch dann anzunehmen, wenn diese durch die jeweilige Geschichte der Einzelreligionen in vielfacher Weise überlagert ist. Die Konvergenz, in der sich C. Westermanns Arbeit an den Psalmen zu F. Heilers phänomenologisch angelegtem Werk ›Das Gebet. Eine religionsgeschichtliche und religionspsychologische Untersuchung‹ (München ^{5}1923) befindet, hat dann in der Sache, nicht nur in einem zweifelsfreien Einfluß Heilers auf Westermann ihren Grund.

Außer in standardisierten Gebeten findet die Familien- und Individualreligion auch in der Personennamengebung ihren Ausdruck[67] – ein weiteres Gebiet der Übereinstimmung von babylonischer, ja gemeinorientalischer

[66] J. Begrich, Das priesterliche Heilsorakel, ZAW 52, 1934, 81–92, wieder abgedruckt in: ders., Gesammelte Studien zum AT, München 1964, 217–231.

[67] Vgl. J. J. Stamm, Die akkadische Namengebung (MVÄG 44), Leipzig 1939 = Darmstadt 1968; ders., Beiträge zur hebräischen und altorientalischen Namenkunde (OBO 30), Freiburg (Schweiz) – Göttingen 1980.

und israelitischer Kultur und Religion, die darüber hinaus von menschheitlicher Relevanz ist[68]; auch diesem Sachbereich kann hier aus Raumgründen nicht eigens Rechnung getragen werden. Die Grundvorgänge Lob und Klage, die die Hymnen einerseits, die „Handerhebungen" und Klagen des Einzelnen andererseits beherrschen, kehren bis in die Formulierungen hinein in den theophoren Personennamen wieder. Zu beachten bleibt freilich, daß einer hochstilisierten Gebetskultur aus babylonischen und israelitischen Ritualinstitutionen, die dem Einzelnen durch Konvention bewährte Mechanismen der Leidensbewältigung zur Verfügung stellen, in der Personennamengebung ein zwar ebenfalls traditionsbedingtes, aber ungleich spontaneres Ausdrucksmittel an die Seite gestellt ist.

5. Bestimmte Texte einer babylonischen Auseinandersetzungsliteratur, in denen es – nach dem Zerbrechen des Vertrauens auf einen Tun-Ergehens-Zusammenhang im individuellen Leben – um die Frage nach der Gerechtigkeit der Götter geht, sind häufig mit dem biblischen Hiobbuch verglichen worden; die betr. Texte sind in einem hier wieder abgedruckten Artikel des Vf.s S. 401 aufgezählt[69], obwohl der Aufsatz an der Vergleichbarkeit der meisten dieser Texte mit vor allem formgeschichtlichen Argumenten Zweifel äußert. Umgekehrt wurde die in der Alttestamentlichen Wissenschaft u. a. für Proverbien, Hiob, Qohelet und einige Psalmen nach hebräisch *ḥokmā* gebräuchlich gewordene Sammelbezeichnung „Weisheit", die eine zugleich literarische wie religiöse Sonderstellung dieser Schriften im Alten Testament hervorhebt, insbesondere nach dem Erscheinen von W. G. Lamberts Standardwerk ›Babylonian Wisdom Literature‹ (Oxford 1960) auf einen weiteren Kreis babylonischer Texte übertragen; in Lamberts Werk findet sich auch ein Großteil der babylonischen „Hiobtexte" in Keilschriftkopien,

[68] Vgl. Albertz, a. a. O. (Anm. 63), 49ff., 101ff.

[69] Einzelinformationen zu den Texten, deren Editionen u. ä.: Vf., Das Hiobproblem. Seine Stellung und Entstehung im Alten Orient und im Alten Testament (Erträge der Forschung 84), Darmstadt ^{2}1988, 49ff., wo, da es sich um einen unveränderten Nachdruck der 1. Auflage von 1978 handelt, allerdings nur der Wissensstand aus der Mitte der siebziger Jahre aufgearbeitet ist; zu näheren oder ferneren Parallelen aus Ugarit, Ägypten, dem aramäischen, griechischen, indischen und afrikanischen Sprachraum das. 55f., 69–72.

Transkriptionen und Übersetzungen mit philologischen Kommentaren.

Das Vertrauen in die Regelhaftigkeit, mit der sich ein Tun-Ergehens-Zusammenhang auch im individuellen Leben bewährt, beruht auf der Voraussetzung, daß Erfahrungen des Einzelnen mit einer Gesellschaft, die seinen Fleiß und seine Redlichkeit lohnt, das Gegenteil aber straft, auf den Kosmos und – danach (?)[70] – auf dessen göttliche Ordnungsgaranten übertragbar sind: jeder einzelne Weisheitsspruch bezeichnet ein empirisches Paradigma solcher Regelhaftigkeit, bis schließlich der Kosmos und die Götter bzw. Gott sich soziomorph zu verhalten scheinen[71]; im Maß der Summierung und Verallgemeinerung parzellenhafter Einzelerfahrungen, die die Folgen jeder menschlichen Handlung vorhersehbar macht, entsteht so die Überzeugung einer sittlichen Weltordnung, deren doktrinale Form in den Reden der Freunde Hiobs dichterisch karikiert wird. Liegt schon in einer solchen quasi-metaphysischen Folgerung aus partikularen Erfahrungen ein Denkprozeß, der moderner Wissenschaftlichkeit fremd ist, so sollte man die Objektivationskraft der altorientalischen, insbesondere der alttestamentlichen „Weisheit" auch aus einem anderen Grunde nicht überschätzen: die poetische Sprache, deren sich die „Weisheit" fast durchweg bedient, ist der Ausdruck einer religiös-feiernden Haltung gegenüber der Wirklichkeit; eben diese Haltung bezeugt im ästhetischen Umgang schon mit den geordneten Teilen des Weltganzen ein letztlich irrationales Bewußtsein von dessen numinoser Dimension und der Unverrechenbarkeit seiner Ordnungen.

Da die „Weisheit" ein den Alten Vorderen Orient einschließlich Ägyptens umgreifendes, internationales Phänomen ist, suggeriert

[70] Zur möglichen Posteriorität einer Funktion Gottes beim Tun-Ergehens-Zusammenhang vgl. K. Koch, Gibt es ein Vergeltungsdogma im Alten Testament?, ZThK 52, 1955, 1–42, wieder abgedruckt in: K. Koch (ed.), Um das Prinzip der Vergeltung in Religion und Recht des Alten Testaments (WdF CXXV), 1972, 130–180.

[71] Daß „der Glaube an den Zusammmenhang von Rechttun und Glück . . . Formulierung und Bewußtwerdung bestimmter sozialer Prozesse" sei, betont bei etwas einseitiger Reduktion C.-A. Keller, Zum sog. Vergeltungsdogma im Proverbienbuch, FS W. Zimmerli, Göttingen 1977, 223–237.

die „weisheitliche“ Auseinandersetzungsliteratur am ehesten einen Fall interkultureller Einflußnahme; die in bezug auf das Problempotential nachweisbaren Ähnlichkeiten beruhen aber mehr auf der Vergleichbarkeit der geistigen Randbedingungen, einer beiderseitigen Analogie der sozioökonomischen Auslöser und auf der Konvergenz resultierender Erschütterungen als auf überlieferungsgeschichtlicher oder literarischer Abhängigkeit[72].

Englische Übersetzungen fast aller in den voranstehenden Abschnitten 1–5 genannten Texte findet der Leser auch in: J. B. Pritchard (ed.), Ancient Near Eastern Texts Relating to the Old Testament (= ANET), Princeton ³1969, kurze Einleitungen und auszugsweise deutsche Übersetzungen in: W. Beyerlin (ed.), Religionsgeschichtliches Textbuch zum Alten Testament (ATD, Ergänzungsreihe 1), Göttingen ²1985. Alle relevanten Texte in einer neuen deutschen Übersetzung mit Einleitungen und Anmerkungen werden demnächst in: O. Kaiser (ed.), Texte aus der Umwelt des Alten Testaments (= TUAT), Gütersloh 1982ff., vorliegen. Die Society of Biblical Literature plant unter der Herausgeberschaft von B. Long u. a. eine ähnliche englische Serie mit dem Titel ›Writings from the Ancient World‹, die sich an "general readers and scholars" wendet.

C. Die semitischen Sprachen gehören zusammen mit dem Ägyptischen und den in Nordafrika beheimateten hamitischen Sprachen, zu denen etwa die Berberdialekte gehören, und mit den indogermanischen Sprachen zu den sog. flektierenden Sprachen, die im Unterschied zu den agglutinierenden und isolierenden[73] die Wortwurzeln

[72] Vgl. den Forschungsbericht des Vf.s, Das Hiobproblem (Anm. 69), 57–69.

[73] Die sprachtypologische Unterscheidung von flektierenden, agglutinierenden und isolierenden Sprachen stammt von W. A. Schlegel und W. von Humboldt (Über die Verschiedenheit des menschlichen Sprachbaus, in: A. Flitner – K. Giel, Wilhelm von Humboldt. Werke in fünf Bänden 3: Schriften zur Sprachphilosophie, Darmstadt 1963, 144–367). Zu den agglutinierenden Sprachen, bei denen die morphologischen Elemente innerhalb der grammatischen Bildungen keine wesentlichen Veränderungen erfahren, also leicht segmentierbar sind, gehört das Sumerische, aber auch das Türkische, Finnische u. a. Eine isolierende Sprache, die die syntaktischen Beziehungen lediglich durch die Wortstellung, durch Hilfswörter, semantischen Ton u. ä., nicht dagegen morphologisch herstellt, ist das klassische Chinesisch.

morphologisch verändern können. Die Gemeinsamkeit dürfte ihre Ursache in einer Herkunft aus geographischer Nachbarschaft haben[74]; das Ägyptische muß sich dabei von den übrigen hamitischen und semitischen Sprachen getrennt haben, bevor in diesen die für sie charakteristische(n) Präformativkonjugation(en) entstanden ist/sind, die das Ägyptische als produktive Bildung(en) nicht kennt[75].

Einen neuen Vorschlag zur Aufgliederung des semitischen Sprachstamms, der sich von der einfacheren Einteilung in das Nordost-, Nordwest- und Südwestsemitische unterscheidet, wie sie in der von S. Moscati, A. Spitaler, E. Ullendorf und W. von Soden gemeinsam verfaßten ›Introduction to the Comparative Grammar of the Semitic Languages. Phonology and Morphology‹ (Wiesbaden 1964, [3]1980) vertreten wird, bietet der hier wieder abgedruckte Aufsatz W. von Sodens von 1960. Eine weitere Arbeit von Sodens zur historisch vergleichenden Grammatik, begrenzt auf das heißumstrittene Gebiet einer Semantik des semitischen Konjugationssystems, ist auf S. 463–493 die erweiterte Fassung eines ähnlich titulierten Artikels aus den ›Akten des 24. Internationalen Orientalisten-Kongresses München‹ (Wiesbaden 1959, 263–265) und sodann aus dem Sammelband ›Bibel und Alter Orient. Altorientalische Beiträge zum Alten Testament von Wolfram von Soden‹ (hrsg. von Hans-Peter Müller, Berlin – New York 1985, 32–35); Verlag und Herausgeber danken W. von Soden für den hier abgedruckten Originalbeitrag, der zugleich ein Stück Forschungsgeschichte repräsentiert.

[74] Vgl. von Soden, Einführung (Anm. 5), 16.

[75] Insbesondere zu archaischen Zügen in der semitischen und ägyptischen Afformativkonjugation vgl. Vf., Das Bedeutungspotential der Afformativkonjugation, Zeitschrift für Althebraistik 1, Stuttgart 1988, 74–98, 159–190 bes. 82–98, zu Recht und Grenze des semitisch-hamitischen Sprachvergleichs Vf., Zur Theorie der historisch vergleichenden Grammatik, dargestellt am sprachgeschichtlichen Kontext des Althebräischen, in: A. S. Kaye (ed.), Semitic Studies in Honor of Wolf Leslau on the Occasion of his 85th Birthday, 1991.

III

Findet sich zwischen der babylonischen und der israelitischen Religion eine so weitgehende Konvergenz, wenn nicht gar Abhängigkeit, zumindest soweit die babylonische Religion das für uns am besten zugängliche Paradigma altorientalischer Religionen überhaupt ist, so mag man polemisch fragen, ob am Ende der Bibel-Babel-Streit [76] unter veränderten Voraussetzungen neu auf der Tagesordnung stehe; verändert sind die Voraussetzungen insofern, als die Übereinstimmungen zwischen „Bibel" und „Babel" über sich hinausweisen und auf eine begrenzte menschheitliche Gemeinsamkeit.

Da die mit dieser Frage angezeigte theologische bzw. philosophische Problematik in der Einleitung eines Sammelbandes ohnehin nicht entfaltet werden kann, begnügt sich der Vf. mit drei thesenartigen Formulierungen [77]: (1) die Geltung einer von der Bibel bezeugten Wahrheit beruht nicht auf deren Gegensatz zu oder ihrer Unterscheidung von anderen, in fremden Religionen beheimateten Wahrheiten; an die Stelle der Autorisierung biblischer Wahrheiten durch einen alle anderen Wahrheiten ausschließenden Offenbarungsanspruch kann in vielen Fällen geradezu der Erweis einer – natürlich immer relativen – menschheitlichen Übereinstimmung in den betr. Anliegen treten. (2) Im Bereich dieser Anliegen, aber auch darüber hinaus befriedigt Religion ein biologisch-ethologisch determiniertes Bedürfnis, das in seiner jeweiligen Wirksamkeit von einer Vielzahl historischer Bedingungen modifiziert wird; da die „Entschlüsse" der Gattung Mensch durch die Schicksale geschichtlicher Gruppierungen ebensowenig rückgängig gemacht werden können wie durch die Kritik von Individuen, gehört Religiosität zu den stetigen Befindlichkeiten der Menschheit. (3) Die Wahrheit

[76] Dazu jetzt K. Johanning, Der Bibel-Babel-Streit. Eine forschungsgeschichtliche Studie (Europäische Hochschulschriften. Theologische Reihe 23, 343), Frankfurt a. M. – Bern 1988.

[77] Dazu ausführlicher Vf., in seinen Anm. 30 und 33 genannten Arbeiten, dazu: Mythos und Kerygma. Anthropologische und theologische Aspekte, ZThK 83, 1986, 405–435, sowie: Neue Aspekte der Anfragen Hiobs, FS C. Westermann, Stuttgart 1989, 178–188.

religiöser Aussagen ist auch pragmatisch, d. h. am Kriterium ihrer Leistungskraft für eine dem Wesen des Menschen entsprechende geistige und materielle Wirklichkeitsassimilation zu bemessen; da Sprache und Denken überhaupt einem Handlungsprimat unterliegen, bedeutet eine pragmatische Beurteilung religiöser Wahrheit keine Abschätzigkeit gegenüber dieser – zumindest im Bereich der nichtobjektivierbaren, die traditionelle Subjekt-Objekt-Spaltung überhaupt fraglich machenden Sprachäußerungen.

Möge der vorliegende Band dazu verhelfen, im Sinne dieser und ähnlicher Überlegungen verhärtete theologische, religiöse, aber auch religionskritische Positionen im Dienst des Aufbaus einer künftigen Menschheitskultur zu einem Dialog zu bringen.

I. HISTORISCHE BEZIEHUNGEN

Herbert Donner, Geschichte des Volkes Israel und seiner Nachbarn in Grundzügen, T. 2: Von der Königszeit bis zu Alexander dem Großen, Göttingen: Vandenhoeck & Ruprecht 1986 (Grundrisse zum Alten Testament, Bd. 4), S. 287–289, 293–303.

VÖLKER UND STAATEN DES ALTEN ORIENTS IN DER 1. HÄLFTE DES 1. JAHRTAUSENDS v. CHR. BIS ZUM ENDE DES NEUASSYRISCHEN GROSSREICHES

Von HERBERT DONNER

[. . .]

Quellen: J. H. Breasted, Ancient Records of Egypt, 5 Bde. (1906/7, Nachdruck 1962); D. D. Luckenbill, Ancient Records of Assyria and Babylonia, 2 Bde. (1926/7); R. Borger, Einleitung in die assyrischen Königsinschriften, 1. Teil. HdO I, Erg.-Bd. 5 (1961); W. Schramm, Einleitung in die assyrischen Königsinschriften, 2. Teil: 934–722 v. Chr. HdO I, Erg.-Bd. 5 (1973); R. Borger, Handbuch der Keilschriftliteratur, 3 Bde. (1967–1975). – Die neueste deutsche Übersetzung der historischen Texte aus Babylonien und Assyrien: O. Kaiser u. a. (ed.), Texte aus der Umwelt des AT [= TUAT]. Bd. I, Lieferung 4: Historisch-chronologische Texte I (1984) 354–410.

[288] Die Gliederung der Zeit in Jahrhunderte und Jahrtausende ist von großartiger und unbeirrter Künstlichkeit. Sie gliedert nicht zugleich auch die Geschichte. Das zweite vorchristliche Jahrtausend ist, historisch betrachtet, bereits um 1200 v. Chr. zu Ende gegangen, und die neuen Kräfte, die die Geschichte des Alten Orients in der ersten Hälfte des 1. Jahrtausends v. Chr. bestimmen sollten, haben sich schon um 1100 v. Chr. zu regen begonnen. Das Jahr 1000, in dessen Nähe sich die Bildung der beiden israelitischen Staaten auf dem Boden Palästinas vollzog, ist ein totes Jahr innerhalb der altorientalischen Gesamtgeschichte, jedenfalls soweit es die Hochkulturen und Großmächte am Nil und in Mesopotamien betrifft, an die der Historiker stets zuerst zu denken hat. Hier liegen die Ursachen dafür, daß in dieser Darstellung schon so lange kein Kapitel über ›Völker und Staaten des Alten Orients‹ mehr vorkam[1]. Es

[1] Das erste und bislang einzige in Teil 1, S. 29–43 [hier nicht abgedruckt, Anm. d. Red.].

empfahl sich angesichts der historischen Komplikation nicht, die Stoffe aufzuteilen und in die Darstellung der Staatenbildungszeit und der frühen und mittleren Königszeit Israels und Judas einzuschieben. Solcher zur Unübersichtlichkeit führenden Zerstückelung ist der Versuch eines Gesamtbildes vorzuziehen.

Die Seevölkerbewegung hatte um 1200 v. Chr. das in der zweiten Hälfte des 2. vorchristlichen Jahrtausends aufgebaute kunstvolle System des Gleichgewichts der Kräfte zwischen den Großmächten zerstört und die Großmächte selbst entweder ganz beseitigt, wie die kleinasiatischen Hettiter, oder auf ihre Stammländer zurückgeworfen, wie Ägypten und die mesopotamischen Staaten. Eben dadurch hatte die Geschichte Israels, aber auch die Geschichte der ostjordanischen Randstaaten und der Aramäerstaaten Syriens, sich so entwickeln und entfalten können, wie es bisher in den Grundzügen beschrieben wurde. Nun sind freilich die Strommächte nicht für Zeit und Ewigkeit im Zustande der Isolation und Schwäche verblieben. Sie haben sich erholt: ungleichmäßig, mit Schwankungen und Rückschlägen, über kürzere oder längere Dauer – aber doch so, daß sie eines Tages wieder über ihre Grenzen hinausgriffen, zueinander in freundliche oder feindliche Beziehungen traten und das Geschick der syropalästinischen Landbrücke wieder mitzugestalten begannen.

Ägypten allerdings hat diesmal nicht – wie in der Mitte des 2. Jahrtausends v. Chr.[2] – den Anfang gemacht. Denn das Nilland hatte sich in ganz besonders hohem Grade ausgegeben und war in einen Zustand der Erschöpfung, der Auflösung und der Destruktion gesunken, aus dem es sich nur sehr langsam, fürs erste auf Jahrhunderte hin kaum sichtbar, erholte. Das war keineswegs die Folge des Angriffs der Seevölker gewesen; diese hatten vielmehr nur die von langer Hand wirksame Niedergangstendenz im Innern verstärkt und nach außen sichtbar gemacht. Nach dem Tode Ramses III., des letzten bedeutenden Herrschers der 20. Dynastie, siechte das Neue Reich unaufhaltsam dahin. In rascher Folge lösten einander [289] nicht weniger als acht Könige ab, die alle Ramses hießen: Ramses IV.–XI. (1153–1070). Unter ihnen trieben die Verhält-

[2] Siehe Teil 1, S. 32 [hier nicht abgedruckt, Anm. d. Red.].

nisse auf die Katastrophe zu. Die Schwächung der Zentralgewalt, die weitgehende Verselbständigung der beiden Länder Ober- und Unterägypten, die Rivalität der zu außerordentlicher wirtschaftlicher Potenz aufgestiegenen Tempel untereinander und gegen das Königtum, die zunehmende Verelendung des städtischen Proletariats der kleinen Handwerker und Nekropolenarbeiter, durch Naturkatastrophen noch verstärkt: das alles und noch vieles weitere ließ den Zusammenbruch der Ramessidenherrschaft immer näher rücken. Unter Ramses XI. brachen in Theben, in der Thebais und in Mittelägypten Arbeiter- und Söldneraufstände aus; sie dauerten etwa sechs Monate an. Die sozial abhängigen Bevölkerungsschichten versuchten, ihr Geschick in die eigenen Hände zu nehmen, unterstützt von libyschen Söldnern, gegen die Krone und mehr noch gegen den Repräsentanten der stärksten Wirtschaftsmacht des Landes, den „Ersten Propheten des Amun, Königs der Götter“, d. h. den thebanischen Hohenpriester, Amenophis. Ramses war nicht in der Lage, der Wirren Herr zu werden. Vorübergehend wurde die Ordnung durch das militärische Eingreifen des Vizekönigs von Kusch, Panehesi, wiederhergestellt. Aber schon hatte sich ein neuer Mann nichtköniglicher und überhaupt dunkler Herkunft langsam und zielstrebig emporgearbeitet: Herihor, nach seiner Titulatur wahrscheinlich aus dem Offiziersstande hervorgegangen und „Wedelträger zur Rechten des Königs“. Er vereinigte noch zu Lebzeiten Ramses XI. nacheinander die höchsten Staatsämter auf sich: Vizekönig von Kusch, was ihn in den Besitz beträchtlicher militärischer Machtmittel brachte; Vezier von Oberägypten, das zweithöchste Zivilamt nach dem Pharao; Hoherpriester des Amun-Re von Theben. In seiner Person fielen die weltliche und die geistliche Gewalt zusammen. Es ist umstritten, ob noch vor oder erst nach dem Tode Ramses XI.: jedenfalls nahm er schließlich die volle Königstitulatur an. Ihr Wortlaut ist charakteristisch: „Horus: Starker Stier, Sohn des Amun; König von Ober- und Unterägypten, Herr der beiden Länder: Erster Prophet des Amun; leiblicher Sohn des Re: Sohn des Amun Herihor.“ Hier verbinden sich Elemente der alten pharaonischen Königstitulatur auf unklare und der Wirklichkeit nicht ganz kongruente Weise mit den Besonderheiten der Karriere Herihors. „Herr der beiden Länder“ war Herihor nämlich keineswegs; die

Doppelkrone trug er nicht. Vielmehr etablierte sich zur gleichen Zeit in Unterägypten ein selbständiges Herrscherhaus mit Sitz in Tanis *(Ṣān el-Ḥagar)*: Smendes (ägypt. *Nesibanebdjed*), der vielleicht Vezier von Unterägypten gewesen war und den Thron möglicherweise auf dem Wege über seine Frau Tentamun, eine ramessidische Prinzessin (?), erlangte. Das Gesamtreich war also praktisch geteilt, und der klassische Dualismus Ägyptens hatte politische Gestalt gewonnen. Von nun an heißt das historische Thema „Tanis und Theben", wobei anzumerken ist, daß die thebanischen Hohenpriester der tanitischen Dynastie merkwürdigerweise stets eine Art Oberkönigtum eingeräumt haben. [. . .]

[293] Die Neuordnung der Verhältnisse im Vorderen Orient ist nach alledem nicht von Ägypten ausgegangen. Sie kam aus dem Zweistromland, allerdings nicht aus dem alten Kulturgebiet Babylonien, sondern von den Assyrern zu beiden Seiten des oberen Tigris. Der Aufstieg des neuassyrischen Reiches zur beherrschenden Vormacht im Nahen Osten ist keineswegs plötzlich, sondern Schritt für Schritt vor sich gegangen. Das Ergebnis war ein Großreich völlig neuer Art: ein beispielloses Machtgebilde, das die Geschicke des Vorderen Orients jahrhundertelang bestimmt hat.

Einen ersten Anlauf zur Aufrichtung der assyrischen Großmacht unternahm noch vor der Jahrtausendwende Tiglatpileser I. (1117–1077)[3]. Er griff über das assyrische Stammland am oberen Tigris hinaus und in das System der syrohettitischen Nachfolgestaaten in Obermesopotamien und Nordsyrien hinein und schickte sich an, das Erbe des hettitischen Neuen Reiches anzutreten[4]. Seine Feldzüge führten ihn in das Gebiet des ehemaligen Reiches *Mitanni-Ḫanigalbat*[5], nach *Kummuḫ*, in die Naïri-Länder bis zum Van-See, nach Babylonien. Vor allem aber erreichte er als erster neuassyrischer König die Mittelmeerküste und empfing Tribute aus Sidon, Byblos und Arwad[6]. Es bestand kein Zweifel: mit Assyrien mußte

[3] Ich folge der Chronologie von E. Cassin und R. Labat in: Fischer Weltgeschichte 3/4 (1966/7). Vgl. zu den Sachfragen E. Weidner, Die Feldzüge und Bauten Tiglatpilesers I., AfO 18 (1958) 342ff.

[4] Vgl. J. D. Hawkins, Assyrians and Hittites, Iraq 36 (1974) 67–83.

[5] Siehe Teil 1, S. 35f.

[6] Vgl. TUAT I, 4, 356f.

künftig gerechnet werden; es stand im Begriff, aus seiner Isolation herauszutreten, und strebte offensichtlich nach der Rolle einer Führungsmacht. Freilich waren der Politik Tiglatpilesers I. dauerhafte Erfolge nicht beschieden. Es kam nicht zur Bildung fester Formen der assyrischen Oberhoheit in den unterworfenen Gebieten; Tribute[7] und die gelegentliche Mitnahme von Prinzen als Geiseln genügten keineswegs. Noch fehlte eine klare politisch-militärische Konzeption, ohne die ein Großreich nicht entstehen, geschweige denn bestehen kann. Überdies waren Tiglatpilesers Kräfte durch endlose Kämpfe gegen die Aramäer *(Aramū, Aḫlamū)* gebunden. Assyriens Menschen- und Materialverluste müssen gewaltig gewesen sein. So fiel der erste Versuch in sich zusammen. Tiglatpilesers schwache Nachfolger waren nicht in der Lage, die expansive Politik fortzusetzen, und diese Schwäche begünstigte spätestens seit Aššur-rabi II. (1010–970) den Aufbau selbständiger aramäischer Staaten in Obermesopotamien und Syrien: *Bīt-Adini* beiderseits des Euphratknies mit der Hauptstadt *Til Barsip (Tell Aḥmar), Bīt-Baḫiani* am oberen *Ḫābūr* mit der Hauptstadt *Gu-*[294]*zana (Tell Ḥalaf), Bīt-Agusi* um Aleppo *(Ḥalab)* und Arpad *(Tell Refād), Ja'udi-Sam'al (Zinçirli)*[8] u. a. m. Selbst in Babylonien gelangten die Aramäer (Chaldäer) zwischen dem 11. und 9. Jh. zur Macht und zur Bildung von Fürstentümern. Eine vorübergehende Phase assyrischer Offensivpolitik unter Aššur-dān II. (935–912) vermochte an alledem nichts zu ändern.

Der eigentliche Anfang des neuassyrischen Großreiches fällt in die Regierungszeit Adadnarāris II. (912–891)[9]. Von nun an ging es den assyrischen Herrschern nicht mehr nur um den vorübergehenden Gewinn großräumiger Territorien, sondern zunehmend auch um die feste Angliederung eroberter Gebiete an das assyrische Staatswesen. Die Hauptvoraussetzung dafür war eine straffe, zentra-

[7] Vgl. grundsätzlich W. J. Martin, Tribut und Tributleistungen bei den Assyrern, Studia Orientalia VIII, 1 (1936).

[8] Vgl. B. Landsberger, Sam'al. Studien zur Entdeckung der Ruinenstätte Karatepe, Veröffentl. d. Türk. Histor. Gesellsch. 7, 16 (1948); dazu die Inschriften KAI 24–26 und 214–221.

[9] Texte: J. Seidmann, Die Inschriften Adadnirâris II., Mitteilungen der Altorientalischen Gesellschaft 9, 3 (1935).

listische Staatsführung. Der König als Mandatar des Reichsgottes Assur stand an der Spitze eines gewaltigen Heeres ziviler und militärischer Beamter, die ihm ebenso rechenschaftspflichtig waren wie er dem Gotte. Dazu kam als Vorbedingung imperialistischer Außenpolitik die Bildung und Pflege eines schlagkräftigen stehenden Heeres mit Streitwagenabteilungen [10] und erstmalig auch mit Reiterei, die – mit Bogen und Lanze bewaffnet – außerordentlich schnell und wirkungsvoll eingesetzt werden konnte. Keine Grausamkeit des Kriegshandwerks war den Großkönigen, ihren Offizieren und Soldaten fremd; trafen sie auf Widerstand, dann hinterließen sie leblose Siedlungen und verbrannte Erde. Die assyrischen Truppenverbände sind für Jahrhunderte der Schrecken der Völker des Alten Orients gewesen [11]. Adadnarāri II. griff planmäßig nach allen Seiten aus: in die Naïri-Länder und bis zum Urmia-See, nach Babylonien, vor allem aber gegen die Aramäerstaaten des Westens. Das Neue seiner Expansionspolitik in den Assyrien unmittelbar benachbarten Gebieten Obermesopotamiens bestand darin, daß er sie nach erfolgter Eroberung und Tributleistung nicht sich selbst überließ, sondern dazu überging, sie verwaltungstechnisch als Provinzen mit assyrischen Statthaltern seinem Reiche anzugliedern und Garnisonen einzurichten. Gewiß war das alles erst ein Anfang, aber immerhin legte Adadnarāri II. sozusagen den Grundstein für das klassische assyrische Provinzialsystem, an dem die Herrscher der folgenden Jahrhunderte schrittweise weitergebaut haben [12]. Sein Sohn Tukulti-Ninurta II. (891–884) setzte diese Politik erfolgreich fort, vor allem nach Westen *(Ḫarrān)* und nach Norden gegen das Reich der Urartäer.

Aššurnāṣirpal II. (884–858) bezeichnet den ersten Höhepunkt der an Glanzlichtern reichen Geschichte des neuassyrischen Großreiches. Er ver- [295] einigte in sich die Unerbittlichkeit und Rücksichtslosigkeit des Kriegsmannes mit der Besonnenheit und Zähigkeit des innenpolitischen Organisators. Nach zahlreichen Bauten in

[10] Vgl. B. Hrouda, Der assyrische Streitwagen, Iraq 25 (1963) 155–158.

[11] Vgl. W. v. Soden, Die Assyrer und der Krieg, Iraq 25 (1963) 131–144.

[12] Vgl. grundlegend E. Forrer, Die Provinzeinteilung des assyrischen Reiches (1921).

den alten Hauptstädten Assur und Ninive ließ er sich und seinem Hofstaat eine neue Residenz errichten: Kalaḫ *(Nimrūd)*, ein assyrisches Babylon [13]. Das nötige Material und die Menschen brachte er durch seine Feldzüge ein, die ihn wie seine Vorgänger nach allen Himmelsrichtungen führten, zum ersten Male seit Tiglatpileser I. [14] auch wieder bis ans Mittelmeer. Aššurnāṣirpal vermochte noch nicht, das assyrische Provinzialsystem planmäßig auf außermesopotamische Gebiete zu übertragen. Dafür aber fuhr er in großem Stile fort, einen Kranz von Vasallenstaaten rings um das assyrische Kernland aufzubauen. Die Fürsten der Gebiete, die er auf seinen Kriegszügen berührte, wurden zu regelmäßigen Tributleistungen und oft auch zur Gestellung von Hilfstruppen gezwungen. Ihre politische Bewegungsfreiheit war eingeschränkt, und wer gegen Assyrien konspirierte oder rebellierte, wurde unverzüglich durch einen proassyrischen Vasallenfürsten ersetzt. Neu war auch Aššurnāṣirpals Praxis, zerstörte Städte in z. T. weit entfernten Gebieten wieder aufzubauen, mit Garnisonen zu besetzen und als assyrische Aktionsbasen zu benutzen. Dennoch war und blieb der Vasallenkranz ein Herd der Unsicherheit für das assyrische Reich. Das galt auch noch unter Salmanassar III. (858–824), der die Innen- und Außenpolitik seines Vaters im wesentlichen unverändert fortsetzte. Er griff zum ersten Male in den von der assyrischen Expansion vorher nicht berührten mittelsyrischen Raum hinein [15]. Sein Hauptgegner

[13] Aššurnāṣirpals II. Kolossalpalast in Kalaḫ ist das erste imperiale Architekturdenkmal in Assyrien: von enormen Ausmaßen, mit Relief- und Inschriftenplatten aus Kalkstein und Alabaster, mit gewaltigen Torsphingen (heute im Britischen Museum) zeugt es sowohl von der Blüte neuassyrischer Kunstübung wie von der Gigantomanie des Erbauers, dessen Nachfolger die Errichtung großer Paläste am Ort fortsetzten. Abbildungen: AOB 378–380; ANEP², 646ff.; R. D. Barnett – W. Forman, Assyrische Palastreliefs (o. J.); R. D. Barnett – M. Falkner, The Sculptures of Aššurnaṣir-apli II (883–859 B.C.), Tiglathpileser III. (745–727 B.C.), Esarhaddon (681–669 B.C.) from the Central and South-West Palaces at Nimrud (1962). Vgl. K.-H. Bernhardt, Die Umwelt des AT 1 (1967) 175–178 (Lit.).

[14] Siehe o. S. 293 [hier S. 36/7, Anm. d. Red.].

[15] Texte: AOT², 340–344; ANET³, 276–280; TGI³, 50f.; TUAT I, 4, 360–367; E. Michel, Die Assur-Texte Salmanassars III., in: WdO I–IV

war dort der Aramäerstaat von Damaskus, mit dem er lange und wechselvolle Kriege führte[16]. Der Wille zur Unterwerfung Syriens zwang Salmanassar zur Beseitigung der politischen Selbstän- [296] digkeit von *Bīt-Adini*, das ihm den Weg nach Westen versperrte, und zu mehreren Feldzügen gegen die Kleinstaaten beiderseits der kilikischen Pforte: *Quë, Milid, Gurgum* und *Kummuḫ*. Dauernder Erfolg war freilich auch ihm nicht beschieden. Er empfing zwar oft den Tribut „aller Könige von *Ḫatti*" – so nannten die Assyrer die aramaisierten syrohettitischen Nachfolgestaaten Nordsyriens –, konnte aber nicht verhindern, daß sie sich immer wieder gegen ihn zusammenrotteten. Auch die berühmte Schlacht bei Qarqar *(Ḫirbet Qerqūr)* am Orontes (853)[17] gegen eine Koalition von zwölf syrischen Fürsten unter der Führung von Damaskus und Hamath brachte keine Entscheidung[18]. Im Norden Assyriens traf Salmanassar auf das sich kräftig entfaltende Reich von Urartu, das in der Folgezeit – zuerst unter König Sardur I. (ca. 832–825) – zu einem der Hauptgegner Assurs heranwuchs und nicht selten zusammen mit nord- und mittelsyrischen Dynasten gemeinsame antiassyrische Sache machte. Ein Fazit der Expansionspolitik Salmanassars III. ist nicht leicht zu ziehen: er hat die Macht Assyriens auf nicht weniger als 27 Feldzügen nach allen Seiten hin wirkungsvoll demonstriert, hat unendliche Tribute hereingebracht und das assyrische Staatsge-

(1947–1967) in Fortsetzungen; G. G. Cameron, The Annals of Shalmaneser III, King of Assyria. A New Text, Sumer 6 (1950) 6–26; F. Safar, A Further Text of Shalmaneser III from Assur, Sumer 7 (1951) 3–21; J. Laessøe, A Statue of Shalmaneser III from Nimrud, Iraq 21 (1959) 147–157; J. V. Kinnier-Wilson, The Kurba'il-Statue of Shalmaneser III, Iraq 24 (1962) 90–155; P. Hulin, The Inscriptions on the Carved Throne-Base of Shalmaneser III, Iraq 25 (1963) 48–69. Vgl. dazu A. T. E. Olmstead, Shalmaneser III and the Establishment of Assyrian Power, JAOS 41 (1921) 345–382; G. Lambert, The Reigns of Aššurnaṣirpal II and Shalmaneser III: An Interpretation, Iraq 36 (1974) 103–109; M. Elat, The Campaigns of Shalmaneser III against Aram and Israel, IEJ 25 (1975) 25–35.

[16] Siehe o. S. 262f. [hier nicht abgedruckt, Anm. d. Red.].

[17] Vgl. J. A. Brinkman, A Further Note on the Date of the Battle of Qarqar and Neo-Assyrian Chronology, JCS 30 (1978) 173–175.

[18] Siehe o. S. 262 [hier nicht abgedruckt, Anm. d. Red.].

biet durch die Unterwerfung von *Bīt-Adini* nach Westen vorgeschoben, ohne doch die beständige Unruhe unter den Vasallen in den Griff zu bekommen. Sein Alter war durch innenpolitische Wirren verdüstert: eine Revolte unter der Führung seines Sohnes Aššur-dān-apli brach aus, der sich bedeutende assyrische Städte anschlossen und die zu einem Bürgerkrieg führte, den erst Šamši-Adad V. (824–811) beenden konnte. Dessen Sohn Adadnarāri III. (811–781) war beim Thronantritt noch minderjährig; seine Mutter Sammuramāt – die Semiramis der griechischen Sage – führte zunächst die Regentschaft. Er nahm die Politik seines Großvaters Salmanassar III. in Syrien wieder auf, ohne wesentlich weiter zu kommen als dieser[19]. Vor allem aber bereinigte er das vordem vielfach gestörte, unter Šamši-Adad V. besonders feindselige Verhältnis zu Babylonien[20]: er bereinigte es im Sinne von Frieden und Freundschaft. Babylonien war und blieb aber ein Element der Unsicherheit innerhalb des neuassyrischen Großreiches. Das lag vor allem daran, daß keiner der assyrischen Großkönige es wagte, Babylonien dem assyrischen Provinzialsystem einzugliedern. In diesen rauhen Kriegern des Nordens lebte die Ehrfurcht vor dem babylonischen Nachbarland als der Mutter ihrer Kultur und Gesittung, ihrer Sprache, Schrift und Religion. Babylonien konnte nun einmal nicht mit demselben Maß gemessen werden wie beliebige an- [297] dere außerassyrische Gebiete. So erkannten die assyrischen Herrscher das babylonische Königtum an und versicherten sich seiner entweder durch freundschaftliche Beziehungen, durch den Vasallitätsstatus, dadurch, daß sie selbst den babylonischen Thron bestiegen und in Personalunion regierten oder auch durch die Einsetzung von Vizekönigen aus der assyrischen Dynastie nach dem Prinzip der Sekundogenitur. Auf jeden Fall aber behielt Babylonien einen Sonderstatus und blieb für die Assyrer ein Gegenstand ehrfürchtigen Staunens oder bitteren Hasses[21].

[19] Texte: TUAT I, 4, 367–369.

[20] Vgl. J. A. Brinkman, A Preliminary Catalogue of Written Sources for a Political History of Babylonia: 1160–722 B.C., JCS 16 (1962) 83–109; ders., Foreign Relations of Babylonia from 1600 to 625 B.C.: The Documentary Evidence (Summary), American Journal of Archaeology 76 (1972) 271–281.

[21] Vgl. J. A. Brinkman, Babylonia under the Assyrian Empire, 745–627 B.C., Power and Propaganda, ed. M. T. Larsen (1979) 223–250.

Nach einer letzten Schwächeperiode unter den drei Nachfolgern Adadnarāris III. bestieg im Jahre 745 v. Chr. Tiglatpileser III. (745–727) den assyrischen Thron[22]. Ihm war es beschieden, das neuassyrische Reich auf den Gipfel der Macht zu führen und Assyriens Aufstieg zu vollenden. Sowohl innen- wie außenpolitisch wehte sozusagen vom ersten Tage seiner Regierung an ein scharfer Wind, der spüren ließ, daß ein Mann das Heft in die Hand genommen hatte, dessen Wille zur Vollendung des Imperiums durch nichts und niemanden aufgehalten werden konnte. Er ging alsbald an eine Neuordnung des Administrationswesens innerhalb der bereits gewonnenen Territorien des Reiches. Da sich in den alten und z. T. beträchtlich großen Provinzen die Möglichkeit einer gefährlichen Machtkonzentration in den Händen der Provinzstatthalter *(šakin māti)* abzeichnete, legte er alles Gewicht auf die Bildung kleinerer Verwaltungsbezirke, die jeweils einem „Administrator" (^{LÚ}EN.NAM, *bēl pāḫati*) mit beschränkten Vollmachten unterstanden. Die Großprovinzen wurden zwar nicht gerade beseitigt, ihre Statthalter aber weitgehend entmachtet. So sicherte Tiglatpileser III. seiner eigenen Zentralgewalt Funktionstüchtigkeit und Effizienz. Auf dieser Basis ruhte das Konzept seiner Außenpolitik, deren Neuartigkeit und Durchschlagskraft nicht nachdrücklich genug betont werden können. Es ging Tiglatpileser nicht mehr nur darum, benachbarte kleinere Staatsgebilde in Form eines mehr oder weniger lockeren Vasallitätsverhältnisses an Assyrien zu binden, sondern ihrer so viele wie möglich restlos zu okkupieren. Er entwickelte ein System der stufenweisen Vernichtung der politischen Selbständigkeit der Kleinstaaten mit dem Ziel ihrer Einverleibung in das Gefüge der assyrischen Provinzen. Die Stufen dieses Systems und die Stadien des sich daraus ergebenden Vorgehens lassen sich schematisierend und etwas vereinfacht wie folgt beschreiben.

[22] Texte: AOT², 345–348; ANET³, 282–284; TGI³, 54–59; TUAT I, 4, 370–378; P. Rost, Die Keilschrifttexte Tiglat-Pilesers III. nach den Papierabklatschen und Originalen des Britischen Museums, 2 Bde. (1893); H. W. F. Saggs, The Nimrud Letters, 1952, Iraq 17 (1955) – 36 (1974) in Fortsetzungen; H. Tadmor, Introductory Remarks to a New Edition of the Annals of Tiglat-Pileser III. Proceedings of the Israel Academy of Sciences and Humanities 2,9 (1967).

1. Stadium: Bildung eines Vasallitätsverhältnisses durch Demonstration der assyrischen Militärmacht; Verpflichtung zu regelmäßigen, meist jähr- [298] lichen Tributzahlungen und gegebenenfalls zur Gestellung von Hilfstruppen. Insoweit unterscheidet sich Tiglatpilesers Verfahren kaum von dem seiner außenpolitisch aktiven Vorgänger. Er konnte einen „Vasallenkranz", d. h. eine nicht unbeträchtliche Anzahl kleinerer Staatsgebilde im 1. Stadium der Vasallität, bereits bei seinem Regierungsantritt übernehmen. Es kam nur darauf an, diesen Vasallen ihre Vasallität gegenüber Assyrien nachdrücklich in Erinnerung zu bringen und neue hinzuzugewinnen.

2. Stadium: Bei Beweis oder auch nur Vermutung antiassyrischer Konspiration unverzügliche militärische Intervention, Beseitigung des ungetreuen Vasallen und Einsetzung eines proassyrischen Fürsten, nach Möglichkeit aus der angestammten Dynastie. Im Zusammenhang damit erfolgten nicht selten drastische Gebietsverkleinerungen: die abgeschnittenen Teile des Territoriums wurden entweder sofort in assyrische Provinzen verwandelt oder benachbarten assurtreuen Vasallen zu Lehen gegeben. Natürlich stieg in diesem 2. Stadium der militärische und diplomatische Druck Assyriens auf den Vasallenstaat beträchtlich, die Tributpflichten wurden erhöht und die Außenpolitik unter ständiger Kontrolle gehalten.

3. Stadium: Beim geringsten Anzeichen einer gegen Assyrien gerichteten Unternehmung erneute und endgültige militärische Okkupation, Beseitigung des Vasallenfürsten, Liquidation der politischen Selbständigkeit des Staates und Errichtung einer assyrischen Provinz *(pāḫatu)* mit einem assyrischen Administrator und dem nötigen Beamtenstab. Flankierende Maßnahmen im 3. Stadium: Errichtung neuer Festungen, Ansiedlung von Militärkolonen, vor allem aber die Deportation der einheimischen und die zwangsweise Ansiedlung einer fremden Oberschicht. Die Deportationspraxis hatte den Zweck, der bodenständigen Landbevölkerung die Führungsschicht zu nehmen und sie dadurch politisch aktionsunfähig zu machen. Assyrien hoffte, daß sich das auf diese Weise entstandene Völkergemisch leichter würde regieren und unter Kontrolle halten lassen[23].

[23] Vgl. B. Oded, Mass Deportations and Deportees in the Neo-Assyrian Empire (1979).

Es versteht sich von selbst, daß sich Tiglatpileser III. nicht in allen Fällen streng an dieses System halten konnte. Besondere Konstellationen forderten Ausnahmen von der Regel und hinreichende Elastizität der assyrischen Außenpolitik. So sah sich Tiglatpileser bereits 743 einer antiassyrischen Koalition der nordsyrischen Aramäerstaaten *Arpad, Milid, Gurgum, Kummuḫ* und wohl noch einiger weiterer gegenüber, die den Zeitpunkt gekommen glaubten, sich des assyrischen Druckes entledigen zu können und die sich dazu der Unterstützung Sardurs III. von Urartu (ca. 765–733) versichert hatten[24]. Die Koalitionspartner befanden sich alle im 1. Sta-
[299] dium der Vasallität. Tiglatpileser zögerte nicht, den Aufstand niederzuschlagen: er schlug Sardur III. am Euphrat, belagerte Arpad *(Tell Refād)* bis 740 und machte es dann, wie auch den benachbarten Staat *Unqi*, zur assyrischen Provinz. Bei den anderen Vasallen griff er jedoch entgegen der sonst geübten Praxis nicht in die dynastischen Verhältnisse ein, sondern begnügte sich damit, sie durch Gebietsverkleinerungen zu bestrafen. Arpad trat also vom 1. sofort ins 3. Stadium über, die anderen ins 2. Stadium mit Modifikationen. Die Gründe kennen wir nicht. War Tiglatpileser bei seinem ersten Eingreifen in Syrien noch unsicher? Jedenfalls lassen die Ereignisse erkennen, daß der Assyrerkönig in der Lage war, in der Außenpolitik elastisch zu handeln. Assyrien brauchte zweierlei: eine klare und zielbewußte Konzeption und einen Mann, der sie souverän zur Mehrung des Reiches interpretieren und handhaben konnte.

Es ist hier nicht der Ort, im einzelnen nachzuzeichnen, wie Tiglatpileser III. und seine Nachfolger Salmanassar V. (727–722), Sargon II. (722–705)[25] und Sanherib (705–681)[26] nach und nach

24 Aus dem Vorfelde dieser Koalition stammen die aramäischen Staatsvertragstexte der drei Stelen von *Sfīre* zwischen *Matīʾilu* von Arpad und *Bargaʾjā* von KTK (KAI 222–224). Außer der in KAI^{3} genannten Literatur vgl. bes. J. A. Fitzmyer, The Aramaic Inscriptions of Sefîre, Biblica et Orientalia 19 (1967) und zu KTK R. Degen, WdO IV (1967) 48–60.

25 Texte: AOT^{2}, 348–352; ANET^{3}, 284–287; TGI^{3}, 60–65; TUAT I, 4, 378–387; D. G. Lyon, Keilschrifttexte Sargons, Königs von Assyrien (722–705 v. Chr.), nach den Originalen neu herausgegeben usw. Assyriolog. Bibliothek 6 (1883); H. Winckler, Die Keilschrifttexte Sargons nach den

den gesamten Vorderen Orient unter ihrem Szepter vereinigten. Das jedenfalls war das Ergebnis: ein Ergebnis, das vor allem auch die Geschicke der syropalästinischen Landbrücke entscheidend gestaltet hat[27]. Freilich blieben lockere und unsichere Stellen in diesem gewaltigen Großreichsgebilde erhalten, vor allem an seinen Rändern. Von der Sonderstellung Babyloniens war schon die Rede[28]. Auch Tiglatpileser III. hat sie respektiert. Einige Jahre vor seinem Tode hat er noch selber unter dem Namen *Pūlu* den babylonischen Thron bestiegen; seine nächsten Nachfolger haben es nicht anders gehalten. Die alten, reichen Handelsmetropolen an der phönikischen Küste sind bis zum Ende des neuassyrischen Großreiches nicht in assyrische Provinzen verwandelt worden. Sie behielten relative politische Selbständigkeit im Rahmen des 1. oder 2. Stadiums der Vasallität. Der Grund dafür lag natürlich nicht im Unvermögen der Assyrer, sondern in der Notwendigkeit, die Phöniker pfleglich zu behandeln, um ihre weitreichenden, das ganze Mittelmeer umspannenden Handelsbeziehungen[29] auch weiter- [300] hin für das Hinterland und damit für Assyrien zu nutzen[30]. Auch im Süden

Papierabklatschen und Originalen neu herausgegeben, 2 Bde. (1889); A. G. Lie, The Inscriptions of Sargon II, King of Assyria. I, The Annals (1929); A. T. E. Olmstead, The Text of Sargon's Annals, AJSL 47 (1930/1) 259–280; C. J. Gadd, Inscribed Prisms of Sargon II from Nimrud, Iraq 16 (1954) 173–201; W. Mayer, Sargons Feldzug gegen Urartu – 714 v. Chr. Eine militärhistorische Würdigung, MDOG 112 (1980) 13–33.

[26] Texte: AOT², 352–354; ANET³, 287f.; TGI³, 67–69; TUAT I, 4, 388–392; D. D. Lukkenbill, The Annals of Sennacherib. The University of Chicago, Oriental Institute Publications 2 (1924); A. Heidel, The Octogonal Sennacherib Prism in the Iraq Museum, Sumer 9 (1953) 117–187.

[27] Siehe u. S. 328 [hier nicht abgedruckt, Anm. d. Red.].

[28] Siehe o. S. 296f. [hier S. 41, Anm. d. Red.].

[29] Vgl. S. Moscati, Die Phöniker. Von 1200 v. Chr. bis zum Untergang Karthagos, Kindlers Kulturgeschichte (1966); W. A. Ward (ed.), The Role of the Phoenicians in the Interaction of Mediterranean Civilization (1968); A. Parrot – M. H. Chéhab – S. Moscati, Die Phönizier. Die Entwicklung der phönizischen Kunst von den Anfängen bis zum Ende des dritten punischen Krieges (1977).

[30] Vgl. B. Oded, The Phoenician Cities and the Assyrian Empire in the

der Landbrücke ließen die Assyrer eine Anzahl halb selbständiger Kleinstaaten bestehen, obwohl gerade dort immer wieder Aufstände ausbrachen und Assur zu militärischem Eingreifen zwangen: Juda, die Stadtstaaten der philistäischen Pentapolis – mit Ausnahme von Asdod, das vorübergehend assyrische Provinz wurde[31] – und die ostjordanischen Randstaaten Ammon, Moab und Edom. Damit war beabsichtigt, diese kleineren Staatsgebilde als Pufferstaaten gegen Ägypten zu erhalten, um eine unmittelbare Grenzberührung des assyrischen Riesenreiches mit Ägypten zu vermeiden[32]. Zur Zeit Tiglatpilesers III. und seiner ersten Nachfolger lag in dieser Politik angesichts der wachsenden Macht der 25. äthiopischen Dynastie[33] kluge Selbstbeschränkung. Als diese Macht jedoch im Schwinden begriffen war, hielt es Asarhaddon (681–669) für richtig, durch die Eroberung Ägyptens den Schlußstein in das Gebäude des neuassyrischen Großreiches zu setzen[34]. Im Jahre 674 unternahm er einen ersten Feldzug, wurde aber bei *Ša-awele* (= Sile, die ägyptische Grenzfestung *Ṯl*) geschlagen. 671 aber drangen die assyrischen Armeen unaufhaltsam in Ägypten ein und eroberten Memphis. Pharao Taharka floh in die Thebais. Die Assyrer bildeten im

Time of Tiglathpileser III, ZDPV 89 (1973) 38–49; M. Cogan, Tyre and Tiglath-Pileser III. Chronological Notes, JCS 25 (1973) 96–99; J. N. Postgate, The Economic Structure of the Assyrian Empire, Power and Propaganda, ed. M. T. Larsen (1979) 193–221. – Ereignisse wie im Jahre 677, als Asarhaddon Sidon eroberte, in assyrische Verwaltung nahm und *Kār-Aššur-aḫa-iddina* „Asarhaddonsburg oder -hafen" nannte, blieben Episode. Vgl. auch J. Elayi, Les cités phéniciennes et l'empire assyrien à l'époque d'Assurbanipal, RA 77 (1983) 45–58.

[31] Siehe u. S. 321 [hier nicht abgedruckt, Anm. d. Red.].

[32] Vgl. R. Follet, «Deuxième Bureau» et information diplomatique dans l'Assyrie des Sargonides, RSO 32 (1957) 61–81; M. Elat, The Economic Relations of the Neo-Assyrian Empire with Egypt, JAOS 98 (1978) 20–34.

[33] Siehe o. S. 292 [hier nicht abgedruckt, Anm. d. Red.].

[34] Texte: AOT², 354–358; ANET³, 289–294; TGI³, 70; TUAT I, 4, 393–399. Vgl. R. Borger, Die Inschriften Asarhaddons, AfO Beiheft 9 (1956, Nachdruck 1967); D. J. Wiseman, The Vassal Treaties of Esarhaddon, Iraq 20 (1958) 1–99; A. J. Spalinger, Esarhaddon and Egypt: An Analysis of the 1st Invasion of Egypt, Or 43 (1974) 295–326.

Delta und in Teilen Mittelägyptens kleine Verwaltungsbezirke. Dabei stützten sie sich auf die einheimischen ägyptischen Gaufürsten, die sie im Amte beließen, aber der Kontrolle assyrischer Administratoren unterstellten. Asarhaddon selbst nahm großsprecherisch den Titel „König der Könige von Muṣur (Unterägypten), Patros (Oberägypten) und Kusch (Äthiopien)" an, der von der Wirklichkeit nicht entfernt gedeckt wurde. Waren die fremden libyschen und äthiopischen Pharaonen von den Ägyptern keineswegs als Fremdherrscher angesehen worden, so galt das natürlich nicht auch von den Assyrern. Auf sie konzentrierte sich aller Haß, und es verwundert niemanden zu hören, daß bereits 670 alleror- [301] ten Aufstände ausbrachen, die den letzten Feldzug Asarhaddons veranlaßten (669), auf dem er starb. Die durch den Thronantritt Assurbanipals (669–um 630)[35] eingetretene Unsicherheit nutzte Taharka, Memphis und das Delta wieder in seine Hand zu bekommen. Aber 667 wurde er durch den General *(turtānu)* Assurbanipals verjagt und die vorige Lage wiederhergestellt. Nach dem Tode Taharkas (664) versuchte es sein Neffe Tanutamun, der letzte Pharao der 25. Dynastie, noch einmal. Aber die Dinge standen hoffnungslos für ihn: die Assyrer behaupteten Memphis, eroberten nun auch Theben und gewannen damit Oberägypten. Jetzt war, wenn man so sagen darf, Ägypten befriedet. Die Assyrerherrschaft dauerte bis 655. Etwas weniger als ein Jahrzehnt reichte das neuassyrische Großreich vom ersten Nilkatarakt bis zum Mittelmeer und vom iranischen Hochland bis zum Persischen Golf.

Allerdings: diese gewaltige Aufgipfelung des Reiches trug den Keim zum Untergang in sich. Sie war gewissermaßen die Peripetie

[35] Texte: M. Streck, Assurbanipal und die letzten assyrischen Könige bis zum Untergang Niniveh's, Vorderasiat. Bibliothek 7, 3 Bde. (1916); Th. Bauer, Das Inschriftenwerk Assurbanipals vervollständigt und neu bearbeitet, Assyriolog. Bibliothek NF 1–2 (1933); A. C. Piepkorn, Historical Prism Inscriptions of Ashurbanipal I (1933); A. R. Millard, Fragments of Historical Texts from Nineveh: Ashurbanipal, Iraq 30 (1968) 98–111; J. E. Reade, The Rassam Obelisk, Iraq 42 (1980) 1–22. Vgl. E. Badolì u. a., Studies on the Annals of Assurbanipal. I. Morphological Analysis, Vicino Oriente 5 (1982) 13–73. Vgl. auch TUAT I, 4, 399–401.

Das neuassyrische Großreich

…rzes Meer
Kaspisches Meer
URARTU
Van-See
Turušpa
Urmia-See
…ILID
NAÏRI
MANNAI
A S S Y R I E N
Harrān
Guzana
Dūr-Sarrukēn
Ninive
BĪT-ADINI
Oberer Zāb
Arbela
Kalaḫ (Nimrūd)
Unterer Zāb
…AGUSI
Ḫābūr
Assur
Arrapḫa
MADAI (MEDER)
Diyala
Ekbatana
Tekrīt
Tadmor (Palmyra)
Euphrat
E L A M
Tigris
Dēr
Sippar
Kuta
Babylon
Susa
Borsippa
Nippur
BABYLONIEN
Uruk
Larsa
Ur
Meerland
Dūmā
ARABIEN
Persischer Golf
Taymā
…edān
Ungefähre Ausdehnung des neuassyrischen Großreiches um 700 v. Chr.

im Drama der assyrischen Geschichte. Denn Assyrien hatte nun die äußersten Grenzen seiner Möglichkeiten erreicht, und zwar nicht in der Zeit der ersten stürmischen Expansion, sondern nach Jahrhunderten kräfteverzehrender Arbeit für die Erhaltung, Sicherung und Mehrung des inneren und äußeren Bestandes des Reiches. Die Eroberung Ägyptens war der Euphorie vergleichbar, die dem Tode vorausgeht. Wie sehr Asyrien im Grunde schon geschwächt war, hat gerade Assurbanipal während seiner langen Regierungszeit bitter zu spüren bekommen. Assurbanipal repräsentierte einen anderen Herrschertyp auf dem assyrischen Thron, als es die meisten seiner Vorgänger gewesen waren. Gebildet und belesen, hatte er Sinn für Literatur und Wissenschaft, für die Pflege der schönen Künste und für alles, was das Leben angenehm machen kann. Seine große Bibliothek, die in Ninive gefunden worden ist, hat mit Recht Weltberühmtheit erlangt. Das alles heißt nicht, daß er ein schwacher, unentschlossener Mann gewesen wäre. Er hat vielmehr nahezu pausenlos und erbittert gekämpft, und das war nötig, denn das Großreich hatte seinen Höhepunkt überschritten und geriet mehr und mehr in die Defensive. Ein Großreich aber, das nicht mehr offensiv ist und sein kann, hat im Grunde schon zu bestehen aufgehört, auch wenn sein äußerer Bestand noch eine Weile mühsam erhalten werden kann. Assurbanipal verzehrte die Kräfte des Reiches und sich selbst in unendlichen Defensivkriegen nach allen Seiten. Er konnte nicht verhindern, daß Ägypten 655 unter Psammetich I., dem Begründer der 26. saitischen Dynastie, seine Unabhängigkeit zurückgewann[36]. Zwischen 652 [302] und 648 tobte der unselige Bruderkrieg Assurbanipals gegen seinen Bruder Šamaššumukīn, den Vizekönig von Babylonien[37]. Assurbanipal blieb zwar Herr der Lage[38], aber das Reich ging aus den Auseinandersetzungen geschwächt hervor. Dazu kamen ständige Kämpfe gegen Nachbarstaaten, z. B. Elam, gegen unbotmäßige Vasallen und gegen Proto-

[36] Siehe u. S. 360 [hier nicht abgedruckt, Anm. d. Red.].

[37] Vgl. zur Vorgeschichte S. Ahmed, Ashurbanipal and Shamash-shumukin during Esarhaddon's Reign, Abr-Nahrain 6 (1965/6) 53–62.

[38] Vgl. M. Cogan – H. Tadmor, Ashurbanipal's Conquest of Babylon: The First Official Report – Prism K, Or 50 (1981) 229–240.

araber der Wüste[39]. Südmesopotamien entwickelte sich zu einem besonders gefährlichen Unruheherd[40]. Mit Assurbanipal ging das assyrische Zeitalter im Vorderen Orient zu Ende. Als er um 630 starb, war es nur noch eine Frage weniger Jahre, bis neue aufstrebende Mächte den Resten des neuassyrischen Großreiches den Garaus machten und sein Erbe unter sich aufteilten.

[39] Vgl. M. Weippert, Die Kämpfe des assyrischen Königs Assurbanipal gegen die Araber, WdO VII (1973/4) 39–85; VIII (1975/6) 64.

[40] Vgl. S. Ahmed, Mesopotamia in the Time of Ashurbanipal, Studies in Ancient History 2 (1968).

Herbert Donner, Geschichte des Volkes Israel und seiner Nachbarn in Grundzügen, T. 2: Von der Königszeit bis zu Alexander dem Großen, Göttingen: Vandenhoeck & Ruprecht 1986 (Grundrisse zum Alten Testament, Bd. 4), S. 359–360, 362–369.

VÖLKER UND STAATEN DES ALTEN ORIENTS BIS ZUM AUFKOMMEN DER PERSER

Von Herbert Donner

[. . .]

Quellen: s. auch S. 287 [hier S. 33, Anm. d. Red.]. – J. N. Strassmaier, Babylonische Texte I–IV: Inschriften von Nabonidus, König von Babylon (1889); V–VI: Inschriften von Nabuchodonosor, König von Babylon (1889); B. T. A. Evetts, Inscriptions of the Reigns of Evil-Merodach (B. C. 562–559), Neriglissar (B. C. 559–55) and Laborosoarchod (B. C. 555) = Strassmaier, Babylonische Texte VI B (1892); St. Langdon, Die neubabylonischen Königsinschriften, Vorderasiat. Bibliothek 4 (1912); C. J. Gadd, The Harran Inscriptions of Nabonidus, Anatolian Studies 8 (1958) 35ff.; M. Dietrich, Neue Quellen zur Geschichte Babyloniens I–III, WdO 4 (1967/8) 61–103, 183–251; 5 (1969/70) 51–56, 176–190; P.-R. Berger, Die neubabylonischen Königsinschriften. Königsinschriften des ausgehenden babylonischen Reiches (626–539 a. Chr.), AOAT 4/1 (1973)

[. . .]

[360] Das Jahrhundert zwischen dem Untergang des neuassyrischen Großreiches (ca. 630–612) und der Eroberung Babylons durch den Perserkönig Kyros II. (539) trägt die Bezeichnung „babylonisches Zeitalter“ zu Recht und aus mehreren Gründen. Zum einen war es das neubabylonische Großreich unter der Dynastie der Chaldäer, das das Erbe Assyriens in weiten Teilen des alten Nahen Ostens antrat. Zum anderen war es eben dieses Reich, das als der bestimmende Machtfaktor in der altorientalischen Geschichte jenes Zeitraumes zu gelten hat: ein Machtgebilde, das alle anderen größeren und kleineren Mächte des Orients auf den zweiten Rang verwies. Und schließlich darf der außerordentliche Kultureinfluß nicht übersehen werden, der von Babylonien auf die Länder des Nahen Ostens ausging, gewissermaßen zentriert und symbolisch dargestellt in der mit ungeheurer Pracht und Herrlichkeit ausgebauten Stadt Babylon, der Hauptstadt der damaligen Welt.

Zu den Mächten auf dem zweiten Rang gehörte auch *Ägypten*, obwohl es zwischen 664 und 525 v. Ch. von einer bedeutenden und tatkräftigen Dynastie regiert wurde: der 26. Dynastie von Sais, die man überhaupt die letzte große einheimische Dynastie in der Geschichte des vorhellenistischen Ägypten nennen kann. [. . .]

[362] [. . .]

Mesopotamien stand in der 2. Hälfte des 7. Jahrhunderts v. Chr. im Zeichen des Niedergangs der assyrischen Macht und des Aufstieges des chaldäischen Babylonien. Babylonien war seit dem Ende des 2. Jahrtausends v. Chr. zunehmend aramaisiert worden[1]. Die Chaldäer waren eine starke Aramäergruppe in Südbabylonien, das man ^{KUR}*Kaldu* nannte, zunächst vor allem in der Provinz des Meerlandes nahe dem Persischen Golf. Dort sind sie seit dem 9. Jahrhundert v. Chr. bezeugt, erlebten ihren Aufstieg zur Herrenschicht aber erst im 7. Jahrhundert[2]. Dem chaldäischen [363] Adel des Meerlandes entstammte wahrscheinlich Nabopolassar (*Nabû-apla-uṣur*, 625–605), der Begründer der chaldäischen Dynastie von Babylon. Von seinem Kampfe gegen Assyrien und von seiner Inthronisation als König von Babylonien war bereits die Rede[3]. Hier ist nur so viel nachzutragen, daß er es war, der die Fundamente des neubabylonischen Großreiches gelegt und der babylonischen Innen- und Außenpolitik auf etwas weniger als ein Jahrhundert die Wege gewiesen hat. Nabopolassar war als Militärführer nicht immer erfolgreich, um so mehr aber als Diplomat. Es gelang ihm nach der Eroberung von Ninive im Jahre 612 v. Chr. und der Liquidierung des assyrischen Reststaates von *Ḫarrān*[4] die babylonischen und medischen Interessengebiete sorgsam, friedlich und vorteilhaft gegeneinander abzugrenzen. Er überließ seinem Verbündeten Kyaxares das alte assyrische Stammland am oberen Tigris und die Provinz *Ḫarrān* und erbte selber den mesopotamischen und syropalästini-

[1] Vgl. J. A. Brinkman, A Political History of Post-Kassite Babylonia, 1158–722 B. C., AnOr 43 (1968).

[2] Vgl. J. A. Brinkman, Notes on Aramaeans and Chaldaeans in Southern Babylonia in the Early 7th Century B. C., Or 46 (1977) 304–325.

[3] Siehe o. S. 340f. [hier nicht abgedruckt, Anm. d. Red.].

[4] Siehe o. S. 356f. [hier nicht abgedruckt, Anm. d. Red.].

schen Rest des neuassyrischen Großreiches. Die Herrschaft über die Landbrücke war freilich erst noch gegen die Ägypter durchzusetzen. Innenpolitisch suchte Nabopolassar dem Reiche in Anlehnung an die Administrationspraxis der Assyrer feste Form zu geben. Vor allem aber war er ein großer Bauherr, der sich mit Hingabe der Restauration babylonischer Tempel widmete, besonders für die Götter *Šamaš* und *Marduk*, und natürlich nicht zuletzt in Babylon selbst. Seine Arbeiten am Marduktempel *Esangila* und an dessen berühmtem Stufenturm *Etemenanki* („Haus des Fundamentes des Himmels und der Erde") sind ein Präludium zum großartigen Ausbau Babylons unter der Regierung seines Sohnes. Diesen, den Kronprinzen Nebukadnezar *(Nabû-kudurri-uṣur)*[5], zog er in seinen letzten Jahren zur Mitregierung heran; er wechselte mit ihm im militärischen Oberbefehl ab.

Nebukadnezar II. (605–562) war es denn auch, der die vorübergehende Herrschaft des Pharao Necho auf der syrisch-palästinischen Landbrücke beendete. Das geschah in der Schlacht bei Karkemisch, über deren Vorgeschichte und Verlauf wir aus der babylonischen Chronik recht gut unterrichtet sind[6]. In den Jahren 609–607 hatte Nabopolassar gegen nördliche Bergvölker gekämpft, um freie Hand für seine Auseinandersetzung mit den Ägyptern zu gewinnen. 606 griff er die Ägypter an, die bei Karkemisch einen Brückenkopf hielten, kam aber nicht recht voran. Nachdem er das Kommando dem Kronprinzen übertragen hatte, liefen die Dinge so: „Er (Nebukadnezar) marschierte gegen Karkemisch, das am Ufer des Euphrat liegt, und [gegen das ägyptische Heer], das in Karkemisch lag, [364] überschritt den Fluß und [. . . mit] einander kämpften sie. Und das Heer Ägyptens wich zurück, und ihre [Niederlage] bewirkte er bis zu ihrem Nichtsein. Den Rest des ägyptischen Heeres, [. . . das] der Niederlage entflohen war, (so schnell daß) keine Waffe

[5] Die übliche, auf dem AT beruhende Wiedergabe des Namens entspricht dem babylonischen Konsonantenbestand weniger gut als die ebenfalls im AT belegte Namensform Nebukadrez(z)ar; vgl. Jer 21, 2; 29, 21; Ez *passim* u. ö.

[6] BM 21946 bei D. J. Wiseman, S. 67–69; TGI^3, 73; TUAT I, 4, 402f. Vgl. dazu E. Vogt, Die neubabylonische Chronik über die Schlacht bei Karkemisch und die Einnahme von Jerusalem, SVT 4 (1957) 67–96.

sie erreichen konnte, überwanden die babylonischen Truppen im Distrikt von Hamath und schlugen ihn so, daß nicht ein einziger Mann in seine Heimat zurückkehrte." [7] Das war es im Grunde auch schon. Die folgenden häufigen Syrienfeldzüge Nebukadnezars waren nicht viel mehr als „militärische Spaziergänge" [8] ohne nennenswerten Widerstand. Das gilt auch für das zweimalige Eingreifen in Juda und Jerusalem 598/7 und 587/6 [9]. Es gilt jedoch nicht für den gescheiterten und mit hohen Verlusten bezahlten Angriff auf Ägypten im Winter 601/600 [10]. Ansonsten erfährt man über die militärischen Unternehmungen Nebukadnezars II. wenig von ihm selber: nichts über die angebliche dreizehnjährige Belagerung von Tyrus [11], nichts über die Annexion Kilikiens zwischen 595 und 570, wenig über einen Feldzug gegen Amasis von Ägypten 568. Nebukadnezar hat keine Feldzugsberichte assyrischen Stils hinterlassen, sondern fast ausschließlich Bauinschriften, diese freilich in beachtlicher Zahl. Er wandelte als Bauherr in den Spuren seines Vaters, restaurierte allerorten alte Tempel, vollendete den grandiosen Ausbau von Babylon und errichtete nördlich der Stadt die „medische Mauer" zwischen *Sippar* und *Akšak*, deren Verlauf noch heute im Luftbild zu erkennen ist [12]. Unter ihm wurde der Alte Orient babylonisch und Babylon das Zentrum der damals bekannten Welt.

Nach Nebukadnezars II. Tode (562) begann der Niedergang des neubabylonischen Großreiches. Dieser relativ früh einsetzende Verfall war zunächst nicht auf den Druck von seiten starker auswärtiger Gegner zurückzuführen, sondern auf das Erlahmen der Kräfte der Dynastie. Die Nachfolger Nebukadnezars II. waren den Aufgaben, die die Beherrschung und Verwaltung des Riesenreiches an

[7] TGI³, 73; vgl. TUAT I, 4, 403. Diese Angaben erhellen dunkle Stellen in Jer 46, 2–12 und bei Fl. Josephus, Ant. X, 11, 1 (§§ 219ff. Niese).

[8] So R. Labat in: Fischer Weltgeschichte 4: Die altorientalischen Reiche III (1967) 99.

[9] Siehe u. S. 372f. 377–380 [hier nicht abgedruckt, Anm. d. Red.].

[10] Vgl. E. Lipiński, The Egyptian-Babylonian War of the Winter 601–600 B. C., AION 22 (1972) 235–241; H. J. Katzenstein "Before Pharao Conquered Gaza" (Jeremiah xlvii 1), VT 33 (1983) 249–251.

[11] Vgl. Ez 26, 1–28, 19; Fl. Josephus, Ant X, 11, 1; c. Ap. I, 21.

[12] Vgl. Xenophon, Anabasis II, 4, 12.

sie stellte, nicht ganz gewachsen; sie scheiterten vor allem an der Bewältigung der innenpolitischen Spannungen, die das Reich immer mehr auf den Untergang zutrieben. Von Nebukadnezars Sohn *Amēl-Marduk* (562–560)[13] ist wenig bekannt, immerhin die Begnadigung des deportierten Davididen Jojachin von Juda (2. Kön 25, 27–30; Jer 52, 31–34)[14]. Sein Nachfolger rühmt sich als „Vollbrin-
[365] ger frommer Werke“ und „Erneuerer von *Esangila* und *Ezida*“; er erwarb sich auch Verdienste durch die Wiederherstellung priesterlicher Privilegien. Vielleicht darf man daraus schließen, daß *Amēl-Marduk* den Versuch einer antiklerikalen Innenpolitik unternommen hat: einer Politik, die gegen die unter Nebukadnezar mächtig erstarkte *Marduk*-Priesterschaft von Babylon gerichtet war. Er könnte eben daran gescheitert sein. Denn der Nachfolger Neriglisssar (*Nergal-šar[ra]-uṣur*, 560–556), ein Schwiegersohn Nebukadnezars, der möglicherweise an der Belagerung und Eroberung Jerusalems 587/6 beteiligt gewesen war[15], ist mit Hilfe der Gegner *Amēl-Marduks* an die Macht gekommen. Seine kurze Regierungszeit stand bereits im Zeichen des Aufstiegs des Perserreiches unter Kyros II. Immerhin hat er 556 noch einen erfolgreichen Feldzug nach dem kleinasiatischen Kilikien unternommen[16]. Im Inneren des Reiches aber wuchsen die Spannungen, hervorgerufen durch die Rivalität der Priesterschaften an den Tempeln der großen Götter: *Marduk* in Babylon, *Šamaš* in Larsa und Sippar, *Nannar-Sîn* in Ur und dem noch unter medischer Herrschaft stehenden *Ḫarrān*. Diese Spannungen konnte Neriglissar nicht ausgleichen; seine einseitige Bevorzugung der *Marduk*-Priesterschaft zeigte, daß er es auch gar nicht wollte. Als er starb, wurde die Thronfolge durch die Ermordung des Kronprinzen *Lābaši-Marduk* gewaltsam unterbrochen.

Zur Macht gelangte ein Mann aus *Ḫarrān*, der letzte König des

[13] Vgl. R. Sack, Amēl Marduk, 562–560 B. C. A Study Based on Cuneiform, OT, Greek, Latin and Rabbinical Sources, AOAT 4 (1972).

[14] Siehe u. S. 374 [hier nicht abgedruckt, Anm. d. Red.].

[15] Vgl. Jer 39,3. 13.

[16] Chronik BM 25124 bei D. J. Wiseman, S. 74–77. Vgl. zur Kilikienpolitik insgesamt W. F. Albright, Cilicia and Babylonia under the Chaldaean Kings, BASOR 120 (1950) 22–25.

neubabylonischen Reiches: Nabonid (*Nabû-nā'id*, 556–539), der Sohn eines sonst ganz unbekannten Statthalters *(šakkanakku)* und Prinzen *(rubû) Nabû-balāssu-iqbi* und der *Sîn*-Priesterin *Adda-Guppi'*. Nabonid ist eine der interessantesten Gestalten auf dem babylonischen Thron. Seine Inschriften, oft in altbabylonischer Sprache und Schrift abgefaßt, haben von ihm ein falsches und korrekturbedürftiges Bild entstehen lassen: das Bild eines bejahrten, weltfremden, archäologisch interessierten Schwärmers ohne politische Ambitionen. Man weiß inzwischen, daß das nicht zutrifft, wenn auch skurrile Züge im Charakterbild dieses Herrschers verbleiben[17].

[366] Babylonien unmittelbar östlich benachbart, auf dem Territorium des alten Elam, saß das persische Dynastengeschlecht der Achämeniden, in Lehnsabhängigkeit von den medischen Oberherren. Diesem zukunftsreichen Geschlecht entstammte Kyros II., der sich langsam von den Medern emanzipierte und dem es um 550 gelang, den Mederkönig Astyages zu besiegen und der medischen Herrschaft ein Ende zu bereiten[18]. Er eroberte 549 Ekbatana, die medische Metropole im iranischen Hochland, und machte es zum Zentrum seines neuen persischen Reiches. In Kleinasien hatte sich

[17] Literatur zu Nabonid: S. Smith, Babylonian Historical Texts Relating to the Capture and Downfall of Babylon (1924); J. Lewy, The Late Assyro-Babylonian Cult of the Moon and its Culmination at the Time of Nabonidus, HUCA 19 (1945/6) 405–489; B. Landsberger, Die Basaltstele Nabonids von Eski-Harran. Halil Edhem Memorial Volume (1947) 115ff.; J. M. Wilkie, Nabonidus and the Later Jewish Exiles, JThSt.NS 2 (1951) 36–44; W. Röllig, Erwägungen zu neuen Stelen König Nabonids, ZA.NF 22 (1964) 218–260; H. Tadmor, The Inscriptions of Nabunaid. Historical Arrangement, Fs B. Landsberger (1965) 351–363; W. G. Lambert, A New Source for the Reign of Nabonidus, AfO 22 (1968/9) 1–8. Zur Nachgeschichte auch: R. Meyer, Das Gebet des Nabonid, Sitzungsberichte d. Sächs. Akad. d. Wiss., phil.-hist. Kl. 107,3 (1962); R. H. Sack, The Nabonidus Legend, RA 77 (1983) 59–67. – Auf Nabonid bezügliche Texte in den Quellensammelwerken: AOT^2, 366–370; ANET^3, 305–315; TGI 66–70; TGI^3, 79–84; TUAT I, 4, 406f.

[18] Vgl. D. Sacchi, La data della vittoria di Ciro su Astiage, Parola del Passato 102 (1965) 223–233.

seit dem Zusammenbruch des hettitischen Neuen Reiches zum ersten Male wieder ein größeres Staatsgebilde etabliert: das lydische Reich unter dem sprichwörtlich reichen König Kroisos (Krösus), das den medischen Einfluß in Anatolien zurückdrängte. Wollte Kyros das medische Erbe in vollem Umfang antreten, dann war eine militärische Auseinandersetzung mit Lydien unvermeidlich. In Vorbereitungen dazu begriffen, hatte Kyros keinerlei Interesse daran, mit seinem babylonischen Nachbarn in Konflikt zu geraten. Er machte eine Geste des Entgegenkommens und überließ Nabonid die Provinz *Ḫarrān*, die er von den Medern geerbt hatte. Durch diesen geschickten Schachzug legte er Nabonid seine Heimatstadt zu Füßen und durfte nun damit rechnen, den Rücken frei zu behalten. Nabonid begab sich sofort nach *Ḫarrān* und schickte sich an, den zerstörten Tempel des Gottes *Sîn, Eḫulḫul*, glanzvoll wieder aufzubauen. Die einseitige, nahezu fanatische Bevorzugung der Götter *Sîn* und *Šamaš* verschaffte ihm viele Feinde, besonders natürlich in der *Marduk*-Priesterschaft von Babylon. Zu einem Aufstande kam es zu Lebzeiten Nabonids freilich nicht: ein Zeichen dafür, daß er innenpolitisch das Heft fest in der Hand hatte. Sollte Kyros jedoch gehofft haben, den Chaldäer durch die Überlassung *Ḫarrāns* von den immer deutlicher werdenden persischen Emanzipations- und Expansionsbestrebungen abzulenken, so sah er sich getäuscht. Es kann kaum ein Zweifel daran bestehen, daß Nabonid diese Absichten durchschaute und sich nicht die Augen verbinden ließ. Er widmete sich in *Ḫarrān* nicht nur der Pflege des *Sîn*-Kultes, sondern machte die Stadt zu einer Art Ausweichresidenz seines Reiches. Es könnte sein, daß in diesen Zusammenhang auch Nabonids rätselhafter Zug nach der innerarabischen Oase *Taymā* und sein langjähriger Aufenthalt daselbst gehört[19]. Er berichtet in einer seiner Inschriften folgendes: „Die Söhne von Babylon, Borsippa, Nippur, Ur, Uruk, Larsa, die Priester und Bewohner der heiligen Stätten von Akkad fehlten, vergingen sich und versündigten sich . . ., sprachen nur noch falsche, ungerechte Worte und fraßen einander wie

[19] Vgl. W. F. Albright, The Conquests of Nabonidus in Arabia, Journal of the Royal Asiatic Society (1925) 293–295; W. G. Lambert, Nabonidus in Arabia, Proceedings of the Seminar for Arabian Studies 2 (1972) 53–64.

die Hunde. Sie ließen Fieber und Hungersnot in ihrer Mitte entstehen, so daß die Bevölkerung zurückging. Ich aber begab mich [367] weit weg von meiner Stadt Babylon und schlug den Weg nach *Taymā*, *Dadānu*, *Padakku*, *Ḫibrâ*, *Jadiru*, ja bis nach *Jatribu* ein und wanderte zehn Jahre lang zwischen diesen Städten hin und her; in meine Stadt Babylon aber kehrte ich nicht ein."[20] Nabonid stellt die Dinge so dar, als habe er die innenpolitisch miteinander rivalisierenden Gruppen durch seinen Weggang bestrafen wollen. Das nun wohl nicht, aber daß die Spannungen mit der *Marduk*-Priesterschaft von Babylon zu den Gründen seiner „Abreise" gehörten, ist nicht zu bezweifeln. Darüber hinaus aber mag die Absicht bestanden haben, eine chaldäisch-arabische Abwehrfront gegen die Expansion der Perser aufzubauen: die Länge der Achse *Taymā–Jatrīb* (das spätere Medina) beträgt immerhin etwa 400 km. Schließlich sind wirtschaftliche Gesichtspunkte zu nennen: mit der zunehmenden Versandung des Persischen Golfes lief der Import- und Exporthandel stärker als vordem über die Karawanenwege von Babylonien über *Taymā* nach Ägypten[21], und die Kontrolle dieser Wege mochte Nabonid nützlich erscheinen. Wie dem auch sei, jedenfalls überspannte Nabonid mit seinem Arabienaufenthalt den Bogen. Die langjährige Entfernung vom Zentrum seines Reiches mußte innenpolitische Folgen nach sich ziehen. Der König ließ sich in Babylon durch den Kronprinzen *Bēl-šar(ra)-uṣur* (Belsazar) vertreten, auf den sich alsbald der Haß der *Marduk*-Priesterschaft konzentrierte. Belsazar bewies überdies keine glückliche Hand: er repräsentierte nicht nur seinen von der Hauptstadt abwesenden Vater, sondern trieb dessen Religionspolitik ins Extrem. Er ging so weit, die Abhaltung des großen Neujahrsfestes, des Hauptfestes im *Marduk*-Kultus, zu verbieten. Wir wissen nicht, ob Nabonid davon überhaupt Kenntnis hatte. In seinem Sinne können Maßnahmen dieser Art eigentlich nicht gewesen sein; sollte er sie gekannt haben, dann hat er aus unerfindlichen Gründen nichts dagegen unternom-

[20] Zitiert nach R. Labat, Fischer Weltgeschichte 4: Die altorientalischen Reiche III (1967) 108.

[21] Vgl. A. L. Oppenheim, Essay on Overland Trade in the First Millennium B. C., JCS 21 (1967, publ. 1969) 236–254.

men. Die Folgen blieben nicht aus. Die *Marduk*-Priesterschaft betrieb mehr und mehr eine rührige propersische Propaganda, in der Kyros als der kommende Befreier gefeiert wurde. Die jüdischen Exulantengemeinden in Babylonien schlossen sich dieser Propaganda an und erwarteten von Kyros das Ende ihrer Gefangenschaft[22]. Belsazar war der bestgehaßte Mann in Babylon – ein Tatbestand, der seinen sagenhaften Niederschlag in dem aus dem 2. Jahrhundert v. Chr. stammenden Danielbuch (Dan 5) gefunden hat. Man kennt die Sage, die die zugrundeliegenden geschichtlichen Ereignisse arg entstellt, umdatiert und für spätere Zeiten interpretiert hat, aus Heinrich Heines Ballade: „Und sieh! und sieh! an weißer Wand, da kam's hervor wie Menschenhand . . . Belsazar ward aber in selbiger Nacht von seinen Knechten umgebracht." Das ist ein Stimmungs- [368] bild, das auf die letzten Jahre des neubabylonischen Großreiches paßt. Diesem Reiche galt das Menetekel, nicht dem Kronprinzen.

Im Jahre 540 v. Chr. entschloß sich der alte Nabonid endlich, nach Babylon zurückzukehren. Aber er kam zu spät. Es nützte nichts mehr, daß er für den Jahresbeginn 539 ein großes Neujahrsfest ankündigen ließ. Die Kyrospropaganda hatte viel zu sehr an Boden gewonnen, und die einmal in Gang gesetzte Entwicklung war nicht mehr aufzuhalten. Inzwischen hatte Kyros 547/6 Kroisos von Lydien geschlagen, dessen Metropole Sardes erobert und sein Herrschaftsgebiet bis an die Westküste Kleinasiens ausgedehnt. Er brauchte jetzt um die Sicherheit seines Reiches im Süden und Südwesten nicht mehr besorgt zu sein. So schickte er sich an, Babylonien den Todesstoß zu versetzen. Wie wenig sich Nabonid auf seine Beamten verlassen konnte, wurde sichtbar, als der Statthalter des Osttigrislandes, Gobryas, mit fliegenden Fahnen zu den Persern überlief. Derselbe Gobryas besiegte wenig später in der Schlacht bei Opis in der Nähe von Sippar den Kronprinzen Belsazar und erzwang den Übergang über den Euphrat. Am 12. Oktober 539 v. Chr. nahmen die Perser Babylon kampflos ein[23]. Über das

[22] Siehe u. S. 386f. [hier nicht abgedruckt, Anm. d. Red.].

[23] Vgl. H. Wohl, A Note on the Fall of Babylon, JANES I, 2 (1969) 28–38.

Lebensende Nabonids und Belsazars ist nichts bekannt; es wird kaum ruhig und friedlich gewesen sein. Am 29. Oktober 539 hielt Kyros II. triumphalen Einzug in die Stadt, begrüßt und umjubelt von denen, die auf ihn gehofft hatten. Damit trat der Nahe Osten in das persische Zeitalter ein.

Eine kulturgeschichtliche Eigentümlichkeit der beschriebenen Epoche verdient das Interesse des Historikers. Man beobachtet im Alten Orient des 7. und 6. Jahrhunderts v. Chr. allerorten – soweit überhaupt erkennbar – einen Zug zur Restauration, die Orientierung am Alten und Klassischen, die Rückwendung zu früheren Phasen der eigenen Geschichte, die Idealisierung der Verhältnisse grauer Vorzeit. Das gilt für die bildende Kunst, für Sprache, Schrift und Literatur, für die Religion und bis zu gewissem Grade auch für die Politik. Man erinnert sich an die gewaltige und mustergültige Bibliothek Assurbanipals in seinem Palast zu Ninive: eine Bibliothek, die erklärtermaßen die gesamte sumerische und akkadische Literatur umfassen sollte und die immerhin, nach den aufgefundenen Beständen zu urteilen, weit mehr als 10000 Keilschrifttafeln umfaßte. In neubabylonischer Zeit herrscht eine merkwürdige Vorliebe für Inschriften in altbabylonischer Sprache und Schrift, wobei zu beobachten ist, daß die Schreiber der Sache oft nur sehr unvollkommen gewachsen waren. Es ist so, als wollte unsereiner einen Text in der Sprache des Hildebrandsliedes abfassen. Die Chaldäerkönige Nabopolassar, Nebukadnezar II. und Nabonid kümmerten sich um die Restaurierung alter Tempel; wenn diese – wie im Falle des Tempels *Ebarra* in Larsa – schon überwiegend im Staub versunken waren, kam das einer Ausgrabung gleich. Man achtete auch sorgfältig auf die Gründungsurkunden der Tempel der Vorzeit. Nebukadnezar teilt einmal voller Stolz mit, eine solche Urkunde von keinem Geringeren als dem König *Narām-Sîn* von Akkad (ca. 2260–2223 v. Chr.) gefunden zu haben. Die Aufzählung der Beispiele ließe sich fortsetzen[24]. In Ägypten liegen die Dinge ganz [369] ähnlich. Unter den saitischen Pharaonen der 26. Dynastie imitierte man in Plastik und Reliefkunst Vorbilder aus dem Alten Reich, schrieb Pyramidentexte auf die Wände der Gräber und verfaßte Inschriften in altägyptischer Sprache. Erinnert sei ferner an Psammetichs I. Imitation der Verhältnisse des Alten und Neuen Reiches – das letztere lag auch schon wieder mehr als ein halbes Jahrtausend zurück – bei der Reorganisation der Reichsverwaltung[25]

[24] Die Sache ist m. W. für Mesopotamien bislang nicht monographisch behandelt worden.

[25] Siehe o. S. 361 [hier nicht abgedruckt, Anm. d. Red.].

und an die Inflation von Beamtentiteln des Alten Reiches in der Saitenzeit. Man spricht geradezu von der „saitischen Renaissance“: ein Ausdruck, der freilich ebenso zurückhaltend verwendet werden sollte[26] wie die „salomonische Aufklärung“[27]. In Ägypten begann das alles schon früher als in Mesopotamien. Bereits der äthiopische Pharao Schabaka (716–701) hinterließ einen heute im Britischen Museum befindlichen Stein mit einem berühmten theologischen Text, der starke Beziehungen zu Gen 1 aufweist: das sog. Denkmal memphitischer Theologie[28]. Der Text soll nach den Angaben des Schabaka nach einer uralten Vorlage, die „von Würmern zerfressen war“, angefertigt worden sein, und in der Tat ist er altägyptisch geschrieben und erweckt den Eindruck, er stamme aus der Zeit des Alten Reiches. Neuere Untersuchungen haben aber gezeigt, daß er mit hoher Wahrscheinlichkeit erst zur Zeit der 25. Dynastie abgefaßt wurde[29], allenfalls – m. E. weniger wahrscheinlich – unter der 19. Dynastie[30]. Wenn aber das Denkmal memphitischer Theologie nur vorgibt, aus dem Alten Reiche zu stammen, in Wirklichkeit jedoch anderthalb Jahrtausende jünger ist, dann handelt es sich um einen Fall von Steigerung der Autorität eines religiösen Textes durch seine Herleitung aus grauer Vorzeit – ganz wie beim Deuteronomium, das – im 7. Jahrhundert v. Chr. entstanden – als mosaische Urkunde ausgegeben und für eine solche gehalten wurde. Man sieht: Juda stand inmitten einer gemeinorientalischen Restaurationsbewegung. Daß die überall zu beobachtende Orientierung am Alten und Klassischen ihre Folgen für den Prozeß der Heiligwerdung religiöser Texte hatte, liegt auf der Hand und ist am Deuteronomium und seinen Schicksalen detailliert zu erweisen.

[26] Vgl. H. Brunner, Zum Verständnis der archaisierenden Tendenzen in der ägyptischen Spätzeit, Saeculum 21 (1970) 151–161.

[27] Siehe Teil 1, S. 221 [hier nicht abgedruckt, Anm. d. Red.].

[28] Vgl. A. Erman, Ein Denkmal memphitischer Theologie, Sitzungsberichte d. Preuß. Akad. d. Wiss. 43 (1911) 916ff.; K. Sethe, Dramatische Texte zu altägyptischen Mysterienspielen I, Untersuchungen z. Geschichte u. Altertumskunde Ägyptens X, 1 (1928, Nachdruck 1964); H. Junker, Die Götterlehre von Memphis, Abhandlungen d. Preuß. Akad. d. Wiss., phil.-hist. Kl. 23 (1939).

[29] F. Junge, Zur Fehldatierung des sog. Denkmals memphitischer Theologie oder Der Beitrag der ägyptischen Theologie zur Geistesgeschichte der Spätzeit, Mitteilungen d. Deutschen Archäolog. Inst. Kairo 29 (1973) 195–204.

[30] H. A. Schlögl, Der Gott Tatenen. Nach Texten und Bildern des Neuen Reiches, OBO 29 (1980) bes. 110–117.

II. RELIGIÖSE BEZIEHUNGEN

1. Schöpfungsmythos

Victor Maag, Kultur, Kulturkontakt und Religion. Gesammelte Studien zur allgemeinen und alttestamentlichen Religionsgeschichte, zum 70. Geburtstag hrsg. von Hans Heinrich Schmid u. Odil Hannes Steck, Göttingen, Zürich: Vandenhoeck & Ruprecht 1980, S. 60–89. (Erstmals veröffentlicht in: Asiatische Studien = Études Asiatiques 9 [1955], S. 15–44.)

ALTTESTAMENTLICHE ANTHROPOGONIE IN IHREM VERHÄLTNIS ZUR ALTORIENTALISCHEN MYTHOLOGIE [1]

Von Victor Maag

In den folgenden Ausführungen wird auf eine umfassende theologische Würdigung der alttestamentlichen Aussagen über die Erschaffung der Menschen bewußt verzichtet. Der Aufsatz beschränkt sich darauf, die wichtigsten Besonderheiten der alttestamentlichen Darstellungen gegenüber der mit ihnen in Beziehung stehenden altorientalischen Mythologie herauszustellen und sie im Rahmen des spezifisch israelitisch-jüdischen Gottes- und Weltverständnisses zu begreifen.

Das Alte Testament lenkt die Aufmerksamkeit seines Lesers an zwei Stellen auf die Frage der Erschaffung der Menschen: I Mose 1, 26–28 und 2, 7. 8. 15. 18–25. Man könnte zwar wohl darauf hinweisen, daß sich auch anderwärts im Alten Testament anthropogonische Äußerungen finden. Sie dürfen hier jedoch übergangen werden, weil die betreffenden Stellen nicht der primären Absicht dienen, Auskünfte über die urzeitliche Menschenschöpfung zu erteilen. Sie spielen auf diese vielmehr bloß beiläufig, im Zusammenhang anderer Anliegen, an. Daß es sich dabei zum Teil um in die alt-

[1] Am 31. Oktober 1953 referierte der Autor vor dem Zürcher Hochschulverein über ›Die Erschaffung der Menschen in der babylonischen Mythologie und im Alten Testament‹. Das Material des ersten Teiles des genannten Vortrages erschien in etwas veränderter Form unter dem Titel ›Sumerische und babylonische Mythen von der Erschaffung der Menschen‹ im VIII. Jahrgang von Asiatische Studien (AS) 1954, S. 85–106; heute in korrigierter Fassung: Victor Maag, Kultur, Kulturkontakt und Religion, Göttingen 1980 (KKR), S. 38–59. Der vorliegende Aufsatz bietet in erweiterter Fassung des Referates zweiten Teil und greift darum mehrfach auf im ersten Teil Besprochenes zurück.

testamentliche Poesie eingegangene Bilder aus voralttestamentlicher Agrarmythologie handelt, ist bereits in meinem Aufsatz über ›Sumerische und babylonische Mythen zur Erschaffung der Menschen‹ angemerkt worden[2].

[61] Der ältere der beiden genannten klassischen Texte über die Menschenschöpfung bildet einen Bestandteil der biblischen Paradieserzählung. Nach ihrer Darstellung hat die ganze Schöpfung mit der Erschaffung eines Mannes begonnen. Er heißt Adam, was soviel bedeutet wie „der Erdling", der „zur Erde Gehörige". Als nämlich noch gar kein Lebewesen auf der Welt war, „da formte der Gott Jahwä den Adam aus Erde vom Ackerboden und hauchte ihm Lebensodem in die Nase; so ward der Adam ein lebendes Wesen. Dann pflanzte Gott Jahwä einen Garten in der Wüste[3] gegen Osten und setzte den Adam darein, den er geformt hatte (I Mo 2, 7. 8)", damit dieser „den Garten bebaue und bewahre" (Vs 15). Die Ausführungen erinnern insofern an altöstliche Mythologie[4], als uns schon dort die Bildung des ersten Menschen aus Erde begegnet, nur daß, was in Altmesopotamien Lehmerde war, im Alten Testament als Ackererde erscheint[5]. Und wenn der Mythenwelt des Zweistromlandes die Vorstellung bekannt gewesen ist, nach welcher zum irdischen Baustoff ein göttliches Element hinzutritt, das den Menschen von aller Kreatur abhebt als ein auf Gott ausgerichtetes und zur Beziehung mit Gott prädestiniertes Wesen, so findet sich auch dieser Zug in der biblischen Paradieserzählung wieder – freilich nicht in der Form einer göttlichen Blutspende[6], sondern in der verfeinerten, man möchte sagen in der spiritualisierten Fassung des Einhauchens der göttlichen Lebensseele. Auch dieser Lebensodem aus dem Munde Jahwäs ist göttliche Substanz; und sie ist es, die den

[2] KKR, S. 46.

[3] I Mo 2, 8 *nennt* den Garten nicht Eden, sagt vielmehr, Jahwä habe einen Garten gepflanzt *b*^{e}*'edän* = *in* 'edän. Und *'edän*, das mit dem sumerisch-akkadischen *edinu* zusammenhängt, heißt soviel wie „Flachland, Steppe, Wüste". Vgl. Koehler, *Lexicon in Veteris Testamenti libros*, 1953, S. 684. Deimel, *Akkadisch-šumerisches Glossar*, 1937, S. 94.

[4] Vgl. KKR, S. 41.

[5] Vgl. KKR, S. 45 ff.

[6] Vgl. KKR, S. 51 ff.

Menschen zum Menschen macht. Indem I Mo 2 das Symbol der Übertragung göttlichen Wesens durch den Hauch verwendet, braucht dieser Text das andere, denselben ideellen Inhalt umschreibende Symbol [62] nicht, das in der Ebenbildlichkeit des Menschen mit der Gottheit besteht[7].

Wie in der sumerisch-babylonischen Mythologie die Menschen zum Dienst für die Götter geschaffen sind, so weist Jahwä auch dem Adam einen bestimmten Gottes-Dienst zu: der Mensch soll den Gottesgarten bebauen und bewahren. Wenn es aber im altmesopotamischen Bereich zum konstitutiven Anschauungsgut anthropogonischer Mythologie gehört, daß die Götter auf die Menschen und ihre Dienste angewiesen sind[8], so würden wir andererseits im Alten Testament auch nur die leiseste Anspielung auf eine Abhängigkeit Jahwäs von seinen menschlichen Geschöpfen vergeblich suchen. Daraus wird sofort ersichtlich, daß, so frei sich Israel altmythologische Bilder aus einer seinem religiösen Herkommen fremden Kultur aneignete, es dennoch die Eigenart seines Gottesglaubens zu hüten bedacht war. Für Israels Verständnis ist Jahwä unbedingt souverän. Ihm dankt der Mensch, was er ist, was er hat, was er kann. Und wenn sich der Mensch seinem Schöpfer gegenüber auch nicht bewährt, kommt Jahwä dadurch doch in keiner Weise in Verlegenheit. Er ist so wenig auf den Menschen und sein richtiges Handeln angewiesen, daß er ihn, wie der Fortgang der Erzählung zeigt, aus dem Garten verbannen kann.

Die Vertreibung aus dem Paradies weist zwar mythengeschichtlich auf einen anderen Ursprung hin, als er für die Zeilen angenommen werden muß, die von der Erschaffung Adams sprechen. Allein für das Verständnis der alttestamentlichen Eigenart ist der heutige Zusammenhang zwischen dem zweiten und dritten Kapitel der Bibel bedeutsam. Beide bilden stofflich, erzählerisch, theologisch und anthropologisch eine Einheit. Wohl ist in ihnen vorbiblisches Bildermaterial aus sehr verschiedenen mythologischen Bereichen verwendet; aber dieses heterogene Urmaterial ist in I Mo 2 und 3 zu

[7] Zum Auftreten dieses Symbols in der sumerisch-babylonischen Geburtsmythologie siehe KKR, S. 47ff.; zu I Mo 1,26 siehe S. 77ff.

[8] KKR, S. 42f., 52f., 57f.

einem neuen Ganzen geworden, [63] das den Anspruch erhebt, auf seine israelitische Weise, in israelitischer Besonderheit von Menschenschöpfung zu erzählen.

Dazu gehört schon, daß die Schöpfungstat Jahwä, dem Gott Israels, zugeschrieben wird. Israel kannte ursprünglich Gott „von Ägypten her“[9]. Es hatte ihn als den Retter und Führer aus der ägyptischen Sklaverei kennengelernt und verdankte ihm seine Befreiung und die Besitzergreifung des Kanaanäerlandes. Diesen Gott Jahwä hat es mit dem alten Nomadengott der Patriarchen, dem Gott Abrahams, Isaaks und Jakobs in eins gesetzt und überlieferte dementsprechend die Patriarchen-Erzählungen als Geschichten von Jahwäs Führung in vorägyptischer Zeit[10]. Und dazu hat Israel in einem Lande der Ackerbaukultur und der entsprechenden Mythologie die den dortigen Eingeborenen, den Kanaanäern, geläufigen Schöpfungsmythen auf seinen Gott Jahwä angewendet. So wurde Jahwä, „der Gott von Ägypten her“, im Verlauf einer ganzen Reihe religiöser Adaptionsvorgänge für Israels Seele auch der Gott der Väter und der Gott der Schöpfung.

Es ist nicht unwichtig, sich zu vergegenwärtigen, daß die Schöpfungsvorstellungen von I Mo 2 ursprünglich in einer nichtisraelitischen Welt beheimatet waren und erst, nachdem sich das Volk Jahwäs in Palästina niedergelassen hatte, dem israelitischen Glauben assimiliert worden sind. Sie sind nicht organisch aus dem Jahwäglauben erwachsen, sondern diesem zugewachsen, auf ihn zugeschnitten worden. Weil dem so ist, begegnen uns noch in der biblischen Paradieserzählung einzelne Elemente, die sich nicht ohne Schwierigkeiten den monolatrischen israelitischen Vorstellungen einfügen. Mit welcher Mühe jene vorjahwistischen mythologischen Elemente der religiösen Welt des Jahwismus eingebaut worden sind, verrät unter anderem die merkwürdige Formulie-[64]rung,

[9] Der Ausdruck begegnet im Buche Hosea 12, 10; 13, 4. Die in dieser Formel ausgesprochene Überzeugung aber hat im vorexilischen Israel fast allgemein in Geltung gestanden und spricht immer wieder aus den vorexilischen Prophetenschriften.

[10] Zum Vorgang der Identifikation des Vätergottes mit Jahwä siehe Maag, Zum Hieros Logos von Bethel, KKR, S. 29ff.; ferner KKR, S. 99ff., 114ff., 281, 308ff.

mit der die Paradiesschlange in die Erzählung eingeführt wird[11]: „Die Schlange aber war listiger als alle Tiere des Feldes, die Gott Jahwä gemacht hatte." Der biblische Autor, der ein ganzes, großangelegtes Erzählungswerk mit seiner Paradiesgeschichte eröffnet[12], weiß im allgemeinen sehr klar zu erzählen. Er ist einer der glänzendsten Prosaisten der Weltliteratur. Mit wenigen Worten versteht er, völlig durchsichtige Situationsbilder zu bieten. Aber hier? Wer beantwortet die Frage richtig, ob nach der Auffassung des Erzählers die Schlange mit zu den Geschöpfen Jahwäs zählt? Was heißt „listiger als alle Tiere des Feldes, die Gott Jahwä gemacht hatte"? Statuiert diese Formulierung einen Gegensatz zwischen der Schlange und den von Jahwä geschaffenen Tieren, so daß sie selber nicht von ihm geschaffen wäre? Oder bedeutet es, daß die Schlange, wie die übrigen Tiere, auch von Jahwä erschaffen worden sei? Der Erzähler läßt gerade die Frage nach dem Ursprung dieses dunklen Wesens offen. Die Schlange handelt als das schöpfungswidrige Untier, das der Schöpfergottheit höchst bösartig entgegenwirkt. Aber im Zusammenhang mit dem israelitischen Glauben wird diesem Widergöttlichen die Attribution des selbst auch göttlichen und wie Gott selbst uranfänglichen Widersachers nicht zugestanden. Es bleibt bei der geheimnisvollen, fast ahnungshaften Vorstellung, daß sich ein Fremdes, ein *vielleicht* von Jahwä gar nicht Gewolltes und von ihm nicht Geschaffenes erhoben habe. Wie sehr allerdings diesem geheimnisvollen Dunklen der eigene Herrschaftsbereich abgespro-

[11] I Mo 3, 1.

[12] Es handelt sich um das Erzählungswerk des sog. Jahwisten. Seinen Anfang bildet I Mo 2, 4b–4, 26, worauf es über die Schlußverse von Kap. 5 zu Kap. 6, 1–4 übergeht, an der Flut- und Noahgeschichte von 6, 5–9, 20 und an der Völkertafel von Kap. 10 beteiligt ist, um mit der Erzählung vom Turmbau zu Babel (Kap. 11) die „Urgeschichte" zu beschließen. Der Faden zieht sich, auch fernerhin mit anderem Überlieferungsmaterial zusammen, durch das I., II. und IV. Mosebuch hin. Über die literarischen Verhältnisse dieser ältesten zusammenfassenden Geschichtsdarstellung sei auf „Einleitungen" zum Alten Testament verwiesen, z. B. Weiser, Einl. in das AT, 1939, S. 77ff.; Sellin-Rost, Einl. in das AT, 8. Aufl., 1950, S. 47ff.; Kuhl, Die Entstehung des ATs (Sammlg. Dalp, Bd. 26), 1953, S. 71ff.; Lods, Histoire de la Littérature Hébraïque et Juive, 1950, S. 171ff.

chen wird, zeigt [65] sich unmißverständlich in der Fortsetzung der Erzählung; Jahwä hat zwar nicht verhindert, daß ihm die Schlange die Menschen verdorben hat, aber er hat die Macht, die Schlange in den Staub zu zwingen, sie zu verfluchen: „Weil du dies getan hast, bist du verflucht vor allem Vieh ... Auf deinem Bauche sollst du kriechen und Erde fressen dein Leben lang ..." [13]. Und Jahwäs Fluch kann sie sich nicht entziehen. Bebt aber in der Verfluchung und Beugung dieses unheimlichen Wesens nicht letztlich noch etwas von den Schauern altorientalisch-dualistischer Schöpfungsmythologie nach, für deren Verständnis die antikosmischen Mächte zwar von der kosmogonischen Gottheit überwunden, nicht aber völlig aus der Welt geschafft worden sind? Auch die Paradiesschlange ist am Leben geblieben – und sogar dazu bestimmt, dem Menschen weiterhin zu begegnen: „ich will Feindschaft setzen zwischen dir und dem Weibe, zwischen deinen Nachkommen und ihren Nachkommen!" [14]

Wir täten jedoch dem alttestamentlichen Erzähler unrecht, würden wir dieses leise Nachbeben kosmogonischer Kampfstimmung als für sein Werk bezeichnend betrachten. Bezeichnend ist vielmehr, in wie weitgehendem Maße ihm gelungen ist, die dualistische Spannung des mythologischen Urmaterials zu dämpfen. Zu seinen Kunstgriffen gehört es, daß er dem Leser das Verweilen bei der Verfluchung der Schlange nicht erlaubt. Er läßt sogleich die Verfluchung des ersten Menschenpaares folgen, die die ganze Aufmerksamkeit in Anspruch nimmt. Dadurch, daß der Mensch für seinen Ungehorsam bestraft wird, tritt die Urheberin dieses Ungehorsams, die Schlange, bereits in den Hintergrund. Sie taucht in den nachfolgenden Erzählungen [15] überhaupt nicht mehr auf und wird nicht mehr erwähnt. Das wichtigste Tier des Paradieses verblaßt solcherweise zum Symbol des menschlichen Ungehorsams. Dem Erzähler ist nur an dem Verhältnis Adams und seiner Nachkommen zu Gott gelegen. Eigenwille als widergöttlicher Wille führt ins Verderben. Der Fortgang des I Mo 2 beginnenden Erzählungswerkes in

[13] I Mo 3, 14.
[14] I Mo 3, 15.
[15] Vgl. Anm. 12.

I Mo 4; [66] 6; 7; 8; 9; 11 will dies veranschaulichen, indem dieser erste Ungehorsam über den Brudermord Kains bis zum völligen Elend der Sintflut führt. Und von ihr zieht sich der Faden weiter bis zum Tiefpunkt der Sprachverwirrung, dem Ausdruck des Kampfes aller gegen alle. Aus dem Verderben gibt es nach des Erzählers Sicht nur *einen* Ausweg, den Weg Noahs und Abrahams, den Weg der Hingabe des menschlichen Willens an den Willen Jahwäs. Von der Schlange ist nirgends mehr die Rede. Sie übt keine Macht mehr aus und bildet kein Problem mehr. Das einzige verantwortliche Wesen, das Jahwä gegenübersteht, ist der Mensch.

Lassen diese Beobachtungen erkennen, wie erfolgreich der alttestamentliche Geist eine von Haus aus dualistische Mythologie seinem monistischen Gottesverständnis zu unterwerfen vermochte, so gilt es an dieser Stelle, auf einen weiteren wesentlichen Unterschied zwischen israelitischer und altmesopotamischer Vorstellung von der Erschaffung und vom Wesen des Menschen hinzuweisen. Auch den Babylonier beschäftigt die Tatsache der Sünde. Daß der Mensch, obgleich von den Göttern geschaffen, in sehr vielen Fällen den göttlichen Wünschen zuwiderlebt, hat auch den babylonischen Frommen nicht unberührt gelassen. Er erklärt es sich aber anders als der Israelite. Die Menschen des babylonischen Schöpfungsliedes ›Enuma elisch‹ sind allein (?) aus Blut geschaffen[16]. Der eine Teil ihres Wesens wird durch die Kräfte des Blutes Kingus bestimmt, des antikosmischen Aufrührers, den die Götter zur Strafe bei der Erschaffung des Menschen geschlachtet haben. Des Menschen Hang zum Ungehorsam ist daher durch die menschliche Natur bedingt. Sünde ist zwangsläufige Begleiterscheinung der für die Menschenschöpfung verwendeten Substanz. Letztlich tragen somit die Götter selber, die dem Menschen Kingus Blut mit ins Leben gegeben haben, die Verantwortung für alle aus dieser Beschaffenheit sich ergebenden Mißstände. Demgegenüber ist der Mensch, wie I Mo 2 ihn sieht, aus Lehm geformt und durch den Hauch seines Schöpfers belebt. Er ist dadurch [67] imstande, Jahwä zu verstehen, auf den göttlichen An-spruch so oder so zu reagieren. Es ist ihm auch anheimgestellt, zwischen der Anweisung Gottes und dem Ansinnen

[16] Taf. 6, 3. Vgl. KKR, S. 55 u., 56 o.

der Schlange zu wählen. Adam ist zur sittlichen Entscheidung fähig. Denn von keiner der beiden Seiten wird er gezwungen. Der von Jahwä Geschaffene ist freier und damit selbstverantwortlicher Mensch. Und diese anthropologische Sicht gehört nicht nur der Paradieserzählung an; der alttestamentliche Autor bleibt ihr auch später konsequent treu. Nachdem sich nämlich die ersten Menschen zu ihrem Unheil vergangen haben, räumt Jahwä späteren Geschlechtern wiederum die Möglichkeit ein, sich frei zum Heile zu entscheiden, d. h. ihm Gehorsam zu leisten, wie Noah, wie Abraham es taten. Beide hätten sich auch gegen Jahwä entscheiden können. Jahwäs Heil kam nicht als Zwang über sie, sondern als Möglichkeit. Für das Alte Testament gibt es – bis auf Jeremia und einige wenige Spätere – weder eine unwiderstehliche Sünde noch eine unwiderstehliche Gnade, ein peccatum irrestitibile so wenig wie eine gratia irrestibilis. Das aber bedeutet, daß das Verhältnis des Menschen zu Gott nach alttestamentlicher Anschauung nicht ein naturhaft determiniertes, sondern ein in vollem Umfang sittliches ist.

Ein besonders interessantes Stück bildet im Zusammenhang der Paradieserzählung die Erschaffung der Eva. So deutlich dieses Erzählungselement mythologischen Ursprungs ist, hat es doch kaum je einem altorientalischen Geburts- oder Weltschöpfungsmythus angehört. Die magische Geburtsmythologie des alten Ostens kennt die Erschaffung des Menschen als die eines Mannes oder eines Menschenpaares oder mehrerer Paare von Urmenschen, nicht aber, soweit bis heute bekannt ist, die gesonderte Erschaffung der Frau[17]. Und doch stammt ja wohl auch dieser Zug aus uralten mythologischen Wurzeln und ist vom israeliti-[68]schen Volke aus dem Mythenschatz alter Pflanzenkultur übernommen worden. Dort aber hat dieses Element einst, wenn nicht alles trügt, nicht zum Mythus des Geburtsrituals und wohl erst recht nicht zu dem der Weltschöpfung

[17] Einem Geburtsritual wird dieser Vorstellungskreis schon darum nicht angehört haben, weil es sich im Geburtsritual um die Geburt eines Menschen schlechthin handelt, abgesehen von der Zugehörigkeit zum männlichen oder weiblichen Geschlecht. Das Ritual muß ja seiner Zweckbestimmung gemäß vollzogen werden, ehe das Geschlecht des Kindes bekannt sein kann. (Vgl. KKR, S. 40ff., 59.)

gehört, sondern – nach Ausweis seines Schlußsatzes [18] – zur Mythologie eines ganz anderen Lebenskreises, nämlich zu dem der Hochzeit.

Bis zu seiner Verheiratung war der Hebräer, und vor ihm wohl auch schon der Kanaanäer, ein *na'ar*, ein Unmündiger. Durch die Heirat wurde er mündig, trat aus dem Verfügungsbereich seines Vaters aus, wurde Vorsteher eines Hauswesens mit eigenem Verfügungsrecht. Er verließ Vater und Mutter, um „seinem Weibe anzuhangen und mit ihr ein Fleisch zu werden". Die ganze Atmosphäre, die diese biblische Erzählung noch immer atmet, weist auf ihren Ursprung in der Pflanzerkultur der Oase hin und deckt sich ganz mit der der Paradiesvorstellung, wie sie in I Mo 2, 4bff. entfaltet wird. Zug um Zug wird das Bild von der Oase lebendig: in der unfruchtbaren Öde bricht ein Wasserschwall hervor, der die Wüste dem pflanzlichen Leben erschließt, worauf Gott als der Pflanzer den Ort zum Garten werden läßt [19]. Garten und Gärtner, Vegetation und Mensch machen hier begreiflicherweise die wesentlichen Stücke der Schöpfung aus. Welche Rolle aber kommt den Tieren zu, die ja eben auch zu dieser geschaffenen Wirklichkeit gehören? Die Tiere mußte der Oasenbauer als eine gewisse Verlegenheit der Schöpfung betrachten, solange er noch bloßer Hackbauer und noch nicht zur Nutzung von Haustieren übergegangen war. Das den Menschen von allen Seiten konkurrierende animalische Leben, vor dem er sein Stücklein Pflanzboden zu verteidigen gezwungen war, mußte entweder als dämonischer Machtbereich oder wenigstens als ein etwas verunglücktes Lehrlingswerk des Schöpfers erscheinen. In einem etwas späteren Stadium, dem der ersten Domestizierung von Tieren, läßt sich sehr [69] wohl verstehen, daß der Oasenbewohner das Tier als etwas verstand, das zwar zu seiner Hilfe geschaffen war, sich aber dazu doch nicht vollgültig eignen wollte.

Auf dieser Stufe der Anschauung hat jedenfalls der voralttestamentliche Hochzeitsmythus, der hinter I Mo 2, 18–25 sichtbar wird, die Mythologie der Tiererschaffung assimiliert. Er ist durch die Einbeziehung dieses Zuges zu einem der reizendsten Mythen

[18] I Mo 2, 24: „Darum verläßt der Mann Vater und Mutter und hängt seinem Weibe an, und sie werden ein Fleisch."

[19] I Mo 2, 6. 8. 9.

geworden, die uns noch erschließbar sind: Die Gottheit will dem Menschen einen Gefährten geben und schafft zu diesem Zweck zunächst die Tiere. Doch weiß der Mensch mit ihnen nichts Rechtes anzufangen. „Für den Adam aber fand sich keine Hilfe, die zu ihm paßte", so daß eigentlich Gott einsehen mußte, daß er die Tiere umsonst gemacht hatte. Da ihm auf diese Weise die Überwindung der Einsamkeit des Mannes nicht gelingen wollte[20], beschritt er schließlich den Ausweg, aus einem Stück des Mannes selbst dessen Entsprechung und Gegenspielerin zu formen. Diesem Werke war denn auch der gewünschte Erfolg in vollem Umfang beschieden. Denn Adam reagierte erwachend ganz wie heute noch der Jüngling, der zwar immer wieder zu Kleintierzucht, Bastelwerk, zum Fahrrad oder zur Geige Zuflucht genommen, den indessen das Gefühl, in einer zu engen Haut zu stecken, nicht losgelassen hat, bis zu dem Moment, da ihn der Anblick eines holdseligen Wesens zum ersten Male bewußt zum jungen Manne macht: „Das ist nun endlich . . .!" Da hat der Adam seine „Hilfe" gefunden, „die zu ihm paßt". Und die Eltern aller Geschlechter mögen dazu raten, mögen helfen, sollen sich darüber aber ja nicht ärgern, wenn alles, was sie in Haus und Hof für ihren Sohn bereitstell-[70]ten, ihn nicht mehr zu fesseln vermag. Sie erleiden mit all ihren Versuchen nur das Fiasko, das auch der Schöpfer auf sich genommen hat, nachdem er sich mit dem ganzen zoologischen Auswahlkatalog doch alle liebe Mühe gegeben hatte. Lächelnd erzählt es der Mythus und ernst zugleich und schielt dabei schalkhaft zur Bräutigamsmutter hinüber: Schick dich drein, der Brei deiner Schwiegertochter ist nun einmal besser – wie

[20] I Mo 2, 18ff. In der biblischen Erzählung wird zwar nicht ausdrücklich gesagt, daß die Tiere einen mißglückten Schöpfungsversuch darstellten. Dennoch wird deutlich, daß die Tiere eigentlich als Gefährten für den Menschen hätten dienen sollen. Vollends aus dem doch etwas desperat klingenden Satz „Für den Menschen aber fand sich keine Hilfe, die zu ihm gepaßt hätte" geht klar genug hervor, daß der voralttestamentliche Mythus im oben dargelegten Sinne erzählt hat. Der Mythus mag ursprünglich berichtet haben, wie der Mensch, als die Gottheit ihm ein Tier nach dem andern präsentierte, zu jedem von ihnen achselzuckend eine Bemerkung gemacht habe, die dann als Name des betreffenden Tieres noch in der Nachwelt und in der Gegenwart des Erzählers weiterlebte.

einstmals ja auch deiner besser gewesen ist! Schick dich nicht nur drein, sondern sag ganz herzhaft ja dazu; denn wes sich der Schöpfer nicht verdrießen ließ, sollte es dich verdrießlich machen? Was sich am Hochzeitstag ereignet, ist mit allem, was ihm vorausgeht und nachfolgt, Schöpfungsordnung! „Darum pflegt der Mann Vater und Mutter zu verlassen und seinem Weibe anzuhangen; und sie werden ein Fleisch."

Der Mythus begründet soziale Ordnung, beziehungsweise einen ordnungsgemäßen Vorgang, indem er dessen urzeitliche Setzung vorführt. Der Anschluß der Gegenwart an die Urzeit, die Heiligung des heutigen Geschehens durch die Erinnerung an die Ursetzung, die Erfüllung des heutigen Ereignisses mit seinem göttlichen Ursinn, das alles wird durch die Rezitation des Mythus in der ihm entsprechenden Situation bezweckt. Und so ist auch das „Darum", das noch bis in den alttestamentlichen Text hinein erhalten geblieben ist, in der Ursituation des Mythus nicht die Einleitung zu einer bloßen Erklärung, sondern es ist die Be-gründung dieses am Tage des Erzählens, am Hochzeitstage sich ereignenden Geschehens. Es ist Begründung und Heiligung und Sinnerfüllung, weil es den Erzähler und seinen Hörerkreis, d. h. die ganze zur Hochzeitsfeier versammelte Sippe, mit dem göttlichen Urwillen koordiniert, auf dem diese Ordnung beruht. Indem der Mythus rezitiert wurde, hat nicht allein der Bräutigam seine Stellung als Ehemann, sondern auch das Mädchen die der Frau empfangen[21].

Noch lange nach Erlöschen der mythologischen Ursituation, als es in Palästina längst kein heidnisch-magisches Hochzeitsritual mehr gab, als der Mythus längst zur alten Mär geworden, als kein polytheistischer [71] Name mehr genannt, sondern alles vom Gott Israels erzählt wurde[22] – auch da noch nimmt ein israelitischer Er-

[21] Siehe Nachbemerkung auf S. 91 ff.

[22] Wenn im Alten Testament auch nicht selten Personen begegnen, deren Namen mit den kanaanäischen Götternamen *El* oder *Ba'al* zusammengesetzt sind (vgl. *El-jaqim*, *M^e^ribba'al* u. ä.), so ist dies doch nicht dahin zu verstehen, als hätten sich die betreffenden Namensträger oder ihre Eltern zum kanaanäischen Polytheismus bekannt. Das Vorkommen dieser Namen in Israel ist vielmehr eine Folge der Angleichung Jahwäs an die wichtigsten kanaanäischen Gottheiten. Man sagte jedenfalls – gerade in solchen Namen

zähler dieses Stück auf. Er durfte es wagen als religiöses Genie, das mit dem lieben Gott herzlich sein, ja herzlich lächeln konnte über einen Adam, der mit allen Tierlein nicht zufriedenzustellen gewesen war. So hätte kein Dogmatiker berichtet. So konnte in Israel nur ein Großer, seines Glaubens ganz Sicherer die Überlieferung weitertragen. Jahwä, seinem Gotte, konnte kein Abbruch geschehen, wenn von ihm in diesen poesieerfüllten Mythenbildern gesprochen wurde. Dieser hier fast harmlos erscheinende Jahwä würde im weiteren Verlauf der Geschichtserzählung sein Wesen als heiliges Planen schon deutlich genug offenbaren.

So sind in der israelitischen Welt die gemütvollen mythischen Bilder erhalten geblieben, während die Mythen selbst in Vergessenheit sanken, nachdem die ihnen entsprechenden magischen heidnischen Rituale von der Jahwä-Religion außer Kurs gesetzt worden waren. Aus dem einstigen Mythus eines vorisraelitischen Geburtsrituals[23], dem Mythus eines Hochzeitsrituals[24], dem Mythus der unstillbaren Sehnsucht der Menschen nach der ihnen verschlossenen Gotteswelt[25] wurden einzelne Etappen einer zusammenhängenden Erzählung. Und diese bildet ihrerseits nur den Anfang eines ganzen, fortlaufenden Geschichtswerkes, das in chrono-[72]logischer Aufreihung Episode auf Episode folgen läßt. Diese Stellung der Paradieserzählung als Kopf einer Geschichtsdarstellung verrät deutlich

– oft *El* oder *Ba'al* und meinte *Jahwä*, den Gott Israels, wie andererseits auch eine Örtlichkeit mit Namen *Beth-el* (Elshausen) als Jahwäheiligtum in hohen Ehren stand. Vgl. Anm. 10.

[23] D. h. dem kanaanäischen Mythus, der hinter I Mo 2, 7. 8. 15 gestanden hatte.

[24] D. h. dem kanaanäischen Mythus, der hinter I Mo 2, 18–24 gestanden hatte.

[25] D. h. dem kanaanäischen Mythus, der das Material zu I Mo 3 geliefert hat. Wenn in Anm. 23–25 und ebenso im Haupttext, oben, von kanaanäischen Mythen gesprochen wird, so soll damit nicht behauptet werden, daß die betreffende Mythologie vollumfänglich im kanaanäischen Volkskörper autochthon gewesen sei. Sie mag ihrerseits z. T. aus dem sumerisch-babylonischen Kulturkreis und aus der nordarabischen Oasenwelt stammen und den Israeliten durch die kanaanäische Bevölkerung Palästinas vermittelt worden sein.

die neue Funktion, der all die Erzählungselemente aus einstiger Mythenwelt dienstbar gemacht worden sind: Die ganze Paradiesgeschichte hat keinerlei Beziehung zu kultischer Magie, sondern will lediglich den Einsatzpunkt der von Jahwä geführten und überwachten Frühgeschichte der Menschheit bezeichnen, einer Geschichte, die dieses Werk ihrerseits in die Bildung, Erwählung und Führung Israels einmünden läßt.

Wenn solcherweise der israelitische Schreiber, dessen Wirken in den Anfang des ersten vorchristlichen Jahrtausends gefallen sein dürfte[26], der Darstellung der Geschichte seines Volkes eine aus Mythentrümmern zusammengefügte „Urgeschichte der Menschheit" vorangestellt hat, so tat er damit nichts anderes, als was nach ihm weitere antike Historiographen ebenfalls getan haben. Berosus, Manetho, Herodot, Livius, sie haben, jeder nach seiner Weise, ihre historischen Werke mit der Vorführung der ihnen noch bekannten mythologischen Mären und Legenden eröffnet. Der Unterschied zwischen diesen außerbiblischen Historikern und ihrem israelitischen Vorgänger besteht nur darin, daß jene haben Mythologien übernehmen können, die der religiösen Herkunft ihrer eigenen Völker gemäß gewesen sind, während Israel die ihm im kanaanäischen Lebenskreis begegnenden alt-mythologischen Stoffe der Grundsubstanz der ganz anders gearteten jahwistischen Religiosität hat gefügig machen müssen.

Allen Fällen aber, in denen Mythologie im Sinne der *prima historia*, im Sinne des bloß chronologisch zu verstehenden Anfangs einer als Geschichte empfundenen Ereigniskette, erzählt wird, ist eines gemeinsam: Vorbedingung für eine solche Einbeziehung der mythologischen Traditionen in die Historiographie ist die Tatsache, daß der Mythus als magischer, kultisch gebundener, nur in der rituellen Situation zulässiger[27] [73] bereits nicht mehr existiert. Was der

[26] Zur zeitlichen Ansetzung des sog. Jahwisten vgl. die in Anm. 12 genannte Literatur: Weiser, S. 82f.; Sellin-Rost, S. 51f.; Kuhl, S. 80; Lods, S. 180f.; als zusätzliches Indiz auch KKR, S. 99ff.

[27] Zu dieser Ursituation des Mythus siehe Pettazzoni, Die Wahrheit des Mythos, Paideuma IV, 1950, S. 1ff.; vom gleichen Autor: Essays on the History of Religions (Studies in the History of Religions, Supplements to *Numen*, Bd. I), Leiden 1954, S. 11ff.

Historiograph zu bieten hat, ist eben schon nicht mehr im eigentlichen Sinne Mythus, sondern es ist alte Mär, wie sie nach Absterben der mythologischen Situation übrigbleibt.

Im folgenden soll die zweite der beiden alttestamentlichen Hauptstellen über die Erschaffung der Menschen besprochen werden. Es handelt sich um I Mose 1, 26–28: „Da sprach Gott: Wir wollen Menschen machen nach unserm Bilde, uns ähnlich, daß sie herrschen über die Fische im Meere, über die Vögel am Himmel, über das Vieh und alles Wild des Feldes und über alles Kriechende, das sich auf Erden regt. Da schuf Gott die Menschen nach seinem Bilde, nach dem Bilde Gottes schuf er sie; männlich und weiblich schuf er sie. Dann segnete sie Gott, indem er zu ihnen sagte: Seid fruchtbar und mehret euch und erfüllet die Erde und machet sie euch untertan und beherrscht die Fische im Meere, die Vögel am Himmel, das Vieh und alle Tiere, die sich auf Erden regen."

Zunächst sind einige Bemerkungen zum sprachlichen und sachlichen Verständnis des Textstückes vonnöten[28]. Schon das erste Wort, das Gott zur Einleitung der Menschenschöpfung spricht, ist auffallend: *Wir* wollen Menschen machen, nach *unserem* Bilde, *uns* ähnlich." Die altkirchliche und noch die klassische römisch-katholische Auslegung sehen in der Mehrzahlform der Selbstbezeichnung Gottes einen Hinweis auf die Trinität. Allein, daß ein solcher in I Mo 1, 26 hineingeheimnißt worden sei, ist schon darum mehr als unwahrscheinlich, weil das Alte Testament als ganzes und die literarische Schicht von I Mo 1 im besonderen den dreieinigen Gott der christlichen Dogmatik nicht von ferne kennen. Da sich die Wissenschaft daher nach einer anderen Erklärung für das „Wir" umsehen mußte, dachte man an einen Majestätsplural. Die he-[74]bräische Philologie widerrät aber diesem Deutungsversuch. Ludwig Köhler[29] sieht in dem „Wir" eine rein stilistische Umgehung des Ich,

[28] Einen exegetischen Kommentar zu bieten ist freilich nicht die Aufgabe der folgenden Feststellungen. Sie wollen lediglich das für den Sachzusammenhang der vorliegenden Untersuchung Unentbehrliche anmerken.

[29] Koehler, Die Grundstelle der Imago-Dei-Lehre, Theol. Zeitschrift 4, 1948, S. 21.

Erscheinungen vergleichlich, wie sie in unserem Dialekt auftreten. So in der häufigen Wendung „mer wänd luege“ (= „wir wollen sehen“ im Sinne von „ich werde bei späterer Gelegenheit entscheiden“). Aber gibt es zu diesem singularischen Plural im Alten Testament Parallelen? Oder hat Gunkel[30] recht, wenn er daran denkt, daß hier die dem Juden und Israeliten vertraute Vorstellung nachklingt, nach welcher Gott schon von Uranfang an einen Hofstaat von göttlichen Mächten um sich gehabt hätte. Die Annahme ist bestechend, vor allem, wenn man sich Bilder vergegenwärtigt, wie sie in der Erzählung von Micha ben Jimla[31], im Psalmbuch[32] und in Hiob[33] begegnen; sie wird jedoch dadurch sehr erschwert, daß die literarische Schicht, zu der I Mo 1 gehört, von der Vorstellung des göttlichen Hofstaates sonst nirgends Gebrauch macht. Die Frage ist nicht mit Sicherheit zu entscheiden; denn auch die scheinbar am nächsten liegende Deutung, nach welcher hier ein Rest polytheistischer Redeweise aus altpolyteistischer mythologischer Vorlage zu sehen wäre, hat ihre Schwierigkeiten. Der Autor von I Mo 1 pflegt jedes von ihm verwendete Wort hinsichtlich seiner theologischen Bedeutung abzuwägen. Hat er eine polytheistische Formulierung unbesehen übernommen?

Was heißt es, um ein weiteres Element des Textes auf seinen Sinngehalt hin zu prüfen, wenn Gott sagt, er wolle die Menschen machen *„nach unserem Bilde, uns ähnlich“*? Ludwig Köhler verdanken wir eine sehr sorgfältige Untersuchung dieser Ausdrücke[34]. Köhlers Ergebnis läßt sich wie folgt zusammenfassen: Die Menschen sind nach ihrer leiblichen und geistigen Seite Ebenbilder der ebenfalls menschengestaltig vorgestellten Gottheit. Mit dem nachgestellten „uns ähnlich“ wird aber deutlich der bei aller Ebenbildlichkeit doch bestehende wesensmäßige Unterschied [75] zwischen dem allmächtigen, allweisen, allgütigen Schöpfer und seinen ja eben doch in Unvollkommenheit und Unzulänglichkeit und End-

30 Gunkel, Genesis übersetzt und erklärt, 5. Aufl., 1922, S. 111.

31 I Könige 22, 19ff.

32 Z. B. Ps. 7, 8; 82, 1.

33 Hi. 1, 6; 38, 7.

34 A. a. O., S. 16ff.

lichkeit befangenen Geschöpfen wahrgenommen. So sagen die beiden Ausdrücke „nach unserem Bilde" und „uns ähnlich" zusammen, daß die Menschen gottähnlich, aber nicht Gott wesensgleich seien.

Soeben wurde festgestellt, *die Menschen* seien solcherweise geschaffen worden. Der Text läßt den Schöpfer sagen: „Wir wollen *ha'adam* machen." Das heißt: „Wir wollen die Menschen machen." *'adam* ist dasselbe Wort, das in der Paradieserzählung als Eigenname des ersten Mannes begegnet ist. Hier kann es jedoch nicht als Eigenname verstanden werden; denn, wie der Fortgang des Textes sogleich zeigt, wird ja nicht nur ein Mann geschaffen, dem dieser Name zukommen könnte, sondern männliche und weibliche Menschen. Es ist hier auch nicht, wie dies häufig angenommen wird, von der Erschaffung eines Ur-Paares die Rede. So haben es sich zwar die Ausleger bis in unsere Tage hinein vorzustellen beliebt. Bewußt oder unbewußt ließen sie sich dabei von der Anschauung leiten, wie sie von der Paradiesgeschichte vorgetragen wird: Adam und Eva sind das Urpaar, von dem nach der Auffassung der Paradieserzählung alle Menschen herstammen. Und die Menschheit ist nach dieser Sicht eine einzige Großfamilie mit gemeinsamen Ureltern. I Mo 1 dagegen arbeitet nicht mit dieser Vorstellung. Daß sie hier fehl am Platze wäre, geht schon aus folgender Beobachtung hervor: Gott läßt auf der ganzen Erde auf einmal Gras und Kraut und Bäume sprossen (I Mo 1, 11. 12). Die Vegetation geht somit nicht auf eine Urpflanze oder eine Anzahl von Urpflanzen zurück, sondern ist als ganze geschaffen. Gott läßt die Wassertiere als ganzes Gewimmel und die Vögel als ganzes Geflatter ins Dasein treten. Ebenso die Vierbeiner nach ihren Arten und alles, was sich auf Erden regt, als ganzes Gegramsel. Es liegt auf der Hand, daß im Zuge dieser Vorstellung auch die Menschheit als ganze *gens humana* erschaffen gedacht ist. Diese zweigeschlechtige Menschheit erhält, genau wie die Tierwelt, die Anweisung, sich zu paaren und zu mehren.

[76] Den wenigen Hinweisen auf das Realverständnis des Stükkes soll nun ein Versuch folgen, sein Verhältnis zur altorientalischen Mythologie zu bestimmen. Wie das ganze erste Kapitel der Bibel unüberhörbare Anklänge an babylonische Mythen, vor

allem an ›Enuma elisch‹ aufweist, so scheint auch der Passus über die Menschenschöpfung mit der babylonischen Vorstellungswelt in Verbindung zu stehen. Schon die Stellung der Anthropogonie innerhalb des ganzen Weltschöpfungsvorganges ist beidenorts auffallend gleich. In ›Enuma elisch‹ wie im ersten Kapitel der Bibel bildet die Erschaffung der Menschen die zweitletzte Tat des Weltschöpfers, dessen ganzes Werk auch I Mo 1 nicht, wie immer erklärt wird, in der Menschenschöpfung, sondern in der Einsetzung des Sabbaths gipfelt. Sabbath ist Kult-Zeit. Mit ihrer Setzung schließt I Mo 1 die Reihe der Schöpfungstaten ab. In ›Enuma elisch‹ folgt der Erschaffung der Menschen als letztes Schöpfungswerk zwar nicht die Bestimmung der gottesdienstlichen Zeit, dafür aber die Herrichtung des gottesdienstlichen Ortes. Die Götter nämlich bauen, nachdem die Menschen gebildet worden sind, das heilige Babel mit seinen Tempeln und seinem Stufenturm. Sie errichten somit die Kultstadt, in der die Menschen den Dienst der Götter, zu dem sie ja erschaffen worden sind[35], verrichten sollen. Mit der Errichtung der Kultstätte schließt die Schöpfung ab.

Beide Weltschöpfungstexte, der babylonische und der biblische von I Mo 1, weisen gleicherweise eine Zäsur auf, die zwischen den der Menschenschöpfung vorangehenden Werken und dieser selbst liegt. Durch diese Zäsur wird gleichsam ein neuer Einsatz der kosmogonischen Kraft für die Erschaffung der Menschen angedeutet und diesem Ereignis ein besonderes Gewicht im Rahmen des ganzen Schöpfungsvorganges zugeschrieben. Was die Zäsur bedeutet, erhellt in ‹Enuma elisch‹ ganz eindeutig: Nachdem der Kosmos als der gemeinsame Wohnraum der Götter und Menschen hergerichtet ist, beginnen mit der Menschenschöpfung die internen Vorkehrungen für die Wohlfahrt der Götter. Im Alten Te-[77]stament dagegen ist die Funktion der Zäsur mindestens nicht ohne weiteres durchsichtig. Interessanterweise aber wird die Zäsur in beiden Texten durch dasselbe Stilmittel markiert: die Gottheit redet über ihr Vorhaben, ehe sie es ausführt. In ›Enuma elisch‹ verkündet Marduk feierlich der Runde seiner Mitgötter:

[35] Vgl. KKR, S. 42ff.

Blut will ich binden, Gebein entstehen lassen.
Aufstellen will ich Lullu: Mensch sei sein Name ...
Ihm sollen die Dienste der Götter auferlegt werden;
sie aber sollen ihren Frieden haben (Tf. 6, 3).

I Mo 1, 26 sagt der Gott des Alten Testamentes:

Wir wollen Menschen machen, nach unserem Bilde,
uns ähnlich ...

Ein Zug des alttestamentlichen Textes hat freilich keine Entsprechung in ›Enuma elisch‹. Es ist das Wort von der Gottebenbildlichkeit des Menschen. Und doch, wer würde bei Kenntnis der andern sumerisch-babylonischen anthropogonischen Mythen[36] nicht auch hier an eine Beziehung des Alten Testaments zur babylonischen Welt denken? Man hat zwar den babylonischen Einfluß auf das erste Kapitel des Alten Testaments immer wieder sehr ernstlich in Frage gestellt. Das ist begreiflich; denn zwischen I Mo 1 und den babylonischen Mythen liegen all jene Abgründe, durch die babylonischer Polytheismus und jüdischer Monotheismus getrennt sind. Und damit hängen eine ganze Reihe sehr beträchtlicher Differenzen zwischen israelitischer und babylonischer Weise zusammen, in der von Welt- und Menschenschöpfung die Rede ist. Wer diese Differenzen ins Auge faßt, mag leicht zur Annahme geneigt sein, das Alte Testament könne nicht als von Babylon abhängig betrachtet werden. Dieses Urteil ist richtig, und es ist falsch. Richtig wäre es, wenn damit gesagt sein sollte, der israelitisch-jüdische Geist, der aus I Mo 1 spricht, sei eine selbständige religiöse Größe und nicht als bloßer Abglanz von babylonischen geistigen Herrlichkeiten zu verste-[78]hen. Falsch hingegen ist der Satz, wenn er, was meist der Fall ist, bedeuten soll, die Bibel stehe mit ihrem ersten Kapitel unter keinerlei babylonischem Einfluß.

Wie soll überhaupt die Frage des Verhältnisses zwischen Babel und I Mo 1 entschieden werden, wenn die einen Gelehrten sich darauf beschränken, das ganze Gewicht ihrer Beobachtungen den Übereinstimmungen zu gewähren und auf sie hinweisend die Abhängigkeit des alttestamentlichen Kapitels von Babel zu statuieren,

[36] Vgl. KKR, S. 47ff.

während die andere Hälfte der Forscher sich die Sammlung und Besprechung der Abweichungen angelegen sein läßt, um damit die Unabhängigkeit des alttestamentlichen Textes von der Mythologie Babels darzutun? Heidel kommt angesichts dieser Sachlage zu dem etwas resignierten Schluß, die Frage könne gegenwärtig wohl überhaupt nicht entschieden werden[37]. Die Entscheidung dürfte aber, entgegen Heidels Meinung, möglich sein; nur müßte die Methode der Abklärung über eine bloße Registrierung literarischer Parallelen und Konvergenzen hinaus erweitert werden. Man sollte, um einen Schritt weiterzukommen, nur einmal die folgenden Fragen stellen: Lassen sich alle Anschauungselemente und Bezeichnungen in I Mo 1 allein von der kulturellen und religiösen Welt der israelitisch-jüdischen Jahwä-Religion aus hinlänglich verstehen? Finden solcherweise vor allem auch all jene Textelemente ihre volle Erklärung, die sich so merkwürdig stark mit der babylonischen Welt zu berühren scheinen? Und umgekehrt: Lassen sich, vorausgesetzt, das Alte Testament benutze babylonisches Anschauungsmaterial, die alttestamentlichen Abweichungen von diesem einleuchtend erklären? Wer diese Fragen auf das ganze erste Kapitel des ersten Mosebuches anwendet, wird sehr bald erfahren, daß er die beiden ersten Fragen ebenso eindeutig verneinen muß, wie er die dritte bejahen kann[38].

[79] I Mo 1 hat tatsächlich babylonischen mythologischen Stoff benutzt. *Wie* es ihn verarbeitet hat, das freilich lohnt sich, zu beobachten. Und darüber vermag auch der schmale Textausschnitt interessante Aufschlüsse zu geben, der im Rahmen dieser Erörterung über die Menschenschöpfung zur Besprechung steht.

Wendet sich damit unsere Untersuchung wiederum den Versen zu, die von der gottebenbildlichen Erschaffung der Menschen spre-

[37] Heidel, The Babylonian Genesis, 2. Aufl., 1951, S. 139: "I believe that *the whole question must still be left open.*" (Von mir ausgezeichnet.)

[38] Eine Durchführung der zu dieser Einsicht führenden Untersuchung kann sich freilich nicht allein auf die anthropogonischen Aussagen in I Mo 1 stützen, sondern muß sich auf das ganze Kapitel erstrecken, was den Rahmen dieses Aufsatzes sprengen würde. Die wenigen Andeutungen auf diesen Sachverhalt, die im folgenden gegeben werden sollen, mögen immerhin zeigen, in welcher Weise die Frage behandelt werden kann.

chen, so mag zunächst die Frage gestreift werden, was es mit der Gottebenbildlichkeit im Alten Testament für eine Bewandtnis habe. Daß der Mensch als Gott ähnliches Wesen erschaffen worden ist, bedeutet jedenfalls, daß er mit seinem Schöpfer in Beziehung zu stehen fähig sein soll[39]. Aber ebenso gewiß ist, daß Inhalt und Bild einander nicht notwendig gegenseitig bedingen. Israel hat seit den Anfängen seiner Existenz und seiner Religion gewußt, daß die Menschen mit Gott in gegenseitiger Verbindung stehen. Die Verständigungsmöglichkeit war von jeher dadurch statuiert, daß man sich Gott als den Menschen anredend, ihm seinen Willen mitteilend vorstellte. Die ganze Bibel lebt von der Voraussetzung, daß Gott mit den Menschen in ausgezeichneter Weise umgehen und handeln könne, weil die Menschen ihrerseits Gottes Anrede und Willenskundgebung zu verstehen vermögen. Aber das Alte Testament braucht sonst für diesen Sachverhalt nie das Symbol der Gottebenbildlichkeit. Erst I Mo 1, in der spätesten Schicht der Mosebücher, erst in der Zeit nach dem Babylonischen Exil erscheint dieses Symbol in der Bibel. Es ist ein ihr bis dahin fremdes Symbol, von außen in die alttestamentliche Anschauungswelt hineingekommen, nicht aber für sie grundlegend.

Was Gott dazu veranlaßt, sich selbst ähnliche Wesen zu schaffen, das spricht I Mo 1 übrigens selber nicht aus. Zwar erhalten die Menschen den Befehl, über alle tierische Kreatur zu herrschen. Aber soll das nach [80] der Meinung der Stelle als des Menschen eigentlicher Schöpfungszweck verstanden werden? Oder ist I Mo 1 der Auffassung, die Natur hätte eine solche menschliche Beherrschung nötig? Wer die Fragen nur stellt, wird schon inne, daß er mit ihrer Bejahung etwas ins Alte Testament hineinläse, was dieses nicht hat sagen wollen. Wozu aber ist die Menschheit geschaffen? Für den Kultus? Wohl folgt der Menschenschöpfung die Begründung des Sabbaths, wie ihr in ›Enuma elisch‹ die Inauguration des Kultus folgt. Nach babylonischem Verständnis ist das völlig eindeutig. Da ist der Mensch um der Götter willen erschaffen worden. Alle babylonischen anthropogonischen Mythen wissen das, sosehr sie im

[39] Dies wenigstens ist, wie KKR, S. 50 festgestellt wurde, der Ursinn des Symbols.

übrigen voneinander abweichen mögen. In I Mo 1 aber, sind da die Menschen um des Sabbaths willen oder um der Verbesserung der Lebensmöglichkeiten des Schöpfers willen ins Dasein getreten? Die Frage ist dem ganzen alttestamentlichen Denken und Empfinden so inadäquat, daß man sie kaum auszusprechen wagt. Das Alte Testament weiß zwar von Leistungen, die die Menschen Gott darbringen können; nichts aber weiß es von einer Gottheit, die solcher Leistungen bedürftig wäre. Während in der babylonischen Mythologie der Mensch eine ganz eindeutige und einleuchtende Funktion übt, und während im Zusammenhang mit ihr seine Wesensverwandtschaft mit den Göttern ein zwingendes Erfordernis darstellt, folgt im Alten Testament keine der betreffenden Äußerungen notwendig aus der andern. Die Intention der Menschenschöpfung bleibt im Alten Testament ein Geheimnis. Gott schafft, weil es ihm gefällt; nicht weil er des einen oder andern seiner Geschöpfe bedürfte. Die Menschen sind einfach da, weil es Gott aus unergründlichen Motiven beliebte, sie erstehen zu lassen. Und auf Grund eines ebenso unerklärlichen Gutdünkens des Schöpfers ist der Mensch so, wie er ist, das Abbild der Gottheit.

Hält man dieser Schöpfungssituation diejenige des altmesopotamischen Geburtsmythus gegenüber[40], so wird der Unterschied ganz deutlich: Alles, was zur kultisch-magischen Aura des archaischen Mythus [81] gehört, ist in I Mo 1 abgestreift. Nichts ist mehr spürbar von einer götterversorgenden, geschweige denn von einer kosmostatischen Funktion der Menschheit. Diese existiert nicht kraft einer göttlichen Notwendigkeit. Die Menschen könnten unerschaffen geblieben sein, sie könnten auch morgen aussterben oder sonstwie von der Bildfläche verschwinden, weder Gott noch seine Welt kämen dadurch in Verlegenheit.

Wer all die vergleichenden Beobachtungen zusammennimmt, wird sich der Einsicht nicht entziehen können, daß die anthropogonische Aussage von I Mo 1 zwar für ihre äußere Erscheinung Urmaterialien aus dem Vorstellungsgut der babylonischen Mythologie verwendet, daß sie aber den Sinnzusammenhang, der diese Elemente im östlichen Mythus miteinander verbindet, nicht übernom-

[40] KKR, S. 40ff.

men hat. Sie hat etwas vom Leib der östlichen Mythologie angenommen, nicht aber deren Seele.

Wenn aber sowohl die Gottesvorstellung als auch das Welt- und Menschenverständnis des Alten Testamentes so grundlegend von dem der babylonischen Mythologie verschieden sind, warum rezipiert denn die biblische Schöpfungserzählung so vieles von den babylonischen Mythenmotiven? Warum spricht der theologisch sonst sehr bedachte Verfasser von I Mo 1 vom Ebenbild und der Ähnlichkeit Gottes und nimmt damit in Kauf, daß diese Ausdrücke beim Hörer die Vorstellung von einer menschenähnlichen, leiblichen Gestalt der Gottheit evozieren? Warum das, wo der gleiche Autor sonst eine möglichst sublime Gottesvorstellung zu pflegen bemüht ist?

Die Antwort auf diese Fragen ist wohl nur aus den religiösen Verhältnissen der Zeit zu gewinnen, in der I Mo 1 seine Form erhalten hat. Es war die Zeit der schwersten und entscheidendsten Auseinandersetzungen der israelitischen Religiosität mit dem babylonischen Wesen. Nachdem Juda sein Dasein jahrhundertelang in politischer Abhängigkeit vom Osten – erst von Assur, dann von Babel – gefristet hatte, war in den ersten Jahrzehnten des sechsten vorchristlichen Jahrhunderts das Babylonische Exil Tatsache geworden. Jedem einzelnen von den nach Babylonien deportierten Judäern stellte sich die Entscheidungsfrage, ob er [82] sich dem religiösen Geist seiner neuen Umgebung angleichen oder ob er auch als ein territorialer Entwurzelter an seiner angestammten Religion, der Verehrung Jahwäs festhalten wollte. Die Konstituierung einer jüdischen Religionsgemeinde auf babylonischem Boden stand und fiel mit der Abwehr gegen den babylonischen Kultureinfluß, gegen alles, was babylonisches Denken, Fühlen und Treiben ausmachte. Und fragt man sich, welche Größe in der religiösen Welt Babyloniens den aus seiner Heimat gerissenen Judäer am tiefsten beeindruckt haben möge, so wird man mit der Annahme kaum fehlgehen, es seien die babylonischen Kultfeiern, vor allem das grandiose, mit großem Pomp, mit tiefstem Ernst und ergreifendster Feierlichkeit begangene Neujahrs-Frühjahrsfest gewesen. Zu seinen Kernstücken gehörte gerade auch die Rezitation des auf sieben Tafeln überlieferten Schöpfungsmythus ›Enuma elisch‹, dessen Höhepunkt die Errichtung der heiligen Tempelstadt für den Kult Marduks und Ischtars bildete. Diesen Siebentafel-Mythus scheint die babylonische Synagoge als Exponenten des heidnischen Denkens aufgegriffen zu haben, das sie ablehnte. Sie tat es, indem sie aus einer Anzahl mythologischer Elemente der babylonischen Kosmogonie und aus eigener jüdisch-theologischer Anschauung eine auf den israelitisch-jüdischen Glauben abgestimmte Darstellung der Siebentage-Schöpfung vorlegte und diese in der uranfänglichen Begründung des jüdischen Sabbaths zur Vollendung gelangen ließ. Was irgend an kosmogonischen Vorstellungen der Babylonier dem jüdischen Denken annehmbar war, wurde offenbar ganz bewußt übernommen, was der monotheistischen Frömmigkeit widersprach, ebenso konsequent übergangen und das Ganze mit den der Jahwä-Religion ureigensten Anschauungen durchsetzt.

Es wäre nicht schwer, zu zeigen, wie die Darlegungen von I Mo 1 Schritt für Schritt babylonisches Material benutzen, um babylonisches Wesen zu bekämpfen. Dies geschieht nicht bloß in der bereits erwähnten Hinausführung der ganzen vorgeführten Ereignisfolge auf einen ganz und gar jüdisch-kultischen Höhepunkt; die Ablehnung babylonischer Grundanschauungen macht sich vielmehr in jedem einzelnen Textab-[83]schnitt von I Mo 1 bemerkbar. Nirgends erfolgt sie zwar in der Form offener Polemik oder ausdrücklicher Bestreitung. Das Kapitel enthält ja keine einzige formale Negierung anderer Auffassungen. Aber die positiven Aussagen, die es macht, sind so konsequent jahwistischen Geistes, daß das Babylonische darunter einfach zum Ersticken verurteilt ist. I Mo 1 sagt von ganzer Seele Nein zur babylonischen Mythologie. Und dieses Nein ist um so wirksamer, als es nirgends direkt ausgesprochen wird, sich vielmehr für seine Zwecke ganz harmlos babylonischer Formen bedient.

Einige Hinweise mögen zur Erhellung dieses Tatbestandes genügen: Die babylonische *Thiamat*, das Chaoswasser-Ungeheuer von ›Enuma elisch‹, wird unter dem Namen *Thehom* als die vor der Schöpfung gewesene Urflut ins Alte Testament eingeführt[41]. Wäh-

[41] I Mo 1, 2: „Die Erde aber war wüst und öde, und Finsternis lag auf der *Th^{e}hom*, und der Geist Gottes schwebte über den Wassern."

rend aber der babylonische *Marduk* das unbändige Chaoswesen mit größtem Kräfteaufwand in heißem Ringen besiegen muß, spricht der Gott von I Mo 1 ein Wort; da entsteht eine Scheidewand im Urweltwasser, und dieses teilt sich. Und Gott spricht ein zweites Wort; da sammelt sich die untere Hälfte der Wasser an einem Ort, so daß die Erde zum Vorschein kommt[42].

Ein anderes Beispiel: *Marduk* weist den astralen Größen als seinen göttlichen Untergebenen ihre Örter und ihre Funktionen im Kosmos an, wodurch unter anderem die Zeitrechnung begründet wird. Der Gott des Alten Testaments tut scheinbar Ähnliches. Auch er gibt den Gestirnen Ort und Funktion und stiftet damit die Möglichkeit der zeitlichen Orientierung. Aber diese Gestirne sind keine Mitgötter; sie sind vielmehr auf ihren Zweck hin von Gott gerade eben erst erschaffen worden, und zwar nicht als beseelte Wesen oder persönliche Willenspotenzen, sondern als Laternen für Tag und Nacht und als am Firmament leuchtendes Chronometer und Kalendarium[43]. So geht I Mo 1 auch in [84] diesem Punkt ein Stück weit ›Enuma elisch‹ parallel – und weiß doch nichts von verehrungswürdigen Wesen am Himmel, deren Konstellation durch Liebe, Haß oder besondere Gruppierung von Interessen und Kräften zustande käme und solcherweise als Quelle schicksalsbegründender Influenz astrologischen Grübeleien zugänglich wäre. Statt all dem ein von Gott eingerichtetes Welt-Uhrwerk!

Auch die Art und Weise, wie I Mo 1, 11. 12. 20 ff. von der Erschaffung der Vegetation und des animalischen Lebens redet, gibt sich auf den ersten Blick als ganz arglose Beschreibung, *sine ira et studio*. Aber was steckt doch an Ablehnung in diesen Versen! Der Passus rechnet mit dem Zentralanliegen des babylonischen Kulttreibens ab, das ja auf Schritt und Tritt die magische Steigerung der Lebenskräfte und die Ingangbringung der Fruchtbarkeit von Pflanzen, Tieren und Menschen verfolgt. All dem gegenüber, was in Tammuzbeweinung, Tammuzauferstehung, Tammuzhochzeit und Neujahrsfest-Ritual im Vordergrund des Interesses steht, erklärt der biblische Text: Gott hat *einmal* alles Kraut und alle Bäume so geschaffen, daß

[42] I Mo 1, 6–10.
[43] I Mo 1, 14–18.

jedes „seinen Samen bei sich hat". Die Vegetation erneuert sich ohne menschliches Zutun, ohne magische Mithilfe, auf Grund der urzeitlichen Anlage, mit der Gott die Pflanzen versehen hat. Die Pflanzenwelt erneuert sich automatisch. Und Gott hat *einmal* allen Tieren und Menschen, die er ja eigens dafür zweigeschlechtig schuf, den Befehl erteilt: „Seid fruchtbar und mehret euch!" Was bedarf es da des orgiastischen Fruchtbarkeitskultes? Wozu ein *hieros gamos*? Wozu die heilige Prostitution und das ganze Tempeldirnentum an allen Heiligtümern? So bestrickend die religiösen Formen Babels in mancher Hinsicht sein mochten, so beklemmend wirkte die ihnen zugrundeliegende Weltanschauung; denn diese ließ eine unselige Ungewißheit über dem Naturablauf lasten. Hier setzt I Mo 1 mit seinen Äußerungen über die Erschaffung der Lebewesen ein. Welche Befreiung, wenn sich der Mensch darauf verlassen konnte, daß die Natur ohne sein Zutun Jahr für Jahr dem Urbefehl Gottes gehorchte! Welche Erleichterung, wenn sie nicht auf des Menschen geschickte oder auch ein-[85]mal technisch mißratene magische Ingangsetzung angewiesen war! Wer da als Judäer in Gefahr stand, dem babylonischen Einfluß zu verfallen, der konnte, wenn immer er noch einen Rest israelitischen Erbes in seiner Seele trug, anhand dieses jüdischen Schöpfungskapitels von aller Naturmagie Babels zum Gotte Israels und zur nüchternen Ruhe seiner Anbetung heimfinden.

Und viele scheinen im Exil zurückgeführt worden zu sein; denn dieses Kapitel ist dem Judentum, obgleich dieses die Paradieserzählung seit Jahrhunderten besessen hatte, so lieb geworden, daß es darauf nicht mehr verzichten wollte.

Völlig deutlich wird die Haltung von I Mo 1 gegenüber der babylonischen religiösen Welt auch da, wo es sich um die Frage der Ethik handelt. Der biblische Autor macht gegen die in ›Enuma elisch‹ vertretene Auffassung von der Verantwortlichkeit für die Sünde[44] dadurch Front, daß er ›Enuma elisch‹ eine ebenfalls aus babylonischem Boden bezogene Anschauung entgegenstellt. ›Enuma elisch‹ läßt ja im Menschen das aufrührerische Blut des *Kingu* pulsieren. Demgegenüber greift I Mo 1 auf ein ebenso altes und ebenso

[44] KKR, S. 58f.

ehrwürdiges mythologisches Element aus dem Zweistromland zurück: Der Mensch ist nach dem Bilde der Gottheit geschaffen. Von einer uranfänglichen Belastung der Menschen durch die bei der Schöpfung erfolgte Beigabe widergöttlicher Substanz ist ja auch in einem Teil der babylonischen Geburtsmythen nicht die Rede[45]. Sie begnügen sich mit der Feststellung der Gottebenbildlichkeit und damit eben der Fähigkeit zum Umgang mit den Göttern. Indem der Text von I Mo 1, 26ff. diesen anthropogonischen Zug in die israelitisch-jüdische Vorstellungswelt einführt, drängt er das in ›Enuma elisch‹ vertretene Menschenverständnis zurück und hindert es daran, seinerseits im jüdischen Denken Boden zu fassen. So wird der in religiöser Gefahr stehende Jude vom Babylonischen durch Babylonisches geheilt oder bewahrt. *Similia similibus curantur.* Die Sicherung des Erfolges, der dem [86] biblischen Autor gerade auf dem Gebiete des Menschenverständnisses besonders am Herzen gelegen haben muß, hat jedenfalls den Erzähler dazu bewogen, diesen immerhin nicht ganz leicht wiegenden Babylonismus in Kauf zu nehmen. So erklärt sich, warum er seine Darlegung mit dem Begriffe der Gottebenbildlichkeit und all seinen Assoziationsmöglichkeiten zu belasten wagte[46]. Daß er damit dem jüdischen Denken übrigens nicht zuviel zugemutet hat, beweist die später in völlig unbabylonischen Bahnen erfolgte theologische Verarbeitung dieses einstigen Babylonismus: An die aus ihrer mytho-logischen Umgebung herausgerissene biblische Mitteilung von der gottebenbildlichen Erschaffung der Menschen haben sich später neue *theo*logische Ausdeutungen geknüpft. Damit aber hört die Geschichte der Beziehungen der alttestamentlichen Anthropogonie zu Babylonien auf und beginnt ihre jüdische und christliche Theologiegeschichte.

Die in I Mo 1 verarbeiteten Mythentrümmer haben übrigens ein ganz ähnliches Schicksal erlitten wie die in I Mo 2f. eingegangenen. Wie nämlich der Verfasser der biblischen Paradieserzählung diese als Kopf für ein ganzes erzählendes Geschichtswerk benutzt hatte, so ließ auch der Autor von I Mo 1 mit diesem Kapitel eine breitangelegte Gesamtgeschichte beginnen. Für die Gesamtdisposition sei-

[45] Vgl. die betreffenden Formen babylonischer Mythologie KKR, S. 47ff.
[46] Vgl. oben, S. 84 (= KKR, S. 81).

ner Historia von Menschheit, Patriarchen und frühisraelitischem Volk nahm er sich das schon seit Jahrhunderten bekannte Werk jenes ersten israelitischen Historiographen zum Vorbild. Wie dieser, so setzt auch er mit der Erschaffung der Welt und der Menschen ein und läßt eine „Urgeschichte der Menschheit", eine Patriarchen- und eine Frühgeschichte des Volkes folgen[47]. Innerhalb dieses übernommenen Rahmens freilich gestal-[87]tet er seine Darstellung nach eigenen Gesichtspunkten. Neue Anschauungen, neue theologische Theorien, eine neue geschichtliche Situation, in die das Volk eingegangen war, hatten eine neue Art der Geschichtsdarstellung und der Geschichtslehre nahegelegt. Und diesen neuen Grundsätzen ist das neue Werk bei aller dispositiven Anlehnung an die um Jahrhunderte ältere *editio princeps* ganz und gar verpflichtet.

Für seine Andersartigkeit, auf die im einzelnen einzugehen hier nicht der Ort ist, spricht schon die Tatsache, daß die neue Ausgabe die Paradiesgeschichte wegließ und sie durch die Geschichte von der Siebentage-Schöpfung und *ihre* Anthropogonie ersetzte.

Aber damit geriet das neue Werk in ein nicht geringes Dilemma. Nach seiner eigenen I Mo 1, 26–28 gegebenen Darstellung nämlich wäre ja die Menschheit nicht aus einem einzigen Urpaar entstanden, sondern als ganze Spezies erschaffen worden. Diese Anschauungsweise hält jedoch der weitere Verlauf des Geschichtsbuches nicht fest, sondern löst sie schon in seinem auf die Siebentage-Schöpfung folgenden Kapitel, I Mo 5, durch die Vorstellung vom einen Urmenschenpaar ab. I Mo 5 nämlich setzt den Schöpfungsbericht von I Mo 1 fort, indem es eine Genealogie von Adam bis Noah bietet, wobei Adam, ganz wie in der Paradieserzählung, als der einzige Urvater der ganzen Menschheit erscheint.

Warum diese Inkonsequenz? Sie erklärt sich folgendermaßen:

[47] Dieses Geschichtswerk, die sog. Priesterschaft, ist im Alten Testament mit den früheren Geschichtsfäden (Jahwist u. a.) zusammengearbeitet worden. Es führt von I Mo 1 über I Mo 5, umfaßt dann Teile der heutigen Flut- und Noaherzählung und der „Völkertafel" von I Mo 10 und schließt die „Urgeschichte" mit dem Semitenstammbaum I Mo 11, 10–26. 31 f. Für die literaturgeschichtlichen Verhältnisse siehe die Anm. 12 genannten „Einleitungen": Weiser, S. 105 ff.; Sellin-Rost, S. 65 ff.; Kuhl, S. 61 ff.; Lods, S. 491 ff., 529 ff., 535 ff.

Israel hatte seit rund einem halben Jahrtausend die Paradieserzählung und die an sie angeschlossene Geschichtsdarstellung gekannt, nach welcher die Menschheit von einem ersten Menschenpaar abstammte. Es war zur eingefleischten Erzähler- und Hörergewohnheit geworden, daß im Verlauf der „Urgeschichte" ein Stammbaum vorgetragen wurde, der von Adam bis Noah und von diesem weiter bis Abraham reichte. Dieser Tradition des Erzählens hatte sich auch eine neue Darstellung zu fügen, so weitgehend sie auch im übrigen die Dinge im einzelnen anders als früher üblich darstellen mochte. Und so nimmt zwar I Mo 5, 1f. den Wortlaut von I Mo 1, 26ff. wieder auf, behält auch einen Augenblick die Mehrzahlvor-[88]stellung noch bei: „. . . männlich und weiblich schuf er sie. Und er segnete sie und gab *ihnen* den Namen *'adam* (= Menschen), damals, als *sie* geschaffen wurden." Der nächste Vers aber fährt fort: „Als *Adam* 130 Jahre alt *war*, zeugte *er* einen Sohn, ihm selbst ähnlich, nach seinem Bilde, den hieß er Seth . . ." Mit diesem Satze wird an die Stelle des Kollektivbegriffs *'adam*, wie er I Mo 1, 26–28 entspricht, der Eigenname des aus I Mo 2 bekannten Urmenschen gerückt.

Die Stelle von der gottebenbildlichen Erschaffung der Menschen nimmt zwar, indem sie im ersten Kapitel der Bibel erscheint, einen ausgesprochenen Ehrenplatz ein. Das kann aber nicht darüber hinwegtäuschen, daß die anthropogonische Vorstellung von I Mo 1, 26–28 als ein erst spät von außerhalb Israels an das Volk herangetragenes Anschauungsgut wirkte. Darum wohl vermochte nicht einmal der Erzählungsfaden, der es in die hebräische Literatur einführte, die Annahme, es sei am Anfang eine ganze Menschheit geschaffen worden, im weiteren Verlauf seiner Darstellung aufrechtzuerhalten. So wirkt diese Anthropogonie im Alten Testament noch weniger nach als die der Paradieserzählung.

Und das bedeutet, daß das Alte Testament zwar Materialien aus alter anthropogonischer Mythologie verwendet hat, indem es sie zu Geschichtserzählungen umprägte, daß es sich von ihnen aber nicht theologisch bestimmen ließ. Wenn nämlich in den übrigen Teilen des Alten Testaments das Verhältnis von Gott und Mensch zur Sprache kommt, so wird dabei kaum einmal mit Angaben aus den Schöpfungserzählungen argumentiert, sondern in den allermeisten

Fällen mit einem ganz anderen Hinweis: dem nämlich, daß Israel seinen Gott „von Ägypten" und aus der Väterzeit her kenne und dorther auch wisse, wie es zu ihm stehe.

Die alte Mythologie erscheint somit im Alten Testament nicht allein *formal verändert*, indem sie in Geschichtserzählung umgegossen worden ist; sie ist vielmehr auch *inhaltlich übergangen*, indem sie für die Herausstellung des religiösen Verhältnisses zwischen Gott und Mensch kaum je herangezogen wird. Wenn nämlich der Israelite oder der Jude in alt-[89]testamentlicher Zeit wissen wollte, wie er zu Gott und Gott zu ihm stehe, dann unterrichtete er sich darüber im wesentlichen nicht aus den alten Mären von der Menschenschöpfung, sondern aus den Erzählungen von der Rettung Israels aus Ägypten und von der dieser vorangegangenen Führung der Erzväter. Erst in nachalttestamentlicher Theologie, jüdischer und christlicher, wurden die anthropogonischen Angaben der ersten Kapitel der Bibel zum Gegenstand eingehender Erwägungen.

Nachbemerkung zum Hochzeitsmythus[48] (verfaßt 1979)

Nimmt man eine derartige mythische Vorlage an, die der Jahwist in Gn 2 historisiert habe, so entgeht man dem Zwang, mit E. Kutsch den Jahwisten als „Erfinder" der Schöpfungserzählung von Gn 2 in Anspruch zu nehmen[49], – eine Rolle, die ihm seiner ganzen Arbeitsweise und Absicht nach nicht recht angemessen erscheinen will.

Einiges, worum sich Kutsch bemüht, ergibt sich dann vielmehr ganz ungezwungen und beiläufig. An vier Punkten sei dies im folgenden gezeigt:

1. Als erstes Beispiel diene die E. Kutsch anstößig erscheinende

[48] Diese Notiz ist paradigmatisch gemeint: als Beispiel dafür, daß die Alttestamentliche Wissenschaft der *Allgemeinen* Religionsgeschichte und der Religionsphänomenologie ebensowenig entraten kann wie z. B. der vorderorientalischen Philologie.

[49] E. Kutsch, Die Paradieserzählung Gn 2–3 und ihr Verfasser, in: Studien zum Pentateuch, Walter Kornfeld zum 60. Geburtstag, 1977, S. 9ff.

Verbindung der Menschenschöpfung mit der Weltschöpfung in Gn 2. Im Rahmen eines archaisch-voralttestamentlichen Hochzeitsrituals war es selbstverständlich, die Ehe als eine humane Urstruktur nicht anders als alle anderen gesellschaftlichen und vitalen Strukturen auf den Welt-Ursprung zurückzuführen.

Eine kurze Rekapitulation des Schöpfungsvorganges diente dabei der mythisch-magischen Verankerung des jeweils gegenwärtigen Ereignisses der Eheschließung in der Urordnung der Welt. Mit dieser Beobachtung entfällt die vermeinte Not eines für die Adams-Erschaffung „zu weit angesetzten Rahmens“ [50]. Übrigens gehört die mythische Rekapitulation der Schöpfung nicht nur zu besonderen Kasualien wie Geburts- und Hochzeitsritual. Etwas Ähnliches läßt sich sogar auch etwa im Zusammenhang mit einer heilenden Beschwörung beobachten [51], welche Gesundheit als schöpfungsmäßigen Zustand zu erneuern beabsichtigt.

2. Durch den Eheschluß entsteht eine neue soziale Einheit: Der Mann löst sich insofern von „Vater und Mutter“, als er mit dem Mädchen, das er heiratet, einen neuen Hausstand begründet. Dadurch wird er zum neuen *baʿal habbajit*. Auch dieser Zug wird vom Mythus in der Urordnung der Welt verwurzelt.

3. Dieser neue Hausstand aber untersteht seinerseits der Ordnung der Geschlechter, wie sie für die betreffende Gesellschaft verbindlich ist. Im Falle der Vorlage von Gn 2 ist es eine patriarchale Ordnung. Darum die Stellung der Frau als „Hilfe“ des „Menschen“ (*'adam*) und ihre Erschaffung *nach* ihm und *aus* ihm.

Gerade damit aber, daß Gn 2 „mit der Erschaffung der Welt beginnt“, um darzulegen, warum „ein Mann Vater und Mutter verläßt“ [52], verrät der Text seine mythische Herkunft. Wahrer Mythus in seiner Urfunktion verbindet immer aktuelle Ordnung mit der Urordnung [53].

[50] A. a. O., S. 18.

[51] Vgl. die babylonische Beschwörung gegen Zahnschmerz, AOT², S. 133. Ähnlich auch der Merseburger Zauberspruch gegen „Beinrenki“, in welchem zwar nicht auf die Schöpfung, wohl aber auf die Urzeit des irdischen Götterlebens rekurriert wird.

[52] Kutsch, S. 18.

[53] Diese Verbindung ist sogar noch vom Jahwisten, als er den Mythus

4. Von der gegebenen mythischen Vorsituation des Textes aus erklärt sich schließlich auch, daß es sich in Gn 2 um ein *einziges* Paar handelt.

Es ist das Schöpfungs-Urpaar. Der *eine 'adam* ist *der* „Anthropos", die Species *in nuce*. Das *eine* Menschenpaar der Paradieserzählung ist das in der ganzen gegenwärtigen Gesellschaft sich tausendfach realisierende Ur-Bild, dessen Abbilder alle späteren Ehen sind.

historisierte, nicht zerrissen worden. Sie mußte wohl auch bestehen bleiben; denn zerstören durfte J die Erzählung ja nicht: wenn er sie ihrer mythisch-magischen Verständnisweise wirksam entheben wollte, mußte er sie, um sie wirklich im Griff zu behalten, formal möglichst schonend behandeln.

The Journal of Theological Studies N. S. 16 (1965), pp. 287–300.

A NEW LOOK AT THE BABYLONIAN BACKGROUND OF GENESIS[1]

By Wilfred George Lambert

My subject arose in the first place from study of the cuneiform tablets from Ashurbanipal's library in Nineveh, which had been dug up for the British Museum in the 1850's. The most important discoveries were published in the 1870's by George Smith: first, in 1872, a Babylonian version of the flood story was made known,[2] and three years later a Babylonian account of creation was announced,[3] translations of the pieces being given in Smith's book, ›The Chaldean Account of Creation‹, which appeared in the following year, 1876.

The attention of Old Testament scholars was now assured.[4] Even the most sceptical had to yield when confronted with the passage in the Babylonian text which described how three birds were sent out of the ark as the waters were subsiding. With the creation account the similarities were not so great. Although the Babylonian cosmology began with a primeval Tiāmat, which is the etymological equivalent of *t^e^hôm*, 'the deep', in Gen. i, the major item of the Babylo-

[1] A paper read to the Society for Old Testament Study on 2 January 1964 at King's College Hostel, London.

[2] In a paper read to the Society of Biblical Archaeology on 3 December 1872, which was printed in the ›Transactions‹ of the Society the following year.

[3] In a letter to the ›Daily Telegraph‹, 4 March 1875.

[4] Criticisms of George Smith's work, however, were more severe than is often realized today. A writer in the ›Athenaeum‹ spoke of 'the melancholy death of Mr. Smith just as all European scholars were most anxious that his earlier and, in some cases, hasty conclusions should derive the advantage of his calmer and better informed judgement' (July to December, 1877, p. 864).

nian text, the battle between Marduk and Tiāmat, does not appear in the Hebrew accounts of creation. The German scholar Gunkel supplied the missing link in his book ›Schöpfung und Chaos in Urzeit und Endzeit‹ (1895). He drew attention to a series of passages in the poetic books of the Old Testament in which a battle between Yahweh and the sea, or sea monsters, is alluded to. On this basis it could be affirmed that a conflict had existed in Hebrew traditions of creation, but had been washed out of the monotheistic formulation of Genesis i. Gunkel was not in fact the first to propound this idea. Our own Cheyne, in the year in which this book appeared, took the author to task in the ›Critical Review‹ for not acknowledging that as far back as 1877 he himself had been advancing such views.[5] [288] Cheyne had in fact mentioned the battle with Tiāmat as a possible parallel to the poetic allusions, whereas Gunkel was asserting that all the references to Rahab, Leviathan, etc., were but borrowed versions of Marduk's fight. However, another scholar had much greater claim to have been plagiarized. George A. Barton, a young American, had read a paper in 1890 in which he cited the main passages about Rahab, Leviathan, etc., and the dragon of the Book of Revelation, and drew the conclusion that these were direct reflections of the Babylonian myth. This paper was published in 1893[6] and was known to Gunkel in the preparation of his book, since he quoted it on various minor points.

Whoever first propounded the idea (Barton seems to have the better claim), he provided the justification for assuming a direct connexion of some kind between the Babylonian and Hebrew accounts of creation. By the turn of the century the idea of dependence on a Babylonian original in the two cases of creation and flood was an accepted opinion in critical circles, so much so that strong assertions usually covered up the differences in the case of the former. Few thought it necessary even to admit of any problem, as did S. R. Driver in his commentary on Genesis, where he says about the creation narratives:

5 Critical Review, v (1895), pp. 256–66.
6 Journal of the American Oriental Society, xv, pp. 1ff.

> In estimating these similarities, it must further be remembered that they do not stand alone: in the narrative of the Deluge we find traits borrowed unmistakably from a Babylonian source; so that the antecedent difficulty which might otherwise have been felt in supposing elements in the Creation-narrative to the traceable ultimately to the same quarter is considerably lessened. The Book of Genesis[6] (1907), p. 30.

This amounts to saying that even though the case for the creation narrative is dubious, the better case of the flood can be used to prove it, a very debatable procedure. It should be added that another factor involved in the acceptance of this opinion by the turn of the century was the date assigned to the Babylonian texts. While the copies then available were not earlier than 750 B.C., the texts were believed to go back to at least 2000 B. C., well before the earliest possible date for Genesis.

The last sixty years have witnessed vast increases in knowledge of the various factors involved in this problem. It is no longer possible to talk glibly about Babylonian civilization. We now know that it was composed of three main strands. First, it inherited much from the Sumerians, who built up the first great civilization in Southern Mesopotamia. A second element was derived from a group of Semites who probably came down the Euphrates valley in the middle of the third millennium B. C. Thirdly, it owed something to the Amorites, who likewise came down the [289] Euphrates valley, but at the end of the third millennium, and took over the country. The Sumerians were the most original and dynamic in cultural matters, and the other two groups owed something to them even before they had settled down. Consequently it is often difficult to know if a particular item of Babylonian civilization originated with one of these three groups or was a new creation. More is known of the Amorites than of the earlier Semitic migrants, and their influence can be found in works of Babylonian literature. In my opinion the *lex talionis* in the Code of Hammurabi depends on an Amorite legal tradition, since it was an innovation in Mesopotamian law. Also the location of the Sumero-Babylonian pantheon on Mount Hermon in the Babylonian ›Epic of Gilgamesh‹ is certainly Amorite in conception.[7]

[7] See W. G. Lambert, Babylonian Wisdom Literature (1960), pp. 12–13.

Thus Babylonian civilization was a highly composite thing, and it is no longer scientifically sound to assume that all ideas originated in Mesopotamia and moved westwards. This is pan-babylonism. Parallels to Genesis can indeed be sought and found there, but they can also be sought and found among the Canaanites, the ancient Egyptians, the Hurrians, the Hittites, and the early Greeks. When the parallels have been found, the question of dependence, if any, has to be approached with an open mind.

Another qualification which is often overlooked in comparative studies of this kind is the inner diversity of so large and so long-lasting a civilization as the Babylonian. Our remoteness often causes the inquirer to attach an exaggerated importance to whatever fragment from this vast complex he happens to be working on. The doctrine of one text may be carelessly styled '*the* Babylonian view', as though it were proved to have been held by all Babylonians of all periods and areas. More systematic study reveals what could very well have been conjectured, that a great variety of ideas circulated in ancient Mesopotamia. Sumerian religion crystallized in city states, each with its particular gods and cults. Mutual tolerance was manifested in a generally accepted hierarchical order of the chief gods from the different cities. While Hammurabi welded the same cities into a single Babylonian state, religion continued its city-bound organization, though quite substantial changes gradually took place in the official hierarchy. And in all matters the 1,100 years between Hammurabi and Nebuchadnezzar II witnessed tremendous development. Yet, to the end, despite the political [290] unity based on the city of Babylon, matters of thought still reflected local attachments. In the first millennium B.C. creativity in myth was no longer expressed in literary compositions of epic style. Instead,

The American scholar A. T. Clay between 1908 and his death in 1925 countered the opinion that Hebrew religion derived much from Babylon by asserting the influence of the Amorites. In detail much that he wrote has proved wrong, and was indeed never generally accepted, but his main thesis has been vindicated in some measure, as stated by the present holder of his Yale chair, Albrecht Goetze, in: The Yale University Library Gazette, xxxvi (1962), pp. 133–7.

expository texts and scholarly commentaries of a highly esoteric character were compiled. The distinction between those expounding the myths of Nippur and those the myths of Babylon, for example, is easily discerned.

One matter can be disposed of very quickly. The recovery of the Ugaritic texts has shown that the allusions to Yahweh's battle with Leviathan and the *tannîn,* but not Rahab, are derived from Canaanite Baal myths, and these show no signs of dependence on Mesopotamian sources.[8] Accordingly, one of the main supports for assuming the dependence of Genesis on Babylonian myths has gone, and the whole question needs reconsideration. Yet not all Old Testament scholars have really faced the facts. The following random quotations of recent opinion illustrate the position. Kaufmann in his ›Religion of Israel‹ does indeed assert the Canaanite rather than Babylonian origin of the poetic allusions to battles with monsters.[9] Similarly Hans-Joachim Kraus in his commentary on the Psalms refers to the Babylonian epic only as a parallel, and insists on the prior relevance of the Ugaritic material.[10] Contrast this with Eissfeldt's article on Genesis in the ›Interpreter's Dictionary of the Bible‹, which repeats essentially what Gunkel said, only modernizing the terminology: instead of Babylonian origin he speaks of 'Sumerian-Akkadian prototypes'.[11] Von Rad, in his commentary on Genesis, asserts the 'unbestreitbare Zusammenhang' of the Babylonian Tiāmat and *t^e^hôm* in Gen. i, meaning a mythological and not only a philological connexion.[12] Similarly Orlinsky, in a recently published apologia for the Jewish Publication Society's

[8] The two main passages, Andrée Herdner, Corpus des tablettes en cunéiformes alphabétiques (1963), no. 3. iii. 33–44 and no. 5. i. 1–3, are conveniently quoted with translation by Otto Kaiser, Die mythische Bedeutung des Meeres (Z.A.T.W., Beiheft 78), pp. 74–75. The other passages can be found in the glossaries of C. H. Gordon and G. R. Driver, and in the dictionary of Aistleitner, under *ltn* and *tnn.*

[9] Y. Kaufmann, The Religion of Israel (English digest by M. Greenberg, 1961), p. 62.

[10] Biblischer Kommentar, Altes Testament, xv/1 (1960), p. 518.

[11] Ed. G. A. Buttrick (1962), ii, p. 375.

[12] Das Alte Testament Deutsch, Teilband 2, p. 38.

new translation of the Pentateuch, asserts: 'Scholars have long recognized that the biblical version of creation has great affinity with what we know of the Mesopotamian versions, that the former–whether directly or indirectly–derives ultimately and in significant measure from the latter.'[13]

On the Sumero-Babylonian side matters are hardly more satisfactory. New editions of ›Enūma Eliš‹, or the ›Babylonian Epic of Creation‹ as it is [291] commonly called, have been made by merely adding new material to the old editions, with all their inevitable and, in their cases, excusable faults. L. W. King's excellent edition of 1902[14] was the last truly critical edition based on first-hand study of all the textual evidence. In addition to this major and several minor texts, there is a mass of allusions and other secondary material comparable with the allusions in Hebrew poetry, which no one has hitherto collected, much less studied. The greatest failure, however, has been in the general interpretation of the major epic. Views put out as plausible conjectures at the end of the last century have, by frequent repetition, become endowed with canonical status, and are now asserted in such terms as 'it is generally admitted'[15] (which means that no one has ever proved) and 'there is no convincing reason against'[16] (which patently confesses the lack of conclusive reasons for). Under these circumstances I have tried to get to the bottom of the various questions and to assemble neglected material. Some of my results, for what they are worth, must be used in the following notes.[17]

The first major conclusion is that the ›Epic of Creation‹ is not a norm of Babylonian or Sumerian cosmology. It is a sectarian and

[13] J. B. L., lxxxii (1963), p. 256.

[14] L. W. King, The Seven Tablets of Creation. The writer is engaged on a new critical edition. For the moment one of the best, and the most convenient English translation, is that of A. Heidel, The Babylonian Genesis[2] (Third [corrected] Impression, 1963).

[15] A. Heidel, op. cit., p. 12.

[16] E. A. Speiser apud J. B. Pritchard, A.N.E.T. ([1]1950, [2]1955), p. 60.

[17] Where possible, reference is given to a published source, but in some cases, such as where unpublished materials are used, this has not been practicable.

aberrant combination of mythological threads woven into an unparalleled compositum. In my opinion it is not earlier than 1100 B.C. It happens to be the best preserved Babylonian document of its genre simply because it was at its height of popularity when the libraries were formed from which our knowledge of Babylonian mythology is mostly derived. The various traditions it draws upon are often perverted to such an extent that conclusions based on this text alone are suspect. It can only be used safely in the whole context of ancient Mesopotamian mythology. With this introduction let us turn to the matter in hand.

The flood remains the clearest case of dependence of Genesis on Mesopotamian legend. While flood stories as such do not have to be connected, the episode of the birds in Genesis viii. 6–12 is so close to the parallel passage in the XIth tablet of the Babylonian ›Gilgamesh Epic‹[18] that no doubt exists. The only other Babylonian testimony to [292] these birds is that of the priest Berossus, some 300 B.C. That edition of the ›Gilgamesh Epic‹ which contains the flood story is the latest; no copies earlier than 750 B.C. are known, though it was a traditional text, and the late form may well have been put in shape between 1200 and 1000 B.C. Parts of earlier editions survive, for its origins go back, at least in Sumerian, to the third millennium, but none of them is known to have contained any flood narrative. In the late edition it is a digression, and was inserted from another Sumero-Babylonian epic, known in its later forms from the hero of the flood, Atra-ḫasīs. The Sumerian prototype, of which one incomplete copy of about 1800 B.C. alone survives, is very concise and its account of the flood has no mention of birds.[19] The first Babylonian edition known, from copies of about 1600 B.C., is incomplete, but so far there is nothing about birds. The late Babylonian editions are similarly incomplete.[20] Thus the only

[18] The most recent translations are: A. Schott and W. von Soden, Das Gilgamesch-Epos (1958); E. A. Speiser apud J. B. Pritchard, A.N.E.T.^{2} (1955), pp. 72–99; A. Heidel, The Gilgamesh Epic and Old Testament Parallels^2 (1949).

[19] The only translations of this are by A. Poebel, Historical Texts (1914), pp. 17–20; and by S. N. Kramer apud A.N.E.T., pp. 42–44.

[20] See provisionally W. G. Lambert, New Light on the Babylonian

surviving testimony to the most telling parallel happens to be later than the Biblical account, but nevertheless I hold that there is certain dependence of the Hebrew writers on a Mesopotamian tradition. First, there is no dispute that the late Mesopotamian forms of the flood story are local developments of the earlier Sumerian accounts, and these we know from copies of about 1800 B.C. This virtually excludes any possible Amorite influence in the initial formation of the Mesopotamian tradition. Thus priority rests on the Mesopotamian side, where floods are an annual phenomenon. Secondly, it is inconceivable that the Hebrews as such influenced the development of Babylonian epics. There seem, then, to be only two ways of escape from acknowledging Hebrew borrowing. The one is to assert that both Sumerians and Amorites held independent flood traditions, and from the latter the episode of the birds passed to both Hebrews and Babylonians. I can think of no refutation of such a view, though it seems most improbable to me. Alternatively it could be argued that the Hebrew and Babylonian accounts go back to the event rather than to a common source of tradition. This is unacceptable to me for reasons to be explained later.

Neither in Mesopotamia nor in Palestine did the flood story stand alone. In Berossus ten long-reigning kings precede it.[21] A similar tradition, but of nine kings, occurs on a bilingual fragment from Ashurbanipal's library. Several Sumerian tablets from about 1800 B.C. attest this line of kings, but either eight or ten in number, extending from the [293] beginning of civilization to the flood.[22] The Sumerian prototype of the ›Atra-ḫasīs Epic‹ lacks the kings,

Flood, Journal of Semitic Studies, v (1960), pp. 113–23. A new edition based on much new material is being prepared by the present writer and A. R. Millard [Das Werk erschien unter dem Titel: Atra-Ḫasīs. The Babylonian Story of the Flood, Oxford 1969; H.-P. Müller].

[21] F. Jacoby, Die Fragmente der griechischen Historiker, iii C (1958), pp. 373–82.

[22] See T. Jacobsen, The Sumerian King List (1939), and J. J. Finkelstein and W. W. Hallo, both in Journal of Cuneiform Studies, xvii (1963), pp. 39ff. and 52ff.. The bilingual fragment has been joined to another previously unpublished piece, see: Cuneiform Texts from Babylonian Tablets in the British Museum, part xlvi (1965), no. 5.

but describes the founding of the five cities in which they are said to have reigned. In Genesis the ten long-lived patriarchs from Adam to Noah lead up to the flood. It appears certain to me that this is no coincidence, and since the Sumerian character of this traditional history assures priority on the Mesopotamian side, borrowing on the part of the Hebrews seems certain.

The creation narratives are altogether more difficult. We shall start from the beginning of the first biblical account. Much has been made of the similarity of the Hebrew *t^{e}hôm* and the Babylonian Tiāmat in ›Enūma Eliš‹. Both are primaeval and watery. The etymological equivalence is of no consequence, since poetic allusions to cosmic battles in the Old Testament use *yām* and *t^{e}hôm* indiscriminately. So far as the concept is concerned, the idea of a watery beginning was by no means the only Mesopotamian notion. There were three basic doctrines. According to the most commonly attested, earth came first and all else emerged in some way from this. Less commonly attested is the conception of primaeval water, and thirdly time was considered the source and origin of all things. Earth in this cosmological sense is first attested about 2600 B.C. Water is not known before 2000, and time makes its first appearance about 1700 B. C. Since the evidence for all three is scanty, these dates have no absolute value. In contrast with these different Mesopotamian ideas, the ancient Egyptians quite generally acknowledged the god of the primaeval waters Nu (Nun) as the source of all things.[23] In early Greece there were different opinions, as in Mesopotamia, but Ocean is described as the father (γένεσις) of the gods in Homer,[24] and water is the prime element in the cosmologies of Thales and Anaximander. Thus the watery beginning of Genesis in itself is no evidence of Mesopotamian influence.

The activity of the second day is more explicit. God divided the cosmic waters into two parts on the vertical plane. Similarly in ›Enūma Eliš‹ Marduk splits the body of Tiāmat. These seem to be the only two examples of the splitting of a body of water from the

[23] See H. Bonnet, Reallexikon der ägyptischen Religionsgeschichte (1952), pp. 535–6; and Otto Kaiser, op. cit., pp. 1–39.

[24] Iliad, xiv. 201.

area and periods under discussion (apart from Berossus),[25] so a parallel must be acknowledged. However, Gunkel and his followers have wanted to push the [294] matter further. In ›Enūma Eliš‹ a battle precedes the splitting, and since there are poetic allusions to a battle of Yahweh with the sea, it is urged that there is dependence on ›Enūma Eliš‹ and that a battle did precede the separation of the waters in earlier forms of the tradition recorded in Genesis i. This involves most intricate problems. This splitting, whether in ›Enūma Eliš‹ or Genesis is, of course, only a variant of the common mythological theme of the dividing of heaven and earth,[26] the only difference being that these two accounts involve water, not a solid mass. This separation of heaven and earth does not necessarily presume a conflict. There are three Sumerian versions,[27] and in none is the matter being cut asunder the body of a monster slain in battle. The whole process is peaceful: a job of work. In a version in the Hittite language a saw is used to do the cutting, not a weapon of war.[28] In Egypt Shu pushes apart Nut, the heaven, and Geb, the earth, without any antecedent battle.[29] The doctrine of the world egg, as found in some forms of Phoenician[30] and Orphic[31] cosmogony, similarly involves a peaceful sundering.

Is there, then, good reason to presume a battle behind the second

[25] F. Jacoby, op. cit., pp. 370–3.

[26] See W. Staudacher, Die Trennung von Himmel und Erde (1942); K. Marót, same title, Acta Antiqua Hungarica, i (1951), pp. 35–66; F. K. Numazawa, Scientia, xlvii (1953), pp. 28–35 (last two references provided by R. T. Rundle Clark).

[27] S. N. Kramer, Sumerian Mythology (1944), p. 37; T. Jacobsen, J.N.E.S., v (1946), p. 134; E. Ebeling, Z.D.M.G., lxx (1916), p. 532; and A. Heidel, op. cit., p. 68.

[28] H. G. Güterbock, Journal of Cuneiform Studies, vi (1952), pp. 29, 52–54. The meaning of the Hittite word is not certain, though the translation 'saw' rests on etymology. It is not the name of any known weapon.

[29] H. Bonnet, op. cit., pp. 685–9; R. T. Rundle Clark, Myth and Symbol in Ancient Egypt (1959), pp. 48–50, 250.

[30] See H. W. Haussig (ed.), Wörterbuch der Mythologie, I. Abteilung, Teil 1, pp. 309–10.

[31] W. K. C. Guthrie, Orpheus and Greek Religion^2 (1952), ch. iv.

day of creation in Genesis? The poetic allusions nowhere speak of Yahweh splitting the sea, except for Ps. lxxiv. 13 in the traditional English rendering: 'Thou didst divide the sea by thy strength.' However, the meaning of פּוֹרַרְתָּ has been disputed on purely lexicographical evidence, and an Arabic cognate favours rather: 'Thou didst set the sea in commotion.'[32] Thus the case for a battle as a prelude to God's dividing of the cosmic waters is unproven.

On the Mesopotamian side the matter is very confused. Tiāmat is not uniform in the ›Epic of Creation‹. At times she is presented as a solid-bodied monster, at other times as a mass of water. The author is conflating two traditions. Berossus combined the two traditions more [295] systematically: he presents Tiāmat advancing against Marduk as a woman yet at the same moment as a body of water so that monsters are swimming inside her![33] To me this is obviously a combination of two ideas. The question is whether the separating of the body of water really belongs to the dragon-slaying episode, or is just hitched on, to the greater glory of Marduk. To answer this question we must survey briefly the Mesopotamian traditions of cosmic water. The only one known from the Sumerians pictured a watery goddess Nammu as the mother of heaven and earth and of all the gods. She, however, was not split and no battle with her is known of. Another view, associated especially with Marduk, makes the primaeval waters a substratum merely on which the earth was placed. In some cases the water was an impersonal passive element, in other cases this sea had to be subjugated before the work of creation could be done on top of it. In either case there is no splitting: all the water stays below. Thus ›Enūma Eliš‹ and Berossus have something unique so far in Mesopotamia. No other tradition of a watery beginning involves the separation.

One other aspect remains, the cultic. Although much that has been written on this subject is altogether wrong, there is good circumstantial evidence that Marduk defeated Tiāmat each New Year in the Akītu house of Babylon.[34] But this only applies to Babylon

[32] So L. Koehler, Lexicon in Veteris Testamenti Libros (1953), p. 782.

[33] F. Jacoby, op. cit., pp. 371–2.

[34] W. G. Lambert, Iraq, xxv (1963), pp. 189–90.

in the time of the Late Babylonian empire, not to any other Akītu house of any other city. There are only very scrappy hints about the precise conception of Tiāmat involved in this annual rite, but they all savour of underworld connexions, which means that concept of a sea beneath the earth, not of a sea both above and beneath. Too much has been made of the recitation of ›Enūma Eliš‹ in the New Year rites. The epilogue contradicts the suggestion that it was written expressly for use in the month Nisan, and nothing in the formulation of the epic implies a specific cultic use.

We are left, then, with the fact that the sequence of the battle and the splitting of the cosmic waters may be only the result of conflation of no particular antiquity, and it is only one of two traditions associated with a single Mesopotamian god. ›Enūma Eliš‹ is the first testimony to it. Thus neither on the Hebrew side nor on the Mesopotamian is there any clear proof that a battle is necessarily tied to the dividing of the waters. More generally, there is no proof that the conflict of a deity with the sea is of Mesopotamian origin. So far it is only known in the cult and literature of Babylon. It was an Amorite dynasty that made Babylon from an unimportant settlement into the capital of an empire, and it is [296] always possible that they introduced the ideas into Mesopotamia. If so, the Babylonians were as much borrowers as the Hebrews.

To sum up discussion of the second day, there is one close parallel between Genesis and ›Enūma Eliš‹, but no evidence of Hebrew borrowing from Babylon.

The third day can be dealt with more briefly. God separates the sea from the dry land. My opinion is that the second and third days contain originally unrelated traditions, put in this sequence by the Hebrew author. Three clear poetic allusions refer to Yahweh's pushing back the cosmic waters from the land and defining their limits: Ps. civ. 6–9, Prov. viii. 29 and Job xxxviii. 8–11. A conflict is definitely involved. The last passage is the most explicit: the section occurs in a cosmological setting, and involves not simply the separation of sea and dry land, but tells of the waters breaking forth 'from the womb' and being forced back by God within fixed limits. There is a Mesopotamian parallel for this, connected with Ninurta, the Sumero-Babylonian god of war, who was, incidentally, the dragon-slayer of ancient Mesopotamia. The story goes that 'the mighty waters' began to rise and threatened to overwhelm the land, so Ninurta built a stone wall to hold them back until eventually they receded. Thereby Ninurta saved the land. This is part of a composite Sumerian myth first known from copies of about 1800 B.C., though later bilingual copies also survive.[35] There seems to be an allusion to this one episode in Cylinder A of Gudea of Lagash (c. 2100 B.C.), who describes how he went into the house of Ninurta and prayed to him, beginning, 'Lord, who held back the savage waters . . .'.[36] This Mesopotamian story reads very much like an account of the annual flood projected on to the mythological plane. The parallel with the Hebrew material is striking, since these seem to be the only two narratives of a god holding back savage waters from the ancient Orient. It is true that the water is conceived somewhat differently in the Old Testament: there it is sea, a term not used of Ninurta's exploit. But if the account were of Mesopotamian origin and had been borrowed in Syria and Palestine, where there is no annual flood, it would be very natural for such a change to take place. Since it is a traditional Sumerian myth, it is quite possible that this is the correct explanation of the facts.

For me the seventh day of creation offers a still more convincing case. The sabbath has, of course, been the subject of much study, both the [297] institution and the name. My own position, briefly, is that the Hebrew term *šabbāth,* meaning the completion of the week, and the Babylonian term *šapattu,* meaning the completion of the moon's waxing, that is the fifteenth day of a lunar month, are the same word. But since there is no genuine Sumerian equivalent of, nor Babylonian etymology for, *šapattu,* and it first appears only about 1700 B.C., I believe that Hebrews and Babylonians depend on a similar Amorite source.[37] The attempt to find days of rest in the

[35] There is no adequate edition of this myth, but for what it is worth mention may be made of the edition of this particular section by H. Radau, Sumerian Hymns and Prayers to God Nin-ib from the Temple Library of Nippur (1911), pp. 66–70.

[36] A. Falkenstein and W. von Soden, Sumerische und akkadische Hymnen und Gebete (1953), p. 146.

[37] The best discussion of this word is still that of B. Landsberger, Der kultische Kalender der Babylonier und Assyrer (1915), pp. 131–5.

Mesopotamian calendars has hardly succeeded.[38] There is, however, another approach to the question. The Hebrews left two explanations of the sabbath. The first is that of Gen. i–ii and Exod. xx, that it repeats cyclically what God did in the original week of creation. The second, in Deut. v, regards it as a repeated memorial of the Hebrews' deliverance from Egypt. This divergence suggests that historically the institution is older than the explanations. On this assumption the use of the week as the framework of a creation account is understandable as providing divine sanction for the institution, but unexpected in that God's resting hardly expresses the unlimited might and power that are His usual attributes: 'See, Israel's guardian neither slumbers nor sleeps.' It is generally assumed that the use of the week as the framework of the account simply required that God rest on the seventh day. But there was no compulsion to have a week of creation at all. Furthermore, this implies that the development of the doctrine of God's rest came from pure, deductive reasoning, which I doubt very much. The authors of ancient cosmologies were essentially compilers. Their originality was expressed in new combinations of old themes, and in new twists to old ideas. Sheer invention was not part of their craft. Thus when the author tells us that God rested, I believe he drew on a tradition to this effect. Therefore in seeking parallels to the seventh day, one must look not only for comparable institutions, but also for the idea of deities resting.

Here Mesopotamia does not fail us. The standard Babylonian account of man's creation is not found in ›Enūma Eliš‹, but in the ›Atra-ḫasīs Epic‹. An earlier form of this myth occurs in the Sumerian ›Enki and Ninmah‹.[39] [298] The essentials of the story are that the gods had to toil for their daily bread, and in response to urgent

[38] The various Babylonian calendars have *dies fas* and *dies nefas* just like the Roman, but the latter are not really days of rest. The nearest approach to the Hebrew Sabbath is offered by the prohibitions for the king (nothing is said about the people) to be observed on the seventh day of each month, which forbid both secular and religious activities. The best summary of information on this topic is B. Landsberger, op. cit., pp. 92ff.

[39] The literature on this myth is given by M. Lambert in Revue d'Assyriologie, lv (1961), pp. 186–7, no. 18, but there is no edition of the text.

complaints man was created to serve the gods by providing them with food and drink. On the last point all the Mesopotamian accounts agree: man existed solely to serve the gods, and this was expressed practically in that all major deities at least had two meals set up before their statues each day. Accordingly, man's creation resulted in the gods' resting, and the myths reach a climax at this point. Even in ›Enūma Eliš‹ this is clear, despite much conflation. At the beginning of Tablet VI Ea and Marduk confer on what is called 'the resting of the gods', and thereupon man is created and the gods are declared free from toil. This common Mesopotamian tradition thus provides a close parallel to the sixth and seventh days of creation. Since the particular concept of the destiny of man goes back to the Sumerians, but is unparalleled in other parts of the ancient Near East, ultimate borrowing by the Hebrews seems very probable.

These, in my opinion, are the significant points of similarity between Mesopotamian and Hebrew accounts of origins. Other scholars, from the time of George Smith and onwards, have attached importance to other points, though to me they are inconclusive.[40] No sure Babylonian parallels have yet been found even for

[40] A collection of such material is given by J. Plessis in Dictionnaire de la Bible, Supplément, ed. L. Pirot, Tome Premier (1928), pp. 714ff., and detailed comparisons of ›Enūma Eliš‹ and Genesis have been made by A. Deimel, ›Enuma Eliš‹ und Hexaemeron (1934), and by A. Heidel, The Babylonian Genesis[2] (1963), ch. iii. Among the more recent and reputable suggestions of particular scholars the following may be noted. W. F. Albright in J.B.L. lxii (1943), p. 369, on the basis of the translation of Gen. i. 1, 'When God began to create . . .', proposed a definite borrowing from a Sumero-Babylonian 'When . . . then . . .' period. S. H. Langdon, in his book ›Sumerian Epic of Paradise, the Flood and the Fall of Man‹ (1915), also in French translation, Le Poème sumérien du paradis, du déluge et de la chute de l'homme (1919), tried to relate a Sumerian myth to more than one episode of Genesis, but wrongly. See the altogether more reliable edition of the same text by S. N. Kramer, Enki and Ninḫursag, A Sumerian 'Paradise' Myth (B.A.S.O.R., Supplementary Studies, no. 1, 1945). On p. 9 of this new edition Kramer suggests a connexion between the word play on the Sumerian homophones *ti* 'life' and *ti* 'rib' and the fashioning of Eve ('Life') from the rib of Adam. In this he was anticipated by V. Scheil, Comptes ren-

the Tower of Babel or the kingdom of Nimrod.[41] We are left, then, with the succession of long-lived [299] worthies culminating in the flood, perhaps God's holding back of the primaeval waters, and, more probably, God's rest. So far the similarities have been stressed, but the differences must not be overlooked. The Sumero-Babylonian tradition is of a line of kings from the founding of civilization to the flood, not of a line of patriarchs, the ancestors of the Hebrew nation, from creation onwards. In the one case the names are mostly Sumerian, but Semitic in the other, nor do they bear any kind of relationship to the corresponding name in the other series. The differences are indeed so great that direct borrowing of a literary form of Mesopotamian traditions is out of the question. But if the case for borrowing is to be established, at least a suggestion of the manner and time of transference must be made. The exile and the later part of the monarchy are out of the question, since this was the time when the Hebrew traditions of creation and the early history of mankind were being put in the form in which they were canonized. That the matters spoken of were included in Genesis is proof that they were long established among the Hebrews. Kauf-

dus de l'Académie des inscriptions et belles-lettres (1915), pp. 534–5. The relevance of this Sumerian myth for the location of Eden has been maintained by E. A. Speiser, The Rivers of Paradise, Festschrift J. Friedrich (1959), pp. 473–85. The name Eden itself has often been derived from the Sumerian *edin,* 'open country, desert', though the '*ayin* is inexplicable, and the meaning unsuitable. Also the *'ēd* (of unknown meaning) in Gen. ii. 6 has been given at least two Mesopotamian etymologies, on which see most recently E. A. Speiser, B.A.S.O.R. cxl (1955), pp. 9–11. J. J. A. van Dijk in Acta Orientalia, xxviii (1964), pp. 40–44, has pointed out a Sumerian parallel to the content of this part of Genesis.

41 E. A. Speiser in: Word Plays on the Creation Epic's Version of the Founding of Babylon, Orientalia, N.S., xxv (1956), pp. 317–23, put forward an ingenious theory of a literary derivation of the biblical episode of the Tower of Babel from the Babylonian ›Enūma Eliš‹. Also, in Eretz-Israel, v (1958), pp. 32–36, he proposed that the biblical Nimrod is a dim reflection of the Assyrian king Tukulti-Ninurta I (*c.* 1240–1200 B.C.). The present writer prefers the more usual opinion that the Sumero-Babylonian war god Ninurta is meant.

mann has rightly argued that prophetic use of the traditions of Yahweh's battle with the sea implies that these traditions were therefore long established on Hebrew soil. Thus one is forced back at least to the time of the Judges, and even this may be too late. Also, knowledge of this time does not suggest that Babylonian myths and legends would have gained currency then if they were not established earlier. The present writer's opinion is that only the Amarna period has any real claim to be the period when this material moved westwards. This is the period when the Babylonian language and cuneiform script were the normal means of international communication between countries from Egypt to the Persian Gulf. From within this period the Hittite capital in Asia Minor has yielded a large quantity of fragments of Mesopotamian literature, both Sumerian and Babylonian, including the ›Gilgamesh Epic‹. A smaller quantity of similar material has been yielded by Ras Shamra, including a piece of the ›Atra-ḫasīs Epic‹.[42] Megiddo has given up a piece of the ›Gilgamesh Epic‹,[43] and Amarna itself several pieces of Babylonian literary texts. This spread of Babylonian writings at this period of history is not only the result of the use of [300] cuneiform writing for international communication, but also is owed to the cultural activities of the Hurrians, for they were great borrowers from all the peoples in which they moved and settled, so much so that they were rapidly absorbed and lost their identity. Thus in the Amarna age the Hittites not only had Babylonian and Sumerian literature in addition to native texts, but also works translated from West Semitic.[44] Cultural barriers were indeed broken down in Syria and adjacent lands at this time. Nor was knowledge of borrowed Mesopotamian works restricted to the small number of scribes competent in cuneiform. Among the Hittites the ›Gilgamesh Epic‹ was available in both Hittite and Hurrian translations. Also that

[42] To be published by J. Nougayrol in a forthcoming volume of ›Le Palais royal d'Ugarit‹; see: Comptes rendus de l'Académie des inscriptions et belles-lettres (1960), 170–1.

[43] A. Goetze and S. Levy, *'Atiqot,* ii (1959), pp. 121–8.

[44] H. G. Güterbock in S. N. Kramer (ed.), Mythologies of the Ancient World (1961), pp. 143 and 155.

version of ›Nergal and Ereshkigal‹ from Amarna is so completely different from the traditional Mesopotamian one in its wording as to give the impression that oral tradition alone will explain it.[45]

Earlier borrowing of the material is ruled out, in the present writer's opinion, because Genesis shows no knowledge of Mesopotamian matters prior to 1500 B.C., a point of considerable importance. The description of Nimrod's kingdom and the account of the Tower of Babel both presume a period when legends were clustering around the city of Babylon. Up to the sudden and unexpected rise of Babylon under Hammurabi (*c.* 1750 B.C.) it was an utterly unimportant and obscure place. One must surely allow a century or two before it could become the centre of legends about early times, as indeed it did in Mesopotamia by about 1200 B.C. Negatively the case is equally strong: Genesis shows no knowledge of Mesopotamian matters prior to about 1500. The very existence of the Sumerians is nowhere hinted at. While the borrowing may have been something altogether more involved and complex than we have suggested, all the known facts favour the idea that the traditions moved westwards during the Amarna period and reached the Hebrews in oral form.

Postscript

While generally the writer has not changed his approach nor conclusions since the above was published in 1965, there are two aspects on which he would write differently today. The first concerns the origins of Amorite culture. It remains clear that their irruption into southern Mesopotamia *c.* 2000 B.C. brought with it a certain cultural impact on Babylonian civilization, but it must now be questioned how much of this ideology was Amorite in origin. The archive from mid-third-millennium Ebla, south of Aleppo in Syria, shows that much of the Ugaritic pantheon was firmly established in Syria long before the Amorites appeared, and they had comparatively little impact on it. The third-millennium texts from Mari favour the same conclusions. The area of roughly the modern Syria

[45] See O. R. Gurney, Anatolian Studies, x (1960), p. 107.

and Lebanon was, it seems, more or less homogeneous in religion over the second half of the third millennium. Thus what the Amorites brought down the Euphrates to Babylonia was presumably a mixture of nomadic-Amorite and settled-Syrian ideology. Hammurabi's lex talionis no doubt belongs to the former, the concept of the Babylonian pantheon residing on Mount Hermon presumably to the latter.

The second matter concerns the background of Tiāmat in ›Enūma Eliš‹. The writer is now less inclined to consider this monster and the battle in which it fights as possible Amorite imports in southern Mesopotamia. Since 1965 such a diversity of previously unknown Babylonian myth, with no suspicion of foreign origin, has come to light that lack of cuneiform sources for Tiāmat earlier than ›Enūma Eliš‹ seems less significant than it did before. And the name and person are attested. An exercise tablet from Tell Asmar in the Diyala area east of the Tigris, *c.* 22nd century B. C., preserves the beginning of a Semitic hymn to Tišpak, patron god of the town Ešnunna:

> Steward of Tiāmat, warrior, fierce one, arise!
> Tišpak, steward of Tiāmat, fierce one, arise!
> A. Westenholz, AfO 25 (1974/77), p. 102.

Also among the personal names of Assyrians trading in Cappadocia in the 18th century B.C. there occurs: *Puzur$_4$-tí-a-am-tim/tí-im,* "Protected-by-Tiāmat", all occurrences apparently referring to one person (H. Hirsch, AfO, Beiheft 13/14 [1961], p. 34). In neither case is there reason to suspect Amorite influence, and Tiāmat does not so far occur among the thousands of Amorite personal names known from cuneiform sources, though the god Yam may occur, though this is not certain. Thus the lack of a deity corresponding to Tiāmat in Sumerian mythology no longer directs us to look to the Amorites necessarily. North-Mesopotamian mythology may have handed down the tradition which ›Enūma Eliš‹ took up. The male Ugaritic Yam does not suggest borrowing from the West.

The writer has further elaborated his ideas in three articles: Babylonien und Israel, in: Theologische Realenzyklopädie V (1979), pp. 67–79; Interchange of ideas between southern Mesopotamia and Syria-Palestine as seen in literature, in: H.-J. Nissen and J. Renger (eds.), Mesopotamien und seine Nachbarn (Berliner Beiträge zum Vorderen Orient, 1 [1982]), T. 1, pp. 311–316; Old Testament Mythology in its Ancient Near Eastern context, Supplements to Vetus Testamentum 40 (1988), pp. 124–143.

Zeitschrift für Theologie und Kirche 69 (1972), S. 259–289.

MYTHISCHE ELEMENTE IN DER JAHWISTISCHEN SCHÖPFUNGSERZÄHLUNG[1]

Von HANS-PETER MÜLLER

Die folgenden Marginalien zur jahwistischen Schöpfungserzählung unternehmen den Versuch, im Licht z. T. neuen orientalischen Vergleichsmaterials[2] die mythischen Elemente dieses Textes zu analysieren, seinen Charakter als mythische Erzählung zu definieren und das Ergebnis für die Interpretation auszuwerten. Sie wollen ein Paradigma liefern zur Frage nach dem Recht und der Grenze des

[1] Die folgende Untersuchung ist z. T. im Zusammenhang mit einer interdisziplinären Übung entstanden, die ich im WS 1971/72 gemeinsam mit meinem Kollegen, Herrn Prof. Dr. J. Krecher vom Altorientalischen Seminar der Universität Münster, gehalten habe.

[2] Neu hinzugekommen ist in letzter Zeit die Kenntnis einer altbabylonischen Fassung des Mythos von Atramḫasīs aus der Zeit König Ammi-ṣaduqas, von der umfangreiche Fragmente im Britischen Museum aufgefunden wurden. Kopien von A. R. Millard und W. G. Lambert in Cuneiform Texts 46,1–4, 1965; Transkription und englische Übersetzung des gesamten Materials zu Atramḫasīs einschließlich der sumerischen Sintfluterzählung CBS 10673 und eines Sintflutfragments aus Ugarit RS 22. 421 bei Lambert-Millard, Atra-Ḫasīs. The Babylonian Story of the Flood, 1969. – G. Pettinato (Das altorientalische Menschenbild und die sumerischen und akkadischen Schöpfungsmythen, 1971) hat das Verdienst, eine größere Zahl wichtiger sumerischer und akkadischer Schöpfungserzählungen zusammengestellt und der theologischen Fragestellung zugeführt zu haben. Da der Verfasser dieses Artikels philologische Probleme sumerischer Texte mangels eigner Kompetenz nicht beurteilen möchte, übernimmt er zumeist die betreffenden Übersetzungen Pettinatos, auch wo über Einzelheiten anders entschieden werden könnte. [Zu einer weiteren babylonischen Menschenschöpfungserzählung aus dem Vorderasiatischen Museum zu Berlin vgl. „Einführung“, S. 14 mit Anm. 33.]

Mythischen[3] gegenüber dem, was im Alten Testament Offenbarung ausmacht, nicht nur, um damit zur Entmythologisierungsdebatte beizutragen, sondern um zugleich in der gewiesenen Bescheidung eine theologische Perspektive für die Auseinandersetzung des gegenwärtigen Christentums mit der Welt der Religion(en) zu eröffnen.

I

[260] Das Instrumentarium zur Bewältigung dieser Aufgabe ist zunächst das eigene Vorverständnis vom Mythischen, dessen Gemäßheit freilich erst der Text selbst erweisen kann[4]. Wir entfalten darum in einem ersten Absatz einen Begriff des Mythischen, und zwar von den Inhalten des Mythos her, wenn auch nicht ohne den Blick auf dessen soziale und psychologische Funktionen; die Wahl zwischen Inhalten und Funktionen als möglichen Ausgangspunkten der Begriffsbestimmung scheint uns, da sich beide in einem Zirkel bewegen, grundsätzlich gleichgültig zu sein.

1. Voraussetzung für das Aufkommen des Mythischen ist das Begegnen von *Macht* in hervorragenden Phänomenen der Natur und der Geschichte: Die belebte und die unbelebte Wirklichkeit, menschliche Gestalten und artifizielle Gegenstände[5] erscheinen dem zugleich erschreckten und angezogenen Blick des angetroffenen Menschen als erhaben und überwältigend; so sucht er der in ihnen entgegentretenden Macht einerseits behutsam zu entsprechen[6],

[3] Wir sprechen im folgenden meist nicht vom Mythos als einer literarischen bzw. protoliterarischen Gattung, sondern vom „Mythischen" und meinen damit den Inbegriff der in der Gattung Mythos zur Geltung kommenden Inhalte und Funktionen bzw. des ihnen entsprechenden Selbst- und Wirklichkeitsverständnisses.

[4] Woher dieses Vorverständnis gewonnen wird, ist nicht von prinzipieller Bedeutung. Hat es an den Ort des Textes geführt, so wird es seinen Zweck erfüllt haben; ist es „weit hergeholt", mag der Weg von ihm zum Text um so eher verlohnt haben.

[5] Eine umfassende Liste „heiliger Gegenstände" bietet F. Heiler, Erscheinungsformen und Wesen der Religion, 1961, 34ff.

[6] Zu griechisch-neugriechisch εὐλάβεια „Behutsamkeit", dem lateinisch

will aber auch andererseits ihr nahetreten, sie empfangen, steigern, lenken oder abwehren. Dies geschieht im Bewußtsein prinzipieller eigener Teilhabe an der Macht, so daß den Wundern, welche ein urtümliches Staunen wahrnimmt, ein Wirken nach den Regeln magischer Kunst gegenübertritt, wenngleich die Erfahrung eigener Machtunterlegenheit das Staunen in das Gefühl einer beängstigenden Fremdheit verkehrt. Dabei wird die elementare Harmonie von außermenschlicher und humaner Wirklichkeit durch die Inpersonalität des Bloß-Mächtigen in Frage gestellt, an dem das erwachende Personbewußtsein kein Analogon seiner selbst findet, obwohl es dessen in der Einsamkeit und dem Hinter-sich-Zurückbleiben des Personseins bedürftig ist. Das Mächtige seiner Umwelt, dem der Mensch zu entsprechen bereit ist, müßte zuvor ihm selber entsprechend sein; andernfalls hätte er sich ihm gegenüber als einer inkommensurablen Daseinsform zu verselbständigen, was der Dämonisierung des Bloß-Mächtigen gleichkäme[7]. [261]

2. Hat die begegnende Macht für den angetroffenen Menschen etwas potentiell Fremdes an sich, so kommt das Mythische auf, wenn sie und der Mensch sich in einem Dritten finden, das die amorphe Macht zur organischen Gestalt, ihr bloßes Walten zum Willen[8], ihre Anonymität zum Benanntsein und ihre Zufälligkeit zum dramatischen Schicksal steigert. Dies Dritte, das das Bloß-Mächtige seiner Umwelt mit dem Personsein des Menschen vermittelt, ist die mythische Gottheit, die Gestalt, Willen, Namen und Schicksal als Strukturelemente des Personseins mit dem Menschen gemein hat.

Eine dem Menschen entsprechende *Gestalt* findet die Macht zunächst im kaum geformten, rohen Machtträger, im theriomorphen Numen oder im monströsen Götzenbild, die es alle noch nicht

religio von *religere* als Gegensatz zu *neglegere* entspricht, vgl. K. Kerényi, „Eulabeia" (Byzantinisch-neugriech. Jahrbücher 1931, 306–316).

[7] Das Bloß-Mächtige von Gen 1 ist das Chaos (V. 2), dem Gott das Licht entgegenstellt und durch Trennung und Beschränkung eine Gestalt aufnötigt, wenn auch eine rein dinghafte.

[8] Zu den Begriffen Macht, Wille und Gestalt als Voraussetzung und Strukturelementen des Mythischen vgl. G. van der Leeuw, Phänomenologie der Religion, ^{2}1956, 3ff., 77ff.

wagen, das die Welt Vermittelnde zu nahe beim Menschen anzusiedeln. Umgekehrt gelingt die Vermittlung endgültig in den subjektiveren, gleichsam lyrisch vollendeten Göttergestalten des alten Hellas: Die Spannung des Grauens, welche das Amorphe hervorruft, wird hier so gründlich gelöst, daß eine Weiterentwicklung als unmöglich erscheint. In allem Gestaltschaffen aber wird gegenüber den unendlichen Möglichkeiten des Virtuellen ein Stück Verzicht geleistet. Die definitorische Funktion der Gestalt beschwört einen Konflikt der Götter herauf, deren Partikularität und Pluralität den Menschen jeweils nur an einem Teil der Wirklichkeit in der Sonderung von anderen partizipieren läßt. Zwar bringt ein lebendiger Polytheismus immer neue Götter hervor, die das je noch nicht Erschlossene einbeziehen, und die vorhandenen Götter sind nach Art einer geordneten Menschengesellschaft familiär verbunden, durch Verträge verpflichtet, einander in Liebe zugetan oder durch einander im Kampf neutralisiert. Aber gerade dieser Ausgleich von Virtuellem und Definitivem hebt die Vermittlungsleistung, die von der Gestalt erwartet wird, im Grunde von vornherein auf, was spätestens daran deutlich wird, daß die Göttergestalten Raum und Zeit nicht nur unter sich aufteilen bzw. einander streitig machen, sondern sie grundsätzlich nach Sakralität und Profanität differenzieren.

Name und *Willen* der Gottheit ermöglichen es, daß das Verhältnis des Menschen zu ihr statt eines dynamischen ein dialogisches ist; der Abschied der Religion von der Magie, dessen Prinzip damit bezeichnet ist, gelingt faktisch allerdings nie vollkommen. Zugleich bewahrt die Wirklichkeit in den durch Namen und Willen determinierten Göttergestalten eine Weise des Subjektseins gegenüber dem Menschen. Aber auch [262] diese Determination begrenzt den Menschen wie seine Gottheit, indem sie den Partnern nicht nur aufeinander zu hören gestattet, sondern ihnen zugleich die Möglichkeit gibt, sich einander zu entziehen oder miteinander einzurichten.

Unterliegen die Götter schließlich einem *Schicksal,* so ist es möglich, von ihnen zu erzählen: In der „Göttergeschichte“[9] wird der

[9] Zur Definition des Mythos als „Göttergeschichte“ s. H. Gunkel, Genesis, Nachdr. 1964, XIV.

Konfliktstoff, den die Gestalthaftigkeit, die Benennung und die Willensbestimmtheit der Gottheiten implizieren, dramatisch ausgetragen; ihre Erzählung rationalisiert ihn in gewisser Weise zu einem kommunikablen Modell. Nun kann der Mensch sein eigenes Bewirkt- und Begrenztsein in das seiner Götter einzeichnen – bis hin zur Wirklichkeit seines Todes; das eigene Schicksal erscheint wie die Wiederholung eines prototypischen Geschehens, das die Welt- und die Menschengeschichte in sich sammelt und normiert. Was dennoch sinnraubend und bedrohend bleibt, bannt der „Antimythos" als Inbegriff dessen, was nicht wiederholbar und insofern ein für allemal aufgehoben ist; hierhin gehört die Sintfluterzählung[10]. Die Dimension beider, des Mythos wie des Antimythos, ist dabei die Urzeit als Kategorie des primum actum, das alle folgenden acta begründet und in sich beschließt, so daß Vergangenes und Gegenwärtiges als Zitate jenes Urwortes, als Anamnesen jenes Urbildes erscheinen, ohne sie je zu überbieten[11]. Insofern stiftet der Mythos nicht nur Gemeinschaft, indem er das Tun der Individuen einer schlechthin verpflichtenden Norm unterwirft[12], sondern er inte-

[10] Zum Begriff „Antimythos" vgl. A. Jolles, Einfache Formen, ^{4}1968, 124.

[11] Daß dagegen das Eschatologische wenigstens in Israel nicht beim Mythischen seine Wurzeln hat, glaube ich in meinem Buch: Ursprünge und Strukturen alttestamentlicher Eschatologie, 1969, bes. 113ff., gezeigt zu haben.

[12] Seine gemeinschaftstiftende Kraft bewährt der Mythos nicht nur dadurch, daß er einer Mehrzahl von Individuen an einem gemeinsamen Kultus bzw. Ritus teilzunehmen gestattet; vielmehr vergegenwärtigt er bereits als Erzählung bzw. erzählter Inhalt ein primum actum, in dem Gemeinschaft ihren Existenzgrund findet und den wirksam zu erhalten sie Institutionen schafft, welche nicht grundsätzlich und ausschließlich kultisch-ritueller Natur sind. Der Ritusbezug als Strukturmoment des Mythischen ist m. E. oft zu eng begriffen und überbetont worden. Die Bündelung mythischer Einzelmotive zur größeren, potentiell mytho*logischen* Erzählung, vor allem aber deren literarische Bearbeitung setzt zumeist voraus, daß sich das Mythische aus einem Ritusbezug zu lösen beginnt. Vom Ritus lösen, ohne zugleich religiös bedeutungslos zu werden, kann sich das Mythische aber nur darum, weil es von vornherein mehr als die ätiologische Begleitmusik religiöser Praxis bzw. das ideologische Pendant der Sitte war;

griert die Gemeinschaft [263] zugleich der Natur[13], indem er beider Schicksal aus dem Götterschicksal entspringen läßt. Ohne die Begründung im Urzeitlichen müßte das Daseiende der Illegitimität, ja dem Nichtsein verfallen, von denen es tatsächlich ständig bedroht ist; entsprechend hat die von der Urzeit inaugurierte Zeit eine rhythmische Struktur: Aufhebung der Legitimität, ja des Seins des Daseienden und die Wiederholung des beide stiftenden Geschehens wechseln einander regelmäßig ab. Darin aber erschließt sich auch noch einmal die Problematik des Mythischen: Gerade wenn sich der Mensch vor den Spannungen seines eigenen natürlichen und geschichtlichen Lebens in einem sie umgreifenden Urzeitgeschehen birgt, bekommt er in ihm doch nur die tötende Gesetzmäßigkeit eines kosmischen Gefüges zu spüren, worin alles Fortschreiten nur Wiederherstellung, alle Gegenwart nur Wiederholung, alle Rationalisierung des Daseins nur Rückkehr, nicht spontaner Entwurf sein darf. Wie kann er sich dem Prototypischen anders als durch die Ironie entziehen? Tatsächlich scheint der mythischen Religion schon frühzeitig ihre Selbstaufhebung im Ästhetisch-Spielerischen, ja Spöttisch-Skeptischen innezuwohnen[14]. [264]

entsprechend kann sich religiös bedeutsamer Mythos, wie es klassisch im Gnostizismus der Fall ist, sogar ganz ohne ein rituelles Pendant bilden. – Der auch forschungsgeschichtlich sehr vielschichtigen Problematik kann hier nicht mit zureichender Ausführlichkeit nachgegangen werden; sie müßte zudem im Zusammenhang der Frage nach dem Verhältnis von Religion und Magie erörtert werden.

[13] Vgl. den Untertitel zu H. Frankfort, Kingship and the Gods, 1948: A Study of Ancient Near Eastern Religion *as* Integration of Society and Nature.

[14] Ein bekanntes Beispiel für die spielerisch-spöttische Verwendung des Mythischen ist die Erzählung von Ares' Liebe zu Aphrodite im Haus des Hephaistos, der das Paar mit zauberhaften Banden fesselt und dem Gelächter der übrigen Götter preisgibt (Homer, Od. IX, 266ff.). Andere Beispiele aus der klassischen Antike und in mittelalterlichen Mysterienspielen bei A. Lesky, Griechen lachen über ihre Götter (Wiener humanist. Blätter 1961, 30–40). Im babylonischen Adapa-Mythos „ist der den Menschen sonst so ferne, oft unfreundliche Anu dem klugen Ea dadurch überlegen, daß er Sinn für Humor hat und bereit ist, Adapas Schuld nicht zu tragisch zu neh-

II

Inwieweit nun hat die jahwistische Schöpfungserzählung am Mythischen im Sinne des soeben entfalteten Begriffes Anteil?

Von H. Gunkel[15], G. v. Rad[16], W. H. Schmidt[17], C. Westermann[18] u. a. übernehmen wir die Arbeitshypothese, daß die Erzählung von der Erschaffung des Menschen[19] Gen 2,4b–8. (10–14.) 15bβ. 18–24 mit der Erzählung vom verbotenen Baum Gen 3 nicht ursprünglich zusammenhängt; vielmehr wurde der ursprüngliche Anfang der letzteren mit der ersteren erst durch 2,9. 15abα. 16f. 25 nachträglich verbunden.

---

men. Adapas Unglück war es, daß er auf Eas Rat an diese Möglichkeit nicht dachte und daher Anus Geschenke ausschlug. In Enūma eliš standen die älteren Götter vor der recht unverschämten Forderung des jungen Marduk, als Götterkönig anerkannt zu werden. Sie machten gute Miene zum bösen Spiel und taten das Unvermeidliche während eines Festmahls, bei dem dem süßen Met reichlich zugesprochen wurde. Die dem Marduk auferlegte Probe, einen *lumāšu*-Stern verschwinden zu lassen und wieder neu zu schaffen, werden die Hörer auch mit einigem Schmunzeln vernommen haben". (W. v. Soden in einem Referat auf der Rencontre assyriologique zu Straßburg 1965, dessen Manuskript mir der Verfasser dankenswerterweise zur Verfügung stellte.) J. Huizinga (Homo ludens. Versuch einer Bestimmung des Spielelements der Kultur, 1939, 208) fragt entsprechend seiner Konzeption von der kulturschaffenden Funktion des Spiels, „ob nicht auch für den Wilden von Anfang an mit seinem Glauben an seine heiligsten Mythen ein gewisses Element von humoristischer Auffassung verbunden ist. Gemeinsam mit der Dichtung entspringt der Mythos in der Sphäre des Spiels, und der Glaube des Wilden liegt wie sein ganzes Leben mehr als zur Hälfte in dieser Sphäre". Zur Auseinandersetzung mit Huizinga vgl. A. E. Jensen, Mythos und Kult bei Naturvölkern, 1951, bes. 53–79.

[15] A. a. O., 27f.

[16] Das 1. Buch Mose, [7]1964, 79ff.

[17] Die Schöpfungsgeschichte der Priesterschrift, [2]1967, 194ff.

[18] Genesis, 1966ff., 259ff.

[19] V. Maag (Sumerische und babylonische Mythen von der Erschaffung des Menschen [Asiatische Studien 8, 1954, 85–106], bes. 102) und Westermann (a. a. O., 32ff. u. ö.) trennen Weltschöpfungsmythos und Menschenschöpfungsmythos als zwei grundsätzlich voneinander verschiedene Themenbereiche.

Im jetzigen Erzählzusammenhang fällt nämlich das dublettenhafte Nebeneinander der Verse 8a und 9 sowie 8b und 15abα auf, von denen 8 der Schöpfungserzählung, 9 und 15abα dagegen der Erzählung vom verbotenen Baum angehören; V. 25 leitet mit einer nachträglichen Angabe, die in der Schöpfungserzählung nicht motiviert ist, zu Gen 3 über. Insbesondere aber trägt das Gebot 2,16f. zum Fortgang der Schöpfungserzählung, vor allem zur Eingliederung der unmittelbar folgenden Szene 2,18–24 nichts bei, sondern schafft eine Exposition zu der in Gen 3 berichteten Übertretung der ersten Menschen, obwohl das Gebot infolge seiner sekundären Eingliederung in Gen 2 nur dem Mann zu gelten scheint.

Dazu kommen eine Reihe gewichtiger Strukturunterschiede beider Erzählungen. Der der Ernährung des Menschen dienende Garten der Schöpfungserzählung (2,8. 15bβ) ist ein anderer als der Paradiesgarten von 2,15a bα. 16f.; 3,1ff. mit seinen verführerischen Zauberbäumen. Hätte Gen 3 die Schöpfungserzählung schon ursprünglich vorausgesetzt, müßte sein Verfasser erklärt haben, warum der Mensch auch noch nach der Vertreibung aus dem Paradiese Tiere um sich hat. Vor allem aber spielt der Mensch gegenüber Jahwe in beiden Erzählungen eine sehr verschiedene Rolle: Dem passiven Objekt göttlichen Schöpferhandelns tritt in Gen 3 ein beinahe gefährlicher Konkurrent der Gottheit gegenüber; die Gehilfin des Menschen von Gen 2 wird in Gen 3 zu seiner verhängnisvollen Verführerin. Dementsprechend steht die dramatische Spannung und Geschlossenheit von Gen 3 zu der eher nur aufzählenden Darstellungsweise von Gen 2 im Widerspruch. Der Stimmungsgehalt von Gen 2 schließlich ist lebensfroh und unproblematisch; Gen 3 dagegen nimmt sich düster aus und ist vom Anliegen der Rechtfertigung Gottes angesichts des Übels dieser Welt charakterisiert; insbe-[265]sondere die Ätiologie der Landarbeit in 2,15bβ widerspricht derjenigen von 3,17–19, ohne daß sich letztere als Korrektur der ersteren zu erkennen gäbe[20].

Daß beide Geschichten zueinanderfanden, war äußerlich durch das gemeinsame Motiv vom Garten (in) Eden ermöglicht, vor allem aber durch ihren Charakter als Urzeiterzählungen; die Auszeichnung des Menschen (Gen 2) trat zu seiner prototypischen Verschuldung und Bestrafung (Gen 3) in ein komplementäres Verhältnis, wie es in anderer Weise auch zwischen den Erzählungen von Schöpfung und Flut waltet[21]. So wurde der Griff nach dem verbotenen Baum freilich zum „Fall" schlechthin; die übrigen

[20] Dagegen knüpft 3,19aβb an 2,7 an – wohl eine bewußte Gestaltung des Jahwisten (Schmidt, a. a. O., 227; vgl. 195 Anm. 1).

[21] Dazu Westermann, a. a. O., 69f.

Erzählungen von urzeitlicher Schuld und Strafe büßten, weil sie innerhalb des jahwistischen Werkes schlechter plaziert waren, ihre ursprünglich gleichwertige Bedeutung ein.

1. Schon die Einleitung der Erzählung mit ביום 2, 4b, dem in akkadischen Schöpfungserzählungen *inūma,* im Sumerischen u_4-...-a entspricht[22], und die folgenden verneinten Sätze von V. 5, die in mesopotamischen[23] wie in biblischen[24] Parallelen ebenfalls Gegenstücke haben, zeigen die Gemeinsamkeit der Ebene, auf der sich altorientalische wie biblische Schöpfungserzählungen gemeinsam mit den Entsprechungen aus aller Welt[25] bewegen.

In V. 5a haben die Präformativkonjugationen (sonst sog. Imperfekte) יהיה und יצמח, denen die Subjekte שיח השדה und כל-עשב השדה wie im zusammengesetzten Nominalsatz[26] vorangehen, offenbar eine ähnliche Funktion wie das (bei Zustandsverben ingressive) Präsens (= Durativ) bzw. der präfigierende Stativ im Akkadischen[27]. Entsprechend werden die Verbalsätze von 5a in der anschließenden Begründung 5b u. a. durch einen Nominalsatz (nachgestellten Zustandssatz) 5bβ aufgenommen. Der (ingressive) Durativ bzw. präfigierende Stativ und der Nominalsatz bezeichnen gemeinsam den sich erstreckenden Zustand vor [266] dem Beginn des Schöpferhandelns Jahwes[28]. Voranstellung des Subjekts und durative Funktion der Präformativkon-

[22] Zu sumerisch u_4-rí-a „an jenem Tage", gi_6-rí-a „in jener Nacht" und mu-rí-a „in jenem Jahre" vgl. J. van Dijk, Le motif cosmique dans la pensée sumérienne (AcOr[H] 28, 1964/65, 1–59), bes. 16ff., 34; vgl. R. D. Biggs, JCS 20, 1966, 81.

[23] Etwa in der mythischen Einleitung zu dem sumerischen Streitgespräch zwischen Mutterschaf und Getreide Z. 3ff. (Pettinato, a. a. O., 86ff.) und dem ebenfalls sumerischen Mythos Lugal-e VIII, 5ff. (ebd., 91ff.) sowie in den bekannten ersten Zeilen des babylonischen Enūma eliš.

[24] Spr 8, 24–26; Ps 90, 2a.

[25] Beispiele bei Westermann, a. a. O., 59ff.

[26] Zum zusammengesetzten Nominalsatz vgl. G. Beer–R. Meyer, Hebräische Grammatik II, 1955, § 92, 4.

[27] W. v. Soden, Grundriß der akkadischen Grammatik, 1952, § 78. Ist יהיה ingressiv, hätte man zu übersetzen: „als das Gesträuch des Gefildes noch nicht auf Erden dazusein begonnen hatte ..." Vgl. C. Brockelmann, Hebräische Syntax, 1956, § 42a.

[28] In Enūma eliš I, 1ff. verwenden die entsprechenden verneinten Sätze

jugation יעלה kennzeichnen ebenso V. 6a[29]. Auch hier soll der Urbestand dessen dargestellt werden, woraus einmal die Welt des Menschen geworden ist. Der die vorangestellten Temporalbestimmungen 4b (5f.) ablösende Hauptsatz beginnt erst mit dem imperfectum consecutivum וייצר in V. 7[30].

Was sagen die Verse 4b–6 inhaltlich aus? Noch nicht vorhanden ist die Vegetation des freien Geländes (5a)[31], weil es noch keinen Regen (5bα) und keinen Menschen (5bβ) gibt. Ersterer Mangel fällt freilich nicht schwer ins Gewicht und wird dementsprechend durch die folgende Schöpfung auch nicht ausdrücklich behoben; denn: „ein Urstrom (?)[32] stieg auf vom Lande und tränkte die ganze Erdoberfläche" (V. 6). Der eigentliche Mangel ist vielmehr das Fehlen des Menschen, der das Land bebauen könnte; die auf den Menschen angewiesene Kulturvegetation steht hier für den Pflanzenwuchs überhaupt, der anthropozentrischen Struktur der Erzählung entsprechend[33]. So ist eine Exposition gegeben, die die Erschaffung des Menschen erwarten läßt, wie sie in V. 7 erzählt wird.

Stative (*la na-bu-ú* 1, *la zak-rat* 2; vgl. Z. 6–8); *i-ḫi-qu-ú-ma* Z. 5 scheint Präsens (Durativ) zu sein.

29 V. 6 fällt also nicht aus der Konstruktion heraus (so neben anderen Westermann, a. a. O., 273); neu gegenüber 5 ist nur das Fehlen der Negation.

30 Zum impf. cs. nach Zeitangaben vgl. die Beispiele bei W. Gesenius–E. Kautzsch, Hebräische Grammatik, [28]1909, § 111b. Dem hebr. impf. cs. entspricht in Enūma eliš I, 9 des Präteritum *ib-ba-nu-ú-ma*.

31 Daß שיח den Wildwuchs, עשב die Kulturpflanzen meine, scheint mir nicht überzeugend: die beiden Nomina in gleicher Weise beigegebenen attributiven Ortsbestimmungen השדה („freies Gelände", wohl im Gegensatz zum folgenden גן; so A. Dillmann, Die Genesis, 1892, 55) sprechen gegen eine solche Differenzierung; עשב meint eher das Kraut im Gegensatz zum Baum, wie Gen 1, 11 schön zeigt (vgl. KBL ad vocem). Hier ist das Nebeneinander von שיח und עשב wohl zunächst einfach pleonastisch nach Art eines synonymen Parallelismus.

32 Die Bedeutung von אד ist durch die Versionen (LXX: πηγή, Aquila: ἐπιβλυσμός, Vulg. *fons*) einigermaßen gesichert. Die von Hi 36, 27 her naheliegende Übersetzung „Nebel, Wolke" – so Targum – widerspricht der hier vorliegenden Verbsequenz: יעלה – והשקה: der Nebel „tränkt" das Land, wenn er fällt, nicht wenn er „aufsteigt". Soll אד aber כל־פני־האדמה tränken bzw. sich nach V. 10 in einen Fluß ergießen, müssen wir an eine starke Quelle denken. Die Herleitung von אד ist nach wie vor ganz unsicher.

33 Nach dem sumerisch-akkadischen Mythos KAR 4 Z. 39/40 scheint es

Damit stellt sich die Frage nach der Funktion der Temporalbestimmung V. 4b–6 im Ganzen der Erzählung. C. Westermann nennt Sätze dieser Art eine „erzählende Definition ... der Urzeit“ [34]; sie geben zu erkennen, durch welche Ausgangssituation sich die Urzeit von jeder anderen Zeit unterscheidet. Ihre Eigentümlichkeit besteht darin, daß in ihr die [267] Bedingungen der Möglichkeit dessen, was in jeder anderen Zeit selbstverständlich ist, nicht vorausgesetzt, sondern allererst geschaffen werden. Die Verse 4b–6 definieren dann zugleich die folgende Erzählung der Verse 7ff. als mythisch, insofern das in ihr berichtete Geschehen den gegenwärtigen Bestand des Menschen in seiner Welt bedingt und begründet. Gen 2 spricht von einem primum actum, das die Befindlichkeiten des menschlichen Daseins prototypisch sammelt und normiert und so deren jeweilige Vergegenwärtigung gewissermaßen als einen Akt der „Nachfolge“ erscheinen läßt; damit ist der Bogen von V. 4b–6 zum Abschluß der Erzählung in V. 24 gespannt.

2. Die Erschaffung des Menschen geschieht dann nach V. 7 in zwei Akten: a) er wird „aus Staub von der Erde“ geformt; b) ihm wird der Lebensodem eingeblasen.

a) Daß Jahwe den Menschen aus Staub von der Erde formt, bezeichnet in gewisser Weise den Abschluß einer langen mythischen Motivgeschichte, die wir im folgenden kurz skizzieren.

(1) J. van Dijk [35] und in seiner Nachfolge G. Pettinato [36] haben auf eine Reihe sumerischer Texte aufmerksam gemacht, die von einem pflanzenhaften Hervorsprießen (emersio) des Menschen aus der Erde sprechen. Die erzählende Einleitung eines Hymnus auf den Enki-Tempel E-engurra in Eridu beginnt mit den Versen (Z. 1–3):

> Als allem Gezeugten das Schicksal bestimmt wurde,
> als in einem Jahr des Überflusses, das An geschaffen,
> die Menschen wie Pflanzen die Erde durchbrochen hatten ... [37].

---

zur Bestimmung des Menschen zu gehören, „Pflanzen jeder Art gedeihen zu lassen“ (Pettinato, a. a. O., 78).

[34] A. a. O., 63.

[35] A. a. O., 23.

[36] A. a. O., 30ff.

[37] Pettinato, a. a. O., 49f. – Daß auch Götter pflanzenhaft hervorsprie-

Daß zu solchem Hervorsprießen ein Schöpfer nicht eigentlich nötig ist, so daß man statt von Schöpfung besser von einem Entstehen spräche[38], geht aus dem Mythos KAR 4 hervor: nach Z. 25f. beschließen die Anunna vor Enlil, die Lamga-Götter zu schlachten, um – dem akkadischen Text zufolge – aus ihrem Blut die Menschheit zu schaffen[39]; dagegen denkt der [268] sumerische Text offenbar an ein unmittelbares Hervorsprießen der Menschheit aus dem Blut der getöteten Götter[40]. Vollends heißt es in Z. 60–62:

> Daß Erfahrene auf Erfahrene, Unerfahrene auf Unerfahrene
> von sich aus (sic!)[41] wie Gerste aus der Erde hervorsprießen,
> ist eine Sache, die nicht geändert werden wird . . .[42].

Demgegenüber wird im Hymnus auf die Spitzhacke beim Hervorsprießen der Menschen aus der Erde dem Gotte Enlil eine Funktion zuteil; in Z. 3–7 heißt es:

> Enlil, damit der Same des Landes aus der Erde hervorgehe,
> beeilte sich wahrlich, den Himmel von der Erde zu entfernen,
> beeilte sich wahrlich, die Erde vom Himmel zu entfernen.
> Damit Uzumua die ersten (Menschen) hervorsprießen lasse,
> brachte er am (Boden von) Duranki eine Spalte an.

Z. 18–21 scheinen dann vor das Hervorsprießen der Menschen einen Vorgang des Pflanzens seitens Enlils zu setzen:

ßen, zeigen die Belege ebd., 52f. – In Z. 10 der sumerischen Erzählung ›Gilgamesch, Enkidu und die Unterwelt‹, die van Dijk (a. a. O., 19, Anm. 44) und Pettinato (a. a. O., 30, Anm. 85) in diesem Zusammenhang anführen, ist statt numun nam-lú-u$_x$-lu „Samen der Menschheit“ wohl doch mu nam-lú-u$_x$-lu „Name der Menschheit“ zu lesen (vgl. A. Shaffer, Sumerian Sources of Tablet XII of the Epic of Gilgamesh [Diss. phil. Univ. of Pennsylvania], Philadelphia 1963, 48); freundlicher Hinweis von J. Krecher.

[38] Zur Unterscheidung der Motive Schöpfung und Entstehung vgl. Westermann, a. a. O., 34ff.

[39] *i-na da-me-šu-nu i ni-ib-na-a a-mi-lu-ta* „damit wir aus ihrem Blut (plur.) die Menschheit schaffen“.

[40] So Pettinato, a. a. O., 50f., 78, 80.

[41] Sum.: ní-bi-ne, akkad.: *a-na* ⟨*ra-*⟩*ma-ni-šu.*

[42] Pettinato, a. a. O., 31f., 50f., 74ff.

Er (scil. Enlil) brachte die Spitzhacke in Uzuea hinein,
er legte die Erstlinge der Menschheit in die Spalte,
(und) während sein Land (= die Menschen) vor Enlil die Erde durchbrach,
schaute Enlil wohlwollend auf seine Schwarzköpfigen[43].

Die Anschauung von einer Affinität zwischen Menschen und Pflanzen ist in der Religionsphänomenologie mehrfach registriert worden[44]: Der Mensch sucht Anschluß an die Vitalitätskräfte, die die Pflanze der Erde entnimmt, und an ihre schier unerschöpfliche Regenerationsfähigkeit[45]; so stellt er sich seinen pflanzenhaften Ursprung im Entstehungsmythos wie ein unverlierbares Erbe vor Augen. [269]

(2) Auf einer zweiten Stufe, die Pettinato nicht verzeichnet[46], tritt an die Stelle der Erde die mütterliche Göttin, aus deren Schoß der Mensch geboren wird. Indem der bloße Machtträger Erde von der göttlichen Gestalt abgelöst wird, ist hier das Mythische im Sinne unseres Begriffes erreicht. So erzählt der Mythos von Atram-

[43] Pettinato, a. a. O., 31, 53, 64, 82ff.; entsprechende aretalogische Wendungen in bezug auf Anu bei van Dijk, a. a. O., 34f. Belege für z. T. groteske Spätformen der Vorstellung vom pflanzenhaften Emporwachsen der Menschen aus der Erde in der klassischen Antike bei K. Kerényi, Urmensch und Mysterium (in: Niobe, 1949, 53–86), 60f., 68ff. – Nach Gen 1,24 sind es die Landtiere, die auf das Schöpferwort Gottes hin aus der Erde hervorgehen sollen (תוצא הארץ נפש חיה), so wie es V. 12 im Blick auf die Pflanzen sagt.

[44] G. van der Leeuw, a. a. O., 43ff., 91; Jensen, a. a. O., 32ff.; K. Goldammer, Formenwelt des Religiösen, 1960, 71f.; G. Widengren (Religionsphänomenologie, 1969, 161) erinnert u. a. an den iranischen Mythos von Mašyak und Mašyānak, den ersten Menschen, die in Form einer Rhabarberstaude aus der Erde gewachsen sind. Verwandte phrygische, indianische und germanische Vorstellungen bei W. Mannhardt, Wald- und Feldkulte I, 1904, 7f.

[45] Hi 14,7ff. zeigt eine Kehrseite: Während der abgeschlagene Baum auch noch aus seinem Stumpf Triebe wachsen läßt, ist der Tod des Menschen endgültig; das Motiv von der Verwandtschaft des Menschen mit der Pflanze liegt weit hinter dem Verfasser.

[46] Vgl. aber J. van Dijk, Sumerische Religion (in: Handbuch der Religionsgeschichte I, 1971, 431–496), bes. 489.

ḫasīs, daß die versammelten Götter Nintu, „die Hebamme der Götter, die weise Mami", zugleich als Mutterleib anreden (I, 193–195)[47]:

> Du bist der Mutterleib, die Schöpferin der Menschheit,
> erschaffe den (Ur-?)Menschen ...

Nach I, 277ff. geht die Menschheit, während eine Mehrzahl göttlicher „Mutterleiber" versammelt ist, im 10. Monat, also nach neunmonatiger Schwangerschaft, aus einem mit Hilfe der Geburtszange[48] geöffneten Leibe hervor, wobei Nintu/Mami die Arbeit der Hebamme leistet. Die anschließenden Zeilen (I, 290ff.) enthalten Anweisungen für ein Geburtsritual, durch das offenbar jede menschliche Geburt nach dem Vorbild der urzeitlichen Menschenschöpfung zu gestalten ist[49].

Stärker im vormythischen Vorstellungskreis beharren zwei Anspielungen auf die Geburt des Menschen aus der Erde in der biblischen Weisheitsliteratur: die „Mutter Erde" ist hier noch nicht durch eine eigentliche Göttergestalt abgelöst. Ps 139, 13 sucht der Betende seinen Ursprung בבטן אמי „im Leibe meiner Mutter", um ihn dann in V. 15 בסתר „im Verborgenen" bzw. בתחתיות ארץ „im Innern der Erde" zu lokalisieren. Nach Hi 1, 21 geht der Mensch מבטן אמי „aus dem Schoß meiner Mutter" hervor, um beim Tode wieder in ihn (שמה!), d. h. in den Schoß der Erde, zurückzukehren (vgl. Sir 40, 1b)[50].

(3) Der eigenen Gestalthaftigkeit der Schöpfergöttin entspricht es, daß ihr Schaffen ein willentliches Gestalten und nicht nur ein

[47] Verszählung nach Lambert–Millard.

[48] Der Anfang von Z. 282 ist wohl mit W. v. Soden (Or 38, 1969, 425, Anm. 2; 39, 1970, 314; 40, 1971, 100) [*i*]*q*-[*l*]*u-up pa-le-e* „sie schälte Stangen", nämlich für die Geburtszange, zu lesen; anders Lambert–Millard, a. a. O., 154; Lambert, Or 38, 1969, 537; 40, 1971, 97.

[49] Eine ähnliche Ritualanweisung findet sich in dem neuassyrischen Fragment S Obv III, 15ff. (Lambert–Millard, a. a. O., 62f.). Zum Verhältnis von Mythos und Ritus im Blick auf Atramḫasīs vgl. W. G. Lambert, JSS 13, 1968, 104–112.

[50] Zu Spätformen der Vorstellung aus der klassischen Antike vgl. wieder Kerényi, a. a. O., 57 (Lukrez V, 821ff.), 67 (u. a. Platon, Protagoras 320d; Polit. 414e) und 70f. (Platon, Menexenos 237d).

organisches [270] Gebären ist; van Dijk[51] und Pettinato[52] nennen diesen Vorgang formatio. So formt die Göttin den Menschen aus Ton, also einem Material, das seine Herkunft von der Erde noch handgreiflich macht. Daß diesem Material selbst kreative Kraft innewohnt, geht daraus hervor, daß der Ton nach einigen Belegen aus dem abzu (akkad. *apsû*), der Ozeantiefe, „abgekniffen" wird, was von fern dem Ursprung des Menschen im Innern der Erde entspricht. Darum wohl ist an dessen Erschaffung neben einer Göttin zumeist auch der chthonische Enki/Ea beteiligt: er nämlich herrscht über den abzu[53]; freilich mag ihn für diese Rolle zugleich seine (magische) Weisheit prädisponiert haben.

Alle diese Motive sind beieinander im sumerischen Streitgespräch zwischen Enki und Ninmaḫ, wo es nach der Übersetzung von C. Benito in Z. 29–32 heißt:

> He (scil. Enki) says to his mother Nammu:
> "My mother, . . .
> When you have kneaded the heart of the clay that is over the abzu,
> The Sigensigdu will nip off the clay, you bring the form into existence . . ."[54].

Nach Atramḫasīs I, 201–203 traut sich Nintu/Mami, nachdem sie den Auftrag der Götter empfangen hat, die Menschenschöpfung doch nicht allein zu; denn:

[51] Le motif cosmique, 30.

[52] A. a. O., 39ff.

[53] Die Vermutung, daß Enki/Ea wegen seiner Herrschaft über den abzu an der Erschaffung des Menschen beteiligt wird, stammt von J. Krecher. – Allein ist mit der formatio des Menschen, hier des Enkidu, die Göttin Aruru Gilg 1 II, 33–35 befaßt; allerdings ist Z. 33 von einem *zik-ru ša* ^{d}*a-nim* „Befehl des Anu" (A. Schott–W. v. Soden, Das Gilgamesch-Epos, ^{2}1970, 19) bzw. „Bild des Anu" (CAD 21, 1961, 116) die Rede, nach dem Aruru Enkidu formt.

[54] ›Enki and Ninmaḫ‹ and ›Enki and the World-Order‹ (Diss. phil. Univ. of Pennsylvania), Philadelphia 1969, 36f. Die rätselhaften sig_7-en-sig_7-du_{10} wurden zuvor (Z. 26) von Enki ins Dasein gerufen. Die von Benito (ebd., 24, 55) verwendete jüngere Überlieferung der unveröffentlichten Tafel K 4932 hat šà-tur (= šà-tùr) „Mutterleib" – sind auch die sig_7-en-sig_7-du_{10} dahin zu interpretieren? Anders Pettinato, a. a. O., 40, 69ff.

das Werk liegt bei Enki,
nur er reinigt alles;
er möge mir den Ton geben, damit ich (es) tue[55].

Ähnlich ist die Arbeitsteilung in Z. 276–280 der „babylonischen Theodizee“, wo neben Mami zwei Götter genannt werden, Narru (Epithet für Enlil) und Zulummar (Epithet für Enki/Ea); letzterer empfängt das Attribut: „der ihren (scil. den für die Erschaffung der Menschen nötigen) Lehm abgekniffen hat“, [271] Mami gilt als die, „die sie (scil. die Menschen) geformt hat“[56]. Weniger spezifisch verteilen sich die Aufgaben zwischen Marduk und der Göttin Aruru in der „Mundwaschungs“-Beschwörung CT XIII, 36,20f.:

(Marduk) schuf die Menschheit,
Aruru ließ zusammen mit dem Gott den Samen der Menschheit wachsen[57].

In der Schöpfungserzählung, die nach einem akkadischen Ritual zur Tempelwiederherstellung rezitiert wird, heißt es, daß Ea im *apsû* Ton abkneift, freilich nicht, um ihn einer Göttin zu übergeben, auch nicht unmittelbar, um daraus den Menschen zu schaffen[58]. Nach einem aretalogischen Nebensatz in dem Beschwörungstext Šurpu IV, 91 formt Ea den Menschen mit der Hand, ohne daß von der Beteiligung einer Göttin die Rede wäre[59]; alleiniger Schöpfer des Menschen ist Ea auch in Enūma eliš VI, 33–35. Die formatio scheint hier in dem Maße auf den männlichen Schöpfergott übergegangen zu sein, wie der Ursprung des Menschen nicht mehr im Tellurischen gesucht wurde.

(4) In Gen 2 schließlich wird die Anschauung vom Menschen nicht nur insofern dem Mythischen entzogen, als selbstverständlich

[55] Z. 202 scheint bereits die Schlachtung des Gottes ^{d}PI-*e* im Auge zu haben (Z. 208, 223f.), die für die Menschenschöpfung die Voraussetzung bildet; vgl. W. L. Moran, BASOR 200, 1970, 48ff.

[56] G. W. Lambert, Babylonian Wisdom Literature, 1960, 63ff., bes. 88f.; Pettinato, a. a. O., 41f.

[57] So Pettinatos Übersetzung des sumerischen Textes (a. a. O., 32); an die Stelle des pflanzenhaften Wachsens tritt im akkadischen Text das Geschaffen-Werden durch Aruru: „Aruru schuf *(ibtanû)* zusammen mit ihm den Samen der Menschheit“ (Pettinato, a. a. O., 41, 50f.).

[58] F. Thureau-Dangin, Le rituel du Kalû, 1921, 46ff.; Pettinato, a. a. O., 41, 65.

[59] E. Reiner, Šurpu, 1958, 28; Pettinato, a. a. O., 42.

auch hier die Schöpfergöttin ganz entfällt; in V. 7aα ist darüber hinaus die suggestive Wortfolge מן־האדמה ... האדם, die durch die entsprechende Sequenz in V. 5bβ so gut vorbereitet ist, von einem dazwischengeschalteten עפר gesprengt: Der materiale Ursprung des Menschen ist nicht die Erde als Grund kreativer Kräfte, sondern ihr „Staub"[60] – ein Motiv, das der Jahwist in der Erzählung vom verbotenen Baum 3,19 als Ätiologie des Todes verwendet[61]. Wird aber der Mensch im Tode zu Staub, so ist er auch media vita nichts als „Staub und Asche" Gen 18,27 J (vgl. Ps 103,14). Weder die Vitalitäts- bzw. Regenerationskräfte der Pflanzen noch die [272] schöpferische Macht der Mutter Erde oder des abzu sind dem Menschen von seinem Ursprung her verbunden; seine materiale Herkunft ist vielmehr von einer geradezu banalen Unsakralität, die seine Integration in den Kosmos ausschließt[62]. Das mag ihm einerseits existentielle Freiheit von einem Totalitätsbezug verschaffen, den er als Fessel zu empfinden beginnt; es setzt ihn aber andererseits auch ungeschützter seinem existentialen Elend aus.

b) Daß Jahwe dem Menschen נשמת חיים einbläst, hat den Zweck,

[60] Darum läßt sich das Formen (יצר) durch Jahwe, anders als das durch die mesopotamischen Göttinnen und Götter, nicht nach Analogie der kunsthandwerklichen Tonfigurinenindustrie verstehen (gegen S. G. F. Brandon, Creation Legends of the Ancient Near East, 1963, 123); diese hat es ebensowenig wie das Töpferhandwerk mit עפר zu tun. Im Unterschied zu Gen 2,37 denkt Hi 33,6 ganz wie die vorgenannnten mesopotamischen Belege an das Abkneifen (קרץ = akkad. *karaṣu*[*m*]) des Tons durch Gott.

[61] Ebenso bringt Hi 4,19f. den Ton als Material und den Staub als Fundament des menschlichen „Hauses" (scil. Leibes) mit der Vergänglichkeit von dessen Bewohner in einen (Folge-)Zusammenhang; vgl. die weitere Nachwirkung dieses Motivs in der pessimistischen Weisheitsliteratur Ps 90,3; Pred 3,20; 12,7. Dagegen scheint Hi 10,9 vorauszusetzen, daß die Formung des Menschen „wie Ton" etwas Günstigeres erwarten läßt als die Rückkehr „zum Staub".

[62] כל אשר נשמת־(רוח) חיים באפיו ist Gen 7,22 J Bezeichnung für alle Lebewesen; in 2,19 wendet ein Glossator den Begriff נפש חיה auch auf die Tiere an. Daß vom Einblasen des Lebensodems bei der folgenden Erschaffung der Tiere nicht noch einmal berichtet wird, fällt nicht ins Gewicht; das Motiv fehlt auch bei der Erschaffung der Frau.

das bislang tote Staubgebilde zu einem „Lebewesen" (נפש חיה) zu machen. Das bedeutet negativ, daß die Handlung weder eine mythische Definition des proprium humanum im Gegensatz zur tierischen Existenz hergeben soll noch eine Verwandtschaft des Menschen mit der Gottheit inauguriert, wie es doch wohl das Motiv von der göttlichen Blutspende an den Menschen in mesopotamischen Mythen im Blick hat[63]. Die נשמת חיים ist keine göttliche Substanz; will man im Menschen etwas „Göttliches" finden, dann bestenfalls in seiner Lebendigkeit als solcher, die er mit den Tieren gemein hat[64]. Seiner Funktion nach entspricht der Vorgang dem aus Mesopotamien und Ägypten bekannten Mundöffnungsritual, durch das vor allem Götterbilder nach ihrer handwerklich-künstlerischen Herstellung mit Leben erfüllt werden. Nach dem mesopotamischen Ritualtext IV R 25,64b ff. (PBS 12 I,6,1–4)[65] riecht das Bild [273] „ohne Mundöffnung keinen Weihrauch, ißt kein Brot und trinkt

[63] KAR 4 Z. 25f.; Atramḫasīs I,208ff.; Enūma eliš VI,13ff. – Zum Motiv der göttlichen Blutspende als „Ausdruck für die Wesensentsprechung von Gott und Mensch" vgl. Maag, a. a. O., 99 (W. v. Soden, Or 38, 1969, 424f.), mit irrtümlicher Bezugnahme auf Gen 2,7 V. Maag, Alttestamentliche Anthropogonie in ihrem Verhältnis zur altorientalischen Mythologie (Asiatische Studien 9, 1955, 15–44 [hier S. 63–93]), 15f. [hier S. 64/5]. Anders wird die Funktion des göttlichen Blutes von Pettinato (a. a. O., 44–46) gedeutet (vgl. Moran, a. a. O., 52). Im Vergleich zu Gen 2,7 scheint Gen 1 P der Vorstellung von einer Verwandtschaft des Menschen mit seinem Schöpfer relativ näherzustehen, wenn wir nämlich בצלמנו und כדמותנו 1,26 im Sinne von Gen 5,3 P von der Anschauung einer Zeugung her deuten dürfen: der Mensch wäre dann Gott ähnlich wie der Sohn seinem Vater. Freilich zeigt gerade 5,3 als Parallele zu 1,26, daß בצלמנו כדמותנו Adverbialbestimmung zur Spezifikation der Weise des Schaffens Gottes ist (Westermann, a. a. O., 201f., 214f.); doch wird der Ausdruck in 9,6 P zur Wesensbestimmung des Menschen.

[64] In die Richtung auf die „Göttlichkeit" des menschlichen Lebens weist רוחי Gen 6,3 J mit seinem auf Jahwe bezogenen Suffix; Oppositum: רוחם Ps 104,29.

[65] E. Ebeling, Tod und Leben nach der Vorstellung der Babylonier, 1931, 120 Z. 1f.; vorher H. Zimmern, Das vermutliche babylonische Vorbild des Pehtā und Mambūhā der Mandäer (Festschr. Th. Nöldeke II, 1906, 959–67), bes. 961.

kein Wasser". In Ägypten wird der Ritus auch an Bildern von Toten und seit dem Neuen Reich sogar an Leichen vollzogen[66].

Von besonderem Interesse scheint mir eine polemische Notiz des Muslim Ibn al-Kalbî in seinem ›Götzenbuch‹ zu sein, mit der er die Unmöglichkeit erweisen will, Götzenbilder mit Leben zu erfüllen. Er überliefert die Rede eines Kunsthandwerkers, der sich anbietet, Idole für den Ahnenkult herzustellen: „Soll ich euch fünf Götzen anfertigen nach ihrem (scil. der Toten) Bilde? Nur kann ich ihnen natürlich keinen Lebensodem (*'arwaḥ^an*, plur. von *rūḥ*) einhauchen" (32,3)[67].

Was die Gestalt des Vorgangs anbetrifft, so ist der Befehl an den „Geist" von Ez 37,9 zu vergleichen, „diese Erschlagenen", d. h. die das exilierte Juda symbolisierenden Totengebeine, anzublasen (ב + נפח), „damit sie lebendig werden"[68]; des weiteren wäre an den Kontaktzauber zu denken, mit dem Elisa 2Kön 4,34 einen Knaben erweckt.

In jedem Fall verschafft auch die Angabe von V. 7aβ b dem Ursprung des Menschen keinen eigentlichen numinosen Glanz, wie er etwa dem Urmenschen von Ez 28,12f. eignet[69]: sie eröffnet keinen Bereich wesensmäßiger Kontinuität zwischen Gottheit und Menschheit. Freilich sind die Mittel, mit denen die Entmythisierung des Menschenbildes vollzogen wird, selbst noch mythischer Art: Der Gott, der den Menschen formt und ihm Leben einhaucht, hat Menschengestalt und magische Macht; insofern bleibt er ein mythischer Gott, wie auch der Fortgang der Erzählung zeigen wird.

3. Die Erschaffung des Menschen zu einem lebenden Wesen be-

[66] H. Bonnet, Reallexikon der ägyptischen Religionsgeschichte, 1952, 487ff.

[67] R. Klinke-Rosenberger, Das Götzenbuch Kitâb al-aṣnâm des Ibn al-Kalbî (Diss. phil. Zürich), 1942, 57. – Auch der Qur'ān (15,29; 38,72) verwendet *NPH* + Objekt *rūḥ* für die Animation des Menschen bei seiner Schöpfung.

[68] Daß (magisches) Anblasen (ב + נפח), selbst wenn es von seiten Jahwes geschieht, auch schädigende Wirkungen zeitigen kann, scheint Hag 1,9 vorauszusetzen (J. Wellhausen, Die kleinen Propheten, Nachdr. 1963, 174); vgl. ב + פוח Ps 10,5.

[69] Vgl. Westermann, a. a. O., 335.

dingt die Notwendigkeit seiner Versorgung mit Nahrung (vgl. Gen 1,29; 9,3 P), die Jahwe durch das Pflanzen eines Gartens gewährleistet (2,8)[70]. Der konkreteren Ortsangabe בעדן fügt der Erzähler das unbestimmte מקדם hinzu, wodurch der mythische Ort ins Märchenhafte transponiert wird: עדן liegt nun in einem fernen östlichen Wunderland, dem Überall und Nirgends des Märchens[71].

[274] Das Motiv von der Versorgung des Menschen hat sich in drei sumerischen Texten zu einer eigenen Erzählung entfaltet. (1) In der mythischen Einleitung zu einem Streitgespräch zwischen dem Mutterschaf und dem Getreide Z. 20ff. wird erzählt, daß die Menschen der Urzeit weder Brot noch Kleider kannten, auf Händen und Füßen gingen, wie Schafe Gras fraßen und Wasser aus den Gräben tranken; ein eigentlich menschliches Dasein wird ihnen erst ermöglicht, als die Götter das Mutterschaf und die Getreidegöttin „hervorsprießen" (Z. 27) und „vom Heiligen Hügel zur Erde hinuntergehen" ließen (Z. 40)[72]. (2) Die mythische Erzählung ›Wie das Getreide nach Sumer kam‹ setzt ebenfalls voraus, daß die Menschen ursprünglich „wie Schafe Gras aßen". Als Anu vom Himmel Getreide, Gerste und Bohnen sandte, will Enlil diese Güter den Menschen zuerst vorenthalten; Gerste und Getreide (?) speichert und verschließt er auf dem „Berg der Gewürzkräuter und der Zeder". Die Götter Ninazu und Ninmada beschließen dann, beides nach Sumer zu bringen. Wohl weil sie sich gegenüber

[70] Anders als V. 9, der zur Exposition der Erzählung vom verbotenen Baum gehört, meint 8a weder einen Gottesgarten noch das verlorene Paradies; vgl. Westermann, a.a.O., 283f., zu 1,29 ebd. 223ff. mit religionsgeschichtlichen Parallelen.

[71] עֵדֶן ist doch wohl am ehesten wie עֶדֶן 2Kön 19,12; Jes 37,12; Ez 27,23 und בֵּית עֶדֶן Am 1,5 mit *bīt Adini*, der bekannten Landschaft zu beiden Seiten des oberen Euphrat, gleichzusetzen; für diese Identifikation scheint mir neben dem philologischen Befund vor allem die Tatsache zu sprechen, daß der Garten von V. 8 gemäß V. 5f. doch offenbar als Oase in der Wüste zu denken ist (vgl. bes. Maag, Alttestamentliche Anthropogonie [s. Anm. 63], 23 [hier S. 71], wenn auch mit Vorbehalt gegenüber der Einzelbegründung), wozu an die Flußoasen des Euphrat und Balīḫ in *bīt Adini* zu denken wäre. Ausführliches Referat von Thesen und Diskussion bei Westermann, a. a. O., 284–287. – Zur Örtlichkeit des Märchens s. Jolles, a. a. O., 224; anders, insbesondere zum orientalischen Märchen, K. Ranke, Studium Generale 11, 1958, 647–664, bes. 650.

[72] Pettinato, a. a. O., 86ff.

Enlil schuldig zu machen fürchten, gehen sie zum Sonnengott Utu – hier bricht der Text ab[73]. (3) Spezialisiert ist das Motiv im obengenannten Streitgespräch zwischen Enki und Ninmaḫ. Als die Götter die Erschaffung der Menschen fröhlich feierten, formt Ninmaḫ, die bei der eigentlichen Menschenschöpfung nur eine Gehilfenrolle spielte, vom Bier ermuntert und zugleich indisponiert, aus dem Abzu-Ton allerlei Mißgestalten (Z. 58ff.); Enki muß dann für jeden dieser Behinderten einen Platz in der Gesellschaft oder sonst eine Versorgung schaffen. Das Geschehen wiederholt sich Z. 82ff. unter Vertauschung der Götterrollen, ohne daß Ninmaḫ für die mißratenen Kreaturen Enkis in ebenbürtiger Weise Vorkehrungen treffen zu können scheint. Das Motiv hat hier eine soziale Färbung angenommen[74].

4. Keine der mesopotamischen Schöpfungserzählungen vergißt, eine Angabe über die Bestimmung des zu erschaffenden Menschen zu machen; innerhalb von Gen 2 findet sich eine entsprechende Notiz in den Infinitiven לעבדה ולשמרה V. 15 bβ, deren Suffixe sich auf גן־עדן beziehen[75].

[275] V. 15 a bα gehört zur Erzählung vom verbotenen Baum; V. 15 bβ dagegen hat nicht in dieser, sondern nur in der Schöpfungserzählung eine sinnvolle Funktion. So gehört 15 bβ sachlich und wohl auch traditionsgeschichtlich zu V. 8, wofür Westermann noch andere plausible Gründe anführt[76].

Inhaltlich geschieht mit der Angabe über die Bestimmung des Menschen 15 bβ ein weiterer Schritt in Richtung auf die Entmythisierung des Menschenbildes. Nach den mesopotamischen Paralleltexten sind die Götter geradezu auf den Menschen angewiesen: „dieser versorgt durch seine harte Arbeit die Götter mit Speise und

[73] Text und Übersetzung bei I. Bernhard, Mythen, Epen, Weisheitsliteratur und andere Literaturgattungen (in: S. N. Kramer [Hrsg.], Sumerische literarische Texte aus Nippur I [Texte und Materialien der Frau-Professor-Hilprecht-Sammlung . . . Jena, NF III], 1961, 10f. [Nr. 5]).

[74] Transkription und Übersetzung bei Benito, a. a. O. (s. Anm. 54).

[75] Zu den Femininsuffixen vgl. C. Brockelmann (Hebräische Syntax, 1956, § 16g): „Das masc. גן ist in Verbindung mit dem als Landesnamen femininen עדן in גן עדן Gen 2, 15 fem." (worin noch eine kleine Bestätigung unserer in Anm. 71 vorgetragenen Vermutung liegt).

[76] A. a. O., 299f.

Trank"[77]. Ganz im Anfang, „als die Götter (auch noch) Mensch waren"[78], hatte die Göttergruppe der Anunnaku die harte Arbeit auf die Igigu abgewälzt, die darunter nach ihren eigenen Worten beinahe gestorben wären (Atramḫasīs I, 149. 162); da findet Ea den Ausweg, den Menschen erschaffen zu lassen, damit er „das Joch trage" (I, 195 f.)[79]. Nach Enūma eliš VII, 27 ff. hat Marduk die Menschen speziell aus Mitleid mit den nach ihrer Niederlage gebundenen Göttern hervorgebracht: da er so das seinen Feinden auferlegte Joch von ihnen nimmt, dient die Erschaffung des Menschen zu deren Verschonung *(a-na pa-di-šu-nu)*; die Menschen scheinen den besiegten Göttern also geradezu eine Art Sühnefron abzunehmen[80]. Ganz anders in Gen 2: hier bearbeitet und bewahrt der Mensch nur noch den seiner eigenen Versorgung dienenden Garten; seine Arbeit behebt nicht eine Zwangslage der Götter, sondern sichert die Subsidien seiner eigenen Existenz. Was er nach V. 7 an numinosem Glanz einbüßte, gewinnt er nach V. 15 bβ an einer geradezu spielerisch anmutenden Freiheit: Seine Bestimmung erschöpft sich in einem heiteren Sein-Dürfen, das sich seiner Berechtigung beinahe nicht mehr zu vergewissern braucht[81]. Dient das [276] mythische primum actum allgemein der Begründung des Daseienden, so behauptet es hier speziell die Legitimation der menschlichen Existenz; die Rechtfertigung menschlichen Daseins hat dabei die Struktur eines sola gratia angenommen.

[77] Pettinato, a. a. O., 22.

[78] So Atramḫasīs I, 1 nach der Übersetzung W. v. Sodens (Or 58, 1969, 416 f.; 39, 1970, 312 f.); anders W. G. Lambert (Lambert–Millard, a. a. O., 146; Lambert, Or 38, 1969, 535 f.; 40, 1971, 95 f.) und Pettinato, Oriens Antiquus 9, 1970, 76, wo auch noch andere Auffassungen referiert werden.

[79] Wie sehr die Götter auf die Menschen angewiesen sind, zeigt ihre Hilflosigkeit, als die Sintflut die Menschen vernichtet hatte (Atramḫasīs III V 34 ff.; Gilg 11, 159 ff.).

[80] Ähnlich P. Garelli–M. Leibovici in: M. Eliade (Hrsg.), Die Schöpfungsmythen, 1964, 129 f.

[81] Vielleicht kann man schon in der letztlich tautologischen Bestimmung des menschlichen Existenzzwecks die Andeutung eines proprium humanum erkennen: Für die Tiere weiß der Text durchaus einen handgreiflichen Existenzzweck anzugeben, freilich einen solchen, den sie nicht (voll) erfüllen.

5. Daß V. 10–14 den Kontext stören, ist oft beobachtet worden: zunächst scheint die „kleine Geographie“ weder zur Schöpfungserzählung noch zu der vom verbotenen Baum zu passen. Gen 2 ist anthropozentrisch orientiert, hat die Struktur einer Erzählung und enthält sonst keine kosmologischen Elemente; zwischen der Lokalisierung des Gartens in Eden (V. 8) und der Angabe von V. 10, wonach der Strom aus Eden in den Garten fließt, besteht außerdem eine Differenz. Mit einem Gottesgarten bzw. Paradies, wie es Gen 3 voraussetzt, ließen sich die vier Weltströme dagegen nur verbinden, wenn sich Eden wie in Ez 28, 13f. als Gottes*berg* vorstellen ließe, worauf im Text nichts hindeutet; die Gottesgarten- bzw. Paradiesvorstellung hat als solche kein kosmologisches Implikat.

Allerdings knüpft der Erzähler mit V. 10 an V. 6 an; die Entsprechung von 6 und 10a ist weitgehend:

ואד יעלה מן־הארץ והשקה את־כל־פני־האדמה
ונהר יצא מעדן להשקות את־הגן

Dabei hat die durativ gebrauchte Präformativkonjugation (Imperfekt) יעלה (V. 6) in dem Partizip des Nominalsatzes 10aα ihr Pendant; Nominalsätze beherrschen dann auch V. 11–14[82].

Die gewisse Künstlichkeit der Anknüpfung von 10a an 6 zeigt zwar, daß der Erzähler mit 10b–14 eine offenbar eigenständige Tradition zu integrieren hat. Trotzdem aber wird man urteilen dürfen, daß 10b–14 in den weiteren Themenbereich der Menschenschöpfung gehört; das Stück bildet sozusagen ein mythisches Pendant zu den von M. Eliade beschriebenen Orientierungsriten[83]: Seine Funktion ist es, den bislang homogenen und daher der Orientierung widerstrebenden Raum zu differenzieren und so für den Menschen überschaubar zu machen[84]. Dabei scheint mit der Teilung des

[82] Ob zwischen der Satzstruktur Subjekt + durative Präformativkonjugation (Imperfekt) und dem Nominalsatz eine Bedeutungsdifferenz besteht, wäre zu fragen.

[83] Kosmogonische Mythen und Orientierungsriten (in: Die Schöpfungsmythen [s. Anm. 80], 15–20).

[84] Erschöpfte sich die Funktion der Ströme in der Bewässerung der Erde, wären die Verse 10–14 neben V. 6 im jetzigen Text nur Dubletten. Um

Stroms in vier Arme letztlich dasselbe Raummodell zugrunde gelegt, das die mesopotamische Einteilung des Welt-[277]ganzen in „vier Ufer" (akkadisch *kibrātum arba'um* u. ä.) und die biblische Vorstellung von den „vier Winden"[85] oder den „vier Himmelsekken"[86] im Auge haben. Freilich streben die vier Arme des Urstroms nicht nach Art des Achsenkreuzes unserer Himmelsrichtungen auseinander; mythische Kosmographie ist nicht im mathematischen Sinne geometrisch.

Die Namen der Ströme werden gegenüber ihrer Vierzahl sekundär sein. Das hapax legomenon פישון und vielleicht auch גיחון können als Phantasienamen gelten[87]; dagegen verraten die Namen Tigris und Euphrat, die Ländernamen Ḥawila und Kusch sowie die Bezeichnung Assur[88] das gleiche Interesse des Mythos am konkreten Raum, das bereits hinter der Lokalisierung des Gartens „in Eden" stand: Der Mythos will die gegenständliche Welt erschließen[89]. Wo Mythisches somit der Orientierung im Raum

Eden zu lokalisieren (so Gunkel, a. a. O., 8f.), ist der Aufwand von 10–14 entschieden zu groß.

[85] Jer 49,36; Ez 37,9; 42,20; Dan 7,2 u. ö.; vgl. akkadisch *šārū erbettum*.

[86] Jer 49,36. Zur Vierzahl als geometrischem Orientierungsprinzip vgl. S. Mowinckel, De fire Paradieselvene (NTT 39, 1938, 47–64), bes. 54f.; Westermann, a. a. O., 295, aber auch G. Hölscher, Drei Erdkarten, 1949, 53, Anm. 1.

[87] Die Wurzel פוש „springen, stampfen" (von Tieren) will allerdings zu einem Fluß oder auch nur zu einer Quelle nicht recht passen.

[88] Ob die noch unter Salmanassar III. (858–824) und Sanherib (704–681) baulich bereicherte Stadt „Assur" (Gunkel, a. a. O., 9; Westermann, a. a. O., 298) oder das gleichnamige Land (Hölscher, a. a. O., 37f.) gemeint ist, tut hier nichts zur Sache; der Vergangenheit hat auch die Stadt Assur z. Z. des Jahwisten noch nicht angehört (vgl. W. Andrae, Das wiedererstandene Assur, 1938), so daß man etwa aus ihrer Erwähnung ein besonders hohes Alter der Tradition zu Gen 2,10b–14 ablesen könnte.

[89] In Atramḫasīs I,25 wird im Zusammenhang mit der den Igigu auferlegten Arbeit an den Kanälen Mesopotamiens der Tigris genannt; das spätassyrische Fragment S I,7 erwähnt in ähnlichem Zusammenhang den Euphrat.

dient[90], ist es zwar nicht mit primitiver Wissenschaft identisch, wohl aber als einer ihrer Ermöglichungsgründe wirksam[91]. [278]

6. Die Verse 18–24 bilden innerhalb der jahwistischen Schöpfungserzählung die einzige längere Szene; nur hier findet sich das dramatische Element einer gewissen inneren Spannung. Zweck der Szene ist es, durch ein typisch mythisches Mittel das proprium humanum zu bezeichnen: Die Schöpfung des Menschen geschieht in mehreren Phasen, deren zweite bzw. dritte den Menschen erst wahrhaft menschlich macht.

Eine bezeichnende mesopotamische Parallele ist die obengenannte mythische Einleitung zum Streitgespräch zwischen dem Mutterschaf und dem Getreide; danach besteht das proprium humanum im Erwerb der durch

[90] Westermann (a. a. O., 294) findet in 2, 10–14 „eine räumliche Parallele zu der zeitlichen Struktur, . . . daß alles Geschehen von einem Urgeschehen . . . hergeleitet wird". Vielleicht ist eine noch genauere Entsprechung zu dem räumlichen Orientierungsmythos von Gen 2, 10–14 in Gen 1, 3–5 zu sehen: Gott setzt durch die Trennung von Licht und Finsternis, Tag und Nacht die Zeitstruktur als Voraussetzung des Daseins (Westermann, a. a. O., 155), die für P, sofern sie auf den Sabbat zielt, zugleich von sakralem Belang ist.

[91] Wer die moderne Wissenschaft vorwiegend durch die den Mythos sprengenden Kräfte des Judentums und des Christentums ermöglicht sieht, schätzt m. E. die Motive, die den Hellenen seit den jonischen Naturphilosophen eine wissenschaftliche Objektivation der Wirklichkeit erschlossen haben, falsch ein; Judentum und modernes Christentum sind in der gleichen Richtung auch nur wirksam geworden, wo sie von der Renaissance (und Aufklärung) berührt waren. Der Beitrag, den umgekehrt das Mythische auf seinen verschiedenen Stufen für eine Rationalisierung der Weltbewältigung zu leisten vermag, bedürfte einer umfassenden und unvoreingenommenen phänomenologischen Darstellung. Vorerst scheint mir das Urteil Eliades (a. a. O. [s. Anm. 83], 19) über den kosmogonischen Mythos erwägenswert: „Dank diesem Mythos wird auch der Mensch zu einem Schöpfer. Auf den ersten Blick wiederholt er nur immer wieder die gleiche archetypische Geste, in Wirklichkeit aber erobert er unermüdlich die Welt, er organisiert sie, er wandelt die natürliche Landschaft in einen kulturellen Lebensraum um. Hierin ruht das große Geheimnis des kosmogonischen Mythos: er treibt den Menschen dazu zu erschaffen, er eröffnet seinem schöpferischen Geist ständig neue Perspektiven, auch wenn der Mythos

Schafzucht und Getreideanbau ermöglichten Zivilisation, welche dem Menschen erst in einem zweiten anthropogonischen Akt zuteil wird; ähnlich verhält es sich in der mythischen Erzählung, „wie das Getreide nach Sumer kam“ [92]. Beispiele aus der hellenischen Welt finden sich bei K. Kerényi [93], eines aus dem Bereich primitiver Religion bei Westermann [94].

Noch „nicht gut“ ist nach der ersten Phase der Erschaffung des Menschen durch Jahwe, „daß der Mensch allein ist“. Was ihm fehlt, ist nicht nur „Hilfe“ (עזר) bei der ihm aufgetragenen Arbeit, sondern vor allem ein ihm entsprechendes „Gegenüber“ (כנגדו), das seinem Alleinsein abhilft. Ist der Mensch dem schöpferischen Grund der Erde und damit der Integration in den Kosmos entzogen, infolgedessen sein Ursprung des numinosen Glanzes entbehrt, so zeigt die spielerische Freiheit des bloßen Dasein-Dürfens nun sogleich ihre Kehrseite. Daß das Alleinsein [279] in der von Jahwe geschaffenen Welt als negativer Modus des proprium humanum empfunden wird, ist ein Element nachmythischen Daseinsgefühls. Nach dem (wieder) stärker im Mythischen verhafteten Satz Gen 1,26f. nimmt die Stelle des Gegenübers des Menschen Gott selber ein: Da er den Menschen ja nach seinem Bilde schafft, ist das dem Menschen gemäße Gegenüber diesem in Gott selbst immer schon vorgegeben [95].

dadurch, daß er sich als unerreichbares Vorbild darbietet, scheinbar die menschliche Initiative lähmt.“

[92] Vgl. W. v. Soden, Or 38, 1969, 418; Pettinato, a. a. O., 31ff. – Auch in dem *lullû*, den Marduk gemäß seiner Ankündigung an Ea Enūma eliš VI, 6f. schaffen will, bzw. den Aruru und Nintu/Mami nach Gilg 1 IV, 6 und Atramḫasīs I, 195 formen, sieht v. Soden (demnächst in der Festschrift für F. M. Th. de Liagre Böhl) den noch unvollkommenen Urmenschen (vgl. AHw); er findet diese Auffasung für den *lullû* von Atramḫasīs I, 195 durch das WI-*di-im-mu* des Textes E zu I, 215. 217 bzw. *e-di-im-mu* (Text A zu 215. 217. 228. 230) als dessen Namen bestätigt, den er als Lehnwort aus sumerisch idim „einfältig, schwerfällig“ erklärt: „der Urmensch Edimmu wäre also eine Art Wildling“ (anders W. G. Lambert, JSS 12, 1967, 105; Lambert–Millard, a. a. O., 152).

[93] A. a. O. (s. Anm. 43), 53ff.

[94] A. a. O., 307f.

[95] Zum Menschen von Gen 1,26f. als Gegenüber Gottes vgl. Westermann, a. a. O., 217.

Nach dem jahwistischen Bericht dagegen findet der Mensch das seiner eigenen Gestalt, seinem eigenen Willen und Schicksal Entsprechende nicht mit der gleichen Selbstverständlichkeit vor. Jahwe läßt ihn vielmehr in einem zweiten mißlungenen Versuch, die Humanität des Menschen zu vollenden, die „ihm entsprechende Hilfe" bei den Tieren suchen, die mit der Gestalt des Menschen immerhin das Organische gemein haben.

Ein Nebeneffekt dieses Versuchs ist die Benennung der Tiere. Jahwe führt seine Geschöpfe dem Menschen vor und will sehen, was er zu ihnen sagen wird. Es zeigt sich, daß die menschliche Sprache auf das neue göttliche Experiment die Probe liefert: wie der Mensch die Tiere benennt, so heißen sie. Damit soll nicht so sehr ein Herrschaftsakt bezeichnet werden, der am Ende das Gespür für die widerstrebende Faktizität des Benannten vermissen ließe; vielmehr ist von einem Gelingen menschlicher Sprache die Rede, die das Begegnende in seiner Eigen-Art erkennt, der humanen Existenz „assimiliert" und dann wieder-gibt. *Was* freilich auf diese Weise wiedergegeben wird, ist das bloße Nicht-Entsprechen. Und so wird durch das Benennen seitens des Menschen Jahwe zugleich bei einem weiteren Fehlschlag seines Schaffens behaftet: Das Nachschaffen der Geschöpfe in der Sprache[96] läßt das proprium humanum vorläufig nur an einer neuen Spannung mit der Wirklichkeit und ihrem Schöpfer fühlbar werden.

Eben dies proprium humanum besteht dann positiv im Angewiesensein des Menschen auf ein menschliches Gegenüber. Dagegen kann man im Sinne des Erzählers nicht einwenden, daß doch auch das Tier auf Geschlechtsgemeinschaft angelegt ist. Denn die Beziehung des Mannes zur Frau ist zwar auch als Geschlechtsgemeinschaft gedacht, aber bezeichnenderweise nicht in der Nötigung zur Fortpflanzung begründet[97], [280] sondern in einer Einsamkeit, die

[96] G. v. Rad, a. a. O.

[97] Dagegen fällt für P, die das Gegenüber von זכר und נקבה 27b auf die Fortpflanzung zielen läßt, wie es 28a expliziert, die Beziehung von Mann und Frau für die Konstitution der Humanität nicht sehr ins Gewicht: Das proprium humanum wird hier in der Herrschaft über die Tiere gesucht, worin der über dem Menschen gesprochene Segen 28b denjenigen über die Tiere 22 hinter sich läßt.

die Problematik seines Daseins spiegelt. Insofern diese Problematik aber ganz seine eigene ist, wiederholt sich die Freiheit seines Daseins von einem außerhalb seiner selbst liegenden Existenzzweck in der entsprechenden Freiheit des menschlichen Miteinanders; auch dieses Miteinander empfängt nur aus der Beschaffenheit der menschlichen Existenz seine Bestimmung.

Das unterscheidet Gen 2,18–24 auch von der bekannten Szene zwischen Enkidu und der Dirne im Gilgameschepos. Zwar verhilft die Dirne dem halb tierischen und darum in Tiergemeinschaft lebenden Steppenbewohner Enkidu dazu, zu einem Menschen im Vollsinne zu werden. Aber die „Hominisation" erfolgt nicht durch die Begegnung als solche, sondern durch etwas, das Enkidu dadurch als Mittel zu einem anderen Zwecke gewinnt: Zwar entfremdet ihn das Zusammensein mit der Dirne den Tieren und reduziert seine gewaltigen Körperkräfte (1 IV,22–28); dafür aber erwirbt er die Voraussetzungen eines zivilisierten Daseins. „Er aber wuchs (?), ward weiten Sinnes" [98], und voller Bewunderung redet ihn die Dirne an: „Weise (?) bist du, Enkidu, bist wie ein Gott" (1 IV,29. 34) [99]. Danach bekleidet sie ihn (2,67f. 106), lehrt ihn Brot zu essen und Rauschtrank zu trinken, so daß er am Ende „zu einem Menschen ward", „wie ein Mann ist" (105. 107). Aber letztlich vermittelt die Dirne ihm Humanität, indem sie ihn Gilgamesch zuführt: „die Begegnung mit der Frau bleibt Episode; das Ziel ist die Freundschaft mit Gilgamesch" [100]. Von einer Eigenbedeutung der Begegnung, die als solche den Menschen zu sich selbst brächte, kann nicht die Rede sein.

Daß der Gewinn der vollen Humanität nach Gen 2 wirklich in der Begegnung des Mannes mit der Frau gefunden wird, zeigt die Bewillkommnung in V. 23, die die in V. 18b bezeichnete, in V. 20 bestätigte Existenzproblematik des Menschen behoben sein läßt.

[98] *u šu-u i-ši-i[ḫ-ma u-r]a-pa-aš ḫa-si-sa;* R. C. Thompson, The Epic of Gilgamesh, 1930, 14. Verszählung im folgenden nach Schott–v. Soden, a. a. O. (s. Anm. 53).

[99] In Sinnentsprechung zu Z. 29 ist vielleicht mit E. A. Speiser (ANET 75 Anm. 29) [*en*]-*qa-ta* ^{d}EN.KI.DU *ki-ma ili tab-ba-ši* zu lesen; Thompson (a. a. O., 14) hatte [*dam*]-*qa-ta* „schön bist du". [Der jüngst in Boğazköy gefundene akkadische Gilgameschtext Bo. 83/625 hat mit dem *damqá-ta* die Lesung Thompsons bestätigt; vgl. G. Wilhelm, Neue akkadische Gilgameš-Fragmente aus Ḫattusa, ZA 78, 1988, 99–121, bes. 104.]

[100] Westermann, a. a. O., 308.

Wie zuvor die Tiere, so führt Jahwe nun auch die Frau dem Menschen vor (22b). Da erkennt der Mensch an ihr – endlich (הפעם) – ein Stück seiner selbst, „Glieder von der Art der eigenen Glieder und Fleisch von der Art des eigenen Fleisches"; zugleich aber begrüßt er in dem anderen Selbst die ihm entsprechende Gestalt[101], die sich in der außermenschlichen Wirk-[281]lichkeit, insbesondere aber in der Tierwelt, nicht wiederholt. Darum auch empfängt sie anders als die Tiere den seinem eigenen entsprechenden Namen. Allerdings kann der Mann, da die Frau einmal von ihm „genommen ist", nicht mehr identifikativ mit ihr eins werden; noch weniger sublimieren sich beide, wie es etwa in einem hinduistischen Hochzeitsspruch geschieht[102], zu polaren kosmischen Größen, indem sie den Kosmos in sich Gestalt gewinnen lassen und alsdann durch die Geschlechtsgemeinschaft die mythische Integration des Menschen verwirklichen. Aber gerade so hüten sie umgekehrt die eigene Gestalt vor der Fremdheit und Feindschaft des Kosmischen: Die zwischen Mann und Frau waltende schöpferische Spannung ist nicht länger wie im mythischen Verständnis ein Paradigma des die ganze Wirklichkeit umgreifenden Relationszusammenhanges, sondern lediglich Realisierung des proprium humanum, das Mann und Frau an-

[101] Eine Verwandtschaftsformel findet hier mit Recht W. Reiser, ThZ 16, 1960, 1–4; vgl. schon Gunkel, a. a. O., 13. Dazu wäre die Bruder-Schwester-Anrede in ägyptischen Liebesliedern (A. Hermann, Altägyptische Liebesdichtung, 1959, bes. 76) und des Hohenliedes (4, 9f. 12; 5, 1; ferner Gen 12, 13. 19; 26, 7) zu vergleichen; die Wahl der Liebe läßt im Gewählten das Verwandte finden. Dementsprechend tritt für den Mann die natürliche Verwandtschaft gegenüber solcher „Wahlverwandtschaft" zurück. Auch wenn die Übersetzung von O. Loretz (Schöpfung und Mythos, 1968, 115) „Das ist nun endlich Gestalt von meiner Gestalt" zu weit geht (O. H. Steck, Die Paradieserzählung, 1970, 94, Anm. 204), trifft sie doch das Gemeinte: der עצם von seinen עצמים, das Fleisch von seinem Fleisch ist für den Menschen עזר כנגדו, weil „dies Lebewesen zum ersten Mal einen Gliederbau zeigt, der im ganzen seinem eigenen entspricht" (L. Delekat, VT 14, 1964, [7–66] 50f., der einen Sprachgebrauch עצמים „Glieder" von עצמות „Knochen, Gebein" unterscheidet).

[102] „Hier bin ich, da bist du; da bist du, hier bin ich; ich bin der Himmel, du bist die Erde" (van der Leeuw, a. a. O., 220).

einander erkennen. Die Mittel freilich, mit denen die Erzählung eine solche Entmythisierung des menschlichen Daseinsgefühls zur Sprache bringt, sind wiederum mythisch: nach Menschenart formt Jahwe die Tiere und bringt sie zum Menschen; wie ein gigantischer Magier läßt er einen Zauberschlaf auf den Menschen fallen und „baut“ [103] die Frau aus der Rippe des Mannes.

Der Struktur mythischen Redens entspricht es dann auch, daß Gen 2 vom Menschen der Urzeit redet und darum alles, was der Mensch in Vergangenheit und Gegenwart erleidet und leistet, von der Norm des Urgeschehens bedingt und begründet sein läßt. Der ätiologische Schlußsatz V. 24 verleiht der Szene 18–23 in gleicher Weise eine mythische Funktion, wie es die einleitende Temporalbestimmung V. 4b–6 für die ganze Erzählung tut [104]: er macht für die Zeit von der Urzeit Gebrauch. Auch die Begegnung von Mann und Frau, sosehr sie in actu immer wie-[282]der als neu und einmalig erfahren wird, erscheint im Licht von V. 24 als Geschehen in einer „Nachfolge“; im Individuellen der Begegnung wird paradoxerweise die Wiederholung eines Prototyps gesehen. Das rechte Verhalten diesem gegenüber ist ein Sich-Einfügen, freilich nicht in das bloß-Gegebene jeweiliger Gegenwart, sondern in das mythische primum actum, dem gegenüber eigentliche „Originalität“ hybrider Dünkel wäre. Die dem Alleinsein ausgesetzte Existenz des Menschen kann sich freilich zugleich in einem Geschehen bergen, das ihrer eigenen Dramatik nicht nur immer voraus ist, sondern sie zugleich souverän umgreift. Das Element des Mythischen, das durch V. 24 wieder eingebracht wird, weist gegenüber den Verstiegenheiten des je Besonderen auf die Identität menschlicher Daseinsverfassung, deren Grenze keine Veränderung überschreitet.

Worin solche dünkelhafte Originalität, solche Verstiegenheit des je Besonderen bestehen kann, zeigt der vorliegende Text an der Erzählung vom

[103] Im Akkadischen wie im Ugaritischen dient die Wurzel *BNĪ* als term. techn. für das göttliche Schaffen.

[104] Daß V. 24 aus der Situation der Erzählung heraustritt (Westermann, a. a. O., 317), geschieht in Übereinstimmung mit dem Wesen mythischer Erzählung, die „das Menschsein des Menschen, wie es heute ist“, aus seinem Ursprung vergegenwärtigt.

verbotenen Baum Gen 3. Der Wunderbaum öffnet dem Menschen die Augen und macht ihn zu einem Gottwesen, das Gutes und Böses versteht (2,9. 17; 3,5. 7), welchen Effekt auch Jahwe am Ende bestätigt (3,22). Dabei halte ich es mit J. Wellhausen für möglich, „daß das den Menschen versagte Wissen . . . ursprünglich als Zauber und Zaubermacht aufgefaßt ist“ [105]. In der Tat bezeichnet die Magie für das Bewußtsein des antiken Menschen eine versucherische Möglichkeit, die durch das primum actum der Urzeit inaugurierte Ordnung zu durchbrechen und „Originalität“ in Konkurrenz und Gegensatz zum Schöpfer zu entfalten; zugleich haftet der Magie die Tendenz zum Exorbitant-Verstiegenen, aller kosmischen Harmonie Spottenden an. Daß die Schlange als ursprünglich chthonisches Numen archaischer Art und niederen Ranges den Mächten des Magischen nahesteht, obwohl sie jetzt zu den „Tieren des Gefildes“ gehört, „die Jahwe Elohim gemacht hat“ (3,1), ist eine wahrscheinliche Vermutung. – Vor allem weist die Terminologie von 3,5, wie uns scheint, unmißverständlich in diese Richtung. Die Augen werden dem Magier geöffnet wie Bileam, dem גלוי עינים (Num 24,4. 16 J), den Balak bestellt, daß er wie ein Magier Flüche spreche; speziell פקח ist Gen 21,19; 2Kön 6,20 vom wunderbaren Sehen gebraucht. Zu והייתם כאלהים wäre darauf zu verweisen, daß der wundertätige Mose אלהים für Aaron (Ex 4,16 E) wie für Pharao (7,1 P) ist; als Naeman irrtümlich durch den König Israels von seinem Aussatz geheilt werden will, fragt dieser empört . . . האלהים אני (2Kön 5,7). 1Sam 28,13 heißt der über die der Magie verwandte Wahrsagerkunst verfügende Totengeist אלהים. Zeitweilig wurde der Magier איש (ה)אלהים „Mann von göttlichen Kräften“ genannt [106]. Endlich gehört zur magischen Macht das übernatürliche „Wissen“: der Magier ist ידע טוב ורע. ידעני „der Wissende“ heißt entsprechend der Totengeist. טוב ורע in diesem Sinne bedeutet das Heilsame und das Schädliche [107], die guten und die bösen Kräfte: so wird 1Hen 69 unser Text verstanden, wo an die Stelle des Sündenfalls Adams derjenige von Gen 6,1–4 tritt; [283] von dem gefallenen Engel Penemue heißt es V. 9, daß er den Menschen „das (Unterscheiden von) Bitter und Süß gezeigt und ihnen alle Geheimnisse ihrer (scil. magisch-mantischen) Weisheit kundgetan“ habe [108].

Zur Komplementärerzählung für Gen 2 eignet sich Gen 3 zuletzt auch dadurch, daß das Motiv vom Griff nach der magischen Macht weitgehend

[105] Prolegomena zur Geschichte Israels, [5]1899, 307, Anm. 1.

[106] Zu diesem Ausdruck H.-P. Müller, Ugarit-Forschungen, Intern. Jahrbuch für die Altertumskunde Syrien-Palästinas 1, 1969 (79–94) 90.

[107] Wellhausen, a. a. O., 306; vgl. Westermann, a. a. O., 331.

[108] Übersetzung G. Beer bei Kautzsch, AP II, Nachdr. 1962, 275.

sublimierbar ist. Es befriedigt den schlichten Geschmack, der an Hexerei und wunderbare Mächte denkt; es kann aber auch zugleich Paradigma für die dem Menschen naheliegende Sehnsucht sein, die Grenzen seiner Natur zu überschreiten, „das Geheimnis der Dinge, das Geheimnis der Welt zu ergründen, Gott gleichsam in die Karten zu gucken, wie er es bei seinem lebendigen Wirken anfängt, um es etwa ihm abzusehen und nachzumachen". In diesem Sinne besteht die Schuld des Menschen von Gen 3 darin, daß er es verschmäht habe, „in Vertrauen und Ehrfurcht zu resigniren" [109].

7. Wir fassen zusammen.

Menschenbild und Daseinsgefühl der jahwistischen Schöpfungserzählung verlassen tendenziell den Bereich des Mythischen. Von seinem Ursprung her ist der Mensch den Vitalitäts- und Regenerationskräften des naturhaften Daseins, ja der schöpferischen Macht der Erde und damit der Integration in den Kosmos entzogen. Er ist kein Verwandter der Götter, dafür aber auch nicht ihr Arbeitssklave, sein Dasein hat vielmehr etwas Selbstzweckhaftes in spielerischer Freiheit. Dem existentialen Elend seines Alleinseins in der von Jahwe geschaffenen Welt hilft die Zuwendung zum Mitmenschen ab.

Dagegen sind die der Erzählung zugrunde liegenden Vorstellungen von Jahwe weiterhin mythisch. Jahwe hat Gestalt und wirkt gestaltend wie der Mensch, nur in übermenschlichen Dimensionen: er formt (יצר 7.19) und pflanzt (נטע 8), baut (בנה 22) und bewegt (השיב 19.22); er spricht zu sich selbst (18) und unterliegt dem Schicksal möglichen Ungenügens seiner Werke (18.20). Wie ein Magier haucht er Leben ein (7) und läßt einen Zauberschlaf auf seine Kreatur fallen (21). – Eine Art Orientierungsmythos ist in V. 10b–14 als Ermöglichungsgrund primitiver Wissenschaft wirksam.

Schließlich ist die Funktion der Erzählung, wie sie aus der einleitenden Temporalbestimmung V. 4b–6 und für 18–23 aus dem Schlußsatz 24 erhellt, durchaus eine mythische: Sie ruft den Menschen und seine „Welt" gleichsam zurück in ihren Ursprung, um ihren vergangenen und gegenwärtigen Bestand durch diesen zu begründen und zu legitimieren [110].

[109] Wellhausen, a. a. O., 306.

[110] Steck (a. a. O. [s. Anm. 101], 72) rechnet Gen 2,4b–3,24 in den Be-

[284] Die übrigen Teile der jahwistischen Urgeschichte (Gen 3–11*) bestätigen den Charakter von Gen 2 als mythischer Erzählung durch ihren eigenen mythischen Gehalt. Der Gestalt Jahwes und seinem Willen treten geradezu ebenbürtige Größen gegenüber. Zunächst ist der Mensch, der im Griff nach der magischen Macht gottgleich werden möchte oder einen Turm bis an den Himmel baut, ein für Jahwe geradezu gefährlicher Partner, der ihm beinahe ein Schicksal aufnötigt. Unter den Gestalten und Willensträgern, die Jahwes Alleinanspruch in Frage stellen, sind die בני האלהים 6, 2–4 seiner eigenen Sphäre zugehörig; in gewisser Weise gilt das auch von der Schlange, die Jahwes Gedanken kennt, seine Motive durchschaut und sie dem Menschen verrät, zugleich aber auch dessen Verlockungen exteriorisiert. In der Sintfluterzählung schließlich, die Gen 2 komplementär zugeordnet ist, überwindet Jahwe seinen eigenen Zerstörerwillen, der durch die „Bosheit des Menschen" in 6, 5 nur ganz pauschal und notdürftig gerechtfertigt ist [111].

---

reich der „Sage"; aber diese Gattung gehört der vorstaatlichen *Früh*geschichte, nicht der Urgeschichte zu – in ihrem Mittelpunkt stehen Helden aus der Zeit der Landnahme und Volkwerdung wie Josua, Gideon und Jephtha, nicht Prototypen des übernationalen Menschseins.

[111] Einen, wie mir scheint, unglücklichen Versuch, die Sintflut des mesopotamischen Mythos im Sinne einer göttlichen Gerechtigkeit zu legitimieren, hat G. Pettinato (Or 37, 1968, 165–200) unternommen; danach hat das Lärmen der Menschen (*ḫubūrum* und *rigmum* Atramḫasīs I, 355 ff.), das Enlil im Schlaf stört, empörerischen Charakter und entspricht dem Versuch, die von den Göttern bestimmte Ordnung umzustoßen. Aber die Begriffe geben das schwerlich her (vgl. Lambert–Millard, a. a. O., VI). Was die Begründung der Sintflut in der biblischen Erzählung anbetrifft, so braucht man die blasse Pauschalverurteilung der Menschen in Gen 6, 5 f. 13 J nur mit der Benennung konkreter Einzelvergehen in den Erzählungen von urzeitlicher Schuld und Strafe zu vergleichen (Gen 3, 6; 4, 8; 6, 1 f.; 9, 22; 11, 4), um zu erkennen, daß dem Verfasser offenbar keine Tradition über eine besondere Verschuldung der von der Sintflut betroffenen Menschen vorlag (vgl. C. Westermann, Arten der Erzählung in der Genesis [in: Ders., Forschung am AT, 1964, 9–91], bes. 47 ff.). Auch die Erzählung Gen 6, 1–4 bietet für die in 6, 5 f. 13 mangelnde Motivation der Sintflut keinen Ersatz: die 6, 1 f. bezeichnete Schuld ist bereits durch die Strafe von V. 3 gesühnt; die Verbindung von 6, 1–4 und 6, 5 ff. zeigt also nur die Verlegenheit, die J in bezug auf die Begründung der Sintflut empfand. Die Sintfluterzäh-

[285] Trotz ihrer thematischen Eigenständigkeit[112] ist allerdings die Urgeschichte doch nur Teil des jahwistischen Gesamtwerks, das die „Heilsgeschichte" Israels erzählt und als Zielpunkt die davidische Staatsgründung ins Auge faßt[113]: Sie ist innerhalb dieses Werkes der universale Rahmen einer partikularen Geschichtsdarstellung. Die Definition des Mythischen in der Urgeschichte hängt somit auch von der Verhältnisbestimmung von Urgeschichte und Heilsgeschichte innerhalb des jahwistischen Werkes ab. Die Urzeit einerseits und die geschichtliche Vergangenheit und Gegenwart andererseits sind nicht nur durch einen direkten Brückenschlag

lung ist danach am besten gar nicht zu den Erzählungen von Schuld und Strafe zu rechnen (vgl. das vorsichtige Urteil Westermanns, Genesis, 66 und vor allem 71). Willkürlich wie der Unheilsbeschluß ist auch die Begnadigung Noahs 6, 8 J, der sich von der massa perditionis ebensowenig wie die babylonischen Sintfluthelden Atramḫasīs und Utnapištim abhebt; sein Gehorsam gegenüber dem Befehl, die Arche zu bauen, erfolgt erst danach. Am Schluß begründet der Erzähler den Entschluß Jahwes, die Sintflut nicht zu wiederholen, mit dem gleichen Urteil, das am Anfang das Eintreten für die Sintflut rechtfertigen sollte: „Das Dichten des menschlichen Herzens ist böse von Jugend auf" (8, 21 J; vgl. 6, 5).

Wie wenig die Rettung aus der Sintflut auch nach der vorbiblischen Tradition im Verhalten des Menschen begründet sein muß, zeigt besonders bezeichnend eine Anspielung in der sumerischen Erzählung von Enmerkar Z. 573–577, wo der Herr von Aratta an Enmerkar folgendes mitteilt:

> Sie (scil. die Leute von Aratta) sind es, die im [. . .] der Sintflut standen.
> Als die Sintflut darüber hingegangen war,
> hat Inanna, die Herrin aller Fremdländer,
> in ihrer großen Liebe zu Dumuzi
> sie um seinetwillen mit dem Wasser des Lebens besprengt . . .
> (Übers. bei C. Wilcke, Das Lugalbandaepos, 1969, 72)

Sind Vernichtung und Rettung der Menschen in den mesopotamischen Schöpfungserzählungen weitgehend im Gegenüber und Streit verschiedener Götter und den daraus folgenden Willkürentscheidungen begründet, so ist dieser Streit bei J im Negativen wie im Positiven in Jahwe hineinverlegt.

[112] Dazu Westermann, a. a. O., 2f.

[113] H.-P. Müller, Ursprünge und Strukturen alttestamentlicher Eschatologie, 1969, 50ff.

wie Gen 2,24 miteinander verbunden[114], sondern zugleich durch lineare Zeit und die sie erfüllenden Ereignisse, was innerhalb der Urgeschichte bereits die Genealogien eindrücklich zeigen[115]: Sollen die geschichtliche Vergangenheit und Gegenwart aus einem Ursprung begründet werden, so darf die lineare Zeit, die vom Ursprung trennt, nicht durch einen einfachen regressus ad initium im Sinne des ungebrochenen Mythos gelöscht werden. Vor allem aber hat die geschichtliche Vergangenheit gegenüber der Gegenwart selbst stiftenden Charakter: Gerade in ihr hat der segnende und rettende Gott alle anderen Mächte und Gestalten beiseite geschoben und eine Wirklichkeitsvermittlung an den Menschen ermöglicht, die jede Partikularität – letztlich auch die des Sakralen gegenüber dem Profanen – ausschließt; sein Name und Wille haben hier eine solche Dynamik und Aktivität bewährt, daß [286] das passive Moment eines ihm nach Art der mythischen Götter widerfahrenen Schicksals beinahe gar nicht aufkommt. – Und trotzdem tragen die mythische Urzeit und die Geschichte des Handelns Jahwes Vergangenheit und Gegenwart je auf ihre Weise: Das Bekenntnis vom Heil in der Geschichte begründet nicht nur das Reden von Gottes urzeitlichem Handeln als dessen universalen Rahmen; es wird vielmehr auch seinerseits von diesem begründet, insofern die Schöpfung des Menschen und ihre Sicherung gegen die Möglichkeit einer neuen Sintflut Gen 8,20–22 J doch zugleich die Bedingung der Möglichkeit von Geschichte darstellt. Das Mythische, welches Zeit als Rhythmus ständiger Selbstaufhebung und Wiederholung versteht,

[114] Ein direkter Brückenschlag von der Urzeit zur Gegenwart geschieht, wenn nach einem akkadischen Ritual zur Tempelwiederherstellung der Schöpfungsmythos rezitiert wird (vgl. oben S. 271 [hier S. 129] und Anm. 58). Beschwörungen mit kosmogonischen Einleitungen sind bei R. Labat u. a., Les religions du Proche-Orient Asiatique, 1970, 74ff., zusammengestellt (freundlicher Hinweis von J. Krecher). M. Eliade (Kosmogonische Mythen und magische Heilungen [Paideuma 6, 1956, 194–204]) gibt Beispiele aus polynesischen Religionen, nach denen der Kranke bei der rituellen Heilung symbolisch in die Zeit der Weltschöpfung versetzt wird, um sich von den Kräften durchdringen zu lassen, die die Schöpfung ermöglichten.

[115] Vgl. Westermann, a. a. O., 8ff.

und die Botschaft vom zeitdurchbrechenden Kommen und Eingreifen Jahwes in die Geschichte sind als Träger geschichtlichen Daseins interdependent.

III

Nach C. Westermann ist die Urgeschichte „derjenige Teil der Bibel, der am tiefsten in die Geschichte der Religionen der Menschheit hineinragt“ [116]; speziell zu den Schöpfungserzählungen stellt Westermann die Frage, „ob es nicht eine positive Bedeutung für unser heutiges Verstehen dieser Texte haben könnte, daß das biblische Wort in dieser besonderen Aussage nicht primär anderen entgegen, sondern mit anderen zusammen steht“ [117].

Bereits die Einsicht in den Charakter der Urgeschichte des Jahwisten, insbesondere aber seiner Schöpfungsgeschichte als mythischer Erzählung macht u. E. eben diese Frage dringend, wenn überhaupt wir es beim Mythos mit einer universalen Grundform religiösen Redens bzw. beim Mythischen im Sinne unseres Begriffs mit einem universalen Inhalt und einer universalen Funktion der religiösen Wirklichkeit zu tun haben [118]. [287] Führt nämlich die Botschaft

[116] A. a. O., 5.

[117] A. a. O., 27; speziell zu dieser Problematik vgl. auch Westermann, Das Verhältnis des Jahweglaubens zu den außerisraelitischen Religionen (in: Forschung [s. Anm. 111], 189–218).

[118] Zwar erkennt man an den Extrempunkten einer Typologie des Mythos einerseits und der Religion andererseits Phänomene (etwa: mythenlose Religion oder nichtreligiösen Mythos), die es geraten erscheinen lassen, Mythos und Religion unabhängig voneinander zu definieren (so C. Colpe, Mythische und religiöse Aussage außerhalb und innerhalb des Christentums [in: Beiträge zur Theorie des neuzeitlichen Christentums. Festschr. W. Trillhaas, 1968, 16–36]). Doch stellt die Koinzidenz von Mythos und Religion einen Häufigkeitsbefund dar, den man bei der Definition beider nicht unterbewerten darf, wenn man die Begriffe nicht unerlaubt formalisieren will. Colpe entgeht dieser Gefahr, indem er mit einer stark differenzierten Typologie des Mythos arbeitet (Das Phänomen der nachchristlichen Religion in Mythos und Messianismus [NZSTh 9, 1967, 42–87]; vgl. K. Rudolph, Der Beitrag der Religionswissenschaft zum Problem der sog. Entmythologisierung [Kairos 12, 1970, 183–207]).

vom geschichtlichen Kommen und Eingreifen Jahwes im Horizont umgreifenden Fragens ein spezifisches Menschenbild bzw. Daseinsgefühl herauf, die ein entsprechendes Selbst- und Wirklichkeitsverständnis als ihre existential-ontologische Reflexionsgestalt vorwegnehmen, so begegnet das Ergebnis dieses Prozesses mythischen Inhalten, die ein wenigstens kommensurables Selbst- und Wirklichkeitsverständnis intendieren. Mag das Gen 2 zugrunde liegende Menschenbild bzw. Daseinsgefühl auch den Bereich mythischer Inhalte verlassen, so erweist es seine Kommensurabilität mit dem Mythischen doch immer noch darin, daß es in einer Erzählung mit mythischer Funktion zur Sprache kommt[119], wobei solche Funktion, obwohl sie sich zunächst im Sozialen und Psychologischen geltend macht, zugleich die transzendentale Thematik berührt. Die Inhalte des Mythischen mit ihren Strukturelementen Gestalt, Name, Wille und Schicksal entsprechen Nötigungen des Personseins, das der Mensch in der Gegenstandswelt nicht ohne eine solche Begründung und Rechtfertigung zu behaupten vermag. Die Kommensurabilität des Menschenbildes bzw. Daseinsgefühls von Gen 2 mit außerbiblischen Mytheninhalten gründet dann in der Identität einer – allgemeingültig freilich nicht darstellbaren – Existenzproblematik, im Blick auf die jenes Menschenbild bzw. Daseinsgefühl und diese Inhalte eine analoge Funktion erfüllen. Existenzproblematik und mythische Funktion haben es entgegen aller Differenzen jeweiliger historischer Lebensbedingungen mit dem proprium humanum zu tun[120]; diese Affinität ist es, die die theologische Möglichkeit einer Auseinandersetzung gegenwärtigen Chri-

[119] Zur Fortdauer mythischer Funktionen bei gleichzeitiger Ablösung mythischer Inhalte vgl. Colpe (Das Phänomen, 78), der dazu E. Cassirer zitiert.

[120] Zur „Mythologisierbarkeit der Existenzialien" vgl. Colpe, a. a. O., 80–82, und zwar mit dem Ergebnis, daß „die Existenzialien . . . nicht nur aus dem Mythos, sondern aus jeder symbolisierenden Form- und Sinngebung" herausführen (82). Demgegenüber stellt Colpe (80) u. E. zu Recht die Suggestivfrage, ob das Leben in der Anaklisis, der Hinneigung aus einer Gegenwart zu einem Uranfang, dem Aufstützen auf den Uranfang zur Bestimmung der Gegenwart, nicht unserer geistig-menschlichen Konstitution zugehöre.

stentums mit der Welt der Religion(en) eröffnet. Ohne das Ergebnis dieser Auseinandersetzung vorwegnehmen zu wollen, können wir jetzt schon vermuten, daß sich in bezug auf die Funktion des Mythischen und das von seinen Inhalten intendierte Selbst- und Wirklichkeitsverständnis Strukturanalogien zwischen bibli-[288]schen und außerbiblischen Religionen nachweisen lassen[121]; bei aller religionsgeschichtlichen Würdigung der Differenzen mythischer Funktion wird man im Sinne der Religionsphänomenologie von einem typischen und konstanten Selbst- und Wirklichkeitsverständnis im Bereich des Mythischen sprechen dürfen, an dem auch die biblischen Inhalte nicht ohne Anteil sind.

Die Integration mythischer Elemente erweist ihre *Notwendigkeit* freilich erst aus der Interdependenz des Mythischen und des Kerygmatischen in der Begründung geschichtlichen Daseins[122] durch die Bibel selbst. Auf der Ebene der Funktion des Mythischen und des von seinen Inhalten intendierten Selbst- und Wirklichkeitsverständnisses darf ja noch nicht das Spezifikum biblischer Religion gesucht werden; dies ist vielmehr erst da gegenwärtig, wo im mythischen Kontext die Botschaft vom Kommen und Eingreifen Gottes in die Geschichte gehört wird, genauer: wo der Text dieser Botschaft in dem von ihm selbst geführten Gespräch mit dem Kontext des Mythischen zum Träger geschichtlichen Daseins wird. Das Kommen und Eingreifen Gottes zugunsten des Menschen geschieht ja *in* der Gegenstandswelt, die Gott gar keine andere Möglichkeit läßt, als ὡς μή eine gegenständliche Gestalt anzunehmen, sich durch Namen und Willen zu determinieren und sich schließlich einem Schicksal zu unterwerfen – bis zum Tode am Kreuz. Will der kom-

[121] Dazu ist immer noch eindrucksvoll F. Heiler, Die Religionsgeschichte als Wegbereiterin für die Zusammenarbeit der Religionen (in: M. Eliade–J. M. Kitagawa [Hrsg.], Grundfragen der Religionswissenschaft, 1963, 40–74).

[122] Die diastatische Behandlung von Mythos und Geschichte etwa bei R. Bultmann übersieht, daß der Mythos erzählte Geschichte zum primum actum allen Daseins erhebt; der babylonische Mythos von Atramḫasīs ist dazu ebenso wie die biblische Urgeschichte in eminenter Weise prototypische *Menschen*geschichte. Die Diastase wird jetzt auch von Colpe (Mythische und religiöse Aussage, 23) problematisiert.

mende und eingreifende Gott in der Welt für den Menschen präsent sein, so muß er ὡς μή ein mythischer Gott werden, sich auf das Gespräch mit dem Mythischen festlegen, wenn er der Nötigung des Menschen, in der Gegenstandswelt sein Personsein zu behaupten, wirklich helfend und rettend genügen will. Nur indem er sich *in* der Welt *von* der Welt unterscheidet, vermittelt er die Wirklichkeit ungeteilt an den Menschen, ohne nun gar selber dessen Personsein dem unheilvollen Zwang zur Verdinglichung auszusetzen; so übernimmt und überbietet er die Leistung des Mythischen, dessen Vermittlung in der Partikularität und Pluralität gefangen bleibt. Sosehr also die transzendente *Her*kunft seines Kommens und Eingreifens das mythische Reden von Gestalt, Namen, Willen und Schicksal des Kommenden und Eingreifenden sprengt, so sehr legitimiert [289] zugleich seine gegenstandsbezogene *An*kunft in dialektischer Vermittlung eben dieses mythische Reden, auch auf die Gefahr hin, daß in Verkennung solcher Dialektik die platte Gegenständlichkeit sich der transzendenten Herkunft positiv oder negativ bemächtigt und sie dadurch auslöscht [123]. Wird die Interdependenz des Mythischen und des Kerygmatischen, in der sich die gleichzeitige Bindung und Freiheit göttlicher Transzendenz und menschlichen Personseins gegenüber welthaftem Dasein spiegelt, somit auch vom Akt der Offenbarung her begründet, so impliziert sie ὡς μή die Dependenz des Offenbarungstextes von dessen mythischem Kontext,

[123] Ein buddhistischer Religionsphilosoph wie der Japaner Keiji Nishitani (Der Buddhismus und das Christentum [Nachrichten der Gesellschaft für Natur- und Völkerkunde Ostasiens 88, 1960, 5–31]) sieht in der Bindung des Kerygmas an ein geschichtlich-gegenständliches ἐφάπαξ dessen Schwäche im Blick auf die Möglichkeit seiner Entmyth(olog)isierung. „Im Unterschied zum Buddhismus, in dem alle Wesen mit Buddhaheit ausgestattet sind, ist die Gottheit im Christentum nur Jesus eigen . . . Die Frage aber, ob bei einer solchen Sicht der Dinge die Jungfrauengeburt und die Inkarnation endgültig ‚entmythologisiert' werden können, läßt sich jetzt nicht länger unterdrücken . . . Wie sehr eine solche Ausnahme auch immer in ihrer absoluten Transzendenz aus dem Rahmen des Allgemeinen herausfällt: das *solcherart* absolut Transzendente bleibt und verhält sich doch relativ zu dem von ihm Transzendierten und ist insofern noch nicht im wahren Sinne absolut transzendent" (22–24).

was die Auseinandersetzung gegenwärtigen Christentums mit der Welt der Religion(en) geradezu unerläßlich macht. Solche Auseinandersetzung wäre nämlich bloß das präsentische Pendant zu dem für den Historiker indispensablen Geschäft, die Kunde vom Kommen und Eingreifen Jahwes in ihrem geschichtlichen – auch religionsgeschichtlichen – Zusammenhang zu erörtern; denn der Kontext gegenwartsmächtiger Interpretation dieser Kunde ist neben anderem die Wirklichkeit rezenter Religion(en) und ihrer Daseinsexplikation(en), deren transzendentale Ungültigkeit, wenn sie sich deduzieren ließe, auch die Möglichkeit jener Interpretation eines wesentlichen Aspekts ihrer Begründung beraubte, desjenigen nämlich, der im Sinne der Interdependenz dem Offenbarungsanspruch des Kerygmas die Waage hält.

2. Königtum

Martin Noth, Gesammelte Studien zum Alten Testament (I), 2. Aufl., München: Kaiser 1960 (Theologische Bücherei, Bd. 6), S. 188–229. (Erstmals veröffentlicht in: Zeitschrift für Theologie und Kirche 47 [1950], S. 157–191.)

GOTT, KÖNIG, VOLK IM ALTEN TESTAMENT

Eine methodologische Auseinandersetzung mit einer gegenwärtigen Forschungsrichtung

Von Martin Noth

Daß für das „Verstehen" des Alten Testaments das Alte Testament selbst die Grundlage sei und bleiben müsse, daran wird unter allen Umständen festzuhalten sein. Auch wenn man der Überzeugung ist, daß die Sache, um die es im Alten Testament geht, über das Alte Testament hinausführt und in das Neue Testament hinübergreift, so kann doch auch diese Überzeugung erst dadurch begründet werden, daß man das Alte Testament und auf der anderen Seite das Neue Testament je für sich zu Worte kommen läßt. Darauf haben beide Testamente als uns überkommene Größen einen unzweifelhaften Anspruch.

Daß das „Verstehen" des Alten Testaments mit der Geschichtlichkeit dieses literarischen Komplexes rechnen muß und daß in der Tatsache dieser Geschichtlichkeit wenigstens teilweise gerade das Problematische des Bemühens um das „Verstehen" liegt, ist klar. Man kann es vielleicht als das Charakteristische für die gegenwärtige wissenschaftliche Arbeit am Alten Testament bezeichnen, daß die grundsätzlichen Fragen des Verstehens sich immer wieder melden und in ihrer Ungeklärtheit und zugleich Dringlichkeit vielleicht deutlicher bewußt geworden sind, als es in früheren Zeiten der Fall war. Die große historisch-kritische Arbeit am Alten Testament, die aus der Sache selbst heraus zu reichen und in vielen Einzelheiten, aber vor allem im Grundsätzlichen zu unaufgebbaren Ergebnissen geführt hat, hat das philologische Wortverständnis mächtig gefördert und die literarkritischen und historischen Voraussetzungen für eine wissenschaftlich gesicherte Auslegung geschaffen. Aber jenseits der Fest-[189]stellung des Wortlauts eines zu einer mehr oder weniger sicher bestimmbaren Zeit und in einem vielleicht einigermaßen bekannten ge-[158]schichtlichen Zusammenhang und bei einer zu vermutenden Gelegenheit gesprochenen oder geschriebenen Wortes erheben sich noch tiefere Fragen des „Verstehens", die mit den genannten Feststellungen noch nicht ohne weiteres beantwortet sind und die dann auftauchen, wenn es sich nicht mehr nur um das Zur-Kenntnis-Nehmen eines historischen Sachverhalts, sondern um die Gültigkeit eines Wortes handelt.

Ist in diesem tieferen Sinne ein wirkliches „Verstehen" überhaupt möglich angesichts der Tatsache, daß das Alte Testament nicht nur aus einem zeitlich und räumlich uns fernen Bereich der Menschengeschichte stammt, sondern auch aus einer Welt, von der uns bei genauerem Zusehen schnell deutlich wird, daß sie andere Vorstellungsweisen und andere Denkvoraussetzungen hatte, als sie uns geläufig sind? Oder müssen wir etwa, um hier zu einem „Verstehen" zu gelangen, uns selbst in diese andere Vorstellungsweisen und Denkvoraussetzungen so einleben, daß wir schließlich vielleicht gar nicht mehr wirklich wir selbst sind? Mit dieser letzteren Frage hat sich jüngst Henry J. Cadbury beschäftigt in einem Artikel mit dem Titel ›The Peril of Archaizing Ourselves‹ in Band 3 (1949) S. 331 ff. der amerikanischen Zeitschrift ›Interpretation. A Journal of Bible and Theology‹, die, wie ihr Name zeigt, gerade den Fragen des „Verstehens" der Bibel, des Alten wie des Neuen Testaments, ihre besondere Aufmerksamkeit zuwendet. Cadbury läßt die Aufgabe der wissenschaftlichen Einfühlung in die Welt des Alten und Neuen Testaments gelten, sieht aber eine „Gefahr" in einer Aufnahme jener Vorstellungs- und Denkwelt, wenn es sich dabei um mehr als um das Zuschauen des wissenschaftlichen Betrachters handelt. Ihm hat Ernest G. Wright in der gleichen Zeitschrift Band 3 (1949) S. 450ff. geantwortet in einem Artikel über ›The Problem of Archaizing Ourselves‹ mit dem Hinweis darauf, daß die ununterbrochene christliche Überlieferung uns mit der Welt der Bibel verbindet und daß der sachliche Inhalt der Bibel nicht gebunden ist an die in der Menschengeschichte ohnehin ständig wechselnden Vorstellungs- und Denkweisen, die heute ebensowenig ewig gültig sind wie vor Jahrhunderten und [190] Jahrtausenden, daß es also nicht nur statthaft und nicht nur eine Angelegenheit wissenschaftlichen

Interesses, sondern vielmehr eine für uns wesentliche Aufgabe ist, das in den Formen einer anderen Anschauungswelt zum Ausdruck Gebrachte unsrerseits zu erfassen. Ob das im vollen Umfang oder nur innerhalb gewisser Grenzen möglich ist, wenigstens was viele Einzelheiten des Gesagten anbetrifft, das mag hier zunächst auf sich beruhen bleiben. Die Möglichkeit, sich in die Vorstellungs- und Denkwelt eines anderen zu versetzen, ist die Voraussetzung jedes „Verstehens" zwischen Menschen überhaupt, auch ohne daß dabei der Verstehende sein eigenes Wesen aufgeben müßte. Sie beruht darauf, daß zwischen Mensch und Mensch eine letzte Ge-[159]meinsamkeit besteht, die tiefer liegt als die variablen Vorstellungs- und Denkweisen. Und das gilt wohl auch für das Verstehen über lange Zeiträume hinweg. Es bedarf aber in jedem Falle einer Bemühung um das Eindringen in die Welt jenes anderen, der verstanden werden soll.

Es bleibt also für die alttestamentliche Wissenschaft eine Aufgabe, die nicht nur von akademischem Interesse, sondern von gegenwärtiger wesentlicher Bedeutung ist, nach Möglichkeit die geistige Welt zu erhellen, aus der heraus die Schriften des Alten Testaments entstanden und formuliert worden sind. Wir kennen heute aus vielen Quellen das große Ganze des alten Orients und wissen, daß das Alte Testament aus diesem Bereich herstammt. Es ist freilich zugleich klargeworden, daß mit dieser allgemeinen Feststellung noch verhältnismäßig wenig Bestimmtes gesagt ist, da der alte Orient eine so umfassende Erscheinung war und eine so lange und wechselvolle Geschichte gehabt hat, daß der Ort des Alten Testaments innerhalb dieses Ganzen genauer fixiert werden muß, ehe im einzelnen die sachlichen Zusammenhänge zwischen Altem Testament und altem Orient genauer untersucht werden können. Es mag ja sein, daß dem ganzen alten Orient bestimmte Anschauungen und Vorstellungen gemeinsam waren, die wir als Voraussetzungen dann auch im Alten Testament zu erwarten hätten. Eine Selbstverständlichkeit ist das aber jedenfalls nicht von vornherein; und unsere Kenntnis des alten Orients ist heutzutage immerhin schon so reich und detailliert, daß es kaum noch [191] erlaubt ist, den Begriff „altorientalisch" ohne genauere Bestimmung zu gebrauchen und alles „Altorientalische" ohne weiteres zu dem geschichtlichen und weltanschaulichen Hintergrund des Alten Testaments zu rechnen.

Es ist nicht so leicht, die vorstellungsmäßigen und gedanklichen Voraussetzungen einer uns fernliegenden Welt zu ermitteln. Denn gerade diese Voraussetzungen sind, wie es in der Natur der Sache liegt, nicht ausdrücklich überliefert. Sie liegen dem, was im gesprochenen und geschriebenen Wort gesagt oder etwa in der bildenden Kunst gestaltet wird, zugrunde und werden als etwas Selbstverständliches nicht festgelegt und formuliert, ja nicht einmal als etwas Bemerkenswertes bewußt, da sie in der eigenen Welt einfach gültig sind und erst von einer anderen Welt her, die ihrerseits andere Voraussetzungen hat, als etwas Besonderes und nicht Allgemeines erkannt werden. Sie [160] können daher nur aus der Fülle der Lebensäußerungen erst erschlossen und wissenschaftlich erfaßt werden. Da sie nicht so exakt und einfach feststellbar sind, wie etwa irgendein Einzeltatbestand auf Grund erhaltener Überlieferung fixiert werden kann, bedarf es hierbei der wissenschaftlichen Intuition, die in aller wissenschaftlichen Arbeit, die zu neuen Erkenntnissen vorstoßen will, unentbehrlich ist, in diesem Falle aber eine besondere Rolle spielt, wo es gilt, aus einer großen Mannigfaltigkeit von Erscheinungen das Wesentliche der unausgesprochen zugrunde liegenden Vorstellungen und Gedanken zu ermitteln. Daß dabei die Gefahr einer subjektiven und unzutreffenden Sicht der Dinge besonders stark gegeben ist, ist deutlich; eine solche Sicht wird ihre Richtigkeit daran erweisen müssen, daß sie eine große Fülle überlieferter Tatbestände besser verständlich macht und überzeugend in einem neuen Lichte erscheinen läßt.

Eine solche intuitive Schau der geistigen Welt des alten Orients und des Alten Testaments, die gegenwärtig in der Wissenschaft eine Rolle zu spielen begonnen hat, soll im folgenden genauer in das Auge gefaßt werden, und zwar einmal um ihrer selbst als einer beachtlichen Erscheinung willen, dann aber auch vor allem um einiger wesentlicher Gesichtspunkte willen, die sich, wie mir scheint, aus einer Auseinandersetzung mit ihr für die Frage des Verhältnisses des [192] Alten Testaments zur religionsgeschichtlichen Welt des alten Orients und damit für die sachgemäße Auslegung des Alten Testaments überhaupt ergeben. Diese Schau ist besonders in Kreisen englischer und skandinavischer Forscher aufgekommen. Sie verbindet sich, besonders in Skandinavien, mit einer Ablehnung oder wenigstens einer ausgesprochenen Abneigung gegen die literarkritische Arbeit am Alten Testament. Das ist kein Zufall. Sie stellt nämlich im ganzen eine Reaktion dar gegen eine Betrachtungsweise, die wie jede solche ihre Einseitigkeit gehabt hat, und ist schon um deswillen der Aufmerksamkeit wert und wichtig. Man wird in der Tat von der literarkritischen Arbeit, ohne ihre Notwendigkeit und Sachgemäßheit in Frage zu stellen, sagen müssen, daß sie wie viele andere Dinge so auch das Alte Testament allzu sehr mit den Augen eines literarisch arbeitenden und literarisch gebildeten Zeitalters und vielleicht auch eines stark intellektualistischen Geisteslebens gesehen hat, ohne genügend den Tiefen des menschlichen Lebens und deren Auswirkungen im Vorstellen und Denken Rechnung zu tragen. Nun datiert freilich die Einsicht in die Begrenztheit der literarkritischen Arbeit nicht erst von gestern, und die neuere Forschungsrichtung, von der jetzt die Rede sein soll, ist keineswegs die erste oder etwa die erste bedeutsame Reaktion auf jene literarkritische [161] Arbeit, sondern sie steht nur im größeren Zusammenhang einer schon längst im Gange befindlichen Entfaltung der Wissenschaft. Es kommt hier, wo es sich nicht um eine wissenschaftsgeschichtliche Darstellung handelt, nicht darauf an, alle ihre Ansatzpunkte und Vorläufer zu nennen und damit ihren Ort im Gefüge der Wissenschaft genau zu bestimmen, sondern nur darauf, sie selbst, so wie sie sich jetzt darbietet, in das Auge zu fassen.

1933 erschien in England unter dem Titel ›Myth and Ritual‹ ein Sammelband, herausgegeben von dem Londoner Alttestamentler S. H. Hooke, der selbst den ersten Beitrag über ›The Myth and Ritual Pattern of the Ancient East‹ beisteuerte, während anschließend verschiedene Fachgelehrte den Gegenstand "Myth and Ritual" für die einzelnen Gebiete des alten Orients behandelten. Dem folgte 1935, ebenfalls von S. H. Hooke herausgegeben, ein weiterer Sammelband [193] unter dem Titel ›The Labyrinth‹ mit ›Further Studies in the Relation between Myth and Ritual in the Ancient World‹, in dem einige loser zusammenhängende Aufsätze verschiedener englischer Gelehrter zusammengefaßt waren, die jedoch alle wieder den Gegenstand "Myth and Ritual" im Auge hatten; der Herausgeber selbst brachte darin einen Artikel über ›The Myth and Ritual Pattern in Jewish and Christian Apocalyptic‹. Endlich veröffentlichte

1938 S. H. Hooke seine Schweich Lectures von 1935 über das Thema ›The Origins of Early Semitic Ritual‹.

Die genannten Titel zeigen bereits, worum es hier geht. Es soll deutlich gemacht werden, daß es nicht nur, was selbstverständlich ist, ein als wirksam gedachtes kultisches Handeln im ganzen alten Orient gegeben hat und daß, was ebenfalls kaum bestritten ist, der Mythus zu diesem kultischen Handeln gehört und aus ihm als Agende zu seinem Vollzug herausgewachsen ist und daß Kultus und Mythus das ganze Leben und Vorstellen und Denken entscheidend bestimmt haben, sondern daß auch ein über den ganzen alten Orient verbreitetes kultisch-mythisches Schema ("Myth and Ritual Pattern") existiert habe, das einen auf verhältnismäßig wenige Punkte beschränkten Inhalt überall gehabt habe. Es habe sich im wesentlichen um die jährlich wiederholte Erneuerung des Lebens gehandelt, die am Neujahrstag kultisch agiert wurde, also um den kultisch-mythischen Gegenstand des sogenannten sterbenden und auferstehenden Gottes. Nun ist es gar nicht zu bezweifeln und auch schon lange bekannt, daß dieser Kult im alten Orient nicht nur weit verbreitet war, sondern daß er auch für Leben und Denken eine hervorragende Bedeutung besaß. Sofern er mit der jährlich kultisch bewirkten Erneuerung des Lebens [162] den Gedanken einer ständig wiederholten Neuschaffung der Welt verband, war er ein wesentliches Element dessen, was man das „zyklische Denken" des alten Orients zu nennen pflegt, das den Lauf der Dinge in einer ständigen Wiederholung des gleichen Geschehens sah. In der kultischen Neujahrsbegehung der Lebenserneuerung wurde das Sterben und Wiederaufleben in einer Weise agiert, von der sogleich noch die Rede sein muß; und damit verbunden war der kultisch vollzogene Akt der „heiligen Hochzeit" (ἱερὸς γάμος), durch den [194] Fruchtbarkeit und Segen der neugeschaffenen Welt bewirkt wurde. Die Verbreitung und Bedeutung auch dieses Aktes ist aus mancherlei Quellen schon seit längerer Zeit bekannt.

Das Besondere der „Myth and Ritual-Schule" liegt nun einmal darin, daß sie das gesamte kultisch-mythische Wesen des alten Orients im wesentlichen in diesem einen Neujahrsfest mit seinen verschiedenen Begehungen konzentriert sein läßt und, soviel ich sehe, nur damit rechnet, daß sekundär einzelne Kultakte sich aus diesem Gesamtkomplex gelöst und zu besonderen Kultfesten verselbständigt haben. Es liegt weiter darin, daß sie als ursprünglich ein festes kultisch-mythisches Schema ("pattern") annimmt, das in der Welt des alten Orients überall das gleiche war und auch in den verschiedenen Bereichen dieser Welt sich in seinem sachlichen Gehalt nicht wesentlich verschieden entfaltet hat, also auch in jüngeren geschichtlichen Zeiten mit seinen Hauptelementen noch allenthalben anzutreffen ist, nur daß es schließlich doch vielfach einer gewissen Zersetzung ("disintegration") verfallen ist. Auch Israel hatte Anteil an diesem gemeinsamen altorientalischen Gut; hier hat erst – so S. H. Hooke, The Origins of Early Semitic Ritual, S. IX – „die große prophetische Bewegung" des achten vorchristlichen Jahrhunderts die Loslösung aus dem Zusammenhang mit der religionsgeschichtlichen Umwelt herbeigeführt und Israel neue und eigene Wege gewiesen. Darauf wird noch ausführlich zurückzukommen sein. Das Besondere der „Myth and Ritual-Schule" liegt endlich und vor allem darin, daß sie dem jeweiligen König eine zentrale und entscheidende Rolle im kultischen Handeln zuweist. Der König war mit seiner Person die Verkörperung der von ihm beherrschten Gesamtheit und auf der anderen Seite zugleich selbst Gott. Er vollzog – identisch mit dem sterbenden und auferstehenden Gott – im kultischen Akt des Neujahrsfestes selbst die universale Lebenserneuerung und bewirkte in der Begehung der „heiligen Hochzeit" Leben und Fruchtbarkeit für die jährlich beginnende neue Zeit. Er war selbst *der* eigentliche Priester und zugleich die im Kult wirkende Gottheit. Das jährliche Sterben und Auferstehen des [163] Gott-Königs mag dabei in verschiedener Weise agiert worden sein, von einer etwa ursprünglich tatsächlichen Tötung des bisherigen [195] Königs über allerlei symbolisch-darstellende Akte des Königs hin bis zu dem Eintreten von mancherlei Substituten für den König[1]; grundsätzlich handelte es sich jedenfalls um das Sterben und Wiederaufleben des Gott-Königs selbst. Und die „heilige Hochzeit" vollzog der Gott-König mit der ebenfalls göttlich-priesterlich gedachten Königin. So war dieses göttliche Königtum ("divine kingship") die eigentliche und wesentliche Grundlage des gesamten

[1] Einzelheiten darüber bei S. H. Hooke, a. a. O., S. 10ff.

Lebens; und diese Bedeutung des göttlichen Königtums im Zusammenhang mit der alljährlichen Lebenserneuerung war überall im alten Orient die gleiche. Auch in dieser Hinsicht bildete Israel ein Glied der großen altorientalischen Welt [2].

Die Konzeption der „Myth and Ritual-Schule“ ist dann von einer Reihe skandinavischer Forscher aufgenommen und vor allem im Hinblick auf das „göttliche Königtum“ weiter entfaltet worden. Da es sich in dem hiesigen Zusammenhang nicht um eine Literaturübersicht handelt, sondern um eine Auseinandersetzung mit einer bestimmten religionsgeschichtlichen Sicht, genügt es zunächst, einige wichtige Erscheinungen zu nennen. In Uppsala Universitets Årsskrift von 1941 veröffentlichte der Religionshistoriker Geo Widengren eine Studie über „Psalm 110 och det sakrala kungadömet i Israel“, in der das jerusalemische Königtum der Davididen auf Grund vorisraelitischer jerusalemischer Tradition im Lichte der bezeichneten Gott-König-Ideologie gesehen wird [3]. Vor allem hat dann 1943 der Alttestamentler in Uppsala Ivan Engnell seine ausführenden ›Studies in Divine Kingship‹ erscheinen lassen. Hier wird umfassend und unter Beiziehung eines sehr reichen Materials an überlieferten Texten der Beweis angetreten, daß das „göttliche Königtum“ im kultisch-mythischen Handeln und Vorstellen eben jene zentrale und lebenswichtige Bedeutung im ganzen alten Orient gehabt habe, wie sie schon in der „Myth and Ritual-Schule“ ins Auge gefaßt war. Engnell behandelt [196] ausführlich das Königtum in Ägypten und im Zweistromlande und geht dann vor allem auf die Gott-König-Ideologie im kanaanäischen Raum (Syrien-Palästina) ein. Hierzu zieht er, der gegenwärtigen Lage der wissenschaftlichen Erkenntnis entsprechend – wie schon S. H. Hooke [4] – vor allem die neugefundenen Texte vom *rās esch-schamra*, [164] dem alten Ugarit, heran, die zur Zeit die einzigen umfangreichen alten religionsgeschichtlichen Originalurkunden aus Syrien-Palästina darstellen,

[2] Vgl. A. R. Johnson, The Rôle of the King in the Jerusalem Cultus (The Labyrinth, S. 71–111).

[3] Vgl. jetzt G. Widengren, Sakrales Königtum im Alten Testament und im Judentum (1955), dazu Ev. Th. 16 (1956), S. 345[30].

[4] Vgl. besonders: The Origins of Early Semitic Ritual, S. 28ff.

und zwar aus der Zeit kurz vor der Landnahme der israelitischen Stämme im Kulturlande (14. Jh. v. Chr.). Diesen zwar zweifellos sehr wichtigen, aber leider recht schwierigen und dunklen und trotz aller bisher aufgewandten wissenschaftlichen Bemühung noch immer in zahllosen Einzelheiten nicht aufgeklärten Texten hat Engnell ein großes Maß selbständiger Forschungsarbeit gewidmet, um sie im Lichte eben jenes „Divine-Kingship-Schemas" verstehen zu lehren. Dem für seine Intentionen besonders wichtigen sogenannten *krt*-Text vom *rās esch-schamra*, einem sehr umfangreichen, aber leider nur sehr fragmentarisch erhaltenen Stück, in dessen Mittelpunkt eine mit dem Namen *krt* benannte Gestalt steht, hat er unter dem Titel ›The Text II K from Ras Shamra‹ (Horae Soederblomianae I [1944] S. 1ff.) noch eine besondere Behandlung zuteil werden lassen, nachdem ihm die Veröffentlichung einer zweiten Tafel dieses Textes bekanntgeworden war, die ihm bei der Abfassung seiner ›Studies in Divine Kingship‹ noch nicht vorgelegen hatte. Man hat den Eindruck, daß Engnell einen wichtigen und jedenfalls sehr beachtenswerten Beitrag zur Deutung der Texte vom *rās esch-schamra* sowohl im ganzen wie auch in zahlreichen Einzelheiten gegeben hat; und man wird abwarten müssen, wie weit sich seine Erklärungen im Laufe der noch im vollen Gange befindlichen philologischen und religionsgeschichtlichen Bearbeitung dieser Texte bewähren werden.

Im hiesigen Zusammenhang geht es nun nicht speziell um die Texte vom *rās esch-schamra* und überhaupt nicht unmittelbar um Erscheinungen der altorientalischen Religionsgeschichte, sondern um das Alte Testament; und auf das Alte Testament ist im Grunde auch das [197] Augenmerk der bisher genannten Arbeiten gerichtet. Schon die englischen Beiträge zu dem Thema "Myth and Ritual" wollen in ihrer Gesamtheit auf ein neues Verständnis des Alten Testaments hinaus; und erst recht hat Engnell mit seinen Untersuchungen eigentlich das Alte Testament im Auge. Seine ›Studies in Divine Kingship‹ stellen eine umfassende Vorarbeit dar zu einer Neuerfassung wesentlicher Inhalte des Alten Testaments unter dem Gesichtspunkt der „Gott-König-Ideologie". Im einzelnen den Nachweis zu führen, daß die altorientalische Gott-König-Ideologie auch für das Alte Testament von entscheidender Bedeutung gewesen sei, hat Engnell einer eigenen künftigen und bisher noch nicht erschienenen Untersuchung vorbehalten; aber in seinen ›Studies‹ hat er bereits kurz auf S. 174–177 die Konsequenzen zusammengefaßt, die das Ergebnis seiner Studien für das [165] Alte Testament haben wird. Aus dieser Zusammenfassung geht schon hervor, daß diese Konsequenzen außerordentlich umfassend und tiefgreifend sein werden. Auch für Israel und damit für das Alte Testament habe die Vorstellung von einem göttlichen Königtum eine zentrale Bedeutung gehabt, die nur durch die späte und sekundäre jerusalemische Redaktion des alttestamentlichen Kanons verdeckt, aber gleichwohl noch in zahlreichen Spuren deutlich sichtbar sei. Diese Vorstellung habe schon die ursprünglichen Überlieferungen über die Ur- und Vorgeschichte bestimmt, erst recht dann natürlich die Überlieferungen über das davidische Königtum, das später in dem Jerusalemer Hohenpriestertum fortlebte. Der „göttliche König" habe spezielle Beziehungen zu dem (sterbenden und wiederauflebenden) Fruchtbarkeitsgott gehabt und sei daher stets als lebenspendender Heilbringer aufgefaßt worden, d. h. als „Messias". Der „Messianismus" sei daher das zentrale „Motiv" des ganzen Alten Testaments gewesen. Die Gott-König-Ideologie sei vor allem noch im Psalter sichtbar. Alle Psalmen seien kultisch – d. h. vom Gott-König-Ritual aus – zu erklären, und nahezu alle Psalmen seien vorexilisch[5]. Da [198] der König als im Ritual sterbender und wiederauflebender Gott verstanden worden sei, seien auch die Klagelieder im Psalter auf den König zu beziehen, und zwar auf die Situation seiner im jährlichen Neujahrsritual erfolgenden – wie auch immer im einzelnen vollzogenen – Auslieferung an die Macht des Todes, aus der er dann wieder belebt und neues Leben spendend jährlich hervorgegangen sei. Ein Psalm wie der bekannte Ps. 22 war danach ein Königpsalm und – angesichts des grundsätzlich „messianischen" Charakters des Königtums – ein messianischer Psalm.

[5] Nur Ps. 137, wohl der einzige Psalm, der wirklich sicher datierbar ist, macht eine Ausnahme. Engnell erklärt ihn (a. a. O., S. 176, Anm. 2) für den einzigen nicht vorexilischen, d. h. also für den jüngsten Psalm, so wie umgekehrt seinerzeit die Verfechter der allgemein nachexilischen Herkunft der Psalmen Ps. 137 ausnehmen und für den ältesten Psalm erklären mußten (vgl. B. Duhm, Die Psalmen [1899], S. XIX).

Auch in einer Reihe von speziellen Untersuchungen sind von Engnell und anderen die Konsequenzen aus der Gesamtauffassung von der altorientalischen Gott-König-Ideologie für das Alte Testament schon gezogen worden. In einer Arbeit über den „Gottesknecht" bei Deuterojesaja[6] hat Engnell diese Gestalt von jener Gesamtauffassung her „messianisch" verstanden und dieses Verständnis mit Be-[166]tonung für das einzig mögliche erklärt; der „Gottesknecht" könne nur der göttliche König aus dem Davidshause sein, und das Besondere der Gottesknechtslieder Deuterojesajas liege eben nur darin, daß in ihnen der die Gesamtheit verkörpernde Gott-König vor allem als büßend und leidend – nach Analogie des sterbenden und auferstehenden Gottes Tammuz – in das Auge gefaßt sei, allerdings zugleich doch auch als schließlich triumphierend. Die Überzeugung, daß die „messianische" Ankündigung das wesentliche und zentrale Element der alttestamentlichen Prophetie sei, steht auch im Hintergrunde der Studie Engnells über „die Berufung des Jesaja"[7], die eine ausführliche Exegese des Kapitels Jes. 6 zum Gegenstande hat. Daß auch die berühmte Vision des Propheten Ezechiel von der Wiederbelebung der Totengebeine (Ez. 37) vom Neujahrsritual mit dem vom göttlichen König dramatisch agierten Sterben und Auferstehen her zu inter-[199]pretieren sei, hat Harald Riesenfeld im sachlichen Anschluß an die Arbeiten zur Gott-König-Ideologie in einer interessanten Studie zu zeigen versucht[8]. Die Konsequenzen dieser Auffassung reichen bis unmittelbar in das Neue Testament hinein, wie das umfangreiche und außerordentlich gelehrte Buch desselben H. Riesenfeld über die „Verklärung Jesu"[9] zeigt, auf das später noch zurückzukommen

[6] Diese Arbeit erschien zuerst schwedisch in Svensk Exegetisk Årsbok 10 (1945), S. 31–65, dann in englischer Übersetzung unter dem Titel ›The 'Ebed Yahweh Songs and the suffering Messiah in "Deutero-Isaiah"‹ im Bulletin of the John Rylands Library 31 (1948), S. 3–42.

[7] I. Engnell, The Call of Isaiah (Uppsala Universitets Årsskrift 1949, Nr. 4).

[8] H. Riesenfeld, The Resurrection in Ezekiel XXXVII and in the Dura-Europos Paintings (Uppsala Universitets Årsskrift 1948, Nr. 11).

[9] H. Riesenfeld, Jésus transfiguré (Acta Seminarii Neotestamentici Upsaliensis XVI), 1947.

sein wird. Auch über den engeren Kreis der eigentlichen Vertreter der altorientalischen und alttestamentlichen Gott-König-Ideologie hinaus haben die Auffassungen dieser Schule gewirkt. Ein Beispiel dafür ist die Monographie von Aage Bentzen, Messias – Moses redivivus – Menschensohn (Abhandlungen zur Theologie des Alten und Neuen Testaments Nr. 17 [1948]), die zwar allerlei Vorbehalte hat gegenüber den Thesen der „Uppsalienser", aber doch in der Beziehung der Psalmen, auch der Klagepsalmen, auf den König, in der „messianischen" Deutung des „Gottesknechts" Deuterojesajas, in der auch schon von Engnell vertretenen[10] Gleichsetzung des kultisch-rituell als Verkörperung der Gesamtheit handelnden Königs mit dem Urmenschen ein gutes Stück weit mit ihnen geht, zugleich freilich in dieser Zwischenstellung etwas Zwiespältiges und Unscharfes an sich hat.

Es mag manchen bestechen, daß in dieser „Schule" plötzlich wieder wie etwas fast Selbstverständliches Auffassungen erscheinen, die durch die historisch-kritische Forschung, insbesondere durch die literar-[167]kritische Arbeit, doch recht problematisch geworden waren, wie die Betonung des „Messianismus" als eines zentralen Inhalts des ganzen Alten Testaments, das „messianische" Verständnis des „Gottesknechts" bei Deuterojesaja, die Beziehung von Ps. 22 auf den „messianischen" König u. dgl. Man darf sich freilich nicht darüber täuschen, daß dabei der Begriff „messianisch" keineswegs im traditionell-christlichen Sinne verstanden wird, auch keineswegs von Anfang an auf eine Zukunft bezogen ist, sondern den Träger des in einer zeitlosen Weltordnung [200] vorgesehenen göttlichen Königtums als den jährlich im Neujahrsritual wirksam handelnden Heilsbringer meint, daß also der „Messias" hier im Rahmen jenes „zyklischen" Denkens gesehen ist, das einer *einmaligen Erfüllung* der messianischen Erwartung durchaus widerstrebt. Vor allem aber geht es letztlich nicht um die Frage, ob diese oder jene Auffassung aus diesem oder jenem Grunde willkommen oder nicht willkommen sei, sondern um die ganz nüchterne und ganz strenge Frage, ob sie zutreffend und haltbar sei bzw. ob wir die Möglichkeit haben, ihre Richtigkeit und Haltbarkeit zu prüfen; und diese Frage

[10] Vgl. Engnell, Bull. of the John Ryl. Libr. 31 (1948), S. 40f.

muß jetzt notwendig in Angriff genommen werden mit aller nur möglichen Unvoreingenommenheit.

Es liegt hier eine intuitive Schau der Vorstellungs- und Denkvoraussetzungen der altorientalischen Welt einschließlich des Alten Testaments vor, die, wenn richtig, für das „Verstehen" der Überlieferungen dieser Welt von grundlegender Bedeutung sein muß; es handelt sich um eine wissenschaftliche Konzeption, die mit eindrucksvoller Großzügigkeit die Fülle der Erscheinungen in ein Vorstellungs- und Denksystem ("pattern") zu fassen sucht, das von einer geradezu unheimlichen Einfachheit ist. Es ist selbstverständlich, daß diese wissenschaftliche Konzeption nicht aus der Luft gegriffen ist, sondern daß sie eine große Reihe von exakten Textinterpretationen zur tragenden Grundlage hat. Die obige Überschau über die in diesen Zusammenhang gehörigen Arbeiten konnte nur die großen Linien andeuten, ohne die Einzelheiten der Argumentation vorzuführen und die ganze Mannigfaltigkeit der Beziehungen deutlich zu machen, in die die Menge der religionsgeschichtlichen Erscheinungen zu dem vorausgesetzten System gebracht wird. Gleichwohl haben wir es mit einer Konzeption zu tun, die nicht einfach aus den vorhandenen Überlieferungen abzulesen ist, sondern nur aus einer zusammenschauenden Deutung zunächst sehr verschieden scheinender Überlieferungstatbestände erschlossen werden kann. Wer der Frage der Haltbarkeit dieser Konzeption nachgehen will, könnte mit einer Prüfung der Einzelargumente beginnen. Das ist in diesem Zusammenhang nicht möglich und ist nicht der einzige und [168] vielleicht nicht einmal der eigentlich sachgemäße Weg. Denn man wird zwar in der Interpretation vieler [201] überlieferter Texte verschiedener Meinung sein können, da sie häufig mehrdeutig sind, ohne doch damit etwas wirklich Wesentliches über jene Gesamtkonzeption zu ermitteln, die eher da war als ihre Einzelausführung und die bestehen bleiben könnte, auch wenn allerlei Einzelheiten anders gesehen werden müßten. Man wird daher doch versuchen müssen, sogleich das Ganze ins Auge zu fassen und die allgemeinen Grundlagen dieses Ganzen zu prüfen.

Im folgenden geht es im wesentlichen um das Alte Testament und um die Frage seines religionsgeschichtlichen Zusammenhangs mit der altorientalischen Welt, die ja in dieser Konzeption in einer ganz bestimmten Weise gesehen wird; und zwar soll konkret die Frage des „göttlichen Königtums“ näher untersucht werden, die im „Myth and Ritual-Schema“ eine entscheidende Rolle spielt und zu der, wie mir scheint, von der alttestamentlichen Überlieferung aus sehr Bestimmtes gesagt werden kann. Es muß dazu jedoch zunächst weit ausgeholt werden, weil nur so der umfassenden Schau der „Myth and Ritual-Schule“ Gerechtigkeit widerfahren kann.

Daß es im alten Orient die Vorstellung vom göttlichen König gegeben hat, der zugleich in seiner Person die Gesamtheit (innerhalb des jeweils vorhandenen Gesichtskreises) verkörperte und durch sein rituelles Handeln das Leben dieser Gesamtheit trug, steht außer Frage. Das klassische Land dieser Vorstellung war Ägypten; und dieses Ägypten hat in altorientalischer Zeit ein im wesentlichen so in sich abgeschlossenes Leben geführt, daß es in den Jahrtausenden seiner Geschichte sich merkwürdig wenig verändert und auch einwandernde Fremdlinge in sein eigenes Wesen eingefangen hat. Hier war in der Tat der Pharao die inkarnierte Gottheit und zugleich grundsätzlich der eigentliche Priester; er war die Sonne und das Leben seines Landes. Durchaus sachgemäß beginnt daher Engnell seine ›Studies in Divine Kingship‹ mit einer Darstellung des ägyptischen Königtums. Auch dem Zweistromland, der anderen großen Flußoase im Bereich des alten Orients, ebenfalls einem Gebiet uralter fester Ansiedlung und uralter Kultur, scheint die Vorstellung vom göttlichen König nicht ganz unbekannt gewesen zu sein, aber schon hier ist die allgemeine Verbreitung dieser Vorstellung durchaus zweifelhaft. Die [202] Belege dafür sind nicht eben sehr zahlreich; und hier hat es eine so wechselvolle Geschichte, so viele Völkerbewegungen und neue Herrenschichten und so verschiedene staatliche Gestaltungen gegeben, daß zuerst bewiesen werden müßte, daß man überhaupt von *dem* König-[169]tum im Zweistromlande reden darf und daß in den alten sumerischen Stadtkönigsherrschaften an den Unterläufen des Euphrat und Tigris dieselbe Auffassung vom Wesen des Königtums lebendig war wie in jener neuen Herrenschicht, aus der u. a. die erste Dynastie von Babylon hervorging, oder in dem assyrischen Kriegerstaat, von den Fremdherrschaften der aus den iranischen Gebirgen je und dann kommenden Eroberer ganz abgesehen. Es könnte durchaus der Fall sein, daß auch hier eine ursprüngliche bodenständige Auffassung von einem göttlichen Königtum sich durch alle geschichtlichen Veränderungen hindurch immer wieder durchgesetzt hätte. Aber von vornherein selbstverständlich ist das nicht. Und es könnte auch sein, daß, wenn schon im Zweistromlande trotz der Vielfalt seiner Bevölkerungen und Staatenbildungen doch eine ziemlich einheitliche Meinung vom Wesen des Königtums durch die Geschichte hindurch lebendig geblieben wäre, diese Meinung doch nicht einfach dieselbe gewesen wäre wie in Ägypten. Jedenfalls ist H. Frankfort in seinem umfangreichen Buche ›Kingship and the Gods‹ (1948) auf Grund einer umfassenden Auswertung des vorhandenen Überlieferungsmaterials zu dem Ergebnis gekommen, daß der ägyptischen Auffassung vom Pharao als dem inkarnierten Gott die im Zweistromlande vorherrschende ganz andersartige Vorstellung vom König als „dem erwählten Diener" der Gottheit gegenübergestellt werden müsse[11]. Dieser Frage braucht hier nicht genauer nachgegangen zu werden. Es muß aber immerhin festgestellt werden, daß die allgemeine Gültigkeit des „Divine Kingship-Schemas" für das große und geschichtlich wichtige Zweistromland, wenn man es überhaupt als eine Einheit nehmen darf, mindestens zweifelhaft ist.

Von unmittelbarerer Bedeutung für das Alte Testament als die alten Kulturgebiete am Nil und am Euphrat-Tigris ist das Zwischenland [203] Syrien-Palästina als die Welt, in die die israelitischen Stämme durch ihre Landnahme eintraten. Fragt man nach der Auffassung vom Wesen des Königtums in dem vorisraelitischen, d. h. bronzezeitlichen, Syrien-Palästina, so muß man zunächst wiederum feststellen, daß es zwar in diesem Gebiet, so weit wir überhaupt geschichtlich zurückblicken können, viele kleine Königsherrschaften gegeben hat, daß aber in dem jetzt genauer bekannten zweiten vorchristlichen Jahrtausend sehr verschiedene Völkerbewegungen über das Land hingegangen sind, so daß durchaus gefragt werden muß, ob die verschiedenen Bevölkerungselemente und Herrschaftssysteme in diesem Bereiche durchweg [170] das gleiche über ihr

[11] Ähnlich auch C. J. Gadd, Ideas of Divine Rule in the Ancient East (1948), S. 34.

Königtum gedacht haben. Syrien-Palästina hat unter einem je nach Zeit verschieden starken Einfluß von seiten Ägyptens und von seiten des Zweistromlandes gestanden. Das Ausmaß dieses Einflusses ist freilich im einzelnen nicht leicht zu bestimmen; und es steht nicht ohne weiteres fest, daß die in jenen Kulturländern gängigen Vorstellungen auch in Syrien-Palästina allgemein verbreitet waren. Auch daß etwa aus einer gemeinsamen „Urzeit" her die gleichen Vorstellungen überall im alten Orient sich erhalten hätten, ist mehr als zweifelhaft. Der Begriff "early Semitic", mit dem die „Myth and Ritual-Schule" und besonders ihr Haupt S. H. Hooke arbeitet und unter dem das Zweistromland mit Syrien-Palästina zusammengefaßt wird, ist auf Grund der heutigen Kenntnisse von den mannigfaltigen Völkerbewegungen in den ältesten und bekannten Zeiten nicht mehr anwendbar. Weder im Zweistromlande, wo die nichtsemitischen Sumerer einen nachhaltigen und weitreichenden Einfluß ausgeübt und ständig Zuwanderungen nichtsemitischer Elemente aus den iranischen Gebirgen stattgefunden haben, läßt sich „Frühsemitisches" (im Sinne von „Ursemitischem") sicher erfassen, noch auch in Syrien-Palästina, wo in Zeiten, in die die erhaltenen Überlieferungen genauere Einblicke gestatten, längst zahlreiche nichtsemitische Bevölkerungselemente eine nicht unwesentliche Rolle zu spielen begonnen hatten. Selbst der bescheidenere Begriff "north-western Semitic religion"[12], mit dem das gesamte Kultwesen des bronzezeit-[204]lichen Syrien-Palästina gemeint ist, kann angesichts der Buntheit der syrisch-palästinischen Bevölkerung im zweiten Jahrtausend v. Chr. nur sehr mit Vorbehalt gebraucht werden.

Immerhin sind aus dem 14. Jahrhundert syrisch-palästinische Quellen vorhanden, aus denen einiges über die Auffassung vom Königtum zu entnehmen ist. Sie stammen aus der Zeit der ägyptischen Herrschaft über Syrien-Palästina; und so kann man fragen, ob in ihnen nicht die ägyptische Auffassung vom göttlichen Königtum zu Worte kommt. Das gilt vor allem für die Amarnatafeln. In ihnen reden die Vasallenkleinfürsten des Landes ihren königlichen Oberherrn, den Pharao, als die göttliche Sonne, als den universalen

[12] So Engnell, Studies in Divine Kingship, S. 71.

Lebenspender, als den allgegenwärtigen Herrn usw.[13] an. Entgegen Engnell (a. a. O., S. 206), der in diesen Formeln in erster Linie Äußerungen einer in Syrien-Palästina bodenständigen Gott-König-Ideologie sehen will, wird man, wenn man die Sachlage vorsichtig erwägt, in diesen Anreden an [171] den Pharao von seiten der innerhalb des ägyptischen Herrschaftssystems abhängigen Stadtherren des Landes doch eher ägyptischen „Hofstil" und in ihm ägyptische Königsauffassung erblicken müssen. Auch dann aber zeigt sich, daß im spätbronzezeitlichen Syrien-Palästina die Vorstellung von einem göttlichen König in den zahlreichen über das Land verstreuten Stadtstaaten bekannt war, wenn auch nicht gerade bezogen auf einheimische Herrscher, so doch jedenfalls bezogen auf den ägyptischen Großkönig. Weiter führen die Texte vom *rās esch-schamra*, die mit den Amarnatafeln etwa gleichzeitig sind und also auch in der Zeit der ägyptischen Herrschaft im Lande niedergeschrieben worden sind, aber in ihrem Inhalt aller Wahrscheinlichkeit nach doch auf ältere und vielleicht sogar sehr alte Überlieferungen zurückgehen, in denen also doch etwas von dem bodenständigen Vorstellungs- und Denkgut sichtbar werden dürfte. In diesen Texten spielt – das kann bei aller Unsicherheit des Verständnisses gesagt werden – die sterbende und wiederauflebende Fruchtbarkeitsgottheit eine ganz wesentliche Rolle; und die gründ-[205]lichen Untersuchungen von Engnell besonders zu dem sogenannten *krt*-Text haben gezeigt, daß man hier in der Tat mit der Vorstellung rechnen muß, daß diese Gottheit als im König inkarniert gedacht wurde. Wieviel damit über das Ganze von Syrien-Palästina gesagt ist, steht aber durchaus dahin. Die Stadt Ugarit, deren Überreste der *rās esch-schamra* birgt, hatte im 14. Jahrhundert eine wohl starke nichtsemitische, hurritische Herrenschicht[14], und auch der Name des Königs, unter dem die Texte aufgeschrieben wurden, war vermutlich nichtsemitisch[15]. Aber es kann als wahrscheinlich gelten, daß

[13] Engnell hat, a. a. O., S. 84ff., bes. S. 91ff., das Wesentliche zusammengestellt.

[14] Vgl. M. Noth, Zeitschr. d. Deutschen Pal.-Ver. 65 (1942), S. 58f., 147ff. [Vgl. jetzt Noth, Geschichte Israels, ^{2}1954, S. 30f.]

[15] Vgl. M. Noth, a. a. O., S. 161ff.

die Substanz der Ras-Schamra-Texte aus einer bodenständigen kanaanäischen Überlieferung stammt, die in einem uns unbekannten Ausmaß in Syrien-Palästina geläufig war. Wir kämen damit zu dem Schluß, daß in der syrisch-palästinischen Welt, in die die israelitischen Stämme bald nach dem 14. Jahrhundert eintraten, eine Gott-König-Ideologie, sei es auf Grund älterer einheimischer Tradition, sei es unter dem unmittelbaren Einfluß der ägyptischen Herrschaft, nicht unbekannt gewesen sein mag, wenn wir auch über ihre Verbreitung und über ihre Entfaltung im einzelnen nur sehr wenig wissen.

Wie verhält sich nun das Alte Testament zu diesem altorientalisch-kanaanäischen Vorstellungsgut? Die „Divine Kingship-Schule" setzt ohne weiteres voraus, daß Israel als ein Glied der altorientalischen Welt von Anfang an daran teilgehabt habe, und sie findet deutliche [172] Spuren davon in der alttestamentlichen Überlieferung; nur daß es in Israel – wie auch anderwärts – zu einer "disintegration" und "democratization" dieses Gutes gekommen sei und sich im Rahmen des alttestamentlichen Glaubens mit der Zeit gewisse Vorbehalte dagegen geltend gemacht haben. Ehe nun zu der Frage des Vorhandenseins eines „göttlichen Königtums" im alten Israel und damit im Hintergrunde des Alten Testaments bestimmte Einzelheiten in das Auge gefaßt werden, müssen zunächst einige allgemeinere Feststellungen gemacht werden.

Die israelitischen Stämme haben ihre Landnahme vollzogen im [206] Rahmen einer größeren Bewegung, die auch die benachbarten Völker der Edomiter, Moabiter und Ammoniter und darüber hinaus alle die unter dem Sammelbegriff „Aramäer" zusammengefaßten Elemente in das syrisch-palästinische Kulturland hineingebracht hat. Diese umfassende Landnahme fällt zusammen mit einem Bruch in der Geschichte von Syrien-Palästina, mit dem Übergang von der Kultur der Bronzezeit zu der der Eisenzeit; und die neuen Elemente haben ein von der städtischen Kultur der Bronzezeit in verschiedener Hinsicht unterschiedenes Leben in ihren neuen Wohnsitzen entfaltet. So gewiß nun auch die alten Kulturlandtraditionen von Syrien-Palästina, in die mancherlei Kultureinflüsse von Ägypten und vom Zweistromlande her eingegangen waren, auf diese „jüngeren Völker" (wenn man sie einmal allgemein so nennen darf), die in ihren Bereich eintraten, einen erheblichen Einfluß ausgeübt haben, so wenig ist es doch eine keines Beweises mehr bedürftige Selbstverständlichkeit, daß alles, was im älteren Syrien-Palästina an Einrichtungen und Vorstellungen vorhanden war, bei den jüngeren Völkern Eingang fand; und noch weniger ist es eine Selbstverständlichkeit, daß diese jüngeren Völker etwa schon vor ihrer Landnahme die in den Kulturländern seit alters nachweisbaren Auffassungen geteilt hätten. Es müßte erst nachgewiesen werden, daß ihnen die Einrichtung eines im Neujahrsritual lebenschaffend handelnden göttlichen Königtums geläufig war. Leider wissen wir über das kultische Wesen im Kreise dieser Völker fast gar nichts. Die wenigen Inschriften aus ihrem Bereich ergeben nicht viel. K. F. Euler hat einmal ›Königtum und Götterwelt in den altaramäischen Inschriften Nordsyriens‹ untersucht [16] und ist dabei zu dem Ergebnis gekommen, daß in ihnen weder von einem göttlichen Ursprung des Königs noch von einer Vergöttlichung des Königs etwa nach seinem Tode, noch auch von einer Stellung des Königs als Stellvertreters der Gottheit die Rede sei (S. 296), daß hier vielmehr der [173] König als Diener der Gottheit in Erscheinung trete. Nun mag zwar Engnell nicht ganz Unrecht haben, wenn er Studies S. 205 darauf hinweist, daß das benutzte Inschriftenmaterial doch zu mager sei, [207] um weitreichende Schlüsse zu erlauben. Aber auf keinen Fall enthalten diese Inschriften eben einen positiven Hinweis auf die Vorstellung von einem göttlichen Königtum, deren Existenz bei jenen „jüngeren Völkern“ erst zu beweisen wäre. Dem Ergebnis Eulers schließt sich auch die neugefundene Inschrift des Königs Bar-Hadad (alttestamentlich: Ben-Hadad) I. von Damaskus an, in der der König den Gott Melkarth „seinen Herrn“ nennt, dem er eine Stele gelobt hat, weil er „auf seine Stimme (d. h. sein Bittgebet) gehört“ habe [17]. Der aramäische Königsname Bar-Hadad („Sohn des Gottes Hadad“) kann dagegen nicht ins Feld geführt werden; denn das Vater-Sohn-Verhältnis zwischen Gottheit und König kann verschieden gedeutet werden, wovon im Blick auf das Alte Testament noch zu

[16] Zeitschr. f. d. alttest. Wiss., N.F. 15 (1938), S. 272–313.

[17] Zu dieser Stelle vgl. M. Noth, Geschichte Israels (1950), S. 208f. [^{2}1954, S. 219f.]

sprechen sein wird. Die einzige uns erhaltene moabitische Königsinschrift endlich, die bekannte Mesa-Inschrift, liefert ebenfalls keinen Hinweis auf das Vorhandensein einer „Gott-König-Ideologie“ [18]. Bis zum Beweis des Gegenteils wird man also, wenn man im Bezirk nüchterner Tatsachenfeststellung verbleiben will, damit rechnen müssen, daß, wenn auch etwa in Syrien-Palästina im Zusammenhang mit den alten Kulturländern am Nil und am Euphrat-Tigris ein “divine-kingship-pattern” bekannt gewesen ist, doch die um die Wende von der Bronze- zur Eisenzeit in Syrien-Palästina seßhaft werdenden „jüngeren Völker“ von einem göttlichen Königtum nichts gewußt haben.

Zu diesen „jüngeren Völkern“ gehörte auch Israel; und bei Israel sind wir nun nicht auf ein – immer unsicheres – argumentum e silentio angewiesen; denn über Israel und zumal über die Geschichte des Königtums in Israel haben wir im Alten Testament so reichliche Überlieferung, daß wir nunmehr auf festeren Boden gelangen. Nun haben natürlich auch die Vertreter der These vom göttlichen König-[208]tum sich ausgiebig auf das Alte Testament berufen und aus alttestamentlichen Stellen zu beweisen versucht, daß wenigstens das älteste oder ältere Israel mit dem ganzen alten Orient den rituell handelnden Gott-König gekannt habe. Ehe auf diese Argumente ein-[174]gegangen wird, muß zunächst eine allgemeine methodische Erwägung nachdrücklich ausgesprochen werden. Wenn man über das Königtum in Israel etwas aussagen will, kann man nicht von einzelnen, nicht eben eindeutigen Anspielungen, wie sie sich vor allem im Psalter finden, ausgehen und dabei die ganze große geschichtliche Überlieferung des Alten Testaments über das Königtum und seine verschiedenen Ausprägungen übergehen. Zuerst müssen die klaren und eindeutigen Sachverhalte zur Geltung kommen, und erst von ihnen aus kann eine Deutung des Fragwürdigen und Problema-

[18] Merkwürdigerweise sagt Engnell (Studies, S. 80), Mesa bezeichne sich in der ersten Zeile seiner Inschrift als „Sohn des (Gottes) Kemos“, während doch hinter den Buchstaben des Namens „Kemos“ eine Textlücke vorhanden ist, so daß man annehmen muß, daß an dieser Stelle nicht der Gottesname „Kemos“, sondern ein mit diesem Gottesnamen als erstem Element zusammengesetzter Personenname, der Name des menschlichen Vaters des Königs Mesa, gestanden hat.

tischen versucht werden. Der umgekehrte Weg kann kaum als sachgemäß bezeichnet werden. Er läßt sich auch nicht rechtfertigen von der These aus, daß sich Ursprüngliches vorwiegend in den kultischen Texten des Psalters erhalten habe, während die erzählende geschichtliche Überlieferung durch spätere Redaktionen so „gereinigt“ und entstellt worden sei, daß der Gedanke an ein „göttliches Königtum“ ausgemerzt wurde im Sinne einer jüngeren Tendenz, die göttliche und menschliche Sphäre streng voneinander zu trennen. Denn so richtig es auch ist, daß im Bereich fester kultischer Formen Ursprüngliches sich mit großer Zähigkeit zu konservieren pflegt und daß die erzählenden Partien des Alten Testaments durch sekundäre Redaktionen hindurchgegangen sind, so wenig kann doch unbesehen dem Inhalt des alttestamentlichen Erzählungsgutes in Bausch und Bogen ein historischer Quellenwert abgesprochen werden. Vielmehr hat die eindringliche literarkritische Arbeit am Alten Testament ja keineswegs nur die destruktive Aufgabe erfüllt, die traditionellen Behauptungen von der Herkunft der alttestamentlichen Schriften fragwürdig zu machen, sondern sie hat auch aus den späteren redaktionellen Bearbeitungen und Umrahmungen das alte Überlieferungsgut herauszuarbeiten versucht, und zwar mit Ergebnissen, die als wohlbegründet gelten dürfen. Es ist daher nicht mehr dem subjektiven Ermessen überlassen, innerhalb der alttestamentlichen Überlieferung dasjenige für alt und ursprünglich bzw. für [209] jung und sekundär zu halten, was im Lichte einer bestimmten vorausgesetzten These als alt bzw. jung erscheinen möchte.

Die auffälligste geschichtliche Tatsache im Blick auf das Königtum in Israel ist die, daß Israel erst sehr spät dazu gekommen ist, diese Einrichtung zu schaffen. Diese Tatsache dürfte nach der alttestamentlichen Überlieferung nicht zu bestreiten sein. In einem Lande, das von der Bronzezeit her zahllose Stadtkönigtümer kannte, und in der Nachbarschaft jener ihm verwandten „jüngeren Völker“, die nach ihrer Seßhaftwerdung mehr oder weniger bald zur Errichtung von Königsherrschaften übergegangen waren, hat Israel wenigstens etwa [175] zwei Jahrhunderte gelebt, ohne einen König zu haben. Das sieht nicht so aus, als sei in dem ältesten Israel die Vorstellung von der vitalen Bedeutung eines göttlichen Königtums lebendig gewesen und als habe etwa gar Israel diese Vorstellung schon aus der Zeit vor seiner Landnahme mitgebracht. Das läßt vielmehr vermuten, daß Israel Hemmungen gehabt hat gegenüber der Einrichtung des Königtums; und diese Hemmungen könnten gerade daher gekommen sein, daß im syrisch-palästinischen Kulturlande mit der politischen Institution des Königtums jene kultisch-rituelle Funktion des göttlich gedachten Königs verbunden war, die für Israel unannehmbar gewesen wäre. Auch die von A. Bentzen[19] vermutete Herkunft des „göttlichen Königs" aus der umfassenderen Gestalt eines die Gesamtheit verkörpernden „göttlichen Urmenschen", der als Häuptling oder König oder Priester oder Prophet hätte in Erscheinung treten können, ist für das älteste Israel ohne Belang. Denn wir kennen für die vorkönigliche Zeit in Israel keine Gestalt, die das Ganze kultisch-rituell hätte vertreten können. Diesen Sachverhalt lediglich auf die Mangelhaftigkeit unserer Überlieferung zurückzuführen, wäre doch nur eine petitio principii, die sich kaum sachlich begründen ließe. Die ab und zu auftretenden charismatischen Anführer der vorköniglichen Zeit, die sogenannten „großen Richter", haben, wie die alte, noch nicht redigierte Überlieferung deutlich zeigt, nur begrenzte Bedeutung innerhalb einzelner Stämme oder Stämmegruppen gehabt [210] und niemals die Gesamtheit Israels vertreten oder verkörpert. Erst eine spätere Überarbeitung hat wohl im Laufe der Königszeit sie zu einer für Gesamtisrael bedeutungsvollen Reihe zusammengestellt[20]. Einen „Häuptling" aber hatten nicht einmal die einzelnen Stämme, die vielmehr durch ein Ältestenkollegium repräsentiert und vertreten wurden, geschweige denn der israelitische Zwölfstämmeverband im ganzen. Wohl hatte die altisraelitische „Amphiktyonie" ein kultisches Zentrum und einen gemeinsamen Kult; aber wir finden in der wirklich alten Überlieferung – von der sicher späten, nachexilischen Aaron- und Aaronidentradition abgesehen – keine sichere

[19] A. Bentzen, Messias – Moses redivivus – Menschensohn (1948), S. 41, 61f.

[20] Noch später, nämlich erst in der deuteronomistischen Geschichtsschreibung, wurden jedem einzelnen von ihnen gesamtisraelitische Ausmaße beigemessen im Rahmen der Vorstellung von einem dauernden Amte.

Spur von einem ständigen oder etwa sogar erblichen Priestertum an diesem Zentralheiligtum. Wir kennen für die vorkönigliche Zeit nur ein einziges ständiges gesamtisraelitisches Amt, das Amt des „Richters Israels", das in der unscheinbaren Überlieferung von den sogenannten „kleinen [176] Richtern" (Ri. 10, 1–5; 12, 7–15) sichtbar wird[21]. Wenn wir nun auch über die Bedeutung dieses Amtes nur etwa vermuten können, daß ihm das Hüten und Auslegen eines Israel verpflichenden „Gottesrechtes" oblag, so gibt doch jedenfalls die Überlieferung keinerlei Handhabe dafür, ihm eine kultisch-rituelle Rolle im Sinne der „Gott-König-Ideologie" zuzuschreiben. Es bliebe also höchstens, da wir von den „Erzvätern" als Verheißungsempfängern von ursprünglich deutlich lokal begrenzter Bedeutung absehen müssen, noch die Gestalt des Mose, die in der Tat in einer Mittlerstellung zwischen Gott und Gesamtvolk mit umfassenden Funktionen erscheint. Hier aber erhebt sich die schwierige Frage, wieviel von dem Inhalt der Moseerzählung erst mit der Zeit dem ursprünglichen Kern zugewachsen ist und ob nicht erst sekundär Mose die universale Bedeutung für die Geschichte seiner Zeit erlangt hat, wie sie in der abgeschlossenen Pentateucherzählung ihm zugewiesen wird. In jedem Falle aber wäre, wenn an dem traditionellen Mosebild der Pentateuchüberlieferung festzuhalten [211] wäre, Mose geschichtlich eine so einmalige und isolierte Gestalt ohne Vorläufer und Nachfolger, daß er allein die These von einem Vorhandensein eines "divine-kingship-pattern" im ältesten Israel nicht tragen könnte. Mir scheint also, daß mit gutem Grunde behauptet werden kann, daß das vorkönigliche Israel gar keinen Träger einer etwa möglichen „Gott-König-Ideologie" gekannt hat und daß also diese Ideologie nicht zum ursprünglichen und ältesten Vorstellungs- und Gedankengut Israels gehört haben kann.

Nachdem Israel jahrhundertelang, länger als seine Nachbarn, ohne einen König gelebt hatte, ist es schließlich doch zu staatlicher Gestaltung mit einem Königtum übergegangen. Über den Verlauf der Staatenbildung auf israelitischem Boden besitzen wir nun im

[21] Vgl. M. Noth, Festschrift Alfred Bertholet (1950), S. 404ff. Auch Josua gehörte vielleicht ursprünglich sachlich in die Nähe dieser „kleinen Richter".

Alten Testament so ausführliche und so ausgezeichnete alte Überlieferungen, daß es sachlich nicht wohl möglich ist, vom Wesen des Königtums in Israel zu reden, ohne in erster Linie diese Überlieferungen heranzuziehen; und der Inhalt dieser Überlieferungen ist so gründlich überlieferungsgeschichtlich und historisch untersucht worden[22], daß es sich nicht rechtfertigen läßt, an dem Ergebnis dieser Untersuchungen vorbeizugehen. Da ist es denn zunächst geradezu auffällig, wie deutlich gesagt wird, daß das Königtum in einer bestimmten geschicht-[177]lichen Lage durch menschliches Handeln geschaffen worden ist. Nachdem Saul wie einer der charismatischen Anführer der „Richterzeit", ergriffen vom „Geiste Gottes", die Ammoniter im Ostjordanlande besiegt hatte, ging „das ganze Volk" nach Gilgal und „machte" im dortigen Heiligtum „den Saul zum König" (1. Sam. 11, 15). Natürlich war die Königserhebung ein sakraler Akt und fand im Heiligtum „vor Jahwe" statt; aber als Subjekt des „Königmachens" erscheint doch eben „das Volk"[23]. Nachdem Saul gefallen war, kamen in He-[212]bron „die Männer von Juda" zu David und „salbten dort den David zum König über das Haus Juda" (2. Sam. 2, 4a)[24]; und als auch der Saulsohn Esbaal, den zunächst der Feldhauptmann Abner „zum König gemacht hatte" (2. Sam. 2, 9), ermordet worden war, „kamen" auch „alle Ältesten von Israel zum König (David) nach Hebron, und der König David schloß mit ihnen einen Bund vor Jahwe, und sie salbten den David zum König über Israel" (2. Sam. 5, 3). Im letzteren Falle ist ausdrücklich von einem „Bund", d. h. einem Vertrag, die Rede, was sachlich wohl auch für den ersteren Fall gilt. Deutlicher kann kaum

[22] Vgl. die verschiedenen „Geschichten Israels" und vor allem A. Alt, Die Staatenbildung der Israeliten in Palästina (Leipziger Reformationsprogramm 1930). [Kleine Schriften zur Geschichte des Volkes Israel II (1953, S. 1ff.]

[23] Welche Rolle dabei Samuel gespielt hat, der nach 1. Sam. 11, 14 „das Volk" nach Gilgal zusammenrief, ist nicht ganz durchsichtig. In jedem Falle konnte aber auch er nur „das Volk" dazu veranlassen, den Saul „zum König zu machen".

[24] Hier liegt wohl eine abgekürzte Ausdrucksweise vor; die Salbung erfolgte gewiß durch Priester, aber das eigentliche Subjekt des ganzen Vorgangs waren eben „die Männer von Juda".

gesagt werden, daß das davidische Königtum auf menschlichen Abmachungen mit den „Ältesten" als den Vertretern der israelitischen Stämme beruhte. Salomo wurde König und Nachfolger Davids auf Grund einer durch einflußreiche Kreise am Königshof herbeigeführten menschlichen Entscheidung seines Vaters, wie in 1. Kön. 1, 11ff. anschaulich und ausführlich geschildert wird. Nach dem Tode Salomos kam „ganz Israel" in Sichem zusammen, um den Salomosohn Rehabeam „zum König zu machen" (1. Kön. 12, 1); da aber die zu diesem Zwecke mit ihm geführten Verhandlungen scheiterten, trennte Israel sich von der Dynastie Davids, holte den Jerobeam herbei „und machte ihn zum König über ganz Israel" (1. Kön. 12, 20). Diese Mitteilungen der Überlieferung sind allgemein bekannt und sachlich ganz klar; man darf sie nicht übergehen, wenn es sich um die Frage nach dem Wesen des Königtums in Israel handelt. Und zwar ist daran nicht nur dies wichtig, daß hier sehr zuverlässige Nachrichten über die tatsächlichen Vorgänge bei der Staatenbildung vorliegen, sondern vor allem auch dies, daß diese Vorgänge festgehalten und immer weiter überliefert worden sind. Durch mehrere Redaktionen [178] hindurch sind die Mitteilungen über Saul, David, Salomo usw. schließlich in das große deuteronomistische Geschichtswerk gelangt. Wenn wir auch nicht mehr genau wissen, in welchen Kreisen die geschichtlichen Überlieferungen über die ersten Könige gepflegt und weiter-[213]gegeben wurden, so ist doch jedenfalls so viel deutlich, daß in Israel das Wissen von dem geschichtlichen Ablauf des Vorgangs der Staatenbildung erhalten blieb und damit auch das Wissen davon, daß die Institution des Königtums nicht ursprünglich zur Existenz Israels gehört hatte, sondern erst in einem schon fortgeschrittenen Stadium der Geschichte Israels aufgekommen war, und zwar durch die Initiative des „Volkes" bzw. seiner Ältesten. Dieses Wissen aber ließ eine Auffassung vom Königtum als einem Element einer zeitlos gültigen göttlichen Weltordnung schwerlich zu, wie sie die Gott-König-Ideologie notwendig voraussetzt. Dazu kam dann noch bald die Kurzlebigkeit der Einrichtung des Königtums auf dem Boden Israels. Schon etwa zweieinhalb Jahrhunderte nach der Begründung des davidischen Staates, d. h. nach einer Zeit, die kaum länger war als die Zeit der vorausgegangenen königlosen Existenz Israels im Kulturlande, war es für die Mehrzahl der israelitischen Stämme mit einem eigenen selbständigen Königtum vorbei, und das dann noch für weitere anderthalb Jahrhunderte weiterbestehende Königtum über den kleineren Kreis der Südstämme war nur noch ein Vasallenkönigtum im Rahmen des Herrschaftssystems eines fremden Großreichs. Und nach dem Ende auch dieses kleinen Vasallenkönigtums folgte für fast ein halbes Jahrtausend wieder eine königlose Zeit, d. h. eine Zeit des Untergeordnetseins unter den König eines fremden Großreiches. Gewiß hatte nach dem Ende des davidischen Königtums das Zukunftsprogramm im Buche Ezechiel (Ez. 40–48) gerade die kultischen Funktionen des Königs für so wichtig gehalten, daß es für diese Funktionen einen künftig einzusetzenden „Fürsten" vorsah. Aber ein solcher „Fürst" kam dann eben doch nicht, und jene kultischen Funktionen gingen teilweise auf den Hohenpriester der nachexilischen Zeit über. Aber König war dieser Hohepriester doch nicht eigentlich.

Diese allgemein bekannten und klaren Tatsachen nötigen zu dem Schluß, daß, nachdem Israel zuerst lange Zeit ohne König und ohne Gott-König-Ideologie gelebt hatte, die Vorgänge bei der Staatenbildung und die lebendig bleibende Erinnerung an sie und außerdem die Geschichte des Königtums auch einer nachträglichen Aufnahme altorientalischer Gott-König-Ideologie nicht eben sehr günstig waren. [214] So nimmt es nicht wunder, daß die alttestamentliche Überlieferung über das Königtum auch da, wo sie nicht ausgesprochen ablehnend [179] dieser Einrichtung gegenübersteht[25], doch im allgemeinen dessen „weltlichen" Charakter erkennen läßt und seine Träger als Menschen sieht, die ihrem Gott gegenüber zu Gehorsam verpflichtet sind. Zu diesem Ergebnis kommt C. R. North in seiner Untersuchung über ›The Religious Aspects of Hebrew Kingship‹[26];

[25] Die Polemik gegen das Königtum tritt literarisch erst verhältnismäßig spät im Alten Testament in Erscheinung, wenn man auch vermuten kann, daß die ablehnende Haltung selbst sehr viel älter ist. Die Tatsache, daß diese Haltung – nicht gegenüber einzelnen Königen, sondern gegenüber der Institution des Königtums selbst – überhaupt aufkommen und sich äußern konnte, spricht schon dagegen, daß die Göttlichkeit des Königtums in Israel eine allgemein oder wenigstens weitverbreitete Vorstellung gewesen sei.

[26] Zeitschr. f. d. alttest. Wiss., N.F. 9 (1932), S. 8ff., bes. S. 36f.

und auch H. Frankfort betont in dem kurzen ›Epilogue‹ zu seinem oben genannten Buch ›Kingship and the Gods‹ den säkularen Charakter des Königtums in Israel. Die Beziehung Gott–Volk, die die Grundlage der in ihrer Substanz vorköniglichen Pentateuchüberlieferung bildet und die in der Bindung Israels an seinen Gott im Rahmen des göttlichen Heilsplanes besteht, bedurfte der Mittlerrolle eines kultisch-rituell handelnden göttlichen Königs nicht.

Damit ist nun freilich doch noch nicht alles gesagt. Die „Divine Kingship-Schule" kann auf alttestamentliche Stellen hinweisen, die etwas von einem göttlichen Charakter des Königtums aussagen. Die auffälligsten Stellen sind einmal Ps. 45, 7, wo nach dem überlieferten Text, den man nicht so ohne weiteres wird ändern dürfen, der König als „Gott" angeredet wird, und sodann 2. Sam. 7, 14; Ps. 2, 7 (vielleicht auch Ps. 110, 3), wo der davidische König als „Sohn" Gottes bezeichnet wird. Nachdem einmal festgestellt ist, daß ursprünglich und eigentlich Israel einen „göttlichen König" offenbar nicht gehabt und gekannt hat, muß nun doch auch diesen Angaben Aufmerksamkeit geschenkt werden. Daß Israel nach seiner Landnahme Elemente aus dem Vorstellungs- und Gedankengut der bodenständigen kanaanäischen Tradition des Kulturlandes nachträglich aufgenommen hat, ist nicht wohl zu bestreiten. Wir wissen, daß das vor allem auf [215] kultischem Gebiete geschehen ist, wenn auch nicht wahllos und unbesehen. Man feierte in Israel die kultischen Ackerbaufeste des Kulturlandes, die mit dem Rhythmus des Lebens im Lande auf das engste verknüpft waren. Im Zusammenhang mit ihnen fand das „zyklische Denken" des alten Orients Eingang in Israel, und zwar in dem Augenblick, in dem diese Feste über ihre unmittelbare Beziehung zu den ohnehin jährlich wiederkehrenden Tätigkeiten des Erntens und des Früchtelesens hinaus zu immer wiederholten Vergegenwärtigungen einmaliger [180] geschichtlicher Ereignisse wurden [27]. Nach den in Dtn. 16 und Lev. 23 gemachten Angaben handelte es sich dabei zwar nicht um eine jährlich wiederholte kultisch-rituelle Neuschaffung der Welt, wie sie uns sonst aus altorientalischen Neujahrsriten bekannt

[27] Vgl. M. Noth, Die Vergegenwärtigung des Alten Testaments in der Verkündigung, Ev. Th. 12 (1952/53), S. 6–17.

ist, sondern um ein „Gedenken“ (Dtn. 16, 3. 12) an die große und grundlegende göttliche Tat der Herausführung aus Ägypten. Aber dabei mag das deuteronomische „Gedenken“ doch schon eine Abschwächung und Rationalisierung bedeuten eines ursprünglicheren kultischen Realismus, für den diese Feste nicht nur Erinnerungstage gewesen waren, sondern stets erneute gegenwärtige Verwirklichungen des fundamentalen Heilsgeschehens. Selbst wenn man also auch der verbreiteten Annahme der Aufnahme eines Neujahrs- und Thronbesteigungsfestes altorientalischen Stils und altorientalischen Vorstellungsinhalts in den altisraelitischen Kult zweifelnd gegenübersteht, weil es an wirklich sicheren Belegen dafür fehlt, so muß man doch in der sicher belegten Beziehung kultischer Jahresfeste auf einen einmaligen grundlegenden Vorgang in Israel eine Einwirkung altorientalischen „zyklischen Denkens“ erkennen, die gewiß durch die Tradition des syrisch-palästinischen Kulturlandes vermittelt war und in deren Rahmen nun nur die speziell israelitische Bezugnahme auf die Herausführung aus Ägypten an die Stelle der altorientalischen Rückbeziehung auf die Weltschöpfung trat. Durch den israelitischen Festkalender hat dann die altorientalische Vorstellungs- und Denkweise bis in die Gestaltung des christlichen Kirchenjahres hinein gewirkt.

[216] Der soeben behandelte Sachverhalt scheint mir von wesentlicher Bedeutung zu sein. Das Thema der Aufnahme kultischer Kulturlandtraditionen und der mit ihnen gegebenen Vorstellungen und Gedanken durch die israelitischen Stämme ließe sich noch in zahlreichen Einzelheiten behandeln; das ist hier nicht nötig und auch nicht möglich, da dann das komplizierte Verhältnis von Abwehr und Aufgeschlossenheit dem kanaanäischen Gut gegenüber seitens Israels ausführlich erörtert werden müßte. Es genügt hier festzustellen, daß die Möglichkeit einer Übernahme von Elementen einer im Kulturlande mit der Einrichtung des Königtums verbundenen Ideologie keineswegs von vornherein ausgeschlossen ist. Es käme nur darauf an, eine solche Übernahme konkret nachzuweisen.

Da ist denn zunächst darauf hinzuweisen, daß von „dem“ Königtum schlechthin auf dem Boden Israels überhaupt nicht geredet werden kann. Die alttestamentliche Überlieferung zeigt mit aller

Deutlichkeit – und neuere Forschungen[28] haben das klar an das Licht ge-[181]bracht –, daß wir es in Israel mit mehreren Königtümern zu tun haben, die nicht nur räumlich voneinander getrennt, sondern auch in ihrer Art verschieden waren. Wer über das Wesen „des" Königtums in Israel etwas aussagen will, darf diesen Sachverhalt nicht außer acht lassen; und wer der etwaigen Aufnahme altorientalischer Gott-König-Ideologie in Israel nachgehen will, muß den Punkt genauer zu bestimmen versuchen, auf dem eine solche Übernahme vielleicht hätte erfolgen können. Nach der kurzen Episode des Heerkönigtums Sauls über den israelitischen Zwölfstämmeverband haben wir von David an vor allem die beiden Königtümer über die nebeneinander bestehenden Staaten Israel und Juda. Im Staate Israel spielte – das zeigt die weitere Geschichte seines Königtums – vor allem der Gedanke eine Rolle, daß, wie es ja schon bei Saul der Fall gewesen war, eigentlich nur derjenige vom Volke bzw. von seinen Ältesten zum König erhoben werden könne, der vorher durch Prophetenmund als der von Jahwe dazu Berufene bezeichnet worden war[29]. Und wenn [217] auch in den Fällen, in denen ein in dieser Weise Designierter nicht vorhanden war, im Staate Israel die naheliegende Tendenz zur Dynastiebildung sich geltend machte, so kam es doch immer wieder einmal dazu, daß ein Neuberufener auftrat und als solcher das Königtum in seine Hand nahm[30]. Hier war kaum ein Ansatzpunkt gegeben für kanaanäische Königtumsvorstellungen. Dieses Königtum über eine größere Zahl von Stämmen hatte keine bodenständige Tradition, besaß nicht einmal einen festen Sitz etwa in einer alten kanaanäischen Stadt[31]; es beruhte grundsätzlich auf der Zustimmung des Volkes bzw. seiner Ältesten, und die göttliche Berufung, wie sie ähnlich schon den sogenannten „(großen) Richtern" der vorköniglichen Zeit zuteil

[28] Vgl. vor allem die oben Anm. 22 genannte Arbeit von A. Alt.

[29] So in der Geschichte von der Königserhebung Jerobeams I. nach 1. Kön. 11, 29–39; 12, 1 ff.

[30] Vgl. 1. Kön. 16, 2 und besonders 2. Kön. 9, 1 ff.

[31] Am ehesten wäre die Stadt Sichem in Frage gekommen. Dort hatte in der Tat Jerobeam I. anfangs residiert (1. Kön. 12, 25), diese Residenz aber bald aufgegeben, und die israelitischen Könige sind dann nicht wieder nach Sichem zurückgekehrt.

geworden war, verlieh den Königen keineswegs einen Charakter der Göttlichkeit, sondern bedeutete eine Beauftragung. Daneben bestand seit David das Königtum im Staate Juda über die Gruppe der israelitischen Südstämme. Es unterschied sich von dem des Staates Israel vor allem dadurch, daß hier das Haus Davids ständig im Besitz der Herrschaft verblieben ist. Aber auch hier ging das Königtum von dem Willen des Volkes aus. Die „Männer von Juda" hatten einst David „zum König gesalbt" (vgl. oben S. 180). Nach dem Sturze der Athalja, die [182] mit ihrer usurpierten Herrschaft allein einmal die Reihe der Davididen auf dem Thron des Staates Juda unterbrochen hatte, „machte" das versammelte Volk[32] den überlebenden Davididenprinzen Joas „zum König und salbte ihn[33] und klatschte in die Hände und sprach: ‚Es lebe der König'" (2. Kön. 11, 12); und gelegentlich trat der עם הארץ, d. h. die Gesamtheit der judäischen Vollbürger[34], auf, um die legitime Thronfolge innerhalb des Davidshauses zu sichern (2. Kön. 21, 24) und den berechtigten Nach-[218]folger „zu salben und zum König zu machen" (2. Kön. 23, 30). Auch dieses Königtum über die Gruppe der Südstämme knüpfte nicht an eine bodenständige Kulturlandtradition an; die alte judäische Königsstadt Hebron war zwar einmal ein kanaanäischer Stadtstaat gewesen, aber schon in der Landnahmezeit von den Kalibbitern besetzt worden und hatte also keine kanaanäische Königstradition mehr, und außerdem war die Herrschaft über eine Reihe von Stämmen auf dem judäischen Gebirge kein kanaanäisches Königtum. Von diesem Königtum muß also grundsätzlich dasselbe gelten wie von dem Königtum im Staate Israel.

Nun gab es aber im Bereich Israels noch ein Königtum anderer Art, nämlich das Königtum der Davididen im Stadtstaat Jerusalem. David hatte einst mit seinem persönlichen kriegerischen Gefolge diese bis dahin kanaanäische Stadt erobert und sie zu seiner Königsstadt gemacht. Sie gehörte weder zum Staate Israel noch zum Staate

[32] Dieses Subjekt wird nicht ausdrücklich genannt, aber die unbestimmte 3. pers. plur. kann kaum in einem anderen Sinne verstanden werden.

[33] Vgl. dazu oben Anm. 24.

[34] Vgl. E. Würthwein, Der *'am ha'arez* im Alten Testament (1936).

Juda. Sie war ja gerade als eine „neutrale" Stadt *zwischen* den Territorien dieser beiden Staaten von David gewählt worden. Also war auch das Stadtkönigtum über Jerusalem eine Institution für sich neben den Königtümern über die Staaten Israel und Juda. Dieses Stadtkönigtum über Jerusalem hatte nun allerdings eine unmittelbare kanaanäische Tradition. David trat mit der Eroberung der Stadt ein in die Nachfolge des bisherigen kanaanäischen Stadtkönigs; und da lag es nahe, daß er auch dessen kultisch-rituelle Rolle im lokal-jerusalemischen Kult übernahm. Wir wissen über die kanaanäische Vorgeschichte des Jerusalemer Königtums nicht eben viel. Die sechs im Archiv von tell *el-ʿamārna* erhaltenen Briefe des Stadtkönigs Abdiḫepa von Jerusalem an den ägyptischen Pharao[35] sind für die hier interessierende Frage wenig ergiebig. Wenn Abdiḫepa einmal seinen ägyptischen Oberherrn mit den Worten anredet, er habe „seinen Namen gesetzt [183] am Aufgang der Sonne und Untergang der Sonne"[36], so ist damit doch nur etwas über den ägyptischen König gesagt, wohl im Sinne einer Inkarnation des Sonnengottes, aber nicht über das [219] Königtum von Jerusalem[37]. Aus der alttestamentlichen Überlieferung aber ist die Gestalt des Melchisedek bekannt, der offenbar ein in der Jerusalemer Tradition

[35] Vgl. J. A. Knudtzon, Die El-Amarna-Tafeln (1915), Nr. 285–290. [TGI, S. 23–29.]

[36] A. a. O., Nr. 288, 5–7. [K. Galling, Textbuch zur Geschichte Israels (1950) [= TGI], S. 26.]

[37] Vgl. oben S. 204 [hier S. 172/3]. Abdiḫepa nennt sich wiederholt mit einem ägyptischen Fremdwort einen *u-e-u* des Königs (a. a. O., Nr. 285, 6; 287, 69; 288, 10) [TGI, S. 25f.]. In diesem Worte sieht Engnell, Studies S. 86, einen ägyptischen Priestertitel und damit einen Beweis für die sakrale Rolle des Jerusalemer Stadtkönigs; jedoch wohl zu Unrecht, da hier das ägyptische Wort *wʿw* vorliegt, das einen Offizier niederer Stellung bezeichnet und im vorliegenden Zusammenhang ein Ausdruck der Unterwürfigkeit des Jerusalemer Stadtherrn gegenüber dem ägyptischen Großkönig sein sollte. Was das im Zusammenhang damit in 288, 11 [TGI, S. 26] vorkommende Wort *ruḫi* bedeutet, scheint mir trotz Engnell (a. a. O., S. 86, Anm. 7) nicht so sicher; aber selbst wenn es das kanaanäische Wort für „Hirt" sein sollte, wären daraus doch kaum weitreichende Schlüsse zu ziehen. Denn die bildliche Redewendung „ich bin ein Hirt des Königs" ist verschiedener Ausdeutung fähig.

fortlebender kanaanäischer Stadtkönig von Jerusalem gewesen ist[38] und von dem vor allem gesagt wird, daß er mit dem Königtum das Priestertum (im Jerusalemer Kult) verbunden habe (Gen. 14, 18; Ps. 110, 4). Diese Verbindung entsprach offenbar Jerusalemer Tradition, bedeutete aber wohl kaum etwas Ungewöhnliches und mag auch sonst in kanaanäischen Stadtstaaten üblich gewesen sein. Nur für die israelitischen Stämme scheint diese Verbindung etwas Bemerkenswertes gewesen zu sein. Dafür spricht jedenfalls die feierliche Aussage in Ps. 110, 4, wo für die Verbindung priesterlicher Funktionen mit dem Königtum eben das Beispiel des kanaanäischen Königs Melchisedek von Jerusalem beschworen wird. Diese priesterlichen Funktionen sind natürlich noch keineswegs ein Beweis für einen „göttlichen" Charakter des Königs. In diese priesterlichen Funktionen sind die Davididen als Könige von Jerusalem offenbar eingetreten; und in der Tat beschränken sich die priesterlichen Handlungen von Königen im Alten Testament im wesentlichen auf die Davididen in Jerusalem.

Für das hier zur Diskussion stehende Problem wäre es wichtig zu wissen, ob das kanaanäische Stadtkönigtum von Jerusalem von einer Gott-König-Ideologie im Sinne des "myth and ritual pattern" getragen war. Daß das für ein beliebiges syrisch-palästinisches Stadt-[220]königtum nicht ohne weiteres als selbstverständlich vorauszusetzen ist, wurde oben S. 172f. gesagt. Es speziell für Jerusalem zu beweisen, dazu fehlen die Mittel. Unterstellt man einmal, es sei der Fall ge-[184]wesen, was mußte das für die israelitischen Stämme und für die Davididen als Könige von Jerusalem und zugleich als Angehörige „Israels" bedeuten? Man könnte sagen, daß es für die Israeliten von geringem Belang war, da die Stämme mit dem Stadtstaat Jerusalem und seinen Einrichtungen politisch nur mittelbar durch die Person des regierenden Davididen zusammenhingen und es diesem überlassen konnten, ob er als Jerusalemer Stadtkönig die Rolle eines „göttlichen Königs" übernehmen zu können glaubte, die für ihn als König von Israel bzw. Juda nicht in Frage kam. Man kann freilich fragen, ob der davidische König selbst in

[38] In dem „Salem" von Gen. 14, 18 sieht man doch wohl mit Recht allgemein Jerusalem (vgl. auch Ps. 110).

der Lage war, in Jerusalem eine solche Stellung zu übernehmen, die israelitischer Tradition nicht entsprach. Aus einem anderen Grunde aber wurde das Wesen des Jerusalemer Königtums für die israelitischen Stämme doch wichtig. Im königlichen Heiligtum dieser Stadt stand die heilige Lade, die der alte kultische Mittelpunkt der Stämme gewesen war und auch blieb und die David in seine Stadt Jerusalem überführt hatte. Ob hier vor der Lade der König im Ritual als inkarnierter Gott auftrat und handelte oder nicht, das konnte für „Israel" nicht ohne Bedeutung sein. Außerdem hat die Personalunion zwischen dem Stadtstaat Jerusalem und wenigstens dem Staate Juda unter der Herrschaft der Davididen so lange gedauert, daß die kultische Stellung der Könige in Jerusalem auf die Dauer auch für das Königtum im Staate Juda maßgebend werden mußte.

Es hat sich ergeben, daß das Königtum der Davididen in Jerusalem als der Punkt in Frage kommt, an dem altorientalische Gott-König-Ideologie in ihrer in Syrien-Palästina üblich gewordenen Ausprägung in den Bereich Israels hätte Eingang finden können und daß trotz der Sonderstellung dieses Stadtkönigtums die Rolle des königlichen Heiligtums in Jerusalem als des kultischen Mittelpunkts der Stämme eine solche Ideologie dem weiteren Kreise der Stämme vermitteln konnte. Es kommt nun ganz einfach auf die Tatsachenfrage an, ob im Alten Testament die Aufnahme von Elementen einer Gott-[221]König-Ideologie nachzuweisen ist. Die starke und eindeutige Überlieferung von der geschichtlichen Bedingtheit des Königtums spricht, wie schon gezeigt wurde, nicht eben dafür. Hier ist dazu noch zu bemerken, daß gerade die wichtigen Geschichtswerke über David, die so deutlich sagen, daß David durch die Vertreter der Stämme „zum König gemacht" wurde, sowohl in Juda wie in Israel, und daß die Eroberung von Jerusalem ein kriegerischer Akt ohne alle sakrale Weihe gewesen war, aller Wahrscheinlichkeit nach aus Kreisen des davidisch-salomonischen Hofes in Jerusalem stammen und dann wohl [185] auch in Jerusalem weiter überliefert wurden. Die Göttlichkeit des Königtums war danach am Jerusalemer Hof offenbar keine allgemein verbreitete Selbstverständlichkeit. Wenden wir uns nun den positiv für die „Divine Kingship-These" vorgebrachten Argumenten zu, so müssen alle diejenigen ausscheiden, die nur etwas über priesterliche Funktionen des Königs aussagen. Denn wenn diese sich auch im wesentlichen gerade auf Jerusalem beziehen, weil es sich hierbei um eine schon vorisraelitische Praxis handelt und die Könige von Israel und von Juda, soviel wir erfahren, kaum als Priester gehandelt haben[39], so beweisen sie doch in gar keiner Weise etwas für die Göttlichkeit des Königtums oder auch nur für die Verkörperung und Zusammenfassung des Ganzen in der Person des Königs, sondern sie zeigen nur, daß der König auch im sakralen Bereich an der Spitze seiner Untertanen stand.

[222] Anders steht es mit der Erklärung des Königs zum „Sohne Gottes". Sie betrifft den Davididen als König in Jerusalem und ist vor allem durch Ps. 2, 7 belegt, war ursprünglich vielleicht auch in dem textlich offenkundig verderbten Satz Ps. 110, 3 ausgesagt. In Ps. 2, 7 liegt nun, wie vermutlich auch in Ps. 110, 3, eine Adoptionsformel vor. Dieser Umstand ist wichtig; denn er bedeutet, daß der König nicht von Natur „Sohn" Gottes war, auch nicht durch seine Thronbesteigung naturnotwendig in die Sphäre der Göttlichkeit eintrat, sondern durch eine Willensentscheidung des Gottes Israels beim Antritt seines Königsamtes zum „Sohn" *erklärt* wurde. Immerhin trat damit der Davidide in eine sehr nahe Beziehung zum göttlichen Bereich; und hier liegt aller Wahrscheinlichkeit nach in der Tat eine Einwirkung altorientalischer Gott-König-Ideologie

[39] Der König Jerobeam I. von Israel erscheint allerdings einmal in priesterlicher Funktion in seinem neuen königlichen Heiligtum Bethel (1. Kön. 12, 33), freilich nur in der späten, nachjosianischen Prophetenlegende 1. Kön. 12, 32 bis 13, 32 u. 2. Kön. 23, 16–18, deren geschichtlicher Zeugniswert kaum groß ist. Zudem würde es sich hier nur um eine Nachahmung der Rolle der Davididen in Jerusalem handeln. – Auch für Saul gibt es keinen sicheren Beweis für die Ausübung priesterlichen Amtes. Aus 1. Sam. 14, 35 ist kaum etwas in dieser Hinsicht zu entnehmen. Der späte Einschub 1. Sam. 13, 7b–15a aber ist kaum geschichtlich zu verwerten. Er geht von der Voraussetzung aus, daß die Vornahme priesterlicher Handlungen dem König *nicht* zustehe, und will das Zerwürfnis zwischen Saul und Samuel sekundär erklären. Danach hätte Saul einmal unberechtigterweise und mit bösem Gewissen geopfert. Daß diesem Einschub eine alte geschichtliche Tradition zugrunde liege, daß Saul Opfer vollzogen habe, ist nicht wahrscheinlich.

vor. Von hier aus kann man vielleicht doch indirekt darauf schließen, daß die kanaanäische Jerusalemer Königstradition die Vorstellung von der Göttlichkeit der Person des Königs kannte; denn nur von da aus lassen [186] sich die auffälligen Aussagen über den Davididen in Jerusalem verstehen, die so sehr von den Vorstellungen über das Wesen der Königtümer in den Staaten Israel und Juda abstechen. Allerdings liegt eben eine sehr wesentliche und charakteristische Abwandlung überkommener Gott-König-Ideologie vor, wenn wir eine solche für das vordavidische Jerusalem einmal annehmen; und diese zeigt, daß die Davididen auch als Könige von Jerusalem nicht unbesehen die Jerusalemer Königstradition übernommen haben. Der Davidide in Jerusalem – das zeigt die Verwendung der Adoptionsformel – ist nicht inkarnierter Gott, ist nicht göttlicher Herkunft und göttlichen Wesens, sondern wird durch eine gnädige Zusage seines Gottes zum „Sohn“ ernannt. In dieser Abwandlung haben wir also weniger einen Beweis für ein davidisches Gottkönigtum in Jerusalem vor uns als vielmehr einen Hinweis auf eine Abwehr eigentlicher Gott-König-Ideologie, wenn allerdings auch einer nun einmal vorhandenen Jerusalemer Königtumstradition eine gewisse Konzession gemacht wird. Danach ist dann auch das mehrdeutige „Setze dich nieder zu meiner Rechten“ von Ps. 110, 1 zu interpretieren. Mag diese Formel etwa aus einem vordavidischen Jerusalemer Königsritual stammen oder an [223] ein solches anknüpfen, so wäre sie im Zusammenhang von Ps. 110 doch nur im Sinne einer besonderen Ehrung des Königs seitens seines Gottes zu verstehen und nicht im Sinne einer Gottgleichheit des Königs.

Die Adoptionsformel – in einer anderen Form als in Ps. 2, 7, aber ebenfalls wieder deutlich als Adoptionsformel – begegnet auch in 2. Sam. 7, 14. Dieser Vers gehört zwar wahrscheinlich nicht zum ursprünglichen Bestand der sogenannten Nathanweissagung von 2. Sam. 7[40], ist aber nicht unsachgemäß in den späteren Zuwachs dieses Stückes aufgenommen worden. Denn auch die Nathanweis-

[40] So nach der literarkritischen Analyse von L. Rost, Die Überlieferung von der Thronnachfolge Davids (1926), S. 47ff. – Von 2. Sam. 7, 14 dürfte Ps. 89, 27ff. abhängig sein.

sagung geht offenbar speziell von dem Jerusalemer Königtum der Davididen aus. Der „Prophet" Nathan begegnet uns in 2. Sam. 12, 1ff. und vor allem in 2. Sam. 12, 25 und 1. Kön. 1, 8. 10. 11ff. am Jerusalemer Hof in der näheren Umgebung Davids. In der ursprünglichen Nathanweissagung wird dem David zugesagt, daß Jahwe ihm „ein Haus erbauen", d. h. eine Dynastie gründen, wolle (V. 11 b) und daß dieses Haus „für immer" Bestand haben und das Königtum Davids „für immer" festbleiben solle (V. 16). Es wird hier nicht genauer gesagt, in welchem Umfang dabei das Königtum Davids in das Auge gefaßt ist. Gewiß ist dabei an das ganze große Staatswesen [187] Davids gedacht, aber doch eben aus dem Jerusalemer Gesichtskreis heraus. Der Verfasser des großen Geschichtswerkes über die Frage der Thronnachfolge Davids hat diese Nathanweissagung mitgeteilt und ist von ihr ausgegangen, weil mit ihr die zunächst brennende Frage nach dem Nachfolger Davids wenigstens so weit geklärt wurde, daß nur einer der Söhne Davids als Nachfolger in Betracht kam. Die Nathanweissagung selbst hatte wohl kaum diese unmittelbar praktische Frage im Auge gehabt, sondern, wie ihr Wortlaut zeigt, die Institution des davidischen Königtums im ganzen und deren Zukunft auf weite Sicht. Es wird in ihr die angesichts der geschichtlich-menschlichen Umstände der Errichtung dieses Königtums fast ungeheuerliche Zusage dauernden Bestandes gemacht. Ist es abwegig, [224] darin wieder die Abwandlung einer Vorstellung von der Göttlichkeit des Königtums zu vermuten, wie sie Jerusalemer Königstradition entsprochen haben mag? Göttlich wäre danach das Königtum nicht gewesen und der König nicht ein leibhaftiger Gott, aber die Zusage unbegrenzter Dauer hätte doch die Institution dieses Königtums aus dem Bereich der Wechselfälle menschlicher Geschichte herausgehoben und der göttlichen Sphäre nähergerückt. Damit wäre wiederum die Übernahme vordavidischer Jerusalemer Königsideologie abgelehnt worden, aber doch mittelbar von Einfluß gewesen.

Es ist bekannt, daß der Inhalt der Nathanweissagung stark nachgewirkt hat. Die messianische Erwartung knüpft an sie an. Sie ging gewiß von dem Jerusalemer Königtum der Davididen aus, hatte aber wohl, wie schon gesagt, das große Ganze der Herrschaft Davids im Auge. In diesem letzteren Sinne ist sie auch in den messianischen Ankündigungen verstanden worden. Wenn sich diese letzteren ausschließlich bei judäischen Propheten finden, so hängt das damit zusammen, daß nach dem Tode Salomos nur der Staat Juda mit der in Jerusalem residierenden Davidsdynastie verbunden blieb. Der Inhalt der messianischen Ankündigungen blieb gleichwohl „großisraelitisch" orientiert; und die Verbindung des alten Stämmeheiligtums der Lade mit der davidischen Königsstadt mag auch über den engen Bereich des Staates Juda hinaus die Blicke der Stämme auf das Davidshaus und die ihm zuteil gewordene Zusage gerichtet haben. Wie sich die an das Davidshaus auf Grund des Jerusalemer Königtums geknüpften Zusagen und Erwartungen der älteren gesamtisraelitischen Tradition einfügten, wäre zu fragen. L. Rost hat einmal unter dem Titel ›Sinaibund und Davidsbund‹[41] diesen Fragenkomplex angeschnitten und auf [188] das hier vorliegende Problem sehr mit Recht hingewiesen. Er kommt auf ein zeitweiliges Nebeneinander der Geltung von „Sinaibund" und „Davidsbund" hinaus, das sich auf die Staaten Israel und Juda verteilt hätte. Angesichts der lokalen Bindung der Lade an die Davidsstadt ist diese Lösung vielleicht zu einfach; und man wird eher daran denken müssen, daß innerhalb der gesamtisraelitischen [225] Tradition die an die dem Davidshause gegebenen Zusagen geknüpften Erwartungen, wo immer sie überhaupt im Kreise der israelitischen Stämme aufgenommen wurden, sich in das altüberlieferte Verhältnis Gott – Volk als ein besonderes und mehr und mehr vor allem in die Zukunft weisendes Element einfügten. Diesen Fragen ist hier im einzelnen nicht weiter nachzugehen. Es mußte nur auf sie hingewiesen werden, weil der Tatbestand, aus dem sie sich ergeben, auf das Jerusalemer Königtum der Davididen und auf die gerade diesem Königtum zugesprochene Stellung und Würde zurückgeht.

Es wird also daran festzuhalten sein, daß nicht einmal dem Jerusalemer Königtum, geschweige denn den Königtümern in den Staaten Israel und Juda, jemals Göttlichkeit beigemessen worden ist. Wenn das behauptet wird, so ist damit zugleich ausgesprochen, daß auch in Ps. 45, 7 nicht damit zu rechnen ist, daß der König hier als

[41] Theologische Literaturzeitung 72 (1947), Sp. 129–134.

„Gott“ angeredet werde, obwohl hier inmitten eines Psalms, in dessen erster Hälfte der König angesprochen ist, der Satz steht, der am einfachsten zu übersetzen wäre: „Dein Thron, o Gott, besteht für immer und ewig.“ Es ist aber doch zu fragen, ob angesichts der völligen Isoliertheit dieser Aussage im ganzen Alten Testament dieser Satz so verstanden sein will[42]. Eine Textänderung, für die es eine sehr naheliegende und von verschiedenen Auslegern empfohlene Möglichkeit gäbe, wird man freilich nicht gern vornehmen, da es nicht eben wahrscheinlich ist, daß die so auffällige und anstößige Aussage nachträglich durch Unachtsamkeit in den Text hineingekommen sein sollte. Wohl aber ist zu fragen, ob nicht eine abgekürzte Ausdrucksweise vorliegt, zu der es Gegenstücke im Alten Testament gibt[43], und ob der Satz nicht folgendermaßen zu interpretieren ist: „Dein Thron ist (wie) der (Thron) Gottes, nämlich bestehend für immer und ewig.“ Dann hätten wir hier die aus der Nathanweissagung bekannte Zusage vom dauernden Bestande des Königtums, und auch für Ps. 45 wäre [226] danach an das Jerusalemer Königtum der Davididen zu denken. In keinem Falle kann der Satz Ps. 45, 7a allein die ganze Last der [189] These von einer Göttlichkeit des Königtums in Israel tragen. Die Tatsache, daß wir im Alten Testament aller Wahrscheinlichkeit nach in bezug auf das Jerusalemer Königtum Abwandlungen und Umbiegungen von Vorstellungen einer Gott-König-Ideologie antreffen, spricht vielmehr dafür, daß diese Ideologie selbst auf dem Boden Israels eben nicht rezipiert worden ist und von den Voraussetzungen des alttestamentlichen Glaubens aus nicht rezipiert werden konnte. Damit erübrigt sich auch die Annahme, daß der König im Ritual speziell den sterbenden und wiederauflebenden Gott verkörpert und Tod und neues Leben wirksam agiert habe, daß daher die Klagelieder im alttestamentlichen Psalter als Königslieder zu verstehen seien, die den König in der Situation seiner kultisch-rituellen Preisgabe an die Todesmacht voraussetzen. Die Klagelieder selbst geben in ihrem Wortlaut ja kaum einen begründenden Anlaß, sie in dieser Weise auf den König zu beziehen.

[42] Eine sehr gründliche Erörterung dieser Stelle bei C. R. North, Zeitschr. f. d. alttest. Wiss., N.F. 9 (1932), S. 27ff.

[43] Vgl. North, a. a. O., S. 30.

Man wird also gut tun, die These von der Göttlichkeit des Königtums im ganzen alten Orient und auch in Israel nicht zu einer schon selbstverständlichen Voraussetzung der Auslegung alttestamentlicher Texte zu machen. Im Gegenteil scheint hier ein Gebiet vorzuliegen, auf dem das Alte Testament – vielleicht schon im Zusammenhang mit der Gesamtheit der zu Beginn der Eisenzeit in das syrisch-palästinische Kulturland einwandernden „jüngeren Völker", vielleicht darüber hinaus aber auch von seinen besonderen Voraussetzungen aus – Anschauungen, die in den Kulturländern des alten Orients, wenn auch nicht allgemein verbreitet, so doch geläufig waren, nicht übernommen hat; und von da aus wäre weiter der Frage nachzugehen, warum das so war. Es wird auch hier in erster Linie sachlich darauf ankommen, die rechten Unterscheidungen vorzunehmen. So gewiß die große Welt des alten Orients bestimmte allgemeine Vorstellungs- und Denkvoraussetzungen gehabt hat, die uns heute nicht mehr selbstverständlich sind, wie sie es für jene Welt waren, und die daher von uns erst wissenschaftlich ermittelt werden müssen, wenn wir die Lebensäußerungen jener Welt verstehen wollen, so wenig [227] wahrscheinlich ist es doch bei der geschichtlichen Mannigfaltigkeit des menschlichen Lebens, daß ein ausgebildetes kultisch-rituelles Schema, wie die „Myth and Ritual-Schule" es annimmt, durch die vielen Jahrhunderte hindurch über den ganzen alten Orient hin verbreitet gewesen sein sollte; und auch bei der speziellen Frage nach dem Wesen des Königtums wird es weniger verheißungsvoll sein, nach einem einheitlichen und überall gleichen Schema zu suchen, als jeweils die besonderen Ausprägungen der Erscheinung des Königtums zu erfassen. [190] Erst so läßt sich dann auch dem Alten Testament innerhalb der Welt des alten Orients gerecht werden.

Zum Schluß muß noch auf eine Frage hingewiesen werden, die hier nicht beantwortet werden soll und kann, die sich aber doch aus dem behandelten Gegenstand ergibt und die in einem eigenen Zusammenhang eine gründliche Untersuchung verdiente. Wenn man das umfangreiche Buch von H. Riesenfeld, Jésus Transfiguré (1947), liest, in dem die Verklärung Jesu im messianischen Sinne auf dem Hintergrunde altorientalischer Gott-König-Ideologie interpretiert wird, so ist man auf das stärkste beeindruckt von der geradezu überwältigenden Fülle an Stoff, die der gelehrte Verfasser aus dem nachkanonischen jüdischen und rabbinischen Schrifttum beizubringen vermag zur Erhärtung der These, daß dieses Schrifttum für den Gottesdienst und die Vorstellungs- und Denkweise das ganze kultisch-rituelle Wesen jener Ideologie kenne und voraussetze; für den Verfasser ist es dabei selbstverständlich, daß in alledem nur das weiterlebe, was Israel zusammen mit dem ganzen alten Orient von jeher gehabt und gekannt habe. Er lehnt daher den Gedanken ab, daß dieses Gut erst sekundär aus der Umwelt in die nachkanonische Literatur eingedrungen sei, und er dürfte damit jedenfalls so weit Recht haben, daß in der Tat die Annahme einer mechanischen Rezeption von fremden Vorstellungen nicht eben viel für sich hat, daß dabei wenigstens Ansatzpunkte vorausgesetzt werden müssen, von denen die Aneignung fremder Anschauungen und Bräuche ausgegangen sein könnte. Wer es nun aber nicht für richtig hält, spät bezeugte Vorstellungen ohne sichere Belege für beliebig alt zu halten, und wer vor allem den Gedanken an ein göttliches Königtum mit allen seinen Funktionen [228] und Beziehungen im Alten Testament nicht zu finden vermag, der wird den Argumentationen Riesenfelds nicht folgen können. Er wird vor allem bezweifeln müssen, daß den spätjüdischen Anspielungen und Ausdrucksweisen ein geschlossenes Vorstellungs- und Gedankensystem zugrunde liege oder daß es sich um die „desintegrierten" Elemente eines älteren geschlossenen Vorstellungs- und Gedankensystems handle. Er wird dann freilich eine Erklärung für das späte Auftauchen zahlreicher teilweise recht massiver Bräuche und Anschauungen suchen müssen. Er wird sich dabei erinnern daran, daß auch sonst das Auftreten einigermaßen urtümlicher Vorstellungen im nachkanonischen jüdischen Schrifttum zu beobachten ist, die dem Alten Testament noch nicht bekannt sind, etwa auf dem Gebiete der Angelologie und Dämonologie. Es handelt sich bei alledem offenbar nicht einfach um späte Bildungen, sondern vielmehr um Weiterwirkungen und Um-[191]bildungen älteren Gutes aus dem Bereich der altorientalischen Welt[44]. Haben wir es hier etwa mit der Fülle von Elementen volkstümlichen Glau-

[44] A. Bentzen, Messias – Moses redivivus – Menschensohn (1948), S. 73, hat diesen Sachverhalt unter dem Begriff „Renaissance der Mytholo-

bens zu tun, die in Israel vorhanden waren, aber offiziell vom israelitischen Stämmeverband abgelehnt wurden, bis sie schließlich doch in das nachkanonische Judentum Eingang fanden? Und haben wir vielleicht damit zu rechnen, daß das alte Israel von seinem Glauben aus in einer Haltung der Abwehr altorientalischem Vorstellungsgut gegenüberstand und daß in einer epigonenhaften Zeit diese Haltung erschlaffe oder aber daß der alttestamentliche Glaube sich mit der Zeit so gefestigt und durch sein kanonisches Schrifttum sich so gesichert fühlen konnte, daß er vielen Volksvorstellungen gegenüber weitherziger werden konnte? Oder müssen wir etwa doch annehmen, daß das alte in sich geschlossene Israel der zwölf Stämme seine Sonderstellung und seine Eigenart zu wahren wußte und daß erst die Zersetzung dieses alten Israel und das Aufkommen einer weitverzweigten Diaspora eine Rezeption [229] von landläufigen Volksvorstellungen der altorientalischen Welt begünstigte?[45]

Diese Fragen sollen und müssen hier als offene Fragen stehen bleiben. Ihre Beantwortung könnte nur in einer umfassenden Untersuchung gewagt werden. Und vielleicht sind sie gar nicht eindeutig und einheitlich zu beantworten, da das geschichtliche Leben immer vielgestaltig und kompliziert ist. Ihre Wichtigkeit aber leuchtet ein, wenn man nicht mit einem allgemeinen und von vornherein gegebenen und immer im wesentlichen gleichgebliebenen Vorstellungs- und Gedankenschema rechnet, das Israel mit der ganzen altorientalischen Welt geteilt hätte. Daß ein solches Schema nicht angenommen werden kann, das wurde im vorangehenden in Kürze zu zeigen versucht. Auch das Einbeziehen des nachkanonischen Schrifttums kann angesichts des alttestamentlichen Tatbestandes die Annahme einer Israel von Anfang an selbstverständlich geläufig gewesenen Gott-König-Ideologie schwerlich retten.

gie im späteren Judentum“ in das Auge gefaßt, freilich mit diesem Begriff dem Sachverhalt bereits eine bestimmte – und ohne genaueren Beweis jedenfalls fragwürdige – Deutung gegeben.

[45] Dabei wäre damit zu rechnen, daß diese Vorstellungen nicht unverändert rezipiert wurden. Riesenfeld spricht (a. a. O., S. 239f.) gewiß nicht mit Unrecht von einer Spiritualisierung und Eschatologisierung alter kultisch-ritueller „Motive“ im späten Judentum.

3. Prophetie

Wolfram von Soden, Bibel und Alter Orient. Altorientalische Beiträge zum Alten Testament, hrsg. von Hans-Peter Müller, Berlin, New York: de Gruyter 1985 (Beiheft zur Zeitschrift für die alttestamentliche Wissenschaft, 162), S. 19–31. (Erstmals veröffentlicht in: Die Welt des Orients 1 [1947/52], S. 397–403.)

VERKÜNDIGUNG DES GOTTESWILLENS DURCH PROPHETISCHES WORT IN DEN ALTBABYLONISCHEN BRIEFEN AUS MÂRI

Von Wolfram von Soden

Den Willen der Gottheit zu erforschen, um dadurch vor Fehlschlägen im eigenen Tun bewahrt zu bleiben, ist ein Anliegen jeder Religion. Dieses Anliegen zu befriedigen gibt es sehr verschiedene Wege auch im alten Orient. Der wichtigste Weg in Babylonien ist zweifellos die Beobachtung der Vorzeichen. Unter den unendlich vielen Vorzeichen, die zu beobachten möglich war, spielten in der altbabylonischen Zeit, d. h. in den Jahrhunderten, in deren Mittelpunkt der große Gesetzgeber Ḫammurabi (1728–1686)[1] stand, die aus der Opferschau abgelesenen vor allem für das öffentliche Leben nach Ausweis der Briefe und der Omentexte die bei weitem überragende Rolle. Ihr gegenüber trat insbesondere die später so ausgiebig betriebene Astrologie noch ganz zurück, vermutlich weil der damalige Stand der Himmelskunde die Beobachtung der Sterne mit der erforderlichen Genauigkeit noch nicht zuließ. Die der Opferschau entnommenen Vorzeichen sind nun im Gegensatz zu vielen anderen künstlich herbeigeführte, d. h., ein Gott kann seinen Willen durch das Aussehen und Verhalten der Opfertiere während des Opfers und besonders nach der Schlachtung nur kundtun, wenn eine Opferschau vom Menschen, in der Regel mit einer ganz bestimmten

[1] Die neuesten Versuche, das Cornelius-Albrightsche Ḫammurabidatum entweder noch weiter zu drücken (so K. Schubert nach E. F. Weidner in WZKM 51 [1948], S. 21 ff.) oder heraufzusetzen (so S. Smith auch in seinem neuen Buch über die Inschrift des Idrimi), haben mich nicht überzeugt, so daß ich diesen Ansatz auch heute noch festhalte, ohne dies hier erneut begründen zu können.

Fragestellung, veranstaltet wird. Verzichtet der Mensch [20] darauf, den Gott auf diese Weise zu befragen, kann es für den Gott schwer sein, seinen Willen den Menschen rechtzeitig kundzutun. Hören wir doch von einer unmittelbaren Befehlsübermittlung etwa durch Träume in Babylonien nicht allzu oft.

In dem Babylonien nordwestlich benachbarten Königreich von Mâri (vgl. dazu WO [Die Welt des Orients; in HAL WdO] I 187ff.) stand die Opferschau, wie wir aus dem großen Briefarchiv wissen, gleichfalls in hoher Blüte und wurde bei jeder irgendwie wichtig erscheinenden Gelegenheit durchgeführt. Einige Briefe aber, die meist erst nach Abschluß meines früheren Artikels bekanntgeworden sind, zeigen uns, daß die Götter von Mâri auch Wege kannten und ausnutzten, ihren Willen dem König ungefragt kundzutun. In den Fällen, die uns aus der Zeit Ḫammurabis überliefert sind, taten sie das nun nicht direkt, sondern durch Entsendung eines inspirierten Menschen zum König oder seinen Vertretern, so wie Jahwe zu den Königen Israels und Judas und allen Menschen durch seine Propheten sprach. Damit erhebt sich die Frage, ob zwischen der inspirierten Verkündigung des göttlichen Willens in Mâri und dem israelitischen Prophetentum irgendein Zusammenhang besteht. Eine Beantwortung dieser bei der Bedeutung der Propheten des Alten Bundes gewiß nicht belanglosen Frage können wir erst versuchen, wenn wir das bisher leider wenig umfangreiche Quellenmaterial aus Mâri vorgeführt und gedeutet haben. Es handelt sich dabei um vier Briefe, von denen zwei leider schlecht erhalten sind. Die in diesem Zusammenhang wesentlichen Teile dieser Briefe seien zunächst in Umschrift und Übersetzung gegeben, um jedem eine unbefangene Urteilsbildung zu ermöglichen. [398]

1. Brief des Itūr-asdu an König Zimrilim von Mâri (etwa 1716–1695), veröffentlicht und bearbeitet von G. Dossin, in: RA 42 (1949), S. 125–134.

^{1}*A-na be-lí-ia* ^{2}*qí-bí-ma* ^{3}*um-ma I-túr-ás-du* ^{4}*warad-ka-a-ma* ^{5}*u_4-um ṭup-pí an-né-e-em a-na ṣe-er* ^{6}*be-lí-ia ú-ša-bi-lam* ^{7}^{m}*Ma-li-ik-*^{d}*Da-gan awīl Ša-ak-ka*^{ki} ^{8}*il-⟨li⟩-kam-ma ki-a-am iq-b[é-]e-em* ^{9}*[um]-ma-a-mi i-na šu-ut-ti-ia a-na-ku ù awīlum it-ti-ia* ^{10}*[iš]-tu ḫa-la-aṣ Sa-ga-ra-tim*^{ki} ^{11}*i-na ḫa-al-ṣí-im e-li-im a-na Ma-ri*^{ki} *a-na a-la-ki-im* ^{12}*pa-nu-ia ša-ak-nu* ^{13}*i-na pa-ni-ia a-na Ter-qa*^{ki} *e-ru-um-ma ki-ma e-re-bi-ia-ma* ^{14}*a-na bīt* ^{d}*Da-gan* *e-ru-um-ma a-na ^{d}Da-gan ^{15}úš-ke-en i-na šu-ke-ni-ia ^{16d}Da-gan [21] pí-šu ip-te-e-ma ki-a-am iq-bé-e-em ^{17}um-ma-a-mi šarrānu$^{meš\ nu}$ ša Binī^{meš}-ia-mi-na ^{18}ù ṣa-bu-šu-nu ^{19}it-ti ṣa-bi-im ša Zi-im-ri-li-im ^{20}ša i-le-e-em ^{21}ìs-li-mu-ú ^{22}um-ma a-na-ku-ma ú-ul ìs-li-mu ^{23}i-na pa-ni wa-ṣí-ia ki-a-am iq-bé-e-em ^{24}um-ma-a-mi mārū^{meš} ši-ip-ri ^{25}ša Zi-im-ri-li-im ^{26}ka-ia-ni-iš ma-aḫ-ri-ia a-na mi-nim la wa-aš-bu-ma ^{27}ù ṭe$_4$-em-šu ga-am-ra-am ma-aḫ-ri-ia am-mi-nim ^{28}la-a i-ša-ak-ka-an ^{29}ú-ul-la-ma-an iš-tu u$_4$-mi ma-du-tim ^{30}šarrānī$^{meš\ ni}$ša Binī^{meš}-i[a-m]i-na ^{31}a-na qa-at Zi-im-ri-li-im um-ta-al-li-šu-nu-ti ^{32}i-na-an-na a-li-ik áš-ta-pa-ar-ka ^{33}a-na Zi-im-ri-li-im ki-a-am ta-qa-ab-bi um-ma at-ta-a-ma ^{34}mārī^{meš} ši-ip-ri-ka a-na ṣe-ri-ia ^{35}šu-u[p-ra-am-ma] ù ṭe$_4$-em-ka ga-am-ra-am ^{36}ma-a[ḫ-ri-i]a [š]u-ku-un-ma ^{37}ù šarrā-ni^{meš} [^{ni} ša Binī^{m}]^{eš}-ia-mi-na i-na ^{giš}sú-us-sú-ul ^{38lú}bāʾir[im lu-ša-a]p-ši-il-šu-nu-ti-ma*[2] *^{39}ma-aḫ-ri-ka [lu-uš-ku]-un-šu-nu-ti ^{40}an-ni-tam awīlum š[u-ú i-]na šu-ut-ti-šu iṭ-ṭú-ul-ma ^{41}ù a-[ia-]ši-im id-bu-ba-am ^{42}i-na-an-na a-nu-um-ma a-na ṣe-er be-lí-ia áš-tap-ra-am ^{43}wa-ar-ka-at šu-ut-ti an-ni-tim be-lí ^{44}li-ip-ru-us ^{45}ša-ni-tam šum-ma li-ib-bi be-li-ia ^{46}be-lí ṭe$_4$-em-šu ga-am-ra-am ^{47}maḫar ^{d}Da-gan li-iš-ku-un ^{48}ù mārū^{meš} ši-ip-ri ša be-lí-ia ^{49}a-na ṣe-er ^{d}Da-gan lu ka-ia-nu ^{50}awīlum ša šu-ut-ta-am an-ni-tam ^{51}[iq-b]é-e-em pa-ag-ra-am a-na ^{d}Da-gan ^{52}i-na-ad-di-in-ma ú-ul aṭ-ru-da-aš-šu ^{53}ù aš-šum awīlum šu-ú qal$_4$-lu ša-ra-sú ù sí-sí-⟨ik-⟩ta-šu ú-ul él-qé*

^{1}Zu meinem Herrn sprich: ^{3}So sagt dein Diener Itūr-asdu: ^{5}An dem Tage, an dem ich diesen meinen Brief an meinen Herrn abschickte, ^{7}kam Malik-Dagan, ein Mann aus Šakka, zu mir und berichtete mir folgendermaßen: ^{9}„In meinem Traum wollte ich und ein Mann mit mir vom Distrikt von Sagarātum ^{11}im oberen Bezirk nach Mâri gehen. ^{13}In meinem Gesicht ging ich nach Terqa hinein und trat gleich nach meinem Hineinkommen in den Tempel des Dagan ein und warf mich vor Dagan ^{15}nieder. Während ich auf den Knien lag, öffnete Dagan seinen Mund und sprach folgendes zu mir: ^{17}'Haben die Schechs („Könige") der Benjaminiten und ihre Leute ^{19}mit den Leuten des Zimrilim, die heraufkamen, ^{21}Frieden geschlossen?' Ich sagte: 'Sie haben keinen Frieden geschlossen'. ^{23}Als ich im Begriff war, hinauszugehen, sagte er (noch) folgendes zu mir: 'Warum halten sich die Abgesandten ^{25}des Zimrilim nicht ständig vor mir auf, ^{27}und warum erstattet er nicht vollständig (über alles) vor mir Bericht? ^{29}Ich hätte doch sonst schon seit vielen Tagen die Schechs der Benjaminiten ^{31}in die Hand des Zimrilim gegeben! Jetzt geh! Ich habe dich geschickt, ^{33}zu Zimrilim wirst du folgendermaßen sprechen: Schicke deine Abgesandten zu mir ^{35}und erstatte mir vollständigen Bericht! ^{37}Dann will ich auch die [22] Schechs der Benjaminiten

2 So ist hier etwas abweichend von G. Dossin zu lesen.

in einem Fischerfangkorb zappeln lassen und ^{39}vor dir hinstellen!'“ Dieses sah jener Mann in seinem Traum ^{41}und sagte es mir. Jetzt nun habe ich an meinen Herrn geschrieben. ^{43}Mein Herr möge die Angelegenheit dieses Traumes nachprüfen! ^{45}Außerdem möge mein Herr, wenn es ihm beliebt, seinen vollständigen Bericht ^{47}vor Dagan erstatten. Auch mögen die Abgesandten meines Herrn ^{49}ständig zu Dagan hin (auf dem Wege) sein! Der Mann, der mir diesen Traum ^{51}erzählte, wird ein Tieropfer vor Dagan dar-[399]bringen, deshalb habe ich ihn nicht geschickt. ^{53}Und weil dieser Mann geringer Herkunft ist, nahm ich sein Haar und seinen Gewandsaum nicht[3].

2. Brief des Präfekten von Terqa Kibri-Dagan an Zimrilim, im Keilschrifttext veröffentlicht in TCL (Textes Cunéiformes. Musée du Louvre, Paris 1912ff.) XXIV Nr. 40, bearbeitet als ARM (Archives royales de Mari) 3, Nr. 40.

^{1}*[a-n]a be-lí-ia* ^{2}*qí-bí-ma* ^{3}*um-ma Ki-ib-ri-*^{d}*Da-gan* ^{4}*warad-ka-a-ma* ^{5d}*Da-gan ù* ^{d}*Ik-ru-ub-il [ša-]al-mu* ^{6}*a-lum Ter-qa*^{ki} *ù ḫa-al-ṣú ša-lim* ^{7}*ša-ni-tam* u_4*-um ṭup-pí an-né-e-em* ^{8}*a-na ṣe-er be-lí-ia ú-ša-bi-lam* ^{9lú}*mu-uḫ-ḫu-um ša* ^{d}*Da-gan* ^{10}*il-li-[k]am-ma* ^{11}*a-wa-tam ki-a-am iq-bé-e[-em]* ^{12}*um-ma-a-mi* ^{13}*ilum*^{lum} *iš-pu-ra-an-ni* ^{14}*ḫu-mu-uṭ a-na šarrim* ^{15}*šu-pu-ur-ma* ^{16}*ki-ìs-pí a-na i-ṭe*$_4$*-em-m[i-im]* ^{17}*ša Ia-aḫ-du-un-li[-im]* ^{18}*li-ik-ru-bu* ^{19}*an-ni-tam* ^{lú}*mu-uḫ-ḫu-um šu-ú* ^{20}*iq-bé-e-em-ma a-na be-lí-ia* ^{21}*aš-ta-ap-ra-am* ^{22}*be-lí ša e-li-šu ṭà-ba-at* ^{23}*li-pu-úš*

^{1}Zu meinem Herrn sprich: ^{3}So sagt dein Diener Kibri-Dagan: ^{5}Dagan und Ikrub-el sind wohlbehalten; die Stadt Terqa und der Bezirk ist wohlbehalten. ^{7}Ferner: Am Tage, an dem ich diesen meinen Brief an meinen Herrn abschickte, ^{9}kam der *muḫḫûm*-Priester des Dagan zu mir und ^{11}sagte mir ein Wort in folgender Weise: ^{13}'Der Gott hat mich geschickt. Eile, dem König ^{15}schreibe, daß man Totenopfer dem Totengeist ^{17}des Jaḫdullim zelebrieren[4] möge!' ^{19}Dieses hat jener *muḫḫûm* mir gesagt, und ich habe es nun meinem Herrn ^{21}geschrieben. Mein Herr möge, was ihm gut scheint, ^{23}tun!

3. Aus einem Briefbruchstück des Kibri-Dagan an Zimrilim, im Keilschrifttext veröffentlicht in TCL XXIV Nr. 78, bearbeitet als ARM 3, Nr. 78. [23]

[3] Haar und Gewandsaum sollen den Mann den Dämonen ausliefern, wenn er das Gesicht nur erfunden hat.

[4] Oder ist Z. 18 zu *li-ik-si!-pu* „sie mögen Totenopfer darbringen“ zu emendieren? [Nein! W. von Soden.]

[10][ša-ni-tam] aš-šum a-bu-ul-lim edištim [11][e-pé-ši-]im i-na pa-ni-tim [12][. . . .] ^{lú}mu-uḫ-ḫu-ú-um [13][iq-bé-e-e]m-ma [14][. . . .] -rum? [15][. . . .] -ma [16][ù? aš-šum a-bu-]ul-lim ša-a-ti [17][dan-na-tim iš-ku]-un [18][i-na-an-na u_4-u]m ṭup-pí an-né-e-em [19][a-na ṣe-]er be-lí-ia ú-ša-bi-lam [20][^{lú}mu-u]ḫ-ḫu-ú-um šu-ú i-tu-ra-am-ma [21][. . . .]? iq-bé-e-em [22][ù da]n-na-tim iš-ku-na-am um-ma-a-mi [23][i-na-an-na] a-bu-ul-lam ša-a-ti [24][mi-im-ma ú-]ul te-ep-pé-ša [25][ma?-ti? d]u-ul-lum iš-ša-ak-ka-an [26][mi-im-ma ú-]ul ka-áš-da-tu-nu [27][an-ni]-tam ^{lú}mu-uḫ-ḫu-ú-um šu-ú [28][iq-]bé-e-em ù a-na e-bu-ri-[i]m [29][pu-u]l-lu-sa-ku sú-ḫu-ur [30][ki?-ša?]-di-ia ú-ul e-le-[i] [31][as?-sú?-ur?-ri?] be-lí i-qa-ab-bi [32][um-ma-a-mi lu?-ul?-]li-kam-ma (Rest abgebrochen, sicher nur wenige Zeilen)

[10][Ferner:] Wegen des [Baus] eines neuen Stadttores hatte früher [12][. . .] der *muḫḫûm*-Priester zu mir [gesprochen] und (zwei Zeilen fehlen) [16][Auch? redete er wegen] jenes [Stadt]tores [sehr ener]gisch. [18][Jetzt am Tage], an dem ich diesen meinen Brief [an] meinen Herrn abgesandt habe, [20]kam jener *muḫḫûm* zurück und sagte mir [. . .] [22][auch] redete er zu mir sehr energisch mit folgenden Worten: Wollt ihr [jetzt] jenes Stadttor [24][denn überhaupt] nicht bauen? [Wann] wird die Arbeit getan werden? [26][Nichts] habt ihr erreicht!' [Dies]es sagte mir jener *muḫḫûm*, [28]und ich bin (nun) um die Ernte [be]sorgt: Ich kann meinen [*Nack]en* [30]nicht umwenden! [*Ich fürchte, daß]* mein Herr sagen wird: ['Ich *will?*] kommen und . . . (Text bricht ab).

4. Aus einem Briefbruchstück des Kibri-Dagan an Zimrilim, im Keilschrifttext veröffentlicht in TCL XXIII Nr. 90, bearbeitet als ARM 2, Nr. 90. Der Anfang, soweit erhalten, handelt von anderen Dingen; nach einer Textlücke heißt es dann:

[17]ša ^{d}Da-gan a-wa[-tam iq-bé-e-em] [18]um-ma-a-mi aš-šum nīqim [19]e-[400] *pé-ši-im ^{d}Da-gan iš-pu-[ra-an-ni] [20]a-na be-lí-ka šu-pu-ur-ma [21]warḫam e-ri-ba-am i-na* UD-XIV-KAM *[22]nīq pa-ag-ra-i*[5] *li-in-né-pí-iš [23]mi-im-ma nīqam še-tu la ú-še-te-qú [24]an-ni-tam awīlum šu-ú iq-bé-e-em [25]i-na-an-na a-nu-um-ma a-na be-lí-ia [26]áš-ta-ap-ra-am be-lí a-na ki-ma [27]mu-uš-ta-lu-ti-šu [28]ša e-li-šu ṭà-ba-at li-pu-úš*

5 Ob die Lesung *pa-ag-ra-i* korrekt ist oder nicht vielmehr *pa-ag-ra-tim!* zu lesen ist? Letzteres wäre Plural zu der in Mâri öfter bezeugten Benennung für Schlachtopfer *pagrum* (s. auch Nr. 1, 51), die wegen der Wortbedeutung „Leib, Leiche" vielleicht ein Ganzopfer eines schon vorweg geschlachteten Tieres bezeichnet (s. jetzt AHw. S. 809a zu *pagrāʾum*).

[24] [16][. . . der . . .] des Dagan [sagte mir ein] Wort [18]in folgender Weise: 'Wegen der Durchführung des Opfer-Kultes schickte [mich] Dagan: [20]Schreibe an deinen Herrn, daß am 14. Tag des kommenden Monats [22]ein Tieropfer-Kult durchgeführt werden soll. Selbigen Opfer-Kult soll man keinesfalls vorübergehen lassen!' [24]Dieses sagte mir jener Mann. Jetzt nun habe ich an meinen Herrn [26] geschrieben. Mein Herr möge seiner Weisheit entsprechend [28]das, was ihm gut scheint, tun!

Was erfahren wir aus diesen Briefen? In ihnen allen wird von einem Mann berichtet, der unaufgefordert zu einem Statthalter oder einem anderen hohen Beamten des Königs Zimrilim kommt, um ihm einen Befehl des Gottes Dagan, dessen Hauptheiligtum sich in der kleinen Stadt Terqa bei Mâri befindet, zwecks Weitergabe an den König zu übermitteln. Dieser Mann wird in Nr. 1 nur mit Namen genannt ohne Berufsbezeichnung oder Titel; es heißt am Ende des Briefes nur ausdrücklich, daß es ein geringer Mann (*qallum*) sei. In Nr. 2 und 3 wird der Mann ein *muḫḫûm* des Dagan genannt, und die gleiche Bezeichnung ist vielleicht auch in Nr. 4 am Ende der abgebrochenen Z. 16 zu ergänzen. Das Wort *muḫḫûm* ist zweifellos nur eine lautliche Variante zu dem schon lange bekannten Priestertitel *maḫḫûm*; die Schreibung des ersten Vokales als *u*, die sich außerhalb von Mâri m. W. nur noch in einer späteren Wortliste (AfO XI 357 III 20) findet, weist auf eine Aussprache *moḫḫûm*. Dieser *muḫḫûm* hat nach einem Ritual (vgl. G. Dossin, RA 35, 13[2]) auch im Kult der Ischtar von Mâri noch nicht genau bestimmbare Funktionen. In Babylonien gehört der *maḫḫûm* und sein weibliches Gegenstück *maḫḫūtum* (auch *maḫḫītum*) zu den ekstatischen Priestern; das mehrfach gebrauchte Bild „wie eine *maḫḫūtum*" besagt etwa soviel wie „von Sinnen, verrückt" (vgl. jetzt AHw. S. 582f.). Welche Funktionen der *m.* in Babylonien und Assyrien versah, läßt sich aus den nicht allzu zahlreichen Textbelegen nur unzureichend erkennen. Altassyrische Briefe sprechen mehrfach von „mein *maḫḫāʾum*, was J. Lewy in Kültepetexte Hahn S. 21 als „mein Traumdeuter" verstehen möchte[6]. Assarhaddon aber nennt

[6] [Altassyrisch *maḫāʾum* und *maḫātum* bezeichnen nach AHw. 582a vielleicht den Onkel und die Tante; CAD M_1 84f. verzichtet auf eine Übersetzung. Ein Zusammenhang mit *maḫḫûm* und *maḫḫūtum* besteht jedenfalls nicht.]

„die Botschaft (*našparti*) der Götter und Göttinnen" *šipir maḫḫê* „Werk des *maḫḫû*" (Prisma Thompson II 6); der *m.* gilt also auch bei ihm offenbar als Vermittler göttlicher Offenbarungen, wobei wir nur leider nicht erfahren, wie er die Offenbarungen erhielt und wie er [25] sie weitergab. Auf Grund dieser und einiger ähnlicher Stellen hat schon H. Zimmern in seinem leider nicht in extenso veröffentlichten Leipziger Akademievortrag vom 11. Januar 1930 den *maḫḫûm* mit den Propheten Israels in Verbindung gebracht. Die hier behandelten vier Mâribriefe helfen uns nun zu einer etwas bestimmteren Vorstellung von seinem Wesen.

Wie der *m.* zu der Überzeugung gekommen ist, vom Gott Dagan die in den Briefen erwähnten Aufträge erhalten zu haben, erfahren wir aus Nr. 2–4 nicht. In Nr. 1 erscheint Dagan dem Mann im Traum, so daß wir vielleicht auch bei dem *m.* Traumgesichte unterstellen dürfen. Die Männer hören in diesen Träumen Befehle des Gottes, die sie sofort weitergeben; werden sie wie in Nr. 3 nicht gleich befolgt, fühlt sich der *m.* durch seinen Gott zu einer „energischen" Sprache bevollmächtigt, [401] wie sie sonst nur Vorgesetzten zusteht. Der Statthalter gibt die Befehle Dagans an den König nun nicht als Befehle, sondern in höfischen Wendungen als Empfehlungen weiter. Wie das zu beurteilen ist, läßt sich bei dem geringen Material noch nicht sagen. Vielleicht verbot nur das höfische Zeremoniell unter allen Umständen, dem König anders als in unterwürfiger Form zu schreiben. Es wäre aber auch denkbar, daß die Briefschreiber von der Echtheit der ihnen vorgetragenen Gottesoffenbarungen nicht in allen Fällen ganz überzeugt waren (vgl. Nr. 1, 43f.!) und daher dem König die Beurteilung der Dagan zugeschriebenen Anweisungen anheimstellten. In Nr. 3 freilich scheint Kibri-Dagan von den energischen Worten des *m.* ernstlich beeindruckt, da er ausdrücklich sagt, daß er sich doch nicht weigern könne, sie anzuhören. Der unbekannte Mann, der in Nr. 1 zum Empfänger der Befehle Dagans wurde, muß nach Weitergabe des Befehls dem Dagan ein Opfer bringen, das als Dankopfer, aber auch als reinigendes Sühnopfer gedeutet werden kann.

Inhaltlich sind die Befehle Dagans von verschiedener Art. In Nr. 2 und 4 geht es um die Durchführung von Kulthandlungen, genauer von Opfern, die im ersten Fall dem Totengeist des Vaters des

Königs, dem durch Mord gefallenen Jaḫdullim, gelten. In Nr. 3 verlangt der Gott in nachdrücklicher Form den Bau eines Stadttores; aus welchem Grunde er an diesem Bau so interessiert ist, erfahren wir nicht. Am eigenartigsten ist Nr. 1, wo Dagan zunächst [26] darüber klagt, über den Verlauf der Kämpfe mit den Benjaminiten nicht gebührend informiert zu sein. Bedeutet die Frage, ob der Friede geschlossen wurde, wirklich, daß Dagan ohne die Meldungen des Königs nicht Bescheid wußte? Nach dem, was wir vom *babylonischen* Götterglauben wissen, erscheint eine solche Annahme undenkbar; die großen Götter der Babylonier wissen natürlich, was auf Erden vorgeht. Aber es bleibt immerhin möglich, daß die *Kanaanäer* von Mâri den Gott an sein Kultbild im Tempel von Terqa so gebunden dachten, daß er sich nicht überall selbst informieren konnte und daher der Berichterstattung durch Abgesandte unmittelbar vor seinem Bild bedurfte. Denn die Frage Dagans nach dem Friedensschluß als lediglich rhetorisch zu erklären fällt auch nicht leicht. Sei dem nun, wie ihm wolle, jedenfalls hat der König durch sein Verhalten dem Gott nicht die schuldige Ehre erwiesen, sondern versucht, aus eigener, menschlicher Kraft zu handeln. Der Gott hat ihm daher seine Hilfe entziehen müssen, stellt sie aber nun erneut in Aussicht, wenn der König das Versäumte sofort nachholt und künftig seinen Forderungen getreulich nachkommt. Denn er möchte offenbar seinem König gern helfen.

Es erhebt sich nun die weitere Frage, warum Dagan seine Befehle dem König nicht unmittelbar gibt, sondern durch einen Dritten, der nach Nr. 1 anscheinend nicht einmal unbedingt priesterliche Funktion haben muß. Der sumerische Stadtfürst Gudea von Lagasch (ca. 2060 v. Chr.) erhält von Ningirsu den Tempelbaubefehl im Traum persönlich, und auch Gilgamesch sieht die hochbedeutsamen Träume im Mythus selbst. Bei dem Assyrer Assurbanipal hingegen erfahren wir von beidem: von Träumen, die er bzw. ein anderer Fürst wie z. B. Gyges von Lydien selbst sah, und solchen, die die Götter Priestern oder Priesterinnen für den König sandten (vgl. M. Jastrow, Religion II 154 ff.). In Mâri ist nun bisher nur die mittelbare Offenbarung des Gotteswillens an den König über den *muḫḫûm* oder von Fall zu Fall beauftragte Personen bezeugt; ob die unmittelbare wirklich gar nicht vorkam, können wir auf Grund des dürftigen Materials noch nicht entscheiden. Unsere noch ganz unzureichende Kenntnis der im Mâri Zimrilims herrschenden Gottesvorstellung macht es außerdem unmöglich festzustellen, ob für den Gott nach damaligem Glauben grundsätzliche Schwierigkeiten [27] bestanden, mit dem König unmittelbar so zu sprechen, wie es mit dem Mann von Nr. 1 geschah. Wir wissen nur, daß auch im Alten Testament Gott zu den Königen sehr oft durch Dritte spricht und daß es in Israel einen be-[402]sonderen Stand gab, der im besonderen Maße Träger der göttlichen Offenbarungen war, eben die *nābīᵓ* „Prophet" genannten Männer (sehr viel seltener auch Prophetinnen). Damit kommen wir nun auf die eingangs gestellte Frage zurück, ob zwischen der Verkündigung des Willens Dagans, von der wir in den hier besprochenen Briefen aus Mâri erfahren, und der israelitischen Prophetie ein Zusammenhang besteht. Eine Parallele besteht zweifellos darin, daß dem Stand des *nābīᵓ* in Mâri der Stand des *muḫḫûm* entspricht. Die Offenbarungsträger sind in beiden Fällen in der Regel nicht die Kultpriester, denen der Opferdienst obliegt. Die prophetische Verkündigung geschieht in Israel weithin in der Form des sog. Prophetenspruches, also sehr kurzer Einheiten, die ganz knapp das Wesentliche sagen. In Mâri haben wir es bisher nur mit solchen kurzen Sprüchen zu tun; von einer prophetischen Predigt erfahren wir nichts. Für eine weitergehende formale Vergleichung der Sprüche ist das Material aus Mâri noch zu dürftig, und eben diese Dürftigkeit setzt auch der inhaltlichen Vergleichung Grenzen. Immerhin bleibt an Parallelen zu beachten: 1. Der Gott verlangt auch in Mâri die Weitergabe seiner Befehle an den König ohne Rücksicht darauf, ob sie dem König genehm sind. 2. Wie im AT übt auch in Mâri der prophetische Spruch Kritik am Verhalten des Königs ohne Rücksicht darauf, daß von der Unzufriedenheit des Gottes mit dem König durch den Spruch auch Untertanen des Königs erfahren. 3. Der Brief Nr. 1 klingt in eine Heilsweissagung aus; sie ist aber bedingt, da Voraussetzung für ihr Eintreten die Erfüllung des Gotteswillens durch den König ist. Wir finden also auch in Mâri den Willen des Gottes zu helfen, wenn der Mensch das Seine tut. Auf der anderen Seite sind bei Vergleich der großen Propheten des Alten Bundes die Unterschiede deutlich genug. Die Sprüche in Mâri sind prosaisch, ihre Forderungen an den

König sehr äußerlicher Art; der König wird weder in seiner inneren Haltung dem Gott gegenüber noch in seinem ethischen Handeln angesprochen, sondern nur an äußere, meist kultische Verpflichtungen erinnert. Eschatologische Themen werden nicht berührt. Es muß [28] hier allerdings wiederholt werden: Unser Wissen um den Inhalt der Sprüche der *muḫḫû* ist noch ganz dürftig und lückenhaft, nach dem, was wir über die Religion der Ḫammurabizeit sonst wissen, erscheint es durchaus möglich, daß sie auch einmal Verstöße des Königs gegen das Recht rügten. Aber das, was uns tatsächlich vorliegt, geht über den Bereich der im AT verurteilten Kultprophetie nicht hinaus.

Schon das AT weiß, daß es nicht nur Propheten Jahwes gegeben hat, sondern auch solche des Baʿal und anderer kanaanäischer Götter. Wir können ihm entnehmen, daß das Prophetentum eine Institution war, die auch für die Heranbildung ihres Nachwuchses selbst sorgte. Wenn wir die hier behandelten Briefe aus Mâri recht deuten, reichen die Wurzeln dieser Institution im Bereich der kanaanäischen Staatenwelt, zu der ja trotz weitgehender Babylonisierung auch Mâri zu rechnen ist, zeitlich um mehr als ein halbes Jahrtausend weiter zurück, als wir nur auf Grund der Berichte des AT annehmen durften. Das Nebeneinander von Prophetie und Kultpriestertum mit ihren Gegensätzen untereinander scheint also ein altes Erbe der kanaanäischen Religion zu sein. In Babylonien und Assyrien gab es, wie schon erwähnt, den *muḫḫûm* auch; wir erfahren aber über seine Funktionen in der älteren Zeit fast nichts. Erst im neuassyrischen Reich der Sargoniden begegnen wir, wie schon H. Zimmern erkannt hatte (s. o. S. 207), Erscheinungen, die an die Prophetie Israels erinnern; es scheint, daß zur Zeit des Jesaja etwa eine prophetische Bewegung durch große Teile Vorderasiens ging, an deren Bedeutung in Assyrien vielleicht auch das Buch Jona noch eine Erinnerung bewahrt hat. Das, was wir über diese Bewegung noch erkennen können, herauszuarbeiten, muß einmal Aufgabe einer besonderen Untersuchung sein, die auch das neuassyrische Orakelwesen einbeziehen müßte und dadurch schwierig ist; hier können wir darauf nicht eingehen. Für das geschichtliche Verständnis der großen Propheten des [403] Alten Bundes dürfen wir als Ertrag dieser kurzen Untersuchung aber wohl noch die Erkenntnis buchen, daß weltweite Wirkungen, wie sie von diesen Männern noch heute ausstrahlen, nicht notwendig das Entstehen ganz neuer religiöser Institutionen voraussetzen. Zu Empfängern und Vermittlern neuer Gottesoffenbarungen wurden hier vielmehr Männer ausersehen, die [29] in einer sehr alten und vielleicht sogar schon recht erstarrten Überlieferung standen; erst die neue Botschaft machte es, daß wir in ihnen heute weniger die Träger eines alten Erbes sehen als vielmehr die Wegbereiter eines Neuen, das sich einige Jahrhunderte nach ihnen vollenden sollte.

Korrektur-Zusatz: Während des Druckes dieses Artikels erschien von F. M. Th. De Liagre Böhl, Profetisme en Plaatsvervangend Lijden in Assyrië en Israël, in: Nederlands Theologisch Tijdschrift 4 (1950), S. 81 ff., worin die oben besprochenen Texte in ganz ähnlichem Sinne behandelt sind. – Einen weiteren hierhergehörigen Brief veröffentlichten A. Lods † und G. Dossin u. d. T.: Une tablette inédite de Mari, intéressante pour l'histoire ancienne du prophétisme sémitique, in: Studies in Old Testament Prophecy, presented to Th. H. Robinson, Edinburgh 1950, S. 103 ff. Nach ihm konnte sich auch der Wettergott Adad in ähnlicher Weise offenbaren; die Offenbarungsempfänger heißen in diesem Fall „Antwortender" (*āpilum*) bzw. „Antwortende" (*āpiltum*) wohl als Beantworter von Orakelfragen. [Zusatz 1976 [7]: Die Bezeichnung „Antwortender" (*āpilum*) für die Überbringer göttlicher Botschaft findet sich jetzt in mehreren Briefen.] Der Hauptteil des Briefes sei hier wenigstens noch übersetzt:

[8]In Orakeln (sprach) Adad, der Herr von Kallassu, folgendermaßen: 'Bin ich nicht [10][Ad]ad, der Herr von Kallassu, der ich ihn (d. h. Zimrilim) auf meinem Schoß großzog und ihn auf den Thron seines Vaters [12]zurückführte? Als ich ihn auf den Thron seines Vaterhauses zurückgeführt hatte, gab ich ihm außerdem noch eine Wohnstätte (d. h. seinen Palast). [14]Jetzt so, wie ich ihn auf den Thron seines Vaterhauses zurückführte, will ich (den Ort) Neḫlatum aus seiner Hand nehmen. [16]Wenn er nicht geben will, so bin ich der Herr von Thron, Erde und Stadt: Ich werde, was ich gab, [18]wegneh-

[7] Vgl. den Wiederabdruck des vorliegenden Artikels in: P. H. A. Neumann (ed.), Das Prophetenverständnis in der deutschsprachigen Forschung seit Heinrich Ewald (WdF CCCVII), 1979, 320–332, bes. 330–332.

men! Ist es nicht so und will er das von mir Gewünschte geben, werde ich Thron über Thron, [20]Haus über Haus, Erde über Erde, Stadt über Stadt ihm geben. [22]Auch werde ich das Land von Sonnenaufgang bis -untergang ihm geben!' [24]Dieses sagten die 'Beantworter'; auch hält er sich immer wieder bei den Orakeln auf. Jetzt obendrein [26]bewacht der 'Beantworter' des Adad, Herr von Kallassu, die Tenne(?) von Alaḫtum für Neḫlatum. [28]Mein Herr möge wissen: Früher, als ich in Mâri wohnte, [30]pflegte ich jedes Wort, das 'Beantworter' und 'Beantworterin' mir sagten, meinem Herrn zu berichten. [32]Jetzt wohne ich [in] einem anderen Lande: [30] soll ich da, was ich höre und man mir sagt, [34]meinem Herrn nicht schreiben? Wenn künftig einmal irgendeine Versäumnis entstehen sollte, [36]wird da mein Herr nicht folgendermaßen sagen: 'Das Wort ⟨des Gottes⟩ sagte der 'Beantworter' dir, während er deine Tenne(?) [38]bewachte; warum hast du (es) mir nicht geschrieben?' Nunmehr habe ich (es) meinem Herrn [40]geschrieben; mein Herr soll es wissen! Ferner: der 'Beantworter' des Adad, Herr von Ḫalab (Aleppo), kam [42][zu Abu]ḫalim und sprach [folgendermaßen]: [Schrei]be deinem Herrn! (Textlücke) [das Land [Rand 1] vom Sonnenaufgang] bis -untergang werde ich [selbst] dir geben!' [3][Dieses] sagte Adad, der Herr von Ḫalab, vor Abuḫalim. Mein Herr soll dieses wissen!

So äußerlich hier der Wunsch des Adad ist, die Anklänge an manche Prophetensprüche des AT in der Ausdrucksweise sind unverkennbar.

Literaturnachträge (April 1976)[8]

Über die Prophetie in Mâri zur altbabylonischen Zeit und ihr Verhältnis zur Prophetie in Israel ist seither sehr viel geschrieben worden. Nur eine Auswahl wichtiger Titel, die mir bekannt geworden sind, kann hier gegeben werden.

a) 4 weitere Briefe wurden herausgegeben und bearbeitet von J. Bottéro und J.-R. Kupper, in: Archives royales de Mâri XIII, Paris 1964, die Briefe Nr. 23 und 112–4. b) 14 neue Briefe enthält im Keilschrifttext der Bd. X der gleichen Edition; sie wurden bearbeitet und ausführlich kommentiert von W. L. Moran, New Evidence from Mâri on the History of Prophecy, in: Biblica 50 (1969), S. 15–56. Zu den meisten dieser Briefe vgl. ferner Fr. Ellermeier, Prophe-

[8] Vgl. Anm. 7.

tie in Mâri und Israel, Herzberg am Harz 1968, und W. H. Ph. Römer, Frauenbriefe über Religion, Politik und Privatleben in Mâri (= Alter Orient und Altes Testament, Band 12), Kevelaer und Neukirchen-Vluyn 1971, S. 18–29.

Zu allen bisher bekannten Briefen ist noch zu nennen:

J.-G. Heintz, Oracles prophétiques et 'guerre sainte' selon les Archives royales de Mâri et l'Ancien Testament, in: Supplements to Vetus Testamentum XVII (1969), S. 112–138 m. Bibliogr.

[31] –, Prophetie in Mâri und Israel, in: Biblica 52 (1971), S. 543–55 m. ergänz. Bibliogr.

A. Finet, Les symboles du cheveu, du bord de vêtement et de l'ongle en Mésopotamie, in: Eschatologie et Cosmologie. Annales du Centre d'Étude des Religions 3 (Bruxelles 1969), S. 101–30.

J. Ross, Prophecy in Hamath, Israel and Mari, in: Harvard Theological Review 63 (1970), S. 1–28.

J. Scharbert, Die prophetische Literatur. Der Stand der Forschung, in: H. Cazelles, De Mâri à Qumran, Paris 1969, S. 58–118.

Es soll noch weitere unveröffentlichte Briefe aus Mâri zur Prophetie geben.

Schlußnachtrag (Januar 1990)

Die lange erwartete Gesamtausgabe der Prophetie-Briefe aus Mâri liegt nun vor: J.-M. Durand, Archives épistolaires de Mari I/1 (= AÉM; Paris 1988). Die Teile II und III (p. 375–482 mit Nr. 191–240) enthalten „Les textes prophétiques“ und „Les rèves“. Nach umfangreichen Einleitungen werden die Briefe eingehend kommentiert; Kollationen ermöglichten viele Textverbesserungen gegenüber den Erstausgaben. Die hier behandelten Briefe findet man dort unter Nr. 233, 221, 221-bis und 220; der hier nur übersetzte letzte Brief wurde für AÉM I/3 zurückgestellt. Hier S. 203,53 lies statt *qal*$_4$*-lu* vielmehr *ták-lu* zuverlässig ist. Auf S. 205f. sind heute in einigen Zeilen Text und Übersetzung zu korrigieren.

Biblische Zeitschrift N. F. 10 (1966), S. 161–197.

PROPHETIE IM UMKREIS DES ALTEN ISRAEL

Von Friedrich Nötscher*

Die Botschaft Jeremias (27, 9) an die Könige von Edom, Moab, Ammon, Tyrus und Sidon enthält die Warnung: „Hört nicht auf euere Propheten (*nbj*ʾ), Wahrsager, Träumer, Zeichendeuter und Zauberer, die euch sagen: Ihr braucht dem König von Babel nicht untertan zu sein!" Man darf wohl annehmen, daß damit nicht etwa nur in sozusagen unreflektierter Rhetorik israelitische Verhältnisse auf die Fremde übertragen werden, sondern daß wirklich in Israel mit der Existenz von Propheten auch in den Nachbarländern gerechnet wurde. Möglicherweise sind die 3 Kg 18, 19ff. erwähnten Baals- und Aschera-Propheten von Isebel aus Tyrus importiert. Auch auf Bileam aus Petor Nm 22, 5 wäre zu verweisen. Zu beachten ist freilich sogleich, daß bei Jeremias die fremden Propheten mit den (in Israel verpönten) Mantikern und Magikern in gleiche Linie gestellt und damit einigermaßen abgewertet werden. Aber ein Vergleich israelitischer mit nichtisraelitischer Prophetie legt sich trotzdem nahe und erscheint auch aus anderen Gründen nicht unangebracht.

Allerdings stehen da gleich am Anfang terminologische Schwierigkeiten. „Prophet" ist ein weitschichtiger und vieldeutiger Begriff. Ursprünglich (biblisch-)religiösen Inhalts, ist er heute weitgehend säkularisiert und profaniert bis zur Verbindung mit der Wettervorhersage. Geblieben ist gemeinhin nur die Vorstellung, daß der „Prophet" etwas über die Zukunft weiß und sagen kann. Mittel und Wege, wie er zu deren Kenntnis gelangt, werden dabei heute kaum in Anschlag gebracht. Gerade diese sind aber für den atl Prophetismus, der bis heute zu den Grundproblemen der atl Forschung

* Transkriptionen und Auszeichnungen im Satz wurden gegenüber dem Original vereinheitlicht; H.-P. Müller.

gehört, das wesentliche und entscheidende Merkmal. Prophet in biblischem Sinne wird und ist einer durch göttliche Berufung: er redet und handelt im Bewußtsein göttlicher Inspiration, auf göttlichen Antrieb, als Sprecher und Anwalt Gottes, zur Vertretung religiöser Belange; er tritt öffentlich auf als ungerufener Bote und Mahner, der wohl auch auf die Zukunft verweist und Heil oder Unheil ankündigt, aber gewöhnlich nur insoweit, als dies mit der Gegenwart und Vergangenheit in ursächlichem Zusammenhang steht, durch sie grundgelegt oder angebahnt ist. [162] Gegenstand prophetischer Sorge und Hauptanliegen prophetischer Tätigkeit ist die religiös-sittliche Haltung des Volksganzen in der Gegenwart, und alle Bereiche des öffentlichen, auch des politischen Lebens werden von den großen israelitischen Propheten unter religiösem Aspekt betrachtet und beurteilt. Privatangelegenheiten der einzelnen treten in ihrer Botschaft ganz zurück und fallen wenig ins Gewicht. Auf magischen Mechanismus, auch in Verbindung mit kluger Berechnung und Erfahrung, zur Befriedigung der Neugier einzelner, wird von ihnen verzichtet. Das wäre Wahrsagekunst und Mantik, die es in Israel wohl auch gab, aber die großen Propheten lehnen es ab, damit in Zusammenhang gebracht zu werden. So kommt es, daß schon im AT ein Unterschied ist zwischen Prophet und Prophet. Amos (7, 14f.) wehrt sich dagegen, den berufsmäßigen Propheten beigezählt zu werden, da er als Hirt einen bürgerlichen Beruf hat, der seinen Mann ernährt. Trotzdem betont er seinen göttlichen Auftrag, als Prophet tätig zu werden. Die Propheten, denen Saul begegnet und sich zeitweise anschließt, sind Ekstatiker mit allen Zeichen ekstatischer Erregung 1 Sm 10, 5f. 9–12; 19, 20–24, deren Betätigung später wohl so ausartete, daß „Prophet“ zur abschätzigen Bezeichnung werden konnte, die der Betroffene scheut, Zach 13, 2–6. Echte, wirkliche, pflichtbewußte Jahwepropheten wie etwa Jeremia betrachtet das unglückliche Volk, obgleich sie unbequeme Warner und Mahner sind, als ein kostbares Gut Jer 43, 6; vgl. Am. 2, 11; ihr Fehlen in einer Epoche gilt als nationales Unglück Ps 74, 9; Klgl 2, 9; vgl. Dn 3, 38; 1 Makk 9, 27.

Lange Zeit bewertete man die großen Propheten als eine israelitische Besonderheit, denen der Alte Orient und überhaupt das Altertum nichts Gleichwertiges an die Seite zu stellen hat. In den letzten

Jahrzehnten aber hat man ähnliche Erscheinungen in Ägypten und, namentlich seit dem Bekanntwerden der Keilschrifttexte aus Mari (am mittleren Euphrat), in Mesopotamien zum Vergleich herangezogen und die Frage nach dem fremden Einfluß auf die israelitische Prophetie gestellt und teilweise positiv beantwortet. Wirklichen Sinn hat der Vergleich freilich nur, wenn er sich auf Propheten im eigentlichen engsten Sinne beschränkt, nämlich die sich inspiriert fühlenden, im Bewußtsein göttlicher Berufung und göttlichen Auftrags spontan, unbefragt redenden und handelnden Gottesboten. Mantik (Wahrsagerei und Orakel) und Magie finden sich wohl überall, und Parallelen dazu wären nicht auffallend. Es muß also in jedem einzelnen Falle beachtet werden, in welchem Sinne „Prophet" oder „Prophetie" gemeint ist. [163]

Ägypten

Über ägyptischen Prophetismus hat G. Lanczkowski nach einem Vortrag auf dem Internat. Orientalistenkongreß 1957 in München [1] in seiner phil. Habilitationsschrift [2] seine Auffassung eingehend dargelegt. Er rückt die sog. „Klagen des Bauern" (Text bekannt aus Handschriften des Mittleren Reiches) in den Mittelpunkt seiner Darstellung [3] und glaubt „mit Hilfe religionsgeschichtlicher Sachparallelen beweisen" zu können, daß dieser „Text (neben anderen offenbar das wichtigste) Zeugnis für die Existenz einer prophetischen Bewegung in der Aufstiegszeit des MR ist" [4]. Aber gegen seine von der bisherigen Deutung stark abweichende Beurteilung dieses Textes und des ägyptischen Prophetismus überhaupt wurden von ägyptologischer Seite schwerwiegende Bedenken erhoben, die an die Substanz gehen [5]. Es kommt natürlich hier sofort sehr darauf an, was

[1] Ägyptischer Prophetismus im Lichte des alttestamentlichen: ZAW 70 (1958) 31–38.

[2] Altägyptischer Prophetismus, Wiesbaden 1960.

[3] Ebd., 49–93.

[4] Ebd., 51.

[5] Vgl. H. Brunner, TLZ 87 (1962), 585 ff.; S. Morenz, DLZ 83 (1962), 601 ff.; S. Herrmann, OLZ 58 (1963), 124 ff.; ders. auch Suppl. VT IX

man unter „prophetisch" versteht: Vorhersage der Zukunft unter Zuhilfenahme technischer Mittel, also „technische Orakel", ekstatische Erregung als Mittel des Offenbarungsempfangs oder Reden in göttlichem Auftrag ohne solche außerordentlichen Dinge etwa gar von Amts wegen. Lanczkowski, der über den Begriff lange Ausführungen macht[6], faßt ihn so weit, daß auch alles darunterfallen kann, was man sonst bei Ägyptologen und Alttestamentlern unter Weisheit oder theologischer Reflexion zu subsumieren pflegt. Man wird ihm da schwerlich folgen können[7].

In den Sammelwerken von H. Gressmann[8] und Pritchard[9] wird eine Anzahl der (teilweise nur im Auszug) von H. Ranke bzw. J. A. Wilson übersetzten ägyptischen Texte unter dem Titel ›Prophetische Texte‹ bzw. ›Egyptian Oracles and Prophecies‹ zusammengefaßt. A. Erman[10] bezeichnet nur die Mahnsprüche [164] des Ipuwer als „Mahnreden eines Propheten", während H. Bonnet[11] den Terminus „prophetische Literatur" bei Ägypten überhaupt für „irreführend" hält, weil es sich in Wirklichkeit nicht um Propheten handle, die sich auf irgendwelche göttliche Offenbarung berufen, sondern um Weise, deren „Zukunftsschau durchaus im Rahmen des zeitlich-politischen Geschehens bleibt". Von einem ägyptischen Messiaskönig als Vorbild oder Parallele zur israelitischen Messiaserwartung könne man nicht reden, weil am Nil nur ein politisch-nationaler Wiederaufstieg nach dem augenblicklichen Chaos (am Ende des Alten Reiches) erwartet werde. Die Folge Unheil–Heil hat also sozial- bzw. nationalpolitischen Sinn und bedeutet nicht

(1963), 47–65: Prophetie in Israel und Ägypten. Recht und Grenze eines Vergleichs; noch ausführlicher zur Frage jetzt ders. in seinem Buch (enthaltend seine Dissertation von 1957 und seine Habilitationsschrift von 1959): Die prophetischen Heilserwartungen im AT. Ursprung und Gestaltwandel (BWANT 85), 1965, 16–64 (das Buch ist mir erst nach Absendung meines Manuskripts zugänglich geworden).

6 Altägypt. Prophetismus 9–17.

7 Vgl. Herrmann, Suppl. VT IX 51[6].

8 Altorientalische Texte und Bilder[2], 46–51 (55).

9 Ancient Near Eastern Texts[2] (= ANET[2]), 1955, 441–449.

10 Die Literatur der Ägypter, 1923, 130.

11 Reallexikon der ägyptischen Religionsgeschichte, 1952, 609.

wie im AT eine religiöse Wende, die alle Welt umfassen soll. In dem ›Handbuch der Orientalistik‹[12] wird darum der Ausdruck „prophetische Literatur" für Ägypten überhaupt vermieden, und was man bisher so bezeichnete, erhält hier vielmehr den Titel ›Weltanschauliche und politische Tendenzschriften‹. S. Herrmann[13] möchte die von E. Otto vorgeschlagene, zwar nicht schönere, aber entsprechendere Bezeichnung „Auseinandersetzungsliteratur" vorziehen und hält einen unmittelbaren Einfluß dieser Literatur auf Israel nicht für ausgeschlossen, aber auch nicht für erwiesen. Er betont richtig, daß die betreffenden ägyptischen literarischen Corpora ihrem Charakter nach der weithin „profan" ausgerichteten Weisheitsliteratur näherstehen als der eigentlichen Sakralliteratur mit ihren theologischen Problemen. Ein „charismatischer Prophetenstand", der sich für seine Reden und Forderungen auf göttliche Legitimation beruft, läßt sich für Ägypten nicht nachweisen. Es sind vielmehr „Wissende, Gelehrte" wie Neferti (s. unten S. 220/1), die solche „Prophezeiungen" vortragen oder denen sie in den Mund gelegt werden. Es sind in der Tradition bewanderte Männer, die über Lebenserfahrung und Urteilsfähigkeit verfügen, sich um das Wohl des Landes Sorge machen und an die Zukunft denken, für die sie ihre Befürchtungen, Hoffnungen und Mahnungen darlegen[14]. Ihre Weissagungen sind Literatur; sie stellen eine literarische Gattung dar meist in poetischer Form, die eingebettet ist in eine prosaische Rahmenerzählung. Diesem Rahmen selbst kommt nicht der Wert eines historischen Berichts zu, er bildet nur die literarische Form zur Vorbereitung auf das eigentliche Textcorpus, z. B. auf die Rede des Neferti vor dem König[15]. [165]

In der Frage, welche Texte als prophetische Literatur in Betracht kommen, sind sich die Ägyptologen keineswegs einig. Vor allem ist an den von Lanczkowski so in den Vordergrund gestellten „Klagen des Bauern" kaum etwas Prophetisches zu bemerken. Sie werden

[12] Ed. B. Spuler I 2 (1952), 111 ff.; vgl. S. Herrmann, Suppl. VT IX 50.

[13] Ebd., 50 und 60 ff.

[14] Ebd., 56, 60.

[15] Ebd., 54.

daher auch weder von Erman[16] noch von Ranke[17], noch von Wilson[18] zur prophetischen Literatur gerechnet. In neun z. T. sehr langen Reden hält hier ein Landmann einem Beamten, der ihm Recht verschaffen sollte, sein Unrecht vor. „Sätze von allgemeiner Wahrheit“[19] finden sich nur an wenigen Stellen. Es geht also im besten Falle um die Durchsetzung von Recht und Wahrheit im Lande. Erman (S. 122) ist sogar geneigt, in dem Buch „eine Übung im Schönreden oder ein Produkt der Schule“ zu sehen, wobei es mehr auf die schöne Form als auf den Ernst des Inhalts oder der Situation ankommt.

Auch im „Streit des Lebensmüden mit seiner Seele“ oder „des Menschen mit seinem Ba“ (Handschrift aus dem MR), wie Herrmann den Text benennen will, geht es nicht um öffentliche, für die Zukunft bedeutungsvolle Angelegenheiten, womit sich Propheten zu beschäftigen pflegen, sondern es handelt sich um das Zwiegespräch zwischen einem Unglücklichen, der seinem Leben durch Verbrennen ein Ende machen will, und seiner Seele, die nach dem Tode nicht bei ihm bleiben und nicht wieder an seinem Unglück teilhaben will, mit dem Resultat, daß sie sich bereden läßt, doch wieder mit ihm zusammen eine Stätte zu haben, also bei ihm zu bleiben[20].

Einigermaßen damit zu vergleichen ist die jüngere, ziemlich allgemein über Bosheit und Unglück in der Welt sich ergehende Klage des Cha-cheper-re-seneb, eine Zwiesprache mit dem eigenen Herzen als dem einzigen Vertrauten, wovon auf einer Schülertafel der 18. Dynastie (um 1400) aber nur die Einleitung erhalten ist[21]. Wenn man zu solchen Texten biblische Parallelen sucht, müßte eher an Hiob oder Kohelet gedacht werden. Doch sind die Berührungen

16 Literatur, 157–175.

17 ATB^2 33f.

18 ANET^2 407–411.

19 Ranke, ATB^2 34.

20 Erman, Literatur, 122ff.; ATB^2 25–29; ANET^2 405–407; vgl. auch E. Suys, Or 1 (1932), 57ff.; A. Scharff in: Sitzungsber. d. Bayr. Akad. d. Wiss. 1937, Heft 9; Hermann Junker, Anzeiger d. Wiener Akad. d. Wiss. 1948 Nr. 17, 219–227.

21 Erman, Literatur, 149.

damit hinsichtlich der Form und des Inhalts nicht gerade frappant und erklären sich leicht aus der Natur des Objekts.

[166] Als „Prophetie" kommen in erster Linie Texte in Frage, die sich mehr oder minder deutlich auf die Überwindung des Chaos in der Zeit zwischen dem Alten und Mittleren Reich (um 2000) beziehen. Nach allgemeiner Annahme enthalten sie vaticinia post eventum. Die Rahmenerzählung versetzt sie aber als Vorhersagen in eine weit zurückliegende Vergangenheit.

a) Der „prophetische Teil" der Erzählungen des Papyrus Westcar[22]: Ein Zauberer erzählt dem König Cheops (4. Dynastie), von ihm gerufen, um Zauberkunststücke vorzuführen, von der baldigen Geburt dreier Söhne des Sonnengottes, deren Mutter die Frau eines Priesters dieses Gottes ist. Diese Drei werden das Königsamt im Lande ausüben. Der Sonnengott bringt also ein neues Königsgeschlecht hervor, von dem die Dynastie des Cheops abgelöst wird. Es sind die Könige der neuen (5.) Dynastie. Trotz der Rahmenerzählung wird der Text erst aus dem Anfang des MR (12. Dynastie) stammen. Daß das etwa 1300 Jahre jüngere Wort Jesajas vor Achaz (Immanuel-Weissagung Jes 7, 13–16) denselben Geist atme[23], wird man nicht so ohne weiteres finden. Nach dem Papyrus Westcar scheint es ein berufsmäßiger, vielleicht beamteter gelehrter Priester oder Kultdiener (Cherheb) zu sein[24], der als Zauberer und Erzähler vor den König tritt.

b) In die gleiche Zeit der 4. Dynastie, unter den König Snefru, verlegt die Rahmenerzählung die Prophezeiung des Neferti[25]. Sein Titel *rḫꜣḫ.t* ist wohl ebenfalls Berufsbezeichnung eines Kultbeamten, der „das Ritual ausführt" und als „Weiser aus dem Osten" bezeichnet wird[26]. Seine Aussage bezieht sich auf die Herrschaft des mit Namen genannten Ameni (= Amenemhet), der als Usurpator und Begründer der 12. Dynastie nach den langen Wirren der Zwi-

[22] Ebd., 72ff.; ATB² 66; Lanczkowski, Altägypt. Prophetismus, 98f.

[23] Lanczkowski, 99.

[24] Erman, Literatur, 65f.; ATB² 63.

[25] Früher Neferrehu gelesen; Übersetzung ATB² 46–48; ANET² 444–446.

[26] ANET² 444ᵇ.

schenzeit die staatliche Ordnung wiederherzustellen begann (um 2000). Neferti ist vom König gerufen, nicht um zu weissagen, sondern um ihn zu unterhalten, und er läßt ihm die Wahl, ob er etwas über die Vergangenheit oder über die Zukunft hören will. Der König entscheidet sich für das „Zukünftige" und schreibt selbst auf, was Neferti sagt, nachdem er „nachgesonnen hatte über das, was im Lande geschehen wird". Das Wesentliche daran ist, daß Wirrnis und Unheil durch den genannten Herrscher überwunden werden soll. Das liegt aber in der Natur der Sache; eine Art messianisches Unheils-Heils-Schema oder der messia-[167]nische Charakter des erwarteten erfolgreichen Herrschers ist daraus nicht zu erschließen[27]. Es ist wohl möglich, wie Lanczkowski[28] nach dem Vorgang anderer Gelehrter annimmt, daß durch diese fingierte, nur als literarische Form zu wertende Prophetie die Machtergreifung des aus dem Süden stammenden Usurpators propagandistisch gerechtfertigt werden soll, also ein vaticinium post eventum vorliegt; aber daß die fingierte Prophetie notwendig das Vorhandensein einer echten voraussetzt, weil sie sonst für die Öffentlichkeit nicht wirkungsvoll wäre, ist nicht ebenso einleuchtend. Zudem ist hier weder Motiv noch Inhalt religiös, sondern politisch und durchaus profan.

c) Von den Mahnreden des (sonst nicht bekannten Weisen) Ipuwer[29] an den König, bestehend aus 6 Gedichten mit prosaischen Abschnitten, möglicherweise ebenfalls in der Zeit zwischen AR und MR entstanden, wenn auch die schlecht erhaltene Handschrift, von der Anfang und Ende fehlt, jünger ist, sagt Wilson[30], der Text sei „prophetisch im biblischen Sinn", muß aber dazu bemerken: Der Prophet sagt nicht die Zukunft vorher, sondern steht vor dem Pharao und verurteilt die Verwaltung Ägyptens in der Vergangenheit und Gegenwart. Aus einer sonst unverständlichen Stelle, wo Ipuwer die 2. Person Singular, wohl als Anrede an den Pharao,

[27] Wohl zu Unrecht will auch H. W. Wolff, Gesammelte Studien zum AT, 1964, 212f., die Drohworte der atl Propheten und ihre Schilderung des Heils wie Jes 9 und 11 zum Vergleich herangezogen wissen.

[28] Vgl. Altägypt. Prophetismus, 96–98.

[29] Erman, Literatur, 130–148; ATB^2 51–55; ANET^2 441–444.

[30] ANET^2 441.

braucht, und aus dem folgenden Kontext meint Wilson folgern zu dürfen: „Wie Natan zu David sagt: Du bist der Mann!, so muß Ipuwer schließlich sich an den Pharao gewandt haben, indem er die Verantwortung für die Leiden Ägyptens direkt dem Pharao anlastet“ [31], also ihm eine Strafpredigt hält. Da aber, wie bemerkt, Anfang und Schluß des Textes fehlen, weiß man nicht, aus welchem Anlaß Ipuwer zum König kommt und zu ihm spricht, ob er aus eigenem Entschluß erscheint oder gerufen ist, ja nicht einmal, welcher Pharao es ist, etwa Phiops II. (von der 6. Dynastie gegen Ende des AR), der ca. 90 Jahre regierte. Die Schilderung des Unglücks: Volk und Söldner im Aufruhr, vielleicht auch drohender Angriff vom äußeren Feind, hat den Zweck, den ahnungslos in seinem Palast lebenden König zu informieren, daß er „etwas von dem Elend schmecke“, wohl um ihn zu Gegenmaßnahmen, zum Kampf gegen seine Feinde und zur Gottesfurcht anzutreiben. Über den Erfolg erfährt man nichts mehr. Von Weis-[168]sagung und göttlichem Auftrag, was sonst als wesentlich für einen Propheten angesehen wird, ist nicht die Rede; daß etwa die heillose Zeit durch eine bessere Zukunft abgelöst werden soll, läge im gegebenen Fall in der Natur der Sache.

d) Wilson bringt unter ›Oracles and Prophecies‹ noch vier weitere Texte, die, wenn überhaupt, als prophetisch nur in einem sehr abgewandelten und uneigentlichen Sinne gelten können: In einem Text auf den Wänden des Tempels von Karnak berichtet Thutmosis III. (etwa 1501–1447) in den letzten Jahren seiner Regierung von seiner Berufung und Ernennung zum König durch den Gott Amon, wohl in der Absicht, die ungewöhnliche Art seiner Erhebung auf den Thron durch die Amon-Priesterschaft von Karnak zu begründen, zu der er in besonderer Beziehung stand [32]. Die gleiche wohl weit verbreitete und lange gültige Theorie von der göttlichen Ernennung des Pharao, diesmal eines äthiopischen Herrschers, liegt einer in der Nähe des IV. Nilkatarakts bei der äthiopischen Hauptstadt Napata gefundenen Inschrift zugrunde (wohl kurz nach 600 v. Chr. zu datieren), wo gleichfalls der Gott Amon, hier mit dem Sitz in Napata, als

[31] Ebd., 443, Anm. 38.
[32] Ebd., 446f.

der Handelnde erscheint[33]. „Das göttliche Orakel durch sichtbares Zeichen“ (Text aus dem 4. Jahr Ramses II., etwa 1287) bezieht sich auf den vergöttlichten Pharao Aḥmosis I. (etwa 1570–1545). Dieser gibt Antwort auf ihm vorgelegte Fragen, die das Eigentum an einem Feld betreffen[34]. Einen sehr konkreten praktischen Zweck verfolgt schließlich das göttliche Traumorakel der Inschrift der sog. Sphinxstele (zwischen den Tatzen der Sphinx angebracht, Text etwa zwischen dem 11.–7. Jahrhundert entstanden). Danach verlangt der Gott von Thutmosis IV. noch vor dessen Thronbesteigung, er solle das große Bild der Sphinx vom angehäuften Sand befreien, und verspricht ihm dafür das Königtum[35]. Diese praktische Art der „Denkmalspflege“ läßt einen Vergleich mit der israelitischen Prophetie kaum zu.

e) H. Ranke[36] verzeichnet weitere „prophetische Texte“, deren Einfluß auf das AT schon aus zeitlichen Gründen sehr unwahrscheinlich ist, weil sie erst aus der Zeit lange nach dem Untergang des Pharaonenreiches überliefert sind, wenn sie sich inhaltlich auch auf dieses beziehen. Ein sehr unvollständig erhaltener demotischer Papyrus vom Jahre 7/8 n. Chr. berichtet von den [169] Prophezeiungen eines Lammes zur Zeit des Königs Bokchoris (um 720) über künftige Unheils- und Heilszeit, wobei auch Syrien mehrfach erwähnt wird[37]. Eine sehr fragmentarische Schilderung einer kommenden Unglückszeit findet sich ferner in den nur in griechischer Übersetzung (Papyrus aus dem 3. Jahrhundert n. Chr.) erhaltenen Prophezeiungen eines Töpfers unter einem König Amenophis. Möglicherweise geht die Erzählung wirklich auf das Neue Reich (18. Dynastie um 1400) zurück und wurde später nur mit hellenistischen Zutaten versehen[38].

f) Endlich erzählt erst Josephus Flavius (contra Apionem I § 232 ff.)[39] auf Grund des Geschichtswerkes des Manetho von den

[33] Ebd., 447 f.
[34] Ebd., 448.
[35] Ebd., 449.
[36] ATB^2 48–51.
[37] Ebd., 48 f.
[38] Ebd., 49 f.
[39] B. Niese, Bd. V, 40 f.; Übersetzung auch bei H. Clementz, Des Flav. Jos. kleinere Schriften, Neudruck 1960, 128 f.; vgl. ATB^2 50 f.

Prophezeiungen eines Weisen Amenophis unter dem gleichnamigen König Amenophis (III., 1410–1375), der „hinsichtlich der Weisheit und des Vorauswissens der Zukunft an der göttlichen Natur teilzuhaben schien“[40]: Nicht mündlich, aus Angst vor dem König, aber in einer (bei seinem Selbstmord) hinterlassenen Schrift habe er eine dreizehnjährige Fremdherrschaft über Ägypten vorausgesagt, an der auch die von dem König aus dem Lande ausgesonderten acht Myriaden Aussätzigen teilhaben sollten. Beachtenswert ist hierbei die Bereitschaft, Weisheit und Vorherwissen des Zukünftigen mit Teilnahme an der göttlichen Natur wenigstens zu vergleichen oder gar zu erklären. Der König wollte von dem Manne allerdings gar nicht die Zukunft wissen, er wollte vielmehr wie sein Vorfahre Or (= Horus?) die Götter schauen, und nur die zur Erreichung dieses Zieles ergriffenen unsozialen Gewaltmaßnahmen gegen die Aussätzigen veranlaßten den „Weisen“, auf das daraus folgende drohende Unglück hinzuweisen. Von der Unzuverlässigkeit der späten und nur indirekten Überlieferung der Erzählung ganz abgesehen, ist die Androhung des Unheils hier nicht beabsichtigter Selbstzweck einer prophetischen Verkündigung, sondern nur die Nebenfolge eines augenscheinlich als unbillig geltenden königlichen Wunsches und seiner Erfüllung. Von einem göttlichen Auftrag an den „Propheten“ oder von einer Anfrage des Königs bei ihm ist nicht die Rede. Der Vergleich der späten Erzählung mit der Rede- und Handlungsweise der viel älteren biblischen Propheten als der ungerufen auftretenden und unerschrocken fordernden Gottesboten bleibt auch hier fragwürdig.

[170] Die angeführten Texte insgesamt zeigen, daß man sich in Ägypten wie in Israel und wohl überall sonst über die Zukunft Gedanken gemacht hat, daß manche sie zu enträtseln versucht und darüber Auskunft zu geben oder zu erhalten sich bemüht haben. Wenigstens rechnet man mit einer solchen Möglichkeit. So ist es nicht auffallend, daß sich Berührungspunkte mit der atl Prophetie finden lassen. „Stoffliche Motive der atl Prophetie sind nicht unvergleichlich.“[41] Aber Gottesboten wie die großen Propheten in

[40] ϑείας δὲ δοκοῦντι μετεσχηκέναι φύσεως κατά τε σοφίαν καὶ πρόγνωσιν τῶν ἐσομένων (§ 232).

[41] H. W. Wolff, Gesammelte Studien, 213.

Israel, die, von keiner Autorität abhängig oder ihr verpflichtet, sich nur auf ihren göttlichen Auftrag berufen, dem gegenüber alle anderen Rücksichten zu schweigen haben, die sich ebenso mit der Vergangenheit und Gegenwart des Volkes wie mit der Zukunft unter rein religiösem Aspekt befassen, sind in Ägypten nicht nachgewiesen. Vielleicht Mantiker, aber nicht einmal eigentliche Ekstatiker, geschweige denn Charismatiker, scheint es dort gegeben zu haben[42]. Man wird also Herrmann (gegen Lanczkowski u. a.) zustimmen dürfen, der einen unmittelbaren Einfluß Ägyptens auf das israelitische prophetische Schrifttum zwar nicht absolut ausschließen, aber auch nicht behaupten will[43].

Phönikien, Syrien, Kleinasien

Ein ägyptischer Bericht, der des Wen-Amon um 1100, scheint allerdings von einem Ekstatiker zu erzählen[44]: Ein junger Mann, etwa ein königlicher Page, wird gelegentlich der Opferfeier seines Fürsten ungewollt von der Gottheit „ergriffen" und für eine ganze Nacht „rasend" gemacht, so daß er in diesem Zustand ungerufen und ungefragt dem König seine Botschaft bringt. Aber der Vorgang spielt sich nicht in Ägypten, sondern im phönikischen Byblos ab, der „Rasende"[45] ist kein Ägypter, sondern ein einheimischer Phöniker, und der Inhalt seiner Botschaft an den Herrscher von Byblos ist religiös und staatspolitisch wenig erheblich: Dieser soll den bisher von ihm unfreundlich behandelten, seit 19 (oder 29) Tagen im Hafen von Byblos wartenden Ägypter Wen-Amon samt dem Bilde des „Amon des Weges", das er mit sich führt, in den Palast holen lassen; denn es sei wirklich Amon, der ihn (nach Byblos) kommen hieß. Der Ägypter hat die (See-)Fahrt dahin [171] nämlich unter-

[42] S. Herrmann, Suppl. VT IX 56f.

[43] Ebd., 63f.

[44] ATB^2 71f.; ANET^2 26.

[45] Nach dem beigefügten Deutezeichen (laufender Mann mit ausgestreckten Armen) ist das sonst nicht vorkommende ägyptische Wort so wohl richtig übersetzt.

nommen, um Holz für die Barke des Amon-Re, des (ägyptischen) Götterkönigs, zu beschaffen. Das ist wohl der Sinn des nicht in allem klaren Textes. Man kann ihm entnehmen, daß man auch in Phönikien mit Ekstatikern rechnete, wie sie 1 Sm für Israel vorausgesetzt werden. Der Umstand, daß die „Raserei" bei einer Opferfeier begann, berechtigt aber kaum zu einem ernsthaften Vergleich mit der Berufung Jesajas (Jes 6) oder mit dessen Auftreten in unbekleidetem Zustand, also in Gestalt eines entehrten Gefangenen (Jes 20), wie H. W. Wolff anzunehmen scheint[46].

Auch J. Lindblom[47] hält, wenn nicht spezifisch kanaanäischen, so doch fremden Einfluß auf den israelitischen Prophetismus für gegeben, der durch die *Kanaanäer* vermittelt wurde. Er nennt dafür drei Anhaltspunkte: a) den vielleicht akkadischen, durch Vermittlung der Kanaanäer übernommenen Titel *nābī'* „Berufener", b) das wahrscheinlich kanaanäische Lehnwort *nwjt* für Versammlungshaus der prophetischen Genossenschaft 1 Sm 19, 18ff.; 20, 1, c) die Orakelformel „so spricht Jahwe", die als „Niederschlag der altorientalischen Formelsprache anzusehen sei"[48]. Aber die drei Anhaltspunkte sind selbst nur Hypothesen und dahinter steht die anfechtbare Auffassung Lindbloms, daß es die Ekstase sei, die einen „Menschen zum Propheten macht", und daß diese Ekstase „eine allgemein menschliche Erscheinung" sei derart, daß es „überall in der Welt Männer und Frauen gegeben" habe, „die die Eigentümlichkeit gehabt haben, in einem ekstatischen Zustand Offenbarungen aus der unsichtbaren Welt zu erhalten, und sich unter göttlichem Zwang genötigt gefühlt haben, diese Offenbarungen anderen Menschen zu verkünden"[49]. Der empirische Nachweis dafür wäre doch wohl eingehender zu führen, als Lindblom es versucht hat.

Aus *Ugarit* ist jedenfalls bis jetzt nichts von ekstatischen Propheten bekannt[50].

[46] Gesammelte Studien, 207f.

[47] Zur Frage des kanaanäischen Ursprungs des altisraelitischen Prophetismus: Eißfeldt-Festschrift (BZAW 77) 1958 (^{2}1961) 89–104; nur kurz ders., Prophecy in Ancient Israel, ^{3}1965, 29–32.

[48] Eißfeldt-Festschrift, 101–104.

[49] Ebd., 98.

[50] Mantik und Mantiker wird es wie sonst auch in Ugarit gegeben haben,

Dagegen kennt man aus dem *aramäischen* Bereich wenigstens einen Fall, wo Seher und Zukunftskundige in die Erscheinung [172] treten, die Inschrift des Königs *Zakir* von Hamath (um 800)[51]. Von einer Koalition von zehn Königen angegriffen, erhebt Zakir seine Hände zu seinem Gott Baal-Schamin, und dieser redet zu ihm durch Seher und Zukunftskundige (*bjd ḥzjn wbjd ʿddn*), macht ihm Mut und verspricht ihm Hilfe schon mit Rücksicht darauf, daß er ihn ja auch zum König gemacht hat. *ḥzjn* ist sprachlich dasselbe wie *ḥōzīm* im AT, und *ʿddn* wird ähnliche Bedeutung haben. Von Donner[52] wird es mit *ʿōded* 2 Chr 15, 1.8 (vgl. 28, 9) in Zusammenhang gebracht, das er als Appellativum (ob mit Recht?) und nicht als Personenname, wie es gewöhnlich geschieht, erklären will. Wie die Gewährsmänner des Zakir zu ihrer göttlichen Offenbarung kommen, wird sowenig deutlich wie beim hethitischen „Gottesmann" (s. sofort). Vielleicht deutet die „Handerhebung" Zakirs (Z. 11) auf eine Orakelanfrage, der eine Antwort folgt.

In der *hethitischen* Mantik hat man als Mittel, um die Pläne der Götter für die Zukunft oder auch die Gründe ihres Zorns, der in der Vergangenheit und Gegenwart Unglück über das Land gebracht hat, zu erfahren, Orakelanfragen, Omina (= Spontanorakel), Träume der Priester (bei Inkubation) oder anderer Personen. Zusätzlich zu diesen Mitteln aber hält man es auch für möglich, daß ein „Prophet" oder gar eine „Prophetin" auftritt und Auskunft gibt. Das zeigen die sog. Pestgebete des Königs Muršiliš (2. Hälfte des 14. Jahrhunderts)[53], besonders das zweite derselben[54]. Das hethitische Wort *šiunianza*, das Goetze mit „Prophet" wiedergibt,

vgl. A. F. Rainey: BA 17 (1965) 123. Die (Standes-)Bezeichnung *bārū* findet sich dort neben dem Namen einiger Urkundszeugen, und die Aufgabe des *bārū* wird den dem Heere zugeteilten Priestern zugekommen sein, vgl. unten Anm. 115.

[51] Donner-Röllig, Kanaanäische und aramäische Inschriften, 1962–64 Nr. 202 A 12f., dazu die Bemerkung II 208.

[52] II 208, nach dem Vorgang von Lidzbarski, Ephemeris III 8, bei beiden ohne weitere Begründung.

[53] Bearbeitet von A. Goetze in: Kleinasiatische Forschungen I (1927ff.) 161ff.

[54] Ebd., 204–235; Übersetzung von Goetze auch in ANET^2 394–396;

während er früher „Gottbegeisterter“ übersetzte[55], bedeutet nach der halbideographischen Schreibung (das Zeichen für „Gott“ enthaltend) im Grunde wohl „Gottesmann“, das Femininum dazu, als Bezeichnung für eine Wahrsagerin oder Priesterin, wohl „Gottesmutter“[56]. Auf welchem Wege diese „Propheten“ Kenntnis der göttlichen Pläne oder Gründe erlangten und welcher Technik sie sich etwa bedienten, darüber verlautet nichts. Ihre Auskunftserteilung erscheint jedenfalls als Möglichkeit neben den gewöhnlichen mantischen Mitteln. Zudem geht es im [173] Falle der Pest auch gar nicht um das Vorauswissen der Zukunft, sondern um die Klärung der in der Vergangenheit gemachten Fehler und die Begründung für das Unglück in der Gegenwart. Das Verhältnis dieser hethitischen Propheten zum akkadischen *maḫḫû* (s. unten), zum israelitischen *nābī'* und zu dem „Rasenden“ von Byblos bleibt ungeklärt[57].

Zweistromland, Akkader

maḫḫû – muḫḫû

Für J. Lindblom[58] ist es „über allen Zweifel erhaben, daß die bekannten *maḫḫû* der akkadischen Texte wirkliche Ekstatiker waren und mit den kanaanäisch-israelitischen Nabis gleichzustellen sind“. R. Largement[59] hält sogar den biblischen Bileam, der ja aus Petor am Euphrat kommt (Nm 22, 5), für einen *maḫḫû*, einen „exstati-

daran anschließend die Übersetzung eines weiteren Gebetes des gleichen Königs: KUB XXIV 3f. + KUB XXX 12f.

55 ANET^2 396, bzw. Kleinasiat. Forschungen I 209, 219 (§ 2, 5; § 11, 3).

56 ANET^2 396^b „sibyl“; zu beiden Vokabeln vgl. J. Friedrich, Hethit. Wörterbuch, 1954, 195.

57 In: Kleinasien ^{2}1957, 147f. gebraucht Goetze wieder nur die Bezeichnung Enthusiasmierter bzw. Enthusiasmus, nicht Prophetismus. Aber auch dies ist unsicher.

58 BZAW 77, 93.

59 Les oracles de Bileam et la mantique suméro-accadienne, in: Mémorial du cinquantenaire de l'Institut Catholique de Paris, 1964, 47. Der Vermutung (p. 38f.), daß Be'or, der Name von Bileams Vater, aus der akkadischen

que", der seine Voraussagen im Traumzustand gibt (mit Rücksicht auf Nm 24, 4: *npl* „hingesunken"). Zutreffend ist, daß, wie die Mari-Texte von neuem gezeigt haben, der *maḫḫū* (in Mari lautet die Form *muḫḫū*[60]) bei der Erkundung und Verkündigung des göttlichen Willens und bei der Voraussage der Zukunft eine besondere Rolle spielt, aber die Art seiner Stellung und seines Dienstes, und darum auch sein Verhältnis zum atl Propheten- oder Ekstatikertum, ist keineswegs so klar und durchsichtig, wie es auf den ersten Blick scheinen könnte und wie es wünschenswert wäre.

Schon die Lesung dieses Berufsnamens steht nur fest, wenn er syllabisch geschrieben ist. Bei ideographischer Schreibung ergeben sich Zweifel und Unklarheiten. In Frage kommen dafür (Lú.)Gub.ba und An.Gub.ba, dazu noch (Lú.)Maḫ.

(Lú.)Maḫ, um mit dem letzteren zu beginnen, kann wohl einen (hohen) Kultdiener bezeichnen[61], ist aber wohl nicht dem akkadischen *maḫḫū* gleichzusetzen, wie schon Thureau-Dangin[62] be-[174]merkt hat. Das sumerische Maḫ bedeutet „hoch, erhaben" und ist mit der akkadischen Berufsbezeichnung (Lú.)*maḫ-ḫū*[63] wohl nicht identisch, ja, es ist nicht einmal akkadisch *maḫḫū* zu lesen. In einem Text aus Nimrud[64] sind die (Lú.)Maḫ.meš (Z. 21) wahrscheinlich die Großen überhaupt, nicht gerade die Kultdiener, die ihrem Fürsten, dem bisherigen Gegner Assurs, den Rat geben, sich dem Assyrerkönig Tiglatpilesar III. zu unterwerfen[65].

Berufsbezeichnung *bārū* „Wahrsager" konfundiert sein könnte, wird man schwerlich zustimmen.

60 Es begegnet dort mehrfach die Schreibung *mu-uḫ–ḫu-um*, z. B. RA 35, 6 II 22, IV 35.

61 Thureau-Dangin, Die sumerischen und akkadischen Königsinschriften, 1907, 227, 11; ders., Rituels accadiens, 1921, p. 72 (91. 96), 2 (AO 6465).

62 Rituels, p. 96, Anm. 2. Th.-D. übersetzt 1921 „pontife suprème" gegenüber „Prophet (?)" 1907.

63 Z. B. Gilgameš-Epos VII Kol IV 47 (pl. 30, Thompson).

64 ND 400, gefunden 1950, ed. Wiseman: Iraq 13 (1951), 21–26.

65 Wiseman übersetzt wohl zu Unrecht „his prophets". Über den *maḫḫū ša māt nukurtim* („M. des Feindeslandes"). K 102, 10, auf den C. Frank, Studien zur Babyl. Religion, 1911, 76, verweist, vermag ich nichts festzustellen.

Das Sumerogramm Gub.ba ist in einer Wortliste[66] mit dem Determinativ „Mensch“ versehen und durch das akkadische *maḫ-ḫu-u* erklärt. Gub bedeutet „stehen“; für die *sachliche* Erklärung ergibt diese Gleichsetzung also an sich wenig. Auch die weitere, vereinzelt stehende Gleichung (Lú.)An.Dib.Ba.Ra = *maḫ-ḫu-u*[67] beseitigt die Unklarheit nicht. Jedenfalls sind aber in dem Omentext CT 38 Nr. 1 (pl. 4) 81f.[68] die Lú.(Sal.)Gub.ba.meš als *maḫḫē* bzw. *maḫḫāte* zu bestimmen, männliche bzw. weibliche „Rasende“, Ekstatiker o. ä.[69]. Sie stehen innerhalb dieses Textes in unmittelbarer Nähe der Seher und Seherinnen (*šabrū* und *šabrātum*) Z. 86f., der Wahrsagepriester (*bārūti*) Z. 92 und der „Gottesleute“ Z. 89[70]. Man darf wohl auch daraus schließen, daß es sich um verwandte Gruppen handelt. Sie gleichen sich ja auch darin, daß es ein ungünstiges Vorzeichen ist und Unglück für die Stadt bedeutet, wenn ihre Mitglieder in großer Zahl dort vorhanden sind, während nach israelitischer Auffassung (s. oben) das Fehlen eines anerkannten Jahwepropheten als nationales Unglück empfunden wird. Das mag auch darauf hindeuten, daß ein Vergleich des *maḫḫū nicht* mit diesen Jahwepropheten, sondern eher mit den von ihnen bekämpften, gewinnsüchtigen Volkspropheten in Israel angebracht erscheint.

Davon zu unterscheiden ist Gub.ba in Verbindung mit dem Zeichen für Gott, also An.Gub.ba. Für diese Zeichengruppe ist die [175] akkadische Lesung *maḫḫū* nicht nachgewiesen, ebensowenig die Femininform. Der sumerische Ausdruck ist vielmehr als Lehn-

[66] CT XIX 41 I 20 (auch schon II R 32/3, 19; vgl. 31/5, 32). Auch in der Wortliste AfO 11 (1936/37, Vok. Martin) Tfl VII, Kol III 20 ist wohl dementsprechend zu ergänzen, wobei sogar die in Mari übliche Form *muḫḫū* in Frage kommt.

[67] CT XIX 7 (K 8670), 10. Die Übersetzung „(Mensch), von Gott erfaßt“, ist unsicher.

[68] F. Nötscher, Or 31 (1928) 48f.

[69] G. Contenau, La Divination chez les Assyriens et les Babyloniens, 1940, 215, übersetzt: fous furieux.

[70] Der in altassyrischen Briefen mehrfach vorkommende Ausdruck „mein *maḫḫāʾ*um“, den J. Lewy, Kültepe-Texte Hahn S. 21 (Hinweis v. Sodens, WO I 400 [= S. 206 dieses Bandes mit der hier hinzugefügten Anm. 6]) mit „mein Traumdeuter“ wiedergeben möchte, bleibt unklar.

wort *angubbū*[71] ins Akkadische übernommen und bezeichnet zunächst tatsächlich göttliche oder vergöttlichte Wesen. Unter der sumerischen Form An.Gub.ba.meš finden sie sich öfter in den Götterlisten CT 24 und 25[72] und sind jeweils in mehrfacher Anzahl (zwei, drei und mehr) einem bestimmten Gott oder Tempel zugeteilt. Auch an den Himmel sind sie als Sternbilder versetzt[73]. In ähnlicher Weise werden KAR 142 II 21–24 vier von sieben göttlichen An.Gub.ba.meš mit Namen angeführt. Es scheint unter ihnen sogar eine Rangordnung gegeben zu haben, wie man vielleicht aus der von v. Soden angeführten Wendung *angubbū rēštu ša ili* („erster A. des Gottes") BE 33135, 13 schließen darf. In den Götterlisten werden zwar viele menschliche Dienst- und Kultträger der Götter mechanisch selbst vergöttlicht, ohne daß dies für ihr Wesen viel besagen will, aber in einem Ritual für den Ištarkult aus Mari[74] werden die *angubbū* (bzw. deren Bilder) in der unmißverständlichen Schreibung *ilānu*^{meš} *an-gu-ub-bu-ú* wirklich als Götter eingeführt, sie „setzen sich, und (auch) die Embleme (anderer) Göttinnen werden aus ihrem Tempel herbeigebracht". Dabei mag es zutreffen, daß sie nur als untergeordnete, den Großen im Pantheon dienstbare Gottheiten gelten, deren Dienste menschlichen Verhältnissen entsprechen, und Dossin mag mit Rücksicht auf die wörtliche Bedeutung des Namens recht haben mit seiner Erklärung: «Les dieux Angubbū assurent le service des grandes divinités comme des serviteurs qui sont debout devant elles pour en recevoir les ordres.»[75] In dem Lehrgedicht Ludlul bēl nēmeqi[76] figurieren diese Angubbū als

[71] Als solches auch von v. Soden, Akkad. Handwörterbuch I 51a, angeführt.

[72] Stellen zusammengestellt bei K. Tallqvist, Götterepitheta, 1927, 24f.; v. Soden übersetzt „Himmelssteher", H. Zimmern, Berichte d. Sächs. Ges. d. Wissenschaften 63/3 (1910/11) hatte „Standgötter" erklärt, Michatz, Götterlisten, 1909, 95, „Magier" geraten.

[73] V. Soden, ebd.

[74] G. Dossin, RA 35 (1938) I, II 3. In demselben Text (Kol II 22, IV 35) kommt auch *muḫḫū* vor, ohne aber mit *angubbū* identifiziert oder auch nur in Zusammenhang gebracht zu werden.

[75] Ebd., p. 10, Anm. 2.

[76] KAR 11 Rs 9 + Vs 21 (S. Langdon, Babyl. Wisdom, p. 66, 21; G. W.

göttliche Wärter für den Ziegelbau des Tempels Esagil, wobei es unklar bleibt, ob ihr Name nur eine andere Bezeichnung für Schutzgottheiten (^{d}Kal) überhaupt ist oder ob es sich um besondere, von diesen verschiedene kleinere Götter oder deren Bilder handelt.

[176] Aber der *angubbū* erscheint auch in rein menschlicher Gestalt und Tätigkeit neben anderen berufsverwandten Gruppen von Priestern und Mantikern (*ramki, pašīši, angubbē, bārūti, išibbi, āšipi, kalē* und *nārē*), wie sie der Assyrerkönig Asarhaddon bei der Wiederherstellung der kultischen Ordnung und Ausstattung am Esagil-Tempel in Babylon installiert[77] für den göttlichen Dienst. Nach VAB VII 268, 27 (L^{4}Rs IV 27) steht tatsächlich, wohl nicht irrtümlich[78], das Determinativ „Mensch“ oder „Mann“ vor *angubbū*. Beachtenswert ist die Apposition *nāṣir pirišti*, „die das Geheimwissen hüten“ oder „bewahren“. Sie bezieht sich einmal[79] deutlich auf das unmittelbar davorstehende *angubbē*, das andere Mal[80] auf das textlich unsichere *bārūte* (Wahrsagepriester), das aber selbst Apposition zu *angubbē*[81] sein könnte. Höchstwahrscheinlich haben es also die *angubbē* mit Geheimwissen zu tun und können darum konkurrieren oder in einer Reihe stehen mit anderen Kreisen, die „über die gesamte Wissenschaft (oder: Kunst) verfügen“[82]. Es gibt auch Leute, welche das Geheimwissen der *angubbē* „lernen“[83]. Man kann also wohl nicht behaupten[84], daß diese keine

Lambert, Babylonian Wisdom Literature, p. 60, 96, dazu p. 301 s.): ^{d}Kal (!) An.Gub.ba.meš *li-bit* É-sag-í[l].

[77] R. Borger, AfO Beih. IX, S. 24, 20–24; dazu die Parallelstelle S. 90, 14f.

[78] Wie Lambert, BWL 302, 96, meint. Ein Genetiv-Verhältnis „Mann (oder Männer) des *angubbū*“ ist gegen Lambert wohl nicht anzunehmen.

[79] Borger, S. 90, 14.

[80] Ebd., S. 24, 22.

[81] Geschrieben ist (ebd., S. 24, 21) ideographisch An.gub.ba.meš, dagegen S. 90, 14 syllabisch *an-gub-bé-e*, so daß an der Richtigkeit der akkadischen Lesung kein Zweifel sein kann.

[82] Ebd., S. 24, 24–27 (*ša gimir ummanūtu ḫammu* Z. 26f.).

[83] A. S. Lie, Inscriptions of Sargon II (1929) p. 76, 12s: *lamed pirišti* [An.Gub.] ba.meš; s. Anm. 5 ebd.

[84] Lambert, BWL 302, 96.

Menschen waren. Sie scheinen vielmehr wie die verschiedenen Priesterklassen irgendwie mit dem Tempel in Zusammenhang zu stehen[85]. Welcher Art freilich das von ihnen zu hütende und eventuell zu erlernende Geheimwissen ist, ob es die Zukunft oder die Kult- und Wahrsagetechnik zum Gegenstand hat, wird ebensowenig klar, wie über den Dienst der einzelnen Priestergruppen und ihr gegenseitiges Verhältnis zueinander Klarheit besteht.

Die Berufs- oder Standesbezeichnung *maḫḫū/muḫḫū* wird etymologisch zu *maḫū* „wüten", „stürmen" gehören. Diesem Verbum entspricht das Sumerogramm Ud.Du (= è)[86], dasselbe, das auch für *šegū* „wütend werden" stehen kann[87]. Es wird sich um das-[177]selbe Wort *maḫū* handeln, das auch das Rasen des Sturmes bedeuten kann[88]. Auf Menschen bezogen, ergibt sich daraus zwanglos die Bedeutung „von Sinnen kommen", „verrückt, rasend werden (oder sein)" (aus Zorn oder aus Angst). Die älteren Brüder Asarhaddons kamen (aus Zorn) von Sinnen (*im-ma-ḫu-ma*), als sie sich von der Thronfolge ausgeschlossen sahen und schreckten dann vor Vatermord nicht zurück[89]. Seine Feinde sind wie von Sinnen (aus Angst: *e-mu-u maḫ-ḫu-tiš*) bei seinem gewaltigen Angriff[90].

[85] Vgl. die allerdings problematischen Versuche, auch manche der (kanonischen) israelitischen Propheten mit Kult und Tempel in Verbindung zu bringen.

[86] Deimel, Sum. Lexikon II Nr. 381, 251o.

[87] CT 41, 28 rev 5f.; R. Labat, Commentaires Assyro-Babyl. sur les présages, 1933, p. 46 s.

[88] Wenn auch die sumerischen Entsprechungen verschieden sind, nämlich ma-al für das Verbum (Deimel, Lex. Nr. 342, 86 h, Reisner, Sumerisch-babylonische Hymnen, 1896, S. 13, 5f.) und (im)gišgal(lu) für das Nomen *meḫū* „Sturm", Thureau-Dangin, Rit. accadiens, p. 70 (110), 13/14; Deimel, Lex. Nr. 399, 43.

[89] Asarhaddon-Prisma (Thompson 1931; Borger, AfO Beih. IX 40ff.) I 41.

[90] Ebd., I 73. Auch K. 6768 II 4 (L. Oppenheim, Dreams in the Ancient Near East, 1956, pl. XIII, p. 290 u. 333f.) wird wohl dieses Wort *maḫ-ḫu-t[a]* „Wahnsinn, Raserei" vorliegen. In ARM II Nr. 22, 12 ist *šu-uḫ-ḫu-ut* „eingeschüchtert", nicht mit dem Herausgeber Ch. Jean *maḫḫūtu* „Trêve de rêverie" zu lesen (v. Soden, Or 22, 196).

In dem erwähnten Mari-Text RA 35, 2 (4) II 22f. wird *muḫḫū* und das Verbum *maḫū* (hier: „in Ekstase kommen"), wenn trotz des teilweise zerstörten Textes nicht alles täuscht, auch direkt in Zusammenhang gebracht. Wenn also die etymologische Zusammengehörigkeit zwischen dem Verbum *maḫū*, dem Nomen *maḫḫūtu* („Wahnsinn", „Raserei") und der Berufsbezeichnung *maḫḫū/muḫḫū* nach allem mit Recht angenommen werden kann, dann ist das wohl auch ein Hinweis, daß dem *maḫḫū* ekstatische Formen nicht fremd sind[91].

In dem genannten Asarhaddon-Prisma erscheint er nun tatsächlich in der Rolle des Wahrsagers, der über göttliche Botschaft verfügt. Augenscheinlich gehört es zu seiner charakteristischen Tätigkeit, göttliche Offenbarungen als Botschaft an den König gelangen zu lassen. Nach seiner ja nicht ohne Widerstände gelungenen Thronbesteigung rühmt sich Asarhaddon[92], daß „günstige Vorzeichen im Himmel und auf Erden sich nahten, und Bot-[178]schaft des (oder: der [Plural]) *maḫḫū* und Sendungen der Götter und Göttinnen ständig (sich einstellten und) seinem Herzen Mut machten". Ähnlich, nur noch ausführlicher, äußert sich derselbe König in einer Bau- und Weihinschrift[93], daß abgesehen von der günstigen Gestirnkonstellation (I 31–II 8) und sonstigen Vorzeichen (II 9–11.

[91] Daß mit dieser Etymologie der *maḫḫū*-„Prophet" in die Nähe des „Narren" gerät, ist nicht ganz ohne Parallele, wenn das Motiv der Abwertung auch verschieden ist. Narr, Verrückter wird als Schimpfwort von übelgesinnten Gegnern auch atl Propheten angeheftet. Der von Elisa zur Salbung des Jehu nach Ramot in Gilead geschickte Prophetenjünger wird von dessen Kameraden als Verrückter (*m^{e}šugga'*), 4 Kg 9, 11, tituliert. Jeremia wird in einem Schreiben aus Babylonien von seinen Gegnern bei der Tempelbehörde in Jerusalem angezeigt, die gegen „jeden Verrückten und Weissagenden" einzuschreiten hätte, Jer 29, 26, und zur Zeit Hoseas höhnt man in Israel: „Ein Narr ist der Prophet und verrückt der Geistmann", Hos 9, 7, weil er Unglück als Strafe ankündigt. Wenig wahrscheinlich ist aber, daß altpersisches *magu* und griech. μάγος auf *maḫḫū* zurückgehe, wie Scheftelowitz und Zimmern erwogen haben, vgl. VAB VII/2, S. 121 Anm.

[92] Prisma II 5ff. (s. oben Anm. 89); Borger, S. 45 §27: . . . *šipir maḫ-ḫé-e na-áš-par-ti ilāni*^{meš} *u* ^{d}*ištar ka-a-a-an u-sad-di-ru-ú-ni* . . .

[93] Borger, S. 2.

14–27), „Botschaft des *maḫḫū*" ihm ständig geschickt wurde (II 12f.), die ihm festen Bestand seines Thrones und seiner Herrschaft bis ins hohe Alter verhieß und so seinem Herzen Mut machte.

Wie hier II 19 bei Asarhaddon spielt nun auch bei Assurbanipal der Traum als Offenbarungsmittel *neben* der Botschaft des *maḫḫū* und den anderen Vorzeichen eine Rolle. Auch diesen König „stärkten" die Götter, wie er versichert[94], „durch Zeichen, (Sprech-) Traum und die Botschaft des *maḫḫū*". Die Träume haben aber allem Anschein nach diese beiden Könige selbst. Wie der *maḫḫū* zu seiner Botschaft kommt, darüber wird *hier* nichts gesagt. Beachtenswert ist auch, daß er hier keine Forderungen an die Könige stellt, sondern ihnen Mut macht.

Mari

Ein teilweise anderes und in mancher Hinsicht deutlicheres Bild ergibt sich aus den bereits veröffentlichten Mari-Texten. Von einer „prophetischen" Gottesoffenbarung an den König von Mari handeln fünf Briefe, die mehrfach schon bearbeitet wurden. Sie werden im folgenden in der bereits eingebürgerten Zählung angeführt[95].

[94] VAB VII/2, S. 120, 95. „Botschaft des *maḫḫū*" ist hier nicht bloße Apposition zu „Vorzeichen" oder „Traum", sondern selbständiges Offenbarungsmittel. *Šipru* könnte an sich auch „Werk" bedeuten. Aber auch in den Maritexten (RA 42, p. 125ff., Z. 32; ARM III Nr. 40, 13, 15) steht *špr* von der Übermittlung der Gottesbotschaft an den König.

[95] Brief 1: Dossin, RA 42 (1948) 125–134 (Itur-Asdu an Zimrilim); Brief 2: ARM III 40 (= Archives Royales de Mari); Brief 3: ARM III 78; Brief 4: ARM II (!) 90; Brief 5: A 1121, Dossin-Lods in: Studies in OT Prophecy (Robinson-Festschrift, ed. Rowley), 1950, 103–110.

Zu nennen wäre noch das schon erwähnte Ištar-Ritual aus Mari RA 35, 1ff., in dem auch (II 22, IV 35) der *muḫḫū* vorkommt. Behandelt sind die Texte von W. v. Soden, Verkündigung des Gotteswillens durch prophetisches Wort in den altbabylonischen Briefen aus Mâri, in: WO I (1950) 397–403 (Brief 1–4 in Umschrift und Übersetzung, 5 in teilweiser Übersetzung, nebst Ausführungen über das Verhältnis zum israelit. Prophetismus; der

Sie sind an den König Zimrilim von Mari (um 1700) ge-[179]richtet und sind also rund tausend Jahre älter als die oben genannten Asarhaddon- und Assurbanipal-Texte. Als Empfänger bzw. Vermittler der Offenbarung an den König tritt nur in zwei derselben der *muḫḫū* auf, nämlich Brief 2 und 3 [96]. In Brief 5 (Z. 27) wird der Offenbarungsträger als *āpilum* bezeichnet, in Brief 4 einfach als *amēlu* „Mann" (Rs 24); in Brief 1 steht nur der Eigenname Malik-Dagan ohne Berufsbezeichnung; vielleicht ist er ein Priester, da er auch Tieropfer darzubringen scheint (Z. 51). In Z. 40 wird aber einfach mit *amēlu* auf ihn zurückverwiesen. In Brief 2 bedeutet das Attribut Z. 9: (*muḫḫūm*) des (Gottes) Dagan wohl, daß der Mann im Dienste dieses Gottes steht; aber ob dies eine Dauerstellung ist oder nur für den einen Fall des Offenbarungsempfangs gilt, bleibt dahingestellt. Es läßt sich auch nicht ersehen, ob und wie sich der *muḫḫū* von den anderen Offenbarungsträgern unterscheidet, ob er, und vielleicht der *āpilum*, berufsmäßig tätig ist und die anderen etwa nur gelegentlich Offenbarungen vermitteln können. Gleich sind sie sich darin, daß sie ihre offenbar ungefragten und nicht bestellten Botschaften als energische Forderungen im Auftrage der Gottheit an den König darstellen [97]. Gleichheit besteht auch darin, daß die

Aufsatz ist auf S. 201–213 dieses Bandes wieder abgedruckt). – In ganz ähnlichem Sinne F. M. Th. de Liagre Böhl in: Nederlands Theol. Tijdschrift 1950/4, 81 ff. – A. Malamat, Eretz Israel IV 74–84; V (1958) 67–73 (mit p. 86: englische Zusammenfassung); vgl. vorher schon ders. in: Israel Exploration Society, 1955, 2–11. – Speziell über das Verhältnis zur israelit. Prophetie M. Noth, Geschichte und Gotteswort im AT, Rektoratsrede 1949 (jetzt in: Gesammelte Studien zum AT, ²1960, 230–247; konnte erst die Briefe 1. 2. 4 berücksichtigen). – H. Schmökel, Gotteswort in Mari und Israel, TLZ 76 (1951) 53–58. – C. Westermann, Forschung am AT, 1964 (Vortrag 1963), 171–189. Nur kurz zur Frage auch H. W. Wolff, Hauptprobleme der atl Prophetie (Vortrag 1955), in: Gesammelte Studien, 1964, 206–231 (hier: 208 f.). – R. Rendtorff, Erwägungen zur Frühgeschichte des Prophetismus in Israel: ZTK 1962, 146. Dagegen berücksichtigt A. Guillaume, Prophétie et Divination chez les Sémites, Paris 1941, ²1950 (englische Ausgabe 1938) Mari noch nicht.

96 Über eine weibliche *muḫḫūtum* (ARM VI 45, 9, 15) s. unten.

97 Schon in dem Ištar-Ritual (RA 35, 13 IV 35) ist von einem allerdings nicht näher zu bestimmenden Wunsch (*ereštu*) des *muḫḫū* die Rede.

Gottesbotschaft nicht direkt an den König ergeht, sondern eben an diese privaten oder kultamtlichen Offenbarungsempfänger, die sie ihrerseits wieder nicht direkt, sondern durch Vermittlung des königlichen Statthalters an den König weiterleiten. In drei Fällen[98] – und in den anderen wird das Gleiche vorauszusetzen sein – berufen sie sich ausdrücklich darauf, daß die Gottheit (Dagan bzw. in Brief 5 Adad) sie geschickt habe (*špr*), die Botschaft an den König zu bringen, was an das *maḫḫē* bei Asarhaddon und Assurbanipal (s. oben) erinnert. Wenigstens in zwei Fällen wird angegeben, wie sie selbst zur Kenntnis der Offenbarung gelangten, nämlich durch Traum (Brief 1, Z. 9) und mit Hilfe von Vorzeichen (*ina tērētim*, Brief 5, Z. 8).

Der Inhalt der Gottesbotschaften mag, gemessen an den religiössittlichen Forderungen der atl Propheten, äußerlich und unbe-[180]deutend erscheinen, er wird aber von den Beteiligten offenbar sehr wichtig genommen. Nach Brief 2 verlangt der Gott Dagan durch den *muḫḫū* über den Statthalter Kibri-Dagan von Terqa vom König Zimrilim, daß man dem Totengeist seines Vorgängers Jaḫdunlim Totenopfer darbringe. Nach Brief 3 wird auf demselben Wege vom gleichen König energisch der Bau eines neuen Stadttores gefordert. In Brief 4 ist es der Vollzug einer Kulthandlung (Opfer?) an einem bestimmten Tag, die demselben König dringend zur Pflicht gemacht wird. Brief 1 hat denselben Adressaten; Absender ist aber Itur-Asdu[99], Statthalter von Naḫur, und Offenbarungsträger Malik-Dagan, vielleicht ein Priester, der auch Opfer darbringt (Z. 51 f.), oder sonst ein Amtsträger (Z. 53)[100]. In dessen ungesuchter Traumoffenbarung geht es um die große Politik, nämlich um den Erfolg im Kampf mit den Landesfeinden, deren Namen, bisher irrtümlich Benjaminiten gelesen, wohl Marjaminiten[101] o. ä. gelau-

[98] Brief 1, Z. 32; 2, Z. 13 (15); 4, Z. 19; jetzt auch ARM XIII 114, 12; vgl. 113, 18.

[99] Dieser Name auch ARM IX S. 329; XV S. 150; J. Bottéro, Le problème des Ḫabiru, 1954, p. 19 und 24 (texte 19 und 32).

[100] So wird *qallu* zu erklären sein (Dossin RA 42, 143: fonctionnaire), nicht etwa „geringer Mann“.

[101] Siehe dazu RA 52, 57–62; vgl. auch J. R. Kupper, Les nomades en Mésopotamie, 1957, 47 ff., weiter ARM XIII Nr. 39, 12 rev. 3; dazu 144, 29.

tet hat: Der König soll ständig Abgesandte vor dem Gott Dagan, also wohl am Tempel des Dagan, wo der Gott in der Traumoffenbarung gesprochen hat, in der Stadt Terqa unterhalten und dorthin über alles vollständigen Bericht erstatten. Dann wird der Gott dem König gegen die genannten Feinde Erfolg verleihen. Das wäre schon früher geschehen, wenn der König nicht versäumt hätte, die gestellten Forderungen zu erfüllen. Vielleicht wollte die Priesterschaft in Terqa durch dieses Traumorakel (ohne Inkubation) ihrem Heiligtum ein besonderes königliches Privileg sichern, ohne daß dabei eine pia fraus [102] im Spiel gewesen sein muß. Der verlangte königliche Bericht an den Tempel und die ständige königliche Gesandtschaft dortselbst ist immerhin merkwürdig. Aber bei aller äußerlichen Ähnlichkeit hat es mit dem Brief, den der israelitische König Hisqia in den Tempel Jahwes bringt, doch eine andere Bewandtnis (4 Kg 18, 14–18). Dieser ist nicht sein eigenes Schreiben, sondern ein Drohschreiben des Königs Sanherib mit der Aufforderung zur Kapitulation, deren Abwendung Hisqia von Jahwe erreichen will. Das Schreiben soll so unwirksam werden [103].

[102] So L. Oppenheim, Dreams 196f.

[103] Der letzte Band der Mari-Texte (ARM XIII), der mir durch ein bedauerliches Versehen erst sehr verspätet zugestellt wurde, bietet einiges über *āp(i)lū* und Offenbarungsempfänger, was dem bereits gewonnenen Bilde ungefähr entspricht. In Nr. 23 berichtet der Briefschreiber (ein hoher königlicher Beamter) dem König, daß der *āplū* (bezeichnenderweise geschrieben: *a-ap-lu-ú-um* Z. 6, 16) des Gottes Dagan von der Stadt Tuttul nach Opfern, die der Briefschreiber dem Gott Dagan für das Leben des Königs darbrachte, sich zu einer Erklärung erhob, die, soweit der beschädigte Text erkennen läßt, eine Drohung gegen den König von Babylon (als Landesfeind) und dessen Bundesgenossen und eine günstige Voraussage für den eigenen König Zimrilim enthielt.

Gleich von drei Offenbarungen berichtet der schon bekannte Statthalter Kibri-Dagan von Terqa (Nr. 112–114) an denselben König. Zwei derselben, wahrscheinlich auch die dritte (Nr. 114), erfolgten im Traume. Die Empfänger sind in diesen Fällen aber nicht etwa ein *muḫḫū* oder ein Priester bzw. Kultbeamter, sondern vielmehr ein junger Diener (*ṣuḫāru*) Nr. 112, die Frau eines Bürgers Nr. 114 und ein Mann unbekannter Stellung Nr. 113. Dieser letzte fordert den Statthalter direkt auf, dem König seinen Traum zu schreiben; der Inhalt bezog sich auf militärische Dinge, ist aber wegen Textbe-

[181] Um politische und dynastische Interessen handelt es sich ferner, wenn auch in etwas anderer Weise, in Brief 5. Er ist wohl ebenfalls an Zimrilim gerichtet. Der Absender unbekannten Namens, früher in Mari selbst wohnhaft, ist jetzt königlicher Beamter oder Gesandter in der Stadt Alaḫtum bei Aleppo; der sich offenbarende Gott ist Adad, Herr (Gott) von Kallassu, die Offenbarungsempfänger werden *āpilum* und *āpiltum* (wörtlich „Antwortende" [männliche und weibliche]) genannt (Z. 26. 30. 37. 41) und kommen in der Mehrzahl vor (Z. 24); die Offenbarung an sie erfolgt *ina tērētim* (in Orakeln Z. 8. 24 oder Vorzeichen), mit denen diese ständig befaßt sind (*ittanazzaz* Z. 25). Sie machen dem Briefschreiber davon Mitteilung, und dieser berichtet umgehend, wie gewohnt, an den König, weil er sonst dessen Vorwürfe zu befürchten hat. Der Inhalt der Gottesbotschaft ist hier ernst und direkt drohend: Der König verdankt dem Gott Thron und Herrschaft. Alles, was er ihm gegeben hat, besonders aber die Stadt Niḫlatum wird der Gott als

schädigung nicht mehr klar zu erkennen. Die Frau behauptet, der Gott Dagan habe sie zum Statthalter geschickt mit der Aufforderung, dem König mitzuteilen, er möge sich (wegen Babylon, Hammurapi wird auch genannt) nicht beunruhigen, also augenscheinlich eine tröstliche Botschaft, Nr. 114. Der junge Mann hingegen, dessen Traumbericht als einziger von den drei vollständig erhalten ist, Nr. 112, überbringt eine unmißverständliche Drohung für einen Spezialfall; er hat den Traum gleich zweimal gehabt, in dem der mit Namen nicht genannte Gott verlangt: „Baut dieses Haus nicht (wieder) auf; wenn ihr es (wieder) aufbaut, werde ich es in den Fluß stürzen lassen." Zugleich mit dem Traumbericht schickt der Statthalter von diesem jungen Mann den Gewandsaum und eine Haarlocke an den König, wohl um sich durch dieses Pfand seiner Person zu versichern, vgl. ARM VI 45; dazu unten S. 242 mit Anmerkung 110–112. Von dem Tage an ist der junge Mann (infolge des Traumerlebnisses?) krank, wie der Briefschreiber abschließend dem König mitteilt.

Einer Bemerkung desselben Kibri-Dagan Nr. 115, 9–13; Nr. 134, 15 und wahrscheinlich auch 117, 9f. könnte vielleicht entnommen werden, daß er regelmäßig, etwa monatlich oder noch öfter, in Angelegenheiten des Königs oder seines Verwaltungsgebietes Vorhersagen veranlaßt oder Orakel einholt (*tērētim ušēpiš*); ob er sich dabei etwa des *āplū* oder anderer Personen bedient, wird aber nicht ausdrücklich gesagt.

Herr von Thron und Stadt dem König wieder nehmen, wenn dieser geforderte Leistungen, die nicht näher bestimmt werden, [182] nicht vollbringen will (Z. 16. 19). Für den Fall der Willfährigkeit des Königs verspricht ihm Adad Mehrung des Besitzes und Ausdehnung seiner Herrschaft vom Sonnenaufgang bis zum Sonnenuntergang (Z. 18–23). Der gleiche Brief enthielt den Bericht über eine weitere Botschaft des *āpilum* des Adad von Aleppo (ist dieser mit dem von Kallassu Z. 25 nicht identisch?), deren Inhalt wegen des beschädigten Textes aber nicht festzustellen ist (Z. 41 ff.).

Stellung und Funktion des *āpilum* (und der *āpiltum*) werden nicht ganz klar. Die Gleichung *āpilū*(!): *aššapu*[104] würde ihn in die Nachbarschaft des Zauberers und Zeichendeuters bringen, aber sie beruht auf Ergänzung und erweist sich als möglich, aber nicht als sicher. Aus der Grundbedeutung „Antwortende(r)" könnte man schließen, daß die so Bezeichneten etwa berufsmäßig auf (Orakel-) Anfragen zu antworten hatten. Aber von einer solchen Anfrage ist in keinem der fünf Briefe auch nur andeutungsweise die Rede. Die Wendung „*āpilu* des Hadad von Kallassa" bzw. „von Halab" (Z. 26. 41) könnte vielleicht auf die Zugehörigkeit zum Tempelpersonal hinweisen. Dann wäre verständlich, daß er „ständig in den Orakeln (Vorzeichen) steht" (Z. 24f.), d. h. wohl damit befaßt ist. Dazu würde auch passen, daß er das *maškanu* des Briefschreibers in Alaḫtum (Z. 27f. 37f.)[105] zu hüten oder zu bewachen hat, besonders wenn dieses als Zeltheiligtum zu verstehen und als ein um Jahrhunderte älterer Vorläufer des israelitischen Zeltheiligtums zu betrachten wäre, für das die Leviten Sorge zu tragen haben, vgl. Nm 1, 53, auch 3, 6–8; 9, 19[106]. Aber das ist kaum begründete Vermutung. Denn das Wort bedeutet in Mari sonst „Tenne (zum Aufschütten des Getreides)" ARM III 78, 8, auch III 31, 9.13[107]. Da nun eine äußerliche Orakeltechnik und konkrete mantische Hilfs-

[104] CT 18 pl 16 (Rm 360), 7; A. Malamat, Eretz Israel V (1958), 71–73. Von dem dreispaltigen Syllabar fehlt die linke Spalte ganz, und auch die 2. und 3. Spalte müssen teilweise ergänzt werden.

[105] Örtlichkeit in der Nähe von Aleppo, auch ARM IX 9, 7 genannt, vgl. ebd., S. 269, 345.

[106] So A. Malamat, Eretz Israel V 69, vgl. 87.

[107] V. Soden, WO I 403, und Schmökel, TLZ 76, 55f., übersetzen in

mittel wie Leberschau o. ä. in dem Brief 5 nicht erwähnt werden, betrachtet A. Lods [108] die „Antwortenden“ als Propheten und Prophetinnen und findet in ihnen eine Parallele zu der freilich auch umstrittenen Institution der Kultpropheten in Verbindung mit dem Tempel in Jerusalem, durch die, wie in Joel, Nahum und vielleicht Habakuk und in den „prophetischen Epi-[183]logen“ vieler Psalmen, Antwort gegeben werde auf die Fragen oder Gebete der Gläubigen. Jedoch für eine solche Hypothese ist die Basis zu schmal und zu unsicher, obwohl man sagen darf, daß für derartige „Kultpropheten“ in Mari relativ größere Wahrscheinlichkeit besteht als in Israel.

Prophetinnen

Von Interesse ist es, daß der Stand der „Propheten“ ähnlich wie im AT auch in Mari *weibliche* Vertreter hat. Nach 4Kg 22, 14ff.; 2 Chr 34, 22ff. nimmt zur Zeit des Königs Josia in Jerusalem die Prophetin Hulda eine angesehene Stellung ein, so daß sie in öffentlichen Angelegenheiten um ihren Rat angegangen wird, ganz zu schweigen von Mirjam in Ex 15, 20f. und Debora Ri 4, 4, bei denen „Prophetin“ vielleicht nur Ehrentitel ist. In Mari gibt es nicht nur die *āpiltum* (Brief 5 Z. 30), sondern auch die *muḫḫūtum* (ARM VI 45, 9. 15). Diese scheint aber im Gegensatz zu jener ihren männlichen Standesgenossen nicht ganz gleichgestellt zu werden. Sie ist nicht ohne weiteres vertrauenswürdig und bedarf, wie es scheint, einer Beglaubigung. Darin freilich, daß ihr Auftreten in großer Zahl für eine Stadt Unglück bedeutet, sind die männlichen und weiblichen Standesgenossen einander gleich [109]. Aber der Priester Aḫum hält es für nötig, Haar und Gewandsaum einer *muḫḫūtum* dem Statthalter Baḫdilim zu überbringen, der beides mit einem vollständigen Bericht dazu an den König weiterschickt (ARM VI 45). Was

unserem Zusammenhang auch „Tenne(?)“, während Munn-Rankin, Iraq 18 (1956) 73ff., “région” wiedergibt.

[108] Robinson-Festschrift, 107f.

[109] Omentext CT 38 Nr. 1 (pl. 4) 81f.; Or 31 (1928) 48; s. bereits oben Anm. 68.

in dem Bericht stand, ist leider nicht gesagt und auch nicht zu erschließen. Aber für Malik-Dagan, dessen Gottesbotschaft Itur-Asdu an den König weiterleitet, ist eine solche Beigabe nicht erforderlich, weil der Mann *qallu*, d. i. wohl „Beamter", und als solcher ohnedies vertrauenswürdig ist[110]. Haar und Gewandsaum gelten offenbar als Pfand, mit dem man sich der Person ihres Eigentümers versichert. Sie treten an dessen Stelle und geben dem Inhaber magische Gewalt über ihn, so daß er ihn sozusagen in der Hand hat. Daher kann bildlich sogar vom Gewandsaum eines Hauses die Rede sein, den man nur in Händen zu haben braucht, um über dasselbe verfügen zu können[111]. Durch solche Pfänder wollte man wohl unerwünschte Verkündigung oder Tätigkeit der Betreffenden verhindern oder wenigstens unter Kontrolle halten[112].

[184] In Verbindung mit dem Orakelwesen und der Vermittlung göttlicher Offenbarung werden Frauen auch in anderen akkadischen Texten (außerhalb Maris) gebracht; ihre Stellung und ihre besonderen Aufgaben sind aus dem jeweiligen Zusammenhang aber schwer zu erheben. Ihre Bezeichnungen sind verschieden. Wie neben dem *āpilu* die *āpiltu* (in Mari) steht sonst neben dem *šā'ilu* die *šā'iltu*, „Frager" und „Fragerin", die, nach dem Namen zu urteilen, wohl im Auftrag von Ratsuchenden die Gottheit befragen und entsprechende Antwort, etwa auch auf Grund von Traumorakeln, erteilen[113]. Lautlich anklingend, aber etymologisch ganz unsicher ist der Titel *šelūtu ša šarri* für eine mit Namen genannte Orakelgeberin des Königs Asarhaddon aus der Stadt Arbela. Sie ist nur eine von

[110] Brief 1, Z. 53, s. oben Anm. 100, ferner ARM XIII 112, 11'–15'.

[111] ARM VI 33, 31; dazu M. Noth, JSS 1, 327f.

[112] Daß der Gewandsaum als Siegel auf Urkunden auf der gleichen Vorstellung (Gewand = Person des Trägers) beruht, vermutet J. R. Kupper ARM V p. 123 zu Nr. 79, 7. In der Saul-Episode ist die „magische Bedeutung des Gewandsaums aber keineswegs so klar (Noth, JSS 1, 330). Nach 1Sm 24, 4ff. schneidet David in der Höhle den Zipfel des Gewandes Sauls unbemerkt ab, 1 Sm 26 sind es aber Speer und Becher, die er ihm wegnimmt. Die Absicht Davids ist es in jedem Falle, dem Saul sein Eindringen in die Höhle zu beweisen; das ist auch ohne magische Hintergründe verständlich.

[113] Oppenheim, Dreams, 221–225.

vielen, aus deren Mund der König die Aufforderung der Götter, besonders der Ištar, empfängt, sie nicht zu fürchten, da sechzig Götter ihm beistehen, seine Feinde zerschmettern und Thron und Dynastie sichern werden[114]. Neben dem *bārū*, dem eigentlichen Wahrsager, dem die Opferschau obliegt, gibt es die *bārītum*[115] und neben dem (etymologisch damit zusammengehörigen?) *šabrū* die *šabrātum*, etwa „Seher" und „Seherin". Mit dem männlichen und weiblichen *maḫḫū* haben sie gemein, daß ihr Auftreten in großer Zahl für eine Stadt Unglück, ja Zerstörung bedeuten kann[116]. In einem Falle erfährt man (ob das in allen Fällen gilt?), daß wenigstens der *šabrū* Empfänger eines von Ištar bewirkten Traumorakels ist, das den König Assurbanipal betrifft[117]. Der Traum des „Sehers" besteht nicht nur (wie in Brief 1 aus Mari) in Audition, er hat visuelle Form: Die Göttin Ištar erscheint in voller Rüstung, ermuntert den König und verspricht Erfüllung seiner Wünsche, d. i. Sieg über die Feinde.[185] Möglich, daß der Bericht über den Traum an den König wie in Mari spontan erfolgt und von ihm nicht bestellt oder (etwa durch verlangte Inkubation) veranlaßt ist. Ein Fall, daß eine *šabrātum* sich einer ähnlichen Aufgabe zu entledigen hat, scheint nicht überliefert zu sein.

Merkwürdig unbestimmt bleiben auch Rolle und Aufgabe der *ragintu*. Nach einem bereits 1895 von J. A. Craig[118] veröffentlichten

[114] IV R² 61 V 11; F. Schmidtke, AOTU I (1916) 117ff.; ATB² 281f.; ANET² 449f. Ein Zusammenhang mit *mušēlū* (Totenbeschwörer?, M. Jastrow, Die Religion Babyloniens II 161) ist wenig wahrscheinlich; eher wäre an *šēlu* „Glänzender, Fürst" zu denken.

[115] Vgl. Zimmern, Beiträge zur Kenntnis der babyl. Religion, 1901, 82–91; G. Contenau, La Divination, 1940, 63f.; Guillaume, Prophétie et Divination, 57. Nach einem Alalach- und einem Mari-Text erscheint der *bārū* auch im Heere an seinem bestimmten Platz (als Orakelgeber und Zeichendeuter), D. J. Wiseman, The Alalakh Tablets, 1953, Nr. 180, 20 (p. 71) bzw. Ch. Jean, ARM II Nr. 22. 24f. (p. 52f.).

[116] Nach dem Omentext (s. oben Anm. 109) CT 38 pl. 4, 87f.; Or 31 (1928) 48f.

[117] VAB VII/2, Cyl B Kol V 50f. (S. 116); ähnlich Cyl A III 118f. (S. 32); vgl. auch Kol V 97f. (S. 48), dazu S. 593, auch S. 120 Z. 95.

[118] Assyrian und Babylonian Religious Texts I, Leipzig 1895, p. 26, 1 (K 883 obv 1), vgl. auch Streck, VAB VII p. CLXXIII s.

Text ist die „hochangesehene" Göttin Ninlil selbst *ragintu*. Daß sie mit diesem Titel als „schreiende Göttin"[119] charakterisiert werden soll, ist nicht anzunehmen. Sie läßt vielmehr hier (Z. 2) dem mit Namen genannten König Assurbanipal den Bescheid (*abītu*) zukommen, er solle sich nicht fürchten. Aber sonst ist die *ragintu* eine menschliche Person, die in einem Falle mit der Verbringung des *kizippi* des Königs nach Akkad in Beziehung gesetzt wird[120]. Jedoch für die Bestimmung ihres eigentlichen Charakters und ihres Verhältnisses zu den übrigen „Seherinnen" oder „Prophetinnen" ergibt der Zusammenhang nichts.

Gegenseitiges Verhältnis der Prophetie in Israel und Mari

Die Gottesbotschaften in den angeführten Briefen aus Mari legen den Vergleich mit der israelitischen Prophetie von vornherein nahe. Manche Parallelen sind auf den ersten Blick nicht zu verkennen. Sie gehen über das hinaus, was bisher auf diesem Gebiete aus dem Alten Orient bekannt war. Manche der Gelehrten, die darüber Betrachtungen anstellten, fanden denn auch nicht nur Parallelen, sondern wie A. Malamat eine ressemblance de base oder meinten wie M. Noth[121], der Gottesbote in Mari sei nicht nur eine Parallelfigur zum atl Propheten, sondern gehöre zur Vorgeschichte der Prophetie. Trotz des zeitlichen Abstands von 1000 Jahren müsse ein allerdings noch nicht genau zu fixierender Zusammenhang vermutet werden. Einen wichtigen Unterschied hat man freilich gegenüber der israelitischen „Hochprophetie" (Schmökel) nicht übersehen: Der *Inhalt* der Gottesbotschaft hier und dort läßt sich nicht verglei-

[119] M. Jastrow, Die Religion Babyloniens I 49, obwohl *ragāmu*, wozu *ragintu* Partic. fem. ist, „rufen, klagen" bedeuten kann.

[120] R. F. Harper, Assyrian and Babylonian Letters (Chicago 1893), Nr. 149 obv 7 (K 540); vgl. auch Nr. 437 obv 23 rev 1.

[121] Gesammelte Studien, 239f. Die Möglichkeit des Zusammenhangs glaubte man damals (1949) durch den Hinweis auf die vermeintlichen Benjaminiten (s. oben Anm. 101) und auf Dawidum stützen zu können, beides irrige Lesungen, wie sich inzwischen gezeigt hat; vgl. auch Tadmor, JNES 17 (1958), 129ff.; ARM IX p. 353 (zu Nr. 13, 7).

chen. Was der Gottesbote in Mari [186] verlangt, sind äußerliche und keineswegs außerordentliche Dinge, die nur den König und den Tempel angehen. Seine Forderungen sind auch nicht an das Volksganze gerichtet wie meist in Israel. Eine ethische Begründung derselben fehlt ganz. Von einer sittlich-religiösen Einwirkung auf das Volk, von einer Sorge um dessen religiöse Erneuerung oder Erziehung, von der Sein und Nichtsein von Staat und Nation abhängen würde, zeigt sich in Mari keine Spur. Prophetische Predigt, die sich an das Volk wendet und eine eigene Tradition begründet wie in Israel, findet sich in Mari oder sonst im Alten Orient nicht. Gar eine unbedingte Gerichtsdrohung, die das ganze Land oder sogar das ganze Universum betrifft, wie im israelitischen Prophetismus namentlich vor dem Exil, ist Mari fremd. Das bedingt, für den Fall des Ungehorsams gegen die göttliche Forderung angedrohte Unheil (wie Brief 1 und 5) greift über das Schicksal des Königs und seine dynastischen Interessen nicht hinaus. Der Unterschied, daß die atl prophetischen Reden meist poetische Form haben, während die betreffenden Mari-Texte reine Prosa sind, fällt daneben wenig ins Gewicht.

In Vergleich gezogen werden könnten Einzelbotschaften wie die des Natan an David anläßlich des geplanten Tempelbaus (2 Sm 7, 4 ff.) und nach der Verfehlung Davids mit Bathseba (2 Sm 12, 1 ff.) sowie die Mission des Propheten Gad nach der Volkszählung Davids (2 Sm 24, 11 ff.), worauf M. Noth hingewiesen hat. Aber von *Hofpropheten* in Mari wird man trotzdem nicht reden wollen. Denn dort bringen die „Gottesboten" ihre Botschaft nur indirekt über den Statthalter in Form eines schriftlichen Berichts an den König, während Natan und Gad dem König unmittelbar und, wie es scheint, mit viel entschiedenerem Autoritätsbewußtsein gegenübertreten. Selbst die „Verkündigungstechnik" ist bei aller Ähnlichkeit also doch nicht ganz dieselbe. Ob die mittelbare Art in Mari einem Prinzip entspricht oder nur auf Zufälligkeit der Überlieferung beruht, muß freilich dahingestellt bleiben.

Die Parallele: Offenbarungsträger in Mari, israelitische *Kultpropheten* ist problematisch, weil deren Verbindung mit dem Kult beiderseits unklar bleibt. Ein solcher Gottesbote kann eine Kulthandlung fordern (Brief 2 und 4) und selbst Opfer vollziehen (Brief 1), ob er aber amtlicher Kultdiener ist und zum Tempelpersonal gehört, ist unsicher. Auch das israelitische Kultprophetentum ist, wie oben schon bemerkt, eher Hypothese als beweisbare Tatsache.

Näher liegt der Vergleich des wenigstens in zwei der Maribriefe als Offenbarungsempfänger genannten *muḫḫū*, besonders [187] wenn man die vermutliche Etymologie des Wortes (*maḫū* „rasen, wütend werden“) in Betracht zieht, mit den Ekstatikern des Samuelbuches (1 Sm 10, 5 ff.; 19, 20 ff.). Aber von den spezifischen Merkmalen der Ekstase, wie sie im Samuelbuch (vgl. auch das Gebaren der Baals- und Aschera-Propheten 3 Kg 18, 19. 28 f.) und in der Erzählung des Wen-Amon über den „Rasenden“ in Byblos geschildert werden, ist in Mari nicht die Rede. Das scheint doch nicht ohne Bedeutung zu sein, wenn natürlich auch hier die Zufälligkeit oder Lückenhaftigkeit der Überlieferung im Spiele sein kann. Daß der Stand des *nābīʾ* dem des *muḫḫū* entspricht[122], wird man also nicht ohne Vorbehalt sagen können. Denn der Begriff *nābīʾ* ist, wie eingangs gezeigt, nicht eindeutig, und der *muḫḫū* ist nicht ausschließlicher Träger der Offenbarung, es gibt daneben in Mari zumindest auch den *āpilu*.

Bei der weiten Verbreitung und der großen Bedeutung des Orakelwesens bei den Semiten des Alten Orients, besonders im Zweistromland, wird man vielmehr annehmen dürfen, daß Parallelen in den Formen des Offenbarungsempfangs und der Offenbarungsvermittlung in der Natur der Sache liegen. Der Offenbarungs*inhalt* bleibt davon unberührt, der wesentliche Unterschied hierin wird allseits anerkannt. Daß sich alle Ähnlichkeiten mit der „Natur des Objekts“ restlos erklären lassen, wird man nicht behaupten wollen. Aber ein geschichtlicher Zusammenhang zwischen der atl Prophetie und den um rund 1000 Jahre älteren ähnlichen Erscheinungen in Mari läßt sich, vorerst wenigstens, nicht beweisen.

[122] V. Soden, WO I 402. Die von S. Herrmann, Heilserwartungen, 47 ff., so sehr betonte Parallelität des Verhältnisses zwischen König, Statthalter und Offenbarungsempfänger in Mari einerseits und von Elisa, Obadja und Achab 3 Kg 18, 1 ff. andererseits ist doch sehr äußerlich und deshalb fragwürdig.

Gottesbotschaft und Mantik

Für die israelitische Prophetie steht die Gottesbotschaft als Ausdruck des Willens Jahwes unverlangt und ungerufen fordernd, tadelnd, kritisierend, auch verheißend im Mittelpunkt der Verkündigung. Außerhalb Israels scheint diese Form der Gottesoffenbarung, „intuitive Mantik", wie Malamat es nennen will[123], aber etwas Ungewöhnliches und Außerordentliches zu sein, die hinter die gewöhnlichen Formen der Mantik an Häufigkeit sehr zurücktritt. Freilich ist die Befragung der Gottheit durch einen Propheten selbst in Einzelangelegenheiten auch im alten Israel nicht unbekannt, und nicht durchaus verpönt von den Zeiten [188] Samuels bis auf Jeremia (vgl. Jer 42). Aber die „mantische Technik", die berufsmäßig geübte Wahrsagekunst, lebt doch sozusagen im Untergrund und gilt als Mißbrauch, vgl. 1 Sm 28 (Saul bei der Hexe in Endor). Der Gebrauch der Urim und Tummim ist eine besondere Form des nicht unzulässigen Loswerfens (1 Sm 28, 6) zur Feststellung des göttlichen Willens. Auch Träume als Offenbarungsmittel sind nicht unbekannt und nicht anstößig, werden aber später als Quelle folgenschweren Mißbrauchs von Propheten wie Jeremia abgelehnt (Jer 23, 25ff.).

Dem assyrischen König Asarhaddon aber (und bei den Königen in Mari und sonst wird es nicht anders gewesen sein, s. unten sofort) stehen zur Erkenntnis der göttlichen Pläne und Wünsche bei seinen Unternehmungen günstige Vorzeichen und Orakel „im Himmel und auf Erden" zur Verfügung[124]. Sein Vater, der König Sanherib, befragt hierzu die Götter durch Opferschau, und diese antworten ihm (*ina bi-ri i-šal-ma . . . i-pu-lu-šu*) positiv mit der festen Zusage, er (Asarhaddon) werde sein Nachfolger sein[125]. Dieser Weg war wohl der gewöhnliche zur Erkundung des göttlichen Willens, worauf auch die Vielfalt der Wahrsager und Zeichendeuter und das ausgebildete Omen- und Opferschauwesen, von der Astrologie ganz abgesehen, hindeutet.

[123] Eretz Israel V 73.

[124] *idāt damiqtim . . . iskimmu*: Borger, AfO Beih. IX S. 16, Ep. 12, 12–14; vgl. Z. 33; S. 18. Ep. 14, 6.

[125] Borger, ebd., S. 40ff. I 13.

Traumorakel ergingen in Assur direkt an den König oder an andere berufsmäßige oder nicht berufsmäßige Mittelspersonen, die ihre bedeutsamen Träume ihm zu melden[126] und unklare königliche Träume zu deuten hatten. Asarhaddon und vor allem Assurbanipal scheinen, ohne die anderen Vorzeichen zu übersehen, den Traumorakeln besondere Beachtung geschenkt und sie bei ihren politischen und kriegerischen Unternehmungen in Rechnung gestellt zu haben[127]. Auch in Mari, wo die ungefragte Gottes-[189]botschaft am deutlichsten hervortritt, geschieht sie in einem Falle durch Traumoffenbarung (Brief 1). Aber man begnügt sich auch dort nicht mit dieser „spontanen" Mantik. Man bestellt Orakel und Vorzeichen (*tērētim*), „holt sie ein" (*leqū*)[128] und „läßt sie machen" (*šūpušu*)[129]. Anlaß dazu kann ein feindlicher Einfall ins Land sein[130], und die Auskunft kann dann auch ungünstig sein. Aber gleichviel, ob günstig für eine Stadt (ARM IV 56, 5–10) oder ungünstig, der König verlangt, daß man ihm über solche „Orakel" Nachricht schicke (*špr*), ARM IV 55, Rs 5ff. Solche Vorhersagen

[126] L. Oppenheim, Dreams, 191–197, bezeichnet sie daher als message-dreams. – E. L. Ehrlich, Der Traum im AT, BZAW 73 (1953), beschränkt sich dem Titel gemäß auf das AT und enthält z. B. nichts über Mari. A. Resch, Der Traum im Heilsplan Gottes. Deutung und Bedeutung des Traums im AT (1964), versucht vor allem die psychologische Erklärung der biblischen Träume im Anschluß an S. Freud und Hans Bender. Er findet, daß „die Traumauffassung des AT im Gegensatz zur Traumauffassung der atl Umwelt schon all jene Momente aufweist, die man in der heutigen Traumforschung kennt" (S. 137). Hierzu komme im AT zusätzlich nur die Anerkennung des Traumes als mögliches Offenbarungsmittel Gottes". (Daß R. die umfangreich zitierten Bibeltexte der Echterbibel entnimmt, muß man selbst herausfinden.) Zu verweisen wäre noch auf den entsprechenden Abschnitt in: Les Songes et leur Interprétation, in: Sources Orientales 2, Paris, du Seuil 1959; W. Richter, Traum und Traumdeutung im AT, BZ 7 (1963), 202–220.

[127] Borger, AfO Beih. IX, S. 2 A II 12–14; vgl. ebd., S. 45 II 6; Streck, VAB VII, S. 116ff. V 50. 95; vgl. S. 117 Anm. 4; p. CLXIX–CXCVIII.

[128] ARM IV 14 Rs 3 s.NB! Die Texte des IV. Textbandes von ARM sind im V. Transkriptionsband behandelt.

[129] ARM IV 38, 18f.; 56, 7f.; 88, 11–13.

[130] ARM IV 88, 8ff.

können auch aus dem Eingeweidebefund eines Opfertieres gewonnen werden[131]. Wenn sich dabei Meinungsverschiedenheiten ergeben, ob der Befund günstig oder ungünstig zu werten sei, ist der ausschlaggebende Opferteil dem König zur persönlichen Inaugenscheinnahme zu schicken, und dieser läßt das Objekt der *tērētim* nach persönlicher Prüfung wieder zurückbringen. Auch in Brief 5 spricht der Gott Adad von Kallassa *ina tērētim* (Z. 8f.) und der *āpilu* hat es mit *tērētim* zu tun (Z. 24f.); aber es wird nicht klar, ob es dabei um freie innere „Inspiration" geht oder ob technische Mittel wie Opferschau und ähnliches von Berufs oder Amts wegen zu Hilfe genommen werden[132].

Prophetische Chroniken

Eine Sache für sich sind die von A. K. Grayson und W. G. Lambert unter dem Titel ›Akkadian Prophecies‹[133] zusammengefaßten Textfragmente, die von verschiedenen Fund- bzw. Grabungsstätten (Assur, Ninive, Babylon) stammen und sich jetzt in verschiedenen Museen befinden. Sie ergeben auch zusammengefügt keine Texteinheit, sondern verteilen sich auf vier unter sich verwandte Textgrößen, die von den Bearbeitern (und danach auch hier) als A, B, C, D, bezeichnet werden. Keine derselben ist aber vollständig erhalten; von anderen Lücken abgesehen, fehlt jeweils der Anfang und der Schluß, woraus sich für das Ver-[190]ständnis und namentlich für die geschichtliche Einordnung teilweise vorläufig unüberwindliche Schwierigkeiten ergeben. Die Herausgeber verstehen die Texte als

[131] ARM IV 54, 5–21: *tērēt niqē* (?).

[132] Noch weniger klar ist, was es mit dem (teilweise ergänzten) *bīt tertim* ARM VII 283, 2 für eine Bewandtnis hat. Vielleicht ist es nicht mit *tērtu(m)* „Vorzeichen", sondern eher mit *ana tertim šakin* („ein für die Verwaltung bestimmter Beamter"?) (ARM IX 8, 4f. S. 4, dazu S. 330 § 127) in Zusammenhang zu bringen und etwa als „Haus der Verwaltung" zu betrachten.

[133] Journal of Cuneiform Studies 18 (1964) 7–30 (im folgenden JCS). Ein Teil der Textfragmente ist hier zum ersten Mal veröffentlicht, die übrigen sind neu kollationiert und übersetzt. Teilweise Übersetzungen auch schon ATB^2 283f., ANET^2 451f. und sonst, s. JCS 18, 7.

Voraussagen über die politische Zukunft des Landes mit Anspielung auf vielfach chronologisch schwer zu fixierende historische Ereignisse. Infolgedessen läßt sich auch die Zeit der Entstehung der Texte schwer bestimmen, aber manche in später Zeit nicht mehr gebräuchliche geographische Namen wie Jamutbal und Subartu und die Erwähnung einer elamischen Invasion in Akkad [134] machen ein hohes Alter (2. Jahrtausend) wahrscheinlich. Trotzdem findet Grayson Ähnlichkeiten mit dem Buche Daniel, besonders mit den auf Antiochus IV. sowie die Ptolemäer- und Seleukidenkönige sich beziehenden Abschnitten Dn 8, 23–25 und 11, 3–45. Denn auch hier (bei Daniel) werde festgestellt, daß gewisse (aber nicht mit Namen genannte) Könige den Thron besteigen werden; dann werde ihre Regierung beschrieben in Ausdrücken, daß nur eine in der Geschichte der Zeit wohlbelesene Person möglicherweise die Ereignisse identifizieren konnte, die der Schreiber im Sinne hatte [135].

Wichtig ist zu beachten, daß in diesen akkadischen *„Prophetien"* von Propheten oder Gottesboten (wie Daniel), auch von Mantik, Orakeltechnik und Wahrsagepraxis mit keinem Wort die Rede ist [136]. Dies könnte an der Lückenhaftigkeit der Texte liegen, wahrscheinlich ist es, daß es sich hier nicht um prophetische *Verkündigung* handelt, sondern nur um Literatur, um eine literarische Art, nach der die (zukünftige) Geschichte des Landes mehr oder weniger mechanisch periodisiert und in abwechselnden Heils- und Unheilszeiten dargestellt wird. Daß dies ein Produkt zyklischen Denkens sei, d. h. auf der Meinung beruhe, die Geschichte wiederhole sich in bestimmtem Kreislauf und dasselbe Naturphänomen sei immer mit demselben historischen Ereignis verknüpft, ist eine wenig wahrscheinliche Vermutung Graysons. Für das Danielbuch trifft sie nicht zu, und auch im akkadischen Text gibt es dafür kaum einen Anhaltspunkt.

Das Prinzip, das der Periodisierung zugrunde liegt, ist nicht in allen Texten dasselbe. Am deutlichsten zeigt sich in A die Form der

[134] Text A 1. Seite II 10; B 20; C III 17f.; vgl. unten Anm. 137.

[135] JCS 18, 10.

[136] Die direkte Botschaft zwischen dem Gott Enlil und Anu-rabū scheint mythologisch zu sein (B II 1–5).

Zukunftschronik. Jeder Abschnitt entspricht hier der Regierungszeit eines Fürsten und ist nach dem gleichen Schema aufgebaut: Ein Fürst, dessen Name niemals genannt wird, tritt auf und [191] übt eine bestimmte, nicht immer gleiche Anzahl von Jahren die Königsherrschaft aus; dann folgt die Aufzählung der Ereignisse bzw. die Beschreibung der Zustände während seiner Regierung. Nur *ein* Abschnitt in A (1. Seite II 19), der die Regierung eines offensichtlich ganz erfolglosen Herrschers betrifft, ist kürzer. Er lautet nur: „Ein Fürst tritt auf, seine Tage sind kurz, er wird nicht Herr über das Land." Eine glückliche oder unglückliche Periode entspricht immer der (ganzen) Regierungszeit eines Königs. Ein Wechsel zwischen Glück und Unglück innerhalb derselben findet augenscheinlich nicht statt. Auch zwischen den Regierungszeiten selbst ist der Wechsel nicht regelmäßig alternierend, so daß auf eine gute immer eine schlechte Periode folgen würde. Die schlechten Perioden sind nach dem erhaltenen Teil des Textes A vielmehr zahlreicher als die guten (sechs gegen drei). Gelegentlich ist wohl von ungerechter Regierung die Rede, aber sonst werden die günstigen und ungünstigen Dinge und Ereignisse lediglich registriert; ethisch, moralisch, religiös wie bei den israelitischen Propheten werden sie nicht bewertet oder begründet.

Zu einer glücklichen Regierungszeit gehört Sicherheit des Landes und Wohlstand des Volkes bei guter Ernte und gedeihlichem Wetter. Trotzdem wird der Fürst des Landes im Aufstand getötet (A 1. Seite II 2–8). In einer anderen Glücksperiode ist der König Herr über die (vier) Weltgegenden, setzt die unterbrochenen kultischen Leistungen an die Götter wieder fort, und es herrscht vegetative und animalische Fruchtbarkeit (A III 1–8). In einer Unheilsepoche (A 1. Seite II 9–18) erlebt Akkad Angriff und Plünderung durch Elam, Zerstörung der Tempel, Umsturz, großes Blutvergießen und Chaos im Lande; das Volk leidet Not und Drangsal. Eine andere Unglücksepoche ist charakterisiert durch ungünstige Witterung, Zerstörung der Städte, Rebellion und Tod des Fürsten durch die Amoriter (A 2. Seite II 2–9).

Nach Text B und C lösen sich Heils- und Unheilszeiten in *regelmäßigem Wechsel* ab, sie fallen aber nicht jeweils mit der Regierungsdauer eines Königs zusammen. In B sind von dem ersten stark zerstörten Teil nur einige alte Stadt- und Gottesnamen zu erkennen. Der zweite Teil scheint mit einer mythologischen Einleitung zu beginnen, nach der das Land unmittelbar eine Götterbotschaft (unbekannten Inhalts) zu hören bekommt. Darauf werden Gerechtigkeit und Ordnung (durch den Gott Enlil?) im Lande wiederhergestellt, persönlicher Besitz ist wieder gesichert, die Beamten tun wieder ihre Pflicht (1–12). In der folgenden Unglückszeit gibt der König Anlaß zur Klage, so daß das Land rebelliert [192] und der Fürst auf dem Thron samt seinen Ratgebern im Palast vom Feind getötet wird. Es entsteht ein Kampf aller gegen alle: Stadt steht gegen Stadt, Bruder gegen Bruder, Freund gegen Freund; es wird geplündert, Tempel werden zerstört, auch in Nippur kommt es zum Blutbad (13–18), bis die Götter ein Einsehen haben und die Königsherrschaft wiederherstellen, so daß sogar die Plünderung von Jamutbal[137] gelingt (19f.). Später wird ein Unbekannter, wohl ein Usurpator, König; Pest, Viehsterben, Hungersnot grassieren im Land (21–24), der König kommt mit seiner Familie um (25), die Götter beraten wieder, das Resultat ist aber nicht mehr zu erkennen, ein Angriff der Amoriter scheint noch zu folgen (27).

Der erhaltene Teil des Textes C beginnt mit einer Unglückszeit, in der man sich im Lande gegenseitig bekämpft und die Regierung Babylons auf Befehl Enlils ein Ende nimmt (II 1–15). In einer folgenden glücklichen Periode werden Städte wie Girsu und Lagasch samt den Kultstätten ihrer Götter wiederhergestellt (II 16–29). In einer späteren Unheilszeit (III 2–22) aber erfolgt die Eroberung Babylons, es entsteht ein allgemeines Chaos, Fürst und Volk erleiden Unglück, die Not treibt, wie es scheint, sogar zum Kannibalismus, zur Auflösung der Familienbande und zu allgemeiner Anarchie, und aller Besitz Babylons kommt als Beute nach Subartu und Assur.

In D, dem am wenigsten vollständig erhaltenen Text, in dem Heil und Unheil nicht wie in B und C regelmäßig alternieren, sind nur zwei unmittelbar aufeinander folgende „gute“ Perioden zu unterscheiden, in denen die allerdings nicht mit Namen genannten Städte

[137] Geographische Bezeichnung, nur aus der Zeit der 1. Babyl. Dynastie bekannt.

Ur und Nippur (nach den Götter- und Tempelnamen zu schließen) im Mittelpunkt zu stehen scheinen. Der Fürst (von Ur?) regiert lange, ist mächtig und hat keinen Rivalen (? Vs II 1 – Rs I 4). Die Stadt (Nippur?) gedeiht, die Tempel sind in gutem Zustand, der Fürst regiert lange, er schafft sichere und geordnete Verhältnisse (Rs II 5ff.).

Die Frage, was der Zweck einer solchen unpersönlichen prophetischen Zukunftschronik war und wie sie zustande gekommen sein mag, läßt sich nur mit Vermutungen beantworten. Wollte ein Späterer nachträglich damit dartun, daß er die Ereignisse voraussah und vorherwußte? Dann sollte man, von den Regierungszahlen in A abgesehen, doch bestimmtere Angaben über die in diesem Falle bereits eingetretenen Ereignisse erwarten. Für Dn 11, 3–45 nimmt man gewöhnlich an, daß bei Niederschrift der Weis-[193]sagungen über die verschiedenen Herrscher die Erfüllung schon vorlag und daß der Schriftsteller seine Kenntnis der bereits Geschichte gewordenen Einzelheiten dabei verwertete und in seinen Text mit einfließen ließ. Darum sind seine Angaben aber auch viel bestimmter als in der angenommenen akkadischen Parallele. Daß der Versuch, die Darstellung aus dem zyklischen Denken zu erklären, nicht befriedigt, wurde schon bemerkt. Daß man, mit Rücksicht auf den Kreislauf der Geschichte, um die Zukunft vorauszuwissen, die Vergangenheit nur in allgemeinen Ausdrücken sozusagen ins Futur zu übersetzen brauchte, wäre doch zu einfach und mechanisch und läßt sich jedenfalls wieder auf die Zahl der Regierungsjahre kaum anwenden. Ob der Urheber solcher „Prophetien" lediglich die Glaubwürdigkeit und Vertrauenswürdigkeit ihrer Kunst und ihres Wissens dartun wollten, wenn sie darauf hinweisen konnten, daß die guten und bösen Dinge längst vorhergesagt waren, bleibt also ungewiß. Auch die Erklärung, daß hier nur ein übliches Heils-Unheils-Schema variiert werde, wird man kaum für entsprechend halten können. Denn von einem solchen Schema ist in der akkadischen Literatur eigentlich nirgends etwas bekannt. Daß sich die Texte etwa gar nicht auf die Zukunft beziehen sollten, läßt sich grammatisch nicht nachweisen. Das Tempus der Verba (vielfach, namentlich in A, ideographisch geschrieben) läßt diese futurische Deutung wohl zu. Ein Vergleich etwa mit der sog. ›Babylonischen Chronik‹[138], die wirklich Vergangenes registrieren will, zeigt den Unterschied einer wirklich „historischen“ von dieser „prophetischen“ Chronik.

Viel konkreter und beinahe handgreiflich in ihren Vorzeichen und zugleich zurückhaltender in ihrer Vorhersage sind zwei Texte, die man als „Prodigienbuch“ oder besser als „Omenchronik“ bezeichnen könnte. Der eine, bereits von C. Frank 1914[139] transkribiert und übersetzt, enthielt (nach der Unterschrift und Überschrift) „47 fremdartige Vorzeichen, welche auf den Untergang des Landes Akkad gehen“, „die zur Zeit des (sonst bis heute unbekannten) Königs Karšemmebbi in Babel und dem Lande Akkad gesehen wurden“. Die Vorzeichen sind merkwürdig genug, um aufzufallen: Ein abgeschnittener Kopf lacht, eine Stute bekommt ein Horn an der linken Seite, eine Frau hat einen Bart, männliche Tiere werfen Junge, wilde Tiere dringen in die Stadt ein; unnatürliche Paarungen und andere Abnormitäten bei Men-[194]schen, Tieren und Pflanzen, auch Feuersbrunst und Erdbeben gelten als ungünstige Vorzeichen, aber sie werden im einzelnen nicht ausgedeutet. Jedoch wird allgemein ein Zusammenhang zwischen diesem Naturgeschehen und den politischen Ereignissen, hier dem Untergang von Akkad, vorausgesetzt.

Derselbe Gedanke von einem Zusammenhang zwischen Naturvorgängen und politischem Geschehen liegt der von dem Herausgeber so benannten, nur unvollständig erhaltenen *„religiösen Chronik“*[140] zugrunde, die hauptsächlich unheildrohende Ereignisse zur Zeit des Königs Nabukinapli (um 980 v. Chr.) aufzählt, meist mit Angabe von Tag, Monat und Jahr: Wilde Tiere (Hyäne, Hund, Panther, Hirsch, Löwe) werden in der Stadt oder an sonst ungewöhnlichen Orten gesehen, gefangen oder getötet; Wassereinbruch und ein Krieg mit den Aramu wird erwähnt u. ä. Die Texte zeigen,

[138] CT 34, 43ff.; dazu ZA 37, 63ff.

[139] ZDMG 68 (1914) 157–162; Text veröffentlicht CT 29, 48f.; dazu E. F. Weidner, AfO 16 (1952/53) 262 mit Tfl XIV.

[140] L. W. King, Chronicles concerning early Babylonian Kings II (1907), Nr. 7, p. 70ff.; Umschrift und Übersetzung bei E. Unger, Babylon, 1931, 274–276. Neue Edition von Grayson angekündigt.

daß man in ständiger Sorge um die Zukunft war und sich wohl dagegen vorzusehen und zu schützen suchte; aber man kam dabei über Magie und Mantik nicht hinaus.

Dagegen hat der Text CT 15, 50, den F. M. Th. Böhl unter dem Titel ›Babylonischer Fürstenspiegel‹[141], W. G. Lambert[142] unter dem Titel ›Advice to a Prince‹ behandelt, mit Omina nichts zu tun; er hat auch keinen Omentext zum Muster, wie Lambert gegenüber Böhl richtig betont. Er unterscheidet sich von einem solchen nach Form und Inhalt[143]. Die magische Verknüpfung von merkwürdigen Naturvorgängen mit dem Schicksal des Landes und des Königs fehlt hier ganz, vielmehr ist das moralische und politische Verhalten des Königs für Land und Dynastie entscheidend: er wird gewarnt vor Ungerechtigkeit, Parteilichkeit, Bestechung, Unterdrückung, Vertragsbruch. Die angedrohten Übel: Aufstand, feindliche Invasion und Niederlage sind Begründung für die Warnung vor ungerechten und unklugen Regierungsmaßnahmen. Prophetie oder Mantik ist hier nicht im Spiele.

Eine gewisse Ähnlichkeit mit den „Prophetien" glaubte man auch in den von H. G. Güterbock[144] bearbeiteten und von ihm als [195] *narū*-(Gedenkstein-)Texte bezeichneten, teilweise sehr fragmentarischen und schwer zu verstehenden Texten finden zu können. Grayson[145] möchte sie lieber und, wie mir scheint, zutreffender als *poetische Autobiographien* betrachten. Sie berichten im allgemeinen Vergangenes und wollen nicht Zukünftiges anzeigen. Es sind Erzählungen über wirkliche oder fiktive geschichtliche Vor-

[141] Mitt. der Altoriental. Gesellschaft XI/3, 1937.

[142] W. G. Lambert, Babylonian Wisdom Literature, 1960, 110–115.

[143] Die 1. Zeile stimmt wohl mit der 1. Zeile der Tafel 53 der Omenserie *šumma ālu* (KAR 394 II 21; Or 51–54 [1930] 79) überein, aber von dieser Tafel ist außer dieser einen Zeile nichts erhalten, und der „Fürstenspiegel" verzichtet ganz auf die übliche „Wenn"-Form der Omenserie und fügt ein „nicht" ein. Die Ähnlichkeit des Ausdrucks ist also äußerlich und wohl ohne weitere Bedeutung.

[144] ZA 42 (1934) 62ff. (im Rahmen einer umfangreichen Darstellung: ›Die historische Tradition und ihre literarische Gestaltung bei Babyloniern und Hethitern bis 1200‹: ZA 42, 1–91; 44, 55–149).

[145] JCS 18, 8.

gänge, wobei das erzählende „Ich“ ein König wie Sargon I. (Geburtslegende!) oder Naramsin oder in einem Falle [146] auch der Gott Marduk selbst ist, der sich von seiner Stätte wegbegeben mußte. Das bedeutet doch einen beachtlichen Unterschied gegenüber der „prophetischen“ und der „Omen“-Chronik, welche die Zukunft im Auge haben.

Das gleiche gilt von der sehr fragmentarischen „fictive story“, die einem der vier ersten Könige der zweiten Dynastie von Isin (ca. 1160–1030) in den Mund gelegt ist [147]. Sie hat die Zwischenzeit zwischen der Herrschaft der Kassiten und der zweiten Dynastie von Isin zum Gegenstand und scheint zu besagen: Babylon ist von Elam erobert und verwüstet, der König gefangen weggeführt; auch der erzählende König muß fliehen und gerät wie sein Vorgänger in Bedrängnis und Unglück, ist aber bereit, sich selbst zu opfern, um den zürnenden Gott Enlil zu besänftigen; durch irgendein Wunder kommt er jedoch von seinem elamischen Gegner wieder los. (Der Schluß ist allerdings zum großen Teil ergänzt.)

Was sonst von Güterbock und Grayson an *narû*-Texten und poetischen Autobiographien angeführt wird, führt hinsichtlich der vermuteten „Prophetie“ zu keinen anderen Ergebnissen.

Anhangsweise sei noch auf *„die Worte der Götter“* in altassyrischen Briefen aus Kappadokien (20./19. Jahrh. v. Chr.) verwiesen, die wohl alle den gleichen Absender und den gleichen Adressaten haben [148]. Hirsch hält sie für „konkrete Antworten (des Gottes Assur?) auf Orakelanfragen o. ä., „sicherlich (seien sie) nicht feststehende Formeln“ [149]. Aber da der Sinnzusammenhang in den einzelnen Fällen unklar bleibt, ist auch der wirkliche Inhalt dieser „Worte der Götter“ nicht zu bestimmen; wohl möglich, daß mit dieser Bezeichnung die Rechtssatzungen allgemein [196] auf die Götter zurückgeführt werden sollen [150]. Man wird da aufgefordert,

[146] ZA 42, 79–84, zu ergänzen durch BM 99210 (JCS 18, p. 8, 27).

[147] Zuletzt bearbeitet von H. Tadmor, JNES 17 (1958), 137–139, auf Grund eines neuen Photos (früher III R 38, 2: K 2660).

[148] H. Hirsch, Untersuchungen zur altassyrischen Religion, AfO Beih. 13/14 (1961), 39f.; vgl. 15f. 75.

[149] Ebd., 40.

[150] Ebd., 75a.

die Worte der Götter zu beachten, man darf sie nicht vergessen, sie werden gesagt, und man hört sie, man muß sie wichtig nehmen; wenn man sie nicht beachtet, geht man zugrunde, denn die Worte des Gottes (oder der Götter) sind stark usf. Ob sie mit Prophetie etwas zu tun haben, bleibt also sehr unsicher.

Sie bieten auch eine schwache Basis für einen Vergleich mit den (zehn) „Worten Jahwes" im AT. Damit wird der Dekalog bezeichnet: Ex 20, 1 (vgl. 34, 27f.); Dt 4, 13; 5, 22; 10, 4. Dieser oder eine etwas umfangreichere Bundessatzung ist gewiß auch Jos 24, 27 gemeint mit „all den Worten, die Jahwe zu uns gesprochen hat". Hier geht es also um Gebote und eventuell Verheißungen, aber nicht um Vorhersagen und Prophezeiungen[151].

Zusammenfassend läßt sich wohl sagen: Wenn man alles überblickt, was gelegentlich als akkadische Prophetie bezeichnet worden ist, so findet sich nicht viel, was für einen ernsthaften Vergleich mit dem israelitischen Prophetismus in Frage kommt, es sei denn, daß man „prophetisch" unzweckmäßigerweise in einem ganz weiten und farblosen Sinne nimmt. Außer den oben verglichenen Gottesbotschaften in Mari sind es in geringerem Maße eigentlich nur die „omenfreien" Zukunftschroniken, bei denen die Bezeichnung „prophetisch" in einem dem israelitischen Gebrauch ähnlichen Sinne einigermaßen angebracht erscheint. Aber auch hier ist wieder wie in Mari der wichtige Unterschied hinsichtlich des Inhalts der Prophezeiungen zu beachten. Nicht nur der Charakter des vaticinium post eventum tritt namentlich in der zahlenmäßigen Angabe der Regierungsjahre der künftigen Herrscher deutlich hervor, ethisch-religiöse Gesichtspunkte, die bei den israelitischen Propheten im Mittelpunkt stehen, fehlen als Motiv hier ganz. Es geht nur um, in ihrer Art naturgemäß auch wichtige, *politische* und wirtschaftliche Vorgänge und Zustände, die für das Schicksal des Lan-

[151] Erst recht ist der Ausdruck „Worte des Königs", den Götz Schmitt, Der Landtag von Sichem, 1964, 97, Anm. 2 (mit Verweis auf V. Korošec, Hethit. Staatsverträge, 1931, 22, Anm. 9 und 77, Anm. 9), für eine gebräuchliche Bezeichnung der Vasallenverträge hält, die der hethitische König mit schwächeren Nachbarfürsten abschließt, nur ein äußerlicher, wenn auch naheliegender Anklang an die „Worte Jahwes", der ohne irgendwelchen geschichtlichen oder sachlichen Zusammenhang damit verständlich ist.

des, des Volkes und der Dynastie entscheidend sind – dazu gehört als öffentliche Angelegenheit auch der herkömmliche Vollzug des Kultes und der Bestand der Tempel –; aber diese als Auswirkung und Folge des *sittlich-religiösen* Ver-[197]haltens des Volkes zu erklären wird nirgends versucht. Von dem Bestreben, die religiöse Erneuerung und Hebung des Volkes herbeizuführen, ist bei der akkadischen Prophetie bis jetzt nichts zu finden. Wenn nicht neue einschlägige literarische Zeugnisse ans Tageslicht kommen, wird man von einem Parallel- oder gar Abhängigkeitsverhältnis zwischen älterer akkadischer und jüngerer israelitischer Prophetie nur mit gebotener größter Zurückhaltung und nur mit der Einschränkung reden können, daß „prophetisch" kein einheitlicher, sondern ein vieldeutiger Begriff ist.

Zeitschrift für die alttestamentliche Wissenschaft 84 (1972), S. 460–493. Für den Wiederabdruck leicht gekürzt.

„HEILIGER KRIEG" IN ISRAEL UND ASSYRIEN

Kritische Anmerkungen zu Gerhard von Rads Konzept des „Heiligen Krieges im alten Israel" *

Von Manfred Weippert

I

Der wahrscheinlich älteste Hymnus, der im Alten Testament überliefert ist, der Kern des Schilfmeerliedes in Ex 15,21 lautet:

> Singet Jahwe! denn hoch erhaben ist er!
> Roß und *Rosselenker*[1] warf er ins Meer! [461]

In diesem kurzen Text aus der Vorzeit Israels ist gleichsam in nuce eine Betrachtungsweise irdischen Kriegsgeschehens enthalten, die

* Zu danken habe ich den Herren des Department of Western Asiatic Antiquities des Britischen Museums für die Bereitstellung von Photographien der Originale der assyrischen Orakel, C. B. F. Walker für die Kollation problematischer Stellen der Texte DT 71 und K 1290, H. Otten für die freundliche Mitteilung des hethitischen Wortlauts des Boğazköy-Fragments 38/r und eine Reihe wertvoller Hinweise und H.-M. Kümmel für zusätzliche hethitologische Beratung. In den Übersetzungen sind ergänzte Stellen größeren Umfangs und unsichere Wortbedeutungen durch Kursivdruck angedeutet. In Transliterationen werden Kollationsergebnisse durch ein hochgestelltes Ausrufezeichen, Konjekturen (wo das Original verloren ist oder nicht eingesehen werden konnte) durch einen Asteriskus bezeichnet. Die in der Arbeit gebrauchten Siglen und Kurztitel folgen für alttestamentliche Literatur RGG[3], für assyriologisch-hethitologische W. v. Soden, Akkadisches Handwörterbuch, 1958 ff., und R. Borger, Handbuch der Keilschriftliteratur I, 1967. Darüber hinaus oder abweichend sind gebraucht: AHw = das genannte Handwörterbuch v. Sodens – Borger, Ash. = R. Borger, Die Inschriften Asarhaddons, Königs von Assyrien, 1956 – BzA = Bei-

in einer Reihe von jüngeren Liedern und Erzählungen breiter ausgeführt ist und die, kurz gesagt, den Sieg über die Feinde Israels ganz oder wenigstens zum größten Teil Israels Gott zuschreibt und den israelitischen Kriegern nur eine helfende Funktion zugesteht. G. v. Rad hat diese Konzeption in seinen im Jahre 1947 erschienenen ›Deuteronomium-Studien‹ und vor allem in seiner bekannten Arbeit ›Der Heilige Krieg im alten Israel‹ (1951) eingehend beschrieben [2] und – nach Vorgängern wie F. Schwally, W. Caspari und M. Weber [3] – mit dem Terminus „Heiliger Krieg" bezeichnet. Auf-

träge zur Assyriologie und semitischen Sprachwissenschaft – HC = F. Thureau-Dangin, Une relation de la huitième campagne de Sargon, TCL III, 1912, zit. nach Zeilen des Textes – IAK = E. Ebeling–B. Meissner–E. F. Weidner, Die Inschriften der altassyrischen Könige, 1926 – v. Rad, Der Heilige Krieg = Anm. 2 – Römer, Frauenbriefe = W. H. Ph. Römer, Frauenbriefe über Religion, Politik und Privatleben in Māri: Untersuchungen zu G. Dossin, Archives Royales de Mari X (Paris 1967), 1971 – Streck, Asb. = M. Streck, Assurbanipal und die letzten assyrischen Könige bis zum Untergang Niniveh's, 1916 – UF = Ugarit-Forschungen – Weippert, Edom = M. Weippert, Edom: Studien und Materialien zur Geschichte der Edomiter auf Grund schriftlicher und archäologischer Quellen, Diss. ev. theol. Tübingen 1971 (masch.).

1 *rōkẹb* muß hier „Wagenfahrer" bedeuten, da die Ägypter, wie schon M. Uhlemann, Israeliten und Hyksos in Aegypten, 1856, 69f., bemerkte, im 2. Jahrtausend nur Streitwagentruppen, aber keine Kavallerie besaßen. Vgl. auch M. Löhr–W. Wreszinski, Ägyptische Reiterei im A. T.?, OLZ 31 (1928), 923–928. Die im Text gegebene „freiere" Übersetzung ist m. E. berechtigt, da sich das enklitische Personalpronomen in *rōkəbō* auf das Kollektivum *sūs* bezieht. Anders z. B. G. Beer, Exodus, HAT I 3 (1939), 78 zu Ex 15, 1; K. Galling, Biblisches Reallexikon, HAT I 1 (1937), 425; H. Greßmann, Mose und seine Zeit, 1913, 351, Anm. 2; S. Mowinckel, VT 12 (1962), 284, die alle **wərikbō* lesen wollen.

2 G. v. Rad, Deuteronomium-Studien, (1947) ²1948, 30–34; Der Heilige Krieg im alten Israel, AThANT 20, Zürich 1951. Von letzterem Werk erschien eine als „2. Auflage" bezeichnete Lizenzausgabe Göttingen 1952, nach der ich zitiere. Alle späteren Auflagen sind unveränderte Wiederholungen dieser Ausgabe.

3 F. Schwally, Semitische Kriegsaltertümer, I. Der heilige Krieg im alten Israel, 1901; W. Caspari, Was stand im Buche der Kriege Jahwes?, ZWTh 54

grund seiner Darstellung lassen sich etwa die folgenden Merkmale als konstitutiv für den Heiligen Krieg ansehen[4]:

1. Der Heilige Krieg ist eingebettet in Riten, die ihm den Charakter einer „eminent kultischen ... Begehung“ verleihen: Das Aufgebot erfolgt durch das Blasen des auch im Kult gebräuchlichen Widderhorns (Schofar) oder durch die sehr archaisch anmutende Aussendung zerstückten Fleisches an die Stämme Israels. Die daraufhin im Lager zusammenströmenden Krieger müssen rituell rein sein, da Jahwe im Lager gegenwärtig ist; Männer und Waffen sind geweiht. Die Truppen heißen demgemäß „Volk Jahwes“. Vor der Schlacht legt man Gelübde ab; Opfer werden dargebracht, der Wille Jahwes erforscht, die Antwort, falls sie positiv ausfällt, mit der Formel „Jahwe hat die Feinde in euere Hand gegeben“ dem Heere mitgeteilt. Für den Kampf rüstet man sich „vor Jahwe“. Das Treffen selbst wird mit dem Kriegsgeschrei eröffnet, dessen terminus technicus *tərūʿā* sonst auch eine liturgische Bedeutung hat[5]. Den Höhepunkt nach siegreichem Ausgang bildet die [462] kultische Übereignung der ganzen oder eines Teils der Beute an Jahwe, der „Bann“ *(ḥērem)*[6], und die Entlassung der Kämpfer mit dem stereotypen Ruf „Zu deinen Zelten, Israel!“

2. Im Heiligen Krieg ist der eigentlich Handelnde nicht das Heeresaufgebot Israels, sondern Jahwe. Die Heiligen Kriege sind Jahwes Kriege, die Feinde Jahwes Feinde. Er zieht den Kriegern Israels voran; er gießt Mutlosigkeit[7] über die gegnerischen Truppen aus

(1912), 110–156 passim; M. Weber, Gesammelte Aufsätze zur Religionssoziologie, III. Das antike Judentum, ²1923, 99ff.

[4] v. Rad, Der Heilige Krieg, 6–14 und 14ff. passim.

[5] *tərūʿā* beim Neujahrsfest Lev 23,24 Num 29,1, am Versöhnungstag Lev 25,9, beim Opfer Ps 27,6, bei der Überführung der Lade Jahwes nach Jerusalem durch David II Sam 6,15 = I Chr 15,28, allgemein Num 23,21; Ps 33,3; 47,6 (Thronbesteigung?); 150,5; Hi 8,21; 33,26; Esr 3,11. 12. 13; II Chr 15,14. Vgl. P. Humbert, La *Terouʿâ:* Analyse d'un rite biblique, 1946.

[6] Siehe unten S. 292f.

[7] Beiläufig sei zu v. Rad, Der Heilige Krieg, 10, Anm. 6, angemerkt, daß sich die Interpretation von hebr. *ṣirʿā* als „Niedergeschlagenheit“ (so L. Köhler, ZAW 54 [1936], 291 = Kleine Lichter: Fünfzig Bibelstellen erklärt, 1945, 17–22) nach J. Simon(is), Lexicon manuale hebraicum et chaldaicum,

und bringt die Naturgewalten, Schrecken und Verwirrung über sie; er löst ihre Schlachtreihen auf und liefert die Fliehenden an das Schwert Israels. So wird die erstaunliche Aussage der sehr alten Stelle Jdc 5,23 verständlich, daß die israelitischen Kämpfer „Jahwe zu Hilfe kommen“. Mehr an Aktivität wird nicht verlangt; für Israel ist das Wesentliche, sich nicht zu fürchten und zu glauben.

3. Die Heiligen Kriege sind in der Regel Defensivkriege gegen äußere Feinde, die vom Heerbann der Stämme, dem Aufgebot der freien Bauern, geführt werden. Anführer ist ein in der Not von Jahwe erweckter Charismatiker.

Die Betonung, die bei den von G. v. Rad zusammengestellten Merkmalen des Heiligen Krieges auf den israelitischen Stämmen und ihrem Heerbann unter Führung eines jeweils von Jahwe dazu berufenen Mannes liegt, läßt vermuten, daß es hier vor allem um Dinge aus der sog. vorstaatlichen Zeit Israels, der Periode zwischen der Landnahme und dem Aufkommen des Königtums, geht. In der Tat ist nach v. Rad Theorie und Praxis des Heiligen Krieges in der altisraelitischen Amphiktyonie zu Hause[8], jenem von M. Noth erschlossenen sakralen Stämmebund, der den Rahmen des Lebens Israels in der vorköniglichen Zeit gebildet haben soll[9]. Prinzipiell ist nach v. Rad jeder dieser Kriege eine Reaktion der Amphiktyonie, auch wenn daran nicht ein einziges Mal alle zwölf Stämme geschlossen teilgenommen haben; denn „auch in Fällen der Bedrohung eines Stammes wird unbefangen die Hilfe der Gesamtheit in Anspruch genommen“[10]. An Heiligen Kriegen [463] waren daher immer mehr als einer der Gliedstämme der Amphiktyonie beteiligt. Folgerichtig erlosch die Institution des Heiligen Krieges, als der religiös motivierte Stämmebund vom monarchischen Staat, der Heerbann der Stämme von den königlichen Berufskriegern in den Hintergrund gedrängt und schließlich abgelöst wurde, um nur noch ein-

^{3}1793, ed. J. G. Eichhorn, 1390, schon im 18. Jahrhundert bei F. E. Boysen und J. D. Michaelis findet.

[8] Der Heilige Krieg, 14–33.

[9] M. Noth, Das System der zwölf Stämme Israels, 1930, 39–121; vgl. Geschichte Israels, ^{6}1966, 83–104.

[10] Zitat: v. Rad, Der Heilige Krieg, 26.

mal mit der Restauration des Heerbanns in der Zeit Josias kurz aufzuleben [11].

II

Es fällt schwer, diese eindrucksvolle, in sich geschlossene Konzeption v. Rads mit der wissenschaftlich gebotenen Kritik zu betrachten. Blickt man in die seit 1951 erschienene Literatur, so zeigt sich rasch, daß sich die These denn auch weithin durchgesetzt hat, ja, daß sie beinahe zum Gemeingut der alttestamentlichen Wissenschaft über alle Grenzen der Schulen und Meinungen hinweg geworden ist. Die wenigen Stimmen, die sich nach dem Erscheinen des Buches v. Rads [464] ablehnend ausgesprochen haben [12], sind verstummt, und neuer Widerspruch erhebt sich nur zögernd und beiläufig [13].

Die These wird eher auf verschiedene Weise weitergebildet und weiterverarbeitet. So hat W. Zimmerli schon im Jahre 1953 anläßlich einer Besprechung der 1. Auflage von M. Noths ›Geschichte Israels‹ betont, daß die Institution des Heiligen Krieges wie keine zweite des vorstaatlichen Israel geeignet sei, die Kontinuität zwischen der Amphiktyonie und dem von Saul und David begründeten Staatswesen sichtbar zu machen. Indem Saul und David, von Jahwes Geist erfüllte Charismatiker, auch als Könige die „Kriege Jahwes“ führten, hätten sie wesentliche Bestandteile der amphiktyonischen Tradition in die neue Ordnung Israels eingebracht [14]. G. v. Rad selbst hat die Konzeption des „Tages Jahwes“ bei den Schrift-

[11] Vgl. dazu E. Junge, Der Wiederaufbau des Heerwesens des Reiches Juda unter Josia, 1937, 4–27, 28–37, und unten S. 299 mit Anm. 142.

[12] Vgl. z. B. H. K(ruse), VD 29 (1951), 366f.

[13] Vgl. z. B. H. M. Dion, The Patriarchal Traditions and the Literary Form of the Oracle of Salvation, CBQ 29 (1967), 201–203; P.-E. (= H. M.) Dion, The "Fear Not" Formula and Holy War, CBQ 32 (1970), 565–570; G. Fohrer, Altes Testament – „Amphiktyonie“ und „Bund“? ThLZ 91 (1966), 809; A. Malamat, The Ban in Mari and the Bible, in: Biblical Essays 1966: Proceedings of the 9th Meeting, „Die Ou-Testamentiese Werkgemeenskap in Suid-Afrika“, 1967, 45f.

[14] W. Zimmerli, GGA 207 (1953), 12.

propheten von der des Heiligen Krieges der Amphiktyonie hergeleitet[15], und ungefähr auf der gleichen Linie mag es liegen, wenn man Elemente dieser Vorstellung benutzt hat, um den traditionsgeschichtlichen Ort derjenigen prophetischen Gerichtsansagen zu bestimmen, die vom Kampf Jahwes gegen sein eigenes Volk handeln[16].

Ein Anstoß zur Kritik könnte freilich schon auf dem Boden der Voraussetzungen v. Rads daher kommen, daß der Krieg gegen äußere Feinde als amphiktyonische Aufgabe, also der Heilige Krieg als amphiktyonische Institution den Rahmen dessen sprengt, was M. Noth in seinen grundlegenden Untersuchungen über ›Das System der zwölf Stämme Israels‹ als Zweckbestimmung der altisraelitischen Amphiktyonie herausgestellt hat. Dazu gehört nach Noth gerade nicht die „Machtentfaltung gegenüber anderen Mächten". Der Krieg wird vielmehr den einzelnen Stämmen oder ad hoc gebildeten Symmachien mehrerer Stämme überlassen, die dafür auch eine eigene nichtamphiktyo-[465]nische Heeresverfassung besaßen[17]. Dieses im Zusammenhang der v. Radschen Hypothese auftretende Dilemma hat R. Smend, im Grunde zurückgreifend auf die ursprüngliche Amphiktyonie-Konzeption Noths, dadurch zu überwinden gesucht, daß er eine traditionsgeschichtliche Scheidung zwischen der Amphiktyonie und dem Heiligen Krieg durchführte. Dabei fiel der Gruppe der Lea-Stämme das „amphiktyonische Prinzip", den später in Kanaan eingewanderten Rahel-Stämmen die Praxis des Heiligen Krieges oder, wie Smend lieber sagen möchte, des Jahwekrieges zu. Beide Größen hätten sich – so

[15] G. v. Rad, The Origin of the Concept of the Day of Yahweh, JSS 4 (1959), 97–108; Theologie des Alten Testaments, II ^{3}1962, 133–137; vgl. F. M. Cross Jr., The Divine Warrior in Israel's Early Cult, in: Biblical Motifs: Origins and Transformations, 1966, 19–30; P. D. Miller, The Divine Council and the Prophetic Call to War, VT 18 (1968), 100–107; J.-G. Heintz, Aux origines d'une expression biblique: *Ūmūšū qerbū,* in (lies: en) A. R. M., X/ 6, 8′?, VT 21 (1971), 528–540.

[16] J. A. Soggin, Der prophetische Gedanke über den Heiligen Krieg, als Gericht gegen Israel, VT 10 (1960), 79–83; Helga Weippert, Jahwekrieg und Bundesfluch in Jer 21, 1–7, ZAW 82 (1970), 396–409.

[17] Siehe M. Noth, Geschichte Israels, ^{6}1966, 101 f.; das Zitat S. 101.

Smend – erst nachträglich im israelitischen Zwölfstämmebund getroffen[18].

Es kann nicht geleugnet werden, daß diese Sicht der Dinge eine elegante Lösung der bei G. v. Rad entstehenden Probleme anbietet. Aber ist sie richtig? Bei näherem Zusehen drängen sich einige Fragen auf: Ist eine so künstlich anmutende Trennung überhaupt möglich? Ist es vorstellbar, daß die im Lande sitzenden amphiktyonisch organisierten Lea-Stämme etwa nur „profane" Kriege von Einzelstämmen oder Stämmeallianzen geführt hätten, während die von der Erfahrung der Herausführung aus Ägypten herkommenden Rahel-Stämme den Jahwekrieg – am Schilfmeer, vgl. Ex 15,21 – erlebt und weitergetragen hätten? Handelt es sich, wie die von Smend bevorzugte Bezeichnung „Jahwekrieg" andeutet, beim Heiligen Krieg historisch und ideologisch um eine Art Kriegführung, die nur in Gemeinschaft mit Jahwe, dem Gott Israels, und nicht ebenso mit anderen Göttern möglich gewesen und in Erscheinung getreten ist?

III

Um Kriterien für die Behandlung solcher Fragen und für eine grundsätzliche Erörterung des Heiligen Krieges im alten Israel zu gewinnen, empfiehlt es sich, einmal über die engen Grenzen des Alten Testaments und Israels hinauszublicken. Dabei ist freilich Vorsicht und methodische Beschränkung am Platze, damit die Diskussion nicht – wie in dem bekannten Buch von F. Schwally über den Heiligen Krieg in Israel (1901)[19] – ins grenzenlose Reich der Ethnographie entgleitet. Vielmehr benutze ich im folgenden hauptsächlich Texte aus dem geographischen Umkreis Israels und aus dem 1. Jahrtausend v. Chr., also aus der Zeit, in der auch die alttestamentliche Literatur entstanden ist. Daß es sich dabei in der Regel um Texte der Könige des neuassyrischen Reiches handeln wird, ergibt sich aus der Quellenlage. Nur zur Abrundung des Bildes wird gelegentlich Material anderer Quellen aus der altbabylo-

[18] R. Smend, Jahwekrieg und Stämmebund, 1963, 10–32, 77 und passim.
[19] Siehe S. 260, Anm. 3.

nischen und mittelassyrischen Zeit, aus dem [466] hethitischen Bereich und aus nordwestsemitischen Inschriften herangezogen; es ist bedauerlich, daß letztere aus Gründen der bei ihnen vorkommenden Gattungen für unser Thema ziemlich unergiebig sind. Im äußersten Fall ist einmal auf Römisches verwiesen. So ergibt sich hoffentlich ein Bild, das die Verhältnisse der Welt, in der Israel geschichtlich existierte, einigermaßen zutreffend wiedergibt.

An wichtigen Vorarbeiten wären an dieser Stelle ein Aufsatz des Assyriologen T. Fish und das bekannte Buch ›Le caractère religieux de la royauté assyro-babylonienne‹ von R. Labat, beide aus dem Jahre 1939[20], zu nennen. Letzterer widmet ein ganzes Kapitel der «guerre sainte»[21]; die darin enthaltenen Auszüge hauptsächlich aus neuassyrischen Texten allein hätten genügt, um die Diskussion des Heiligen Krieges in Israel auf eine breitere Grundlage zu stellen. Es ist verwunderlich, daß man das nicht gesehen hat[22].

IV

Als Einstieg sei ein im Jahre 672 v. Chr. fertiggestellter[23] neuassyrischer Text gewählt. Es handelt sich um einen Bericht des Königs Asarhaddon von Assyrien über den Ablauf der Ereignisse, die nach der – im Text verschwiegenen – Ermordung seines Vaters Sanherib zu seinem Triumph über seine als Kronprätendenten auftretenden Brüder und zu seiner Thronbesteigung in Assyrien führten. Der Bericht lautet folgendermaßen[24]:

[20] T. Fish, War and Religion in Ancient Mesopotamia, BJRL 23 (1939), 387–402; R. Labat, Le caractère religieux de la royauté assyro-babylonienne, 1939.

[21] Op. cit., 253–274.

[22] [Das während der Drucklegung des Aufsatzes erschienene Buch von F. Stolz, Jahwes und Israels Kriege: Kriegstheorien und Kriegserfahrungen im Glauben des alten Israel, 1972, das methodisch und inhaltlich andere Wege geht, konnte nicht mehr berücksichtigt werden.]

[23] Siehe die Datierungen der einzelnen Exemplare von Nin A bei Borger, Ash., 64. Atar'ilu, Statthalter von Laḫiru, war 673/2 Jahreseponym; vgl. A. Ungnad, RLA II (1938), 445^b.

[24] Borger, op. cit., 43f. § 27 Nin A I 53–77.

Ich, Asarhaddon, der im Vertrauen auf die großen Götter, seine Herren, inmitten der Schlacht seine Brust nicht rückwärts wandte, hörte sofort von ihren (scil. der Brüder) bösen Taten und rief „Wehe!" und zerriß mein fürstliches Gewand und brach in Wehklagen aus. Wie ein Löwe wurde ich wütend, und mein Inneres tobte. Um das Königtum meiner Familie auszuüben, *schlug ich* mit den Händen.

Zu (den Göttern) Assur, Sîn, Šamaš, Bēl, Nabû und Nergal, (zu) Ištar von Nineve, Ištar von Arbela erhob ich meine Hände, und sie erhörten meine Worte. Mit ihrem zuverlässigen Jawort sandten sie mir wiederholt ein Ermutigungsorakel: „Geh! laß dich nicht zurückhalten! An deiner Seite gehen wir und töten deine Feinde."

Einen, zwei Tage wartete ich nicht, auf das Nachkommen meiner Truppen achtete ich nicht, um die Nachhut kümmerte ich mich nicht; die Musterung der Pferdegespanne und meines Kriegsgeräts nahm ich nicht vor; Proviant für meinen Feldzug schüttete ich nicht auf. Den Schnee, den Frost des Monats Schebat, die Strenge der Kälte fürchtete ich nicht. Wie ein geflügelter *urinnu*-Vogel breitete ich meine Flügel aus, um meine Feinde niederzuwerfen.

[467] Den Weg nach Nineve marschierte ich unter Mühen eilends. Aber vor mir im Gebiet des Landes Ḫanigalbat verlegten mir alle ihre ausgezeichneten Soldaten den Weg und schärften ihre Waffen.

Die Furcht vor den großen Göttern, meinen Herren, warf sie nieder, und als sie meinen machtvollen Kampfesansturm sahen, gerieten sie außer sich.

Ištar, die Herrin von Kampf und Schlacht, die mein Priestertum liebt, stand mir zur Seite und zerbrach ihren Bogen und löste ihre Schlachtordnung auf, so daß sie allesamt riefen: „Dieser ist unser König!"

Ich darf den Gang der Erzählung kurz paraphrasierend verdeutlichen: Auf die Kunde von den Ereignissen in Nineve reagiert Asarhaddon, der designierte Thronfolger, der sich aus Sicherheitsgründen außerhalb der Stadt im Westland aufhält, mit Trauer und Wut. Er ist jedoch entschlossen, um die Krone zu kämpfen. Er richtet also ein Gebet an die Götter, dessen Inhalt zwar nicht mitgeteilt wird, das wir uns aber wohl nach Analogie des neuerdings von H.-J. Zobel aufgrund von altaramäischem und biblischem Material behandelten „Gebets um Abwendung der Not"[25] vorzustellen haben.

[25] H.-J. Zobel, Das Gebet um Abwendung der Not und seine Erhörung in den Klageliedern des Alten Testaments und in der Inschrift des Königs Zakir von Hamath, VT 21 (1971), 91–99. Über Zobels Benutzung der Stele

Die Götter, so wird berichtet, erhören den Beter und senden ihm eine Anzahl von gleich oder ähnlich lautenden Orakeln, die einen doppelten Inhalt haben: 1. die Weisung, zu handeln, d. h. den Feldzug zu beginnen; 2. die Zusage göttlichen Beistands. Ein solches Gotteswort gehört nach der unter Alttestamentlern gebräuchlichen Terminologie zur Gattung des „Heilsorakels"; der im Text gebrauchte assyrische Fachausdruck lautet *šīr takilti,* „Ermutigungsorakel"[26]. Auf die positive Antwort der Götter hin bricht Asarhaddon sofort auf, ohne auf die ungünstige Jahreszeit zu achten oder regelrechte Feldzugsvorbereitungen getroffen zu haben. [468] Der Grund für die Eile ist sicher taktischer und politischer Natur: er will das Überraschungsmoment nützen, bevor seine Brüder in Nineve ihre Herrschaft konsolidieren können. Diese jedoch, nicht minder geschickte Taktiker, scheinen mit seinem Angriff gerechnet zu haben und machen den Versuch, seinen Vormarsch im Vorfeld, im Land Ḫanigalbat, zum Stehen zu bringen; ihre Truppen sperren die Straße und „schärfen ihre Waffen" – das ist eine geläufige assyrische Umschreibung für die Vorbereitung zur Schlacht[27].

Man erwartet nun, daß die Schlacht auch erzählt wird. Aber nichts dergleichen! Den Feinden entsinkt der Mut: die Furcht vor den Göttern[28] wirft sie nieder, die Furcht vor Asarhaddons Angriff stürzt sie in Verzweiflung und Verwirrung. Nun greifen die Götter ein. Ištar, die kriegerischste der mesopotamischen Göttinnen,

des Zakkūr von Hamath (KAI 202) hinaus könnte noch viel assyrisches Belegmaterial angeführt werden; vgl. nur den eben mitgeteilten Asarhaddon-Text ZZ. 59–62.

[26] Mir bekannte Belege: UZU.MEŠ*(šīrē) ti-kil-ti* Sargon II., HC 319; bei Assarhaddon neben der zitierten Stelle Nin A I 61 (Borger, Ash., 43) noch: UZU.MEŠ*(šīrē) ta-kil-ti* in zerstörtem Kontext Borger § 4 III 5; UZU.MEŠ*(šīrē) tu-kul-ti* ebd., 19 Ep. 17a, 13. Nach M. Jastrow jr., Die Religion Babyloniens und Assyriens, II 1912, 152, Anm. 1, handelt es sich dabei um einen terminus technicus.

[27] Vgl. z. B. Sanherib, Chicago/Taylor-Prisma III 1 (R. Borger, Babylonisch-assyrische Lesestücke, II 1963, 68); letzte deutsche Übersetzung: Weippert, Edom, 113.

[28] Zum Hintergrund dieser Redeweise siehe A. L. Oppenheim, Akkadian *pul(u)ḫ(t)u* and *melammu,* JAOS 63 (1943), 31–34.

macht die Gegner kampfunfähig und sprengt ihre Schlachtordnung. Das Resultat ist, daß sich die gegnerischen Truppen ergeben und Asarhaddon huldigen. Allein der knappe Satz „Ištar, die Herrin von Kampf und Schlacht . . ., stand mir zur Seite“ läßt ahnen, daß tatsächlich ein Treffen zwischen den Heeren beider Seiten geschlagen wurde. Aber wesentlich erscheinen dem Bericht die menschlichen Aktionen nicht; die entscheidenden Taten vollbringen die Götter.

Was hier geschildert wird, ist nach den Kriterien G. v. Rads – läßt man den angenommenen amphiktyonischen Hintergrund vorerst beiseite – ohne Zweifel ein veritabler Heiliger Krieg! Er beginnt kultisch mit Gebet und Einholung des Gotteswillens und endet mit der Lähmung des feindlichen Kampfesmutes durch den Gottesschrekken und mit der Niederwerfung der Gegner durch die Götter. Daß in einem solchen Bericht nicht alle Elemente der „Theorie“ des Heiligen Krieges vollständig enthalten sein müssen, gesteht v. Rad auch für die israelitischen Texte zu; mit gutem Grund rechnet er damit, daß die geschichtliche Wirklichkeit je und dann die „Theorie“ durchbrochen hat[29].

V

Wer öfter mit assyrischen (und anderen altorientalischen) Königsinschriften zu tun hat, erkennt sogleich, daß der angeführte Kriegsbericht Asarhaddons keine singuläre Erscheinung ist. Vielmehr kann man in Analogie zu dem Vorgehen v. Rads im Falle Israels eine „Theorie“ des Heiligen Krieges auch aus den Keilschrifttexten entwickeln. Das soll im folgenden versucht werden[30].

[469] Auf die Nachricht von einer feindlichen Aggression oder dem Aufstand eines unterworfenen Gebietes oder auch, um die Herrschaft des Reichsgottes Assur auszubreiten, bietet der König

[29] Der Heilige Krieg, 14, 29.

[30] Im folgenden kann nur eine Auswahl aus dem von mir gesammelten keilschriftlichen Vergleichsmaterial geboten werden. [Ägyptische Aussagen habe ich beiseite gelassen, weil die dahinterstehende Königsideologie sich wesentlich von der vorderasiatischen unterscheidet.]

von Assyrien seine Truppen auf. Wie das geschah, wissen wir nicht recht; denn die Texte gebrauchen in der Regel das Verbum *dekû,* das wörtlich „zum Aufstehen veranlassen“ bedeutet, ohne weitere Spezifikation. Wir dürfen aber annehmen, daß in so durchorganisierten Staaten, wie es die des Zweistromlandes seit dem 3. Jahrtausend waren, die Zentral- oder Provinzialregierung schriftliche Gestellungsbefehle an die politischen Unterorganisationen, also die Provinzen, Städte, Dörfer, Grundherren, Nomadenverbände übermittelt hat. Nach den Untersuchungen von W. Manitius kann als sicher gelten, daß auch noch in neuassyrischer Zeit die Masse des Heeres aus dem Heerbannaufgebot des Landes bestand und daß die Könige und Statthalter daneben ein sofort einsatzfähiges stehendes Heer *(kiṣir šarrūti)* zur Verfügung hatten[31]. Auf einen Spezialfall des Aufgebots, der aber für unsere Diskussion besonders interessant ist, hat G. Wallis aufmerksam gemacht[32]. In einem altbabylonischen Brief aus dem 18. Jahrhundert aus dem Archiv von Mari am mittleren Euphrat teilt der Provinzgouverneur Baḫdi-Lim seinem Herrn Zimri-Lim, König von Mari, mit, daß es ihm trotz mehrmaliger Aufforderung nicht gelungen sei, die nomadischen oder halbnomadischen Ḫanäer zu einem von Zimri-Lim angeordneten Kriegszug aufzubieten. Er schlägt deshalb dem König als letztes Mittel vor[33]:

> Wenn es meinem Herrn gefällt, möge er einen Verbrecher im Gefängnis töten (lassen), und man möge seinen Kopf abschlagen und zwischen den Städten bis nach Ḫudnum und Appān hin herumführen, damit die Leute sich fürchten und sich eilends [470] hier versammeln, und ich gemäß dem dringlichen Bescheid[34], den mein Herr mir gesandt hat, eilends den Feldzug unternehme[35].

[31] W. Manitius, Das stehende Heer der Assyrerkönige und seine Organisation, ZA 24 (1910), 97–117; vgl. auch H. W. F. Saggs, Assyrian Warfare in the Sargonid Period, Iraq 25 (1963), 145–148.

[32] G. Wallis, Eine Parallele zu Richter 19,28 ff. und 1. Sam. 11,5 ff. aus dem Briefarchiv von Mari, ZAW 64 (1952), 57–61.

[33] ARM II 48, 14–24.

[34] Lies *ṭe*$_4$*-em ḫa-ma-ṭì-im* (statt Wallis' *ṭēm ḫabātim*); vgl. AHw 316[a] s. v. *ḫamāṭum* I.

[35] Z. 24 [*a*]*-ṭà-ar-ra-du.*

Wallis hat die hier vorgeschlagene Maßregel zutreffend mit dem Aufgebot durch die Aussendung zerstückelten Fleisches verbunden, von der im Alten Testament in I Sam 11,7 bei Sauls Entsetzung von Jabes in Gilead und in Jdc 19,29f. im Zusammenhang der sog. „Schandtat von Gibea“ die Rede ist. Auffällig ist in dem Mari-Brief die ausgesprochen rationale Begründung für dieses Vorgehen, die sich zu einem „Ritus“ nicht schicken will. Wallis hat daher mit Recht diese Maßnahmen als symbolische Handlungen interpretiert, durch die den Adressaten, ihren Frauen und ihrem Viehbesitz für den Fall der Verweigerung der Heeresfolge das gleiche Schicksal angedroht wird. Daß es sich tatsächlich so verhält, beweisen schlagend die Worte, die Saul in I Sam 11,7 zusammen mit den Stücken seiner Kühe an die Stämme Israels schickt:

> Wer nicht auszieht hinter Saul[36] her, dessen Rindern wird man ebenso tun!

Wie vor allen Entscheidungen von einigem Gewicht wird auch vor beabsichtigten oder vom Feind erzwungenen Feldzügen der Wille der Götter erforscht. Es war schon davon die Rede, wie Asarhaddon, bevor er den Kampf um die Thronnachfolge Sanheribs aufnahm, sich an die Götter wandte und erst auf Nineve marschierte, als ihn eine Reihe von positiven Orakeln dazu ermuntert hatte. Gerade aus seiner Zeit und der seines Sohnes und Nachfolgers Assurbanipal sind uns zahlreiche Orakelanfragen erhalten, die man vor der Einsetzung hoher Beamter, vor der Aussendung von Botschaftern zu unruhigen Vasallenkönigen oder gar feindlichen Fürsten, bei Krankheit des Königs oder der Königinmutter, besonders aber bei feindlichen Einfällen ins Land und vor eigenen kriegerischen Unternehmungen an Šamaš, den Orakelgott κατ᾽ ἐξοχήν, richtete[37]. Bei den uns vorliegenden Texten handelt es sich um Proto-

[36] Daß die Worte *wəʾaḥar Šəmūʾẹl* hinter *ʾaḥărẹ Šāʾūl* ein redaktioneller Zusatz sind, ist fast allgemein anerkannt.

[37] Sie sind gesammelt bei J. A. Knudtzon, Assyrische Gebete an den Sonnengott für Staat und königliches Haus aus der Zeit Asarhaddons und Asurbanipals, 1893; E. G. Klauber, Politisch-religiöse Texte aus der Sargonidenzeit, 1913.

kolle, in denen auf die nach einem festen Formular gestalteten Anfragen Auszüge aus Sammlungen von Leber-Omina folgen, die man anscheinend zu den während der Extispizin gemachten Beobachtungen angezogen hat; sie geben die Deutung. Ähnlichem Zwecke dienten wohl Sammlungen von Schaf-Omina, die auf der Beobachtung des Verhaltens des Opfertieres vor und während der Schlachtung beruhen, und [471] deren Apodosen fast regelmäßig lauten: *uššer immera dūk nakra* „laß das Schaf; töte den Feind!" – wie es scheint, eine Aufforderung, die Opferschauen einzustellen und ins Feld zu ziehen. Als Beispiel sei nur eine Zeile aus einem solchen Text aus der Bibliothek Tiglathpilesers I. von Assyrien zitiert[38]:

> *Wenn das Schaf, na*chdem es geweiht ist, „Mäh" schreit (und) sein Ohr zittern läßt: laß das Schaf; töte den Feind!

Durch Beobachtung der Gestirne suchte man einen günstigen Feldzugstermin festzustellen[39], und schließlich kamen auch „spontane" Orakel vor, nämlich Träume oder den alttestamentlichen Prophetenworten vergleichbare Gottessprüche. Für Träume ein Beispiel

[38] VAT 9518 = Assur 11919 = Photo Assur 2731 Vs. 5, E. Ebeling, Tod und Leben nach den Vorstellungen der Babylonier, I 1931, 42; zu lesen ist: [*šumma immeru i*]*š-tu kàr-bu em-me-a is-si uzun-šu ú-na-ra-aṭ*$^{?}$ *uš-še-er immera du-uk nakra;* vgl. E. Ebeling, AfO 9 (1933/34), 326, Anm. 1 (zur Lesung der Apodose); W. v. Soden, ZA 43 (1936), 253. Zur Herkunft und Bezeichnung des Textes siehe E. F. Weidner, AfO 16 (1952/53), 200 Nr. w.

[39] Siehe Sargon II., HC 317–319: 317 *i-na qí-bi-ti ṣir-te ša* ^{D}NÀ*(nabû)* ^{D}AMAR.UTU*(marduk) ša i-na man-za-az* MUL.MEŠ*(kakkabē) ša šu-ut-bé-e* ^{GIŠ}TUKUL.MEŠ*(kakkē)-ya iṣ-ba-tu ta-lu-ku* 318 *ù i-da-at dum-qé ša le-qe-e kiš-šu-ti* ^{D}má.gur$_8$ EN*(bēl) a-ge-e a-na šul-pu-ut* KUR*(māt) gu-ti*^{KI} *ú-šá-ni-ḫa* EN.NUN*(maṣṣarta)* 319 *i-na an-ni šu-qu-ri ša* ^{D}UTU*(šamaš) qu-ra-di ša* UZU.MEŠ*(šīrē) ti-kil-ti ša a-lak i-di-ya ú-ša-áš-ṭi-ra a-mu-ti* . . . „auf den erhabenen Befehl Nabûs (und) Marduks hin, die am Standort der Sterne eine Bahn eingeschlagen hatten, die ‚Erheben meiner Waffen' (bedeutet), und während günstige Vorzeichen, die ‚Ergreifen der Macht' (bedeuten), ^{D}má-.gur$_8$ (Sîn), der Herr des Diadems, (bedeutend:) ‚um das Land Gutî zu plündern', die Beobachter ermüdeten, auf das kostbare Jawort des Helden Šamaš hin, der Ermutigungsorakel, die ‚Gehen an meiner Seite' (bedeuten), als meinen Leberbefund (im Schaf) verzeichnen ließ . . ." (folgt Aufbruch).

vom Beginn des Feldzugs Assurbanipals gegen seinen abtrünnigen Bruder Šamaššumukin, Vizekönig von Babel[40]:

Damals hatte ein *šabrû*-Beamter in der Nacht einen Traum und sah ein Gesicht:

Auf dem Sockel Sîns (d. h. der Sîn-Statue) stand geschrieben: „Denen, die gegen Assurbanipal, den König von Assyrien, Böses planen, Feindseliges unternehmen, beschere ich einen bösen Tod. Mit raschem Schwert, Feuerregen[41], Hungersnot, Pest[42] mache ich ihrem Leben ein Ende."

Dieses hörte ich und achtete auf das Wort Sîns, meines Herrn.

(Es folgt der Feldzugsbericht.)

Auch während des Krieges fragt man ständig nach dem Willen und Beistand der Götter. Zu diesem Zweck nimmt man Kultpersonal, etwa [472] professionelle Opferschauer *(bārû),* mit ins Feld[43] und achtet dort auch auf Vorzeichen und Träume[44]. Sogar die „Heimat" berichtet von göttlichen Kundgebungen an die Kämpfenden; so schreibt Šibtu, die Königin von Mari, an den gegen Išme-Dagan von Assyrien im Feld stehenden König Zimri-Lim (18. Jh. v. Chr.)[45]:

[40] Prisma A III 118–127 (Streck, Asb., 32f.).

[41] Wörtlich: *miqit išāti* „Fall von Feuer".

[42] Wörtlich: *lipit* ^{D}*Era* „Eingriff Eras".

[43] Vgl. Assurnasirpal II., Ann. III 20 (King, AKA, 351): „Bēl-apla-idinna, den Opferschauer (^{LÚ}ḫal = *bārû*), der vor ihren (scil. der Herrscher von Suḫu) Truppen herging, ergriff ich zusammen mit ihnen (scil. den Truppen von Suḫu und Babel) mit der Hand." Siehe auch den unten zitierten Text Assurbanipal, Prisma B V 93–96 [und aus dem 18. Jh. v. Chr. Mari A. 103 und A. 4222 (briefliche Berichte über Hepatoskopie auf Feldzügen), J. Nougayrol, JCS 21 (1961), 227–232)].

[44] Vgl. noch Assurbanipal, Prisma A V 95–103 (Streck, Asb., 48f.): „Die (Var.: Meine) Truppen sahen den Fluß Id'id'e, eine wütende Flut, (und) fürchteten sich vor der Furt. Ištar, die in Arbela wohnt, ließ während der Nacht meine Truppen einen Traum sehen und sprach folgendermaßen zu ihnen: ‚Ich gehe vor Assurbanipal her, dem König, den meine Hände gemacht haben!' Auf diesen Traum vertrauten meine Truppen. Den Fluß Id'id'e überschritten sie wohlbehalten."

[45] ARM X 4, 3–13. Bearbeitungen: W. L. Moran, New Evidence from Mari on the History of Prophecy, Biblica 50 (1969), 46–50; Römer, Frauen-

Bezüglich der Nachricht von dem Feldzug, den mein Herr unternimmt, habe ich die Vorzeichen abgewartet. Einen Mann und eine Frau habe ich befragt, und das Orakel *(igerrûm*[46]*)* ist für meinen Herrn sehr günstig. Wegen Išme-Dagan habe ich gleichfalls den/einen Mann und die/eine Frau[47] befragt, und das Orakel für ihn *(igerrû-šu)* ist ungünstig und lautet: „Unter dem Fuß meines Herrn liegt er."

Selbstverständlich hat man auch vor jeder Schlacht den Willen der Götter erforscht:

Zu Assur und den großen Göttern, meinen Herren, erhob ich meine Hände, und mit zuverlässigem Jawort antworteten sie mir in rechter Weise. (Salmanassar I.; es folgt der Schlachtbericht.)[48]

Auf Geheiß Assurs (und) Marduks, der großen Götter, die mich durch günstige Vorzeichen, Orakel, das Werk der Orakelpriester, ermutigten, brachte ich ihnen (scil. den Elamern) in Til-Tuba eine Niederlage bei. (Assurbanipal)[49]

Göttliche Kundgebungen dieser Art, also Ermutigungs- oder Heilsorakel, sind nun auch der „Sitz im Leben" der Aufforderung, sich nicht zu fürchten[50], und der sog. Übergabeformel, d. h. der Versicherung, daß [473] die Gottheit die Feinde in die Hand des

briefe, 50–53. Der Übersetzung zugrunde liegende Lesungen nach Römer; zu Z. 6 siehe auch W. v. Soden bei P.-R. Berger, UF 1 (1969), 221.

[46] Die hier verwendete Technik des *e/igerrûm* beruht wahrscheinlich auf der Interpretation zufälliger menschlicher Äußerungen, denen man eine Vorbedeutung beilegte; vgl. A. L. Oppenheim, AfO 17 (1954–56), 49–55.

[47] Ob in beiden Fällen dieselben Personen befragt wurden, ist nicht sicher.

[48] IAK XXI 1 III 12–14.

[49] Prisma B V 93–96 (Piepkorn, AS 5, 68).

[50] v. Rad, Der Heilige Krieg, 7f.; vgl. J.-G. Heintz, SVT 17 (1969), 121–125, und dazu P.-E. Dion, The "Fear Not" Formula and Holy War, CBQ 32 (1970), 565–570; ferner: H. M. (= P.-E.) Dion, The Patriarchal Traditions and the Literary Form of the "Oracle of Salvation", CBQ 29 (1967), 198–206. Die Formel *lā tapallaḫ* „fürchte dich nicht!" findet sich im Zusammenhang assyrischer Ermutigungs-(Heils-)Orakel an folgenden Stellen: BM 82–5–22, 527 (S. Langdon, Tammuz and Ishtar, 1914, Tf. IIf.) I 15′ III 13′.23′ IV 8′.24′; K 883 (Craig, ABRT I, 26f.) 2.20.25; K 4310 (4 R^2 61) I 6′–31′ II 16′.33′ III 38′ V 21.

Königs übergibt oder übergeben hat[51]. In einem Gottesspruch für Asarhaddon wohl aus der Anfangszeit seiner Regierung, der durch einen sonst unbekannten Mann namens Ištar-lā-tašīyaṭ aus Arbela ergangen ist, finden wir beides zusammen (das redende Ich ist Ištar von Arbela)[52]:

> Asarhaddon, König der Länder, fürchte dich *nicht!*
> *Schau*[53], der Wind, der gegen dich anstürmte[54] – habe ich nicht seine *Flügel*[55] abgebrochen?

[51] v. Rad, Der Heilige Krieg, 7–9; vgl. Heintz, a. a. O., 125–129. „Übergabeformel“: C. Westermann, Grundformen prophetischer Rede, ^{2}1964, 87. Vgl. Jdc 20,28; I Sam 23,4; II Sam 5,19.

[52] K 4310 (4 R^{2} 61) I 5′–25′. Bearbeitungen und Übersetzungen: E. J. Banks, Eight Oracular Responses to Esarhaddon, AJSL 14 (1897/98), 269f.; M. Jastrow jr., Die Religion Babyloniens und Assyriens, II 1912, 158f.; S. Langdon, op. cit., 128f.; F. Schmidtke, Asarhaddons Statthalterschaft in Babylonien und seine Thronbesteigung in Assyrien 681 v. Chr., 1917, 117f.; E. Ebeling, AOT^{2}, 281; D. D. Luckenbill, Ancient Records of Assyria and Babylonia, II 1926, §§ 618f.; R. H. Pfeiffer, ANET^{2}, 449f.; R. Labat, Les grands textes de la pensée babylonienne, in: R. Labat–A. Caquot–M. Sznycer–M. Vieyra, Les religions du Proche-Orient asiatique, 1970, 257. Der Text lautet: 5′ [^{I}*aš+šur*-PAP*(aḫu)*.A]š*(idinna)* LUGAL*(šar)* KUR.KUR *(mātāte)* 6′ [*la t*]*a-pa-làḫ* 7′ [*š*]*u*$^{?}$*-ʾi šá-a-ru ša i-di-ba-ka-a-ni* 8′ *a-qa-pu-šú la ak-su-pu-u-ni* 9′ *na-ka-ru-te-ka* 10′ *ki-i šá-aḫ-šu-re ša* ^{ITU}SIG$_4$*(simāne)* 11′ *ina* IGI*(pān)* GÌR.2.MEŠ *(šēpē)-ka i-tan-ga-ra-ru* 12′ ^{D}GAŠAN*(bēltu)* GAL-*tú(rabītu) a-na-ku* 13′ *a-na-ku* ^{D}15*(ištar) ša* ^{URU}LIMMÚ.DINGIR *(arbaili)* 14′ *ša na-ka-ru-te-ka* 15′ *ina* IGI *(pān)* GÌR.2.MEŠ *(šēpē)-ka ak-karru-u-ni* 16′ *a-a-ú-te di-ib-bi-ya* 17′ *ša aq-qa-ba-kan-ni* 18′ *ina muḫ-ḫi la ta-zi-zu-u-ni* 19′ *a-na-ku* ^{D}15*(ištar) ša* ^{URU} LIMMÚ.DINGIR *(arbaili)* 20′ *na-ka-ru-te-ka ú-qà-a-a* 21′ *a-da-na-ka* (Rasur) *a-na-ku* 22′ ^{D}15 *(ištar) ša* ^{URU} LIMMÚ.DINGIR *(arbaili)* 23′ *ina pa-na-tu-u-ka* 24′ *ina ku-tal-li-ka* 25′ *a-la-ka la ta-pa-làḫ.*

[53] *Šuʾi* imp. D von *šaʾû* „schauen“? So schon Banks, a. a. O., 269, 270. Die Lesung des Zeichens [*š*]*u* ist freilich nicht sicher.

[54] *Edēpu* „anwehen“ mit dem im Assyrischen häufigen Wechsel *b/p*.

[55] *A-qa-pu-šú* vielleicht *aqappu-šu* zu *agappu, gappu, kappu* I „Flügel“? Wenn die Deutung stimmt, steht das Wort im Text im Singular (für **aqappa-šu* mit assyrischem Umlaut); Übersetzung nach dem deutschen Sprachgebrauch.

Deine Feinde rollen[56] wie reife Äpfel[57] vor deinen Füßen umher.
[474] Die große Herrin bin ich!
Ich bin Ištar von Arbela, die ich deine Feinde vor deine Füße hinwarf!
Welches sind denn meine Worte, die ich zu dir gesprochen habe, auf die du dich nicht verlassen konntest?
Ich bin Ištar von Arbela!
Deinen Feinden lauere ich auf, übergebe (sie) dir.
Ich bin Ištar von Arbela!
Vor dir, hinter dir gehe ich her.
Fürchte dich nicht!

Wir müssen es uns versagen, den Text hier im einzelnen zu interpretieren. Nur so viel zur Einordnung: Es handelt sich um ein Ermutigungsorakel für den König wohl in einer Situation, in der er des nötigen Beistands der Götter nicht recht sicher war. Die Göttin verweist auf ihr früheres Heilshandeln bei den Vorgängen um die Thronbesteigung Asarhaddons und begründet damit die Zuverlässigkeit auch ihrer neueren Hilfszusagen gegen die Feinde.

Ähnliche Aussagen gibt es für Assurbanipal, z. B. in einem Orakel, das vor dem Gott Bēl Tarbāṣe erging[58]:

Die Kimmerier *gab* ich in seine Hand.

[56] Zu *QRR; siehe W. v. Soden, Or NS 20 (1951), 262f., und vgl. GAG § 28b. Ältere Literatur: Th. Bauer, ZA 41 (1933), 216–218; K. F. Müller, Das assyrische Ritual, I 1937, 20.

[57] B. Landsberger, JNES 8 (1949), 257, Anm. 45, nimmt wohl zu Recht an, daß ^{ITU}SIG$_4$ *(simānu,* Monat Siwan) mißverständlische Schreibung für *simānu* „Jahreszeit" ist; also *šaḫšūrē ša simāne* „Äpfel (ihrer) spezifischen Jahreszeit". Für *šaḫšūru* als assyrische Nebenform von *ḫašḫūru* „Apfel" siehe AHw 333f. s. v. *ḫašḫūru*.

[58] K 2401 II 1′ (Craig, ABRT I, 22; S. A. Strong, BzA 2 [1894], 627, 637): [^{KUR}*g*]*i-mir-a-a ina* ŠU*(qātī)-šú a-d°i!*. Die Lesung *a-d°i!*, die auf der Photographie m. E. deutlich ist, findet sich schon bei F. Martin, Textes religieux assyriens et babyloniens . . ., première série, 1903, 88; ich fasse sie als *addi* auf. Zu dem in II 8′ vorkommenden Gott ^{D}EN*(bēl)*.TÙR*(tarbāṣe)* siehe noch Frankena, Tākultu, 123, 45; aus letzterer Stelle aus dem „Götteradreßbuch" von Assur geht hervor, daß er ein ϑεὸς σύνναος des Reichsgottes Assur im Tempel é.šár.ra in Assur war.

Sie haben in der neuassyrischen Zeit schon eine ehrwürdige mesopotamische Tradition. So heißt es in einem Spruch der Göttin Annunītum für den schon mehrfach genannten König Zimri-Lim von Mari (18. Jh. v. Chr.)[59]:

Deine Feinde werde ich in deine Hand überantworten, und die Leute, die mich bestehlen[60], werde ich ergreifen und im Bauch[61] der Bēlet Ekallim sammeln.

Unter den altbabylonischen Gottesworten dieser Art befindet sich auch ein regelrechtes Fremdvölkerorakel[62], wohl aus der Zeit der beginnen-[475]den Auseinandersetzung zwischen dem großen Ḫammurapi von Babel und Zimri-Lim. Ein Beamter berichtet seinem Herrn Zimri-Lim in einem Brief[63]:

Das Opfer brachte ich (dem Gott) Dagan für das Leben meines Herrn dar. Da stand der/ein *apillûm*[64] des Dagan von Tuttul auf und sprach folgendermaßen:

„Babel, was tust du ständig? Ins Netz will ich dich sammeln! . . . Die ‚Häuser‘ der sieben Verbündeten[65] und all ihren Besitz will ich in die Hand Zimri-Lims überantworten.“

[59] ARM X 8, 12–18. Bearbeitungen und Übersetzungen: G. Dossin, Sur le prophétisme à Mari, in: J. Nougayrol u. a., La divination en Mésopotamie ancienne et dans les régions voisines, 1966, 82 (Übersetzung); F. Ellermeier, Prophetie in Mari und Israel, 1968, 60f.; W. L. Moran, New Evidence from Mari on the History of Prophecy, Biblica 50 (1969), 31f.

[60] Vgl. ARM X 81, 7 und dazu P.-R. Berger, UF 1 (1969), 209; Römer, Frauenbriefe, 55.

[61] Siehe W. v. Soden, UF 1 (1969), 198.

[62] Erkannt von H. Schult, Vier weitere Mari-Briefe „prophetischen“ Inhalts, ZDPV 82 (1966), 230; vgl. auch Ellermeier, op. cit., 136.

[63] ARMT XIII 23, 4–15. Bearbeitungen und Übersetzungen: G. Dossin, a. a. O. (Anm. 59), 79; A. Malamat, Prophetic Revelations in New Documents from Mari and the Bible, SVT 15 (1966), 214–219; Sources for Early Biblical History: The Second Millennium B. C., Jerusalem ²1970 (hebr.), 58; H. Schult, a. a. O., 228–231; Ellermeier, op. cit., 40–43.

[64] Zur Lesung ^{LÚ}*a-*pil-lu-ú-um* statt ^{LÚ}*a-ap-lu-ú-um* siehe P.-R. Berger, UF 1 (1969), 209. Zur Bedeutung (etwa „Buhlknabe“ im Kult?) vgl. AHw 57^{b} s. v.

[65] Historisch noch unklar; es scheint sich um Ḫammurapi und seine Bundesgenossen gegen Zimri-Lim zu handeln.

Es ist möglich, daß das Opfer mit dem Gottesbescheid in ursächlichem Zusammenhang stand, daß es sich also, um den römischen Ausdruck zu gebrauchen, um ein *sacrificium consultatorium* handelte, wie man es vor dem Beginn oder während des Feldzuges darzubringen pflegte[66]. Freilich ist auch ein „spontanes" Orakel durch den *apillûm* nicht ausgeschlossen.

Nur aus dem hethitischen Bereich kann ich bisher belegen, daß man sich den Beistand der Götter bei kriegerischen Unternehmungen auch durch Gelübde zu sichern suchte. So gelobt Tutḫalia IV. in einem noch unveröffentlichten Text aus Boğazköy (Ḫattusa), wahrscheinlich zu Anfang seiner Auseinandersetzungen mit dem assyrischen König Tukulti-Ninurta I.[67]:

> [476] Wenn ihr (Götter) Ninurta, Kumarbi *und NN* mir *den Sieg gebt, und ich* den König von Assyrien überw*inde, so* werde ich drei Heilige Steine[68] *euch zum Dank* aufstellen *und jedem* Gott ein Rind und acht Schafe geben . . .

66 Vgl. z. B. W. Rink, Die Opfer des römischen Heeres. Diss. phil. Tübingen 1914, 1920, 5–10. – Abschließend sei hier angemerkt, daß die Vielfältigkeit der Erforschung des göttlichen Willens und der göttlichen Willenskundgebung, die in den zitierten Keilschrifttexten zutage tritt, entschieden der Ansicht widerrät, es sei in Israel nach der Ablösung der „charismatischen Kriegshelden" durch die Könige (seit David) das Charisma, d. h. die Berufung durch Jahwe, durch das technische Orakel ersetzt worden; so R. Bach, Die Aufforderungen zur Flucht und zum Kampf im alttestamentlichen Prophetenspruch, 1962, 105–110. Gegen formgeschichtlichen Rigorismus im Umgang mit göttlichen Kundgebungen vgl. auch F. Ellermeier, Prophetie in Mari und Israel, 1968, 209–217.

67 38/r Vs. I 5′–8′. Übersetzung, Ergänzungen, Kommentar: H. Otten, MDOG 93 (1962), 75f. Die hier nicht mitgeteilte letzte Zeile des Gelübde-Paragraphen (I 9′) lautet nach einer von Herrn Prof. Otten freundlichst zur Verfügung gestellten Transliteration: *kat-ta ḫa-ma-an-ak-mi nu*-x[. . .] „werde ich festsetzen und . . ." (Übersetzungsvorschlag Otten; zu *katta[n] ḫamank-* vgl. auch J. Friedrich, Hethitisches Wörterbuch, Erg.h. 3 [1966], 13ª s. v. *ḫamenk-*). Im folgenden Paragraphen des Textes (I 10′–14′) geht es vielleicht um Extispizin (vgl. IZKIM-*iš* „Omen" 13′, *šarḫuwandaš* gen. „Inneres" 11′.12′), an der die Sonnengöttin von Arinna (^{D}UTU ^{URU}TÚL-*na* 11′) beteiligt zu sein scheint.

68 3 ^{NA4}ZI.KIN *ti-it-ta-nu-mi* [. . .] 7′. Zu ^{NA4}ZI.KIN, heth. *ḫuwaši-*, vgl.

H. Otten möchte in der Lücke nach Kumarbi den Gottesnamen Assur ergänzen und in den angesprochenen drei Göttern die des Assyrers erkennen. Daß man auch die Götter des Gegners für sich zu gewinnen sucht, entspricht ganz hethitischer Vorstellung[69]. Vollständig gesichert ist diese Auffassung des Textes jedoch nicht, da die Nennung des hurritischen Gottes Kumarbi, der in den Inschriften Tukulti-Ninurtas I. überhaupt nicht vorkommt, überrascht; immerhin könnte sein Name interpretatio hethito-hurritica eines mesopotamischen Gottes, vielleicht des – bei Tukulti-Ninurta I. häufiger vorkommenden – Ellil[70], sein. Es gibt aber auch hethitische Feldzugsgelübde, die sich an die eigenen Götter wenden[71].

J. Friedrich, Hethitisches Wörterbuch, 1952, 79^{b}; Erg.h. 2 (1961), 13^{b} (Lit.); ferner: H. Th. Bossert, Asia, 1946, 46; Türk Tarih Kurumu Belleten 16 (1952), 501–504; H. G. Güterbock, Or NS 15 (1946), 489; A. Goetze, Kleinasien, ^{2}1957, 168, mit Anm. 3; L. (Jakob-)Rost, MIO 8 (1961), 166f., 169; M. Weippert, ZDPV 77 (1961), 99–102; M. Darga, RHA 27 fasc. 84/85 (1969), 5–24.

69 H. Otten, a. a. O., 76.

70 Kumarbi wird in einem zweisprachigen Boğazköy-Text (KUB IV 1 IV 22: 24) nicht unsachgemäß mit Ellil gleichgesetzt; vgl. A. Ungnad, Subartu, 1936, 64, Anm. 1; H. G. Güterbock, Kumarbi: Mythen vom churritischen Kronos, 1946, 94, mit Anm. 14; E. Laroche, Recherches sur les noms des dieux hittites, 1947, 121; E. v. Schuler, Wörterbuch der Mythologie, ed. H. W. Haussig, I 1 1965, 185. – Zu Ellil in den Inschriften Tukulti-Ninurtas I. siehe E. F. Weidner, Die Inschriften Tukulti-Ninurtas I. und seiner Nachfolger, 1959, 62^{a} s. v. En-líl.

71 Folgende Gelübde im Kriegsfall sind mir noch bekannt: 1. KBo XII 58 Rs. III 3′–7′ (Hinweis H. Otten) in einem Gebet Tutḫalias IV. (? Vgl. ^{I}*tu-ut-ḫa-*[*l*]*i-ya-aš* Vs. 12 und den Rückverweis i-na u$_4$-mi ^{I}*šu-up-pí-lu*[*-liuma*] „zur Zeit Suppiluliumas“ Vs. 12) an die Sonnengöttin von Arinna; 2. KUB XV 21 (Hinweis H. Otten), eine Sammlung von Gelübden, wie es scheint für „Ištar“ (^{I}IŠ$_8$.T[Á]R Z. 1), mit Stiftungen für das Herbst- (EZEN×ŠE *zé-e-na-an-ta-aš*) und das Frühlingsfest (EZEN×ŠE *ḫa-mi-iš-ḫa-an-ta-aš*, beides ZZ. 3. 14; die Stellen ergänzen sich gegenseitig); in Z. 15 ist die Stadt [^{UR}]^{U}*ḫa-ti-en-zu-wa* genannt; 3. KBo IX 96, ein Gelübde für „Ištar“ (^{D}IŠ$_8$.TÁR I 1′.4′.10′?) vor einem Zug gegen das Land Amurru (KUR^{URU}*a-mur-ra* I 8′; von seinen Städten ist in I 11′ ^{URU}*ir-ga-ta* genannt) und die Ägypter (vgl. ERÉN.MEŠ KUR ^{URU}*mi*[*-iz-ri-i*] „die Truppen des

Nach der Musterung der Truppen, Pferde und Wagen[72] bricht das Heer gegen den Feind auf. Die Götter ziehen voraus, und das in durch-[477]aus konkreter Gestalt, wie ein Text Sargons II. von Assyrien zeigen kann[73]:

> Nach den Ländern Zikirtu und Andia richtete ich das Joch (des Wagens) Nergals (^{D}URÌ.GAL) (und) Adads, der Standarten *(urimgallē*[74]*)*, die mir voranziehen.

Standarten verschiedenen Typus sind aus bildlichen Darstellungen bekannt: auf Stangen Symboltiere der Götter oder Scheiben, auf denen neben dekorativen Elementen die Gottheit oder ihr Symbol abgebildet ist. Die Feldzugsreliefs der assyrischen Könige zeigen auch die Standarte Assurs auf einem Streitwagen und den Kult vor Standarten im Feldlager[75]. Aus der zitierten Sargon-Stelle geht her-

Landes Ägypten" I 3′, LUGAL KUR ^{URU}*mi-iz-ri-i* „der König des Landes Ägypten" I 16′).

[72] Vgl. z. B. Sargon II., HC 12.

[73] HC 14.

[74] *Urimgallu* ist wohl nicht zu unterscheiden von (^{D})*urigallu* „Standarte"; vgl. dazu B. Meissner, Babylonien und Assyrien, I 1920, 93.

[75] Das Material ist zusammengestellt und besprochen bei O. Eißfeldt, Lade und Stierbild (1940/41), in: Kleine Schriften, II 1963, 299–301 (Lit. 299, Anm. 1); vgl. ferner: R. Labat, Le caractère religieux de la royauté assyro-babylonienne, 1939, 259f.; B. Hrouda, Die Kulturgeschichte des assyrischen Flachbildes, 1965, 104, 184^{b} (für unsere Fragestellung sind nur die Darstellungen bei Salmanassar III. und Assurbanipal von Belang; beide in Eißfeldts Katalog enthalten). C. F. A. Schaeffer, Nouveaux témoignages du culte de El et de Baal à Ras Shamra-Ugarit et ailleurs en Syrie-Palestine, Syria 43 (1966), 9–14, möchte eine Reihe von Kleinbronzen, die einen Stier darstellen und eine Bodenplatte mit einem Zapfen zur Befestigung aufweisen, aufgrund einer bildlichen Wiedergabe aus Mari als Bekrönungen von Standarten interpretieren; das ist möglich. Auf die Erklärung der „Goldenen Kälber" Jerobeams I. und desjenigen von Ex 32 als „Stierstandarten" (Eißfeldt, a. a. O., 296–305, fortgeführt von Schaeffer, a. a. O., 13f.) kann ich hier nicht näher eingehen; vgl. Bibel-Lexikon, ed. H. Haag ^{2}1968, 1647f. s. v. Stier. Außer Betracht bleibt hier auch die stattliche Reihe der ägyptischen und altkleinasiatischen Standarten (vgl. Eißfeldt).

vor, daß die Standarten die Gottheiten repräsentierten[76]. Aussagen der Inschriften wie

> Assur, Adad, Sîn und Šamaš, Ištar, die großen Götter, die vor meinen Truppen herziehen, ... (Assurnasirpal II.)[77] [478]

sind also nicht nur als Ausdruck einer bestimmten Ideologie zu verstehen, sondern haben auch eine durchaus reale Komponente.

Die Truppen werden in den Berichten meist als die des Königs bezeichnet, gelten jedoch, besonders bei Sargon II., auch als die des Reichsgottes Assur, die als „die massigen Truppen/Streitkräfte Assurs" *(ummānāt/emūqāt* ᴰAššur *gapšāte*[78]*)*, „die unermüdlichen Truppen Assurs" *(ummānāt* ᴰAššur *dalpāte*[79]*)* oder als „das Heer

[76] Zum Konzept der Repräsentanz vgl. allgemein M. Weippert, Gott und Stier, ZDPV 77 (1961), 106–108; Bibel-Lexikon, ed. H. Haag, ²1968, 1648.

[77] Monolith Assurnasirpals II. aus Kerh-i-Dicle Vs. 1–4 (King, AKA, 222). Vgl. schon die Herstellung eines šu.nir (akk. *šurinnu*) zu demselben Zweck, die dem 27. Jahr Ḫammurapis von Babel den Namen gab: mu.šu.nir.maḫ.kù.si₂₂.ḫuš.a. IGI.DU.erén.na.ke₄.dingir.gal.gal.e.ne.šè.á.daḫ.a.ni. šè.mu.un.ne.dím „Jahr, in dem er ein erhabenes *šurinnum* aus rotem Gold, das vor dem Heer einherzieht, für die großen Götter, seine Helfer, machen ließ" A. Ungnad, RLA II (1938), 179ᵇ (Text nach A. Ungnad, VS IX 27,21–24; teilweise fehlerhafte Variante bei V. Scheil, RA 23 [1926], 40: mu.šu.nir.maḫ.kù.si₂₂.IGI.DU.ᴳᴵˢ̌GIŠIMMAR^sic^.na.ke₄.dingir.gal.gal.á.daḫ.ne.ne.ra.mu.un.ne.dím. ma). – Vgl. noch z. B.: „Ištar, die Herrin von Kampf und Schlacht, die an der Spitze meiner ausgebreiteten Truppen geht (*a-lik-at pa-na-at* ERÉN.ḪÁ.MEŠ[*ummānātī*]-*ya* DAGAL.MEŠ[*rapšati*])" KAH II 84,97 (J. Seidmann, Die Inschriften Adadnirâris II., 1935, 29), oder: „Assur, der König der Götter, Nergal, der erhabene Herr, die vor mir hergehen, mich über meine Feinde stellten" (Assurbanipal), Streck, Asb., 194 f.: K 2656 +, 19.

[78] *Ummānāt* ...: HC 27; AfO 14, 43: II′ 21′ f.; Iraq 16, 186: VI 22; *emūqāt* ...: Ann. 464 Lie; [*um-ma-na-at/e-mu-qa-at* ᴰ*a-šu*]*r₄ gap-šá-a*ʹ*-t*[*i*]ʹ K 1672 I′ 9′ (Winckler, Sargon, Tf. 45; vgl. B. Landsberger, Sam'al, 1948, 73, mit Anm. 193; Weippert, Edom, 99: Text 10 VI D 9′).

[79] HC 127; [*um-ma-*]*na*ʹ*-at*ʹ ᴰ*a-šur₄* [*dal-*]*pa*ʹ[*-a-ti/te*] Sm 2021 + 82–5–22, 8 I′ 10 (Weippert, Edom, 91: Text 10 IV A 10; die Bearbeitung bei H. Tadmor, JCS 12 [1958], 90, Anm. 286, ist ungenau).

des obersten Gottes von Assyrien“ (*um-*^{ma}*man* ^{D}EN.LÍL*(ellil) aš + šur*^{KI}[80]) apostrophiert werden.

Dem herannahenden assyrischen Heer stellen sich nach Meinung der Inschriften nur Übermütige und Bösartige zum Kampf[81]. Den anderen entsinkt der Mut, oder der Gottesschrecken wirft sie nieder. Sätze wie

> Die Furcht vor dem Schreckensglanz Assurs, seines Herrn, warf ihn (scil. Mari' von Damaskus) nieder. (Adadnarari III.)[82]

[80] HC 110. Der „oberste Gott Assyriens“ ist Assur.

[81] Instruktive Beispiele bei Salmanassar III. Für den „Übermut“ (Vertrauen auf die eigene Kraft) der Angegriffenen z. B.: „Hadadeser von Aram *(ša emārī-šu),* Irḫulini von Hamath zusammen mit zwölf Königen der Meeresküste vertrauten auf ihre gegenseitige Kraft (und stürmten, um Kampf und Schlacht zu schlagen, gegen mich an)“ F. Safar, Sumer 7 (1951), 7f.: II 17–22. 9: III 1–3 (ohne das Eingeklammerte; zum Namen des Königs von Hamath vgl. M. Weippert, ZDMG Suppl. 1 [1969], 195, Anm. 11); „Hasael von Aram *(ša emārī-šu)* vertraute auf die Masse seiner Truppen; seine Truppen in großer Zahl bot er auf“ Safar, ebd., 11: III 46–48; 3 R 5:6, 2–5; „Aḫūni von Bīt-Adini vertraute auf die Masse seiner Truppen und stürmte, um Kampf und Schlacht zu schlagen, gegen mich an“ 3 R 7f. Vs. 32 Rs. 15 (die beiden Stellen ergänzen sich gegenseitig); „Aḫūni vertraute auf die Menge *(rupšu)* seiner Truppen und zog gegen mich heraus“ 3 R 7f. Rs. 72. Vgl. auch den S. 288, Anm. 107 zitierten Asarhaddon-Text. Es sei besonders betont, daß diese Sätze sämtlich die Reaktion der Betroffenen auf den assyrischen Anmarsch beschreiben. Für „Bösartigkeit“ als assyrische Interpretation hartnäckigen Widerstands von seiten der Angegriffenen vgl. die Apostrophierung desselben Aḫūni von Bīt-Adini durch Salmanassar III. als *ša* TA*(ištu)* MAN.MEŠ-*ni(šarrāni)* AD.MEŠ*(abbē)-ya ši*$^{!}$*-ip*$^{!}$*-ṣu*$^{!}$ *dan-na-ni*$^{!}$ *il-ta-kan-nu* „der seit den (Tagen der) Könige, meiner Vorfahren, Widerspenstigkeit (und) Gewalttat verübt hatte“ 3 R 7f. II 66.

[82] 1 R 35: 1, 17. Ungeklärt ist, ob die singuläre Lesart *aš + šur* EN *(bēlī)-šú* richtig ist oder auf einen Schreib- oder Kopierfehler für EN*(bēlī)-*ya/*yá* „meines Herrn“ beruht (das Original der Inschrift ist verloren). Ersteres wäre auf dem Hintergrund der Ideologie des neuassyrischen Imperialismus durchaus denkbar, letzteres hat die Häufigkeit des Ausdrucks (mit dem Personalenklitikum der 1. sg., das sich auf den redenden König bezieht) in den neuassyrischen Königsinschriften für sich.

[479] *Der Schre*ckensglanz A*ssurs,* me*ines Heern,* war*f* ihn (scil. Jamani von Asdod) nieder. (Sargon II.)[83]

kehren in den Texten immer wieder[84]. Die Folge ist meist die Unterwerfung, ausgedrückt in der Zahlung von Tribut, manchmal auch die Flucht des Gegners und sein Tod an einem den Assyrern unerreichbaren Zufluchtsort. Kommt es aber zur Schlacht, so kämpfen die Götter an der Seite der Assyrer oder überhaupt für sie. Aus dem überreichen Material können nur ein paar wenige Belegstellen zitiert werden. So sagt ein Gott, wahrscheinlich Assur, in einem Rückblick auf den Aufstand des Šamaššumukin zu Assurbanipal[85]:

Meine starken Waffen sandte ich vor dir her, um deine Feinde zu überwältigen.

Oder hinsichtlich der erfolgreichen Elamerkämpfe Assurbanipals in demselben Text[86]:

Die *Bo*gen des Landes Elam ze*rbr*ach ich;
aber deinen Bogen machte ich stark.
Über alle *deine* Feinde machte ich deine Waffen groß.

Gegen die feindlichen Truppen lassen die Götter die Naturgewalten, die ihnen zur Verfügung stehen, los[87]:

Adad, der Starke, der kriegerische Sohn Anus, ließ sein mächtiges Gebrüll gegen sie (scil. die Feinde) erschallen und vernichtete den Rest durch überschwemmende Wolken[88] und Himmelssteine[89]. (Sargon II.)

[83] K 1668b + DT 6 III′ 41′ (Winckler, Sargon, Tf. 44 D; Weippert, Edom, 101: Text 10 VII B 41′).

[84] Es lohnt sich nicht, die zahlreichen Belegstellen für diesen Ausdruck hier nachzuweisen.

[85] *{ina}* ^{GIŠ}TUKUL.MEŠ*(kakkē)-ya ez-zu-u-ti a-na ka-šad* ^{LÚ}KÚR.MEŠ*(nakarūti)-ka p[a-nu-]uk-ka un-da-ʾ-er* K 2647 + Rm 2.99 Vs. 26 (CT XXXV 15; Bauer, IWA, 80f.). Das am Zeilenanfang stehende AŠ*(ina)* ist unsicher und, wenn vorhanden, ein Schreibfehler (siehe Bauer, 81, Anm. 2).

[86] K 2647 + Rm 2.99 Rs. 5f. (CT XXXV 13; Bauer, a. a. O., 80f.).

[87] Sargon II., HC 147.

[88] *Urpāt riḫṣi.*

[89] *Aban šamê.*

Gemeint sind Donner, Wolkenbruch und Hagel, die typischen Waffen des „Wettergottes". Im Bereich des Typischen bewegt sich auch Assurbanipal, wenn er die Mittel, die die Götter gegen seine arabischen [480] Gegner einsetzen, aus den Epitheta und Attributen der Götter ableitet[90]:

Ninlil, die Wildkuh, die höchste Göttin[91], die angriffsbereiteste unter den Göttinnen, die bei Anu und Ellil majestätisch (ihren) Standort hat[92], stieß meine Feinde mit ihren starken Hörnern nieder.

Ištar, die in Arbela wohnt, die mit Feuer umkleidet ist, den Schreckensglanz trägt, regnete Flammen auf das Land Arabien.

Era, der Held, organisierte den Kampf und machte meine Gegner nieder.

Ninurta, der Pfeil, der große Held, der Sohn Ellils, durchschnitt mit seinem spitzigen Pfeil die Kehle meiner Feinde.

Nusku, der aufmerksame *sukallu*, der mein Herrschertum sichtbar macht, der auf Befehl Assurs (und) Mullissus, der Heldin, der Herrin von Arbela, mir zur Seite ging und mein Königtum schützte, überwand und fällte im Angesicht meiner Truppen meine Gegner[93].

Bei diesem Text handelt es sich um ein abschließendes Résumé der vorher berichteten Kämpfe, in denen durchaus den Truppen Assurbanipals der Sieg zugeschrieben wird. Man sieht jedoch, wie in der nachdenkenden Reflexion das irdische Geschehen zwischen menschlichen Kontrahenten ideologisch, um nicht zu sagen theologisch überhöht wird. Fast noch deutlicher ist die ideologisch-

[90] Assurbanipal, Prisma A IX 75–89 (Streck, Asb., 78f.; Weippert, Edom, 181, 189).

[91] ^{D}EN.LÍL(.LÁ)-*i-tu°(ellilītu)* Z. 75.

[92] *ša it-ti* ^{D}*a-nim u* ^{D}EN.LÍL*(ellil) šit-lu-ṭa-at man-za-zu* Z. 77, wörtlich: „die mit Anu und Ellil ständig herrscherlich ist an Standort" (adverbieller Akkusativ).

[93] Vgl. bei Assurbanipal auch K 2654 Rs. 5–8 (Streck, Asb., 182–185: Vs. 49–52; Bauer, IWA, 53, Anm. 3 u. Tf. 25; der Text ist leider sehr beschädigt): 5 Gott . . ., der Held, der Schonungslose, der Stärkste unter den Göttern, seinen Brüdern, der packt . . . 6 . . . Kampf. Die Herrin von Arbela, einen Köcher umgehängt, . . . 7 . . . entzündet Pfeile . . . 8 . . . Adad, der Deichgraf von Himmel und Erde, . . . t eine überschwemmende Wolke über ihn (scil. Ummanaldaš von Elam) . . .

theologische Komponente in einem Text Assurbanipals über die Auseinandersetzungen mit Elam, wo es heißt[94]:

Sie (scil. die großen Götter, die Himmel und Erde bewohnen) hielten Gericht[95] über Urtaku, den König des Landes Elam, der, obwohl ich ihn nicht befeindete, mich befeindet hatte . . . An meiner Statt brachten sie ihm eine Niederlage bei, schlugen ihn frontal, jagten ihn ins *Gebiet seines Landes*. Im selben Jahr vernichteten sie durch einen bösen Tod sein Leben (und) übergaben ihn dem kur.nu.gi$_4$.a, dem Land oh*ne Heimkehr*.

Hier gewinnt man den Eindruck, als hätte Assurbanipal auf den Einfall Urtakus in seinen Herrschaftsbereich überhaupt nicht zu reagieren [481] brauchen, da die Götter an seiner Stelle dem Aggressor entgegengetreten seien[96]. Aus den Prismen B und C Assurbanipals wissen wir jedoch, daß die assyrischen Truppen gegen den König von Elam geschickt wurden, worauf er es vorzog, den Zusammenstoß zu vermeiden und in sein Land zurückzukehren. Der Widerspruch zwischen der Alleinwirksamkeit der Götter und dem Aufmarsch der irdischen Soldaten wird hier dadurch ausgeglichen, daß den Truppen Assyriens eine die Götter unterstützende Funktion zugewiesen wird[97]:

Um Bēl und Nabû, meinen Göttern (Var.: Herren), deren Gottheit ich verehre, zu helfen, bot ich meine Kampftruppen auf und setzte sie in Marsch.

Es sei an dieser Stelle auch daran erinnert, daß, wie wir schon gesehen haben, Zusagen des direkten göttlichen Eingreifens in Kampf und Schlacht der wesentliche Inhalt des Ermutigungsorakels vor und während des Feldzugs sind. Ein solches Ermutigungsorakel aus der Zeit, als Asarhaddon nach der Ermordung seines Vaters

[94] Streck, Asb., 210–213: Vs. 15–17; Bauer, IWA, 87: Vs. 28-Rd. α (K 2867 + BM 98982).

[95] Vgl. allgemein G. Furlani, Le guerre quali giudizi di dio presso i Babilonesi e Assiri, in: Miscellanea Giovanni Galbati III 1951, 39–47.

[96] Ähnlich in Rm 281 Vs. 4′–7′ (Streck, Asb., 224–227; Bauer, IWA, 56).

[97] Assurbanipal, Prisma B IV 48–50 (Piepkorn, AS 5, 58f.); Prisma C V 25′ + x–27′ +x (= K 1794 V 50–52, Bauer, IWA, Tf. 9; BM 128117, 4′–6′, A. R. Millard, Iraq 30 [1968], Tf. XXII; ergänzt nach Prisma B; siehe Weippert, Edom, 147).

Sanherib fern von Nineve den Kampf um die Thronfolge gegen seine Brüder vorbereitete, möge hier noch seinen Platz finden. Der Gott Assur spricht zu Asarhaddon[98]:

> Als eben diese *Rebellen*[99] gegen dich Feindschaft erregten, dich hinaustrieben, dich *in Bedrängnis brachten*[100], hast du deinen Mund geöffnet: „Sieh doch, Assur!"
> Ich habe deine Klage gehört. [482]
> Aus dem Himmelstor schwebe ich hinab[101],
> Ich will sie niederwerfen[102], vom Feuer verschlingen lassen.
> Du sollst zwischen ihnen (be)stehen bleiben.
> Von dir bringe ich sie gerade weg, jage sie ins Gebirge hinauf[103].
> Glutsteine regne ich auf sie hinab.
> Deine Feinde bringe ich als Schlachtopfer dar.
> Mit ihrem Blut fülle ich den Fluß.
> Man möge (es) sehen und mich preisen, *daß* ich Assur bin, der Herr der Götter![104]

[98] K 2401 II 10′–25′ (Craig, ABRT I, 22f.; S. A. Strong, BzA 2, 1893, 637, 639). Der Text lautet: 10′ *an-nu-rig* ^{LÚ}*šar-šar-a-né an-nu-ti* 11′ *us-sa-ad-bi-bu-ka us-si-ṣu-nik-ka* 12′ *il-ti-*BU*-ka at-ta pi-i-ka* 13′ *tap-ti-ti-a ma-a a-ni-na* ^{D}*aš+šur* 14′ *a-na-ku kil-la-ka as-se-me* 15′ TA*(issi) lìb-bi* KÁ.GAL *(abul)* AN*-e(šamê)* 16′ *at-ta-qa-al-la-al-la* 17′ *la-ak-ru-ur i-šá-tu lu-šá-kil-šú-nu* 18′ *at-ta ina bir-tu-šú-nu ta-za-az* 19′ TA*(issi) pa-ni-ka at-ti-ši* 20′ *a-na* KUR*-e(šadê) us-se-li-šú-nu* 21′ NA$_4$.MEŠ *(abnē) aq-qul-lu ina muḫ-ḫi-šú-nu a-zu-nu-un* 22′ ^{LÚ}KUR.MEŠ*(nakarūtī)-ka uḫ-ta-ti-ip* 23′ *da-me-šú-nu* ÍD *(nāra) um-tal-li* 24′ *le-mu-ru lu-na-i-du-ni* 25′ *a-ki* ^{D}*aš+šur* EN*(bēl)* DINGIR.MÉS*(il(āni)ī) a-nu-ku-ni.*

[99] Zu *šaršarānu* vgl. ABL 1341 Vs. 9′, wo dieselbe Bedeutung gut paßt: 8′ . . . ^{I}IBILA*-a(aplā)* DUMU*(mār)-šú šá* ^{I}*na-di-nu* 9′ *paḫ-ḫu-zu-ú ù šá-ar-šá-ra-nu šu-ú* 10′ *šu-ú ù* AD.MEŠ *(abbū)-šú* „Aplā, der Sohn des Nadinu, ist ein *unverschämter Mensch* und ein *Rebell*, er und (schon) seine Vorfahren".

[100] *il-ti-*BU*-ka* vielleicht von *la'ābu/le'ēbu*; schwache Form, cf. GAG § 98 m. Auch eine Ableitung von *lawû(m)* II „umzingeln" oder von *li'āpu* = ? wäre nicht ausgeschlossen.

[101] Zu *QLL (hier Nt) siehe W. v. Soden, Or NS 20 (1951), 262; AHw 893^{b} s. v. *qalālu* II.

[102] Zu *KRR.

[103] Vgl. Borger, Ash., 44f.: I 82–84, wo die Aufrührer „in ein unbekanntes Land" fliehen.

[104] Vgl. zum letzten Satz die von W. Zimmerli, Erkenntnis Gottes nach

So erscheint schließlich der göttliche Sieg über die Feinde unter den Heilstaten, die in den Hymnen an die großen Götter gefeiert werden. In einem Loblied für eine namentlich nicht bekannte Gottheit (der Text ist am Anfang beschädigt), das m. E. wohl Assurbanipal[105] zugeschrieben werden kann, heißt es in bezug auf den Elamerkrieg[106]:

> *Der Elam*er, der niemals seine große Gottheit verehrte,
> *gegen* seine erhabene Gottheit Vermessenes redete –
> deine Waffe . . . gegen den überheblichen Elamer, [483]

---

dem Buche Ezechiel, 1954, behandelte alttestamentliche „Erkenntnisaussage“.

105 Nach H. Zimmern, Babylonische Hymnen und Gebete in Auswahl, 1905, 7, stammt der Hymnus aus der Zeit Nebukadnezars I. Die den Text überliefernde Tafel DT 71 ist aber neuassyrisch. Die Sprache des Hymnus läßt eine sichere Zuweisung nicht zu. Man hat indessen den Eindruck, daß der Text von der abschließenden Abrechnung Assurbanipals mit Elam handeln könnte, von der z. B. in Prisma A V 63ff. (Streck, Asb., 46ff.) die Rede ist. Das Vokabular ist freilich ein ganz anderes.

106 DT 71 Vs. 14′–21′ (J. Hehn, BzA 5 [1905], 386). Bearbeitungen und Übersetzungen: H. Winckler, Altorientalische Forschungen, I 1897, 540f.; Hehn, a. a. O., 327f.; H. Zimmern, a. a. O. (Vs. 14′–17′); A. Ungnad, Die Religion der Babylonier und Assyrer, 1921, 199f. (Vs. 14′–17′). Es ist unsicher, ob es sich um einen Hymnus auf Marduk (so Hehn) handelt. Der Text lautet: 14′ [*e-la-m*]*u-ú ša la pit-lu-ḫu* GAL-*tu* (*rabītu*) DINGIR-*us*(*ilūs*)-*su* 15′ [UGU (*eli*)/*ina*] DINGIR-*ti*(*ilūtī*)-*šú ṣir-tu*$_4$ *iq-bu-ú me-re-eḫ-tu* 16′ [. . .]-*us-su* ^{GIŠ}TUKUL(*kakka*)-*ka a-na e-la-me-e muš-tar-ḫi* 17′ [*tusappiḫ*] ERÉN.ḪÁ (*ummān*(*ātī*))-*šú tu-par-re-er el-lat-su* 18′ [UN.MEŠ(*nišī*)-*šú*] *de-šá-a-ti- tu-bal-li la-ʾ-meš* 19′ [. . .-*šú* G]AL-*a*(*rabâ*) *a-bu-ba-niš tas-pu-un* 20′ [*da-ad/ád-me-šú t*]*u-šaḫ-ri-ba tu-šá-ad-di* KUR(*mās*)-*su* 21′ [URU.MEŠ(*ālānī*)-]*š*[*ú*] *tas-pu-na til-la-niš tu-ter.* Zur Textwiedergabe: Z. 14′ Anfang: cf. Z. 16′.– Z. 15′: Das erste Zeichen von *mēreḫtu* (Hehn: PI) ist ohne Zweifel ME (Winckler; bestätigt durch Kollation C. B. F. Walker). – Z. 17′: Ergänzung Winckler. – Z. 18′: Zur Ergänzung vgl. AHw 167^b s. v. *dēšû*. – Z. 20′: Zur Ergänzung *dadmē-šu* vgl. Borger, Ash. § 68: II II 16. Das dritte Zeichen des folgenden *tušaḫriba* (Hehn: ḪU) ist ohne Zweifel RI (Winckler; durch Kollation Walker bestätigt). – Z. 21′: Ergänzung E. Ebeling (in seinem Handexemplar von Hehn im Besitz des Altorientalischen Seminars der Universität Tübingen).

du triebst seine Truppen *auseinander*,
zerstreutest seine Heeressäule,
seine sich reichlich vermehrenden *Menschen* löschtest du aus wie (glühende) Asche,
seinen großen . . . warfst du sintflutgleich nieder,
seine Wohnstätten verwüstetest du,
sein Land machtest du ihn preisgeben,
seine Städte ebnetest du ein,
verwandeltest (sie) in Trümmerhügel.

Derselbe Assurbanipal bekennt in einem Hymnus an Ištar von Nineve und Ištar von Arbela mit beinahe biblischen Tönen, daß er den eigenen Fähigkeiten nichts, seinen Göttern hingegen alle seine Siege verdanke[107]:

Nicht *durch* meine *eigene Kraft*,
nicht durch die Stärke meines Bogens –
durch die K*raft meiner Götter*,
durch die Stärke meiner Göttinnen
beugte ich die Länder . . . unter das Joch Assurs.

[107] K 1290 Rs. 4–6 (Langdon, OECT VI, Tf. XI; M. Sidersky, JRAS 1929, 776); vgl. R. Labat, Le caractère religieux de la royauté assyro-babylonienne, 1939, 261, mit Anm. 45. Der Text lautet: 4 *ul* [*ina e-muq ra-ma-*] *ni-ya ul ina da-na-ni* ^{GIŠ}BAN(*qaštī*)*-ya* 5 *ina e-m*[*uq* DINGIR.MEŠ(*ilī*)*-ya ina*] *da-na-ni* ^{D}IŠ$_8$.TÁR.MEŠ (*ištarātī*)*-ya* 6 KUR.MEŠ(*mātāti*) x x [x x (x)] x*-ri-ya ú-šak-ni-šá ana ni-ir* ^{D}*aš+šur*. Ergänzungen nach dem Parallelismus; Wiedergabe von Z. 6 nach freundlicher Kollation von C. B. F. Walker, die zeigt, daß für das auf KUR.MEŠ folgende Zeichen die Lesung LA ausgeschlossen ist. Damit erübrigen sich die von Langdon (op. cit., 69: *la *m*[*a-g*]*i-ri-ya*) und Ebeling (Handexemplar von OECT VI im Besitz des Altorientalischen Seminars der Universität Tübingen: *la m*[*u-un-da*]*g-ri-ya*) vorgeschlagenen Ergänzungen. – Hingewiesen sei noch auf die verwandte Haltung, die schon bei Asarhaddon anzutreffen ist, der von sich sagt: „Sie (scil. die Könige Sanduarri von Kundi und Abdi-Milkutti von Sidon) vertrauten auf ihre eigene Kraft; ich (aber) vertraute auf Assur, meinen Herrn" Borger, Ash., 50: B I 44f. Hierzu kann man auch die von G. v. Rad, Der Heilige Krieg, 48f., behandelte Stelle I Sam 17,45–47 vergleichen.

VI

Das im vorhergehenden zusammengestellte keilschriftliche Material fügt sich ohne Schwierigkeit in das Bild ein, das G. v. Rad für Israel vom Heiligen Krieg entworfen hat. Ziehen wir an dieser Stelle eine Zwischenbilanz, so ergibt sich, daß sich für die meisten Elemente der „Theorie vom heiligen Krieg“ [108] Belege auch aus assyrischen Tex-[484]ten beibringen lassen und daß hier bleibende Lücken mit Zeugnissen altbabylonischer und hethitischer Provenienz weitgehend ausgefüllt werden können. Vergleichsmaterial findet sich für das Aufgebot der Truppen durch eine blutige Symbolhandlung, für Gelübde, Opfer und Erkundung des göttlichen Willens vor Feldzug und Schlacht, für die Antwort der befragten Gottheit in Gestalt eines Ermutigungs- oder Heilsorakels mit Übergabeformel und Beistandszusage und für die Vorstellungen, die mit dem göttlichen Eingreifen gegen die Feinde verbunden sind. Letztere lassen sich bei den Assyrern vollständig belegen: die Götter ziehen dem Heer voran, die assyrischen Truppen sind die des Reichsgottes Assur, der Krieg ist der Krieg der Götter, die Feinde sind ihre Feinde, Mutlosigkeit und Gottesschrecken überkommen die Feinde schon vor dem eigentlichen Kampf, in der Schlacht kämpfen vor allem die Götter, während die Menschen ihnen zu Hilfe kommen.

Für einige der in dieser Aufzählung nicht enthaltenen Elemente läßt sich Vergleichbares aus nichtkeilschriftlichen Quellen des antiken Mittelmeerraumes anführen. So sei zur rituellen Reinheit des Kriegslagers darauf verwiesen, daß vor dem Ausmarsch des römischen Heeres aus Rom der Feldherr die *sacrificia lustralia* darbrachte und daß das Heer jenseits der Petronia amnis auf dem Marsfeld an der ara Martis lustriert wurde [109]. Auch das den Kampf

[108] v. Rad, op. cit., 6–14.

[109] Vgl. W. Rist, Die Opfer des römischen Heeres, Diss. phil. Tübingen 1914, 1920, 6. Aus dem hethitischen Bereich kennen wir ein Ritual für die Lustration eines Heeres (?) auf dem Marsch beim Anblick eines Vogels übler Vorbedeutung (*i-da-a-lu-un* MUŠEN-*in* acc. Z. 10), 2540/c, 9–18, bearbeitet von H. Otten bei O. Masson, A propos d’un rituel hittite pour la lustration d’une armée: Le rite de purification par le passage entre les deux parties d’une victime, RHR 137 (1950) 7f., und ein weiteres für den Fall der

eröffnende Kriegsgeschrei ist z. B. bei den Römern belegbar[110]. Wohlbekannt ist schließlich seit langem, daß Brauch und Terminus (in verbaler Form) des „Banns" in der Stele des Königs Mesa von Moab aus *D̲ībān*, also in unmittelbarer Nachbarschaft Israels, vorkommen, wo es heißt[111]:

Da sprach (der Gott) Kamoš zu mir: „Auf! nimm (die Stadt) Nebo von[112] Israel weg!" Da ging ich bei Nacht hin und kämpfte mit ihr (scil. der Stadt) vom Anbruch der Morgendämmerung bis zum Mittag und nahm sie ein und tötete alles – sieben-[485]tausend Männer und *Knaben*[113] und Frauen und *Mädchen*[114] und Sklavinnen; denn für (die Gottheit) ʿAštar-Kamoš hatte ich sie (scil. die Stadt) dem Bann ausgeliefert[115].

Damit bleiben in G. v. Rads Katalog nur noch ein paar wenig bedeutsame oder gar zweifelhafte Dinge übrig: das Aufgebot durch das Schofar, über das nachher noch kurz zu reden ist, die „Weihe der Waffen", die m. E. gestrichen werden darf, da die von v. Rad dafür angeführten Belege anders zu

---

Niederlage eines Heeres, KUB XVII 28 IV 45–56, bearbeitet von J. Friedrich bei Masson, a. a. O., 5f. (für 45–48 vgl. auch H. Th. Bossert, Asia, 1946, 103).

[110] G. Veith bei J. Kromayer–G. Veith u. a., Heerwesen und Kriegführung der Griechen und Römer, 1928, 363; E. v. Nischer, ebd., 600, mit Anm. 3.

[111] KAI 181, 14–17; deutsche Übersetzung: K. Galling, Textbuch zur Geschichte Israels, ²1968, 52f.

[112] Zu diesem *ʿl* vgl. neuerdings E. Lipiński, Or NS 40 (1971), 334.

[113] Die Ausdrücke *grn* und [*gr*]*t* in Z. 16f. werden gewöhnlich als männliche und weibliche „Fremdlinge" (hebr. m. *gẹrīm*) erklärt. Die hier vorgeschlagene Interpretation geht davon aus, daß diese in *g*[*b*]*rn* und *gbrt* enthalten sein können, während Knaben und Mädchen nach Bedeutung und Etymologie von den beiden Wörtern schwerlich gedeckt werden. Zu *gr* und *grt* vgl. hebr. *gūr*, syr. *gūryā* „Tierjunges" und vielleicht aram. *grt* (Lesung nicht ganz sicher; auch *gdt* möglich) Hatra 37,2 (F. Safar, Sumer 8 [1952], arab. 193; vgl. A. Maricq, Syria 32 [1955], 282 [lesen *gdt*]) in der Filiation *Smy grʾt Dwšpry brt Snṭrwq mlkʾ* „Samay, Kind der Dwšpry, der Tochter des Königs Sanaṭruq" (zur Lesung des Namens *Dwšpry* siehe R. Degen, Or NS 36 [1967], 79f.).

[114] Siehe Anm. 113.

[115] Moab. *hḥrmth*. Zur Stelle eingehend C. H. W. Brekelmans, De Ḥerem in het Oude Testament, 1959, 32f.

interpretieren sind[116], die ganz blaß bleibende „Rüstung" der Krieger „vor Jahwe", die vielleicht als Lustration verstanden werden kann, und die Entlassung des Heerbanns nach Abschluß des Feldzugs, die sowieso eine Selbstverständlichkeit ist.

VII

Das hier vorgelegte Material erlaubt nun ein paar allgemeine Folgerungen. Man kann zuversichtlich behaupten, daß die Kriegsbräuche und -vorstellungen, die G. v. Rad zusammengestellt hat, nicht als Elemente einer spezifisch altisraelitischen Institution interpretiert werden dürfen. Es hat sich gezeigt, daß der Heilige Krieg nicht nur in Gemeinschaft mit Jahwe, dem Gott Israels, möglich gewesen ist; wer also von „Jahwekrieg" spricht, muß ebenso von „Assurkrieg" oder „Ištarkrieg" reden, und man braucht nur an die homerischen Epen oder römische Kriegspraktiken zu denken, um noch weitere Termini dieser Art hinzubilden zu können. In Wirklichkeit reden wir hier von gemeinaltorientalischer, ja gemeinantiker Kriegspraxis und -ideologie.

Der Doppelausdruck „Kriegspraxis und -ideologie" ist mit Bedacht gewählt; denn die außerisraelitischen Texte legen es nahe, innerhalb des von v. Rad zusammengebrachten Materials zu differenzieren zwischen Elementen, die zum normalen technischen und kultischen Apparat eines jeden antiken Krieges zählen, und solchen, die dem ideologischen Überbau angehören.

[486] Zu ersterem rechne ich das Aufgebot, wie immer es geschieht, das Achten auf die rituelle Reinheit der Kämpfer, die Vorbereitung der Schlacht durch *sacrificia consultatoria* und Gelübde, deren notwendiges Pendant die göttliche Antwort in Gestalt eines zustimmenden (oder gelegentlich auch ablehnenden) Orakels ist, den Lagerkult, die Schlacht selbst mit dem wohl hauptsächlich der eigenen Ermutigung und der Einschüchterung des Gegners dienen-

[116] G. v. Rad, Der Heilige Krieg, 7, nennt I Sam 21,6; II Sam 1,21. An ersterer Stelle ist mit *kəlī* m. E. „Körper" gemeint (vgl. σκεῦος I Thess 4,4; I Petr 3,7?), an letzterer ist mir fraglich, ob das Salben des (Leder-)Schildes Sauls mit Öl als Weihung verstanden werden darf.

den Kriegsgeschrei und dem Abschluß mit „Bann" und Entlassung der Truppen.

Zwei Punkte seien noch besonders herausgehoben. Das Aufgebot des Heerbanns durch das „Stoßen in die Posaune" (d. h. das Schofar), das an der Spitze des v. Radschen Katalogs steht[117], muß m. E. nicht „kultisch" erklärt werden. Es ist zwar unzweifelhaft so, daß das Schofar im Kult gebraucht wurde[118]; doch ergibt sich seine Verwendung beim Heeresaufgebot ohne weiteres aus seiner allgemeinen Funktion als Signalinstrument: So dient es z. B. als Lärmhorn, um vor einem feindlichen Angriff zu warnen und die Verteidiger auf ihren Posten zu rufen[119]. In der Schlacht wird es, ähnlich wie nach einer bekannten Stelle bei Caesar die Tuben und Hörner des römischen Heeres[120], zur Erzeugung des die eigenen Reihen stärkenden und die Feinde schreckenden Schlachtenlärms[121] eingesetzt, und es dient auch dazu, eine Unterbrechung des Kampfes zu signalisieren[122]. Der Zusammenhang der verschiedenen kriegerischen Verwendungsweisen des Schofar ist offenkundig.

Zum Thema des „Banns" *(ḥērem)* hat G. v. Rad selbst darauf hingewiesen, daß bei der Durchführung dieses „Ritus" starke Unterschiede in den Texten festzustellen sind[123]. Er nahm jedoch an, daß er ursprünglich als absolutes Gebot Jahwes am Ende eines jeden Heiligen Krieges stand. Daß auch andere Möglichkeiten des Umgangs mit dem überwundenen Feind ins Bewußtsein der israelitischen Krieger oder zumindest der biblischen Schriftsteller traten, wertete er als „Zeichen einer schon vorgerückten Entwicklung" und als Annäherung an die Krise der gesamten Institution. Der „Bann" kann hier aus Zeitgründen nicht ausführlich behandelt werden[124];

[117] v. Rad, op. cit., 6.

[118] Lev 25,9; II Sam 6,15 (= I Chr. 15,28); Joel 2,15; Ps 47,6 (?); 81,4; 98,6; 150,3; II Chr 15,14.

[119] Jes 18,3 (neben *nēṣ*). 5 (neben *nēṣ* 6); Jer 4,19 (neben *tarūʿat milḥāmā*). 21 (neben *nēṣ*); 6,1 (neben *masʾēt*); Ez 33,3–6; Hos 8,1; Joel 2,1 (Tag Jahwes); Am 3,8; 5,8 (neben *RIʿ H und *hăṣōṣərā*); Neh 4,14.

[120] Bell. civ. III 92,5.

[121] Kriegslärm: Jer 42,14; Am 2,2 (neben *tərūʿā*); Zeph I 16 (ebenso; Tag Jahwes); Sach 9,14; Hi 39,24. 25; vgl. besonders Jdc 7,8. 16. 18–20. 22.

[122] II Sam 2,28; 18,16; 20,22.

[123] Der Heilige Krieg, 13.

[124] Vgl. allgemein C. H. W. Brekelmans, De Ḥerem in het Oude Testament, 1959, wo 7–16 auch die ältere Literatur verzeichnet ist (im Rahmen der allgemeinen Bibliographie); ferner: A. Malamat, The Ban in Mari and

die Schwierigkeiten [487] einer solchen Untersuchung bestünden hauptsächlich darin, daß die Stellen, die etwas genauer darüber Auskunft geben, sämtlich relativ spät, d. h. deuteronomisch-deuteronomistisch sind. A. Malamat hat indessen darauf aufmerksam gemacht, daß an einigen Textstellen sich der Eindruck aufdrängt, daß der Vollzug des „Banns" an den Besiegten gar nicht selbstverständlich war, sondern ausdrücklich durch Jahwe oder einen Menschen angeordnet werden mußte oder aufgrund eines Gelübdes ausgeführt wurde [125]. Er hat darüber hinaus gezeigt, daß im 18. Jahrhundert v. Chr. im Bereich von Mari am mittleren Euphrat ein Teil der Kriegsbeute dadurch für die Götter, den König und die obersten Reichsbeamten reserviert wurde, daß man ihn mit einem Tabu, akkadisch *asakkum*, belegte. Dieser *asakkum* entspricht nach Malamat – und ich möchte ihm darin folgen – dem hebräischen *ḥērem* [126]. Es würde sich damit um die Tabuisierung der ganzen oder eines Teils der Kriegsbeute handeln in der Absicht, sie für Jahwe zu reservieren, realisiert durch physische Vernichtung oder – im Falle etwa von Edelmetallen – Einziehung für den Schatz Jahwes.

Zu dem Komplex, den ich vorhin „Überbau" genannt habe, gehören dann alle die Motive, die die Götter mit dem irdischen Kampfgeschehen direkt in Verbindung bringen. Es ist wohl nicht nötig, sie noch einmal im einzelnen vorzuführen.

Wichtig erscheint mir jedoch die Erkenntnis, daß diese Motive in den assyrischen Königsinschriften eine legitimierende Funktion haben [127]. Sie sollen zeigen, daß in den Kriegen des Königs und seiner Truppen der Wille des Reichsgottes Assur und der anderen großen Götter vollstreckt wird, daß der König als vicarius deorum auf die

the Bible, in: Biblical Essays 1966: Proceedings of the 9th Meeting, "Die Ou-Testamentiese Werkgemeenskap in Suid-Afrika", 1967, 40–49; D. Merli, Le «guerre di sterminio» nell'antichità orientale e biblica, Bibbia e Oriente 9 (1967), 53–67; J.-G. Heintz, Oracles prophétiques et «guerre sainte» selon les Archives Royales de Mari et l'Ancien Testament, SVT 17 (1969), 129–137: «le filet divin»; Le Dieu au filet: Études d'un thème de souveraineté divine du Proche-Orient antique dans ses rapports avec le Ḥerem biblique (siehe A. Parrot, CRAIBL 1965, 1966, 416f.; Keilschriftbibliographie 28 [1967], Nr. 763).

125 A. a. O., 46.

126 A. a. O., 40–47.

127 Zum Folgenden vgl. W. v. Soden, Die Assyrer und der Krieg, Iraq 25 (1963), 131–144.

Weisung und mit dem Beistand seiner „Herren" handelt. Daß diese Konzeption in der Zeit des neuassyrischen Reiches kulminierte, hängt mit dem Eintritt der Assyrer in die Weltpolitik nach ihrer Befreiung vom hurritischen Joch und mit ihrer Rolle als dominierender Weltmacht seit den Erfolgen Tiglathpilesers III. zusammen. Seit der Regierungszeit Salmanassars I., der zusammen mit seinem Sohn und Nachfolger Tukulti-Ninurta I. die Reihe der großen assyrischen Eroberer anführt, läßt sich eine zunehmende Betonung des Weltherrschaftsanspruchs der Könige und des Reichsgottes Assur beobachten. Der Verwirklichung der Herrschaft Assurs dienten nach den Inschriften die Eroberungs- und Unterwerfungszüge der Könige; die strategischen und ökonomischen Bedingtheiten und der königliche Herrschaftswille treten dagegen in den Texten nur undeutlich hervor. Im 1. Jahrtausend wurde der Anspruch, die Ökumene zu regieren, zuse-[488]hends in juristischen Formen ausgedrückt mit dem Bestreben, jeden Widerstand gegen das assyrische Heer – der von seiten der Angegriffenen ja nur als legitime Selbstverteidigung verstanden werden konnte[128] – als Rebellion gegen den Gott Assur aufzufassen und zu „bestrafen". Als man Vasallität und Bundesgenossenschaft vertraglich zu fassen begann, ergab sich das aus dem Wortlaut der Verträge; denn diese wurden der Theorie nach zwischen dem Gott Assur und den Vasallen und Socii abgeschlossen, und Assur und die übrigen großen Götter hatten jeden Vertragsbruch von seiten der menschlichen Partei in Person zu ahnden.

Die Legitimation kann auch propagandistisch verwendet werden, etwa bei öffentlich zugänglichen Siegesstelen.

Auch in Israel läßt sich die legitimierende Funktion der Motive vom göttlichen Eingreifen in Kampfhandlungen mit einiger Sicherheit feststellen. Hier brachte es die relativ späte Entwicklung von den Stämmestaaten[129] zur Einheitsmonarchie mit sich, daß der

[128] Vgl. S. 282, Anm. 81.

[129] Anstatt der nicht nachweisbaren „Amphiktyonie" (vgl. neuerdings R. de Vaux, La thèse de l'«Amphictyonie Israélite», HThR 64 [1971], 415–436) vermute ich als Organisationsform der seßhaften Israeliten der vorköniglichen Zeit quasidemokratische Einzelstaaten auf Stammesbasis und kleinere Herrschaften; vgl. Edom, 458–475.

König, wiewohl gleichfalls vicarius dei und Vasall Jahwes[130], nicht die gleiche überragende Stellung einnahm wie der Herrscher Assyriens. War Assur seit den Tagen Salmanassars I. in der Hauptsache Reichsgott, der im Staatskult an erster Stelle stand, in der Frömmigkeit des Volkes aber – im 1. Jahrtausend etwa gegenüber Nabû – auffallend zurücktrat[131], so konnte Jahwe in unvergleichlich größerem Maße Volksgott sein. Das häufige Epitheton „Gott Israels" spricht das ja auch unüberhörbar aus. Sein Eingreifen auf der Seite seines Volkes ist daher von vornherein Ausdruck der Fürsorge für alle die Seinen, nicht nur für privilegierte Individuen. Auffallend ist, daß die hier zu behandelnden Motive besonders häufig in Texten auftreten, die von Landnahme und Landesausbau handeln. Hier ist der Aspekt der Legitimation mit Händen zu greifen: Legitimation des Anspruchs auf das Land, das man entweder noch nicht oder noch nicht ganz besaß, oder dessen Besitz [489] nicht mehr unangefochten war. Ersteres bezieht sich auf die alten Texte wie das Debora-Lied (Jdc 5) oder den m. E. alten Spruch Ex 17, 16[132]:

> Die Hand an die *Standarte* Jah(we)s[133]!
> Krieg hat Jahwe mit Amalek von Geschlecht (zu) Geschlecht!

[130] Vgl. H. Groß, Weltherrschaft als religiöse Idee im Alten Testament, 1953, 70f.; G. v. Rad, Theologie des Alten Testaments, I ^{4}1962, 332f. (= ^{2}1958, 318f.); R. de Vaux, Le roi d'Israël, vassal de Yahvé, in: Mélanges Eugène Tisserant I, Studi e Testi 231 (1964), 119–133.

[131] Vgl. W. v. Soden, Iraq 25 (1963), 135f. Auf dem Höhepunkt der Nabû-Verehrung konnte man den Nachgeborenen sogar den Rat hinterlassen: *a-na* ^{D}NÀ*(nabû) na-at-kil ana* DINGIR*(ili) šá-ni-ma la ta-tak-kil* „auf Nabû vertraue; auf einen anderen Gott aber vertraue nicht!" 1 R 35: 2, 12 (Zeit Adadnararis III.).

[132] Ex 17, 15f. ist m. E. traditionsgeschichtlich von 8–14 zu trennen; es handelt sich um die Ätiologie eines Altars „Jahwe ist mein Panier", der wegen des Bezugs auf Amalek im Negev zu suchen ist. Die Tradition gehört damit am wahrscheinlichsten in den Kreis der Südstämme, so daß von daher gegen die Ausführungen von R. Smend, Jahwekrieg und Stämmebund, 1963, 74f., Bedenken zu erheben sind. Eine detaillierte Analyse von Ex 17, 8–16 würde den Rahmen dieser Arbeit sprengen.

[133] Daß in v. 16 **nẹ̄s Yāh* statt *ksyh* zu lesen ist, erscheint mir im Lichte von YHWH *nissī* in v. 15 sicher.

Es ist gewiß, daß hinter der Landnahme jener kleinviehzüchtenden Nomaden, die geschichtlich als die Stämme Israels in Erscheinung getreten sind, in der Hauptsache ökonomische Gründe standen: das Bestreben von Gruppen von Wanderhirten der Steppe, ihre elende, ungesicherte Existenz mit der relativ gesicherten von Bauern auf eigener Scholle zu vertauschen[134]. Dieses Bestreben fand seinen Ausdruck in der göttlichen Landverheißung an die Väter, die uns im Alten Testament in Verbindung mit den Namen von Abraham, Isaak und Jakob entgegentritt. Sie wurde, wie es scheint, von ihren Trägern so verstanden, daß sie sich auf das ganze Land Kanaan, das Territorium der ägyptischen Provinz gleichen Namens am Ausgang des 2. vorchristlichen Jahrtausends, bezog[135]. Wenn nun Landnahme und Landesausbau[136] auch sicherlich nicht systematisch geplant und in die Wege geleitet wurden, so erklärt dieses Verständnis der Landzusage doch, daß die Stoßrichtung auf die Beseitigung der älteren Ordnungen im Lande relativ einheitlich war. Es gab also wohl so etwas wie ein zunächst unformuliertes Landnahmeprogramm, das später in den territorialen Postulaten der einzelnen Stämme, wie sie hinter dem „negativen Besitzverzeichnis" von Jdc 1 und den Beschreibungen der Stammesgebiete im Josua-Buch stehen, seinen Ausdruck fand.

[490] An die Verheißung und ihre Erfüllung klammert sich auch die Masse der jüngeren Landnahme-Texte, die der deuteronomisch-deuteronomistischen und postdeuteronomistischen Literatur angehören. Sie kommen von der Erfahrung der Vernichtung des Nord-

[134] Vgl. A. Alt, Die Landnahme der Israeliten in Palästina (1925), in: Kleine Schriften zur Geschichte des Volkes Israel, I ^{2}1959, 89–125, bes. 121 ff.; Erwägungen über die Landnahme der Israeliten in Palästina (1939), ebd., 126–175, bes. 139–153; M. Noth, Geschichte Israels, ^{6}1966, 67–82; M. Weippert, Die Landnahme der israelitischen Stämme in der neueren wissenschaftlichen Diskussion, 1967, 14–51, 102–123, englisch: The Settlement of the Israelite Tribes in Palestine, 1971, 5–46, 102–126; Abraham der Hebräer?, Biblica 52 (1971), 418–426.

[135] Vgl. dazu R. de Vaux, Le pays de Canaan, JAOS 88 (1968), 28–30; Weippert, Edom, 408–418.

[136] Zur Definition dieser Begriffe Alts siehe Weippert, Landnahme (Anm. 134), 15 f.

reichs durch die Assyrer und der Bedrohung Judas durch Assyrer und Neubabylonier und seiner schließlichen Beseitigung durch Nebukadnezar II. her, und so ist es nur zu begreiflich, wenn man auf die göttliche Landgabe und die Aktivität Jahwes bei der Besetzung des verheißenen Landes besonderes Gewicht legte.

In diesem Zusammenhang sei noch darauf aufmerksam gemacht, daß Praxis und theologisch-ideologische Überhöhung der israelitischen wie allgemein der altorientalischen Kriegführung nicht zwei Größen sind, die relativ selbständig nebeneinanderstehen. In den Texten gehen sie bruchlos ineinander über; es scheint aber, daß das den Feldzug sanktionierende göttliche Heilsorakel und das Mitführen der Gottessymbole die wesentlichen Verbindungsglieder zwischen der Kriegspraxis und der Kriegsideologie gewesen sind.

VIII

Abschließend sind nun die Folgerungen aus unseren Erörterungen speziell für die von G. v. Rad aufgestellte Hypothese des Heiligen Krieges im alten Israel zu ziehen; aus Raumgründen geschieht das in mehr thetischer Form:

1. Der „Heilige Krieg" als eine von „profanen" Kriegen unterschiedene Institution ist weder im Alten Testament noch in außerbiblischen altorientalischen Texten nachweisbar. Es empfiehlt sich, den – auch sonst problematischen[137] – Terminus zu vermeiden, wenn auf den von G. v. Rad und seinen Vorgängern und Nachfolgern damit bezeichneten Themenkreis Bezug genommen wird. Der

[137] Die Bezeichnung „Heiliger Krieg" wird auf sehr unterschiedliche Phänomene angewandt: in Griechenland als ἱερὸς πόλεμος auf amphiktyonische Exekutionen gegen Amphiktyonen, die sich der Verletzung des Sakralrechts schuldig gemacht haben, übertragen auch auf den Kampf der Menschen gegen die Götter (z. B. Aristophanes, Vögel 556, gegen Zeus, ironisch), sonst auf Krieg und Kampf aus religiösem Antrieb wie den *ǧihād* und *ribāṭ* der Muslime und teilweise die mittelalterlichen Kreuzzüge (vgl. zur Problematik A. Noth, Heiliger Krieg und Heiliger Kampf in Islam und Christentum, 1966), schließlich auf Kriege des hier zur Diskussion stehenden Typus.

von R. Smend gebrauchte Begriff „Jahwekrieg" kann toleriert werden, wenn er nicht exklusiv verstanden wird, sondern auch die Möglichkeit von „Assur-, Ištar-, Ninurta- u. a. Kriegen" zuläßt. Es ist damit für die Diskussion irrelevant, ob man den „Heiligen Krieg" im Sinne v. Rads als eine [491] Funktion der altisraelitischen Amphiktyonie betrachten will und ob diese Amphiktyonie historisch überhaupt bestanden hat.

2. Die hier beschriebenen Bräuche und Vorstellungen stehen im Zusammenhang gemeinaltorientalischer, höchstwahrscheinlich gemeinantiker Kriegspraxis und -ideologie[138].

3. Ein grundsätzlicher Unterschied zwischen der Kriegführung und Kriegsideologie von Heerbann und Berufstruppe ist in den assyrischen Texten nicht feststellbar[139]. Das gilt höchstwahrscheinlich auch für Israel. Man vergleiche nur das in II Sam 11, 8–13 geschilderte Verhalten des „Hethiters" Uria, eines fremdstämmigen Berufssoldaten im Heer Davids, der sich streng an die Reinheitsforderung im Kriegsfalle hält[140] (und damit dem Erzähler die Gelegenheit zu burlesker Ausmalung der peinlichen Situation Davids bietet) oder die Worte des Generals und Söldnerführers Joab, allerdings eines gebürtigen Israeliten, in II Sam 10, 12[141], die im Munde eines zum Heerbann aufgebotenen israelitischen Bauern auch nicht anders geklungen hätten.

[138] Über Unterschiede zwischen Israel und Assyrien ist oben S. 293–296 gehandelt; hier sind freilich weitere Detailuntersuchungen notwendig. Vgl. aber auch allgemein Morton Smith, The Common Theology of the Ancient Near East, JBL 71 (1952), 135–147; The Present State of Old Testament Studies, JBL 88 (1969), 19–35.

[139] Man darf aber annehmen, daß der technische Sektor, etwa die Streitwagentruppe, hauptsächlich in der Hand der Berufssoldaten war.

[140] So wird die Weigerung Urias (II Sam 11, 11), in sein Haus zu gehen, von G. v. Rad, Der Heilige Krieg, 37, andeutungsweise interpretiert. Das mag richtig sein, wenn auch der Wortlaut der Stelle mehr an die Solidarität des auf Heimaturlaub geschickten mit den Kameraden, die vor Rabbath-Ammon auf dem Feld liegen, denken läßt. So oder ähnlich haben die Stelle auch frühere Autoren verstanden, z. B. A. Klostermann, Die Bücher Samuelis und der Könige, 1887, 176: „ein für den harten u(nd) mit Leib u(nd) Seele an der Kriegerehre hangenden Mann charakteristisches Wort".

[141] v. Rad, a. a. O.; vgl. auch R. Giveon, "The Cities of our God" (II

Beiläufig sei an dieser Stelle angemerkt, daß m. E. die These, durch das Aufkommen des Berufskriegertums in Israel sei der Heerbann in den Hintergrund ge-[492]treten[142], einer Nachprüfung bedarf. Das Beispiel der Assyrer[143] macht sie recht unwahrscheinlich.

4. Unterschiede in der ideologisch-theologischen Behandlung von Defensiv- und Offensivkriegen kann ich weder in den Königsinschriften des neuassyrischen Reiches noch im Alten Testament finden. Freilich haben es die Assyrer verstanden, fast einen jeden Krieg als Verteidigung gegen einen feindlichen Angriff, gegen eine Rebellion gegen die Weltherrschaft Assurs oder überhaupt gegen feindselige Machenschaften hinzustellen. Die Israeliten der nachsalomonischen Zeit gerieten andererseits sowieso in einem solchen Maße unter die Räder der Weltgeschichte, daß sie wenig Gelegenheit zur Beschäftigung mit der Rechtfertigung eigener Angriffskriege hatten.

5. Schließlich sei noch darauf hingewiesen, daß der oberste irdische Kriegsherr des assyrischen Reiches, der König, Träger eines charismatischen Amtes ist; dasselbe gilt für die Könige von Israel und Juda. Ein *grundsätzlicher* Unterschied zu den „charismatischen Kriegshelden“ der Frühzeit Israels besteht daher nicht. Ihr Auftreten im Falle einer äußeren Bedrohung ergibt sich vielmehr aus den

Sam 10,12), JBL 83 (1964), 415f. Der Anstoß, den v. Rad an der Erwähnung der *ʿārẹ̄ ʾĕlōhẹ̄nū* nimmt, ist nicht begründet, da der Begriff *ʿīr* nicht nur „Städte“ im heutigen Sinn, sondern auch Dörfer und unständige Siedlungen einschließen kann. Zu Giveons These sei kurz bemerkt, daß ich den Namen *y-h-wꜣ* in dem Ausdruck *tꜣ šꜣś.w y-h-wꜣ* „*Šꜣś.w*-Land *Yhw*“, der in „geographischen“ Listen Amenophis' III. und Ramses' II. in *Soleb* und *ʿAmāra* West belegt ist, nicht mehr für den alttestamentlichen Gottesnamen, sondern für einen – etymologisch damit verwandten – hypokoristischen Personennamen **Yahwi*(-GN) (verwendet als Stammesname) halte; siehe vorläufig Weippert, Edom, 32f. zu *ʿAmāra* West N 97. Damit kann ich der These, die von *Yhw* = Gottesname YHWH ausgeht, nicht zustimmen.

[142] v. Rad, op. cit., 33–38, 76–78; im ganzen zurückhaltender E. Junge, Der Wiederaufbau des Heerwesens des Reiches Juda unter Josia, 1937, 6ff., der mit dem völligen Verschwinden des Heerbanns erst für die 2. Hälfte des 8. Jh. rechnet.

[143] Siehe oben S. 270.

noch unentwickelten gesellschaftlichen Verhältnissen der israelitischen Stammesstaaten der vorköniglichen Zeit, die, wie noch die arabischen Beduinen jüngst vergangener Tage[144], ein institutionelles Heerführeramt nicht besaßen.

[. . .]

[144] Siehe Soggin, Das Königtum in Israel: Ursprünge, Spannungen, Entwicklung, 1967, 157f., 161.

4. „Handerhebungsgebete“ und Psalmen

Journal of the Society of Oriental Research 8 (1924), pp. 123–134.

DIE PSALMENGATTUNGEN IM LICHTE DER ALTORIENTALISCHEN HYMNENLITERATUR

Von Friedrich Stummer

Am 9. April 1923 sprach ich in der alttestamentlichen Fachgruppe des Deutschen Orientalistentages in Berlin über das eben genannte Thema. Die folgenden Zeilen geben diesen Vortrag in etwas erweiterter Form wieder. Meine Ausführungen sollten damals und sollen auch jetzt im wesentlichen nichts anderes sein als eine Ergänzung meiner Schrift ›Sumerisch-akkadische Parallelen zum Aufbau alttestamentlicher Psalmen‹ [1]. Als ich an ihre Abfassung ging, war mir natürlich die „Gattungsforschung", wie sie von Hermann Gunkel und seiner Schule gepflegt wird, durchaus nicht unbekannt. Daß ich eine Auseinandersetzung mit ihr unterließ, war Absicht und geschah, weil ich mir die Untersuchung nicht durch Einbeziehung von Fragen erschweren wollte, die meines Erachtens erst in zweiter Linie beantwortet werden konnten. Dieser innere Grund wäre für mich auch dann ausschlaggebend gewesen, wenn die damaligen verzweifelten Verhältnisse des deutschen Büchermarktes nicht ohnedies gebieterisch äußerste Beschränkung gefordert hätten.

Der Zweck, den ich mir gesetzt habe, bringt es mit sich, daß ich mich auch jetzt darauf beschränke, die Frage unter dem Gesichtspunkt des Aufbaues oder, wenn man das Wort lieber will, der Komposition, der Architektonik zu betrachten. Das hat seine Berechtigung nicht nur in dem Umstand, daß ich hier den sichersten Boden unter mir weiß. Es scheint mir auch gerade diesem Punkte eine besondere Wichtigkeit zuzukommen. In der Gattungsforschung selbst spielt ja neben der Terminologie, d. h. den Mitteln des

[1] Paderborn 1922 (= Studien zur Geschichte und Kultur des Altertums, herausgegeben im Auftrage und mit Unterstützung der Görresgesellschaft von E. Drerup, H. Grimme und J. P. Kirsch, Bd. XI, H. 1–2).

sprachlichen Ausdrucks, der Aufbau eine große Rolle. Nicht mit Unrecht: denn hier scheint mir in der Tat ein entscheidender Punkt zu liegen.

[124] Es sei gestattet, daß ich zunächst ganz kurz die Ergebnisse meiner Untersuchung über den Aufbau der sumerisch-akkadischen Hymnen und Gebete wiederhole und daran gleich die Besprechung einiger Fragen knüpfe, die in diesem Zusammenhang interessieren. Daran soll sich eine ebenso gedrängte Übersicht über das anschließen, was über den Aufbau der religiösen Lyrik der Ägypter zu sagen ist.

In der sumerisch-akkadischen Literatur zerfällt das religiöse Lied auf den ersten Blick in die zwei Hauptgruppen des „Handerhebungsgebetes" (inim-nim-ma šú-íl-la [inim-inim-ma šu-íl-lá; H.-P. Müller]) und der „Flötenklage" (er-šem-ma, akk. *taqribti ḫalḫallâti*). Ersteres dient dem privaten, letzteres dem öffentlichen Kult. Die Benennungen stammen von den Sumerern und Akkadern selber. Ich gebrauche sie aber a potiori auch für solche Stücke, die zwar nicht ausdrücklich als solche bezeichnet sind, aber doch die charakteristische Form der „Handerhebungsgebete" oder der „Flötenklage" haben, ja zuweilen gegen die überlieferte Bezeichnung, die z. B. den berühmten Hymnus an Sin IV R 9 als inim-nimma šú-íla [inim-inim-ma šu-íl-lá; H.-P. Müller] bezeichnet, während er tatsächlich die Eigentümlichkeiten des er-šem-ma hat.

Für das „Handerhebungsgebet" ist nun folgender Aufbau charakteristisch: es beginnt

1. mit der Anrede, welche den Namen der Gottheit, ihre Genealogie und andere Attribute in Form von Nomina und Nominalverbindungen (z. B. „König der Götter"), von partizipialen Konstruktionen und von Relativsätzen enthält.
2. Der folgende Teil setzt den Lobpreis des Gottes in Hauptsätzen fort. Ich habe ihn – in Ermangelung eines besseren Ausdrucks – „Herrlichkeitsschilderung" genannt[2].

[2] Doxologie wollte ich nicht sagen, weil damit in der Liturgie bereits ein bestimmter Begriff verbunden ist. Aretalogie paßte deshalb nicht, weil es sich durchaus nicht immer um ἀρεταί, d. h. mythologische Krafttaten, handelt.

3. Es kommt nun die „Selbsteinführung" des Beters, die aus der Formel: „Ich, N. N., Sohn des N. N., dessen Gott N. N., dessen Göttin N. N. ist, rufe dich an" o. ä. besteht.
4. Der von mir „Elendschilderung" oder „Klage" genannte Teil nennt das Anliegen, das den Beter bedrückt, woran sich
5. die Bitte anschließt.
6. Der letzte Teil enthält ein Gelöbnis des Beters für den Fall der Erhörung.

[125] Es ist klar, daß schon „Anrede" und „Herrlichkeitsschilderung" ein Ganzes geben, das für sich und in sich abgeschlossen ist. Wir werden ein solches Gebilde Hymnus nennen können. Dieser wird zum Dankgebet, wenn die Herrlichkeitsschilderung wesentlich in einem Bericht über den gnadenreichen Erweis der Macht des Gottes im Leben des Beters besteht, mag nun der Fall, um den es sich handelt, ihn persönlich oder eine Gemeinschaft betreffen, mit der er sich verbunden weiß (Familie, Volk).

Es erhebt sich gleich hier die Frage: Kann man da von Gattungen sprechen? Kann man, worauf es hier zunächst ankommt, etwa die Gattungen des „Hymnus" und des Bitt- oder Klagegebetes unterscheiden, wo doch notwendigerweise die eine ein Bestandteil des andern sein müßte? Denn die Sache liegt doch offensichtlich so: Hat der Beter nichts anderes im Sinn als den Eindruck z. B. von dem herrlich aufgehenden Šamaš, so bleibt er beim Hymnus stehen; hat er noch etwas auf dem Herzen, was ihn drückt, so fährt er nach entsprechender Selbsteinführung mit der Klage und Bitte fort. Dann werden wir sein Gebet als Bittgebet bezeichnen müssen[3]. Aber es enthält einen Hymnus als einen Teil seines Aufbaues, mit anderen Worten: die „Gattung" des „Klage- oder Bittgebets" enthielte die „Gattung" des Hymnus als Bestandteil. Nun ist es ja klar, daß in der „Elendschilderung" usw. gewisse Formeln, Bilder, Ter-

[3] Betrifft die Bitte nicht den Beter selber, sondern eine andere Person (etwa den König) oder eine Gemeinschaft (Stadt, Volk), so haben wir eine Fürbitte; wird die Person etc., für die gebetet wird, dabei angesprochen, so entsteht das Segensgebet. Ein solches liegt z. B. in dem von V. Scheil, Catalogue de la collection Tisserant (RA XVIII [1921], 1–33), unter Nr. 21 veröffentlichten Text vor, den ich in E. Weidners Archiv f. Keilschriftforschung zu behandeln gedenke.

mini etc. ebenso typisch auftreten wie andere in der „Herrlichkeitsschilderung". Aber es fragt sich, ob das zur Annahme verschiedener Gattungen zwingt. Nur nebenbei sei hier darauf aufmerksam gemacht, daß manche Formeln an sich genausogut in der „Herrlichkeitsschilderung" wie in der „Klage" Verwendung finden können. Das deutlichste Beispiel hierfür ist die *mannu-ilammad*-Frage[4]. Es kommt hier nicht auf die Worte, sondern auf den Ton an, der auf sie gelegt wird. Jedenfalls aber liegt die Sache nicht so, daß der verschiedene Inhalt sich eine charakteristisch verschiedene literarische Einheit als Ausdrucksform schafft, was doch zum Begriff der Gattung gehört.

[126] Auch die Berufung auf die übrigens nur in geringer Zahl sich findenden Abweichungen vom Schema ändert gar nichts. Ich denke da zunächst daran, daß etwa in einem Texte, der sich sonst an die Form der Handerhebungsgebete hält, die Herrlichkeitsschilderung oder die Klage fehlt. Hier sind offensichtlich psychologische Zufälligkeiten am Werke, z. B., daß der Beter durch die Reihe der epitheta ornantia, die er in der Anrede untergebracht hat, seinem Prädikationsbedürfnis Genüge getan oder auch sein Wissen und Können in der Schilderung der Macht und Größe der angerufenen Gottheit erschöpft hat. Oder seine Anliegen sind so allgemein, daß eine Elendschilderung oder Klage nicht nötig ist. So liegt der Fall etwa in den Gebeten des *urigallu* an Marduk und Ṣarpanitum[5]. Das sind Texte, die Jahr für Jahr rezitiert werden, auch wenn kein besonderer Anlaß vorliegt, der die Bitte um Erbarmen für Esagila und ähnliche nahelegt. Diese Bitten gehen nur aus dem allgemeinen Bewußtsein der Abhängigkeit des Menschen von den höheren Gewalten hervor. Diese Selbstverständlichkeiten auszusprechen ersparten sich die Verfasser dieser und ähnlicher Texte – wohl auch deshalb, weil sie zu ihrer sprachlichen Gestaltung noch nicht die geistigen Voraussetzungen besaßen. Irgendein Gefühl für bestimmte Formen und Stile läßt sich jedenfalls nicht als wirkende Ursache aufzeigen.

[4] Vgl. meine eingangs erwähnte Schrift S. 61f. u. S. 88f.

[5] Hehn, Hymnen und Gebete an Marduk (BA V, 279–400), Nr. XXIV u. XXV.

Nicht anders verhält es sich mit den Erweichungen und Umbildungen des Schemas, die sich in der babylonischen Literatur bereits in deutlichen Spuren finden. Hier mag vor allem die Vorwegnahme der Selbsteinführung erwähnt werden. So nenne ich die Erscheinung, daß mitunter Formeln, welche sich in der Selbsteinführung finden, an den Anfang des Textes heraufgenommen werden. Daß es sich um eine Vorwegnahme handelt, beweist die Tatsache, daß dann die Selbsteinführung im Korpus an der gehörigen Stelle wiederkehrt oder, richtiger gesagt, erst eigentlich vollzogen wird. So wenig hier irgendeine Rücksicht auf Stil oder Form wirksam ist, ebensowenig ist das der Fall bei den übrigen Erweichungen des Schemas, etwa wenn Anrede und Herrlichkeitsschilderung oder Klage und Bitte sich gegenseitig durchdringen.

Von „Stilmischung" kann hier selbstverständlich keine Rede sein, da es sich nur um eine Formvermengung oder um Wanderung [127] von Kompositionselementen innerhalb eines bestimmten Typus handelt. Aber auch das Nebeneinander des Hymnus (d. h. der Anrede und Herrlichkeitsschilderung), der Klage und der Bitte wird man nicht als „Stilmischung" bezeichnen können. Dazu kommt es viel zu häufig vor. Wo aber die „Stilmischung" chronisch wird, hat die Unterscheidung von „Stilen" und von „Gattungen", die in ihnen ihren künstlerischen Ausdruck finden, nur mehr theoretischen Wert und übrigens nur insoweit Berechtigung, als wir die einzelnen Elemente der „Mischung" aus bestimmten Stilen, also hier Gattungen, die sich in reiner Form nachweisen lassen, herleiten können. Das ist uns aber beim „Handerhebungsgebet" nicht möglich. Wir würden auf das vorgeschichtliche Gebiet zurückgreifen müssen und kämen so in den Nebel unerweisbarer Vermutungen hinein.

Ähnlich liegt die Sache bei den kultischen Texten, beim eršemma. Auch hier läßt sich ein ganz gleicher Aufbau nachweisen. Nur fehlen Selbsteinführung und Gelöbnis. Bei dieser Gelegenheit möchte ich noch weiter darauf hinweisen, daß durch einen eigentümlichen Umstand mitunter Herrlichkeitsschilderung und Klage miteinander verschmelzen. Da es sich in diesen Texten nämlich häufig um Unheilsgötter handelt, so muß die Schilderung ihrer „Herrlichkeit", d. h. ihrer Macht und Größe, eben in der Darstellung des von ihnen gewirkten Unheils bestehen. Das „Wort" dieser oder jener Gottheit, von dem diese Liturgien der alten sumerischen Heiligtümer so oft handeln, ist ja meistens die Personifizierung des verheerenden Orkans. Der Unterschied gegenüber der „Elendschilderung" ist aber dann unwesentlich. Den kultischen Texten sind eigentümlich die Litanei, die Gottesrede und jene merkwürdigen, für unser ästhetisches Gefühl oft unerträglichen Bestandteile, die ich die „motivabwandelnden Gruppen" genannt habe. Alle drei Elemente kommen aber sowohl im Lobpreis wie in der Klage vor. Wesentlich bedeutsamer ist, daß wir es hier mit Formen zu tun haben, die ohne Zweifel sich ganz natürlich aus den Bedürfnissen des öffentlichen Kultes ergeben haben. Das ist ganz besonders bei der Litanei und der motivabwandelnden Gruppe deutlich: sie sind ein vorzügliches Mittel, einer Tempelgemeinde auf leichte Weise einen tätigen Anteil an der Liturgie zu ermöglichen. Hier hat das öffentliche Kultlied einen ganz bestimmten Stil ausgebildet und stellt sich dadurch dem „Hand-[128]erhebungsgebet" gegenüber als charakteristischer Typus, als eigene Gattung dar.

Von den *ägyptischen* Hymnen ist hier wenig zu sagen. Die große Masse gehört dem offiziellen Kultus an und beginnt mit der stereotypen Formel *ỉnḏ ḥrk* (bzw. bei Göttinnen *ḥrṯ*), welche uns, trotzdem sie unzählige Male belegt ist, rätselhaft geblieben ist, denn unsere Übersetzungen „Heil dir", „Gruß dir" und ähnliche sind ja nur Notbehelfe. Dahinter folgen dann endlose Reihen von Epitheta, zuweilen unterbrochen durch eine Prädikation in Hauptsätzen. Beispiele anzuführen ist nicht nötig, da sich solche ja bei G. Roeder[6] und A. Erman[7] zur Genüge finden. Wir haben also hier die Erscheinung der Vermischung der Anrede und der Herrlichkeitsschilderung, wenn wir die Ausdrucksweise, die wir bei den babylonischen Texten angewandt haben, beibehalten wollen. Ein Beispiel, wo beide säuberlich auseinandergehalten werden, ist mir übrigens nicht bekannt. An den Lobpreis des Gottes schließt sich nicht selten eine Bitte an, und zwar finde ich diesen Gebrauch durch alle Epochen belegt.

Auch was auf Grabsteinen und in Totenkammern an Hymnen

[6] Urkunden zur Religion des alten Ägypten, Jena 1915.

[7] Die Literatur der Ägypter, Leipzig 1923.

und Gebeten erhalten ist, folgt meistens demselben toten Schema. Nur verhältnismäßig wenige Texte gibt es, die demgegenüber wie eine erfrischende Oase in der Wüste wirken. Dazu gehören vor allem die Atonpsalmen aus Tell el-Amarna. Sie halten sich zwar im Aufbau noch ziemlich genau an die überkommenen Formen, bemühen sich aber mit Erfolg, lyrische Stimmung hineinzubringen. Dann sind hierher zu zählen die Stücke, die uns A. Ermans schöne Veröffentlichung „Denksteine aus der thebanischen Gräberstadt"[8] erstmals zugänglich gemacht hat. Besonders der Stein des Neb-re ist hier zu nennen[9]. Da haben wir einen Hymnenanfang mit vorweggenommener Selbsteinführung, wie wir bei den babylonischen Hymnen sagen würden: „Ich mache Verehrungen auf seinen Namen, ich preise ihn bis zur Höhe des Himmels" usw. Noch wichtiger ist das Zitat „Hütet euch vor ihm" usw., wo der Beter dazu auffordert, Amons Größe „Sohn und Tochter und Großen und Kleinen", ja selbst „den Fischen im Wasser und den Vögeln am [129] Himmel" zu erzählen. Dieses kleine Stück ist eine der wenigen Stellen, wo eine Aufforderung zum Lobe der Gottheit in der Gebetsliteratur der Ägypter belegt ist. Mir scheint, als habe diese Form nur ein sehr verstecktes Dasein geführt. Ob sie von der in den Grabaufschriften vorkommenden Aufforderung an die Besucher zur Abbetung der Totenformel beeinflußt ist, vermag ich nicht zu sagen. Nicht vergessen sollen endlich die „Kleineren Lieder und Gebete" sein, die A. Erman kürzlich in seiner ›Literatur der Ägypter‹ (S. 376ff.) weiteren Kreisen zugänglich gemacht hat. Manche von ihnen entfernen sich ganz besonders von dem in der offiziellen Kultpoesie üblichen Schema, indem sie Bitte und Herrlichkeitsschilderung sich durchdringen lassen. Im übrigen fällt auch bei ihnen auf, daß sich die Bitte in sehr verhaltener Weise äußert: Eine Elendschilderung ist nur selten anzutreffen.

Wichtig für unseren Zusammenhang ist aber, daß auch in Ägypten Hymnus und Bittgebet nicht als selbständige Gattungen angesehen werden können: sie sind immer miteinander vereinigt. Auch hier wäre also die „Stilmischung" chronisch. Es gilt also, was wir oben bemerkt haben, auch von der ägyptischen Psalmodie.

[8] Sitz.-Ber. der Berliner Akademie 1911, S. 1088ff.

[9] Vgl. auch Literatur der Ägypter, S. 383.

Was hat das nun für den Psalter zu bedeuten? Hier scheinen der Hymnus und das Klagelied zwei ganz verschiedene Gattungen darzustellen. Das ist wenigstens der erste Eindruck, wenn man etwa Ps. 103 oder 104 mit Ps. 38 oder 88 vergleicht. Indessen bestehen da doch Schwierigkeiten. Diese liegen weniger in der Dispositionslosigkeit vieler Klagepsalmen, die von der Elendschilderung zur Bitte und von dieser wieder zu jener übergehen und sich so „wie des Färbers Gaul nur im Ring herum" zu bewegen scheinen, obwohl diese Schwierigkeit vom Standpunkt der *Gattungs*forschung aus nicht leichtgenommen werden darf. Mit der Erklärung, daß der alttestamentliche Mensch als Orientale nicht befähigt sei zu streng logischger Gliederung und zu architektonischem Aufbau, ist nämlich für sie nicht zu operieren. Denn Gattung besagt eben Stil, und Stil ist nicht denkbar ohne strenge Gliederung und klare Anordnung. Wichtiger ist das Auftreten hymnischer Teile in solchen Klagepsalmen. Wenn man diese Teile als „Vertrauensmotive" bezeichnet, so behebt man damit die Schwierigkeit nicht. Denn Vertrauensmotiv ist nur ein psychologisch gewendeter Ausdruck für das, was wir, unter dem Gesichtspunkt des Inhalts betrachtet, Herrlichkeitsschilderung nennen, und ich [130] möchte hier im Vorbeigehen doch die Frage aufwerfen, ob wir nicht in der Beurteilung solcher Herrlichkeitsschilderungen überhaupt, also auch bei der Würdigung nichtbiblischer Literaturen, umzulernen haben. Wir sehen in ihnen meistens die captatio benevolentiae, also etwas Adulatorisches. Ob sie das sein wollten oder wenigstens ausschließlich sein wollten? Oder ob nicht die Herrlichkeitsschilderungen – wie auch schon die Anreden – dazu dienten, das Vertrauen zu wecken, d. h. ob der Beter sich nicht damit ermutigen wollte, gerade diesen oder jenen Gott mit seinem Anliegen anzugehen? Wie dem auch sei, wir haben solche hymnische Bestandteile im Psalter häufig genug. Die Erklärung dieses Tatbestandes als „Stilmischung" hat, wie schon gesagt, etwas Mißliches: sie hebt eben im letzten Grunde die Gattung doch auf.

Die rechte Erklärung gibt uns hier, wie ich glaube, eben die Vergleichung mit der sumerisch-akkadischen Hymnen- und Gebetsliteratur. Denn es handelt sich bei der „Stilmischung" um die Erscheinungen, welche sich, wie ich in meiner erwähnten Schrift gezeigt zu haben meine, als weiter fortgeschrittene Stadien des Erweichungsprozesses verstehen lassen, der sich schon im Akkadischen an dem ursprünglichen Schema zu vollziehen beginnt. Dabei sind ganz bestimmte psychologische Kräfte wirksam. Die Vorwegnahme der Einführungsformel wird in vielen Fällen zur Angabe des Themas des Psalms. Da ist also die Stimmung stark genug, um sich von vornherein einen Ausdruck zu schaffen. Während sich manchmal, wie in Ps. 18, hinter den proleptischen Einführungsformel die Prädikatsreihen des Anredeschemas in der Weise der altorientalischen Hymnen halten, steht anderswo anstelle der Kette von epitheta ornantia eine Häufung von Verben, welche den das Thema angebenden Begriff variieren, wie das etwa in Ps. 9 der Fall ist. Im Akkadischen kommt Ähnliches nur vereinzelt vor, wie z. B. in dem Aššur-Hymnus K. 3258[10]. Das kann nicht wundernehmen, da im Alten Testament das persönliche Verhältnis zur Gottheit viel lebhafter war. Zur Aussprache dessen waren ja Verba weit eher geeignet als die epitheta ornantia, die viel unpersönlicher wirken. Hier liegt ein Grund, warum die Psalmen lyrischer sind als die babylonischen Hymnen und, um das beizufügen, gleichzeitig kraftvoller als die religiöse Poesie der Ägypter.

[131] Ich konnte weiter darauf hinweisen, wie im Psalter die Erscheinung, die ich Assoziation der Kompositionselemente genannt habe[11], in weit höherem Maße eingetreten ist als im Akkadischen. So ist es möglich, daß ein Psalm mit der bloßen Nennung des Gottesnamens und mit Bittformeln beginnt. Als spezifisch dem Psalter eigentümlich ergab sich mir die Neigung des Psalmisten zur begründenden, mit כִּי eingeführten Parenthese[12].

Auf eine andere Erscheinung, auf die ich teilweise schon in meiner Schrift[13] hingewiesen habe, möchte ich hier noch weiter eingehen. Mitunter ist die Herrlichkeitsschilderung indirekt gehalten, d. h., statt der Größe Jahwes wird das Glück dessen, der ihn fürchtet,

[10] MacMillan, Some Cuneiform Tablets bearing on the Religion of Babylonia and Assyria (BA V 531–712), Nr. XVI, S. 594ff.

[11] Sumerisch-akkadische Parallelen, S. 175.

[12] A. a. O., S. 176.

[13] A. a. O., S. 171.

oder die Kleinheit des Menschen im Vergleich zu ihm geschildert. Das klassische Beispiel für letzteren Fall ist das Gebet Jakobs Gen. 32, 10–13. Hier steht V. 11 genau da, wo die Herrlichkeitsschilderung zu stehen hat, nämlich zwischen der Anrede (V. 10) und der Bitte (V. 12 u. 13), und er ist auch dem Sinne nach eine Herrlichkeitsschilderung, denn er faßt kurz und eindrucksvoll die dem Erzvater zuteil gewordenen Hulderweise und die ihm erwiesene Treue Jahwes zusammen. Das Entscheidende ist hier wie überall, daß sich Teile des ursprünglichen Schemas noch an der gehörigen Stelle nachweisen lassen.

Für unsere Frage ergibt sich hier eine wichtige Feststellung. Nicht jene Klagepsalmen, welche die sogenannte „Stilmischung" aufweisen, zeigen die Arbeitsweise einer späteren Epoche, sondern umgekehrt sind jene auf ein jüngeres Stilempfinden zurückzuführen, welche die „Gattung" scheinbar am reinsten zeigen. Ich vermeide absichtlich den Ausdruck, „sie sind in eine jüngere Zeit zu setzen", weil ich durchaus gegen die Auffassung mich verwahren möchte, daß etwa Psalmen wie Ps. 39 aus Gründen ihres Aufbaues der nachexilischen oder gar der makkabäischen Periode zuzuweisen wären. So einfach liegt die Sache nämlich nicht. Es hat ja in der Zeit des Exils und nachher ein neuer Strom des babylonischen oder sagen wir allgemeiner des altorientalischen Einflusses auf Israel eingesetzt. Er macht sich stilistisch bemerkbar in den Prädikatsreihen der Gebete Neh. 1, 5ff., Dan. 9, 4ff., 2 Macc. 1, 24ff. und, nebenbei gesagt, mancher Texte des synagogalen Kultes.

[132] Es kann also sehr wohl der Fall sein, daß ein alttestamentlicher Psalm oder Gebetstext, der sich im Aufbau der aus Babylon uns bekannten Form anschließt, tatsächlich jünger ist als etwa der eben erwähnte Ps. 39. Der alte strenge Stil und das durch die vorhin geschilderten Einflüsse gelockerte Schema haben offensichtlich nebeneinander bestanden. Ob aber der Verfasser eines Psalms die ursprüngliche Form des Aufbaues oder das erweichte Schema wählt, in welchem man die reine „Gattung" der Klage erblicken zu müssen glaubte, hängt offenbar gar nicht von irgendeinem Empfinden für „Stile" oder „Gattungen" ab, sondern sind hier subjektive Stimmungen maßgebend. Daher ist die Tatsache, daß ein Psalmist das Schema oft bis zur Unkenntlichkeit erweicht, durchaus noch kein

Beweis für künstlerische Selbständigkeit. Der Verfasser von Ps. 35 hebt mit proleptischen Bittformeln an und vertieft sich dann so in sie, daß er nur in V. 10 zu einem sehr kümmerlichen Ansatz einer Herrlichkeitsschilderung kommt. Dann fährt er fort mit Elendschilderung (V. 11–16), Bitte (V. 17), Schlußformel (V. 18), jenseits derer der Psalm mit neuer Elendschilderung weitergeht (V. 19–21), um in der Bitte (V. 22–26) und in einer zweiten Schlußformel (V. 27–28) nun wirklich zu Ende zu kommen.

Noch ein kurzes Wort über die öffentlichen Liturgien! Es gibt Psalmen, die sich ohne weiteres als solche dadurch kennzeichnen, daß sich in ihnen Litaneien und motivabwandelnde Gruppen finden wie in Ps. 118 oder Gottesreden (vgl. etwa Ps. 50 und 60) – ganz wie wir es in den alten sumerischen Tempelliturgien gewohnt sind. Ferner ist zu sagen: den proleptischen Selbsteinführungsformeln des privaten Gebetes entsprechen hier Formeln, die zum Lobe Gottes auffordern, wie z. B. bei den Ps. 135, 136, 148 u. a. Sie werden gerne ähnlich gehäuft wie jene. So wenig dort ein bestimmtes stilistisches Prinzip zu finden ist, nach welchem diese Häufung erfolgt sein könnte, so wenig möchte ich hier aus dem Auftreten wiederholter Aufforderungsformeln Schlüsse etwa auf die Verteilung des Vortrages solcher Psalmen auf Chöre ziehen. Schließlich mag der Gebrauch solcher Ausdrücke auch rein literarische Form geworden sein, so daß es denkbar wäre, daß ein Dichter oder Beter sie auch da verwendete, wo es sich um einen Erguß rein persönlicher Gefühle handelte und der Gedanke an die Abfassung eines Liedes für den Kult ganz ferne lag. Das würde ein [133] Eindringen öffentlich-liturgischer Formen in das Privatgebet bedeuten, wie es in anderer Weise in Ps. 42 und 43 tatsächlich vorliegt, wo sich der Kehrvers in einem Psalm findet, an dessen privatem Charakter kein Zweifel bestehen kann. Auch im babylonischen Kulturkreis beobachten wir ja mitunter ein Eindringen öffentlich-kultischer Formen in den Individualpsalm. Dagegen treffen wir meines Wissens nur in Israel die Tatsache an, daß das Schema des Privatgebetes für Zwecke des Gemeindegottesdienstes verwendet wird. Das geschieht z. B. in Ps. 80 durch den Kehrvers V. 4. 8. 15. 20. In diesen beiden Fällen, d. h. also bei der Verwendung öffentlich-kultischer Formen im Privatgebet und umgekehrt – und nur hier –, hat also eine wirkliche Stilmischung stattgefunden.

Da war sie eben auch allein möglich. Denn die öffentliche Liturgie hat sich sowohl im sumerisch-akkadischen Kulturkreis wie in Israel durch eigene Formen charakteristisch von dem Individualpsalm unterschieden. Diese sind aus der Eigentümlichkeit der Tempelliturgie erwachsen, wie schon gesagt. Wir können letztere als dialogisch bezeichnen, da mehrere physische oder moralische Personen sich in sie teilen (Gottheit und Gemeinde bzw. Priesterschaft; Vorsänger und Priester- oder Volkschor o. ä.). Im Gegensatz dazu muß die Liturgie in Ägypten monologisch gewesen sein, d. h., die Hymnen etc. sind von *einer* physischen (Priester) oder moralischen Person (Chor) vorgetragen worden, wobei das Volk gänzlich, wie es scheint, von der tätigen Mitwirkung ausgeschaltet war [14]. Anders war es bestimmt in Israel. Bezeichnend für den Unterschied ist ein Vergleich des Textes der Stele des Berliner Museums Nr. 17272, den W. Wreszinski in der Orientalistischen Literaturzeitung XVIII (1915) 353–359 veröffentlicht hat, mit Ps. 26. Dort (Rs. col. 3) freut sich der Beter, im Hause des Amon zu *sitzen* und den Lobgesang aus dem Munde der Priester zu *hören*, während der Psalmist den Altar Jahwes in feierlichem Umzug *umkreist* (V. 6), um *laut anzustimmen den Lobgesang* und die Wundertaten Jahwes zu *erzählen* (V. 7). Wie weit in Babylonien und Assyrien das Volk im eigentlichen Sinne aktiv beteiligt war, wäre noch zu ermitteln. Der dialogische Charakter der Tempel-[134]liturgie ist jedenfalls dem Alten Testament mit dem sumerisch-akkadischen Kulturkreis gegenüber Ägypten gemeinsam.

Die sogenannten „Gattungen“ des Hymnus und der Klage sind demgegenüber monologisch. Bei ihnen liegt die Sache anders. Hier lassen sich keine architektonischen Bestimmtheiten nachweisen, welche eine „Gattung“ begründen könnten. Wenn man an ein aus Anrede und Herrlichkeitsschilderung bestehendes Gedicht nur Selbsteinführung, Elendschilderung, Bitte und allenfalls noch Gelöbnis zu fügen braucht, um aus dem „Hymnus“ eine „Klage“ zu

[14] Was Roeder, a. a. O., im Register unter „Litanei“ zitiert, fällt nicht unter diese Kategorie, wenigstens nicht, wenn man dem Terminus „Litanei“ seinen richtigen Sinn gibt. Es handelt sich eher um „motivabwandelnde Gruppen“.

machen, wenn sich zeigen läßt, daß dieses Schema auch noch in Gebilden nachwirkt, die für den unkundigen Blick scheinbar gar nichts mehr damit zu tun haben, wenn sich „Stilmischungen" als Formen nachweisen lassen, die der Urgestalt näherstehen als die sogenannte „reine Gattung", so zeigt das doch, daß wir im stilistischen Sinne nicht mehr von den Gattungen des „Hymnus" und der „Klage" reden dürfen. Daran ändert sich auch nichts, wenn sich für den Lobpreis wie für die Elendschilderung konventionelle Ausdrücke nachweisen lassen; denn diese könnten die Gattung erst konstituieren, wenn sie bestimmenden Einfluß auf die Architektonik hätten. Das ist aber im Psalter sowenig der Fall wie im Sumerisch-Akkadischen oder im Ägyptischen. Was über die Gattung entscheidet, ist der Inhalt oder vielmehr dasjenige des Inhalts, worauf der Ton liegt. Wir werden die Gattungen deshalb nach wie vor zur Charakterisierung des Inhalts gebrauchen und gebrauchen müssen. Sie sind Einteilungskategorien, aber keine Größen in der Formgeschichte der Psalmendichtung Israels. Unter stilgeschichtlichem Gesichtspunkt kann man vielmehr nur von den beiden Typen des monologischen oder Individualpsalms und des dialogischen oder öffentlich-liturgischen Psalms sprechen.

Joachim Begrich, Gesammelte Studien zum Alten Testament, hrsg. von Walther Zimmerli, München: Kaiser 1964 (Theologische Bücherei, Bd. 21), S. 168–216. (Erstmals veröffentlicht in: Zeitschrift für die alttestamentliche Wissenschaft 46, N.F. 5 [1928], S. 221–260.)

DIE VERTRAUENSÄUSSERUNGEN IM ISRAELITISCHEN KLAGELIED DES EINZELNEN UND IN SEINEM BABYLONISCHEN GEGENSTÜCK

Von Joachim Begrich

Unter den Beziehungen und Berührungen, welche sich auf verschiedenen Gebieten zwischen Israel und der Welt des Alten Orients aufzeigen lassen, haben immer wieder die Ähnlichkeiten zwischen den Psalmen und der babylonisch-assyrischen religiösen Lyrik die Aufmerksamkeit der Forscher und dem alttestamentlichen wie dem assyriologischen Lager auf sich gezogen. Es ist begreiflich, wenn die Forschung bei der Fülle des Neuen, was das Euphratland ihr bekanntmachte, zunächst vorwiegend ihr Augenmerk auf die Berührungen richtete und im Anschluß an sie die Frage nach der Abhängigkeit der israelitischen Dichtung von der babylonischen stellte. Diese Frage ist indes, wie mehrfach betont worden, ohne daß die Arbeit selber in Angriff genommen worden wäre [1], nur zu lösen bei einer durchgehenden eindringenden Vergleichung beider Literaturen. Das heißt aber, daß das Feststellen des Gemeinsamen nur eine, wenngleich wichtige Seite des Verfahrens sein darf. Von ihm ist auszugehen. Daneben tritt aber als notwendige Ergänzung die Erfassung der Abweichungen und Besonderheiten, die sich auf beiden Seiten finden. So erst läßt sich ein zuverlässiges Urteil darüber ermöglichen, ob Abhängigkeit auf israelitischer Seite besteht und welcher Art, welches Grades sie ist. Darüber hinaus

[1] Den ersten Versuch in dieser Richtung unternimmt Fr. Stummer, Sumerisch-akkadische Parallelen zum Aufbau alttestamentlicher Psalmen, Paderborn, 1922, Studien zur Geschichte und Kultur des Altertums, Bd. XI, Heft 1/2. Sein Ziel ist, unter vorläufigem Absehen vom Begriffe der Gattung, einzelne babylonische Elemente in den Psalmen festzustellen und ihre Entwicklung zu verfolgen.

ergibt sich aber auch – und das dürfte ebenso wichtig sein – ein Einblick in die charakteristische Eigenart der in beiden Dichtungen lebenden Frömmigkeit.

Gewiß darf man die zum großen Teil viel älteren Texte aus dem alten Zweistromlande nicht *unbesehens* mit den jedenfalls viel jüngeren [169] hebräischen Psalmen vergleichen. Es ist Zimmern gewesen, der davor in seiner vorsichtigen Art eindrücklich gewarnt hat[2]. Aber, wenn eine Abhängigkeit Israels von Babylonien auf diesem Gebiet besteht, so darf man erwarten, noch Spuren des Babylonischen in Aufbau, Stoff und Ausdrucksweise zu finden. Für das Recht des Vergleiches der Erfassung der Frömmigkeit darf geltend gemacht werden, daß die babylonische religiöse Lyrik sich bis ins 3. Jh. v. Chr. ziemlich unverändert erhalten hat und daß alte Texte nach Ausweis junger Abschriften bis in diese Zeit in Gebrauch ge-[222]wesen sind. Die Frömmigkeit dieser Dichtungen darf danach wohl als eine Einheit gefaßt und den israelitischen Psalmen auch als gleichzeitige Größe gegenübergestellt werden[3].

Der eng umgrenzte Bezirk, auf dem in diesem Aufsatze israelitische und babylonisch-assyrische Psalmendichtung miteinander verglichen werden sollen, verbietet es, zu der Frage der Abhängigkeit Stellung zu nehmen. Das soll nicht heißen, daß die Ergebnisse, die sich hier gewinnen lassen, nicht für die Entscheidung jener Frage in Betracht kämen; im Gegenteil. Aber sie können erst wirksam werden in Verbindung mit einer langen Reihe anderer Vergleichsergebnisse. Aus diesem Grunde wird jene Frage hier nicht weiter erörtert werden. Dafür aber wird der Vergleich, so hoffen wir, lehrreiche Einblicke in die Art und die Unterschiede israelitischer und babylonischer Frömmigkeit gewähren.

Das Gebiet, auf dem er geführt werden soll, ist abgegrenzt worden von einem Gesichtspunkte aus, welcher der Arbeit an den alttestamentlichen Psalmen entnommen ist. Es ist ein Motiv des israelitischen *Klageliedes des Einzelnen*, das eine besondere Seite der Frömmigkeit, das Verhältnis des Beters zur Gottheit, erkennen

[2] H. Zimmern, Babylonische Hymnen und Gebete in Auswahl, Leipzig, 1905, AO VII, 3, S. 5.

[3] Vgl. dazu Stummer, a. a. O., S. 5.

läßt, die sogenannten Vertrauensäußerungen. Was hat die babylonische Dichtung ihnen an die Seite zu stellen?

I

Die Formulierung dieser Frage erfordert zunächst die Beantwortung einer anderen, nämlich: welche Texte der babylonisch-assyrischen Lyrik dürfen dem israelitischen Klageliede des Einzelnen gegen-[170]übergestellt werden? Auf sie einzugehen ist deshalb nicht überflüssig, weil die Assyriologen bei der Einordnung der Texte in Gruppen keineswegs übereinstimmende Ansichten äußern.

O. Weber, der Verfasser der ›Literatur der Babylonier und Assyrer‹[4] meint, daß sich wenigstens in der Hauptsache drei Arten unterscheiden lassen, Gebete Hymnen und Psalmen, „Gebete, die die Hilfe der Gottheit für den Sänger erflehen, Hymnen zum Preise der Gottheit, Psalmen, d. h. Stimmungsbilder, in denen der Sänger seine leibliche und geistige Not zum Ausdruck bringt, der Gottheit vorträgt“[5]. M. Jastrow klassifiziert den Stoff in Gebete und Hymnen, Klagelieder und Bußgebete[6]. Br. Meissner unterscheidet in der Hauptsache Hymnen und Gebete, von denen die Klagelieder und Bußpsalmen einen besonderen Zweig bilden[7], Zimmern faßt unter dem [223] Oberbegriff „Hymnen“ Texte zusammen, „die sich (entweder) als bloße Jubellieder, z. B. für die Feste der großen Götter, geben oder als begleitende Gebete bei Opfern und sonstigen Kulthandlungen aufzufassen sind oder die als Dankhymnen nach einem Sieg über die Feinde zu gelten haben“, schließlich die alle anderen an Zahl überragende Gruppe der Beschwörungshym-

[4] O. Weber, Die Literatur der Babylonier und Assyrer, Leipzig, 1907, AO 2. Ergänzungsband.

[5] A. a. O., S. 115, vgl. auch S. 155, wo auf den Zusammenhang der unter die Beschwörungstexte gestellten Handerhebungsgebete mit jenen Gruppen hingewiesen wird.

[6] M. Jastrow, Die Religion Babyloniens und Assyriens, Gießen, 1905/1912, Bd. I, 393ff.; II, 1ff.

[7] Br. Meissner, Babylonien und Assyrien, Heidelberg, 1920/25, Kulturgeschichtl. Bibliothek, herausgegeben von W. Foy, I, 3 und 4, II, 155.

nen, d. h. „Götterhymnen, die vom Beschwörungspriester oder dem bei ihm Hilfe suchenden Menschen zu dem ganz speziellen Zwecke rezitiert wurden, hierdurch die Götter zu helfendem Eingreifen oder zur Abwehr drohenden Übels zu veranlassen“ [8].

Die Forscher fühlen sich bei diesen Gruppierungen zum Teil selbst unsicher. So fährt z. B. Weber nach seiner Einteilung fort: „Diese . . . Literaturgattungen lassen sich wohl theoretisch auseinanderhalten, eine reinliche Scheidung läßt sich aber nach diesen Gruppen in der lyrischen Poesie der Keilschriftdenkmäler nicht durchführen, sie gehen mehr oder weniger alle ineinander über. Hymnen dienen zur Einleitung von Gebeten, die Psalmen klingen in Anrufung an die Gottheit aus, die den Sänger aus seiner Not führen soll, und die Gebete tragen, soweit sie in poetischer Form gehalten sind, oft den Charakter der [171] Litanei und berühren sich aufs engste mit den . . . Beschwörungstexten, den Zauber- und Ritualformeln“ [9]. Ähnlich äußert sich Jastrow [10].

Worin liegt die Ursache dieser Unsicherheit und der Verschiedenheit der Einordnung? Doch wohl darin, daß das Einteilungsprinzip nicht nach dem Organismus der Texte selbst entnommen, sondern von außen an sie herangebracht ist. Es ist der für das Auge am meisten hervortretende Inhalt, nach dem die Ordnung erfolgt [11], und sein Verhältnis zum Ganzen des Textes bleibt im wesentlichen unberücksichtigt [12].

Es gilt demnach zunächst, eine aus den Texten selbst sich ergebende Einteilung zu gewinnen. Sie läßt sich u. E. finden, wenn man entsprechend der auf dem Gebiete des AT bewährten Gunkelschen Gattungsbetrachtung auf die Situation, den Stoff und den Stil der Texte achtet.

Welche Texte der babylonisch-assyrischen religiösen Lyrik dürfen zum Zweck des Vergleichs den israelitischen Klageliedern des Einzelnen an die Seite gestellt werden? Jedenfalls nur solche, in

[8] A. a. O., S. 6f.

[9] A. a. O., S. 115.

[10] A. a. O., II, S. 3ff.

[11] Weber, S. 116, 122, 133; Jastrow I, 423ff.; II, 3ff.

[12] Das gilt nicht von der Zimmernschen Einteilung.

denen sich ein einzelner Mensch in allerlei Nöten des Lebens an die Gottheit wendet und um Abhilfe dessen bittet, was ihn bedrückt. Diese Texte aber bilden in der babylonischen Dichtung eine eng zusammengehörige Gruppe, deren „Sitz im Leben" und Gestaltung im folgenden kurz zu skizzieren sein wird.

Daß diese Gruppe auch für das Empfinden des Babyloniers eine Einheit gebildet hat, zeigt die gleiche Terminologie, welche eine [224] sehr große Anzahl der Texte aufweist, sumerisch *enim-enimma* „Beschwörung" [13], häufiger erweitert *enim-enimma šú-ìl-lá* [inim-inim-ma šu-íl-lá; H.-P. Müller] „Beschwörung mit Erhebung der Hand" [14], daneben und noch öfter vorkommend babylonisches *šiptu* „Beschwörung" am Anfang, mehrfach auch am Ende. Konsequent ist das aber nicht durchgeführt. Bei Texten, die sicherlich in die Gruppe gehören, fehlt jede terminologische Bezeich-[172]nung [15]. Andererseits wird ein Text als *enim-enimma šú-ìla* bezeichnet, der offensichtlich nicht hierher gehört [16].

Zimmern hat für diese Gruppe den deutschen Terminus „Beschwörungshymnen" gewählt. Es scheint uns, als sei der Ausdruck aus zwei Gründen nicht recht glücklich. Erstens kann er u. E. zu der irrtümlichen Meinung verführen, als liege der Schwerpunkt dieser Texte im Anfang der Dichtungen. Dann aber – und hier ist den Ausführungen von Stummer [17] voll zuzustimmen – ist der Terminus *šiptu* durchaus nicht eindeutig. Der Babylonier begreift darunter außer den Texten, mit denen wir es hier zu tun haben, auch wirkliche Beschwörungen und Zauberhandlungen [18]. Wir haben es

[13] Z. B. E. Ebeling, Quellen zur Kenntnis der babylonischen Religion, 1918/19, MVÄG 23, 1 und 2, I, S. 2, 30, 41; A. Schollmeyer, Sumerisch-babylonische Hymnen und Gebete an Šamaš, Paderborn, 1912, Studien zur Geschichte und Kultur des Altertums, 1. Ergänzungsband, S. 46.

[14] Z. B. Ebeling I, S. 4, 9, 10, 13, 14 usw.; L. W. King, Babylonian Magic and Sorcery, London, 1896, fast auf jeder Tafel.

[15] Ebeling II, S. 5, 6; Hehn, BA V, S. 309ff.; Schollmeyer, S. 94 (?).

[16] E. G.Perry, Hymnen und Gebete an Sin, LSS II, 4, Leipzig, 1907, Nr. 1; vgl. Stummer, S. 8, Anm. 1.

[17] A. a. O., S. 5.

[18] Vgl. z. B. Zimmern, Die Beschwörungstafeln Šurpu, Taf. III, V, VI; K. Tallqvist, Maḳlū I, 37ff., 135ff.; II, 148ff.; III, 78ff.; IV, 1ff. usw.

also mit einem Ausdruck von solcher Weite zu tun, wie dem hebräischen תְּהִלָּה, das ursprünglich dem Hymnus zugehört und später ganz allgemein zur Bezeichnung der Psalmen gedient hat. Der Terminus *šiptu* wird deshalb bei der Ermittlung des Charakters der Dichtungen nicht zu verwenden sein. Daß unsere Texte sich mehrfach im Stoffe mit den eigentlichen Beschwörungen berühren und also auch ein Zusammenhang zwischen beiden besteht, ist nicht zu bestreiten. Aber damit ist nichts gewonnen für ihren Charakter als Beschwörungen. Denn soweit solche Übereinstimmungen mit den Beschwörungstexten vorkommen, finden sie sich nur da, wo der Beter sein Elend usw. auf Dämonen oder Zauberer zurückführt. Sonst ist die Haltung der Texte ganz anders. Die Befreiung von Dämon und Zauberer wird nicht durch automatischen Gegenzauber oder magisch wirkende Formeln erreicht wie dort, sondern von der Gottheit erbeten. Und wo wirklich eine magische Handlung auftaucht, bittet man die Gottheit um Kraft und Segen bei der Ausführung[19]. Neben solchen Texten steht aber eine ganze Reihe, in denen keine stoffliche Berührung mit den Zaubertexten anzutreffen [225] ist[20]. Demnach glauben wir, uns Stummer anschließen zu müssen in dem Urteil, daß wir es bei den mit *šiptu* bezeichneten Texten mit zwei [173] von Haus aus getrennten Gattungen zu tun haben, die im Laufe der Geschichte in Beziehung zueinander getreten sind[21].

Um für die erste dieser Gattungen einen einheitlichen Namen verwenden zu können, wählen wir in teilweisem Anschluß an den häufig vorkommenden babylonischen Terminus den Ausdruck „Handerhebungsgebet“. Der Gruppe sind die sogenannten Bußpsalmen zuzurechnen, wobei darauf aufmerksam zu machen ist, daß der Babylonier den Ausdruck *enim-enimma šú-ìla* nicht auf sie angewandt, sondern sie als *eršaḫunga*[22] bezeichnet hat. Sie hängen

[19] Vgl. z. B. Ebeling I, S. 31; Schollmeyer, S. 49, 95, 101.

[20] Vgl. z. B. Schollmeyer, S. 58, 65, 76, 79; Ebeling I, S. 4, 5, 6, 7; A. Ungnad, Die Religion der Babylonier und Assyrer, Jena, 1921, S. 176, 177, 179, 204 u. a. m.

[21] A. a. O., S. 5. In diesem Sinne auch Meissner II, S. 79.

[22] Siehe Ebeling in Eberts Reallexikon der Vorgeschichte, IV, S. 183.

aber unzweifelhaft mit den oben erwähnten Gebeten zusammen und sind demgemäß auch von Zimmern unter seine Bezeichnung „Beschwörungshymnen" gefaßt worden[23]. Für unseren Zweck können auch die Fürbittgebete des Priesters für den Kranken einbezogen werden.

Von einer Zusammenstellung der herangezogenen babylonischen Texte müssen wir aus Raumgründen absehen. Es sind über 100. Wenn auch dieses Material nicht vollständig ist, so bietet es doch jedenfalls eine reichlich breite Grundlage für den Vergleich und gestattet die Herausarbeitung von Linien, die sich auch durch hinzukommende Texte nicht wesentlich ändern dürften. Dem Mangel einer Übersicht hoffen wir durch reichliche Belege zu den einzelnen besprochenen Erscheinungen etwas abzuhelfen. Aus praktischen Gründen geben wir die Texte möglichst im Anschluß an eine Übersetzung, meist die letzte. Eine Zusammenstellung des israelitischen Materials (Psalmen, Klagegedichte Jeremias, Hiobstellen) erübrigt sich.

Zum Erweis dessen, daß das hebräische Klagelied des Einzelnen und das babylonische Handerhebungsgebet miteinander verglichen werden dürfen, ist zunächst zu zeigen, daß die Situation des Beters hier wie dort sich sachlich entspricht.

Die Lage des Israeliten zeigen seine Klagen. Oft ist von Krankheit die Rede: Sein Herz ist zerschmolzen in seinem Innern (Ps. 22, 15); seine 'Kehle' ist trocken wie ein Scherben, seine Zunge klebt an seinem Gaumen (22, 16); seine Gebeine schlottern (6, 3); er meint in der Hälfte seiner Tage sterben zu müssen (102, 25); sieht sich schon der Unterwelt und [174] ihren Schrecken verfallen (88, 4–7). Daneben stehen die Klagen über Verfolgung, Nachstellung, Schwächung durch Feinde, deren Bosheit und bittere Gegnerschaft breit ausgeführt werden (22, 8f.; 42, 4. 11; 41, 6. 9 usw.), über Verlassenheit von Freunden und Bekannten (38, 12; 88, 9), ja den nächsten Verwandten, von Vater und Mutter (27, 10; 69, 9). Oder seine Sünden bereiten ihm Unruhe und [226] Schmerz (51; 130). Alles dies erschüttert und quält sein Inneres: Seine Seele ist verstört

[23] Hymnen und Gebete, S. 17, 22, 25; vgl. ferner Meissner II, S. 155; St. Langdon, Sumerian and Babylonian Psalms, Paris 1909, S. XIII.

(6, 4), zerfließt, ist voll Betrübnis (42, 6. 7. 12; 43, 5); er ist voll Kummer (31, 11), sein Auge ist trübe vom Weinen (6, 8).

Für die Lage, in welcher der babylonische Beter „die Hand erhebt", darf hingewiesen werden auf das Beispiel einer Anweisung, in welchem Falle das Gebet zu sprechen sei[24]. Solche Anweisungen gehen mehrfach auf den erhaltenen Tafeln dem Gebetstext vorauf[25]. Daß sie die Situation richtig angeben, bestätigt der Inhalt der Texte selbst. Nach jener erwähnten Anweisung soll das Gebet gesprochen werden, wenn ein Mensch von Krankheit aller Art verfolgt wird, die Hand des Gottes und der Göttin auf ihm lastet, ein *alû*-Dämon ihn bedeckt, Gott und Göttin mit ihm zürnen, er in Furcht und Bekümmernis sitzt, Gott, König, Große ihn bedrängen, sein Fleisch Gift entstehen läßt, seine Augen die Farbe verändern, sein Leib verfällt, seine Zähne verfaulen usw. Ihn quält seine Sünde, die Ursache des Zornes der Götter[26], er fühlt sich verlassen und vereinsamt[27] usw.

Außer dieser ähnlichen Lage, mit welcher eine ähnliche seelische Verfassung des Beters verbunden ist, gehen die israelitische wie die babylonische Gattung auch in anderem parallel. Beide kennen als Subjekt nur den einzelnen, werden in aller Einsamkeit gesprochen. Beide sind von Haus aus mit rituellen Handlungen verbunden. Ein Unterschied besteht nur insofern, als das Handerhebungsgebet gegenüber dem Klageliede, wie es scheint, die Verbindung mit dem Ritus bis zuletzt nicht verloren hat[28].

[24] Ebeling, ZDMG 69, S. 96ff. (Keilschrifttexte aus Assur, religiösen Inhalts, Nr. 26).

[25] Vgl. z. B. KAR, 42, 1–18; 66, 1–19; 80, 1–11; 92, 1–8. 30ff. Rückseite 4ff.

[26] Ebeling I, S. 6ff. Ungnad, S. 224; Zimmern, Babylonische Bußpsalmen, Leipzig, 1885.

[27] Ungnad, S. 223, 14.

[28] Es finden sich zwar Texte ohne alle rituelle Beigabe (z. B. King, Magic Nr. 1 rev. 4, rev. 5, 6, 7 u. a. m.). Aber darf man daraus viel folgern? Es bleibt schließlich immer zu berücksichtigen, daß auch diese Texte durch die Hand des Priesters uns aufbewahrt sind. Zu einer Auseinandersetzung mit Mowinckel über geistliche Dichtung im Unterschied von kultischer ist hier nicht der Platz.

[175] Ähnlich sind die beiden Gattungen auch, trotz tiefgreifender Unterschiede, in ihrem Aufbau. Er sei kurz nach den Hauptmomenten skizziert.

Das israelitische Klagelied hebt mit der Anrufung an: „Jahwe", „Herr" oder „Mein Gott". Sie kann ausgestaltet sein zu einem einleitenden Hilfeschrei, daß Jahwe auf das Flehen des Beters achten möge:

Auf meine Worte höre, Jahwe!
  Achte auf mein Seufzen!
Merk auf mein lautes Schreien,
  mein König und mein Gott!
(Ps. 5,2–3b) [227]

Es kann sich aber auch an die Anrufung sofort die Klage oder die Bitte anschließen:

Jahwe, was sind meiner Feinde so viele!
(Ps. 3, 2)

Jahwe, strafe mich nicht in deinem Zorn,
  und züchtige mich nicht in deinem Grimm!
Sei mir gnädig, Jahwe, denn welk bin ich!
  Heile mich, (I) denn es schlottern meine Gebeine!
(Ps. 6, 2–3)

Die Bitte kann der Klage voraufgehen, aber auch die Klage der Bitte. Öfter wechseln beide ab. Dann geht es etwa von der Klage zur Bitte, von der Bitte zur Klage zurück und dann wieder zur Bitte.

Hat der Beter Klagen und Bitten erschöpft, dann steigt sein Gebet auf zu der Gewißheit der Erhörung, in welcher er das Erbetene schon als erfüllt erschaut, vgl. etwa Ps. 6, 9ff.:

Weichet von mir, ihr Übeltäter alle!
  denn erhört hat Jahwe mein lautes Weinen.
Erhört hat Jahwe mein Flehen,
  angenommen hat Jahwe mein Bitten.

Er schließt mit einem Gelübde, zuweilen des Dankopfers, weit häufiger dem des Dankliedes, vgl. etwa Ps. 7, 18:

Ich will Jahwe danken, daß er gerecht ist,
  und dem Namen des Höchsten spielen.

Gern wird dabei das Danklied selbst schon angestimmt, vgl. als eindrucksvollstes Beispiel Ps. 22, 24ff.

[176] Die Skizze darf sich hier wie bei der Situation der israelitischen Gattung kurz fassen mit Rücksicht auf die Literatur zum Gegenstande[29].

Wie ist das Handerhebungsgebet aufgebaut? Es wird am zweckmäßigsten sein, seine Anlage an der Hand eines geeigneten Textes zu veranschaulichen. Wir wählen ein Gebet an Schamasch, das auch Stummer zum Ausgangspunkt seiner Untersuchung genommen hat[30]. Es hat den Vorzug, im großen und ganzen erhalten zu sein und sämtliche möglichen Hauptbestandteile in ihrer einfachsten Form zu bieten.

Das Handerhebungsgebet beginnt mit einer Anrufung der Gottheit, an die es sich richtet, unter Hinzufügung von allerlei Ehrenprädikaten und Titeln: [228]

> Schamasch, König Himmels und der Erde,
> Herr des Rechts und der Gerechtigkeit,
> Herr der Anunaki, Herr der Igigi[31],
> Dessen Zusage kein Gott aufhebt,
> Dessen Befehl nicht geändert wird.

Als zweites Stück folgt eine Ausmalung der Macht, Majestät und Wirksamkeit des Gottes, von Stummer als Herrlichkeitsschilderung bezeichnet[32]. Sie ist in Hauptsätzen gehalten. In dem angezogenen Texte ist sie verhältnismäßig kurz:

> Schamasch, den Toten zu beleben,
> den Gebundenen zu lösen, liegt in deinen Händen.

[29] E. Balla, Das Ich der Psalmen, FRLANT 16, Gießen, 1912, S. 13ff., 51ff.; W. Baumgartner, Die Klagegedichte des Jeremia, BZAW 32, Gießen, 1917, S. 6–27; H. Gunkel, Ausgewählte Psalmen^4, Göttingen, 1917, S. 254 und: Kommentar zu den Psalmen, an verschiedenen Stellen; W. Staerk, Lyrik, SAT^2 in Auswahl, Göttingen, 1920, S. 118ff.

[30] Schollmeyer, Nr. 9; Stummer, S. 8f.

[31] So ist nach den üblichen Zusammenstellungen zu erwarten, vgl. z. B. Ebeling I, 11, 16; Schollmeyer, S. 58. Der Text hat *Šēdi* „des Schutzgeistes“.

[32] A. a. O., S. 9.

An dritter Stelle erscheint die Selbsteinführung[33] des Beters, deren hier vorliegende Form häufig wiederkehrt:

> Ich, dein Knecht NN, Sohn des NN,
> Dessen Gott Marduk, dessen Göttin Sarpanitum ist,
> Vor dir . . . erfaßte ich dein Gewand. [177]

Der Selbsteinführung, mit welcher sich der Beter der Gottheit vorgestellt hat, folgt die Darlegung der Not:

> Wegen des Unheils der Schlange,
> Die in meinem Hause erschienen ist (?),
> Glänzendes (?) getan hat (und) ich sah (es),
> Bin ich in Furcht, in Angst und in Bestürzung.

Es schließt sich die Bitte an, die in unserem Beispiel ganz kurz ist:

> Diesem Übel entrücke mich!

Hat der Beter seine Bitte vollendet, so endet er, wie der Israelit, mit einem Gelübde, das sich vielfach mit den formelhaften Worten der beiden ersten Zeilen unseres Beispiels erschöpft:

> Deine Größe will ich verherrlichen,
> unterwürfig dir huldigen!
> Die mich sehen, auf ewig
> sollen sie dir huldigen!

Im einzelnen erfährt diese Gestalt mannigfache Abwandlungen. So wird etwa die Darlegung der Not mit der Selbsteinführung verbunden[34]. Dabei kann der Selbsteinführung, die hier verkürzt erscheint, eine Bitte um Erhörung voraufgehen[35]. In einem anderen Falle sind Selbsteinführung und Darlegung der Not nicht mehr selbständig, sondern der Bitte eingefügt[36]. Häufig fehlt die Selbst-[229]einführung völlig[37]. Dann schließt sich die Darlegung der

[33] Stummer, a. a. O., S. 9.

[34] Ebeling I, S. 37, 45; II, S. 13; Ungnad, S. 223; Schollmeyer, S. 118.

[35] Ebeling I, S. 37.

[36] Ungnad, S. 179.

[37] Ungnad, S. 172ff., 177, 198, 217, 224, 247f.; Schollmeyer, S. 49, 76, 79 u. a. m.

Not unmittelbar an Anrede und Herrlichkeitsschilderung an. Oft fehlt das Motiv völlig. In anderen Texten nimmt es einen breiten Raum ein[38]. Dabei ergeht es sich gern im Ton einer leidenschaftlichen Klage[39]. Bitte und Klage wechseln miteinander[40]. Das Gelübde wird variiert und erweitert[41], es kann aber auch ganz fehlen[42]. Mancher Psalm geht mehr oder weniger deutlich zweimal denselben Weg: Es können die beiden Motive der An-[178]rufung sich wiederholen[43]. Anrede und Bitte kehren wieder[44], Selbsteinführung und Bitte[45], ja sogar Anrede, Bitte und Gelübde[46]. Das Gebet kann sich an mehrere Götter zugleich wenden[47], es kann das Gebet des Hilfesuchenden für sich wechseln mit der Fürbitte des Priesters[48] usw.

Alle diese Ausgestaltungen, Abwandlungen und Unterschiede bedeuten keine grundsätzliche Entfernung von der gemeinsamen Grundlage. Denn überall ist die Hilfsbedürftigkeit des Beters der Boden, in dem die Texte wurzeln. Aus ihr ergibt sich, daß bei den Handerhebungsgebeten wie beim hebräischen Klageliede des Einzelnen die Bitte als das eigentliche Herzstück zu betrachten ist.

Diese Skizze dürfte unseres Erachtens genügen, zu zeigen, daß man ein Recht hat, die beiden erwähnten Gattungen zu vergleichen. Eine Einschränkung muß allerdings noch gemacht werden, die uns gerade bei der Themastellung unseres Aufsatzes von Wert zu sein scheint. Sie betrifft die Person des Beters. Das Subjekt des israelitischen Klageliedes ist der einfache Mensch. In den Handerhebungs-

[38] Z. B. Ungnad, S. 204ff.

[39] Ungnad, S. 217ff., 225.

[40] Siehe vorige Anmerkung.

[41] Vgl. etwa Ebeling I, S. 6, 11, 24, 45; Ungnad, S. 178, 199, 222.

[42] Ungnad, S. 204ff., 224ff., 247ff.; Ebeling I, S. 5, 6, 8, 25ff., 31ff., 42ff.; Schollmeyer, S. 79 usw.

[43] Ebeling I, S. 31, 42; Schollmeyer, S. 98.

[44] Ebeling I, S. 6.

[45] Ebeling I, S. 24.

[46] Ebeling I, S. 6f.

[47] Ungnad, S. 204ff.

[48] Vgl. die sogenannten Bußpsalmen, Zimmern, Hymnen und Gebete, S. 25ff.

gebeten aber tritt neben den Privatmann häufiger noch der König. Bei der besonderen Stellung, die der Herrscher den Göttern gegenüber innehat[49], erscheint es geraten, alle Gebete, die nur im Munde eines Königs möglich sind, wenn nicht von der Untersuchung auszuschließen, so doch gesondert zu behandeln.

Damit wären die Gebiete umgrenzt, auf denen der spezielle Vergleich geführt werden kann. Wir stellen dabei das babylonische Material voran.

II

Was bildet für das Handerhebungsgebet die Grundlage der Bitte? Unter welchen Voraussetzungen, unter welchen Bedingungen kann der Babylonier es unternehmen, sein Anliegen vor die Gottheit [230] zu bringen? Diese Frage führt unmittelbar an die engere Aufgabe heran.

[179] Da kann man an erster Stelle den sofort verständlichen Hinweis des Beters auf die Opfergabe anführen, die dazu dienen soll, den Gott geneigt zu machen. Indes, dieses immerhin etwas grobe Mittel der Überredung findet sich verhältnismäßig nicht häufig. Unter der großen Zahl von Texten, die hier in die Betrachtung gezogen sind, ist uns dies Motiv nur 15mal begegnet[50]. Das Handerhebungsgebet zeigt überwiegend keine innere Beziehung des Textes zum Opfer[51]. Das ist um so erstaunlicher, als wir aus vielen beigegebenen Anweisungen wissen, daß jene zu bestimmten Opferhandlungen gebetet wurden[52]. Auf Grund dieser Beobachtung wird man sich von vornherein hüten müssen, die babylonischen Texte zu niedrig einzuschätzen.

Viel stärker vertreten, ja, man kann sagen, das tragende Motiv ba-

[49] Vgl. z. B. Meissner, Babylonien und Assyrien, II, s. 79.

[50] Ebeling I, S. 20, 21; 24, 14–16; 47, 26; 83; Rückseite 11ff.; II, 12, 20ff.; 13, 6; 27, 37ff.; 28, 61; Ungnad, S. 177, 17–19; Perry, S. 14, 20; J. Hehn, a. a. O., S. 359, 13; Jastrow I, S. 537, 549; II, 93; Schollmeyer, S. 48, 55. Der Text King, Magic 7, 9–32 ist, den Namen ausgenommen, Dublette der drittletzten Nummer.

[51] Vgl. auch Ebeling in Eberts Reallexikon der Vorgeschichte IV, S. 184.

[52] Vgl. S. 174, Anm. 25.

bylonischen Betens schlechthin, ist ein anderes, das jene Massivität der Berufung auf die der Gottheit dargebrachte Gabe doch recht weit hinter sich läßt. Es liegt vor in der Anrede und Herrlichkeitsschilderung, jenen beiden vorhin nur kurz gestreiften ersten Stükken des Handerhebungsgebetes. Seine Bedeutung für die Frage nach den Vertrauensäußerungen erfordert eine eingehendere Betrachtung.

Bei der Anrufung verfehlt der Babylonier nicht, dem Namen, der begreiflicherweise gewöhnlich am Anfang steht, oft aber auch erst später auftritt[53], eine Reihe ehrender Beiworte zuzufügen. So heißt es z. B. in einer Anrufung:

> Herr, gewaltiger, erhabener, kundiger ...
> Starker, neu erstrahlender, vollkommener ...
> Rat der Götter, der nicht zu belehren ist, Begründer der St[adt] ...
> Gewaltiger, kluger, [star]ker, verehrungswürdiger[54].

Man erwähnt dazwischen des Gottes hohe Abkunft. Im erwähnten Texte heißt es: „Erstgeborener [des Marduk], Geburt der Eru'a, der Königin, Erzeugnis des Šag-zu". Nergal heißt „Erstgeborener Nunamnirs, Sprößling der Kutuschar, der großen Königin"[55], der Feuer-[180]gott Nusku „Sproß von Dur-an-ki, Liebling Enlils"[56], Marduk „Erstgeborener Nudimmuds"[57]. Die hohen Titel der Götter werden genannt: [231] Nusku wird bezeichnet als „Bestimmer der Schicksale, hoher Vezier"[58], Schamasch als „Richter Himmels und der Erde"[59] usw. Die Reihe der Beiworte ist mit diesen Proben noch längst nicht erschöpft.

Sich damit nicht begnügend, fügt man Partizipien oder, mit ihnen im Wechsel, Relativsätze ein, in welchen die Beiworte näher erläu-

[53] Vgl. z. B. Schollmeyer, S. 76, 4; Ungnad, S. 176, 4; 177, 15; 179, 3; 198, 3; 217, 2; 223, 4; Ebeling I, S. 10, 31; 19, 10; 21, 28 u. a. m.

[54] Ebeling I, S. 20, 27ff.

[55] Ungnad, S. 223, 1. 3.

[56] Ebeling I, S. 5, 26–27.

[57] Ungnad, S. 198, 2.

[58] Ebeling I, S. 5, 27–28; 6, 53.

[59] Schollmeyer, S. 70, 1; 79, 5 und öfter.

tert und ausgeführt werden. So bezeichnet man z. B. den Sonnengott im Partizip als „den die Weltgegenden erhellenden“ [60], „den die Gesamtheit aller Menschen lenkenden“ [61]. So erhält Nuskus Titel die Erweiterung (Vezier,) „der jegliches lenkt“ [62], (König der Nacht,) „der die Dunkelheit erhellt“ [63]. In Relativsätzen wird Schamasch genannt der große Herr, „der im heiligen Himmel ein gewaltiges Königsgemach bewohnt“ [64], Bel der erhabene Fürst, „dessen ausgesprochenes Wort nicht überschritten wird, dem kein Gott das Wort seiner Lippe ungültig macht“ [65].

Nach einer solchen mehr oder weniger weit ausgedehnten Anrede kann der babylonische Beter zur Selbsteinführung, zur Darlegung der Not oder der Bitte übergehen [66]. Doch tut er das gewöhnlich nicht, sondern beginnt nun die Themen, die er in Beiwort und Titel, in Partizip und Relativsatz berührt hat, breit auszuführen.

Vielfach kommen einfache Hauptsätze zur Anwendung. Von Nusku heißt es: [181]

> Im heiligen Himmel ist dein Gebot erhaben,
> Auf Erden ist dein Wort stark [67].
>
> Du stehst in der Nacht und siehst die Menschen [68].

[60] Ebeling I, S. 26, 1.

[61] Ebeling I, S. 31, 2; 36, 20.

[62] Ebeling I, S. 5, 28.

[63] Ebeling I, S. 6, 39; vgl. weiter zur partizipialen Erweiterung: Ebeling I, S. 5, 28; 20, 31; 22, 32; 24, 10; 26, 1; 31, 14. 16. 20; 42, 1; 44, 19; II, 11, 11. 38; 12, 10–12; 13, 11–13. 16; 14, 13–16; 17, 19. 34–35; 27, 34; 37, 10; 44, 17; Ungnad, S. 172, 8; 173, 14. 15; 174, 33; 179, 3; 247, 2. 3; Böllenrücher, Gebete und Hymnen an Nergal, LSS I, 6, Leipzig, 1904, S. 19, 13. 14 u. a. m.

[64] Ebeling I, S. 24, 1.

[65] Ebeling I, S. 21, 24–26; für die relativische Erweiterung vgl. etwa ferner: Ebeling I, S. 6, 45; 7, 4; 20, 30; 22, 30; 42, 3–4; 44, 20; II, 11, 3. 5. 6. 7. 9; 27, 32; Ungnad, S. 172, 2; 176, 3. 4; Perry, S. VI, 4. 5; 13, 9; Schollmeyer, S. 79, 7.

[66] Ebeling I, S. 19, 31 ff.; 24, 11 ff.; II, 14, 17 ff.; 27, 35 ff. usw.

[67] Ebeling I, S. 5, 29.

[68] Ebeling I, S. 6, 40.

Von Marduk rühmt man:

> Du besitzest die Würde Anus, Enlils und Eas,
> Herrschaft und Königtum,
> Du hast alle Weisheit, vollkommen an Kraft[69].

Der Hauptsatz erscheint in Form der rhetorischen Frage: [232]

> Wo ist nicht dein Name, wo nicht deine Gebote,
> Wo sind deine Bildnisse nicht dargestellt, wo deine Heiligtümer nicht gegründet?
> Wo bist du nicht groß, wo nicht erhaben?[70]

Man führt auf, was dem Gotte zusteht, in seiner Hand liegt:

> [Den Kö]nig auf den Thron zu setzen, steht dir zu.
> [ ] den Herrn zu erheben, steht dir zu[71].
>
> Geheimnis ist in deiner Hand[72].

Neben die direkte Schilderung der Gottheit, ihrer Macht und Wirkung, in der sie Subjekt ist, tritt die indirekte:

> Der Šēdu, der Späher, raffendes Fangnetz, der Gallû, der Rabiṣu, der böse Gott,
> Der Utukku, der Lilû, die Lilîtu treten bei Seite ins Verborgene vor deinem göttlichen Lichte[73].
>
> Niemand unter dem Göttern vergleicht sich mit dir[74]. [182]

Beliebt sind hierbei Sätze, in denen ausgesprochen wird, was alles ohne den Gott nicht geschehen kann. Sie werden gern gehäuft. So heißt es von Marduk:

[69] Ungnad, S. 172, 3–4; vgl. weiter Ebeling I, S. 22, 27; 26, 2ff. 7; 36, 24–27; 37, 33; 42, 5–9. 12; II, 12, 13. 14; 13, 18; Ungnad, S. 172, 7. 9; 176, 8; 217, 13; 223, 5–8; Schollmeyer, S. 49, 13 u. a. m.

[70] Ungnad, S. 217, 15–17; 175, 50; Hehn, S. 326, 14.

[71] Th. J. Meek, Cuneiform Bilingual Hymns, Prayers and Penitential Psalms, Beiträge zur Assyriologie X, 1, S. 13, 5–8.

[72] Ebeling I, S. 7, 20; vgl. weiter Schollmeyer, 104, 27–30; Hehn, 336, 31–40; Meek, Nr. 12 Rev. 6; KAR, S. 228, Vorderseite 4.

[73] Ebeling I, S. 6, 42–44.

[74] Ebeling I, S. 26, 6; vgl. weiter 5, 30; 10, Rückseite 1–3; 18, 7; 22, 28;

Ohne dich wurden Himmel und Erde nicht geschaffen,
Ohne dich hängt Sin, die Leuchte des Himmels, die Schlinge für die Menschen nicht auf,
Ohne dich hält Schamasch kein Gericht ab, . . .
Ohne dich feiern kein Fest die weisen Götter . . . [75]

Bei den Gestirngottheiten pflegt man aufzuführen, was alles geschieht, wenn sie erscheinen. Hier findet sich eine formelhafte Wendung, die an einem Schamaschtext veranschaulicht sei[76]:

Wenn du aufleuchtest, versammelst du alle Länder . . .
Wenn du ausziehst, ist alles fortwährend stille,
Und es schauen die Menschen dich an,
Sie [rufen] dich inmitten des heiligen Himmels.

Oft schließt man die Anrufung ab mit einem bewundernden Satze: [233]

Schöpfer von allem, was im Himmel und auf Erden, Schamasch, bist du! [77]

Oder man endet auch mit dem Wunsche, daß die anderen Götter der angerufenen Gottheit huldigen mögen:

Der Himmel und der Ozean mögen über dich frohlocken,
Anu, Enlil und Ea mögen deiner großen Gottheit huldigen,
Die Götter des Himmels und der Erde mögen dein Herz beruhigen! [78]

Daß die hier aufgeführten Formen sich in bunter Mischung durcheinander finden, daß die Herrlichkeitsschilderung am Anfang

26, 9–13; 31, 21–22; Ungnad, S. 172, 9ff.; 173, 26ff.; 176, 7–8; 223, 9–10; Schollmeyer, S. 49, 11. 12; 52, 54; Perry, 13, 8. 11 u. a. m.

[75] Ungnad, S. 204, 11ff.; vgl. weiter Ebeling I, S. 5, 31–33; 6, 41; 26, 8; 31, 18; II, 13, 17; 17, 23–26; Ungnad, S. 247, 9–11 u. a. m.

[76] Ebeling I, S. 37, 28. 34–35; vgl. ferner 42, 13; 44, 21–22; Schollmeyer, S. 54, 11; 104, 15ff.; 109, 11ff.

[77] Schollmeyer, S. 98, 9; vgl. weiter zu dieser Figur, die aber nicht auf den Schluß beschränkt ist: Ebeling I, S. 22, 34; 31, 19; 42, 5. 11; II, 5, 15; 17, 22. 36; Ungnad, S. 177, 15; 247, 70; Schollmeyer, S. 77, 16. Das betonte Du eröffnet den Satz Ebeling I, 31, 19; Ungnad, S. 217, 5; Schollmeyer, S. 47, 14; 51, 16; Hehn, S. 336, Rückseite 1–8; Maḳlū II, 75.

[78] Ebeling II, S. 28, 58–60; vgl. weiter I, 40, 14; II, 30, 19–21.

des Gebetes überhaupt stehen[79] oder durch den Segenswunsch ersetzt wer-[183]den kann[80], möge hier wenigstens kurz angedeutet werden. Wir erstreben nicht Vollständigkeit, sondern Veranschaulichung.

Achtet man nun auf den Inhalt der Herrlichkeitsschilderung, so muß auffallen, wie weit und allgemein die Aussagen gehalten sind. Es sind große Bezirke, in denen sich die Würde, die Macht, die Wirksamkeit des angerufenen Gottes darstellt. Dieser Eindruck wird dadurch verstärkt, daß verschiedene, an sich schon weite Gebiete addiert werden. Man vergleiche einmal daraufhin die zitierten Texte.

Dies beobachtbare Streben nach Weite führt auf die Frage nach Sinn und Zweck der untereinander in engem Zusammenhang stehenden Anrede und Herrlichkeitsschilderung im Rahmen des Handerhebungsgebetes. Die leider oft geübte Methode der Übersetzer babylonischer Religionsurkunden, nur den „Hymnus" zu übersetzen, aber Selbsteinführung, Bitte usw., die sogenannte Beschwörung, als weniger wichtig wegzulassen, können bei dem Außenstehenden den Eindruck erwecken, als sei der Zusammenhang der beiden ersten Motive mit dem übrigen des Textes nur lose und äußerlich. Mag auch dieser oder jener „Hymnus" ursprünglich eine Größe für sich sein, mag vielleicht der „Hymnus" in dieser Form ursprünglich eine selbständige Gattung bilden – eine Frage, der wir hier nicht nachzugehen haben –, so ist es doch andererseits sicher kein Zufall, daß die Hauptmasse dieser „Hymnen" mit der Bitte verbunden erscheint. Das weist aber auf einen inneren Zusammenhang hin[81].

Schrank[82], der die Entstehung unserer Gattung, wohl geleitet durch den Ausdruck *šiptu* und das Auftreten des *mašmaššu*, aus dem [234] Beschwörungswesen herleiten will, sucht den Zusammenhang auf magischem Gebiete. Nach ihm ist die Entstehung des

[79] Ebeling I, S. 19.

[80] Ebeling II, S. 28, 58–60; 30, 19–21.

[81] Zimmern, Hymnen und Gebete, S. 7.

[82] W. Schrank, Babylonische Sühneriten, besonders mit Rücksicht auf Priester und Büßer untersucht, LSS III, 1, Leipzig, 1908.

„Hymnus" zu begreifen aus der Antithese gegen die Dämonen, zu deren Vertreibung der Beistand eines Gottes nötig war. „Wie man nun den Dämon nach Wesen und Namen genau kennzeichnete, so ... auch den Gott. Man zählte demgemäß gern seine verschiedenen Namen auf, *denen ja eine besondere Kraft innewohnte*[83], man wies auf seine Taten, Manifestationen und seinen Machtbereich möglichst ausführlich hin. Das Ganze kam antithetisch zunächst *auf eine Verherrlichung des Gottes* gegenüber den [184] Dämonen hinaus. Da sie zugleich der Anrufung des Gottes diente, war ihre natürliche Stelle am Anfange der Beschwörung. Sie gewann allmählich immer mehr an Ausdehnung, die Antithese gegen die Dämonen tritt in den Hintergrund, Anrufung und Lobpreis des Gottes genügten im ganzen zu *effektvollem Exorzismus*, sie bildeten nunmehr unter Zurückdrängung aller übrigen Elemente *die Substanz einer Beschwörung* und füllten ihr Schema völlig aus"[84].

So gewiß der Glaube an die wunderbare Macht des Namens im alten Babylonien eine Rolle spielt, so wenig darf man aus ihm alles erklären wollen. Es ist denn auch nicht zu verkennen, daß Schranks Hypothese, von den oben geäußerten Bedenken gegen Herleitung des Handerhebungsgebetes aus dem Beschwörungswesen abgesehen, ihre Schwäche darin hat, daß Taten, Manifestationen usw. doch nicht krafterfüllte Namen sind und daß das Ganze, wie er selbst zugeben muß, den Charakter einer Verherrlichung trägt.

Der Zusammenhang des „Hymnus" mit dem übrigen Text des Gebetes ist nicht aus der Verbindung mit kultischen und magischen Handlungen zu verstehen, sondern ergibt sich daraus, daß hier ein Niedergestellter von einem Höhergestellten etwas erreichen will. Die ausgestaltete Anrede und die Herrlichkeitsschilderung sind nichts anderes als eine captatio benevolentiae[85]. Der Beter, welcher dem Gott als *ardu*, als Sklave gegenübersteht[86], sucht eine Bezie-

[83] Von mir kursiv gesetzt! [Alle Hervorhebungen in diesem Zitat; Anm. d. Red.]

[84] A. a. O., S. 25/26. Vgl. auch auf S. 26 den Schluß vor dem Absatz.

[85] Vgl. auch Meissner II, S. 155 „um die Götter gnädig zu stimmen"; Zimmern, S. 7.

[86] Vgl. die Selbsteinführung: Ebeling I, S. 27, 14; II, 17, 26; Ungnad, S. 179, 11; 219, 42; 223, 11; 247, 12; 248, 87 usw.

hung zu diesem hohen Herrn herzustellen, die als Grundlage seiner Bitte dienen kann. Er sucht ihn sich geneigt zu machen. Das ist die Absicht. Er tut damit das gleiche, was im gewöhnlichen Leben der Niedergestellte dem Höhergestellten, der Schwache dem Starken gegenüber tut. Er schmeichelt ihm wie jener[87]. [235]

Verwirklicht wird die Absicht der Schmeichelei dadurch, daß der Beter mit der Anrufung verbindet, was der Gott gern hört. Darum [185] rühmt er seine Abkunft, seine Macht, seine Wirksamkeit, seine Einzigartigkeit, darum strebt sein Preis und seine Huldigung nach Weite, und das um so mehr, je dringlicher sein Anliegen ist[88].

Daß diese Deutung im Sinne des Babyloniers ist, läßt sich aus mehrerem zeigen. So wird in einem Handerhebungsgebete Assurbanipals (Fürbittgebet) nach einer ausführlichen Anrufung und Herrlichkeitsschilderung der König bezeichnet als „[Verehrer] deiner glänzenden [Gottheit?], der Verherrlicher deines göttlichen Glanzes, . . . deiner Größe, der deine Glorie den weiten Völkern preist“[89]. So schließt sich an die Huldigung des Beters mehrfach, wie schon erwähnt, der Wunsch der Huldigung durch die Götter an. Das ist aber der Steigerung des Gelübdes zu vergleichen, wo an die Stelle der eigenen Verherrlichung der Wunsch der Huldigung durch die Götter tritt[90]. Der Babylonier selbst bezeichnet ausge-

[87] Vgl. Fr. Heiler, Das Gebet[4], 1921, S. 173; „Im Hintergrund des Hymnus steht auch immer die Bitte.“ Als Beispiele für jenen durch den Alten Orient durchgehenden Verkehrston vgl. Ebeling bei Greßmann, AOT[2], 1926, S. 116, 3–117, 19; 134, 6–10; 142, 35. 79; 252ff. (Götter unter sich); Delitzsch, BA I, 224. 620; II, 26; viele Einleitungen der Amarnabriefe. Für Ägypten seien genannt die Klagen des Bauern, welche die Wirksamkeit der Schmeichelei gut veranschaulichen; vgl. A. Erman, Die Literatur der Ägypter, 1923, S. 157ff.

[88] Das läßt sich meines Erachtens erkennen Ebeling I, S. 36f., 42f., 44f.; II, 37f.; Ungnad, S. 172ff.

[89] Ebeling I, S. 27, 14–16; vgl. auch daselbst die Fluchformel, die dem gilt, der Schamasch nicht preist und den Namen des Königs ändert, der also sich gegen den Gebetstext vergeht.

[90] Vgl. Ebeling I, S. 6, 49–50; 7, 9. 18; 18, 19; 19, 32; 20, 24; 21, 10–11; 22, 15ff.; 24, 26ff.; II, 14, 26; 18, 41. 54; 31, 30; Ungnad, S. 176, 67; 177, 31 mit Ebeling I, S. 11, 20ff.; 45, 36; Ungnad, S. 178, 22ff.; 180, 24ff.; 199, 23ff.; Schollmeyer, S. 77, 33ff.; 121, 8ff.

staltete Anrufung und Herrlichkeitsschilderung als *ikribu* „Huldigung", wie aus dem Vergleich der Überschrift dreier nicht hierfür gehöriger Gebete aus dem Neujahrsritual mit dem Texte selbst hervorgeht[91]. Dementsprechend charakterisiert er selbst das Handerhebungsgebet als *ikribu, teṣlītu, tēmēḳu* „Huldigung, Bitten, Flehen"[92] oder als *ikribu, niš ḳāti, laban appi* „Huldigung, Handerhebung, Niederwerfen"[93]. Zu dem allen tritt hinzu, daß diese schmeichelnde Huldigung zu Beginn des Gebetes ihre Seitenstücke in der allgemeinen Religionsgeschichte hat[94].

Wenn eine Anzahl Handerhebungsgebete die ausgestaltete Anrufung und Herrlichkeitsschilderung nicht aufweisen, sondern sich auf eine schlichte Anrede beschränken[95], so ist daraus nicht zu entnehmen, daß diese Texte frei von der Schmeichelei der Gottheit wären. Denn wir treffen sie in unserer Überlieferung nicht als selbständige [186] Größen an, sondern als Bestandteile eines Rituals, als Gebete unter anderen Gebeten an die gleiche Gottheit. Entscheidend ist dabei, daß sie im Ritual nicht die erste Stelle einnehmen, sondern [236] sich dem ersten Gebete anschließen. Diesem aber fehlt nicht die ausgestaltete Anrufung und Herrlichkeitsschilderung.

Die schmeichelnde Huldigung zu Anfang des Gebetes ist gewiß kein Zeichen von Vertrauen und Zuversicht zu der angerufenen Gottheit. Das ist nach der einen Seite festzustellen. Auf der anderen Seite ist aber nicht zu verkennen, daß gerade innerhalb dieses Motivs Äußerungen laut werden, hinter denen sich mehr verbirgt als das Bestreben, durch schöne Worte das Ohr der Gottheit gefangen zu nehmen[96].

Damit kommen wir zu den bisher mit Absicht zurückgestellten Lobpreisungen der menschenfreundlichen Seiten der Götter, die sich im Zusammenhang der Anrufung und Herrlichkeitsschilde-

[91] Hehn, a. a. O., Nr. 24; 25, 1 und 2.

[92] Schollmeyer, S. 123, 16; Hehn, S. 364, 27.

[93] In dem Danktext Hehn, S. 340, 10.

[94] Heiler, Das Gebet[4], S. 168 ff.

[95] Ebeling I, S. 33, 25; II, 15, 20.

[96] Gegen Heiler, S. 180 f.

rung finden. Wir führen im folgenden einige Beispiele auf in doppelter Absicht. Sie sollen eine Vorstellung vom Inhalte dieser Aussagen geben, darüber hinaus aber zeigen, daß diese Äußerungen formal durchaus den oben aufgewiesenen Formen von Anrufung und Herrlichkeitsschilderung entsprechen, also auch ihrer Entstehung und Absicht nach von jenen nicht getrennt werden dürfen.

Unter den Beiworten der Anrufung lassen sich folgende Bezeichnungen anführen: „barmherziger Gott“ [97], „barmherziger Richter“ [98], „gerechter Richter“ [99], „barmherziger Herr“ [100], „barmherziger unter den Göttern“ [101], „Schirm des Landes“ [102], „treuer Hirt der Menschen“ [103], „barmherzige Göttin“ [104], „barmherzige Mutter“ [105]. Kommen diese Beiworte nicht eben häufig vor, so fehlen, soweit wir sehen, fast vollständig solche, in denen eine persönliche Beziehung des Beters zu der Gottheit erkennbar ist: „meine Gottheit“ [106].

[187] Für die partizipiale und relativische Ausführung der Beiworte seien folgende Beispiele angeführt:

der in der Finsternis leitet,
den Menschen Licht bringt [107].

der Leben gedeihen läßt, . . .
der da schirmt die zahlreichen Menschen [108].

[97] Ebeling I, S. 19, 19; Ungnad, S. 204, 3; Schollmeyer, S. 52, 3; Hehn, S. 336, 24; 363, 3 (?).

[98] Ebeling I, S. 31, 20.

[99] Ebeling I, S. 36, 19.

[100] Ungnad, S. 274, 1.

[101] Hehn, S. 336, 21–24; Jastrow I, S. 484.

[102] Ungnad, S. 198, 6; vgl. weiter 179, 4. 7; Schollmeyer, S. 76, 5; King, Magic Nr. 9, 33; vgl. auch Schollmeyer S. 57, 7/8.

[103] Schollmeyer, S. 134, 5; vgl. dazu Ebeling I, S. 58, 5; Schollmeyer S. 111, 4; Ungnad S. 204, 10.

[104] Jastrow I, S. 537; King, Magic Nr. 7, 35.

[105] Jastrow I, S. 549; King, Magic Nr. 4, 25 (?).

[106] Ebeling II, S. 37, 9.

[107] Ebeling I, S. 44, 2.

[108] Ungnad, S. 198.

der die Hand des Gefallenen faßt,
der löst den Gebundenen, den Toten ins Leben weckt[109].

der es liebt, den Toten zu erwecken[110].

Für den Lobpreis im Hauptsatz seien angeführt:

Dein Name ist überall im Munde der Menschen segensreich[111].

Den Prozeß des Bedrückten und der Bedrückten führst du,
ihre Entscheidung lenkst du[112].

Du schaffst der Menschheit Recht,
Du leitest den Nichtgeleiteten, Waisenknaben und Waisenmädchen,
Du faßt des Schwachen Hand, erhebst den Entkräfteten[113].

Der Kranke wird gesund, der dein Antlitz sieht,
Sein Bann wird gelöst, eilends steht er auf,
Auf deinen Befehl sieht der Blinde die Sonne,
„Gerade" wird der nicht Gerade, Ischtar, der dein Antlitz sieht[114].

Für die Formel „in deiner Hand liegt", „bei dir steht" sei verwiesen auf den oben zugrunde gelegten Schamaschtext:

Den Toten zu beleben
den Gebundenen zu lösen, steht in deiner Hand[115].

Die Figur der „Ohne dich"-Sätze zeigt folgendes Beispiel: [188]

Ohne dich kommt man aus Not und Bedrängnis nicht heraus.
Ohne dich wird Witwe und Waise nicht in Obhut genommen[116].

[109] Ebeling I, S. 19, 29–30.

[110] Hehn, S. 336, 24; vgl. weiter Ebeling I, S. 7, 10; 20, 31; 24, 7; 36, 20. 23; II, 13, 14; 17, 21; Ungnad, S. 179, 5. 6. 7; für den Relativsatz vgl. weiter Hehn, S. 363, 11 (?); Meek, S. 3, 6.

[111] Ungnad, S. 198, 8.

[112] Ebeling I, S. 44, 27.

[113] Ungnad, S. 176, 9ff.

[114] Ebeling II, S. 37, 12ff.; vgl. weiter Ebeling I, S. 18, 9–10; 31, 23; 37, 25–27; 47, 22; II, 12, 15; Ungnad, S. 205, 23ff.; Schollmeyer, S. 49, 14–18.

[115] Schollmeyer, S. 65, 6ff.; 98, 5; 107, 3; 122, 3; Perry, S. VI, 12; 13, 4; Meek, S. 13, 12; Ebeling I, S. 7, 21; Jastrow II, S. 83.

[116] Ungnad, S. 205, 21–22; vgl. weiter Ebeling II, S. 12, 16–19; 17, 23–26; Perry, S. 46, 6.

Auch die Sätze mit betontem „du“ finden sich, vgl.:

> Die da liebt die Fluren, die alle Menschen liebt, bist du [117].

Eine Ausdrucksform der Herrlichkeitsschilderung scheint nur in Verbindung mit dem Preis der Hilfe und Gnade vorzukommen, das Schema von Relativsatz und Hauptsatz:

> Wer zur Unterwelt hinab muß, dessen Leib läßt du zurückkehren.
> Wer Sünde hat, dessen Sünde lösest du.
> Wem sein Gott grollt, dem schaffst du eilends Versöhnung [118].
>
> Den Gefallenen, den du erfaßt, lässest du aufstehen . . .
> Dem, der Sünde ha[t, löstest du rasch der Sün]de,
> Dem, gegen [den] sein Gott er[zürnt ist, wendest du dich schnell] gnädig zu [119]. [238]

Doch genug der Beispiele. Sie dürften den engen formalen Zusammenhang mit den anderen Aussagen der Anrufung und Herrlichkeitsschilderung deutlich genug zeigen. Stellen wir nunmehr den Stoff des Preises der göttlichen Gnade und Hilfe zusammen. Die Gottheit beendet die Finsternis und spendet Licht [120], vertreibt die Dämonen [121], löst den Bann [122]. Sie kennt den Frommen wie den Bösen [123], sie vernichtet den Schlimmen und den Feind [124]; sie schirmt das Land [125] und die Wohnstätten [126], sie trägt [127], erhält [128]

[117] Ebeling II, S. 13, 5; vgl. weiter Schollmeyer, S. 57, Rückseite 6; 134, 5.

[118] Ungnad, S. 177, 12–14.

[119] Perry, S. 47, 8ff.; vgl. weiter Ungnad, S. 219, 40–41; Hehn, S. 359, 8; Pinckert, S. 12, 47.

[120] Schollmeyer, S. 58, 4; 70, 4; 76, 2; 114, 4; 118, 3 usw.

[121] Ebeling I, S. 6, 42ff.

[122] Ebeling II, S. 37, 14; Schollmeyer, S. 49, 15; 121, 2 usw.

[123] Schollmeyer, S. 57, 11; Ebeling I, S. 37, 25.

[124] Ebeling I, S. 37, 27; Schollmeyer S. 49, 15; Pinckert, Hymnen und Gebete an Nebo, 1920, LSS III, 4, S. 12, 48f.; Jastrow I, S. 536.

[125] Schollmeyer, S. 57, 5; 67, 1; Ungnad, S. 198, 6.

[126] Ungnad, s. 179, 7.

[127] Ebeling I, S. 7, 10.

[128] Ungnad, S. 179, 7; 204, 4; 198, 6.

und leitet [129] die Menschheit. [189] Die Gottheit tilgt Sünde [130], versöhnt [131] und schenkt Huld [132]. Sie erweckt den Toten und läßt Leben gedeihen [133]; sie erlöst aus der Unterwelt [134], schenkt dem Kranken Gesundheit [135]. Witwe und Waise leitet sie recht [136], schenkt den Kinderlosen Nachkommen [137]; sie führt den Prozeß des Bedrückten [138], lenkt den Weg des Flüchtigen [139]; sie löst den Gebundenen [140] und faßt die Hand des Gefallenen und Schwachen [141]; sie erhört Gebete und nimmt Flehen an [142]. Ja, der Gott ist wie Vater und Mutter unter den Menschen [143] usw.

Die Übersicht läßt erkennen, daß der Babylonier genug von den menschenfreundlichen, gnädigen Seiten seiner Gottheiten zu sagen weiß. Wenn er sie in seinem Gebete besonders erwähnt, dann tut er

[129] Ebeling I, S. 31, 13; 36, 20; II, 13, 14; 17, 21; 37, 12; Ungnad, S. 217, 2; Schollmeyer, S. 76, 3; 95, 7; 111, 3. 4; Perry, S. 13, 4; 47, 6; Jastrow I, S. 536; II, 76; KAR, S. 64, 25.

[130] Ebeling I, S. 7, 21; Ungnad, S. 177, 13; Perry, S. 48, 19; Jastrow II, S. 83; Hehn, S. 359, 8.

[131] Jastrow II, S. 83; Ebeling I, S. 18, 9–10.

[132] Ebeling I, S. 31, 23; Perry, S. 48, 20.

[133] Ebeling I, S. 19, 30; Ungnad, S. 219, 40; Schollmeyer, S. 53, 7/8. 10; 65, 6; 70, 3; 98, 5; 107, 3; Böllenrücher, S. 18, 2; Ebeling I, S. 12, 33; Hehn, S. 336, 23/24.

[134] Ungnad, S. 177, 12.

[135] Ebeling II, S. 37, 13; vgl. weiter Ungnad, S. 204, 4. 5; King, Magic Nr. 9, 34–39; KAR, S. 39, Rückseite (?) 6; 74, Rückseite 11–12.

[136] Ungnad, S. 176, 10; 205, 23; Hehn, S. 352, 37.

[137] Perry, S. 48, 11 f.; Schollmeyer, S. 76, 10; King, Magic Nr. 9, 38.

[138] Ebeling I, S. 44, 27; Ungnad, S. 218, 25/26; 248, 116; Schollmeyer, S. 118, 6; 122, 3; Pinckert, S. 12, 50.

[139] Ebeling I, S. 24, 7; vgl. auch I, 20, 31.

[140] Ebeling I, S. 19, 30; Schollmeyer, S. 65, 8/9; 70, 3; 98, 5; 107, 3; vgl. auch Hehn, S. 353, 44.

[141] Ebeling I, S. 19, 29; Ungnad, S. 176, 11; Schollmeyer, S. 52, 3/4; Perry, S. 47, 9; Hehn, S. 353, 43; 357, 4; King, Magic Nr. 9, 36; KAR, S. 355, 12.

[142] Ungnad, S. 176, 23; 204, 3; Jastrow II, S. 83; King, Magic Nr. 7, 36; 9, 39; Crayg, Rel. Texts II, 9. 10.

[143] Hehn, S. 352, 34.

es offenbar deshalb, weil er für seine Bitte das Bedürfnis nach Anlehnung an sie empfindet. Es regt sich hier demnach etwas, [239] was man als ein Streben nach einer vertrauenerfüllten und zuversichtlichen Beziehung zu deuten hat. Aber diese Regung wird niedergehalten durch das Bewußtsein der überragenden Größe der Gottheit und ordnet sich deshalb der schmeichelnden Huldigung unter und ein, auf die der armselige *ardu* angewiesen ist, wenn er von *ilāni rabūti* etwas erreichen will. Man schmeichelt ihren freundlichen Seiten in der Hoffnung, daß sie, von dem Preis erfreut, nun auch die gepriesene Hilfe gewähren. Aber man verläßt sich nicht auf dies Moment allein. Von da aus ist es unse-[190]res Erachtens zu verstehen, daß der Preis der göttlichen Huld und Gnade oft mit Lobpreisungen anderer Art wechselt oder von ihnen umgeben ist[144]. Daraus erklärt sich die oben skizzierte Form der Gedanken, daraus auch ihre von aller persönlichen Beziehung absehende Weite[145].

Das ist der Eindruck, den eine sehr große Zahl der Handerhebungsgebete macht. Diese Haltung ist auch sicherlich bis in die letzten Zeiten babylonischer Religion beibehalten worden. Von dieser Linie aber zweigt eine andere ab, die am Ausgangspunkt verhältnismäßig breit einsetzt, dann aber immer schmaler und feiner wird. Sie ist dadurch gekennzeichnet, daß das Streben nach einer vertrauensvollen Beziehung zur Gottheit sich aus der Umklammerung und Herrschaft der schmeichelnden Huldigung loszuringen und zu verselbständigen trachtet. Wenn wir bei ihrem Verfolg die hierher gehörigen Texte in eine bestimmte Reihenfolge stellen, so soll damit kein Urteil über das zeitliche Nacheinander der ganzen Texte ausgesprochen sein. Die Anordnung will nur die verschiedenen Stufen und Grade in der Verselbständigung jener Regung zu erfassen versuchen.

[144] Vgl. z. B. Ebeling I, S. 6, 40; 24, 7; 31, 20; 37, 25–27; II, 12, 16–19; Ungnad, S. 177, 12–14; 179, 5–6; 204, 3–7; 247, 70; Schollmeyer, S. 52, 3–4; 57, 11–15; 76, 2–3. 9–11; 95, 3; 98, 5; 104, 10; Perry, S. 13, 4; Jastrow II, S. 76.

[145] Von Zeugnissen wirklichen Gottvertrauens, die sich zu hunderten finden (H. Seeger, Die Triebkräfte des religiösen Lebens in Israel und Babylonien, Tübingen, 1923, S. 10), wird man daher u. E. nicht reden dürfen.

Es ist sicherlich kein Zufall, wenn in vielen Fällen der Preis der Gnade und Freundlichkeit an den Schluß der Herrlichkeitsschilderung zu stehen kommt und damit unmittelbar vor die Selbsteinführung des Beters, die Klage oder die Bitte tritt. Darin kommt unverkennbar zum Ausdruck, daß auf diesem Teil der ganzen einleitenden Huldigung das besondere Interesse des Beters liegt. Man betrachte unter diesem Gesichtspunkte einmal folgenden Text und vergleiche ihn mit einem solchen, wo der Preis der Freundlichkeit in den Preis der Macht, Abkunft, Herrlichkeit und Unvergleichlichkeit eingelagert ist[146]:

Schamasch, erhabener, gewaltiger Richter der Igigi,
Lenker der Gesamtheit aller Menschen,
Erlöser Himmels und der Erden, Verteiler der Anteile, [240]
Großer, erhabener Bestimmer der Geschicke,
Herr, Pfleger der „Beherrschten", [191]
Schöpfer des Gottes und der Göttin, Erneuerer der Städte:
Ohne dich wird keine Entscheidung im Himmel und auf Erden gegeben,
Du bist's, der ihren Rat feststellt.
Schamasch, barmherziger Richter, der jegliches weiß,
Dessen Befehl in der Versammlung der großen Götter gehört wird[147],
Schamasch, auf deinen Befehl werden die Menschen geboren,
Du bestimmst ihre Geschicke, du schenkst ihnen Huld.
Tritt auf, durch deinen Mund werde das Recht verkündet,
Mein Recht richte, meine Entscheidung entscheide, höre meine Rede [usw.][148].

Deutlicher faßbar wird dabei das Streben nach Verselbständigung der Vertrauensregung in solchen Gebeten, in denen die Herrlichkeitsschilderung sich verengt auf das *eine* Gebiet des freundlichen

[146] Vgl. Anmerkung 144.

[147] Doch vielleicht Relativsatz (ohne Relationspartikel; vgl. Ebeling I, S. 43, 20).

[148] Ebeling I, S. 31, 13ff. Es folgt die Bitte, bei einer Gegenzauberhandlung Gelingen zu geben, vgl. ferner Ebeling I, S. 7, 21; 18, 10; 31, 23; 45, 27; 47, 23; II, 13, 5; 37, 12–17; Ungnad, S. 179, 8 (= King, Magic Nr. 22, 8); 205, 21–22; 218, 25–26; 248, 116; Schollmeyer, S. 49, 12–18; 57, Rückseite 6; 65, 6ff.; 70, 3–4; 107, 3; 121, 1–2; Böllenrücher, S. 18, 1–2; Perry, S. 47,

Wirkens der Gottheit. Dahin gehört der oben als Musterbeispiel für die Gattung benutzte Schamaschtext, dahin auch das Gebet an Ischtar, das zum Teil schon an anderer Stelle anzuführen war:

Heilige Ischtar, erhaben(st)e der Götter, meine Gottheit,
Die du Ansturm bewirkst, Kampf veranlaßt,
Gewaltige, vollkommenste der Göttinnen,
Auf deinen Befehl werden die Menschen recht geleitet,
Der Kranke wird gesund, der dein Antlitz sieht,
Sein Bann wird gelöst, eilends steht er auf,
Auf deinen Befehl sieht der Blinde die Sonne,
‚Gerade' wird der nicht Gerade, Ischtar, der dein Antlitz sieht.
Ich bin erkrankt vor dir niedergekniet, hingetreten,
Damit mein Prozeß entschieden werde, Richterin der Götter, habe ich mich an dich gewandt.
Deine Augen habe ich angesehen, meine Fessel soll gelöst werden. [192]
Sei nicht unhold, trübe und verwirrt bin ich,
Wie einer, der mit einem Pfahl geschlagen ist [usw.][149].

Hier stimmt der Preis der Gnade noch nicht mit dem Stoffe der Bitte überein (es wird gebeten um Hilfe gegen Zauberei). Diese Übereinstimmung und damit engere Verbindung der beiden Stücke zeigt ein Schamaschtext: [241]

Schamasch, Richter von Himmel und Erde, Herr dessen, was oben und unten ist,
[. . . . .]
[Der du löst] den Gebundenen, belebst den [Toten],
Der du beendest Finsternis, das Licht verbreitest[150].
Ich NN, Sohn des NN, dein Diener, wandte mich an dich, suchte dich auf.

8ff.; Pinckert, S. 12, 47–50; Hehn, S. 352, 34ff.; 357, 3–4; 359, 8ff.; Jastrow I, S. 536; King, Magic Nr. 4, Rev. 24ff.

149 Ebeling II, S. 37; vgl. weiter Ebeling I, S. 44, 22ff.; 47, 22; II, 13, 5; Ungnad, S. 179, 8 (= King, Magic Nr. 22, 8); 198, 8; Schollmeyer, S. 107, 3; 118, 4ff.; Perry, S. 47, 8ff.; Hehn, S. 352, 34ff.; King, Magic Nr. 4, 26.

150 Von mir kursiv gesetzt. [Alle Hervorhebungen in diesem Zitat; Anm. d. Red.]

An diesem Tage erhebe dich zu meinem Gericht!
In meine Finsternis bringe Licht, meine Unruhe verscheuche,
Meine Wirrsale bringe in Ordnung [usw.][151].

Im Zusammenhange mit diesem Entwicklungsgange steht es, daß auch die Anrufung sich von der Überfüllung mit huldigenden Beiworten, die in den gegebenen Beispielen mehr oder weniger zahlreich vorhanden sind, befreit. (Wir geben hier auch die Beispiele von Texten, welche keine Herrlichkeitsschilderung haben.)[152]

Zum Beleg sei das schöne Gebet an Marduk angeführt:

Marduk, großer Herr, barmherziger Gott, der die Hand des Gefallenen faßt,
Der da löst den Gebundenen, den Toten ins Leben erweckt,
[Eine Sün]de, die ich weiß, nicht weiß,
[Durch die ich mich vergangen habe,] frevelhaft Aufruhr begangen (?) und geschmäht habe,
[Wie zu] einem Vater, der (mich) erzeugt hat, zu deiner erhabenen Gottheit, [193]
Was ich gesündigt, aufrührerisch gefrevelt (?) und geschmäht habe,
. . . . des Lebens [wegen (?)] vor deine erhabene Gottheit
[habe ich (es) gebracht][153].

Hier erscheint der ursprüngliche Beweggrund einer schmeichelnden Huldigung von der erstarkten Vertrauensregung nahezu[154] völlig beseitigt. Die Wendung „großer Herr" bezeichnet hier kaum etwas anderes als den Ausdruck der schuldigen Ehrfurcht vor dem großen Gotte.

Wir stellen neben diesen Marduktext einen zweiten:

Held Marduk, dessen Zürnen Sturmflut,
Dessen Versöhnung ein barmherziger Vater (folgt die Klage)[155].

[151] Schollmeyer, S. 70, vgl. weiter KAR, S. 74, 1–24

[152] Auf dem Wege dazu sind Ebeling I, S. 44; 47; Ungnad, S. 274; Schollmeyer, S. 58; 76; 107; 118; Böllenrücher, S. 18, 1ff.; Jastrow I, S. 549; King Magic Nr. 4, 24ff.; 7, 34ff.; 57 (?). KAR, S. 39, Rücks. 6ff.

[153] Ebeling I, S. 19, 29ff.

[154] Zu dieser Einschränkung siehe unten S. 196 [hier S. 347f.; Anm. d. Red.].

[155] Hehn, S. 365, 1–2.

Hier ist der Gedanke an die Furchtbarkeit des Gottes dem Gedanken an seine Güte geradezu untergeordnet. Die dunkle Seite seines Wesens bildet den Hintergrund, von welchem sich die freundliche um so wirksamer abhebt. [242]

Der Werdegang, der hier beobachtet werden kann, läßt sich noch deutlicher an einer anderen Stelle verfolgen, nämlich am Anfange der Bitte. Das wird verständlich, wenn wir bedenken, daß die Bitte engen Anschluß an den Preis der Freundlichkeit sucht.

Die Bitte setzt häufig, namentlich wenn sie von der Anrufung durch die ehrenden Beiworte und die Herrlichkeitsaussagen allzu sehr getrennt ist, mit einer neuen Anrufung ein [156]. Sie kann sich auf einfache Nennung des Namens oder der Stellung des Gottes beschränken [157], ist aber oft der „hymnischen" Anrufung und Herrlichkeitsschilderung entsprechend ausgestaltet. Hier nun äußert sich die Regung von Vertrauen und Zuversicht ungehemmter, weil die schmeichelnde Huldigung schon ihren Ausdruck gefunden hat, ihr Schwerpunkt also nicht an dieser Stelle liegt.

Hier finden wir deshalb nicht nur die bei Gelegenheit der ersten Anrufung erwähnten Ausdrücke wieder, sondern dazu einige ähnliche andere, und das in größerer Zahl. Wir zählen sie auf und suchen durch Angabe der Belegstellen auf die Häufigkeit ihres Vorkommens hinzuweisen, wobei bemerkt sei, daß wir auf Vollständigkeit keinen An-[194]spruch erheben können. Es findet sich die Anrede „barmherziger Gott" [158], „barmherziger Herr" [159], „barmherziger Herr unter den großen Göttern" [160], „barmherziger" [161], „Vater der Schwarzköpfigen" [162], „barmherzige" [163], „barmherzige, der sich

[156] Z. B. Ebeling I, S. 11, 5; 31, 20. 22; 42, 13; 45, 31; II, 12, 20; 17, 27; Ungnad, S. 198, 9.

[157] Z. B. Ebeling I, S. 31, 15.

[158] Ebeling I, S. 8, 10; Schollmeyer, S. 115, 22; Böllenrücher, 18, 1; vgl. auch Hehn, S. 365, 7.

[159] Schollmeyer, S. 53, 10.

[160] King, Magic Nr. 21, Rev. 61; Hehn, S. 336, 9–11.

[161] Jastrow II, S. 83; 99.

[162] Schollmeyer, S. 67, 20; ergänzt durch Meek, S. 1, 26.

[163] Jastrow I, S. 547.

zuzuwenden gut ist“ [164], „barmherzige Göttin“ [165], „barmherzige Herrin“ [166], „barmherzige Mutter [167] der Menschen“ [168]. Hier findet auch eine persönliche Beziehung des Beters zur Gottheit unverkennbaren Ausdruck: „mein Herr“ [169], „meine Herrin“ [170], „mein Gott“ [171], „meine Göttin“ [172].

In Übereinstimmung damit steht, daß die Herrlichkeitsschilderung, wo sie sich findet, sich auf die Aussagen der Hilfe und Freundlichkeit deutlich beschränken kann: [243]

> Ea, bei deiner Lebensformel stirbt der Kranke nicht [173].

> Schamasch, Richter bist du [174].

Die Erstarkung des Vertrauens und der Zuversicht, die sich hier beobachten läßt, hat gelegentlich dazu geführt, daß die Erwähnung der göttlichen Gnade und Freundlichkeit sich von dem Boden der schmeichelnden Huldigung loslöst und sich eng mit der Bitte verbindet. So heißt es in einem Gebet an den Mondgott: [195]

> Erbarmungsvoll bist du, o Sin, ich suche dich auf,
> Schirmend bist du, o Sin, ich trete vor dich,
> Schonungsvoll bist du, o Sin, unter den Göttern [175].

[164] Jastrow II, S. 96.

[165] Jastrow I, S. 536.

[166] Ebeling II, S. 12, 20; vgl. dazu weiter Crayg, Rel. Texts II, S. 1, 10 „barmherzige Fürstin“.

[167] Jastrow I, S. 549; King, Magic Nr. 7, 59.

[168] King, Magic Nr. 7, 59; 57, 2.

[169] Ungnad, S. 223, 15; Jastrow II, S. 99; Zimmern, Hymnen, S. 19; Schollmeyer, S. 115, 20.

[170] Ungnad, S. 219, 43. 56; 220, 59. 72. 73; 221, 79. 93. 94; Jastrow I, S. 549; II, 76; 77; 81; 96; King, Magic Nr. 33, 22.

[171] Pinckert, S. 13, 61. 62; Jastrow II, S. 76; 93; 94; Hehn, S. 353, 61; Ungnad, S. 220, 67; 224; 225; Zimmern, S. 19.

[172] Jastrow II, S. 76; 93; Zimmern, S. 19; Hehn, S. 353, 60. 71; siehe auch vorige Anmerkung.

[173] Ebeling I, S. 11, 5; vgl. dazu die Anmerkung II, 71.

[174] Ebeling I, S. 45, 31.

[175] Perry, S. 48, 27–29.

Das Schema von Relativsatz und Hautpsatz erscheint hinter der Selbsteinführung:

> [Ich], dein Knecht, stöhnend schreie ich [zu dir].
> Wem eine Sünde anhaftet, dessen Flehen nimmst du an,
> Blickst du einen Menschen an, so lebt dieser Mensch.
> Mächtige über alles, Herrin der Menschen,
> Barmherzige, gütig sich Zuwendende, die annimmt das Flehen ...
> Treulich blicke mich an, nimm an mein Flehen [usw.][176].

Gelegentlich hat diese Zuversicht sogar eine eigene Form, wenn auch keinen eigenen Inhalt gefunden. So heißt es in einem Schamaschtexte:

> König des Himmels und der Erde, ich suche dich auf, ich wende mich an dich.
> [Wie das Gewand] meines Gottes und meiner Göttin, umfasse ich dein großes Kleid;
> [Da] Recht zu sprechen, Entscheidung zu fällen,
> Wohlergehen zu begründen bei dir steht,
> [Ja] zu schonen, wohlzutun, zu retten du verstehst,
> Stehe ich NN, der Sohn seines Gottes,
> [Dessen Gott NN], dessen Göttin NN ist, täglich vor deiner Gottheit[177].

Die gleiche Verbindung von Kausalnebensatz und Hauptsatz, und zwar in ähnlicher Anordnung wie die Sätze in dem Sin-Text, erscheint in einem Gebete an Nergal nach Selbsteinführung und Klage:

> Weil du schonungslos bist, mein Herr, wende ich mich an deine Gottheit,
> Weil du barmherzig bist, suche ich dich auf,
> Weil du hinsiehst, schaue ich auf dein Antlitz,
> Weil du gnädig bist, trete ich vor dich hin[178]. [196]

Noch selbständiger erscheint die Vertrauensäußerung in einem Gebet an Ischtar, wo der zweiten Bitte ein Wort vorangestellt ist vom Segen des Gebetes: [244]

176 Zimmern, S. 26.

177 Schollmeyer, S. 58, 5–10; fast wörtlich ebenso King, Magic Nr. 4, 31–32; 6, 73–76; 7, 11–14.

178 Ungnad, S. 223, 15–18.

Gut ist's zu dir zu beten; denn nahe ist dein Gehör,
Dein Blick ist Erhöhung, dein Geheiß Licht![179]

Hier haben wir zwar in den Kausalsätzen den Stoff und die von persönlicher Beziehung absehende Weite, wie wir sie kennen. Aber sie sind durch die Unterordnung unter die selbständige Einleitung der Absicht der schmeichelnden Huldigung entzogen.

Es ist von Wert, festzustellen, daß Beispiele, wie die angeführten, selten sind.

Achten wir nun auf den Inhalt aller Äußerungen in der einleitenden Anrufung und Herrlichkeitsschilderung, wie den Äußerungen, die in Verbindung mit der Bitte stehen, so zeigt sich, daß trotz allen Strebens nach Verselbständigung die Vertrauensäußerungen letzten Endes der Herrschaft der schmeichelnden Huldigung nicht entwachsen sind. Sie kommen über den trennenden Abstand zwischen dem Beter und dem großen Gott, in dem das letztere Motiv begründet ist, nicht hinaus. So vermögen die Aussagen nicht die Weite und Allgemeinheit der Anrede und Herrlichkeitsschilderung abzustreifen; so reden sie in ihrem Stoff und Stil von der Macht und Fähigkeit der Götter, den Toten zu beleben, den Gebundenen zu lösen usw. Man hält ihnen entgegen, daß sie solches verstehen, solches in ihren Händen liegt, ihnen beliebt. Aber nie heißt es, daß der Beter sich solcher Hilfe von den Göttern versichert halten dürfe. Ist er doch nur ein elender Sklave. Das ist es, was man auch bei der Betrachtung des Textes nicht außer acht lassen darf, der nach dem Grade seiner Zuversicht zu dem angerufenen Gotte neben dem unter Anmerkung 153 S. 344 angeführten u. E. den Höhepunkt des Handerhebungsgebetes darstellt:

Held Marduk, dessen Zürnen Sturmflut,
Dessen Versöhnung ein barmherziger Vater[180].

[179] Der von King, Magic Nr. 8 veröffentlichte, mehrfach übersetzte Text (z. B. Zimmern, S. 16; Ungnad, S. 177) beginnt nicht etwa mit den zitierten Zeilen. Wie das ergänzende Fragment KAR, S. 250 (Vorderseite) erkennen läßt, stehen sie in der Mitte des Ganzen. Voran geht im Fragment eine Herrlichkeitsschilderung, Selbsteinführung (*asḫura* „ich wandte mich an") und eine Bitte (?) 15.

[180] Hehn, S. 365, 1–2.

Die Schranke, die hier noch vorhanden ist, wird allein, soweit wir sehen, durchbrochen in den nicht sehr zahlreich vorhandenen Gebeten [197] an die Schutzgottheit. Das ist begreiflich. Denn hier ist der große Abstand nicht vorhanden. Es sind niedere Gottheiten, die den Sterblichen nahestehen. Hier bedarf es keiner schmeichlerischen Anrede wie bei den großen Göttern; hier wendet sich der Beter unmittelbar an die Gottheit; hier äußert sich das Vertrauen unmittelbar in der Anrede „mein Gott", „meine Göttin"; hier erscheint das Wirken des Gottes ganz persönlich auf den Beter bezogen und eng mit der Bitte verbunden: [125]

> O mein Gott, Erschaffer meines Wesens,
> Beschützer meines Lebens, Erzeuger meiner Nachkommenschaft,
> Mein erzürnter Gott, dein Herz sei beruhigt . . . . .
> O mein Gott, vergebend bist du,
> Wende deinen gegen mich erzürnten Nacken mir wieder zu[181].

Hierher gehört auch ein Gebet an Nusku, das der höheren Stellung des Gottes zwar in einigen huldigenden Worten Rechnung trägt, ihn aber doch, und das schon in der zweiten Zeile, so anredet:

> Du bist es, der mir Recht schafft und meine Entscheidung verkündet,

und mit den Worten persönlichster Beziehung zu dem Gotte schließt:

> Du allein bist mein Gott, du allein mein Herr,
> Du allein mein Richter, du allein mein Helfer.
> Du allein bist es, der mir Rache verschafft![182]

Im inneren Zusammenhang mit der zögernden Verselbständigung der Vertrauensäußerungen steht es, daß sie nur recht vereinzelt auf Gestalt und Stoff der Selbsteinführung und der Bitte selbst Einfluß gewonnen haben.

Für die Art, wie die Bitte vor die Gottheit gebracht wird, sind

[181] Jastrow II, S. 93; doch vgl. zur vorletzten Zeile Zimmern, S. 19; vgl. auch 94; 95.

[182] Ungnad, S. 248, 88–90.

folgende Beispiele zu vergleichen. So heißt es in einem Gebet an Ischtar:

> Zu einem Prozeß voll Recht und Gerechtigkeit komme ich vor dich[183].

Hier ist das Vertrauen auf die Unparteilichkeit des Richters nur indirekt ausgesprochen. Deutlicher reden andere Texte. Ihnen allen ist gemeinsam, daß das Vertrauen hier zu Worte kommt in Gestalt eines [198] aus der variierten Selbsteinführung erwachsenden Vergleiches. So heißt es in einem Gebete an Schamasch, in dem die Rede davon ist, der Beter wende sich so an den Gott wie an die Schutzgottheiten, deren persönliche Beziehung zu ihm oben erwähnt wurde:

> Ich suche dich auf, wende mich an dich,
> *Wie das Gewand meines Gottes und meiner Göttin*[184] erfasse ich dein großes Kleid[185].

Innigere Töne schlägt ein Gebet an Marduk an, welches das Verhalten des Beters mit der rührenden Anhänglichkeit des Hundes vergleicht, ein Vergleich, der doch zugleich auch den Abstand von Beter und Gott illustriert:

> Ich hänge fest *wie ein Überkleid*
> An deinem Gürtel,
> *Wie ein Hündchen,* o Marduk
> laufe ich hinter dir her[186]. [246]

Die persönliche Note, die hier noch fehlt, treffen wir in jenem schon erwähnten Gebete, das den Marduk anredet als

> Großer Herr, barmherziger Gott, der die Hand des Gefallenen faßt,
> Der da löst den Gebundenen, den Toten ins Leben weckt.

[183] Ebeling II, S. 30, 24.

[184] Von mir kursiv gesetzt!

[185] Schollmeyer, S. 108, 4 (?); vgl. weiter King, Magic Nr. 4, 29; 6, 73; 7, 11.

[186] Hehn, S. 359, 9–12; vgl. zu dieser Haltung des Betenden Mk. 7, 28.

Da heißt es vor der Bitte:

> *Wie zu einem Vater, der mich erzeugt hat,* zu Deiner erhabenen Gottheit.
> Was ich gesündigt, aufrührerisch gefrevelt (?) und geschmäht habe,
> . . . . . des Lebens [wegen (?)] vor deine erhebene Gottheit [habe ich (es) gebracht][187].

Aber auch hier ist der letzte Schritt nicht getan. Das Verhältnis von Vater und Sohn bleibt im Vergleiche.

Auf die Gestalt und den Stoff der Bitte hat die Vertrauensregung nicht tief einzuwirken vermocht. Es sind nur ganz wenige Äußerungen zu belegen, und diese sind durchaus formelhaft und unindividuell. Als Beispiel des Typus kann eine Stelle aus einem Nergalgebet gelten: [199]

> Dein hehrer Schirm, deine machtvollen Erbarmungen seien mit mir[188].

Es wird um die Anwendung der dem Gotte zugesprochenen Gnade gebeten. Aber selbst hier wirkt das übermächtige Bewußtsein des Abstandes lähmend. Das erbetene Objekt bleibt allgemein und weit[189], und das Motiv der schmeichelnden Huldigung verbindet sich mit ihm in Gestalt des Adjektivs „hehr", „groß", „gewichtig"[190].

Fassen wir unsere Ergebnisse kurz zusammen. Die Äußerungen des Vertrauens wachsen heraus aus der schmeichelnden Anrufung und Herrlichkeitsschilderung. Daraus ergeben sich ihre Formen, daraus ist ihre durch Weite der göttlichen Wirksamkeit gekennzeichnete Art zu begreifen. Sie suchen engere Verbindung mit der Bitte, lösen sich aber nur zaghaft und vereinzelt aus dem Rahmen

[187] Ebeling I, S. 19.

[188] Böllenrücher, S. 18, 8/9.

[189] Vgl. das vom Babylonier selbst beigefügte Beiwort *rapšu* „weit" King, Magic Nr. 6, 92; 7, 30.

[190] Vgl. Ebeling I, S. 19, 29/30; Pinckert, S. 13, 58; Ungnad, S. 222, 100; Jastrow II, S. 11; King, Magic Nr. 46, 6 (?) und die in der vor. Anmerkung angeführten Stellen.

der hymnischen Huldigung heraus. Beeinflussung der Selbsteinführung und der Bitte findet sich im Zusammenhang damit noch weniger. Mit diesen Beobachtungen stimmt es innerlich zusammen, daß das Handerhebungsgebet das Wort „Vertrauen“ fast überhaupt nicht kennt. Zu nennen sind hier, soweit wir zu sehen vermögen, nur zwei Stellen, bei denen aber leider der Zustand des Textes verwehrt, Näheres zu erkennen[191].

Das Tasten in der Verselbständigung der Vertrauensregung zeigt auch ein Blick auf die neben ihren Äußerungen herlaufenden Gebetsmotive. Selbst da, wo wir die Verbindung der Vertrauensäußerungen mit der Bitte antreffen, geht doch zumeist die schmeichelnde [247] Huldigung vorauf. Sie ist noch das stärkere Fundament der Bitte[192]. Selbst in dem oben S. 344 Anm. 153 zitierten schönen Gebet an Marduk vermag der Beter nicht ganz auf sie zu verzichten, wenn die Ergänzung Ebelings zutrifft:

> [Meine Verehrungen] mögen dir angenehm sein!

Beachtenswert ist es dagegen, daß in solchen Gebeten der Hinweis [200] auf das Opfer als eines Mittels der Beeinflussung fast völlig fehlt. Wir vermögen nur drei Beispiele für das Gegenteil beizubringen[193].

Es ist eine immer schmaler verlaufende Linie, die wir zu zeichnen hatten. Die Regungen, denen wir nachspüren konnten, sind in ihren Äußerungen mit sehr wenigen Ausnahmen nicht allzuweit über die Ansätze zu einer Verselbständigung hinausgekommen. Auf die Frömmigkeit des Durchschnittsbabyloniers, der sich der erwähnten Gebete bediente, werden jene wenigen Äußerungen kaum irgendwelchen Einfluß ausgeübt haben. Denn neben den Eindruck des Gebetstextes traten andere Eindrücke, welche seiner Auswirkung ungünstig waren. Es ist die kultische Veranstaltung, welche das babylonische Priestertum vielfach mit dem Gebete verband, das Ritual, welches häufig für den gleichen Zweck Gebete an verschie-

[191] Ebeling I, S. 45, 34; Perry, S. VI, 15.

[192] Ebeling I, S. 10; 45; Perry, S. 47; Schollmeyer, S. 58; Ungnad, S. 223; King, Magic Nr. 4, 24ff.; 6, 71ff.; 7, 9ff.

[193] Ungnad, S. 176ff.; Hehn, S. 359f.; Zimmern, S. 19.

dene Götter zusammenstellte, das die Gebete mit dem Opfer verknüpfte und mehrmalige Rezitation vorschrieb. War das erste Moment dem Vertrauen des Beters auf *eine* Gottheit nicht günstig, insofern als er angewiesen ward, sicherheitshalber mehrere Götter anzugehen, lenkte das zweite die Aufmerksamkeit ab auf die Leistung, die er der Gottheit brachte, so mußte das dritte dem Gebet geradezu seine Eigenart rauben und es zu einer toten Formel werden lassen, deren so und so oft wiederholtes Hersagen den Erfolg verbürgen sollte. Dem Geschick, mit solchen wesensfremden Anweisungen verbunden zu werden, sind denn auch einige der höherstehenden Gebete nicht entronnen[194].

Es bleibt noch übrig, einen kurzen Blick auf die Gebete des Königs zu werfen, wie sie oben abgegrenzt wurden. Die meisten von ihnen zeigen in der uns angehenden Hinsicht das übliche Aussehen der anderen Gebete. Sie sind deshalb auch im vorhergehenden mitbenutzt worden[195].

Besondere Art haben nur einige wenige, deren Träger nach dem heutigen Texte assyrische Könige sind und die zum Teil zu größeren Kompositionen ausgestaltet erscheinen. Der Raum verbietet es, die Linien zu zeigen, welche sie mit dem einfachen Handerhebungsgebete verbinden. [248]

[201] Da treffen wir in einem Texte die persönliche Verbundenheit aussprechende Anrede „meine Taschmetu“, „meine Braut“, „mein Liebling“ in Verbindung mit der Bitte[196]. Da erscheint die Herrlichkeitsschilderung in einem Fürbittgebet eingeschränkt auf die Taten des Gottes an dem Könige:

Mit der Erhebung deiner erhabenen Hände[
Den heiligen Šangû, [Deinen] Berufenen[
Assur-nāṣir-apal, den König, hast du genommen[
[Herrschaft über alle] Fürsten hast du [ihm gegeben]

[194] Das läßt sich erkennen Ebeling I, S. 19; Hehn, S. 365; vgl. King, Magic Nr. 11, Rev. 42–45.

[195] Es sind Ebeling I, S. 24; 26; Ungnad, S. 172; Schollmeyer, S. 79; Perry, S. 13; Jastrow II, S. 76; King, Magic Nr. 1, 28–51; 4, 9–22. 24–50; 7, 9–32. 34–63; 57, 1 ff.

[196] Ebeling I, S. 83, 14–15.

– – – – sein Heldentum hast du[
Deine große Herrschaft hast du [ihn] gewi[nnen] lassen,
Mit deinem treuen Herzen hast du ihn erhöht,
Die Hirtenschaft über dein Land Assur ihm geschenkt,
Schenk ihm Erhörung und hohes Alter [usw.][197].

In einem anderen Texte finden wir nach einer Anrufung üblichen Stils eine Herrlichkeitsschilderung, die allein des Gottes Hilfe zum Inhalt hat und persönliche Beziehung auf den Beter kennt:

Assur, großer Herr, König aller Götter, (sei gnädig),
Großer „Berg" Enlil, der das Geschick Himmels und der Erde bestimmt, (sei gnädig,)
Mein guter Schutz, mein weiter Schirm bist du! [usw.][198].

In dem bekannten Gebet Assurbanipals an Nebo[199] lautet die Herrlichkeitsschilderung ähnlich:

Du bist der Beistand Assurbanipals in Zukunft und immerdar.

Im gleichen Texte finden wir vor der Bitte das bekannte Schema von Relativ- und Hauptsatz, aber aus dem direkten Preis des Gottes umgesetzt in den indirekten und damit den Beter in seinem Verhältnis zur Gottheit in den Vordergrund stellend:

Wer die Füße der Königin von Niniveh erfaßt, wird nicht verworfen sein in der Schar der großen Götter;
Wer mit der Schnur der Urkittu gebunden ist, wird nicht verworfen sein inmitten seiner Feinde![200]

[202] Diese wenigen Beispiele rechtfertigen die Abtrennung des Königsgebetes. Wie sie zeigen, kennt dieses eine vertrauensvollere Haltung zur Gottheit als das Gebet des Privatmannes. Das liegt in der Stellung des Königs begründet, die ihn den großen Göttern näherrückt. Er ist der Berufene der Gottheit, ihr Erwählter, ihr

[197] Ebeling I, S. 60, 13ff.; vgl. weiter Jastrow II, S. 113; Crayg, Rel. Texts. II, S. 1, 9. 17–18.
[198] Ebeling I, S. 69, 13–15. Text von mir kursiv gesetzt.
[199] Ungnad, S. 180ff.
[200] Ungnad, S. 181, 28–29.

Liebling[201]. Seine Schutzgötter sind nicht irgendwelche untergeordneten Genien, sondern Marduk und Sarpanit, Assur und Assuritu selbst[202]. [249]

III

Stellen wir nunmehr den Vertrauensäußerungen des Handerhebungsgebetes diejenigen des israelitischen Klageliedes des Einzelnen gegenüber. Wir finden sie wie dort in der Anrede und in Verbindung mit der Bitte.

Wir beginnen wie bei den babylonischen Texten mit der Anrufung.

Hier zieht zuerst ein Text die Aufmerksamkeit auf sich, der seiner Einzigartigkeit wegen für sich behandelt werden muß, das Klagegedicht Jer. 17, 12–18:

> Thron der Herrlichkeit,
> Höhe von Urzeit her,
> Ort unseres Heiligtums!
> Hoffnung Israels, Jahwe!
> Alle, die dich verlassen, werden zuschanden,
> die von dir weichen, der Unterwelt zugeschrieben.
> Denn sie haben die Quelle des Lebens verlassen.
> Heile mich, Jahwe, daß ich geheilt werde!
> Hilf mir, daß mir geholfen werde!
> Denn mein Lobpreis bist du! [usw.][203]. [203]

[201] Ebeling I, S. 60; 14; Jastrow I, S. 537; KAR, S. 345, Vorderseite 15; Crayg, Rel. Texts II, S. 1, 15. 16.

[202] Jastrow I, S. 537; King, Magic Nr. 50, 13; 56, 8.

[203] Text mit Baumgartner, Klagegedichte des Jeremia, S. 40. H. Schmidts andere Herstellung (Die großen Propheten, SAT², Göttingen 1923, S. 276) ändert nichts am Aufbau. In der Abgrenzung des Textes stimmen wir völlig mit Baumgartner, Schmidt, Rothstein (bei Kautzsch-Bertholet, Heilige Schrift des AT⁴) überein gegen Duhm, Cornill und Volz und hoffen die Argumente für sie durch unsern Beitrag zu verstärken. Abzulehnen ist jedenfalls Volzs Begründung, daß 12–13 nicht mit 14–18 zusammenzunehmen sei, weil in den ersten Versen ruhiges Nachdenken oder feierliche Erhebung, in den letzten Sturm herrsche. Sobald man 12–13 mit 14–18

Die enge Berührung mit dem Babylonischen fällt in die Augen. Wir treffen gehäufte Ehrenprädikate in der Anrede. Der Name des Gottes steht, wie öfter dort, nicht an erster Stelle, sondern folgt um der Steigerung willen später[204]. Eine indirekt gehaltene Herrlichkeitsschilderung in Hauptsatzform schließt sich an. Sie ist allgemein und weit gehalten. Ein persönliches Verhältnis zu dem angerufenen Gott wird nicht deutlich. Die Regung des Vertrauens ist wie im Handerhebungsgebet der Huldigung untergeordnet und äußert sich wie dort dadurch, daß ein freundliches Beiwort zu dem Namen tritt, daß die Herrlichkeitsschilderung allein von einem freundlichen Zuge (negativ formuliert) eingenommen wird. Im Stoffe tritt natürlich israelitische Eigenart mehr hervor, die Beziehung auf das Heiligtum, auf das Volk, die unbabylonische Bezeichnung Jahwes als *Hoffnung* Israels gehören hierher. Auch die Wendungen „dich verlassen", „von dir weichen", deren Voraussetzung eine besondere Verbindung mit Jahwe ist, müssen hier genannt werden. [250]

Jeremia lehnt sich in dem zitierten Anfange seines Gebetes an zu seiner Zeit vorhandene Klagelieder an[205]. Die Möglichkeit, das hier nachgeahmte Vorbild als vor der Zeit des Propheten vorhanden nachzuweisen, legt es verführerisch nahe, in diesem Typus das vermittelnde Zwischenglied zwischen dem Handerhebungsgebete und dem Klageliede des Einzelnen zu erblicken. Aber ein solcher Schluß ist unseres Erachtens vorschnell.

Die Beobachtung, daß die anderen Klagegedichte Jeremias in ihrer Anrede wie ihrer Haltung überhaupt mit den Klageliedern des Psalters eng zusammengehören, spricht zwar nicht direkt gegen ihn. Denn die Gestalt der Gattung, wie wir sie gewöhnlich treffen, könnte das Ergebnis einer langen Geschichte sein. In dem Vorbilde von Jer. 17, 12–18 wäre dann der letzte Rest der neben der umgebildeten Gattung noch eine Zeitlang herlaufenden ursprünglichen zu sehen. Aber bedenklich muß unseres Erachtens stimmen, wovon

verbindet und 12 als Anrede nimmt, haben wir auch hier die Stimmung von 14–18.

204 Vgl. S. 179 [hier S. 329; Anm. d. Red.], Anm. 53.

205 Vgl. Baumgartner, a. a. O., S. 41 f.; Schmidt, a. a. O., S. 276 f.

bald zu reden ist, daß in den Vertrauensäußerungen des Klageliedes des Einzelnen Beziehungen zur Natur des palästinischen Landes nicht zu verkennen sind. Diese Beziehungen aber, die auch gelegentlich in der Anrede auftauchen, können für Bodenständigkeit der Gattung auf dem Boden Kanaans sprechen. Trifft diese Annahme zu, dann scheinen uns die Verbindungslinien zwischen Handerhebungsgebet und Klagelied des [204] Einzelnen erheblich verwickelter zu verlaufen, als man im Falle der Abhängigkeit der israelitischen von der babylonischen Gattung erwarten kann.

Sonst begegnet uns bei der Anrede ein bedeutungsvoller Unterschied. Der Israelit braucht seinem Gotte nicht zu schmeicheln, ihn nicht durch Aufzählung von Titeln und Machttaten zu veranlassen, auf ihn zu hören. Er redet vielmehr seinen Gott einfach mit seinem Namen oder mit „Gott" oder „Herr" an und trägt ihm alsdann seine Klage oder Bitte vor oder ruft ihn an, auf das zu merken, was er ihm jetzt vortragen wird. In diesen Anrufungen treffen wir zwar Hoheitsprädikate „König"[206], „Höchster"[207], aber sie sind selten und erscheinen nicht gehäuft, sind also nicht als schmeichelnde Huldigung, sondern als Ausdruck der schuldigen Ehrerbietung zu verstehen. Nur ein Beispiel gibt es, wo sich der Beter in der Anrufung auf sein Lob Gottes bezieht:

> Gott meines Preises, schweige nicht![208]

Trotz der Berührung mit dem Babylonischen ist hier jedoch ein Unterschied nicht zu verkennen. Der Babylonier huldigt seinem Gott *zu Beginn* des Gebetes. Der Israelit erinnert Jahwe an die Hymnen, die er ihm *ehedem* gesungen hat[209]. Da die Anrufung zu Beginn des ganzen Psalms somit keinen Unterschied von der zu Anfang der Klage und Bitte aufweist, brauchen beide nicht, wie bei der babylonischen Gattung, getrennt behandelt zu werden. [251]

Der Israelit steht nach der Anrede in einem Verhältnis zu Jahwe,

[206] Ps. 5, 3.
[207] Kann aus Ps. 57, 3 erschlossen werden.
[208] Ps. 109, 1.
[209] Vgl. Gunkel im Kommentar zur Stelle.

wie wir es in den babylonischen Handerhebungsgebeten eigentlich nur in den wenigen, den Schutzgottheiten gewidmeten Texten finden, jenen Genien, die sich an Rang und Würde mit den *ilāni rabūti* nicht messen können. Gegenüber der Haltung der großen Masse der babylonischen Gebete muß es besonders stark auffallen, wie enge sich der Israelit mit seinem Gotte verbunden weiß. Immer wieder treffen wir in der Anrede und den ihr zugefügten Beiworten die Beziehung auf die Person des Beters: „*mein* Gott“[210], „*mein* Fels“[211], „*mein* König“[212] [205] usw. An der Stelle, wo im Handerhebungsgebete die niedere Gottheit steht, erscheint im israelitischen Klageliede des Einzelnen Jahwe, der höchste Gott. Oder drücken wir es mit den Worten des AT selbst aus: Des Betenden „Hilfe steht im Namen Jahwes, der Himmel und Erde gemacht hat“[213]. Im israelitischen Klageliede führt ein Steg über den tiefen Grund zwischen dem Menschen und dem hohen Gott, den das babylonische Handerhebungsgebet im ganzen nicht gefunden hat.

Wie eben angedeutet wurde, fügt auch der israelitische Beter der Anrede Beiworte zu. Aber sie haben anderen Charakter und andere Bedeutung als im Babylonischen[214]. In ihnen drückt der Fromme aus, was Jahwe ihm persönlich ist: „mein *Gott*“, „mein *Fels*“, „meine *Hilfe*“, „mein *Retter*“[215]. Damit klammert er sich in seiner Not vertrauend an seinen Gott an.

Weiter ist darauf hinzuweisen, daß Häufungen der Beiworte nach Art des Handerhebungsgebetes sich nicht finden. Ebensowenig kennt das Klagelied des Einzelnen die Erweiterungen im Partizipial- und Relativsatzstil[216].

[210] Ps. 7, 2. 4; 13, 4; 22, 1 u. a. m.

[211] Ps. 28, 1.

[212] Ps. 5, 3.

[213] Ps. 124, 8; vgl. 121, 2.

[214] Stummer, a. a. O., S. 11–18 übergeht sie. Aber sie müssen nach ihrer Stellung im Gebet mit den Beiworten der babylonischen Anrede verglichen werden.

[215] Der Stoff der Beiworte wird weiter unten zusammengestellt; vgl. dazu Hempel, Gott und Mensch im AT, Stuttgart, 1926, S. 181.

[216] Partizipiale Erweiterung würde vorliegen Jer. 11, 20 = 20, 12, wenn

Mit dem, was sich bei der Anrede beobachten läßt, hängt es innerlich zusammen, daß die Äußerungen des Vertrauens in engem Zusammenhange mit der Bitte erwachsen. Denn die Zuversicht zu Jahwe ist der tragende Grund der Bitte und wird in ihrer Entfaltung durch kein entgegenstehendes Motiv gehemmt. In reicher Fülle und in mannigfachen Formen und Abstufungen weiß diese Zuversicht laut zu werden. [252]

Betrachten wir zunächst die Art, wie der Israelit vor seinen Gott tritt. Da begegnen uns neben Wendungen wie „zu dir erhebe ich [206] meine Seele“ [217], „zu dir schreie ich, Jahwe“ [218], „ich rufe zu dem Höchsten“ [219], „ich habe die Hände nach dir ausgebreitet“ [220] eine ganze Reihe Abwandlungen. So erhält die Beschreibung der Bitte: „Ich rufe zu dir“ die Erweiterung: „denn du erhörst mich“ [221]. Die erste der oben angeführten Einleitungen erhält die Fortsetzung: „ich vertraue auf dich!“ Die Worte: „In deine Hände befehle ich meinen Geist“ werden fortgeführt: „denn du erlöst mich, treuer Gott“ [222]. Das Vertrauen auf Jahwe schließt sich mit dem Hinweis auf das Hintreten vor die Gottheit zu einem einzigen Ausdrucke zusammen: „Zu dir, Jahwe, flüchte ich“ [223]. Steht der Beter unter dem Eindruck der Ferne Jahwes, so wird das Vertrauen herabgestimmt auf den Ton der Sehnsucht:

mit Cornill, Volz und Rothstein der Text als Bitte mit voraufgehender Anrede zu fassen sein sollte („Du aber, Jahwe der Heere, der gerecht richtet, Herzen und Nieren prüft, *möge* ich sehen“ usw.). Faßt man den Text mit Duhm, Baumgartner und Schmidt als Ausdruck der Gewißheit, was ebensogut möglich ist („aber Jahwe der Heere richtet gerecht, prüft Nieren und Herz, ich *werde* sehen“ usw.), so bleibt kein Beispiel für Erweiterung der Anrede. Die Auffälligkeit der ersten Auffassung scheint uns für das Recht der zweiten zu sprechen.

217 Ps. 25, 1.

218 Ps. 28, 1.

219 Ps. 57, 3. Hier findet sich das einzige Beispiel einer partizipialen Erweiterung: („Ich rufe) zu dem Gott, *der es für mich hinausführt.*“

220 Ps. 143, 6.

221 Ps. 17, 6; vgl. 5, 4; auch 25, 15.

222 Ps. 31, 6.

223 Ps. 7, 2; 31, 2; 71, 1; vgl. auch 141, 8.

Ich harre auf dich den ganzen Tag! [224]

Ich harre auf dich, du wirst mich erhören! [225]

Meine Seele dürstet nach dir! [226]

Am schönsten ist sie ausgesprochen in den einleitenden Worten des 42. Psalms, welche die Stärke der Sehnsucht durch einen kraftvollen Vergleich zum Ausdruck bringen.

Das Vertrauen äußert sich aber auch im Zusammenhange der Bitte selbst. Es beeinflußt ihre Form, aber auch ihren Stoff.

Für die Beeinflussung der Form ist auf die Wendungen zu verweisen, welche den Inhalt der Bitte an die Gnade Jahwes binden:

Hilf mir um deiner Gnade willen! [227]

Tilge meine Sünden nach deiner großen Barmherzigkeit [228].

Es darf hier darauf aufmerksam gemacht werden, wie das Substantiv „Größe" in ganz anderem Sinne verwendet ist als das Adjektiv „groß" [207] in den sachlich ähnlichen Wendungen der babylonischen Bitte (s. Anm. 190 auf S. 351). Spricht sich dort in der Beifügung die Devotion des Beters vor jener Barmherzigkeit aus, so bezeichnet das hebräische רֹב die Fülle und Stärke der göttlichen Gnade.

Ein anderes Beispiel macht im Relativsatz Jahwe auf das Vertrauen des Betenden aufmerksam:

Hilf deinem Knecht, der auf dich vertraut! [229]

Wie das Vertrauen auf Jahwe den Stoff der Bitte beeinflußt, zeigen folgende Beispiele: [253]

Werde mir ein schützender Fels,
eine feste Burg! [230]

[224] Ps. 25, 5.
[225] Ps. 38, 16.
[226] Ps. 63, 2.
[227] Ps. 6, 5.
[228] Ps. 51, 3; vgl. weiter 25, 6. 7; 31, 17; 69, 14; 109, 21 (כְּטוֹב). 26.
[229] Ps. 86, 2.
[230] Ps. 31, 3; 71, 3.

Sprich zu meiner Seele: deine Hilfe bin ich![231]

„Sättige" mich am Morgen mit deiner Gnade![232]

Im Schatten deiner Flügel möge ich Zuflucht finden![233]

Wenn Vater und Mutter mich verlassen, nehme Jahwe mich auf![234]

Alle diese Beispiele, mit Ausnahme des letzten, haben ihre stofflichen Seitenstücke in den selbständigen Vertrauensäußerungen der Klagelieder.

Diesen wenden wir uns nunmehr zu. Sie kommen am häufigsten vor. Dem Kausalverhältnis entsprechend, in dem sie zur Bitte stehen, werden sie dieser öfter mit כִּי angeschlossen. Sie zeigen die oben berührte Abstufung:

Ich vertraue auf dich[235].

Es harrt meine Seele auf Jahwe
mehr als Wächter auf den Morgen[236].

Worauf soll ich hoffen, Herr?
Mein Harren geht auf dich allein![237] [208]

Will sich die Erwartung des Beters nicht erfüllen, so mahnt er sich selbst, das Vertrauen nicht zu verlieren:

Was bist du so unruhig, meine Seele,
und zerfließest in mir?
Harre auf Jahwe! denn ich werde ihm noch danken,
meines Angesichts Hilfe und meinem Gott[238].

Dabei ist es lehrreich, zu beobachten, wie an den Stellen, wo der Beter sich zum Vertrauen erst wieder aufzuraffen sucht, der Zusam-

231 Ps. 35, 3.
232 Ps. 143, 8 (lies mit Bruston, Duhm, Gunkel הַשְׂבִּיעֵנִי).
233 Ps. 57, 2; vgl. weiter 61, 5; 17,8.
234 Ps. 27, 10.
235 Ps. 13, 6; 25, 2; 26, 1; 31, 7. 15; 55, 24; 56, 5; 143, 8; dahin gehört auch 16, 1; 57, 2.
236 Ps. 130, 6; vgl. weiter 25, 1.
237 Ps. 39, 8.
238 Ps. 42, 6. 7. 12; 43, 5; vgl. weiter 55, 23; 59, 10.

menhang mit Jahwe auch in der Form des Gebetes verlorengeht. Es spricht von ihm in dritter Person[239].

Zu diesen Äußerungen formaler Art, die man mit Gunkel zusammenfassend als Vertrauensbeteuerungen bezeichnen kann, treten nun eine Reihe anderer, welche den Inhalt und Grund des Vertrauens aussprechen. Den Übergang zu ihnen bilden Mischformen wie:

> Ich spreche zu Jahwe: „mein Gott bist du!“ [240]

> Ich aber vertraue auf dich,
> spreche: „du bist mein Gott!“ [241]

Entfällt die Einleitung, so haben wir ihre Form[242]. Sie berührt sich enge mit einer Form der Herrlichkeitsschilderung des Handerhebungs-[254]gebetes. Hier wie dort kann das betonte „du“ am Anfang oder am Ende des Satzes stehen[243]. Inhalt, Zweck und Stellung sind aber im israelitischen Klageliede anders als im babylonischen. Nie findet sich diese Form mit der Anrede zu Beginn des Psalmes verbunden. Ihr Inhalt sind Ausdrücke für das, was Jahwe dem Beter bedeutet, ihre Absicht ist, das Vertrauen des Frommen auszusprechen, dem Gott zu zeigen, wie er sich an ihn klammert in all seiner Not.

Hier hat das israelitische Klagelied des Einzelnen eine überraschende Fülle von Ausdrücken zu finden gewußt, eine Fülle, deshalb so erstaunlich, wie die Zahl der Texte, denen wir sie entnehmen, bedeutend geringer ist als die der babylonischen Handerhebungsgebete. Da sich der Inhalt dieser Äußerungen vielfach mit den Beiworten der [209] Anrede und den oben aufgeführten Beispielen der Bitte berührt, stellen wir hier den gesamten Stoff zusammen. Überaus häufig wird Jahwe bezeichnet als „mein Gott“[244]. Er ist das Vertrauen[245],

[239] Vgl. vorige Anm., Beispiel 1–4.

[240] Ps. 140, 7.

[241] Ps. 31, 15.

[242] Vgl. Ps. 3, 4; 22, 10. 11; 25, 5; 31, 4. 5. 15; 40, 18; 43, 2; 71, 3. 5; 86, 3; 140, 7; 142, 6; 143, 10.

[243] Vgl. Anm. 77, S. 182; Stummer, a. a. O., S. 46ff.

[244] Ps. 7, 2. 4. (7). (11); 13, 4; 22, 1. 11; 25, 2; 31, 15; 35, 23; 38, 16. 22; 40, 18; 42, 7. 12; 43, 4. 5; 59, 2; 63, 2; 69, 4; 71, 4; 109, 26; 140, 7; 143, 10.

[245] Ps. 22, 10; 71, 5.

die Hoffnung[246] des Beters, sein Teil im Lande der Lebendigen[247]. Er ist der Gott seines Heiles[248], der Gott seines Lebens[249], seines Schutzes[250], sein Licht[251], sein treuer Gott[252], sein Retter[253], Helfer[254] und Erlöser[255]. Der unschuldig Verfolgte wendet sich an ihn als den gerechten Gott[256], der Geschmähte nennt ihn „meine Ehre", „den Erheber meines Hauptes"[257].

Gern vergleicht man Jahwe mit dem, was auf Erden Schutz und Hilfe zu bieten vermag. Da wird er bezeichnet als „Hilfe"[258], als „Schutz meines Lebens"[259], als „Beistand"[260], als „Hilfe meines Angesichts"[261]. Ja, die Vergleiche sind noch kühner: er ist Zufluchtsort[262], schützender Hort[263], ein steiler Berg[264], ein Fels[265], eine Burg[266], [210] eine Feste[267], ein Bollwerk[268], ein Bergfried[269], ja ein ringsum deckender Schild[270].

246 Ps. 71, 5.
247 Ps. 142, 6.
248 Ps. 25, 5; 27, 9; Mi. 7, 7; vgl. auch Ps. 27, 1.
249 Ps. 42, 3.9.
250 Ps. 43, 2.
251 Ps. 27, 1.
252 Ps. 31, 6.
253 Ps. 40, 18 = 70, 6.
254 Ps. 54, 6.
255 Ps. 19, 15. Das Partizip ist, wie die Zusammenstellung צורי וגאלי zeigt, substantiviert gebraucht.
256 Ps. 17, 1; vgl. Gunkel zur Stelle.
257 Ps. 3, 4.
258 אֱיָלוּת Ps. 22, 20; עֶזְרָה Ps. 27, 9; 40, 18; עֵזֶר Ps. 70, 6; יְשׁוּעָה Ps. 35, 3.
259 מָעוֹז חַיַּי Ps. 27, 1.
260 תְּשׁוּעָה Ps. 38, 23.
261 Ps. 42, 6. 12; 43, 5.
262 מַחֲסֶה Ps. 61, 4; 142, 6; Jer. 17, 17.
263 מָעוֹז Ps. 31, 5; 43, 2; ע־ז '22, 10'; 59, 10; 140, 8.
264 סֶלַע Ps. 31, 4; 71, 3.
265 צוּר Ps. 19, 5; 28, 1; 31, 3.
266 מְצוּדָה Ps. 31, 4; 71, 3.
267 מִשְׂגָּב Ps. 59, 10.
268 בֵּית מְצוּדָה Ps. 31, 3.
269 Ps. 61, 4.
270 Ps. 3, 4; vgl. auch 7, 11; siehe Gunkel zur Stelle.

Diese Ausdrücke erscheinen verschieden miteinander verbunden und sind gelegentlich gehäuft, wenn der Beter voll großer Unruhe ist[271]. [255]

Auf *dreierlei* darf bei diesen Vergleichen aufmerksam gemacht werden.

Zum ersten ist die Formulierung bemerkenswert. Der Israelit wählt nicht die Form des Vergleiches: du bist mir wie ein Fels usw. Er wählt die Form der Metapher. Das ist unmittelbarer, eindrücklicher, ein stärkender Ausdruck für das sich an Jahwe anklammernde Vertrauen.

Zum anderen ist darauf hinzuweisen, wie mehrere der Vergleichworte die Farbe des israelitischen Landes tragen, nämlich צוּר, סֶלַע, מִשְׂגָּב und מְצוּדָה. Der Fels, die Bergeshöhe, die Felsenfestung sind in dem gebirgigen und zum Teil stark zerklüfteten Lande der gegebene und einfachste Zufluchtsort bei Feindesbedrängnis. Man denke an Ri. 20, 47, wo sich die Benjaminiten in die Wüste flüchten nach dem סֶלַע הָרִמּוֹן, an 1. Sam. 13, 6, wo die Israeliten vor dem anrückenden Philisterheere unter anderem auf den Felsen Schutz suchen, an 1. Sam. 22, 1, wo David vor Saul in die ‘מְצוּדָה’ Adullam entrinnt[272]. Auch der Vergleich mit dem schützenden Turme, bei dem man an Ri. 9, 51, vor allem aber an 2. Chr. 26, 10 zu denken hat, wird hierher gehören[273]. Man spürt hier, wie oben schon ange-

[271] Vgl. z. B. Ps. 3, 4; 31, 5. 6.

[272] Vgl. dazu weiter etwa 1. Sam. 24, 23; Jes. 29, 7; 33, 16; Jer. 48, 28; Schwöbel, PJ 1905, S. 91; 1907, S. 113, 120; Fenner, ebenda, 1905, S. 109; Greßmann, ebenda, 1908, S. 107.

[273] Uzzia „*baute Türme in der Wüste* und ließ zahlreiche Zisternen aushauen. Denn er hatte großen Viehbesitz in der Niederung wie der Hochebene (und) Ackerleute und Weingärtner auf den Bergen und im Fruchtgefilde. Denn er liebte das Land“ (2. Chr. 26, 10). Vgl. dazu Schwöbel, Die geographischen Verhältnisse des Menschen in der Wüste Juda, PJ 1907, S. 123ff., wonach solche Türme, die auf beherrschender Höhe gelegen, wohl der Sicherung der Grenzen sowie dem Schutze der Weiderechte der Randsiedlungen auf der Höhe oder in den Oasen und der Sicherung der Verkehrswege dienten, auch von Makkabäern und Herodäern, Römern, Kreuzfahrern und Sarazenen angelegt worden sind.

deutet wurde, etwas von der Bodenständigkeit israelitischer Frömmigkeit[274]. [256]

[211] Schließlich ist auch bemerkenswert, daß der Israelit, der sich nach den angeführten Beispielen doch enge an seinen Gott anlehnt, es vermeidet, sein Verhältnis zu ihm in Verwandtschaftsbezeichnungen auszusprechen. Das ist um so auffallender, als der Babylonier bei seiner wesentlich anderen Stellung zur Gottheit doch die Anrede „Vater der Schwarzköpfigen" an Schamasch, „barmherzige Mutter der Menschen" an Ischtar wagt. Wir vermuten, daß diese Vermeidung ihren Grund in einem Gegensatze gegen die kanaanäische Frömmigkeit hat. Das Klagelied des Einzelnen weist die Anrede „Vater" ab, weil es die physische Abstammung von der Gottheit ablehnt, wie sie Israel im eigenen Lande begegnete. Vgl. Jeremias Drohung gegen die,

die zum Holze sagen: „mein Vater bist du!"
und zum Stein: „du hast mich geboren!"
(Jer. 2, 27; vgl. auch Dtn. 32, 18)

[274] A. Jirku, Altorientalischer Kommentar zum AT, Leipzig–Erlangen, 1923, meint S. 224, daß die Bezeichnung Jahwes als Fels mit der gelegentlich bei Assyrern und Hethitern vorkommenden Gottesbezeichnung *Šâdû* (Berg) in religionsgeschichtlichem Zusammenhang stehe, und vermutet hier eine Spur einer ursprünglichen Vorstellung vom Wohnen der Gottheit in Felsspalten. Demgegenüber darf darauf hingewiesen werden, daß die Ausdrücke צוּר und סֶלַע für Jahwe fast nie absolut vorkommen, wie öfter bei Assyrern und Hethitern, sondern fast stets vom Suffix oder Genitiv dessen begleitet sind, für den Jahwe Fels ist. Und zwar sind das im israelitischen *stets Menschen*, während im Assyrischen zu Berg der Zusatz *„der Igigi"*, also der Götter, treten kann, vgl. z. B. Ebeling I, S. 21. Ferner können beide Bezeichnungen nicht von den verwandten Worten מִשְׂגָּב und מְצוּדָה getrennt werden. Alle vier werden auf Jahwe nur angewandt als Sinnbilder des Schutzes. Auch an den Stellen, wo צוּר ohne nähere Bestimmung steht (1. Sam. 2, 2; 2. Sam. 22, 32 = Ps. 18, 32; Jes. 26, 4; 44, 8; Dtn. 32, 4) ist der Ausdruck nicht anders zu verstehen. Der von J. vermutete ursprüngliche Sinn des Gebrauchs von צוּר und סֶלַע ist nur erreichbar unter der Annahme einer im Laufe der Geschichte eingetretenen Bedeutungsverschiebung. Diese Annahme aber darf bei dem Fehlen jedes Restes der vermuteten alten Verwendung doch wohl kaum gewagt werden.

Erst lange nach dem Exil findet diese Anrede im Klageliede Eingang: Sir. 51, 10. Liegt in der Ablehnung des Vaternamens vielleicht prophetischer Einfluß vor?

Wie wenig entwickelt erscheint bei dieser Fülle und Anschaulichkeit, was das babylonische Handerhebungsgebet dem an die Seite zu stellen hat!

Es wurde oben schon die Frage nach dem Grade des Vertrauens berührt. Wir haben an dieser Stelle genauer auf sie einzugehen.[275] Die erwähnten Aussagen sind wirkliche Äußerungen eines unmittelbaren [212] Vertrauens auf Jahwe. In Not und Bedrängnis, Angst und Verfolgung sucht sich der Beter mit ihnen an Jahwe anzuklammern. Daher der Ton und die Form der Beteuerung des Vertrauens.

Nicht immer äußert sich das Vertrauen so unmittelbar. Der Fromme erlebt Enttäuschungen. Dringliche Gebete bleiben unerhört. Die Zuversicht wird erschüttert und sucht nach Trostgründen, durch welche sie sich wieder kräftigen kann.

Da erinnert man Jahwe – und indirekt sich selbst – daran, daß er ja bisher geholfen hat. So erweitert sich die Aussage: „du bist mein ‚Schutz' durch einen entsprechenden Zusatz „vom Schoße her", „mein Vertrauen", „an der Mutter Brust"[276]. Mit dem Rückblick auf die Vergangenheit stellt sich die Form der Erzählung ein:

Auf dich bin ich geworfen von Mutterleib[277].

Du bist mir eine Hilfe gewesen,
  im Schatten deiner Flügel „fand ich mein Nest",
Es hing meine Seele dir nach,
  es stützte mich deine Rechte[278]. [257]

Der Beter des 42. Psalms tröstet sich damit, wie sein Gott ihn in der Gnadenzeit der Teilnahme am frohen Feste würdigte:

[275] Vgl. im allgemeinen Köberle, Motive des Glaubens an die Gebetserhörung im AT, Erlanger Festschrift für Prinzregent Luitpold, 1901, I, S. 271 ff.

[276] Ps. 22, 9 (siehe Gunkel zur Stelle), vgl. weiter 22, 11 b; 71, 5.

[277] Ps. 22, 11 a; vgl. weiter 71, 6.

[278] Ps. 63, 8–9 (lies mit Halévy, Gunkel אֲקַנֵּן), vgl. weiter 3, 5; 27, 9; 71, 17; 140, 8.

Daran will ich denken und ausschütten
in mir meine Seele,
Wie ich einst zur Hütte des „Herrlichen“ zog,
zu Jahwes Haus,
Beim Klang des Jubelns und Dankens
dem Lärm der Feiernden! [279]

Man beachte, wie hier der Kontakt mit Jahwe verlorengegangen ist. Parallelen zu diesen Erinnerungen bieten nur die wenigen Beispiele der babylonisch-assyrischen Königsgebete, vgl. Anm. 197, S. 354.

Ist dem Beter die Erinnerung an die *eigene* Erfahrung kein sicherer Trostgrund, so erinnert er an die Hilfe, welche die *Väter* erfahren haben. Damit berührt er den Stoff des Hymnus [280]: [213]

Auf dich vertrauten unsere Väter,
vertrauten, und du machtest sie frei!
Zu dir schrien sie und wurden gerettet!
Auf dich vertrauten sie und wurden nicht zuschanden! [281]

Hier malt sich das Ringen um das Vertrauen in dem dreimaligen בָּטְחוּ.

Tritt an dieser Stelle die persönliche Beziehung des Beters zu Jahwe schon zurück, so noch mehr in einem anderen Trostgrund. Man beruft sich auf die *Erfahrung der Frommen.* Hier beherrscht das tempus praesens die Form der Äußerung:

Alle, die auf dich harren, werden nicht zuschanden!
Aber die Frevler „gehen“ leer „aus“! [282]

So erfährt die Selbstermahnung zum Vertrauen die Erweiterung durch den Trostgrund:

Er wird ewig nicht zugeben,
daß der Gerechte wanke! [283]

[279] 42, 5 (lies אַדִּרִם).
[280] Vgl. Gunkel, Kommentar, S. 91.
[281] Ps. 22, 5–6; vgl. weiter 143, 5.
[282] Ps. 25, 3 (lies mit BHK יֵשְׁבוּ).
[283] Ps. 55, 23.

Schließlich erinnert man Jahwe ganz *allgemein* an sein *gnädiges Wesen*, wie es der Hymnus zu preisen pflegt:

> Du, Herr, bist gütig und vergebend
> und voller Gnade gegen alle, die dich rufen![284]
>
> Du, Herr, bist ein Gott, barmherzig und gnädig,
> langsam zum Zorn, reich an Gnade und Treue![285]

Wird das Hoffen und Harren des Betenden schließlich doch enttäuscht, wollen alle Trostgründe nicht mehr verfangen, dann langt er schließlich auch wohl bei der Verzweiflung an, der vollen Vertrauenslosigkeit: „Jahwe hört nicht!“[286] „Ich bin getrennt von seinen [258] Augen!“[287] Aber solche Aussagen, die auch in ihrer Form ihrem Inhalt entsprechen (3. Person der Gottheit), sind nicht sehr häufig und zeigen doch, daß vorher Vertrauen vorhanden war.

Eine mannigfache Abstufung des Vertrauens offenbaren diese Trost-[214]gründe. Dabei fällt es auf, wie das Vertrauen immer geringer wird, je unpersönlicher, voller, allgemeiner die Aussagen werden. Denn je geringer die Zuversicht des Beters wird, um so stärkerer Stützen bedarf er. Und je voller die Aussagen werden, um so mehr nähert sich das Klagelied des Einzelnen dem Handerhebungsgebete. Ja, in den Trostgründen, welche an Jahwes Tun an seinen Frommen wie an sein gnädiges Wesen überhaupt erinnern, jenen Trostgründen hymnischen Stoffes, läßt sich auch eine formale und stoffliche Ähnlichkeit nicht verkennen.

Wir verfolgten die Vertrauensäußerungen nach dem Grade der schwindenden Zuversicht. Israelitisches Beten geht gewöhnlich den umgekehrten Weg. Indem wir ihm folgen, können wir zugleich zeigen, daß die Anordnung und Deutung der oben behandelten Vertrauensaussagen diesen keine Gewalt antut. Den Gang israelitischen Betens veranschaulicht aufs schönste der 22. Psalm mit dem Reichtum seines Inhalts.

In tiefer Verzagtheit beginnt der Sänger. Sein stürmisches Flehen

[284] Ps. 86, 5.

[285] Ps. 86, 15; vgl. weiter 25, 8–10; 36, 8–10; 130, 4. 7.

[286] Ps. 66, 18 (lies mit Wellhausen אֲנִי אָמַרְתִּי statt אָוֶן אִם־רָאִיתִי).

[287] Jon. 2, 5.

– und wie oft mag er gerufen und geschrieen haben – ist unerhört geblieben. Gott hat ihn verlassen. Aber mag Jahwe ihn auch verlassen haben, er will nicht von ihm lassen. Er hängt sich fest an ihn: „mein Gott! mein Gott!“ In seiner Not weiß er sich nur zu trösten mit der Hilfe an den Vätern, an die er Jahwe erinnert (V. 4–6). Dann geht es wieder hinab in die Tiefe der Klage. Wir hören, wie ihn Menschen höhnen und schmähen, ihn verlachen, ja sogar sein Gottvertrauen in den Staub ziehen. Um so mehr will er sein Vertrauen auf Jahwe setzen: Du bist mein Schutz! Aber noch bedarf er des Trostgedankens, der Erinnerung an die eigene Erfahrung, und so fügt er hinzu:

vom Schoße her,
Mein ‚Vertrauen‘ an der Mutter Brust!
Auf dich bin ich geworfen von Mutterleib!
Vom Schoß meiner Mutter bist du mein Gott!
(V. 10–11).

Nun erhebt sich trotz aller Klage sein Vertrauen immer höher, vgl. die Anrede „meine Hilfe“ in der letzten Bitte (V. 20), bis es schließlich auf dem Stande einer fröhlichen Gewißheit anlangt[288].

Bis zu diesem Grade vermag sich der Ausdruck des Vertrauens auf Jahwe zu steigern, noch bevor die Bitte selbst ausgesprochen ist. Naturgemäß findet sich das nicht oft. Denn Not und Gefahr bereiten [215] doch starke Anfechtung. Wo sich dies gewisse Vertrauen aber findet, wird bezeichnenderweise von Jahwe in dritter Person gesprochen. Der Beter bedarf keiner Anlehnung: [259]

Jahwe ist mein Helfer!
der Herr ist meiner Seele Halt![289]

„Mein“ Gott sendet mir seine Gnade entgegen.
„Jahwe“ läßt mich meine Lust schauen an meinen Verleumdern![290].

Vermag man schon diesen Aussagen nichts aus den Handerhebungsgebeten an die Stelle zu stellen, so erst recht nicht der Stei-

[288] Vgl. als Parallelen zu diesem Gange etwa Ps. 27, 9ff.; 42/43; 86; 143.
[289] Ps. 54, 6.
[290] Ps. 59, 11 (lies אֱלֹהַי mit BHK und יהוה statt אֱלֹהִים mit Gunkel).

gerung des Vertrauens zur festen Gewißheit der Erhörung, die das Erbetene in sicherer Nähe oder schon eingetreten und vollendet schaut. Darauf soll hier nur im Vorbeigehen hingewiesen werden. Das Motiv selbst ist hier nicht zu behandeln, da es nicht mehr tragendes Fundament der Bitte ist. Aber darauf ist besonders hinzuweisen, daß alle behandelten Beispiele den Gebeten Privater entstammen. Einen Unterschied zwischen königlichen und privaten Gebeten, wie er im Babylonischen zu treffen war, scheint es nach dem Vergleich mit Ps. 144, 1–11 (Königsklagelied[291]) nicht zu geben. Der einfache Mensch darf das gleiche Vertrauen auf Jahwe haben wie das gekrönte Haupt.

Überblicken wir rückschauend die Äußerungen des Vertrauens im israelitischen Klagelied des Einzelnen, so stehen wir vor einer Mannigfaltigkeit nach Form, Inhalt und Grad. Sie zeigt, welche große Bedeutung das Vertrauen für das israelitische Beten besitzt und welch persönliches Leben in ihm pulsiert. So kann es nicht wundernehmen, daß das Vertrauensmotiv sich zu der besonderen Gattung des Vertrauenspsalms verselbständigt hat, dessen bekanntestes Beispiel der 23. Psalm ist, nicht wundernehmen, daß es auch Eingang in andere Gattungen gefunden hat, wie das Lehrgedicht, vgl. z. B. Ps. 91.

Es bleibt schließlich noch die Frage, ob und wieweit die Vertrauensäußerungen in ihrem Werte herabgemindert werden durch Gebetsmotive, die mit ihnen unvereinbar sind. Die Antwort darf kurz sein. Hinweis auf das Opfer und den Lobpreis, den Jahwe gern hört, findet sich selten[292] und meist in recht vertrauensarmen Psalmen.

[216] Fassen wir zum Schluß das Ergebnis unseres Vergleiches kurz zusammen. Es finden sich Berührungen in den Vertrauensäußerungen des Handerhebungsgebetes und des Klageliedes in der Form und im Inhalt. Wir erinnern an die Beiworte, die Form der אַתָּה-Sätze, den allgemeinen Appell an die Gnade und Barmherzigkeit, die allgemeinen Trostgedanken.

[291] Vgl. Gunkel zur Stelle.

[292] Opfer Ps. 5, 4; vgl. auch 141, 2; Lob 6, 6; 71, 6 (falls nicht תּוֹחַלְתִּי zu lesen); 86, 8–10; 88, 12–13.

Aber diese Berührungen werden überboten durch die Unterschiede. Die babylonischen Aussagen sind allgemein und blaß, die israelitischen bestimmt und farbig; jene sind formelhaft, diese mannigfach nach Form und Inhalt; jene sind fast unpersönlich, diese von [260] persönlicher Beziehung zu Jahwe erfüllt; jene bilden ein untergeordnetes, diese ein beherrschendes Motiv des Gebetes. Im Handerhebungsgebete herrscht das Bewußtsein der Ferne und Unnahbarkeit der Gottheit. Im Klagelied des Einzelnen lebt dagegen das Bewußtsein der Nähe des Gottes, der Himmel und Erde gemacht hat. Im Babylonischen ist deshalb die schmeichelnde Huldigung *das* tragende Fundament der Bitte, im Israelitischen dagegen das Vertrauen auf Jahwe. Ist die israelitische Gattung abhängig von der babylonischen, so hat jedenfalls Israels Frömmigkeit das Fremde mit ihrer Art zu durchdringen und sehr erheblich umzugestalten gewußt.

Erhard S. Gerstenberger, Der bittende Mensch. Bittritual und Klagelied des Einzelnen im Alten Testament, Neukirchen-Vluyn: Neukirchener Verlag 1980 (Wissenschaftliche Monographien zum Alten und Neuen Testament, Bd. 51), S. 161–169 (Auszug).

DER BITTENDE MENSCH

Von Erhard S. Gerstenberger

3 Schlußbetrachtung

3.1 Verfahrensfragen

3.1.1
Wir sind von zwei unbewiesenen Voraussetzungen ausgegangen: Bei den alttestamentlichen Klageliedern des Einzelnen handelt es sich nicht um literarische, sondern um Sprech-Texte. Und: Jeder einzelne Text hat seinen Schwerpunkt in der Bitte. Wir haben es also mit religiöser Bittrede zu tun. Diese Prämissen werden zwar nicht allseitig anerkannt, bilden aber doch so etwas wie eine gemeinsame Grundlage für die meisten neueren Forschungen. Wir können sie folglich aus der bisherigen Arbeit an den individuellen Klagegebeten übernehmen. Dabei kommt es nicht darauf an, daß die Klagelieder als schriftliche oder mündliche Texte entstanden sind, wohl aber darauf, daß sie für die Rezitation bestimmt waren. Es ist ferner relativ gleichgültig, wie viele Funktionen das Klagelied neben der Bitte erfüllte; wichtig ist, daß es als echte Bittrede zwecks Abwendung der Not und nicht erst im Rückblick auf schon überstandene Gefahr rezitiert worden ist. Der Gang unserer Untersuchung hat gezeigt, daß die gewählte Basis tragfähig ist. In den Texten selbst und in ihrem Umkreis finden sich genügend Hinweise darauf, daß sie in tatsächlichen Bittsituationen gebraucht worden sind.

3.1.2
An dieser Stelle kamen zwei weitere, zu überprüfende Thesen ins Spiel: Zu jeder Bittrede gehört ein adäquater Handlungsrahmen, ein 'kommunikatives Handlungsspiel', das die sprachliche Äuße-

rung unterstützt, erklärt, ja – stammesgeschichtlich gesehen – erst ermöglicht. Zweitens: Zu der religiösen Bittrede gehört, entgegen früherer, privatisierender Auffassung, in der Regel ein kultisch-ritueller Handlungsrahmen. Woher stammen diese Postulate? In erster Linie aus sozialwissenschaftlichen Beobachtungen und Theorien. Die enge Verbindung von Sprechakt und Sprechhandlung ist dann auch in unserer eigenen Erfahrung nachprüfbar. Können wir diese Gesetzmäßigkeit unbesehen für das alte Israel voraussetzen? Wir meinen: Ja. Speziell bei Bittrede und Bitthandlung treffen wir auf allgemeingültige Verhaltenskonstanten, die überdies in den alttestamentlichen Zeugnissen, z. B. den Erzählungen, immer wieder als Einheit vorkommen.

3.1.3

Wie können wir den zugehörigen Handlungsrahmen erkennen, wenn die [164] alttestamentlichen Gebetstexte nur undeutliche Hinweise geben und die Psalmenüberschriften als Zusätze späterer Archivare in dieser Hinsicht kein Zutrauen verdienen? Die erste Arbeitshypothese lautet: Kultisches und alltägliches Bitten sind miteinander verwandt. Es müßte also möglich sein, anhand des im Alten Testament erkennbaren alltäglichen Bittschemas Näheres über die Bittsituation, die Struktur der Bitthandlung und der Bittrede, die Rollenverteilung der Akteure und die Intention des Ganzen zu erfahren. Theoretisch könnten für eine solche vergleichende Analyse beliebige Bitthandlungen, auch unsere eigenen, herangezogen werden. Die Wahl alttestamentlicher Erzählungen als Vergleichsmaterial bringt den Vorteil, daß mögliche kulturelle Sonderausprägungen von vornherein mit berücksichtigt werden können.

3.1.4

Aus den Postulaten der Zusammengehörigkeit von Bitthandlung und Bittrede und der kultisch-rituellen Verankerung des Bittgebets ergibt sich auch die zweite Arbeitshypothese: Die babylonischen Beschwörungsrituale, die den alttestamentlichen Klageliedern ähnliche Gebetstexte enthalten, dürfen als analoge Modelle religiöser Bitte betrachtet werden. Die Parallelität dürfte sich vor allem auf rituelle Elemente (Reinigungs- und Opferhandlungen) und die

Rolle des Ritualexperten erstrecken. Beide Erscheinungen sind nach Ausweis der babylonischen Texte (und nach Ausweis zahlreicher sozialanthropologischer Untersuchungen) unabdingbare Bestandteile der kultischen Bitthandlung. Der Schluß liegt nahe, daß Israel die kultische Bitte für den Einzelnen in ähnlicher Weise rituell umrahmt hat, und die genugsam bekannten Hinweise in den Klageliedern auf Opfer- und sonstige Begleithandlungen bestätigen diese Vermutung. Ferner läßt sich meines Erachtens die Folgerung nicht umgehen, daß auch in Israel ein Experte für die Zeremonie verantwortlich war, und der Charakter der alttestamentlichen Gebetsformulare wie die gelegentlichen Hinweise auf Divinations- und Heilungspraxis der Propheten machen auch diese Annahme wahrscheinlich.

3.1.5
Die ganze Arbeit ist durchsetzt mit eklektischen Verweisen auf sozialwissenschaftliche Literatur; es wird fortwährend der Versuch gemacht, jene 'modernen' Begriffskategorien zur Erfassung alttestamentlicher Sachverhalte zu verwenden. Die Gefahren einer noch unsystematischen Anwendung dieses Instrumentariums 'von außen' sollen nicht verkannt werden. Außerdem muß man sich eingestehen, daß es 'die Sozialwissenschaft' als Einheit überhaupt nicht gibt, sondern eher vielerlei konkurrierende Strömungen und spezielle Forschungsrichtungen, die allerdings das gemeinsame Ziel haben, den Menschen in seinen gesellschaftlichen Beziehungen zu verstehen. Die hier vertretene Grundüberzeugung läßt sich so definieren: Wir dürfen uns bei der Exegese der Bibel nicht auf eine rein literari-[165]sche, rationale, auf den Wortteil fixierte Betrachtung zurückziehen. Bewußt oder unbewußt reden wir immer auch vom Wortgeschehen, d. h. von den Handlungen, die das Wort begleiten. Das bedeutet, wir beziehen ohnehin den gesellschaftlichen Hintergrund des literarisch überlieferten Wortes in unsere Überlegungen ein. Dann müssen wir es aber bewußt tun: Wir haben die Kategorien zu benutzen – wie vorläufig sie auch immer sein mögen –, die heute für die Erkenntnis derartiger sozialer Sachverhalte zur Verfügung stehen. Das Resultat unseres Versuchs, mit fremdem Handwerkszeug zu arbeiten: Ritus und Rolle im Bittprozeß werden

verdeutlicht. Und es ergibt sich die dringende Anfrage an den Psalmenexegeten: Welche Bedeutung hat die Primärgruppe, wenn ein Mitglied Not leidet, des Schutzes bedarf oder seine Rehabilitation betreibt?

3.2 Zur gattungsgeschichtlichen Forschung

Die von H. Gunkel begonnene form- und gattungsgeschichtliche Interpretation der alttestamentlichen Literatur wird heute zu Recht einer Überprüfung unterzogen. Sie bedarf der Weiterbildung gemäß heutigem wissenschaftlichem Erkenntnisstand. Die Fortentwicklung der *Gunkel*schen Methode zu einer 'Literaturwissenschaft' im engen Sinn wäre in Wirklichkeit ein Rückfall ins vorige Jahrhundert. Der 'Text' ist ohne seinen 'Sitz im Leben' nicht denkbar.

3.2.1

Der zur Textgattung gehörende 'Sitz im Leben' kann heute mit Hilfe von sozialwissenschaftlichen Erkenntnissen genauer definiert werden als die stereotype Lebenssituation, in der sich gesellschaftlich konventionierte oder ritualisierte Handlungsabläufe abspielen. Dieser Handlungshintergrund bringt den korrespondierenden, ebenfalls gesellschaftlicher Kontrolle unterliegenden Text hervor. Die heutige alttestamentliche Forschung ist überwiegend Textanalyse; sie leidet weithin an der fehlenden sozialwissenschaftlichen Grundlagenbesinnung. Wünschenswert wäre ein möglichst vollständiges, deskriptives System der im antiken Israel gebräuchlichen Verhaltensmuster. Ihnen könnten die bekannten mündlichen und schriftlichen Textgattungen zugeordnet werden.

3.2.2

Die sozialwissenschaftlich erfaßten 'Lebenssituationen' sind für die Erkenntnis der zugehörigen Gattungen von entscheidender Bedeutung. Sie ermöglichen die Einordnung der Texte in die soziale Wirklichkeit des antiken Israel. Erst von seiner 'Lebenssituation', seinem Ort im Sozialgefüge und im konventionierten Handlungsablauf her wird der Text in seiner gedanklichen, sprachlichen, strukturellen Eigenart voll verständlich. Die 'Lebenssituation' kann überdies wesentliche Kriterien zur Frage der Vergleich-[166]barkeit von Texten liefern. Lexikalische und stilistische Untersuchungsverfahren haben in dieser Hinsicht nur einen begrenzten Wert. Sind hingegen die Lebenssituationen vergleichbar, kann man mit einiger Sicherheit annehmen, daß auch die zugehörigen Textgattungen korrespondieren.

3.2.3
Unsere Analysen der verschiedenen Bittreden haben gezeigt, daß die grammatischen oder stilistischen Formen nicht isoliert betrachtet werden dürfen. Konventioniertes Reden (und alles Reden ist bis zu einem gewissen Grad konventioniert) bedient sich zwar stereotyper Ausdrucksweisen. Gerade die Gebetssprache ist traditionell festgelegt. Aber jede Lebenssituation erlaubt innerhalb einer gewissen Bandbreite eine Fülle von Ausdrucksformen, die im Zusammenklang mit den jeweils 'vorgeschriebenen' Handlungsabläufen das gewünschte Signal ergeben. Die Gattungsanalyse darf darum unter keinen Umständen einseitig die grammatischen Formen zum Ausgangspunkt ihrer Untersuchungen machen; sie muß das Zusammenspiel von Lebenssituation und Text berücksichtigen.

3.2.4
Für die Struktur eines Textes sind die Formelemente von großer Bedeutung: Sie sind die Konstruktionsteile des Textes, die Bausteine der Gattung. Sie können einander zu- oder untergeordnet sein; sie fügen sich auf jeden Fall der Gesamtintention des 'kommunikativen Handlungsspiels' ein. Wir bemerkten die zentrale Stellung des Bittelements in den untersuchten Bittreden. Die übrigen Elemente scheinen ihm stets untergeordnet zu sein. Das schließt nicht aus, sondern geradezu ein, daß andere Elemente die eigentliche Bitte vertreten können: ein Zeichen mehr für die innere Flexibilität einer Gattung. Hinzu kommt die bekannte Tatsache, daß die Anordnung der Elemente z. B. in einem Klagegebet erheblich variieren kann. In der Gattungsforschung wird man diese Mehrdeutigkeit, Austauschbarkeit und Beweglichkeit der

Formelemente innerhalb eines Textes mehr als bisher beachten müssen.

3.2.5

Die Gattung selbst schließlich oder vorsichtiger: einzelne Exemplare eines konventionierten Redetyps sind nun weder unlösbar mit der originalen Lebenssituation verschweißt noch – unseren Warenzeichen vergleichbar – rechtlich gegen Mißbrauch geschützt. Im täglichen Leben ereignen sich ständig 'Abwanderungen' von Texten in fremde Lebenssituationen. Das Kriterium dazu scheint oft die Brauchbarkeit oder der Erfolg eines Textes zu sein. Am Gebet exemplifiziert: Erfolgreiche Gebete werden nicht nur für die ursprünglich intendierte Situation, sondern nach und nach auch für andere Fälle verwendet. Je mehr sich dabei die am Text erkennbare Korrespondenz zwischen Situation und sprachlicher Formulierung verwischt, desto schwerer wird die Arbeit des Exegeten. Aber diese 'äußere' Flexibilität von [167] Texten ändert nichts an der Tatsache, daß jede sprachliche, konventionierte Äußerung einen soziologisch bestimmbaren, wenn auch sekundären oder tertiären Haftpunkt hat.

3.3 Individuum und Kult

Die vorliegende Untersuchung könnte dazu anregen, das Verhältnis des Einzelnen zu seiner Gruppe insbesondere im Blick auf den Gottesdienst weiter zu durchdenken. Besonders im protestantischen Bereich wird das Gebet einseitig auf das Individuum und der Gottesdienst einseitig auf ein imaginäres Volk Gottes bezogen. Es fehlt die vermittelnde Liturgie und der Sinn für die sozialen Zwischeninstanzen. Auch die protestantischen Amtshandlungen sind nur sehr bedingt als Zeremonien anzusprechen, die auf die Primärgruppe bezogen sind. Sie sind einerseits äußerst stark „privatisiert", andererseits der theologischen und kirchenamtlichen Fiktion unterworfen, Teil des Gemeindegottesdienstes zu sein.

3.3.1

In den alttestamentlichen Klagegebeten begegnet uns der leidende Einzelmensch. Aber nicht in seiner unverwechselbaren Singularität, wie wir ihn wohl gerne sehen möchten. Er hat weder Namen noch Einzelschicksal. Seine Klage ergeht in traditionellen Gebetsformen, die der Ritualexperte für ihn ausgesucht hat. Der Leidende paßt sein Leid in die vorgegebene Sprache und den vorgegebenen Ritus ein und demonstriert dadurch schon seine Abhängigkeit von der Gesellschaft wie die Tatsache, daß die Gesellschaft mitbetroffen ist von seiner Not. Daß wir heute die Stimme des Beters nur in entindividualisierter, gesellschaftlicher Gestalt wahrnehmen können, bedeutet für uns andererseits Gewinn. Die singuläre, individuelle Not wäre unserem Verständnis entzogen.

3.3.2

In den meisten modernen, technisch zivilisierten Ländern der Erde ist der Mensch zunehmend auf sich allein gestellt. Viele Faktoren wirken mit, die Isolierung des Einzelnen voranzutreiben: Verkleinerung der Primärgruppen, besonders der Familie; wachsendes Angebot an technischen und medizinischen Hilfsmitteln; sich verbreitende Sozialfürsorge; Vermehrung der Fürsorgesituationen von der Kinderkrippe bis zum Altersheim; stärker werdenden Arbeitsteilung; größere Wohn- und Berufsmobilität usw. Die Erkenntnis wächst, daß das Ideal des selbstgenügsamen, autarken Einzelnen eine Illusion ist. In den gruppentherapeutischen Bewegungen wird die Reintegration des angeschlagenen Individuums in die überschaubare Gruppe versucht: ein Vorgang, der sich mit der Rehabilitation des Leidenden, die wir im Alten Testament zu erkennen meinten, berührt. [168]

3.3.3

Die Primärgruppe hat also im alten Israel und heute eine vergleichbare Funktion: Stützung und Wiedergewinnung des geschwächten Einzelnen. Selbstverständlich handelt es sich damals und jetzt um verschieden strukturierte Gruppen: Dort in der Regel um die bodenständige Familie oder Großfamilie, hier um die mehr oder weniger zufällige und vorübergehende Versammlung gleich

Interessierter, gleich Kranker. Und doch lassen sich ihre Funktionen nebeneinanderstellen. Das bedeutet aber auch: Wir können das alttestamentliche Modell als Anschauungsobjekt benutzen. Wir werden daraus lernen, wie 'die Alten' Wort und Ritual gebrauchten, wie sie Schuld und Unschuld verarbeiteten und in allem gruppenbezogenen Tun zur Rettung des Leidenden sich selbst transzendierten.

3.3.4

Die alttestamentliche Klagegruppe braucht – genau wie ihr babylonisches Gegenstück oder wie die neuzeitliche Therapiegruppe – einen fachkundigen Leiter. Wir haben ihn im Laufe dieser Untersuchungen des öfteren mangels besserer Berufsbezeichnung den 'Ritualexperten' genannt. Verallgemeinernd können wir sagen: Wo die Kommunikation untereinander oder mit dem potentiellen Helfer schwierig oder gefährlich wird, tritt ein geschulter Vermittler in den Kommunikationsprozeß ein. Die Gruppe überträgt ihm teilweise oder ganz die Kontrolle über Ritus und Sprache in der gewünschten Zeremonie. Wir dürfen aufgrund vieler anthropologischer Studien annehmen, daß derartige Funktionsübertragungen von Urzeiten her vollzogen worden sind. Menschliche Religiosität als Gemeinschaftsphänomen führt unmittelbar zu einer solchen Spezialisierung. Wie weit das spontane Privatgebet Vorstufe oder Ableger des Zeremonialgebets ist, läßt sich schwer sagen. Doch sprechen allgemeine Überlegungen für die Priorität des vom Fachmann geleiteten Ritualgebets: Kommunikation mit der Gottheit ist wesensmäßig Angelegenheit der Gruppe; der Ritualexperte ist Exponent jener gesellschaftlichen Verankerung des Gebets. Das Individuum muß sich der vorgegebenen Regeln und Verhaltensmuster bedienen, will es sich an dem Kommunikationsprozeß beteiligen. Es kann dies ohne Verlust der „persönlichen Frömmigkeit“ tun; die individuelle Hingabe wird im Gegenteil erst durch die Formen und Strukturen der Gruppenreligiosität ermöglicht.

3.3.5

Dem vermittelnden Experten kommt in der Bittzeremonie eine Schlüsselposition zu. Wir sind darüber durch das Alte Testament selbst nur spärlich unterrichtet. Falls aber die prophetischen Heilungsberichte und jene Stelle aus Hi 33 die Existenz eines Ritualexperten im alten Israel voraussetzen, dann dürfen wir uns anhand des zugezogenen Vergleichsmaterials seine möglichen Funktionen ausmalen. Der Ritualfachmann dürfte für Ritus und Text der Bitthandlung verantwortlich sein. Er muß die Zeremonie in allen [169] ihren Verästelungen gründlich erlernen, d. h. sich voll in den Überlieferungsprozeß hineinstellen, in dem natürlich auch die Weiterbildung, die Umgestaltung und Neuschöpfung der Texte und Riten geschieht. Im Ritualfachmann treffen sich oft seherische, medizinische und priesterliche Funktionen, diagnostische und therapeutische Tätigkeit können in einer Person zusammenfallen. Für das alte Israel bedeutet das: Zur Bitthandlung für Kranke und Notleidende gehört auch die Erkundung und Verkündigung des Gotteswillens.

3.3.6

Für das Verständnis des alttestamentlichen Kultus ist demnach zu beachten: Der Einzelne lebt sein Leben vor allem in der kleinen Welt der Primärgruppe. Dort sucht er auch nach Sinnerfüllung und religiöser Erfahrung. Es ist folglich schlichtweg falsch, kultisches Geschehen primär und ausschließlich im größeren, soziologisch gesehen aber sekundären, Bereich von Gemeinde, Stamm oder Volk zu untersuchen bzw. zu etablieren. Welche Folgen eine solche Unterscheidung von kultischem Primär- und Sekundärbereich für unser Verständnis des alttestamentlichen Jahweglaubens haben würde, kann hier nicht mehr untersucht werden. Es läßt sich aber denken, daß eine angemessene Spannung zwischen „Familienglaube“ und „Volksglaube“ manche religionsgeschichtlichen Phänomene des Alten Testaments, vom „Gott der Väter“ bis zum deuteronomischen Kampf gegen Beschwörer, Wahrsager, Zeichendeuter (vgl. Dtn 18, 9–13) in einem neuen Licht erscheinen lassen würde.

5. Das „Hiobproblem“

Jaarbericht van het Vooraziatisch-Egyptisch genootschap ›Ex Oriente Lux‹ 9 (1944), S. 99–107

DIE THEODIZEE IN BABYLON UND ISRAEL*

Von JOHANN JAKOB STAMM

In seiner Schrift ›Über das Misslingen aller philosophischen Versuche in der Theodicee‹ (1791) gibt Immanuel Kant die folgende Definition des in Frage stehenden Begriffes: „Unter einer Theodicee versteht man die Vertheidigung der höchsten Weisheit des Welturhebers gegen die Anklage, welche die Vernunft aus dem Zweckwidrigen in der Welt gegen jene erhebt“ [1]. Damit hat Kant diejenige Form der Theodizee im Auge, welche sich im abendländischen Denken seit der stoïschen Philosophie herausgebildet hatte und wie sie in umfassender Weise von Leibniz dargestellt worden war: in die große Harmonie des Kosmos glaubt die menschliche Vernunft Übel, Leid und Unrecht als notwendige Schatten zum Licht des Übrigen einordnen zu können.

Im Blick auf Babylon und Israel muß der Begriff der Theodizee, will man ihn überhaupt beibehalten, in engerer Weise verstanden werden. Dem vorwiegend religiös-kultisch bestimmten Denken des alten Orientes entspricht es, daß die Rechtfertigung Gottes nie zum Gegenstand des Philosophierens geworden, daß diese vielmehr immer eine Frage der Religion geblieben ist. Hinter dem Problem stand nicht, wie später im Abendland, ein abstrakt-spekulatives Interesse, sondern stets ein konkretes Anliegen religiösen Lebens. An der Erfahrungstatsache, daß Fromme leiden, Gottlose aber vom Glück begünstigt sind, erwachte der Zweifel an der göttlichen Gerechtigkeit. Der Versuch, diese Gerechtigkeit trotz der rätsel-

* Der vorliegende Aufsatz stellt, etwas erweitert und mit Anmerkungen versehen, des Verfassers Habilitationsvorlesung dar, welche am 27. 1. 1943 in Basel gehalten wurde.

[1] Kants gesammelte Schriften, herausgegeben von der Königl. Preuss. Akad. d. Wissensch., Bd. VIII (Berlin 1912), 255.

haften Wirklichkeit zu behaupten, kann als Theodizee bezeichnet werden.

In Babylon wie in Israel wird die Gerechtigkeit Gottes erst in einer relativ späten Epoche des religionsgeschichtlichen Ablaufes zum Problem. In Israel bzw. in Juda sind es die Not der assyrischen Zeit und danach die Verbannung nach Babylon gewesen, welche die Frage nach der Gerechtigkeit in der Weltregierung voll aufbrechen ließen. Verschärft wurde in Juda die Krisis des religiösen Denkens dadurch, daß seit dem 8. Jahrhundert zusammen mit der Lockerung der sozialen Bindungen auch im religiösen Bereich der einzelne und sein Leben in den Vordergrund traten. Die gerechte Vergeltung von Lohn und Strafe konnte sich nicht mehr auf die Gemeinschaft oder auf die Kette der Generationen verteilen, im Einzelleben mußten vielmehr die Früchte der Frömmigkeit oder der Sünde sichtbar werden. Im Zweistromland war es, soweit wir sehen, die durch die Kassitenherrschaft über das altbabylonische Reich hereingebrochene Katastrophe, welche zum Zweifel an den überlieferten religiösen Vorstellungen führte[2].

In Babylon und besonders in Israel entwuchs dem Suchen nach Gottes Gerechtigkeit mehr als ein literarischer Versuch. Ein babylonisches Werk mit dem Titel ›Ich will preisen den Herrn der Weisheit‹ berichtet vom unerklärlichen und unschuldigen Leiden eines Frommen, dem dann durch das unerwartete Eingreifen des Gottes Marduk Genesung und Begnadigung zuteil wird. Ein anderes Werk – der Form nach ein *Zwiegespräch zwischen einem Herrn und einem Sklaven* – gibt einem völligen moralischen Pessimismus Ausdruck: der Herr gibt seinem Diener zu irgendeiner Handlung, die ihm begründet erscheint, Befehl. Doch kaum ist das Befehlswort gesprochen, so wird es zurückgenommen; denn ebensoviel Gründe, wie zuvor für seine Verwirklichung zu sprechen schienen, sprechen nun dagegen. Ein weiterer Text, das sog. ›Akrostichische Zwiegespräch‹, soll uns sogleich näher beschäftigen.

In der alttestamentlichen Literatur ist die exilische und nachexilische Geschichtsschreibung beherrscht von der Absicht, die Gerechtigkeit Gottes im Ablauf der Volksgeschichte nachzuweisen. Darzu-

[2] Vgl. dazu W. v. Soden, ZDMG, N. F. 14, 1935, 155ff.

tun, daß Lohn und Strafe in gerechter Weise auf den einzelnen Frommen oder Sünder verteilt sind, ist ein wichtiges Anliegen der Botschaft des [100] Propheten Hesekiel. Vom gleichen Axiom der strengen Vergeltung von Gut und Böse lebt die in den Sprüchen Salomos aufbewahrte volkstümliche israelitische Lebensweisheit. Seit der Frage des Propheten Jeremia:

> Warum geht es den Gottlosen so gut
> und leben so sicher alle, die treulos handeln?
> (Jer. 12, 1)

fehlt es jedoch nicht an Stimmen, die es offen aussprechen, daß jenes Gesetz der Vergeltung mit der Wirklichkeit nicht übereinstimme. Zeugnisse dafür sind der 49. und 73. Psalm auf der einen, das Buch Hiob und das des Predigers auf der anderen Seite.

Im gegenwärtigen Zusammenhang verzichten wir darauf, anhand der erwähnten Texte ein Gesamtbild vom Problem der Theodizee in Babylon und Israel zu entwerfen. Wir begnügen uns mit einem Ausschnitt aus dem Ganzen, indem wir versuchen, zwei besonders wichtige Texte, das Buch Hiob und das erwähnte ›Akrostichische Zwiegespräch‹, miteinander zu vergleichen.

Was das Buch Hiob anlangt, so hat uns jetzt nur dessen poëtischer Hauptteil, d. h. die Reden Hiobs mit seinen Freunden (Kap. 3–27), Hiobs Schlußwort und seine Herausforderung Gottes (Kap. 29–31) sowie Gottes Antwort (Kap. 38–41) zu beschäftigen. Hier geht es um das Leiden des Unschuldigen im Verhältnis zu Gottes Gerechtigkeit, damit um das Problem der Theodizee.

Mit seinen Freunden anerkennt Hiob den Satz, daß Leiden Sündenstrafe sei:

> Trifft nicht verderben den Bösewicht
> und Mißgeschick die Übeltäter?
> (31, 3)

ruft er aus. Aber gerade dieser Satz läßt Hiob an der göttlichen Gerechtigkeit irre werden; denn er ist sich keiner Sünde bewußt, die als Strafe solches Leiden rechtfertigte, wie es ihn getroffen hat. Gott ist ihm zum Feind geworden und hat sein Recht gebeugt. Diese persönliche Anklage erweitert sich dem Dulder zu einer viel allgemeineren: das ihm versagte Recht ist im Geschehen der Welt überhaupt nicht zu finden. Die Erfahrung zeigt, wie oft es dem Frommen schlecht, dem Gottlosen dagegen gut geht; einen Ausgleich bringt allein der alles gleichmachende Tod. Hiob lehnt es ab, um des von den Freunden vertretenen Satzes einer gerechten Vergeltung willen Sünden, deren er sich nicht bewußt ist, anzuerkennen. Die Aussicht auf das dem reuigen Sünder beschiedene Glück, von dem die Freunde reden, vermag ihn nicht zu locken, noch auch schreckt ihn das den Gottlosen bestimmte Los. Sein Recht will Hiob Gott vorlegen, auch wenn ihm dies den Tod bringt.

Mehr als alles Zureden der Freunde bedeutet für Hiob inmitten aller Anfechtung ein heimliches Wissen darum, daß Strafe und Zorn nicht das letzte Wirken Gottes seien[3]. Als Mensch, der teilhat an der geistigen Tradition Israels, bleiben ihm zwei Glaubenssätze bestehen, nämlich, daß Gott der Schöpfer und daß Gerechtigkeit sein Wesen ist. Als Schöpfer der Welt ist und bleibt Gott auch Hiobs Schöpfer. Wie sehr letzterer um diese geheimnisvolle Verbindung weiß, bezeugen die folgenden Worte (10, 8f.):

> Deine Hände haben mich kunstvoll gemacht und gebildet,
> danach hast du dich abgewandt und mich vernichtet.
> Gedenke doch, daß du wie Ton mich gebildet!
> Und zu Staub willst du mich wieder machen?

Im Vertrauen auf jene Gerechtigkeit kann Hiob, wie er es tut, gegen Gott an Gott appellieren (16, 18ff.) und die Hoffnung hegen, daß vielleicht über Tod und Grab hinaus eine Möglichkeit zur Wiederherstellung des Rechtes bestehe (14, 13–17). Mit dieser Hoffnung, die im 19. Kapitel an der berühmten Stelle „Ich weiß, daß mein Erlöser lebt" ihren Höhepunkt erreicht, löst sich die persönliche Seite von des Hiob Problem: *einmal* wird [101] sein Wunsch, Gott schauen und sein Recht vorlegen zu dürfen, verwirklicht werden. Über die allgemeine Frage nach der Gerechtigkeit in Gottes Weltregierung läßt der Dichter am Schlusse der Reden Gott selber das sagen, was der Mensch verstehen und fassen kann. An den Werken

[3] Vgl. dazu besonders G. Hölscher, Das Buch Hiob (1937), 39.

der Schöpfung wird die Größe des Waltens des Schöpfers enthüllt. Es ist eine Größe, vor welcher der Mensch nur verstummen kann, wie Hiob es tut. Was von den Gesetzen der Schöpfung gilt, gilt auch von denen der göttlichen Gerechtigkeit; auch diese gehen weit über das Maß des Menschen hinaus. Der Norm dieser Gerechtigkeit vermag weder die titanenhafte Anklage des Hiob noch die allzu kurzatmige Lehre einer mechanischen Vergeltung von Gut und Böse beizukommen.

Eine Theodizee ist damit im Buche Hiob nicht gegeben; denn es ist am Schlusse nicht die menschliche Vernunft, welche Gottes Tun rechtfertigte; Gott weist vielmehr durch sein die Schöpfung deutendes Wort das menschliche Denken in die ihm gebührenden Schranken.

Diesem alttestamentlichen Buch soll nun aus dem Bereiche der Keilschriftliteratur das schon erwähnte ›Akrostichische Zwiegespräch‹ zur Seite gestellt werden. Auf diesen Text machte zuerst (1895) Heinrich Zimmern, der um die Erforschung der babylonischen Religion so hoch verdiente Leipziger Assyriologe, aufmerksam. Nach wertvollen philologischen Beiträgen, die Erich Ebeling und P. (= E.) Dhorme gaben, verdanken wir der 1936 erschienenen Bearbeitung Benno Landsbergers[4] die stärkste Förderung im Verständnis des Textes. Durch Landsberger wurde die schon von Dhorme vertretene These, daß es sich um ein Zwiegespräch nach Art des Hiob und nicht um ein Einzelbekenntnis nach Art des Qohelet handle, zur Gewißheit erhoben. Rede und Gegenrede wechseln in 27 Strophen, wobei die 11 Zeilen einer jeden mit einem Buchstaben des folgenden den Namen des Verfassers enthaltenden Satzes beginnen:

> Ich, Schaggil-kēnam-ubbib, der Beschwörer, bin ein Verehrer von Gott und König.

Mit Hilfe des Akrostichons ließ sich der Gesamtumfang des Werkes sicher angeben, was besonders wichtig ist, da von den 27 Strophen

[4] Die babylonische Theodizee (ZA 43, 1936, 32ff.). Dieser Bearbeitung sind die obigen Angaben, sowie alle im weiteren gegebenen Zitate entnommen, vgl. auch Jaarbericht EOL Teil I, 102ff.

nur 13 ganz erhalten, bzw. nur leicht beschädigt sind; 10 sind lükkenhaft auf uns gekommen und 4 fehlen ganz.

Genau die Entstehungszeit des Textes anzugeben ist heute noch nicht möglich. Aufgrund sprachlicher Indizien kommt als frühester Zeitpunkt die Epoche der Kassitenherrschaft, d. h. die Mitte des 2. vorchristlichen Jahrtausends in Frage. Der Vergleich mit verwandten Werken der babylonischen Literatur – zwei davon wurden eingangs erwähnt – legt für die Entstehung eine noch spätere Epoche nahe.

Das Gespräch setzt ein mit der Klage eines von Leid heimgesuchten Frommen, der seinen erfahrenen Freund um Rat und Trost bittet. Beider bedarf der Leidende zunächst, wie Hiob, wegen äußerer Not. Als letzter der Söhne verlor er früh seine Eltern. Zusammen mit den jüngeren Geschwistern scheint er unter Benachteiligung gegenüber dem Erstgeborenen gelitten zu haben. Zu so frühem Mißgeschick kommt Unglück im Leben hinzu: nirgends stellt sich Erfolg ein, kein Segen ruht auf seiner Arbeit. In Dürftigkeit und Not muß sich der ehemals Angesehene vor dem Niedrigsten beugen:

> sie rauben meine Ehrenketten, und ich werde erniedrigt
> (ZA 43, S. 55; Jrb., S. 103, 77)
>
> Auch mir, dem Verkümmerten, sitzt der Emporgekommene auf der Ferse
> (ZA 43, S. 69; Jrb., S. 106, 275),

lautet die Klage. Völlig verlassen ist der Dulder.

> Hilfe und Ermutigung habe ich keinen Augenblick erlebt
> (ZA 43, S. 73; Jrb., S. 106, 290) [102]

kann er am Ende des Dialoges sagen, um damit vor dem Freunde seine Verzweiflung und seine Anklage gegen die Götter zu rechtfertigen.

Seine Not versteht der babylonische Dulder, wieder wie Hiob, als Strafe der Gottheit. Damit wird ihm sein Unglück zur quälenden Frage; denn es trifft ihn Strafe, obwohl er sich keiner Schuld bewußt ist. Der Lohn für die seit frühester Jugend geübte Frömmigkeit ist Mangel und Erniedrigung. Alle seine Opfer und Gebete sind fruchtlos geblieben. Sein persönliches Geschick versteht der

Dulder nur als vereinzelten Ausdruck eines viel allgemeineren Gesetzes, das er in folgende Worte faßt:

> es gehen den Weg des Glücks, die Gott nicht suchen,
> es verarmen und verkümmern, die andächtig beten zur Göttin
> (ZA 43, S. 53; Jrb., S. 103, 70f.).

Die harte Wahrheit, daß Gut und Böse nicht vergolten werden, bestätigt sich dem unglücklichen Denker schon im Leben der Natur, dürfen doch der trotzige Wildesel und der gefräßige Löwe ruhig ihr Wesen treiben, ohne sich um die Götter zu kümmern. Ebenso geht unter den Menschen Macht vor Recht und Frömmigkeit. Hat sich etwa, so wird gefragt, der Emporkömmling durch kostbare Gaben an die Götter ausgezeichnet? Gewiß nicht! Überall herrscht Unrecht; der Mächtige wird emporgehoben und der Arme trotz seiner Unschuld herabgesetzt.

Umsonst wandte sich der Dulder in seiner Enttäuschung gelehrten Studien zu. Die ersehnte Einsicht in das Walten der Gerechtigkeit blieb ihm versagt. So will er, als letzten Ausweg, auf Menschengemeinschaft und Gottesverehrung verzichten, um auf einem unsteten Wanderleben die Gemeinschaft mit den Tieren der mit den Menschen vorzuziehen. Dadurch allein scheint es möglich, von den launischen Wechselfällen des Glückes, welchen die menschliche Gesellschaft stets ausgesetzt ist, unabhängig zu werden.

Eine doppelte Not bedrängt somit den Zweifler: er sucht Auskunft über sein persönliches Unglück, das er mit seiner Frömmigkeit nicht vereinen kann, und er wünscht Rat über die allgemein herrschende Rechtlosigkeit, die keine Spur einer gerechten Weltregierung zeige.

Auf beide Anliegen geht der gelehrte Freund in seinen Antworten ein, indem er sich, je nach den Fragen, bald dem persönlichen und bald dem allgemeinen Problem zuwendet.

Zur persönlichen Not bemerkt der Freund, daß der frühe Tod der Eltern kein Anlaß zu solcher Verzweiflung sein dürfe, da das Todesgeschick allgemein und unabwendbar sei. Das weitere Mißgeschick, welches dem Unglücklichen begegnet, widerlege die göttliche Gerechtigkeit nicht, da dieser nicht so fromm sei, wie er selber glaube. Als Beweis mangelnder Gottesfurcht gilt – soweit sich dem hier lückenhaften Text Sicheres entnehmen läßt – die Anklage gegen das Weltregiment der Götter.

Hinsichtlich der allgemeinen Frage nach der Vergeltung von Gut und Böse, sucht der Gelehrte darzutun, daß nicht alle Argumente des Zweiflers zu Recht bestünden. Schon das Tierleben kenne einen gewissen Ausgleich, so warte auf den Wildesel schließlich der Pfeil und auf den Löwen die Grube. Ähnliches lehre ein tieferer Blick in das soziale Leben: der gottlose Emporkömmling finde vor der Zeit sein Ende im Feuer als Strafe des Königs; Reichtum und Glück seien so unbeständig, daß der damit Gesegnete nicht zu sehr zu beneiden sei. Allen Wechselfällen, wie auch dem Tod gegenüber, gebe es nur ein festes Gut, nämlich Frömmigkeit und Gottesverehrung. Daher ist die Rückkehr zur Religion der einzige Rat, den der Gelehrte seinem unglücklichen Freunde gibt. Er kann so raten, da sein eigenes Leben die Früchte der Frömmigkeit zeigt. Trotzdem gibt der in seinem Leben Gesegnete zu, daß es unmöglich sei, alle Rätsel der Weltlenkung zu lösen, da der Ratschluß der Götter den Menschen fern und unergründlich sei. Das irdische Geschehen ist bisweilen so rätselhaft, daß der Gelehrte in einem Punkte seinem Gesprächspartner Recht geben muß: das soziale Unrecht ist mit dem gerechten Walten der Götter nicht in Einklang zu bringen. Hier bleibt nur die Erwägung übrig, daß die Götter den Menschen eben so [103] geschaffen und ihm verschlagene Rede, Lüge und Unwahrheit zum Geschenk gemacht hätten.

Anerkennung der allerdings oft dunklen göttlichen Gerechtigkeit, Abkehr von falschem Denken, demutsvolle Frömmigkeit, deren Segen erprobt ist, das wird dem rebellischen Zweifler geraten. Dieser nimmt solchen Ratschlag an und bittet am Schluß seinen Freund um tatkräftige Hilfe. Seine Anklagen, die augenblicklicher Verzweiflung entsprungen, nimmt er zurück. Er hofft auf das Erbarmen der Götter, da er in Wahrheit bisher stets in Stille und Demut gelebt habe.

So endet das Gespräch, im Unterschied zu Hiob, mit der Unterordnung des Zweiflers unter den Rat des frommen Freundes. Die Einigung ist, wie wir hörten, dadurch vorbereitet, daß der Gelehrte in einer wichtigen Frage dem Dulder Recht gibt und sich mit diesem vor der Dunkelheit des göttlichen Ratschlusses beugt. Zu einer

Theodizee kommt es wieder nicht. Aber diesmal nicht darum, weil der Mensch vor Gottes Wort verstummen müßte, sondern weil er im Handeln der überlieferten Religionslehre Recht gibt und im Denken die Resignation vor dem rätselhaften Planen der Götter übt.

Beim Rückblick auf das alttestamentliche und das babylonische Werk ist sogleich eine wichtige Gemeinsamkeit deutlich, nämlich das Ringen um die Lehre einer strengen Vergeltung von Gut und Böse. Hiob sowohl wie der babylonische Dulder erfuhren in ihrem persönlichen Geschick, daß ihrer Frömmigkeit der zu erwartende Segen versagt geblieben, daß ihnen statt dessen Unheil wie einem Gottlosen beschieden war. Durch ihr eigenes Erleben werden die beiden Angefochtenen weiter zum Zweifel an der göttlichen Gerechtigkeit überhaupt geführt. Die Gerechtigkeit, die ihnen persönlich versagt ist, finden sie auch im Geschehen der Welt nicht. Der erfahrene Widerspruch zwischen der religiösen Lehre und der Realität des Lebens führt hier wie dort zu einer schweren Anklage.

Die Gemeinsamkeit im zugrunde liegenden Problem ist nicht zufällig; denn die volkstümliche Religion Israels und Babylons vertritt den Satz, daß es dem Frommen gut, dem Gottlosen aber schlecht gehe. Im alttestamentlichen Spruchbuch wird immer wieder das eine Thema variiert:

> Dem Frommen widerfährt kein Leid,
> den Gottlosen aber Unheils die Fülle
> (12, 21).

Gleiches lehrt die babylonische Weisheit[5], wie sie uns in einzelnen Sprichwörtern, in einem Sittenkanon, der die Form von Omina hat, und in manchen Personennamen in Satzform entgegentritt. Für die Sprichwörter diene als Beispiel das Wort:

> (Gottes)Furcht erzeugt Gutergehen,
> Opfer macht das Leben reichlich lang,
> auch löst Gebet die Sünde(nschuld)[6]

[5] Vgl. dazu im Allgemeinen W. v. Soden, ZDMG, N. F. 14, 1935, 163f.

[6] H. Zimmern, Babylonische Hymnen und Gebete, Zweite Auswahl (Der Alte Orient 13/1, 1911), 29.

Für die erwähnten Omina seien Beleg die Sätze:

> Wenn er auf Gott achtet, wird ihm Erbarmen zuteil[7],
> Wenn er Wohltaten vergilt, wird seine ganze (Person) sich wohlbefinden,
> Wenn er Gottes Preis verkündet, wird er sich wohlbefinden[8].

Das Glück des Frommen und die Strafe des Gottlosen verkünden die folgenden Namen: „Wohlbehalten ist der Verehrer des Šamaš"[9], und „Nabû beschämt den Stolzen"[10].

Im Buche Hiob und im babylonischen Zwiegespräch ist aber nicht nur das Grundproblem, nämlich die Bewährung jener Vergeltungslehre in der Wirklichkeit, sondern [104] auch, wie schon angedeutet, das Ergebnis übereinstimmend. In beiden Fällen führt das Irrewerden am Satz der Vergeltung von Gut und Böse zu keiner Theodizee; denn es kommt nicht zu dem Versuch, das Walten Gottes vor dem Forum einer reiferen und einsichtigeren Vernunft zu rechtfertigen. Diese Gemeinsamkeit enthüllt aber zugleich die tiefste Verschiedenheit zwischen dem alttestamentlichen und dem babylonischen Werk. Wir werden daher später auf das damit berührte Problem zurückkommen müssen.

Zu den Unterschieden übergehend versuchen wir, von der Peripherie ausgehend, immer mehr nach dem Zentrum hin vorzustoßen.

Die Form beider Schriften scheint zunächst gleichartig zu sein, wenn man nämlich auch das Buch Hiob der im alten Orient, besonders in Ägypten, seit alters gebrauchten philosophischen Weisheitsrede glaubt zuzählen zu dürfen. Dieser Gattung gehört das babylonische Gespräch ohne Zweifel an, das Buch Hiob dagegen, wie wir glauben, nicht. Dieses Buch ist kein Gespräch von Weisen, sondern eine „Rede vor Gericht", hebräisch ein *rīb* (רִיב). Hiob ist der Kläger, Gott der Angeklagte, und die Freunde sind die Richter[11].

[7] F. R. Kraus, Ein Sittenkanon in Omenform, ZA 43, 1936, 95,71.

[8] Kraus, a. a. O., 97, 1f.

[9] J. J. Stamm, Die akkadische Namengebung (MVÄG 44, 1939, 240).

[10] Stamm, a. a. O., 239.

[11] Diese Deutung des Dialoges hoffen wir einmal anderwärts genauer begründen zu können. Einstweilen sei auf unsere Ausführungen in der Zeitschrift: Der Grundriss, 5. Jahrg., Nr. 1, Zürich 1943, S. 1ff. verwiesen.

Diese Auffassung des Hiobdialoges erweist schon vom Formalen her einen Unterschied gegenüber dem babylonischen Gespräch. In der Gerichtsrede des Hiob stehen sich Parteien gegenüber, von denen die eine ihr Recht erhalten, die andere aber unterliegen muß. Vor dem Stuhle des Richters ist es nötig, den einmal begonnenen Kampf bis zum Ende durchzuführen; daher zum Teil die Härte und Unerbittlichkeit, mit der Hiob seine Sache vertritt. Beim akrostichischen Zwiegespräch läßt schon die literarische Form ahnen, daß die Auseinandersetzung in ruhigeren Bahnen verläuft, stehen sich doch Freunde in philosophischer Weisheitsrede gegenüber. Diesen steht der Weg zur Versöhnung jederzeit offen, auch schickt sich für sie das Einhalten eines gewissen Maßes.

Ebenfalls noch der Peripherie nahe ist ein anderer Unterschied. Das babylonische Gespräch zeigt einen deutlichen Kulturpessimismus. Jener Dulder wünscht, wie wir hörten, der stets nur enttäuschenden menschlichen Gemeinschaft ganz zu entfliehen, um ein unstetes Wanderleben in der Natur zu führen. Resigniert wendet er sich auch von jeglichem gelehrten Studium ab. Diese Haltung ist verständlich im Blick auf die hochentwickelte Stadtkultur, die das Zweistromland seit alter Zeit kannte. Ein ähnlicher Pessimismus fehlt dem Buche Hiob völlig. Ein Grund mag der sein, daß des alttestamentlichen Dichters Gedanken so sehr dem zentralen religiösen Anliegen galten, daß für Nebenerwägungen kein Raum mehr blieb. Dazu kommt aber gewiß, daß das Alte Testament eine Kulturmüdigkeit wie die erwähnte überhaupt nicht kennt. Allzusehr war in Israel das Bewußtsein lebendig, daß die ihm zu Stadt und Land gewährten Güter Gaben seines Gottes seien. Der prophetischen Kritik unterliegen daher nicht die Kulturgüter an sich, sondern sie werden nur insofern abgelehnt, als sie dem wahren Vertrauen auf Gott ein Hindernis bedeuten. Familie und Sippe sind für den alttestamentlichen Menschen die natürlichen Ordnungen. So ist für Hiob das Alleinsein, dem er wegen seiner Krankheit ausgeliefert wird, höchste Not und nicht, wie für den babylonischen Denker, Ziel der Sehnsucht.

Wichtige Anregungen zu dieser Frage gab L. Köhler, Die hebräische Rechtsgemeinde, Zürich 1931.

Der Entscheidungsernst des alttestamentlichen Buches im Vergleich mit dem babylonischen zeichnete sich uns schon bei der Erwähnung der literarischen Form ab. Wir finden jenen wieder beim Blick auf die Lage der beiden Dulder. Das Sein Hiobs befindet sich in einer akuten Krise. Schwerste Krankheitsnot hat ihn betroffen, all sein früheres Glück ist zerstört. Der Tod ist nahe. Das Wissen darum gibt Hiobs Kampf um sein Recht die besondere Unerbittlichkeit. Alle Verbindungen nach rückwärts sind abgeschnitten, es bleibt nur noch das eine Ziel, von Gott das gebeugte Recht zurückzuerhalten. Anders im babylonischen Gespräch! Hier findet sich der Dulder nicht in einer sein Leben bedrohenden Not, er steht vielmehr am Ende eines langen Leidensweges. Das Leben hat ihm alle Erwartungen, die er im Hinblick auf seine Frömmigkeit glaubte haben zu dürfen, vereitelt. So [105] sucht der Unglückliche, ohne an die Todesgrenze zu denken, nach einer neuen Lebensmöglichkeit, die fern von allen Ansprüchen und daher fern von allen Enttäuschungen ist. Er wird, auch wenn das ihn bedrängende religiöse Problem ungelöst bleibt, weiterleben können.

Hiobs Anklage gegen Gott übertrifft an Schärfe weit die des babylonischen Dulders. Dies mag mit der verschiedenen Schwere des Unglückes, wie sie soeben angedeutet wurde, zusammenhängen. Aber es genügt nicht, jenen Unterschied allein aus der verschiedenen und für uns nicht weiter erklärbaren Lage abzuleiten. Die verschiedene Härte der Auseinandersetzung hat ihre Hauptursache in der Verschiedenheit der Religion Israels gegenüber der Babylons.

Hiob kann so kämpfen und so anklagen, weil er sich einem bestimmten Gott gegenüber weiß. Es ist der Gott seiner Väter, der seine Macht in der Geschichte des Volkes, in der Schöpfung der Welt und im Erschaffen des einzelnen Menschen kundgetan hat. An diesen Gott wendet sich der Dulder als an ein anzuredendes Du:

Bin ich denn das Meer oder der Meeresdrache,
daß du eine Wache wider mich aufstellst?
(7, 12),

Habe ich gesündigt, was schadet es dir, du Menschenhüter?
Warum hast du mich dir zur Zielscheibe gemacht?
Warum bin ich dir zur Last geworden? (7, 20).

Nach einem solchen Du suchen wir im babylonischen Zwiegespräch vergeblich. Jener Dulder weiß sich von einer Vielheit von Göttern umgeben, von denen er sich an keinen mit Sicherheit wenden kann. Welcher Gott ist es, der ihm all das Leid sandte? Die Bitte um Erbarmen am Schluß des Gespräches läßt diese Frage offen:

> Hilfe möge mir spenden der Gott, der mich verworfen;
> Erbarmen möge mit mir haben die Göttin, die mir grollte;
> (ZA 43, S. 73; Jrb., S. 106, 295f.).

So kann es zu keiner persönlichen Anklage, sondern nur zu objektiven Aussagen, entweder über die eigene Not:

> eine Lehenslast ohne Gewinn, ziehe ich an dem Stricke,
> es gibt (mir) Gott statt Reichtum Dürftigkeit
> (ZA 43, S. 53; Jrb., S. 103, 74f.),

oder über den ungerechten Weltlauf:

> Es gehen den Weg des Glücks, die Gott nicht suchen,
> es verarmen und verkümmern, die andächtig beten zur Göttin
> (ZA 43, S. 53; Jrb., S. 103, 70f.),

kommen.

Aufgrund eigenen Erlebens und aus der Betrachtung des Weltlaufes heraus klagt Hiob den ihn mit Unglück heimsuchenden Gott der Ungerechtigkeit an. Diese Anklage ist so schwer und bitter, weil Hiob, worauf wir früher hinwiesen, ein verborgenes Wissen um Gottes eigentliche Gerechtigkeit hat. Hinter der ihn angreifenden dunkeln und dämonischen Macht steht für den Leidenden der Gott Israels, der mit dem Volke seinen Bund geschlossen hat und der im Halten dieses Bundes seine Gerechtigkeit erweist. Schon aus Israels Frühzeit hören wir, daß die Siege des Volkes als Erweise von Gottes Gerechtigkeit verstanden wurden (Richter 5, 11), und die Lieder des Psalters besingen zugleich mit Jahwes Gerechtigkeit seine Schöpfermacht[12]. Die Propheten werden nicht müde, im Auftrage des gerechten Gottes auch von den Menschen Recht und Billigkeit zu fordern. Ein vermeintliches Abweichen von dieser Norm der

[12] Psalm 36, 6f.; 33, 5f.; 97, 6; 103, 6.

Gerechtigkeit mußte den alttestamentlichen Frommen besonders schwer treffen, zugleich aber konnte das Wissen um jene Norm einen letzten Halt bieten. Ein derartiger letzter Halt fehlt im babylonischen [106] Gespräch, gewiß nicht deshalb, weil die babylonische Religion nichts von göttlicher Gerechtigkeit gewußt hätte. Wir finden in ihrem Bereiche hohe und ernste Aussagen über die Götter als Wahrer des Rechtes. Den König Hammurabi haben die Götter, wie es im Prolog seiner Gesetzesstele heißt, berufen:

> Gerechtigkeit im Lande sichtbar zu machen,
> Den Rechtlosen und Bösen zu vernichten,
> Vom Starken den Schwachen nicht entrechten zu lassen [13].

Vor allem Schamasch, der Sonnengott, wird gepriesen als „Herr von Recht und Gerechtigkeit" [14]. Aber diese Gerechtigkeit wird nicht sichtbar in der dauernden Geschichtslenkung eines Volkes durch *einen* Gott. Gerechtsein ist vielmehr das Attribut vieler Götter, das in einzelnen Taten wie Krankenheilung und Gebetserhörung verwirklicht wird [15]. Die einzelne Rechttat eines bestimmten Gottes ist ständig in Gefahr, durch dessen plötzlich auftretenden Zorn, durch Zauber oder durch das dämonische Wirken anderer Gottheiten aufgehoben zu werden. Neben dem Preis göttlicher Gerechtigkeit begegnen daher in der babylonischen Religion viele Aussagen über die Unverständlichkeit des göttlichen Waltens, wie etwa vom Mondgott: „Hervorragender, mächtiger, dessen ferne Gedanken kein Gott ergründet" [16], oder vom Sonnengott: „Gott, dessen Weg niemand kennt" [17]. Von daher ist es begreiflich, daß im babylonischen Gespräch kein Ausblick auf eine der Gegenwart zum Trotz

[13] W. Eilers, Die Gesetzesstele Chammurabis (Der Alte Orient Bd. 31/3, 4 1932), 12.

[14] Tallqvist, Akkadische Götterepitheta (Studia Orientalia edidit societas orientalis fennica VII 1938), 47.

[15] Vgl. C. J. Mullo Weir, A Lexicon of Accadian Prayers (1934) 70, s. v. *dânu*.

[16] P. Jensen, Texte zur assyrisch-babylonischen Religion (Keilinschriftl. Bibliothek Bd. VI/2, 1915), 92, 37.

[17] St. Langdon, Babylonian Penitential Psalms (1927), 50, 3f.

dennoch vorhandene Gerechtigkeit stattfindet. Der fromme Gelehrte kann seinen Freund nur durch den Hinweis auf die relative Gerechtigkeit im Leben der Natur und dem der Menschen trösten, indem er zu bedenken gibt, daß Trotz und Raublust in der Tierwelt sowie Hochmut unter Menschen ihre Strafe fänden. Der Klage des Zweiflers über die herrschende Rechtlosigkeit wird so ein stets anfechtbarer Satz menschlicher Lebenserfahrung entgegengesetzt.

Außer dem Vertrauen auf Gottes Gerechtigkeit blieb, wie früher angedeutet, bei Hiob der Glaube an Gott den Schöpfer bestehen. Auch dies ein Festhalten an einem unverlierbaren Besitz alttestamentlicher Religion! Schöpfer der Welt und Schöpfer des einzelnen ist der gleiche Gott, dessen Wesen im Bund mit seinem Volk enthüllt worden ist. Weil der eine Gott gerecht und Schöpfer ist, vermag der Schöpfungsglaube dem Angefochtenen einen Rückhalt zu bieten. Vom Schöpfungswirken der Götter weiß auch die babylonische Religion zu reden, zu erinnern ist an das große, die Erschaffung von Göttern, Welt und Menschen darstellende Epos, das nach seinen Anfangsworten „*Enūma eliš* = als droben“ (vgl. dit Jaarbericht blz. 145 vlg. [Red.]) genannt wird, und an so viele dem Schaffen der Götter geltende Preisworte aus babylonischen Gebeten[18]. Aber es ist nicht *ein* Gott, der Welt und Menschen geschaffen, sondern es sind mehrere Gottheiten, welche dies getan, und die Traditionen darüber sind verschieden[19]. Nach dem schon genannten Werk von Knut Tallqvist, Akkadische Götterepitheta, S. 69, führen 5 verschiedene Götter, nämlich Anu, Ea, Enlil, Tammuz und Marduk, die Bezeichnung „Schöpfer des Alls“. Die Erschaffung des Menschen wird von dem erwähnten babylonischen Schöpfungsepos dem Gotte Marduk zugeschrieben, doch kann auch von dem Gotte Ea gesagt werden, daß er die Menschen bilden ließ[20], und

[18] Vgl. die Zusammenstellung bei W. G. Kunstmann, Die babylonische Gebetsbeschwörung (Leipziger semitist. Studien N. F. Bd. II, 1932), 8ff.

[19] Nach einem Bautext Sanheribs (Ebeling, Altorientalische Texte zum Alten Testament², S. 132f.) wurde in Assyrien der Kampf mit Tiāmat nicht dem Marduk, sondern dem Gotte Assur zugeschrieben.

[20] Jensen, Texte zur assyrisch-babylonischen Religion, 96f. Z. 23f.

nach Ausweis der Personennamen ist der Kreis der als Schöpfer wirkenden Götter überhaupt unbeschränkt. Solche Vielfalt mußte die Wirkungskraft des Schöpfungsglaubens ein-[107]schränken. Auch fehlt in Babylon, wie besonders die Gebetsliteratur zeigt, die für die israelitischen Hymnen so charakteristische Verbindung von Schöpfung und Geschichte[21] als Wirkungsbereich Gottes. Daher ist es nicht verwunderlich, daß an der einzigen Stelle innerhalb des ›Akrostichischen Zwiegespräches‹, bei der auf das göttliche Schöpfungswirken Bezug genommen wird[22], dies nur dazu dient, um die Dunkelheit des menschlichen Seins zu erklären. Verschlagene Rede, Lüge und Unwahrheit, so wird dort gesagt, sind hinzunehmen als Gaben der die Menschen schaffenden Gottheiten. Damit ist eine pessimistische Beurteilung des Schöpfungsgeschehens angetönt, welche in ähnlicher Weise schon die altbabylonische Fassung des Gilgamesch-Epos kennt, in den Worten:

Als die Götter die Menschheit erschufen,
Teilten den Tod sie der Menschheit zu,
Nahmen das Leben für sich in die Hand[23].

Die dem babylonischen Gespräch im Unterschied zum Buche Hiob eigene Resignation scheint sich nach dem Gesagten zum Teil aus einem verschiedenen Wissen um die Gerechtigkeit Gottes und um sein Schöpferwirken zu erklären. Es bleibt zum Schluß noch die Frage, warum es weder im babylonischen Werk noch im Buche Hiob zu einer Theodizee kommt; denn wir meinen, es müsse wiederum aus den beiden Religionen heraus zu verstehen sein, wenn der babylonische Dulder sich demutsvoll dem Rate seines Freundes unterstellt und wenn Hiob vor einer Gottesrede verstummt. Diese Gottesrede ist vom Dichter sicher nicht nur als wirkungsvolle Krönung seines Werkes gedacht. Sie wurde ohne Zweifel gestaltet aufgrund des Wissens um ein Offenbarungswort Gottes, um ein Wort, das im Bundesschluß, in den Propheten und im Gesetz hörbar

[21] Vgl. Gunkel–Begrich, Einleitung in die Psalmen (1933), 51 ff.

[22] ZA 43, S. 71; Jrb., S. 106, 276 ff.

[23] Tafel x Kol. III, 3–5, A. Schott, Das Gilgamesch-Epos (1934), 57 f., vgl. jetzt auch F. M. Th. Böhl, Het Gilgamesj-Epos (1941), 72.

geworden ist, und das auch die Werke der Schöpfung zu deuten vermag[24]. Von einem solchen Offenbarungswort weiß die babylonische Religion nichts, obwohl in ihr der Begriff des göttlichen Wortes von großer Bedeutung ist. Es ist das Wort vieler Götter, dessen Macht vor allem in der Schöpfung wirksam geworden ist[25]. Es schafft Recht[26], und seine Beständigkeit wird gerühmt[27]. Aber dies Wort ist zugleich wieder eine unverständliche[28], bisweilen auch dämonisch wirkende Macht[29]. Der Zusammenhang mit dem Zauberwort wird nie völlig aufgehoben. Ein solches Wort konnte den zweifelnden Dulder nicht von der ihn quälenden Frage befreien. So bleibt denn nur der Rat des lebensklugen Freundes, trotz aller Rätsel an der erprobten Religion festzuhalten. Die Lehre dieser Religion ist, daß in allen Wechselfällen des Geschickes die Frömmigkeit das einzig bleibende Gut sei. Der Zweifler wird damit auf die religiöse Erfahrung einer jahrhundertealten Kultreligion gewiesen. Wenn er den Rat des Freundes sogleich annimmt, so zeigt dies, welche Macht die religiöse Tradition auch in späterer Zeit im Zweistromland noch immer behalten hatte. Der Hinweis des Frommen auf die Erfahrung von Generationen enthüllt zugleich ein Ahnen davon, daß die Norm der göttlichen Gerechtigkeit über das Maß der menschlichen Einzelvernunft hinausgeht.

Zu einer Theodizee kommt es weder im babylonischen noch im israelitischen Werk. Der Grund dafür dürfte nunmehr deutlich sein: in Babylon ist es das Vertrauen auf die religiöse Erfahrung von Generationen, in Israel ist es das Hören auf das die Schöpfung deutende Offenbarungswort.

[24] Vgl. dazu besonders W. Eichrodt, Vorsehungsglaube und Theodizee im Alten Testament (Festschrift Otto Procksch 1934, 65ff.).

[25] L. Dürr, Die Wertung des göttlichen Wortes im Alten Testament und im antiken Orient (MVÄG 42/1, 1938, 6, 16, 22ff., 32ff.)

[26] P. Jensen, Texte zur assyrisch-babylonischen Religion, 94, 6.

[27] Dürr, a. a. O., 56ff.

[28] Jensen, a. a. O., 94f., 8 und 10; 72, 1ff.; 76f., 66–71.

[29] Jensen, a. a. O., 73, 2; 75, 39f., 53, 55; 76f., 73–88.

Orientalia N. S. 47 (1978), S. 360–375.

KEILSCHRIFTLICHE PARALLELEN ZUM BIBLISCHEN HIOBBUCH MÖGLICHKEIT UND GRENZE DES VERGLEICHS*

Von Hans-Peter Müller

Unter den Arbeiten, mit denen der Jubilar die alttestamentliche Wissenschaft bereichert hat, ist der Aufsatz über ›Das Fragen nach der Gerechtigkeit Gottes im Alten Orient‹[1] nur eine von vielen. Den mittelbaren Beitrag, den der ›Grundriß der Akkadischen Grammatik und das Akkadische Handwörterbuch‹ für das Verständnis des Alten Testaments leisten, wird man schwerlich zu hoch einschätzen können. Dennoch soll es in dem vorliegenden Aufsatz um die Erarbeitung einer Fragestellung gehen, mit der W. von Soden unmittelbar auf die Interpretation eines alttestamentlichen Buches eingewirkt hat: den Vergleich keilschriftlicher Dichtungen mit dem biblischen Hiobbuch, der sich zunächst phänomenologisch, nicht nur historisch versteht[2]; ermöglicht wird dieser Vergleich durch die Konstanten einer gemeinsamen altorientalischen Geisteshaltung, die zwar in verschiedene Kulturen und Religionen differenziert ist, aber als universale Möglichkeit menschlicher Wirklichkeitsrezeption zugleich auch über sich hinausweist.

Die hier mit dem Buch Hiob zu vergleichenden Texte sind (in der Reihenfolge ihres Bekannt-Werdens):

* Das Heft Orientalia N.S. 47/3, 1978, wurde W. von Soden zum 70. Geburtstag gewidmet.

[1] MDOG 96 (1965) 41–59. Diesem Aufsatz sind im folgenden größtenteils die Übersetzungen akkadischer Texte entnommen.

[2] W. von Soden zählt in MDOG 96, 44f., typologische Voraussetzungen für das Aufkommen der „Frage nach der Gerechtigkeit Gottes in der Sicht des Buches Hiob“ auf; daß ein Strukturvergleich unabhängig von dem historischen Problem einer literarischen Dependenz der verglichenen Texte sinnvoll ist, wird dort S. 55 ausgeführt.

1. *Ludlul bēl nēmeqi*, BWL 31 ff.[3],
2. die Babylonische Theodizee, BWL 69ff.[4], [361]
3. Louvre AO 4462[5],
4. die sumerisch-akkadische Bilingue PBS I^2 135[6],
5. lú-lu₇ nam-maḫ-dingir-ra-na (im folgenden: „sumerischer Hiobtext“)[7],
6. R.S. 25.460[8].

Der ›Pessimistische Dialog‹ (BWL 143 ff.) ist in seinem Charakter so stark umstritten[9], daß er hier außer acht bleiben muß; das Motiv

[3] Vgl. HKL I 266, II 159. Dazu der BWL 343 zitierte Artikel E. Leichty, Two New Fragments of *Ludlul Bēl Nēmeqi*, Or 28 (1959) 361–363, und J. Bottéro, Annuaire 1965/6 École Pratique des Hautes Études IVᵉ section, Paris 1965, 105–111, wo S. 105f. der Zweifel W. G. Lamberts (BWL 24.30) an der Zugehörigkeit der 4. Tafel (vgl. R. Borger, JCS 18 [1964] 51) erneut aufgegriffen wird. Aber die Kommentarzitate BWL 56 q,r scheinen aus IV 13–16 zu stammen (gegen BWL 24); möglicherweise liegt ein Kommentar zu Tafel 4 jetzt in dem Text C. B. F. Walker, CT 51, 1972, Nr. 219 vor (HKL II 312).

[4] Vgl. HKL daselbst. Dazu Bottéro, Annuaire 1966/7 École IVᵉ section, Paris 1967, 100–106.

[5] J. Nougayrol, Une version ancienne du ‹Juste souffrant›, RB 59 (1952) 239–250, HKL I 371, II 210; ferner J. J. A. van Dijk, La Sagesse Suméro-Accadienne (= SSA), Leiden 1953, 120.

[6] Transkription, Übersetzung und Kommentar SSA 128–133; vgl. A. Kuschke, Altbabylonische Texte zum Thema „Der leidende Gerechte“, ThLZ 81 (1956) 69–76, hier 71 f., und E. I. Gordon, BiOr 17 (1960) 150.

[7] Einführung, Transkription, Übersetzung und Kommentar S. N. Kramer, “Man and his God”. A Sumerian Variation of the “Job” Motif, Supplements to Vetus Testamentum (= SVT) 3, Leiden 1955, 170–182; HKL I 251, II 147.

[8] Einführung, Transkription, Übersetzung und Kommentar J. Nougayrol, (Juste) Souffrant, Ugar. V (1968) 265–273 (Nr. 162), vgl. HKL II 211; ferner J. Gray, The Book of Job in the Context of Near Eastern Religion, ZAW 82 (1970) 251–269, hier 262 f.

[9] Dazu BWL 139–141, 142 (Lit.) und die Lit. in HKL II 160, aber auch schon C. Kuhl, Neuere Literarkritik des Buches Hiob, Theologische Rundschau 21 (1953) 163–205, 267–317, hier 300: „eine humorvolle Darstellung des Kadavergehorsams“. Vgl. unsere Anm. 71.

der Klage bzw. der Auseinandersetzung über das Leiden fehlt in jedem Fall.

Möglichkeit und Grenze eines Vergleichs zwischen dem biblischen Hiobbuch und seinen keilschriftlichen Parallelen kann in einem kurzen Artikel freilich nur im Blick auf eine einzige Fragestellung erörtert werden, wenn auch eine solche, die für das Verständnis der Dichtungen aufschließend ist. Unsere Frage lautet: Behandeln die keilschriftlichen Texte das Theodizeeproblem? Welches Licht kann von der Beantwortung dieser Frage auf das Buch Hiob und verwandte biblische Texte, etwa die Klagepsalmen des Einzelnen[10], fallen?

I

1. Die Beantwortung der Frage hängt davon ab, was man unter einer Problembehandlung, speziell zur Theodizee, versteht und welche alternativen Zuordnungen für die keilschriftlichen „Hiobdichtungen" und ihre biblischen Pendants als möglich erscheinen.

Das Theodizeeproblem nimmt seinen Anlaß bei der Strittigkeit einer der Wirklichkeit zugrunde liegenden sittlichen Ordnung. Es wird von [362] Menschen erörtert, die durch diese Strittigkeit betroffen sind; in institutionalisierter Form geschieht dies im Zusammenhang der Weisheitslehre. Religiös motiviert ist das Problem insofern, als die Gottheit, wenn sie als Garant einer sittlichen Weltordnung verstanden wird, der bezeichneten Strittigkeit mit unterliegt; deren Diskussion ist dann vom Zweifel an der Macht oder am Willen der Gottheit beherrscht, diese Ordnung aufrechtzuerhalten. Eine Lösung des Theodizeeproblems würde, wenn sie gelingt, im Bereich des Verstehens liegen, ganz gleich, ob sich an der Wirklichkeit etwas ändert oder nicht; ihre Bewährung wäre sogar gerade dann vollkommen, wenn das Übel, das sie erklärt, seinen Bestand behält.

Alternativ dazu sind die Funktionen der Klage sowohl der baby-

[10] Zur Deutung des Buches Hiob von der Klage des einzelnen her C. Westermann, Der Aufbau des Buches Hiob[2], Stuttgart 1977; Westermann bestreitet, „daß der Gegenstand des Hiobbuches ein ‚Problem' sei" (27).

lonischen „Gebetsbeschwörungen“ [11] als auch der biblischen Klagepsalmen [12]: in ihnen wird die Unordnung der Wirklichkeit nicht zwischen den davon betroffenen Menschen erörtert; diese ist vielmehr Anlaß eines an die Gottheit gerichteten Appells. In institutionalisierter Form geschieht der Appell durch die kultische Bitthandlung [13], vielleicht speziell im Ritual von Primärgruppen wie Familien und Wohngemeinschaften [14]. Sein Ziel ist es nicht, Elemente der Unordnung in der Erfahrungswelt etwa einem weiter gefaßten Ordnungsbegriff einzuverleiben, sondern die Gottheit zur Beseitigung der vorfindlichen Unheilsfaktoren zu bewegen. Die Wende in einer Gebetsbeschwörung bzw. in einem Klagepsalm nimmt die Veränderung der Wirklichkeit vorweg, für deren Herbeiführung die Gottheit gewonnen wird; sie würde nachträglich Lügen gestraft, wenn das betreffende Übel weiterhin Bestand behielte.

2. Zumindest nicht primär mit dem Theodizee*problem* befaßt sind dann alle diejenigen Keilschrifttexte, die die Wende der Not, die Rettung des Leidenden bereits voraussetzen; sie berichten ja, wie die – meist weitläufig wiedergegebene – Klage auf die Gottheit eingewirkt, sie zum Eingreifen bewegt hat, wie also das durch die Unordnung in der Wirklichkeit gestörte Gottesverhältnis wiederhergestellt worden ist. Hierher gehören *ludlul bēl nēmeqi* [15],

[11] Dazu zuletzt W. Mayer, Untersuchungen zur Formensprache der babylonischen „Gebetsbeschwörungen“, Studia Pohl: series maior 5, Rom 1976.

[12] Dazu C. Westermann, Lob und Klage in den Psalmen$^{(5)}$, Göttingen 1977, 125–164.

[13] Zum rituellen Ort der Gebetsbeschwörung Mayer, Gebetsbeschwörungen, 18–21.

[14] Dazu E. Gerstenberger, Der bittende Mensch. Bittritual und Klage des Einzelnen im Alten Testament, masch. Habilitationsschrift, Heidelberg 1971, mit weitreichender Berücksichtigung des keilschriftlichen Materials [die Arbeit ist inzwischen in der Reihe WMANT (51; Neukirchen 1980) unter dem gleichen Titel erschienen; ihre „Schlußbetrachtung“ ist S. 372–380 dieses Bandes wieder abgedruckt].

[15] Schon A. Bentzen (Introduction to the Old Testament 1^2, Kopenhagen 1952, 182) bemerkt im Anschluß an J. Lindblom: “The Babylonian poem most nearly akin to Job, the poem of the sufferer and his salvation . . .

AO 4462, der sumerische Hiobtext[16] und R.S. 25.460; [363] sie sind als „gewendete Klagen“ mit biblischen Texten wie Ps 3; 6; 10; 13; 22; 27A; 28; 31; 54; 56; 64; Jes 33, 10–20 u. a.[17] zu vergleichen.

Da der Vergleich zwischen den vier genannten Keilschrifttexten und den aufgezählten Psalmen hier nicht in extenso ausgeführt werden kann, sollten parte pro toto die Formelemente von *ludlul bēl nēmeqi* und insbesondere Ps 22 einander gegenübergestellt werden.

Die Ankündigung des Gotteslobs *ludlul bēl nēmeqi* . . . I 1, mit der die ersten Zeilen des sumerischen Hiobtextes zu vergleichen sind, nimmt das Lobversprechen auf, mit dem babylonische Gebetsbeschwörungen[18] und biblische Klagepsalmen[19] zu enden pflegen: für den (in biblischen Klagepsalmen oft bereits antizipierten) Fall der Errettung werden öffentliche Dankhandlungen gegenüber dem rettenden Gott gelobt; die Wiederaufnahme des Gelübdes am Anfang von Dankliedern (berichtenden Lobpsalmen[20]) vergegenwärtigt dann, daß das einst gegebene Gelübde nunmehr erfüllt wird[21]. Wenn also in *ludlul* und etwa in dem Königspsalm 89, 2 die gewendete Klage mit einer Ankündigung des Gotteslobs beginnt, so zeigt das, wie der Text vom Ende her, von der Rettung des Leidenden als einer geschehenshaften Konfliktlösung interpretiert werden muß.

'I will serve the Lord of Wisdom' is in reality a psalm, a combined psalm of lamentation and of thanksgiving"; vgl. Westermann, Aufbau 35^1.

16 Dieser Text wird in den Schlußzeilen 141 f. ér-šà-ne-ša$_4$ dingir lú-lu$_7$-kam „eine Klage zu dem (persönlichen) Gott eines Mannes“ genannt; Gordon, BiOr 17, 150.

17 Westermann, Lob und Klage, 59 f.

18 Beispiele und Funktionsbestimmung Mayer, Gebetsbeschwörungen, 310 ff.

19 Zu den Klagen des Einzelnen Westermann, Lob und Klage, 56–59.

20 Terminologie der Psalmenanalyse nach H. Gunkel–J. Begrich, Einleitung in die Psalmen^3, Göttingen 1975, und (hier in Klammern) nach Westermann, Lob und Klage.

21 Zur einleitenden Ankündigung des Gotteslobs im Dankpsalm für das Babylonische Mayer, Gebetsbeschwörungen, 311 f., für das Alte Testament Westermann, Lob und Klage, 76/78.

Der versöhnliche Ton schon der ersten Halbzeile wird durch die hymnischen Prädikationen vertieft, die in E. Leichtys Ergänzungsstück[22] an das Objekt *bēl nēmeqi* anschließen; sachlich handelt es sich dabei um eine einleitende Präfiguration des den folgenden Text beherrschenden Geschehens. Die Prädikationen erfolgen als appositionelle Substantivwendung *ilu muš(?)-[ta-lum]* „der umsichtige Gott" I 1/3, im Partizipialstil [*mu*]-*šá-ziz* (var. *-zi-iz*) *mu-ši mu-pa-áš-šir ur-pi* „der die Nacht grimmig macht (und doch) das Gewölk zerstreut" I 2/4 oder in Form von Relativsätzen I 5ff. Alle Aussagen in Z. 2/4–12 sind oppositiv formuliert: Marduk wird als derjenige gepriesen, der – im Schicksal des Betenden und über[364]haupt – Wendungen hervorruft, dessen Verhalten darum mit dem Sturm *(ki-ma* u_4*-mi me-ḫe-e* 5) wie mit dem sanften Morgenwind (*ki-i ma-ni-ti še-ri* 6) verglichen werden kann[23]; ganz deutlich wird der Bezug auf das folgende Geschehen in Z. 10/12: *rit-tuš rab-bat* ([*ša ra*]*b-bat rit-ta-šú* 12) *ú-kaš-šu* (12 und var. 10: *ú-ka-áš-šú) mi-tu* (var. *mi-i-ta*) „dessen sanfte Hand die Todgeweihten (vom Tode) zurückhält"[24]. – Eine entsprechende hymnische Prädikation findet sich auch am Anfang von Ps 22: *w*ᵉ*'attā qādôš jôšēb t*ᵉ*hillôt jiśrā'ēl* „aber (?) du bist heilig, der du thronst über den Lobgesängen Israels" (V. 4). Aus der Klage des Volkes sind die Partizipialwendungen *nôhēg kaṣṣôn jôsēp* „der du Joseph wie Kleinvieh hütest" und *jôsēb hakk*ᵉ*rûbîm* „der du über den Keruben thronst" Ps 80,2 zu vergleichen[25].

[22] Vgl. Anm. 3. – Mit BWL 344f. und Leichty (Or 28, 361–363) sind auch Lesungen und Deutungen von R. Borger (JCS 18, 51) zu vergleichen; die von den genannten Autoren abweichenden Lesungen gehen auf den Jubilar zurück, der mir die Ergebnisse seiner Kollationen bei anderer Gelegenheit freundlich zur Verfügung gestellt hat.

[23] Ähnlich die Opposition der Zeilen 7 und 8.

[24] Zur Bedeutung von *mītu* vgl. H. Hirsch, Den Toten zu beleben, AfO 22 (1968/9), 39–58, bes. 50b, dazu *ludlul* IV 33: *man-nu mi-tu-ta-šú ú-bal-lit* „Wer macht ihn in seiner Todverfallenheit lebendig?". Zu Lesung und Übersetzung von Z. 10/12 CAD K 295b.

[25] Zur Amplifikation des Gottesnamens durch Epitheta o. ä. vgl. für das Babylonische Mayer, Gebetsbeschwörungen, 40ff.; die biblischen Psalmisten sind sonst darin eher zurückhaltend.

Der in den dreigliedrigen biblischen Klagen[26] so wichtigen *Anklage Gottes* (etwa Ps 22,2f.) scheint in *ludlul* zunächst die Klage über das Versagen der persönlichen Schutzgötter (*ilī/ilu, ištarī* I 43f.; II 4f.[27] 112f., vgl. *zaqīqu* II 8), des *šēd dumqi* und der *lamassu* des Betenden I 45f.[28] zu entsprechen; lediglich I 41f. könnte Anklage eines großen Gottes, etwa Enlils (42?), sein, und erst der Vorwurf III 1–4 scheint sich gegen Marduk selbst zu richten[29]. – Das *Sich-Beklagen des Betenden,* vorwiegend in der 1. Pers. sing. (Ps 22,7. 15f. 18) hat in den stark ausgeweiteten Notschilderungen I 47–54. 70–112, II 1–4. 10–22. 48–52. 60. 72–107, III 5(?)-9 seinen Platz. – An die Stelle des biblischen *Verklagens von Feinden* (Ps 22,8f. 12–14. 17. 18b–19) tritt z. T. die Erwähnung von Krankheitsdämonen und des *alû* II 53–59. 61–71; daneben gibt es aber auch hier menschliche Feinde: der König und sein Hof I 55ff., ja die Allernächsten des Leidenden I 80ff. sind zu dessen Gegnern geworden. Ohne unmittelbares biblisches Pendant ist die Klage über das Versagen des *bārû* und des *mašmaššu* II 6–9. 108–111 (vgl. 82)[30].

[365] Anders auch als in allen biblischen Klagepsalmen fehlt die ausdrückliche Bitte (etwa Ps 22,12. 20–22); die Schicksalswende folgt vielmehr in III 9 ganz unvermittelt auf die Klage. Sie wird dabei nicht, wie J. Begrich im Blick auf den Stimmungswechsel in den Klagepsalmen mit Recht vermutet hat[31], durch ein Heilsorakel vermittelt, sondern, im Grunde freilich nicht ganz unähnlich, durch die Traumerscheinung von vier z. T. priesterlichen bzw. göttlichen

[26] Zur Dreigliedrigkeit der biblischen Klage Westermann, Lob und Klage, 128ff.

[27] Mit *ludlul* II 4f. ist speziell Ps 22,3 zu vergleichen.

[28] Zu *šēdu* und *lamassu* vgl. W. von Soden, Die Schutzgenien Lamassu und Schedu in der babylonisch-assyrischen Literatur, BaM 3 (1964), 148–156, zu ihrem Verhältnis zur persönlichen Schutzgottheit daselbst 151. Auch Mayer, Gebetsbeschwörungen, 93–98, 105/6.

[29] Treffend scheint mir die Bemerkung Lamberts: "The writer gives dark hints, but avoids openly using the name Marduk in this connection" (BWL 23).

[30] Vgl. Mayer, Gebetsbeschwörungen, 104–106.

[31] Das priesterliche Heilsorakel, Gesammelte Studien zum Alten Testament, München 1964, 217–231.

Gestalten (III 9–47), die sich als Gesandte anderer priesterlicher bzw. göttlicher Autoritäten legitimieren (15. 18. 25f. 42); den lösenden, zugleich magisch wirksamen Begnadigungsruf *a-ḫu-la-pí* „das ‚Genug!' für mich" spricht die dritte dieser Gestalten (34a. 37a)[32].

Es folgt in III 48ff. IV 1–14 ein Bericht von der Errettung, der in den begründenden Sätzen des psalmistischen Lobgelübdes, dem *kî gāmal ʿālāj* von Ps 13,6b oder dem *kî ʿāśā* von Ps 22,32b (vgl. V. 25f.), seine Parallele hat; auch die biblische Klage nimmt darin ein Kernstück des Dankliedes (berichtenden Lobpsalms) vorweg[33]. Darüber hinaus aber hat *ludlul* mit der gewendeten Klage biblischer Psalmen, insbesondere mit Ps 22,23–32, gemein, daß an die Stelle eines bloßen Lobversprechens bereits das weitläufig ausgeführte Gotteslob selbst[34] tritt IV 76ff. 1ff.[35], wie denn auch die erweiterte Ankündigung des Lobs Marduks I 1ff. sogleich den Blick auf die Rettung des Leidenden lenkte[36]. Die universale Ausweitung des einmal initiierten Gotteslobes[37] in Ps 22, wo nicht nur Israel (V. 24) und „alle Enden der Erde" (28), sondern auch die Toten (30) und die kommenden Geschlechter (31)[38] einbezogen werden, hat an

32 Vgl. Vf., Die weisheitliche Lehrerzählung im Alten Testament und seiner Umwelt, WO IX/1 (1977), 77–98, hier 91f.

33 Westermann, Lob und Klage, 59.

34 Babylonische Beispiele dafür bei Mayer, Gebetsbeschwörungen, 350ff.

35 Die hier vorausgesetzte Umstellung der beiden Teile von Tafel 4 hat W. von Soden, MDOG 96, 51[5], vorgeschlagen.

36 Zum einzelnen: Die Zeilen 76–90 schildern, wie der Gerettete durch alle Tore des Esagil einzieht. Es folgt der Bericht von einem Opfer (91ff.), bei dem auch *šēdu* und *lamassu* Erquickung finden (96). Mit dem Gastmahl für die *ʿaᶜnāwîm* Ps 22,27 sind *[qé]-re-e-ti mār bābili*[ki] „die Gastmähler der Babylonier" Z. 27 zu vergleichen, die im folgenden das Forum des Rettungshandelns Marduks und der Ṣarpānītum darstellen (vgl. die Rolle des *qāhāl* Ps 22,23).

37 Dazu Vf., Ursprünge und Strukturen alttestamentlicher Eschatologie, Berlin 1969, 26–29.

38 Zur räumlichen Ausweitung des Gotteslobs in der Gebetsbeschwörung (etwa *ana nišī rapšāti*) Mayer 340–342, zur zeitlichen Ausweitung (etwa *ana dārâti*) daselbst 341–343.

ludlul IV 37–41 eine kosmische Parallele, ehe mit Z. 42 die Menschheit zum Lob Marduks aufgefordert wird.

3. Während also in *ludlul bēl nēmeqi* ein Weg von der Klage über die Schicksalswende zum Lob des rettenden Gottes abgeschritten wird, ge-[366]schieht in der Babylonischen Theodizee eine eigentliche Problembehandlung. Allein die dialogische Struktur dieses Textes, der darin der biblischen Hiobdichtung entspricht, zeigt sein Anliegen, das Postulat einer sittlichen Weltordnung angesichts ihrer Fraglichkeit zu erörtern. Dabei ist das Gegenüber der Fragen des Leidenden ausschließlich der „Freund": alle Anreden in den Partien des Leidenden richten sich an ihn, keine an die Gottheit wie viele der Anklagen im Buche Hiob[39]. Gerade wo das Ausbleiben einer retributiven Gerechtigkeit des Gottes (Z. 70–75. 251) und die Unordnung in der Lebenswirklichkeit des Leidenden (48–55. 243–253. 265–275) beklagt wird, geschieht dies durchaus nicht, um auf den sich entziehenden Gott einzuwirken; selbst mit der Drohung, fortan auf jede religiöse Observanz zu verzichten (135), soll allein der Freund herausgefordert werden. Alle werbenden (1ff. 23f. 45f. u. ö.), gelegentlich wohl auch ironisch übertreibenden (67f.) Anreden richten sich ebenso wie die wenigen Bitten des Leidenden (25f. 265f. 287f.) ausschließlich an den menschlichen Gesprächspartner.

Für den problemorientierten Charakter der Trostversuche des Freundes, die spezifisch weisheitliche Art seiner Argumentation, ist es sodann bezeichnend, wenn dieser gleich zu Anfang, ganz wie in seiner letzten entscheidenden Antwort (276ff.), das individuelle Leidenslos seines Gegenübers in das allgemeine Menschenschicksal einordnet und als Auswirkung menschlicher Hinfälligkeit und Vergänglichkeit deutet (16f.):

> Hingegeben waren doch schon unsere Väter,
> gingen den Weg zum Tode;
> „Den Unterweltsfluß werde ich überschreiten",
> hieß es seit jeher[40].

[39] Etwa 7,12ff.; 9,28b. 30f.; 10,3–7. 13–19 (mit dem Kontrastmotiv in V. 8–12); 13,24–27; 14,1–3; 30,20–23.

[40] Ähnliche Motive finden sich Z. 58 (Übersetzung von Soden, MDOG 96,52) 256f. 264.

Aber auch der Leidende geht auf die condicio humana ein, wenn er seinem persönlichen Schicksal das Glück des Frevlers gegenüberstellt (50–53. 70f.); in diesem Kontrast wird das einmalige Leiden beispielhaft für das allgemeine Ordnungsdefizit in der Welt.

Dem Charakter des Textes als einer Problemerörterung schließlich entspricht es, wenn die Babylonische Theodizee keine Wende im Schicksal des Leidenden vorsieht; vielmehr zielt von allen behandelten Keilschrifttexten allein dieser ausschließlich auf eine kognitive Lösung des durch den Leidenden aufgeworfenen Problems. Und so ist die Spannung der Dichtung aufgehoben, sobald der Freund seine letzte Belehrung erteilt hat. Der Ursprung des Bösen, für den die Unwahrhaftigkeit menschlicher Rede offenbar paradigmatisch ist, die Schuld vielleicht auch an den inter-[367]essenbedingten Voreingenommenheiten unserer Erkenntnis [41] wird freilich zuletzt doch bei den Göttern gesucht, genauer: bei denjenigen, die den Menschen schufen (279ff.):

> Sie haben der Menschheit geschenkt
> die unehrliche Rede;
> Lügen und Unwahrheiten
> schenkten sie ihr für immer.
> In herausfordernder Art
> reden sie (die Menschen) nur Gutes über den Reichen
> ...
> Einem Dieb gleich
> machen sie den Kümmerlichen schlecht.

Diese Lösung des Theodizeeproblems ist für den Polytheismus bezeichnend: er kann das Beklagenswerte an der condicio humana als ein Schicksal erklären, das ein Teil der Götter allen übrigen und der Menschheit auferlegt hat. Dem eigentlichen Bedürfnis einer Theodizee ist dabei allerdings insofern nicht entsprochen, als es nun wiederum Götter sind, die für ihren Anteil an der menschlichen

[41] So paraphrasiert Bottéro (Annuaire 1966/7 École IVe section, 105) die Stelle mit den Worten: «Seuls donc les dieux connaissent la vérité, parce que seuls ils mènent le monde, à leur idée. Nous, nous ne savons rien, et nous aurions grand tort d'épiloguer et de théoriser avec notre courte expérience et notre regard de taupes.»

Unwahrhaftigkeit belangt werden[42]; die Gottheit ist nicht voll gerechtfertigt.

Erst die letzten drei Zeilen des Gedichts (295–297) artikulieren nach Art der Klagepsalmen ein Bekenntnis der Zuversicht gegenüber den Göttern (?)[43], der persönlichen Schutzgöttin (*ᵈiš-tar*) und dem König (?)[44]: [368] die Götter mögen dem Leidenden „einen Helfer" stellen[45]; vielleicht ist damit die Hoffnung auf einen *ʿēd // śâhēd* „Zeugen" Hi 16,19 bzw. einen *gôʾēl* „Loskäufer" 19,25 und die Gestalt eines *mēlîṣ* „Fürsprechers" Hi 33,23 zu vergleichen.

Ein Fragment weisheitlicher Streitrede eines Leidenden gegen seinen Gefährten bzw. Freund (*ib-ri . . . tap-pe-e* Z. 4) ist das schlecht erhaltene Stück VAT 9943 pl. 25 (BWL 90f.); auf die dialogische Struktur des Textes weist die viermal wiederholte abwehrende Wen-

[42] G. Buccellati (Tre saggi sulla sapienza mesopotamica – III. La teodicea: Condanna dell'abulia politica, OA 11 [1972] 161–178) sieht in Z. 276ff. vorwiegend ein Kapitel sozialer Kritik, zwar nicht an den Institutionen, wohl aber an der Haltung des kollektiven Gewissens (S. 165). Doch wird dabei wohl über die Z. 279f., die Buccellati selbst die «rielaborazione teologica dello stesso tema» nennt (164), zu schnell hinweggegangen; ein Satz wie «Dio è assolto perchè bisogna incriminare la società» (164) wird weder den Worten des Freundes noch denen des Leidenden voll gerecht.

[43] Der Plural *liš-ku-nu ilū* (Z. 295) ist im parallelismus membrorum mit dem Singular *li-ir-šá-a ᵈiš-tar* (296) nicht kongruent; ein Singular in Z. 295 würde zudem entsprechend *ᵈiš-tar* 296 an den männlichen persönlichen Schutzgott denken lassen. Soll man also auch in Z. 295 ursprünglichen Singular vermuten? Vgl. B. Landsberger, ZA 43 (1936), 72/3.

[44] Daß *reʾûm* Z. 297 den König meine, setzt nach Landsberger (a. a. O.) auch R. Labat (Labat u. a., Les religions du Proche-Orient asiatique, Paris 1970, 327[6]) voraus. Vgl. dazu die vorsichtigen Erwägungen Buccellatis, OA 11, 178[13]. Auch von Soden (MDOG 96, 55) übersetzt: „Der Hirte, die Sonne der Menschen, möge sich wie der Gott mir freund[lich zuwenden]!" Vgl. aber AHw 978b. Eine Vertrauensbekundung gegenüber dem König gerade in der letzten Zeile würde auch zu dem Akrostichon des Textes passen: *a-na-ku Sa-ag-gi-il-ki-[i-na-am-u]b-bi-ib ma-áš-ma-šu ka-ri-bu ša i-li ú ša-ri* „Ich, S., der Beschwörer, bin ein Verehrer von Gott und König".

[45] Das Objekt *re-ṣa* „einen Helfer" Z. 295 ist durch die Wendung *re-ṣa u tuk-la-tum* „einen Helfer und Hilfeleistungen" in der unmittelbar vorangehenden oppositiven Klage Z. 290 vorbereitet.

dung *at-ta la-a tu-kal-lam-an-ni (tu-ka-la-ma-an-ni) a-ja-ši* „mich wirst du nicht (eines anderen) belehren" 11. 13. 15. 17.

4. Daß nun aber umgekehrt auch die oben genannten monologischen Keilschrifttexte von einem Theodizeeproblem nicht einfach frei sind, zeigt vielleicht schon der einfache Umstand, daß auch in den meisten von ihnen die Gestalt eines Freundes begegnet, die Person also, mit der in der Babylonischen Theodizee die Problembehandlung geschieht. Freilich ist die Funktion dieses Freundes in den älteren Keilschrifttexten noch eine symptomatisch verschiedene. Wenig klar ist sie in PBS I^2 135: dort heißt es Z. 7 an-ta-mu enim-diš-àm èn mu(?)-e(?)-da(?)-[tar-re-en]/*tap-pé-e a-wa-tam iš-ti-a-at a-ša-[a-al-ka]* „Mein Freund, eine Sache will ich dich fragen" [46]. Nicht deutlich ist auch, wie das Handeln des in Z. 4 des sumerischen Hiobtextes zweifach genannten Freundes [47] auf die Klage des Leidenden bezogen ist. Dagegen scheint nach Z. 1 von AO 4462 ein menschlicher Partner für den Leidenden als seinem „Freund" vor dem Gott zu intervenieren: *eṭ-lu-um ru-i-iš a-na i-li-šu i-ba-ak-ki* „ein Mann weint für den Freund [48] zu dessen Gott", was Z. 2 im Parallelismus abwandelt; die Zeilen 3ff. vollends lassen dann offenbar den Fürbitter die Klagen des Leidenden stellvertretend artikulieren. Zwar nicht Freunde, wohl aber die Familie des Leidenden, deren ursprüngliche Trösterrolle in solchen Fällen auch noch Hi 42,11 hindurchschimmert [49], sind in R.S. 25.460 Z. 9–12 tätig: sie nehmen offenbar schon zu Lebzeiten des [369] Leidenden die Vorbereitungen für dessen Beerdigung vorweg, worin freilich

[46] Transkriptionen nach van Dijk, SSA 128; zur Rolle des Sprechenden daselbst S. 131.

[47] Kramer (SVT 3, 177) denkt an das Nebeneinander einer weiblichen und einer männlichen Tröstergestalt. Zum Versagen von Freund und Gefährten in der Trösterrolle sind vielleicht noch Z. 35f. (61f.) zu vergleichen.

[48] So für akkadisch *ru-i-iš* mit Nougayrol (RB 59, 243) und von Soden (MDOG 96, 47, und AHw 993b); anders van Dijk (SSA 121^{51}) und Lambert (BWL 10^3, Or 40 [1971] 97: "like a friend").

[49] Zur ursprünglichen Trösterrolle der Verwandten und Bekannten von Hi 42,11 G. Fohrer, Das Buch Hiob, KAT 16, Gütersloh 1963, 32.538, und Vf., Hiob und seine Freunde, Theologische Studien 103, Zürich 1970, 23–26.

wenig Ermutigendes liegt[50]. – Offenbar also gehört die Figur eines Freundes zur konventionellen Topik solcher Texte: was wir vorfinden, sind Varianten einer Trösterrolle[51]; in R.S. 25.460 ist diese Funktion – wie im Verlauf der biblischen Hiobdichtung, wenn auch in anderer Weise – in ihr Gegenteil umgekehrt. Die Babylonische Theodizee jedenfalls scheint die Trösterrolle des Freundes erst eigentlich versachlicht zu haben: hier wird sie geradezu ein literarisches Signal für die Präsenz des Theodizeeproblems und seine erörternde Behandlung. Es fragt sich dann, inwieweit diese Signalfunktion in der Rolle des Freundes von vornherein angelegt war.

Sachlich ist die Voraussetzung für das Aufkommen des Theodizeeproblems schon dadurch gegeben, daß sich in allen genannten Texten die Auseinandersetzung an einer einzigen Gottheit orientiert, die wohl zunächst mit dem persönlichen Schutzgott identisch ist, von dem der Leidende die Verwirklichung einer sittlichen Ordnung, insbesondere die Vergeltung des Guten in seinem Leben erwartet[52]; noch die Babylonische Theodizee lenkt nach ihrer polytheistisch orientierten letzten Belehrung (Z. 276ff.) das Vertrauen u. a. auf die persönliche Schutzgöttin (^{d}*iš-tar* 296) zurück[53].

Anders aber als besonders beim biblischen Hiob entzündet sich das vorwurfsvolle Rufen zu dem Gott in den älteren hier besprochenen Keilschrifttexten noch nicht am Bewußtsein eigener Unschuld. Im Gegenteil: der Leidende des sumerischen Hiobtextes gesteht,

[50] So nach der Neubearbeitung von R.S. 25.460 durch W. von Soden, UF 1 (1969), 191f.

[51] Auch Westermann (Aufbau, 34ff.) erklärt im Anschluß an Bentzen (vgl. unsere Anm. 15) die Funktion der Freunde im Buch Hiob und somit dessen Dialogform aus einer Situation des Tröstens, wobei der Dialog des Tröstens freilich im Fortgang des Redewechsels zum Streitgespräch degeneriert; zur Rolle der Freunde als Tröster und zur Verwurzelung dieser Rolle in den Klagepsalmen schon Gunkel–Begrich, Einleitung, 208. Die Gestalt des *ibru, tappû* u. ä. ist auch der babylonischen Gebetsbeschwörung bekannt; vgl. Mayer 108–111.

[52] Dagegen ist in *ludlul* die Gottheit, mit der die Auseinandersetzung der Klage geschieht, von den persönlichen Schutzgöttern (I 43f.; II 4f. 112f.) unterschieden.

[53] Vgl. Anm. 43.

daß der Gott seine Sünden aufgedeckt habe (Z. 111–113)[54]; allerdings wird das individuelle Schuldbekenntnis – ähnlich wie Hi 4, 12–21; 15, 14–16; 25, 4–6 im Munde der Freunde – durch das Wort der „Weisen" von der allgemeinen menschlichen Sündhaftigkeit (101–103) schon vorher neutralisiert[55]. Auch in AO [370] 4462 scheint die schlecht erhaltene Z. 13 die Möglichkeit einer früheren Verfehlung des Leidenden zu erörtern[56]; dem entspricht vielleicht die abschließende Mahnung des Gottes, auf die erfahrene Rettung nunmehr durch eine Observanz der Mitmenschlichkeit zu antworten (62–65)[57]. – Der Grund für den Vorwurf gegen Gott[58] ist hier noch ganz elementar das Leiden als solches, nicht erst seine Unverrechenbarkeit mit einer an der Retributionstheorie orientierten theologischen Reflexion; das Rufen zu dem Gott ist eine in Sprache gefaßte Abwehrhandlung, eine Sprachgebärde des Lebens selbst, das das Feindselige in der Wirklichkeit, die Last auch des Göttlichen anders nicht erträgt.

Erst von daher wird die Funktion des Freundes in den Texten voll verständlich. Er ist eine Mittlergestalt, die zwischen der Lebenswidrigkeit der Welt und dem Lebenswillen des Menschen ihren Platz hält; insbesondere nimmt sie den Leidenden gegen die Bedrohung in Schutz, die dessen Schicksal für die geistig-religiöse Wirklichkeitsrezeption allemal ausmacht. Sein Funktionenwechsel zwi-

[54] So kommt, wie von Soden (MDOG 96, 46) bemerkt, ein Zweifel an der Gerechtigkeit der Gottheit hier nicht auf.

[55] Zum Motiv von der allgemeinen menschlichen Sündhaftigkeit verweist von Soden (S. 48) auf die Klage an Marduk SAHG B 43.

[56] *še-eṭ i-pu-šu la i-d*[*i*] „die Sünde, (die) er tat, kennt er nicht"; Bottéro, Annuaire 1964/5 Ecole IVe section, 129. Vgl. die vorsichtige Bemerkung Nougayrols: «De toute façon, la version ancienne semble moins insister sur l'injustice subie que sur le caractère soudain, 'miraculeux' de la guérison» (RB 59, 250).

[57] Auf den möglichen Zusammenhang von Z. 13 mit der abschließenden Mahnung zum Besseren 62–65 hat ebenfalls Bottéro (a. a. O., 129f.) hingewiesen.

[58] Dazu sumerischer Hiobtext Z. 30. 38. 68. 96–100. Besonders eindrücklich ist AO 4462 Z. 26: [*im-ma-t*]*i-ma la tu-*[*d*]*a-*[*m*]*i-qá-an-ni-ma* „niemals tatest du mir etwas Gutes"; nach der Neubearbeitung des Textes durch von Soden, Or 26 (1957) 315–319, hier 316, vgl. MDOG 96, 47.

schen den älteren Texten und der Babylonischen Theodizee ist insoweit ein fließender: noch das versachlichte Gespräch der Freunde über das Problem einer Rechtfertigung der Gottheit angesichts des Ordnungsdefizits in der Welt stiftet ein Vitalpotential für die Aufrechterhaltung des geistigen Lebens, das sich gegen die nackte Zweckwidrigkeit der Welt reaktiv zur Wehr setzt. Die Mittlerfunktion des Freundes geht dabei allerdings, wie später überall in der philosophischen Theodizee, infolge geistiger Sublimierung schon des Bedrohenden vom lebendigen Menschen und seinen Sprechhandlungen an ein Stück Lehre, an ein Theorem über.

5. Auch in *ludlul bēl nēmeqi,* wo der Dialog und die Gestalt des Freundes fehlen, ist das Problem der Theodizee deshalb doch nicht einfach abwesend. Während die Unschuldsbeteuerung – nunmehr ebenso wie im Fall Hiobs – dem durch das Unheil gegebenen Anschein eigener Verschuldung widerspricht (II 12–32), hält sich der Betende die durch den Widerspruch von Unschuld und Unheil geforderten Trostgründe im Selbstgespräch vor: bei den Göttern gelten nun einmal andere Maßstäbe als bei [371] den Menschen (33–35); dieser muß sich darum nach den Grenzen seiner Erkenntnisfähigkeit fragen (36–38). Die Ähnlichkeit von Z. 36–38 mit den Fragen der Freunde Hiobs Hi 11,7–10; 15,7–13 und den abschließenden Fragen Gottes 38,2ff. ist nicht zu übersehen. Was darauf in *ludlul* folgt, ist eine Vergänglichkeitsklage, die das demütigende Gebundensein des Menschen an wechselnde Situationen und ihre Stimmungen bespricht (39–47); weisheitlich reflektierend wird dabei vom Schicksal des Betenden zur condicio humana hinübergelenkt. Auch funktionell geschieht hier eben das, was eine Theodizee auszumachen pflegt: der Mensch verleugnet sein Normenbewußtsein und sein Anrecht an der Wirklichkeit, um damit das Recht der Gottheit gegen aufkommenden Zweifel in Schutz zu nehmen.

II

Welches Licht fällt von diesen Ergebnissen auf das Buch Hiob und verwandte biblische Texte? Behandelt das biblische Hiobbuch das Theodizeeproblem?

1. Zunächst ist nicht zu übersehen, daß die Funktion der Reden Hiobs Hi 3,1ff. weithin mit derjenigen von Äußerungen des Leidenden in der Klage übereinstimmt[59]. Insofern besteht der Vergleich des biblischen Hiobbuches mit *ludlul bēl nēmeqi*, AO 4462, dem sumerischen Hiobtext und R.S. 25.460 zu Recht – nur daß das tertium comparationis dabei die gemeinsame Teilhabe an der Gattung „Klage" und zunächst nicht eine Orientierung am Theodizeeproblem ist[60]. Mit dem gleichen oder mit größerem Recht wie zu der altorientalischen Auseinandersetzungsliteratur[61] kann darum das Buch Hiob zu den oben aufgezählten Psalmen einer gewendeten Klage gestellt werden. Das meiste von dem, was Hiob vorbringt, ist mittelbar oder unmittelbar ein an Gott gerichteter Appell. Auch seine bis an die Grenze des Blasphemischen reichenden Anklagen münden in Wünsche und Bitten aus, wenn auch die Hoffnung auf eine reale Beseitigung des quälenden Unheils immer mehr zurücktritt: wenn [372] Gott den Leidenden schon nicht erretten will oder kann, dann soll er doch wenigstens von dessen Vernichtung ablassen, damit Hiob aufatmen und zu seiner Verteidigung reden kann (Hi 9,34f.; 13,21–28); ja, Hiob möchte zumindest gegen die von Gott verschuldete Rechtsverletzung einen Anwalt finden (16,18; 17,3; 19,23f.) oder selbst dem Gott, der ihm Unrecht tut, zu seiner eigenen Rechtfertigung gegenübertreten (13,3. 14f.; 14,13–17; 23,3–7; 31)[62].

[59] Zur exegetischen Begründung des folgenden muß der Vf. auf frühere Arbeiten verweisen: die Titel in Anm. 32 und 49 und: Altes und Neues zum Buch Hiob, Evangelische Theologie 37 (1977), 284–304; zur Forschungsgeschichte Vf., Das Hiobproblem. Seine Stellung und Entstehung im Alten Orient und im Alten Testament, Darmstadt 1978.

[60] Umgekehrt wollte J. J. Stamm (Das Leiden des Unschuldigen in Babylon und Israel, Zürich 1946, 80), als er den Zusammenhang von *ludlul bēl nēmeqi* mit den babylonischen Klage- und Dankpsalmen erkannte, gerade darin den Abstand dieses Textes vom biblischen Hiobbuch wahrnehmen.

[61] Zu den dafür aus Ägypten in Frage kommenden Texten E. Otto, Der Vorwurf an Gott (Vorträge der orientalistischen Tagung in Marburg, Fachgruppe: Ägyptologie, 1950, 1951), Weltanschauliche und politische Tendenzschriften, in: Ägyptologie – Literatur (HO I 1,2, Leiden 1952), 11–119.

[62] Zu den Wünschen und Bitten Hiobs Westermann, Aufbau, 81–84.

Dem Charakter der Reden Hiobs als Appell an Gott entspricht es denn auch am ehesten, daß sich Gott 38,1 ff. zu einer Selbstoffenbarung und zu einer Gegenrede bewegen läßt, die beide die Klageerhörung, die göttliche Zuwendung zu dem Leidenden, anzeigen: das Faktum des Erscheinens und Redens Gottes tritt so an die Stelle der Gottesantwort in den Klagepsalmen[63]. Darüber hinaus aber hat die Hiobdichtung durch Aufnahme des Prosaschlusses aus der älteren Hioberzählung (42,10–17) auch eine faktische Rettung des Leidenden, eine reale Beendigung des anfänglichen Unheilszustandes, vorgesehen. Insofern läßt sich das biblische Hiobbuch zusammen mit den monologischen Keilschrifttexten und analog zu den Psalmen einer gewendeten Klage als „Klageerhörungsparadigma" bezeichnen[64].

2. Und doch ist damit nicht alles gesagt. Schon die dialogische Struktur stellt Hi (3) 4–27 (29–31)[65], wie bereits erwähnt, zugleich an die Seite der Babylonischen Theodizee. Ähnlich wie im Gesprächsgang dieses Textes verhalten sich die Klagen Hiobs oppositiv gegenüber der Argumentation der Freunde, die die traditionelle Retributionstheorie vertreten. Beide Parteien, Hiob und seine Freunde, besprechen dabei nicht nur Hiobs konkreten Fall, sondern dessen Signifikanz für die condicio humana überhaupt: die Freunde etwa durch ihr Argument, kein Mensch sei gerecht vor Gott[66], womit sie, um Hiob entgegenzukommen, im Grunde eben-

[63] Westermann, Aufbau, 109. Gotteserscheinung und Gottesrede entsprechen tatsächlich nicht nur der den Dialogteil abschließenden Herausforderung Gottes durch Hiob (Hi 29,1–31,37, bes. 31,35–37), sondern auch den vorangehenden Bekenntnissen der Zuversicht 16,19–21; 19,25–27, die Gott durch sein eigenes Kommen noch überbietet. Für das bevorstehende Erscheinen wird sowohl in 19,25 als auch in 31,14 das Verb *QŪM* „sich erheben" verwendet – wie auch sonst als Ruf an Gott in der Klage (dazu F. Schnutenhaus, Das Kommen und Erscheinen Gottes im Alten Testament, ZAW 76 [1964], 1–22, hier 6f.).

[64] Terminus nach H. Gese, Lehre und Wirklichkeit in der alten Weisheit. Studien zu den Sprüchen Salomos und zu dem Buche Hiob, Tübingen 1958.

[65] Die sog. monologischen Stücke Kap. 3 und 29–31 sind als Rahmen des Dialogs 4–27* angeordnet.

[66] Hi 4,12–21; 15,14–16; 25,4–6.

falls die Retributionstheorie aufheben, Hiob dagegen in seiner Rede über [373] das Glück des Frevlers 21,5ff., die die vorangehenden Sentenzen der Freunde einfach umkehrt. Vor allem aber: beide beziehen sich in ihrer Weise auf das Postulat einer der Wirklichkeit zugrunde liegenden sittlichen Ordnung, die die Gottheit zu garantieren hat. Dies Postulat wird nicht nur von den Freunden unter Abblendung allbekannter Tatsachen behauptet; von ihm und seiner Wirklichkeitsfremdheit geht vielmehr auch Hiob aus, wenn er Gott wegen des Ausbleibens einer gerechten Retribution verklagt. Darum sind Hiobs Unschuldsbeteuerungen Teil seines Streits mit den Freunden (6,28–30; 19,6; 27,2–6), ehe sie mit der wachsenden Abwendung Hiobs von einem unfruchtbar werdenden Disput immer klarer in einen Appell an Gottes Gerechtigkeit übergehen (9,21; 13,15f.; 23,10–12; 31)[67]. So ist das Theodizeeproblem in dem Maße gegenwärtig, wie es bei der Anklage Gottes untrennbar um die Frage nach der Ordnung der Wirklichkeit, beim Ringen um das göttliche Gegenüber gleichzeitig um die Normenadäquanz der Welt geht.

Entsprechend erschöpft sich die Antwort Gottes 38,1ff. keineswegs in so etwas wie einem actus purus. Der bloße Vorgang einer Gottesoffenbarung als Peripetie in der Geschichte des Leidenden wäre zudem im Buch Hiob nichts Neues: auch in AO 4462 wird die Heilung durch eine Gottesrede hervorgerufen (Z. 48–67, bes. 66f.); in *ludlul bēl nēmeqi* sind es immerhin doch Erscheinungen (III 9–47) und ein zweimaliges lösendes Wort (34a. 37a), die die Schicksalswende bringen. Neu ist an der Gottesrede des Hiobbuchs dagegen, daß ihr Inhalt auf die Anklagen Hiobs und die darin aufgeworfenen Fragen nach der Wirklichkeit eine Antwort zu geben sucht; neu ist, mit anderen Worten, ihr impliziter Versuch, auf das Theodizeeproblem einzugehen.

Tatsächlich enthält die Gottesrede denn auch nicht nur ein Selbstlob des Schöpfers, mit dem allenfalls die Überlegenheit göttlicher Macht im Vergleich mit menschlichem Aufruhr erwiesen wäre; vielmehr werben die dabei aufgenommenen hymnischen Motive[68]

[67] Westermann, Aufbau, 104–106.

[68] Keilschriftliche Parallelen zum göttlichen und königlichen Selbsthymnus Vf., Evang. Theol. 77, 295f.

zugleich um die Zustimmung des Menschen zu der erschaffenen Welt. Das Sprachmittel, dessen der Dichter sich dafür bedient, sind Reminiszenzen des Weltschöpfungsmythos[69], die er jedoch, da echter Mythos längst nicht mehr lebendig ist, [374] lediglich ästhetisch wiedererweckt: die Schönheit eines prototypischen Weltentwurfs soll die Lebensfeindlichkeit der vorfindlichen Welt[70] gleichsam neutralisieren. Voll entsprochen wird dem Bedürfnis einer Theodizee damit freilich wiederum nicht: eine nur noch ästhetisch gelingende Mythisierung der Wirklichkeit mißt der Welt einen Mehrwert bei, der das Vorfindliche gleichsam überlädt; ihre Heimatlichkeit verwirklicht sich nur in der Sprache, nicht mehr in der von ihr bezeichneten Realität.

Nicht ohne Vorbilder dagegen ist die Hi 38,4ff. vorgenommene Verwandlung des göttlichen Selbstlobs in eine Reihe von Fragen an den Menschen, der dadurch als Ankläger Gottes ins Unrecht gesetzt wird. An den von uns herangezogenen Keilschrifttexten haben solche Fragen, wie wir sahen, schon im Selbstgespräch des Betenden *ludlul* II 33–35 ihre Entsprechung; dazu kommen die Zeilen

[69] Was die Gottesrede vor Hiob entwirft, ist ja zunächst nicht das Abbild der vorgegebenen Realität, sondern die mythische Welt des ersten Tages, „als die Morgensterne allzumal frohlockten und alle Gottessöhne jubelten" (38,7). Aber auch die Gegenwartswelt nimmt in mythischer Rezeption eine menschgemäße Gestalt an, wenn das Meer als ein kleines Kind vorgestellt wird, das mit Windeln bekleidet, aber auch hinter Riegel und Türen verschlossen wird (38,8–11), wenn Tag und Frührot allmorgendlich den Befehl Gottes vernehmen, die Frevler von der Erde abzuschütteln (V. 12–15), oder wenn Jahwe, offenbar wie Marduk in Enūma eliš IV 19–26, die Fesseln von Sternbildern zusammenfügt, um sie danach wieder zu lösen (V. 31, vgl. R. Borger, Das Wunder des Marduk, AfO 19 [1959/60] 113, und AHw s.v. *lumāšu* S. 563). Zur Aufzählung weiterer Mythenmotive Vf., Evang. Theol. 77, 297f.

[70] Die festliche Weltbejahung von Kap. 38 wird in 39 um eine Nuance distanzierter: in den Tierschilderungen manifestiert sich ein anarchisch-chaotisches Element in der Welt, das doch der Herrschaft Jahwes unterliegt (O. Keel, Jahwes Entgegnung an Ijob. Eine Deutung von Ijob 38–41 vor dem Hintergrund der zeitgenössischen Bildkunst, Göttingen 1978) und von dessen urzeitlicher Stiftung und gegenwärtiger Bändigung umfangen bleibt.

83f. des „Pessimistischen Dialogs“ [71]. W. G. Lambert hat Beispiele für den Topos u. a. aus keilschriftlichen Hymnentexten beigebracht [72]. Aus dem Alten Testament wären die ebenfalls hymnisch motivierten Fragen Jes 40,12–14. 18. 24f. zu vergleichen. Schließlich wurden wir darauf aufmerksam, daß auch die Freunde schon Fragen dieser Art an Hiob gerichtet hatten (Hi 11,7–10; 15,7–13). Das Eigentümliche in Hi 38,4ff. ist, daß die Fragen wie das Selbstlob Gottes aus dessen eigenem Munde ergehen [73]. Erfolgt die Bestreitung Hiobs also durch Gott selbst, so ist es doch eben der zugewandte, der gnädige Gott, in dessen Rede die Theodizee das Recht Gottes nicht länger gegen das Recht des Menschen ausspielt. Gott betätigt sein Recht vielmehr, indem er den Menschen annimmt, auch wenn er dessen Anklage zurückweist; entsprechend oszilliert Hiobs Antwort zwischen einer verhaltenen Dankbarkeit und offener Beschämung (42,5f.): [375]

> Vom Hörensagen hatte ich von dir gehört,
> nun aber hat dich mein Auge gesehen.
> Darum widerrufe ich und bereue [74]
> in Staub und Asche.

[71] J. Bottéro (Le ‘Dialogue pessimiste’ et la transcendance, Revue de théologie et de philosophie 99 [1966], 7–24, bes. 18–22) hält diese Stelle für den Schlüssel des ganzen Textes.

[72] BWL 327.

[73] Vgl. dazu lediglich die Fragen Els Prov 30,4 und des Engels von 4 Esra 5,36f. – Prov 30,2f. führen V. 4 als Rede Els ein; in V. 3a ist nämlich nach LXX *(wᵉ-)’ēl limmad ’ōtî* „(und) El lehrte mich“ zu lesen.

[74] Der objektlose Gebrauch von *M’S* mag auf Anpassung an das folgende Ni. *NḤM* beruhen; gegen D. Patrick, The Translation of Job XLII 6, Vetus Testamentum 26 (1976), 369–371.

III. SPRACHLICHE BEZIEHUNGEN

Festschrift Vilhelm Thomsen zur Vollendung des siebzigsten Lebensjahres am 25. Januar 1912 dargereicht von Freunden und Schülern, Leipzig: Harrasowitz 1912, S. 59–69.

DAS ALTSEMITISCHE TEMPUSSYSTEM

Von Christian Sarauw

Der Gegensatz zwischen der altbekannten westlichen Gruppe semitischer Sprachen und dem erst seit wenigen Jahrzehnten erforschten Babylonisch-Assyrischen tritt nirgends schärfer hervor als in der Verwendung der verbalen Tempusformen. Den Begründern der Assyriologie mochte es scheinen, als wären die für den Westen feststehenden syntaktischen Kategorien im Osten vielfach geradezu auf den Kopf gestellt. Bei näherer Betrachtung lösen sich nun aber doch diese scheinbaren Widersprüche, und das Babylonisch-Assyrische gibt uns gerade die Mittel an die Hand, dunkle Punkte des westsemitischen Verbalsystems aufzuhellen und eine richtigere und deutlichere Vorstellung vom ursprünglichen Gebrauch dieser Formenkategorien zu gewinnen.

Wir finden in den älteren semitischen Sprachen innerhalb jeder 'Konjugation' dreierlei Formengruppen ausgeprägt, die wir aus praktischen Gründen als 'Tempora' werden bezeichnen müssen, wenn auch dieser Ausdruck zum großen Teil kein zutreffender ist. In Wirklichkeit sind diese Bildungen der Zeitstufe gegenüber zunächst im wesentlichen indifferent und betonen dafür anderweitige Momente in bezug auf die Auffassung der Handlung, die den syntaktischen Werten der griechischen Verbalstämme: Perfekt, Aorist und Imperfekt ('Präsens') so weit ähnlich sind, daß man, ohne erhebliche Mißverständnisse befürchten zu müssen, die Terminologie der griechischen Grammatik auf das semitische System übertragen darf. Als Perfekt bezeichnen wir die Afformativbildung *qatala, qataltā*; als Aorist die Präformativbildung, die (in der primären Konjugation) den ersten und den dritten Radikal unvokalisiert läßt: *jaqtul*; als Imperfekt sowohl die babylonisch-äthiopische Präformativbildung mit *a* hinter dem ersten Radikal: *ikaššad*, als auch die arabische mit *-u* hinter dem dritten Radikal: *jaqtulu*. Die wirklichen Zeitunterschiede, die das Griechische durch Augmente und durch die zweierlei Personalendungen oder sonst [60] bezeichnet, finden im Semitischen keinen entsprechenden Ausdruck und kommen zunächst nicht in Betracht. Doch läßt sich nicht in Abrede stellen, daß die semitischen Tempora nach je einer enger begrenzten Zeitsphäre gravitieren, was besonders auf jüngerer Sprachstufe immer deutlicher zutage tritt.

Dem 'Perfekt' der westsemitischen Grammatik steht im Babylonisch-Assyrischen das sogenannte 'Permansiv' mit der Bedeutung 'dauernder oder vollendeter Zuständlichkeit' ohne Rücksicht auf die Zeitstufe (Präsens, Präteritum, Futurum) als sprachgeschichtliche Entsprechung gegenüber. Die Identität der beiderseitigen Formen darf mindestens seit der Darlegung Knudtzons, Zs. f. Assyriologie VI, 408ff.; VII, 33ff., als ausgemacht betrachtet werden, wenn auch Einsprüche gegen diese Zusammenstellung immer wieder laut werden. Es ist eben nicht möglich, das babylonische *šalim* 'er ist (war) wohlbehalten' von dem nach Form und Bedeutung genau übereinstimmenden *salima* des Arabischen, *šālēm* des Hebräischen zu trennen. So ist auch babylonisch *labiš* 'ist (war) bekleidet' mit arabisch *labisa*, hebräisch *lābēš; wašib* 'wohnt(e)' mit aramäisch *j^{e}tib, ītēb; rakib* 'reitet, ritt', mit aramäisch *r^{e}keb,* arabisch *rakiba* selbstverständlich identisch. Die Permansivbedeutung ist ja keineswegs auf das Babylonische beschränkt, sondern namentlich auch im Hebräischen häufig genug (Driver, Tenses § 11).

Mit Recht hat man schon längst das griechische 'Perfekt mit Präsensbedeutung' ὄλωλα usw. zum Vergleich herangezogen. Diese Form ist eben weiter nichts als ein Permansiv und gibt uns eine sehr lehrreiche Parallele an die Hand. Die Ansichten über das gegenseitige Verhältnis der beiden alten Bedeutungen des indoeuropäischen Perfekts, der perfektischen und der permansivischen, haben mehrfach geschwankt. Die nach Bopps Vorgang von Curtius (Verbum der griechischen Sprache² II, p. 170ff.) begründete Theorie, das Perfekt sei ursprünglich ein intensives Präsens gewesen, hat Delbrück (Grundriß IV, p. 171ff.) aufgegeben und die perfektische Bedeutung zugrunde gelegt: τέθνηκε 'ist gestorben' und dann: 'ist tot'. Wie plausibel diese Bedeutungsentwicklung auch scheinen mag, so ist schwer zu glauben, daß die nur in den altertümlichsten

Sprachen reich entfaltete, sonst bloß in vereinzelten Überbleibseln erhaltene Permansivbedeutung die jüngere sein sollte. Es wird vielmehr von Bopps und Curtius' Ansicht so viel richtig sein, daß die 'Präsens'bedeutung, d. h. die Permansivbedeutung die älteste für uns erreichbare Grundbedeutung ist. Das Perfekt bezeichnete von Haus aus den Zustand: *ōdi* 'ich [61] hasse', *memini* 'ich erinnere mich', ἕστηκα 'ich stehe', κέκτημαι 'ich besitze', κέκευθα 'ich halte in mir verborgen', εἷμαι 'ich habe an', οἶδα 'ich habe vor Augen'. Die Perfektbedeutung gewann die Sprache dann durch einen Rückschluß: wer besitzt, der hat erworben; der Tote ist gestorben; wer ein Kleid an hat, der hat es angezogen. Perfekta, deren Bedeutung sich nicht in dieser Weise erklären läßt, wie πεποίηκα, werden eben jünger sein, sind erst nach der Entwicklung der abgeleiteten Bedeutung entstanden.

Wie im Indoeuropäischen so ist auch im Semitischen aus der Permansivbedeutung die Perfektbedeutung frühzeitig hervorgegangen. Diese tritt im Westsemitischen besonders klar hervor, steht aber auch für das Babylonische und somit gewiß für das Altsemitische fest. So heißt es im Codex Hammurabi X r 24: Wenn ein Mann nach seinem Vater in den Armen seiner Stiefmutter, die Kinder geboren hat *(waldat)*, ertappt wird, so soll selbiger Mann aus dem Vaterhause verstoßen werden. Wie man dieses *waldat* **walidat* vom aramäischen *j^e^lēdat* sollte trennen können, wüßte ich nicht. Vgl. Amarna 10, 19 (Knudtzon): Die zwanzig Minen Gold, die er gebracht hat, sind nicht voll *(ša našaa, ul mali)*; 11, 22: Eine Tochter des großen Königs hat man mit fünf Wagen nach Ägypten gebracht *(našuu-ši)*.

Demnach besaß die Grundsprache jedenfalls eine Afformativbildung *fa'ila* mit permansivischer und perfektischer Bedeutung. Nicht aus gleichen statistischen Gründen läßt sich dies für die Form *fa'ala* behaupten, die im Babylonischen nicht vorkommt. Es ist indessen schwer verständlich, wie sie im Westsemitischen hätte entstehen können, wenn das Altsemitische nur den ostsemitischen Formenbestand besaß; so wird sie doch, mindestens im Ansatz, in der Grundsprache vorhanden gewesen sein und ist dann, vom Aorist *jaqtul* verdrängt, dem Ostsemitischen abhanden gekommen. Im Westsemitischen hat sie sich vielfach auf Kosten eines älteren *fa'ila* verbreitet, wie z. B. Arabisch-Hebräisch *walada: jālăd, rabaḍa: rābăṣ, wapaba: jāšăb, naša'a: nāśā'* lehren.

Sekundär ist natürlich die ostsemitische Ausdehnung der Permansivbildung auf allerlei Nomina, wie *šarraku* 'ich bin König'. Bei den abgeleiteten Konjugationen findet sich manches Eigenartige; es mögen hier z. T. Nominalformen sekundär verbalisiert worden sein (vgl. Zimmern, Zs. f. Assyriologie V, p. 5).

Der syntaktische Gebrauch des Perfekt in den westsemitischen Sprachen läßt sich aus den ursprünglichen Bedeutungen leicht erklären. Daß hier die Perfektform zum Tempus historicum gestempelt wurde, [62] 'as an equivalent to the Greek aorist', wie Driver, Tenses § 7, sagt, und als Äquivalent des babylonischen Aorist *jaqtul*, ist ein Vorgang, der in der Sprachgeschichte viele Parallelen hat. So hat im heutigen Französisch, im Oberdeutschen, im Irischen, im Russischen das Perfekt ein früher daneben bestehendes Präteritum (Passé défini, Aorist) verdrängt. Daß diese Neuerung im Hebräischen und Arabischen nicht vollständig durchdrang, sondern Überreste eines älteren Gebrauchs bestehen ließ, werden wir gleich sehen. – Der Gebrauch des Perfekt mit 'waw consecutivum' im Sinne eines Futur und Iterativ, wie er im Hebräischen ungemein häufig, im Arabischen noch vereinzelt vorkommt (Ewald, Gramm. Arabica II, p. 347; Driver, Tenses § 185; Bauer, Die Tempora im Semitischen, 1910, p. 43), beruht natürlich auf der alten zeitlosen Verwendung, die dem babylonischen Permansiv eignet. Wird man doch geradezu an hebräische Ausdrucksweise erinnert, wenn man im Gilgameš-Epos XI, 42 liest: Ich will zum Weltmeer hinabfahren *(urrad-ma)* und bei Ea meinem Herrn wohnen *(ašbaku)*; oder im Adapa-Mythus (Jensen, Keilinschr. Bibl. VI, p. 98): *ammini la takul la talti-ma la balṭata* 'warum hast du nicht gegessen, nicht getrunken, so daß du (auch) nicht leben wirst?'. – Wie das Arabische das Perfekt als Ausdruck 'des ganz festen Versprechens im Schwur, allerdings nur im negativen' (Nöldeke, Zur Grammatik d. klass. Arabisch, p. 66) mit Futurbedeutung verwendet, so wird ebenfalls das babylonische Permansiv beteuernd vom zukünftigen gebraucht: wohnen soll *(luu ašib)* N. N. in der Ferne, K. B. VI, p. 244. Und im Wunschsatz ist das arabische Perfekt dem babylonischen Permansiv gleich.

Die Form *jaqtul (jaqum)*, die wir als Aorist bezeichnen, ist einerseits in sämtlichen semitischen Sprachen Jussiv (Prekativ, Voluntativ) und bezieht sich insofern auf die Zukunft; anderseits ein Präteritum, und zwar im Babylonischen das ständige Tempus historicum, auch Vertreter unseres Perfekt; im Arabischen in Verbindung mit *lam, lammā* das Negativ des Perfekt; im Hebräischen hinter waw geminans *(wajjāqom)* Fortsetzer und Vertreter des Perfekt. Von der Präteritalbedeutung ist wohl die Verwendung in konditionalen Vordersätzen im Babylonischen ausgegangen: hier steht *šumma iddin* 'wenn er gegeben hat' dem imperfektischen *šumma inaddin* 'wenn er geben will' gegenüber. Dagegen mag der konditionale Gebrauch dieser Form im Arabischen, wo er ja auch für den Nachsatz gilt, eher von der Jussivbedeutung abgezweigt sein. Vgl. dazu hebräisch *tāšœt ḥōšœk wīhī lājlā* 'du machst Finsternis und es ist Nacht' und dgl., Driver, Tenses [63] § 152. – Für das altsemitische *jaqtul* ergeben sich hieraus die beiden Funktionen eines Jussiv und eines aoristischen Präteritum. Wie diese Doppelheit ursprünglich zustande kam, habe ich hier nicht zu untersuchen: es kommt mir nur darauf an, daß Jussiv und Aorist-Präteritum seit altsemitischer Zeit als morphologisch einheitliche, vom Imperfekt zu trennende Form zu betrachten ist. Der Aorist ist im Babylonischen und Äthiopischen vom Imperfekt morphologisch ganz verschieden und auch im Arabisch-Hebräischen jedenfalls davon zu unterscheiden. Nur weil man mit Aufstellung und Beurteilung des westsemitischen Tempussystems schon lange fertig war, bevor das Babylonische bekannt wurde, hat man den verzweifelten Versuch gemacht, den 'Apokopatus' jener Sprachen als ein Imperfekt zu deuten, was dann auch auf die babylonische Grammatik in schädlicher Weise zurückwirken mußte. Das hebräische *wajˈjāqom* darf man weder mit dem Imperfekt zusammenwerfen noch vom Jussiv *jāˈqōm* trennen, mit dem es morphologisch zusammengehört. Der Betonungsunterschied zwischen diesen Formen, der nur für den Kontext, nicht für die Pause gilt, ist ohne tiefere Bedeutung; aber der Unterschied zwischen *jāqōm* und *jāqūm*, arabisch *jaqum* und *jaqūmu*, ist fundamental und uralt. Schon deshalb überzeugt mich Nöldeke nicht, wenn er, Zur Grammatik des klassischen Arabisch, p. 68, arabische Belege zusammenstellt, in denen ein erzählendes Perfekt durch ein Imperfekt fortgesetzt wird: 'da kam ich heran und fand' *(fa'agidu)* und dgl., und diesen seltenen Gebrauch dem hebräischen 'Imperfektum mit waw conversivum' gleichsetzen will. Vgl. auch Mandäische Grammatik, pp. 371 und 375. Es fehlt eben der Beweis dafür, daß der hebräische 'Apokopatus' jemals ein Imperfekt gewesen ist. Nöldekes Bestimmung 'eine sich unmittelbar daran schließende Handlung' paßt denn doch auch nicht recht für das Hebräische. Offenbar wahren die angezogenen arabischen Formen noch den imperfektischen Sinn, und der Gebrauch geht nicht über das hinaus, was z. B. dem babylonischen Imperfekt oft genug zugemutet wird. Wenn besonders *jaqūlu* häufig so gebraucht wird, so hat das dort seine genaue Parallele: *pā-šu ipuš-ma iqabbi izakkara* 'er tat seinen Mund auf und spricht und sagt' ist eine ständige Formel der Epen. – Ich muß also darauf bestehen, daß arabisch *lam jaqtul* und hebräisch *wajjiqṭōl* Überbleibsel des weiteren präteritalen Gebrauchs sind, wie er im Babylonischen sich bis in die historische Zeit erhalten hat. Als das alte Perfekt Aoristbedeutung gewann, stellte sich ihm im Arabischen der negierte Aorist ergänzend zur Seite, und zwar in allen seinen Funktionen. Die hebräische Verbindung des Aorist mit dem Perfekt mag von Fällen [64] ausgegangen sein, wo dieses den vorliegenden Zustand, jener den sich daraus ergebenden Vorgang bezeichnete. Wie freilich die Sachen jetzt im Hebräischen liegen, handelt es sich bei der Wahl zwischen Aorist und Perfekt nur noch um anscheinend ganz äußerliche Rücksichten auf die Stellung des Verbs im Satze: Und es nannte *(wajjiqrā')* Gott das Licht Tag, und die Finsternis nannte er *(qārā')* Nacht. Als der Aorist vom Perfekt aus der freien Stellung verdrängt wurde, blieb er in der Verbindung mit waw bestehen: hier ließ er sich nicht beseitigen, weil das Perfekt mit waw in ganz anderem Sinne gebraucht wurde.

Das Imperfekt bietet in morphologischer Hinsicht große Schwierigkeiten dar, insofern es im Babylonischen und Äthiopischen ganz anders gebildet ist als im Arabischen und Nordsemitischen. Die syntaktische Verwendung dagegen ist in allen Sprachzweigen wesentlich dieselbe. Besonders muß betont werden, daß diese Form im Babylonischen keineswegs auf Gegenwart und Zukunft beschränkt ist, sondern ebensogut Vergangenes ausdrückt, wie ja auch das äthiopische Imperfekt (Dillmann[2] § 89) das lateinische Imperfekt wiedergeben kann. Man vergleiche z. B. Amarna 3, 9 (Knudtzon): Vordem schickte dir *(išapparakkum)* mein Vater einen Boten, und nicht hieltest du ihn *(ul takallašu)* viele Tage zurück; eilends ließest du ihn (hier) anlangen *(tukaš[š]adaššu)*, und ein schönes Geschenk übersandtest du *(tušebbilam)* meinem Vater. – Ähnlich *ittallakuni* 10, 9. Dies alles offenbar von der Gepflogenheit in der Vergangenheit. Beispiele von Imperfekten in präteritalen Zustandssätzen verzeichnet Delitzsch, Grammatik[2] § 195, und weiteres Material steuert Bauer, Die Tempora im Semitischen, p. 21 f., bei. Demgemäß ist der den Sachverhalt verschleiernde und vom sonstigen Gebrauch der semitischen Grammatik ohne allen Grund abweichende, schlechte Ausdruck Präsens-Futur besser aufzugeben.

Was nun die lautliche Gestalt, zunächst im Babylonischen, betrifft, so pflegt man sie in der primären Konjugation mit Unrecht als *išakan* darzustellen, obgleich 'die in der großen Mehrheit der Fälle durchgeführte Doppelschreibung des zweiten Radikals' (Delitzsch § 66) außer Frage steht. Vielmehr müssen wir, da die nicht seltene Einfachschreibung augenscheinlich auf Schreiberungenauigkeit beruht, wie ja auch z. B. die Pielformen öfters nachlässigerweise mit einfacher Konsonanz geschrieben werden, als tatsächlich bestehende Formen *išakkan, inaddin, iraggum* ansetzen. Darüber war auch bereits Sayce, Journal R. As. Soc. 1877, p. 37, im klaren, als er eine Darstellung des assyrischen Tempussystems unternahm. Unglücklicherweise verfiel aber [65] dieser Gelehrte, ebd. p. 40, auf den Gedanken, die Gemination wäre durch den vermeintlich auf dem *a* vor dem Doppelkonsonanten stehenden Akzent bewirkt. Auf diesem leidigen Zirkelschluß ruht, was seither über babylonisch-assyrische Betonung gelehrt wird. Die Wahrheit ist, daß wir über die Akzentverhältnisse dieser Sprache nichts wissen, daß darüber kein Tüttelchen überliefert ist und daß keine Hypothesen diesem bedauerlichen Mangel abhelfen können. Es gibt im Ostsemitischen kein Lautgesetz der Doppelung; vielmehr sind die Geminaten, sofern sie nicht auf Assimilation oder sekundärer Zusammenrückung beruhen, als alt zu betrachten. Auch die Pausalgemination wird alt sein. Das Ergebnis, daß die Doppelung im Imperfekt

Qal eine charakteristische ist, erhält weitere Bestätigung, wenn wir den Tatbestand der übrigen Konjugationen an der Hand des wichtigsten alten Denkmals, des Codex Hammurabi, nachprüfen. Die Verhältnisse liegen hier wesentlich anders, als sie die Grammatiken nach Maßgabe jüngerer Quellen darzustellen pflegen.

Vom Reflexiv der Grundform hat im Codex Hammurabi der sehr häufig vorkommende Aorist: *ittalak, itelianim, imtaḫar, ittadin, ištebir, imtagar* usw. usw. so gut wie nie Doppelschreibung des zweiten Radikals; wohl aber lautet das Imperfekt: *ittallak, itelli, itamma.* So heißt auch vom Nifal der Aorist: *innabit, innapiḫ, iṣṣabit*, dagegen das Imperfekt: *immaḫḫaṣ, innaddi, innaddin, iššakkan* usw. Auch das Šafel von Wurzeln primae infirmae bezw. primae gutturalis weist denselben Gegensatz auf: Aorist *ušezib, ušezi*, Imperfekt *ušezzib, ušezzuu*; vgl. noch die Aoriste *ušakilu, ušabil.* Reflexiv *uštabil* und die Imperfekte *ušaḫḫazu, ušerrib*, Reflexiv *uštamaḫḫar.* Dagegen steht dem Aorist nach der Form *ušabši ušarši* ein Imperfekt *ušamṭa, ušetbuu* gegenüber. Wie hier so hat auch im Intensiv das Altbabylonische kein anderes Unterscheidungsmittel als die verschiedene Vokalisation: Aorist *ugallib*, Imperfekt *ugallab*. Es kreuzen sich also in der Imperfektbildung zwei verschiedene Prinzipien.

Weniger leicht als im alten Gesetzestexte unterscheidet man in jüngeren Texten berichtenden Inhalts Aorist und Imperfekt, weil der syntaktische Bereich des Imperfektum in praeterito noch zu bestimmen bleibt. Doch finde ich selbst für so späte Quellen wie die Achämeniden-Inschriften die Angaben von Delitzsch § 66 nicht zutreffend: vielmehr ist noch hier für die abgeleiteten Konjugationen Regel, daß die Geminata zwar im Imperfekt, nicht aber im Aorist steht. So ist *ittallaka*, Kyros-Zylinder 15 Imperfekt, *attalak*, Bisutun 36 und sonst Aorist. Andererseits läßt sich nicht leugnen, daß die Doppelung auch [66] in den Aorist hinübergreift, so gewiß K. B. VI, 32, Z. 1: *sapara ša iteppušu imuru ilani* 'das Netz, das er gemacht, sahen die Götter'. Dies beruht auf Analogiebildung, wie manchmal auch andere Verbalformen die Geminata des Imperfekts annehmen: Permansiv *mitaḫḫur* für *mitḫur*, *šitimmeku* für *šitmeku*, von Delitzsch[2] p. 259 und 263 anders gedeutet; vgl. die Infinitive ebd. So auch Imperative wie *šitamme* ebd., *itallak* K. B. VI, 254, wohl auch schon im Cod. Hammurabi Partizipien wie *munaggir* (*'gr*). – Es ist klar, daß die Geminata durch keinerlei Akzentverhältnisse hervorgerufen sein kann.

Immerhin hatte die Annahme, daß die Doppelung im ostsemitischen Imperfekt sekundär sei, eine scheinbare Stütze an dem äthiopischen. Der historische Zusammenhang beider Formen, der vollkommen evident ist, entging den älteren Assyriologen natürlich nicht, und die äthiopische Entsprechung faßte man als *jeqatel*. Außerdem mochte eine charakteristische Gemination in einem zum Grundstamm gehörenden Tempus widersinnig erscheinen. Nun gibt aber kein Geringerer als Guidi, Zs. f. Assyriologie VIII, p. 246, Note 3, den sehr wichtigen und sehr interessanten Aufschluß, daß im Tigriña das Imperfekt von *gabara* *y*$^{\breve{\imath}}$*gabber* (*igébber*) lautet und daß in der traditionellen Aussprache des Geez ebenfalls *y*$^{\breve{\imath}}$*qattel* gesprochen wird. Ich wage zu behaupten, daß die Sache hiermit erledigt ist. Die Form *ikašad*, *jeqatel* ist nirgends überliefert und hat nie existiert. Wenn die Gemination für die beiden einzigen Sprachzweige, die diese Imperfektbildung aufweisen, feststeht und weder hüben noch drüben sich aus anderweitig erwiesenem Lautwandel erklärt, so muß sie aus dem Altsemitischen überkommen sein. Im Vergleich mit der Doppelung ist die Qualität des auf die Geminata folgenden Vokals von untergeordneter Bedeutung: die äthiopische Form führt *e* (aus *i* oder *u*) durch, die babylonische hat entweder denselben Vokal wie der Aorist, *inaddin: iddin, iraggum: irgum*, oder sie führt *a* durch, *iillak: illik, imaḫḫar: imḫur*. Es sind hier Ausgleichungen eingetreten, so daß das Ursprüngliche sich kaum mehr erkennen läßt. Derartige gegenseitige Beeinflussungen der Verbalformen kommen ja auch sonst in der semitischen Sprachgeschichte außerordentlich häufig vor.

Wohl oder übel müssen wir uns also zu der Annahme bequemen, daß im Altsemitischen die Gemination des zweiten Radikals ein Merkmal nicht nur des Intensivstamms, sondern zugleich des Imperfekt in den übrigen Konjugationen gewesen ist. Vielleicht diente die Doppelung zunächst als Ausdruck der Wiederholung, so daß dem Imperfekt etwa ein Frequentativ zugrunde liegen dürfte. Dabei [67] ist engerer Zusammenhang mit der Nominalform *qattăl* wenigstens denkbar.

Für die Beurteilung der ganzen Frage ist noch wichtig, daß als Imperfekte auch anderweitig verstärkte Stämme auftreten. So bildet das Äthiopische bei einigen Verben das Imperfekt der primären Konjugation vom Stamm *fj'l : jere'i* 'er sieht'. Wie dieses Imperfekt zum Aorist (Subjunktiv) *jer'aj*, so verhält sich das Imperfekt des Intensiv *jefēṣṣem* (so Guidi, a. a. O.) zum Aorist *jefaṣṣem.*[1] – Das Babylonische bildet von Wurzeln mediae infirmae Imperfekte nach der Form *qtll*; denn anders läßt sich nicht verstehen, daß z. B. von *riabam* 'ersetzen' *(rjb)* das Imperfekt *i-ri-a-ab-bu (*jirjabbu)* lautet. Diese Bildungsart besteht noch fort in arabischen Infinitiven nach der Form *bajnūnah.*

Dieselben Funktionen eines zeitlosen Imperfekt wie *ikaššad* im Babylonischen und *jegabber* im Äthiopischen versieht im Arabischen die Form *jaqtulu (jaqūmu)* und im Hebräischen *jiqṭōl (jāqūm).* Über den präteritalen Gebrauch des Imperfekt im Arabischen vergleiche man Reckendorff, Syntaktische Verhältnisse, p. 57, und Nöldeke, Zur Grammatik des klassischen Arabisch, p. 68; für das Hebräische Driver, Tenses § 26ff. Es drückt also das Westsemitische (ohne das Äthiopische) durch Anhängung eines *-u* bezw. der Silbe *-nă (taqtulīna, jaqtulūna)* an die Aoristformen eben das aus, was das Ostsemitische und Äthiopische durch eine konsonantische Verstärkung der Wurzel bezeichnen.

Da nicht anzunehmen ist, daß das Babylonische und das Äthiopische unabhängig voneinander sekundär auf die wunderliche Geminationsbildung verfallen sind, haben wir schon oben für das altsemitische Imperfekt diese Form in Anspruch genommen. Es fragt sich nun, ob ein nach arabischem Prinzip gebildetes Imperfekt in der Grundsprache daneben bestanden haben kann, wie Wright in seinen Lectures, p. 180f., annahm. Ich muß zugeben, daß ich dieses sehr wenig wahrscheinlich finde. Wollte man auch den Gegensatz auf eine proethnische Dialektspaltung zurückführen, welche dann die definitive Sprachscheide gekreuzt hätte, so ist doch damit die

[1] Leider sieht man nicht, ob auch in den übrigen Imperfekten die Gemination durchgeführt wird: *jänagger? jetnaggar? jetnäggar?*, was freilich a priori wahrscheinlich ist. – Nach Littmann (Brockelmanns Grundriß, p. 556) steht *jebärrek* fest; Reste auch im Amharischen, ebd.

prinzipielle Frage noch nicht gelöst. Von einer syntaktischen Erwägung heraus gelange ich zu dem Ergebnis, daß die arabisch-nordsemitische Form sekundär ist. Es ist, wie schon oben berührt, eine Schwäche der bisherigen Syntax, daß sie *jaqtulu* und *jaqtul* als Modi ein und desselben Tempus deuten muß. [68] Allerdings muß sie, vom arabisch-hebräischen Standpunkt aus, – aber es geht schwer! Man lese doch nach, wie Reckendorff, Syntaktische Verhältnisse § 35, die perfektische Bedeutung von *lam jaqtul* aus der angeblich imperfektischen Jussivbedeutung herleiten will oder wie Driver, Tenses § 67f., *wajjiqṭōl* als ein Imperfekt deutet, das 'without any thought of its original meaning' gebraucht werde, oder wie Ewald, Lehrbuch § 231, mit kühnem Oxymoron diese Form als ein Imperfectum perfecti bestimmt. Diesen nicht sehr einleuchtenden Deutungen setzen wir folgende These entgegen: Ursprünglich waren, wie im Babylonischen und Äthiopischen, Aorist und Imperfekt grundverschiedene Bildungen; dann aber hat das Arabisch-Nordsemitische – da von einer lautgesetzlichen Entwicklung hier natürlich keine Rede sein kann – das alte Imperfekt dem alten Aorist formal angeglichen, so daß es den Anschein gewann, als wäre *jaqtul* ein Modus von *jaqtulu*. Gegenseitige Beeinflussung der beiden Formen sahen wir schon oben im Babylonischen.

Ein Modus, und zwar des *jaqtul*, ist der arabische Konjunktiv *jaqtula*. Dies folgt teils aus der engeren morphologischen Verwandtschaft in dieser Sprache, teils aus dem äthiopischen Gebrauch, der im 'Subjunktiv' Jussiv und Konjunktiv zusamenfallen läßt.

Wunderlicher als alle anderen Gegensätze zwischen Osten und Westen ist die verschiedene Verwendung des Ausgangs *-u*, der im Arabischen als Zeichen des indikativischen Imperfekt dient, im Babylonischen aber sowohl vom Imperfekt als vom Aorist, z. T. auch vom Permansiv, Relativformen bildet. Ohne die syntaktischen Schwierigkeiten zu übersehen, glaube ich doch die Frage, ob es sich wirklich hüben und drüben um dasselbe *-u* handelt, mit D. H. Müller, Wiener Zs. f. d. Kunde des Morgenlandes XVIII, p. 97ff., bejahen zu sollen. Vor allem ist die merkwürdige morphologische Übereinstimmung zu betonen, daß in beiden Sprachen das *-u* nur an die Formen tritt, die im Jussiv keine Endung haben. Auch die (ursprünglich energischen?) Verbalformen auf *-am* verwendet das

Babylonische ohne *-u* in Relativsätzen. Ebenso ist in der 3. Fem. Sg. des Permansiv das *-u*, wenn es auch vorkommt, doch keineswegs fest. Eine ursprünglich selbständige Relativpartikel, etwa **hu* oder **'u*, hätte man doch wohl allen Verbalformen angehängt. Ich vermute deshalb, daß das *-u* ursprünglich nur im Imperfekt *(j:qatt:lu)* zu Hause war. Das Babylonische wandelte es in ein Relativzeichen um, wobei der Vorgang im einzelnen unklar bleibt, und übertrug es auf die beiden anderen Tempora. Im Arabischen dagegen klammerte sich die Imperfekt-[69]bedeutung an das *-u* wie an das *-na*, als die Form im Inneren mit dem Aorist zusammenfiel.

Ich bin weit davon entfernt, das Babylonische im allgemeinen für eine sehr altertümliche Sprache zu halten; vielmehr ist gewiß eher das Gegenteil der Fall. Aber ostsemitische Formen und Verwendungen, die im Westsemitischen Entsprechungen haben, werden doch wohl alt sein. Die hervorragende Bedeutung des Babylonischen für die semitische Grammatik beruht vor allem darauf, daß der frühzeitig abgetrennte und eigenartig weiterentwickelte östliche Sprachzweig durch Übereinstimmung im einzelnen bald mit dieser bald mit jener Schwestersprache unser sprachgeschichtliches Urteil korrigiert und unseren sonst oft schwankenden Schritten Festigkeit gewährt.

Orientalistische Literaturzeitung 29 (1926), Sp. 967–976.

PRINZIPIENFRAGEN DER SEMITISCHEN, SPEZIELL DER HEBRÄISCHEN GRAMMATIK

Von Benno Landsberger

Bauers Büchlein ›Zur Frage der Sprachmischung im Hebräischen, eine Erwiderung‹[1], dessen Titel a potiori gilt, ist nicht nur eine Auseinandersetzung mit Bergsträßers ›Mitteilungen zur hebräischen Grammatik‹, die 1923 in dieser Zeitschrift erschienen sind[2], sondern auch eine Ergänzung der bekannten Arbeiten Bauers über die Entstehung des semitischen Sprachbaus. Nicht um Haaresbreite weicht er von seinen früheren Positionen ab. Eine systematische Kritik der allgemeinen und speziellen Methoden B.s[3] sowie seiner einzelsprachlichen Voraussetzungen würde mehr als ein ganzes Heft füllen. Wir müssen uns begnügen, einige wesentliche Punkte kurz zu beleuchten.

B. hat die Sprachvergleichung bis zu dem Punkte geführt, wo die Reaktion einsetzen muß gegen die Überspannung der genetisch-konstruktiven Methode der Spracherklärung. Das in seiner Struktur klar gezeichnete „Protosemitisch" B.s (im Gegensatze zu der auseinanderfallenden, von Fall zu Fall konstruierten Menge von Kompromißformen, welche die Sprachvergleichung als ursemitisch bezeichnet) liefert die Handhabe dafür, Zwecke und Möglichkeiten dieser Methode abzugrenzen. Zustimmen müssen wir B., wenn er den semitischen Sprachbau als Endprodukt eines langen Ausgleichungsprozesses betrachtet und überall energisch auf die Rekonstruktion (zunächst isolierter) vokalhaltiger Wurzeln dringt. Die Tendenz der Sprache zur Systembildung und Schematisierung ist

[1] Hans Bauer, Zur Frage der Sprachmischung im Hebräischen. Eine Erwiderung, Halle 1924.

[2] Sp. 253–260 und 477–481.

[3] B. in dieser Anzeige = Bauer; Bg. = Bergsträßer.

unverkennbar. Aber die Begriffe „primitiv" (urtümlich) und „undifferenziert" dürfen nicht miteinander verwechselt werden, wie dies eine schematische Entwicklungshypothese, zu deren Vollender auf sprachlichem Gebiete B. erkoren war, auf der ganzen Linie der Kulturforschung getan hat. Gerade sog. primitive Sprachen (z. B. Afrika-Sprachen) weisen eine Überfülle von Differenzierungen auf, die unserem Verständnis schwer zugänglich sind. Die Ursprache B.s kann daher nur eine durch unerlaubte Vereinfachung des Bestandes an Bedeutungen erzielte Abstraktion sein. Sie sieht so aus: Ein Urverbum, das weder Zeitstufe noch Aktionsart unterscheidet, [968] ein wohl ähnlich undifferenziertes Urnomen, beide vertreten durch ein buntes Chaos verschieden lautender Bildungen, in die erst eine willkürlich schaltende Analogie etwas Ordnung bringt. Sowohl der hier vorausgesetzten Bedeutungsarmut der Formen, wie dem Mangel an durch gemeinsame Bedeutung zusammengehaltenen Bildungstypen, aber auch dem Minimum an Unterscheidung, nämlich der von Verb und Nomen, muß widersprochen werden; gerade diese ist durchaus keine selbstverständliche Voraussetzung, sondern, wenn wir von dem eigentlichen Gegenstandsbegriff, dem Primärsubstantiv, absehen, häufig fließend: das gleiche Thema kann sowohl dekliniert wie konjugiert, sowohl attribuiert wie prädiziert werden. – Was den Wert der sprachlichen Rekonstruktion für die Erklärung des Auseinandergehens der Einzelsprachen betrifft, so muß auch hier die Grenze richtig gesteckt werden: Wohl ist es, um die individuelle Physiognomie der Einzelsprache zu erfassen, wichtig, zu erkennen, in welchem Maße ihre Erscheinungen durch die Vorgeschichte determiniert sind, sowohl hinsichtlich des Sprachmaterials wie der Struktur, dagegen können wir nicht, ohne die Züge der Einzelsprache zu verwischen, sie ausschließlich durch ihre historische Determiniertheit erklären, wie dies die Tendenz B.s ist, der durch eine Art arithmetischer Kombination aus einfachen Grundelementen, Themen sowohl wie Bedeutungen, die Konjugations-Systeme der Einzelsprachen gewinnt. – Was schließlich den eigentlich philologischen Wert der „historischen" Spracherklärung, also etwa zur Aufhellung komplizierter syntaktischer Gebilde, wie der tempora consecutiva des Hebr., anlangt, so kann diese nie und nimmer die analytische Beobachtung der Sprache zwecks Ermittelung der bei ihrer Bildung maßgebenden Bedeutungskategorien ersetzen. Wir können nichts erklären, ehe wir es verstehen, und gerade auf diesem Wege zum Verständnis durch Ausfindigmachen der der betreffenden Sprache adäquaten Bedeutung der Themen und Formen ist erst eine geringe Strecke zurückgelegt, so insbesondere beim Akk., aber auch das Hebr. gibt uns trotz der fundamentalen Leistung Drivers noch viele Rätsel auf.

Im Einklang mit diesen prinzipiellen Bedenken stehen die Schwierigkeiten, die bei dem Versuche, die Ursprache zu rekonstruieren, sofort auftauchen: Gehen die Einzelsprachen hinsichtlich Themen und Bedeutung auseinander, so wird es stets subjektiv sein, ob wir dieser oder jener Sprache den Vorzug der Konservierung alten Gutes beimessen oder ob wir [969] gar alle Erscheinungen als „einzelsprachliche Neuerung“ aus unserer Rekonstruktion ausschalten. Hat das gleiche Thema in zwei Sprachen verschiedene Bedeutung, wie z. B. hebr. *i̯aqtul* und akk. *ikšud,* so verfällt man nur zu leicht in den Fehler der alten Wort-Etymologie, die Grundbedeutung in einem allgemeinen Oberbegriff zu suchen (also Schema: Tisch, Bett: Hausgerät), wie denn in der Tat B. die Bedeutung von protosem. *i̯aqtul* auf Null reduziert. Der Subjektivität ist es auch stets unterworfen, welche von den je nach der Anwendungsweise einem verbalen Thema zukommenden mannigfachen Bedeutungen wir für primär ansehen. Schließlich sind aber Bedeutungen von verbalen Themen verschiedener Sprachen häufig überhaupt disparat, weil sie einem anderen Begriffssystem angehören, z. B. wenn die eine Sprache Aktionsarten, die andere Zeitstufen mit Hilfe des betreffenden Themas unterscheidet. Allen diesen Schwierigkeiten ist B. durch eine grandiose Vereinfachung aus dem Wege gegangen, indem er alles auf den gemeinsamen Nenner der subjektiven Zeitstufe bringt, deren er zudem nur zwei Grundtypen unterscheidet: Präteritum und Präsens. Aus einer allgemeinen Grundbedeutung wie Präsens können nun (nach dem Prinzip der Differenzierung des Undifferenzierten) je nach Bedarf nicht nur die in den einzelnen semitischen Sprachen meist thematisch streng geschiedenen Kategorien momentane und dauernde Gegenwart, Zeitlosigkeit, perfektisches bzw. resultatives Präsens abgeleitet werden, sondern auch Futurum, Imperfektiv, Stativ und Durativ. So ist für B.

die Grundbedeutung von akk. *ikšud* das Präteritum, obgleich diese nachweislich jung ist (in Wirklichkeit bedeutet *ikšud* den Punktual, sowohl vergangen wie gegenwärtig); akk. *ikašad* nach B. Präsens, obgleich dieses Thema in Wirklichkeit Durativ, Imperfektiv und Futurum bezeichnet.

Mit dieser Charakterisierung der Methode begnügen wir uns und verzichten darauf, das Gebäude der Bauerschen Deduktion wie auch die von Bergsträßer daran angebrachten Verbesserungen wiederzugeben. Dagegen schälen wir aus der B.schen Beweiskette einige Einzelprobleme heraus, die wir nicht definitiv lösen, aber für die Lösung vorbereiten.

A. Die festen Punkte für die Rekonstruktion vor-einzelsprachlicher Sprachperioden. Folgende Gemeinsamkeiten zwischen Westsemitisch und Akkadisch muß jeder Lösungsversuch berücksichtigen:

1. Gleichheit von Thema, Konjugationsart und Bedeutung: [970]
   a) Imperativ[4],
   b) Stativ, nicht nur adjektivisch (er ist alt), sondern auch allgemein zuständlich (er weiß). Arab., Hebr., Akk. stimmen hier überein (jedoch Akk. niemals Thema *qatal*); auch die Hamitensprachen kennen diese Konjugationsart, s. Basset, Manuel de langue Kabyle § 36: Verbes qualificatifs ou d'état.
2. Gleiche Konjugationsart, gleichartiges Thema und ähnliche Bedeutung: akk. *ikaššad*, äth. *j^{e}nag(g)er* (Hauptsche Gleichung). Daß das akk. Thema ablautet, s. unten sub D, das äth. nicht, ist unwesentlich. Beide ausschließlich indikativisch[5].
3. Gleiche Konjugationsart, gleiches Thema, verschiedene Bedeu-

[4] Dagegen kann der Jussiv nicht zu den gemeinsamen Konjugationen gezählt werden, denn der Befehl (Wunsch) liegt bei der Verbindung *lū*, bzw. *aî̯* + *ikšud* in dem *lū* bzw. *ai̭*, das sich mit dem „Präteritum" nur wegen dessen perfektivischer Aktionsart verbindet. *lū* kann auch mit Adjektiven und Substantiven gebraucht werden.

[5] Selbst der vorsichtigste Forscher wird hier eine vor-einzelsprachliche Gemeinschaft annehmen. Unwahrscheinlich ist voneinander unabhängige einzelsprachliche Neubildung. Die neueste von B. wiedergegebene Erklärung der äth. Form als Analogiebildung nach dem Subjunktiv der zweiten und dritten Form ist höchst gekünstelt.

tung: akk. *ikšud* (Punktual, Perfektiv, erst in jüngerer Entwicklung Präteritum), hebr. Durativ, Imperfektiv, Futurum, Jussiv (hinter *wa*- und *'āz* Folgetempus); arab. Präsens, Futurum, Jussiv, Gleichzeitigkeitstempus.

4. Gleiches Thema, ungleiche Konjugationsart, verschiedene Bedeutung: akk. *i-kašad*, hebr. *qātal* usf. (Barthsche Gleichung)[6].

B. berücksichtigt 1 b) nicht genügend in der Meinung, daß 4 damit in Widerspruch steht. Aber dem ist nicht so, da das akk. Präsens und Permansiv ihrem Thema nach gleichartig sind (*-kaša/i/ud* bzw. *kaši/ud*). Beide sind Durative, das erste fientisch, das zweite stativisch, das erste präfigierend, das zweite postfigierend, z. B. *i-rapud* „er läuft", aber *rakib* „er befindet sich auf einem Vehikel", „fährt". Wenn das Akk. Stative der Form *kašad* nicht kennt[7], so dürfen wir trotzdem Formen des Hebr. vom Typus *lābaš, lāmad* als ursprünglich nicht mißtrauen. Dies führt uns auf [971]

B. Entstehung der Perfekt-Bedeutung von *qatal*. Wir haben demnach im Hebr. a) adjektivische Stative der Form *qatil* und *qatul*; b) eigentlich zuständliche Stative der Form *qatal*. Diese beiden Typen können wir nicht auseinanderreißen. Da nun der Begriff „Nomen" als Substantiv und Adjektiv umfassend für das Sem. nur bei sehr äußerlicher Betrachtung Geltung hat, Substantiv und Adjektiv aber sowohl ihrer Bildung wie ihrem Gebrauche nach einen voneinander durchaus verschiedenen Begriffstypus darstellen, da ferner die Möglichkeit, ein Substantiv zu konjugieren, im Akk. sehr vereinzelt[8], in den übrigen Sprachen überhaupt nicht nachzuweisen ist, da schließlich die Bildungsweise von a) und b) sich genau deckt, so werden wir nicht den Stativ als ein konjugiertes Nomen,

[6] So muß die Gleichung richtig formuliert werden und nicht: „akk. *ikašad* ist gleich hebr. *qātal*", woraus man dann fälschlicherweise folgerte, daß auch der postfigierende Typus einstmals Futurbedeutung gehabt habe.

[7] Rezensent möchte eine Form **lamad*, **rakab* auch für das Protoakk. hypothetisch annehmen, die durch den sich ausbreitenden Permansiv-Typus *kašid* verdrängt wurde. Für diese sprachliche Bewegung siehe sofort unten.

[8] Offenbar durch Veranalogisierung vom Adjektiv her. Der Gebrauch ist sehr eingeschränkt und teilweise nur poetisch. Normaliter heißt es wie in den anderen Sprachen: *wardum anāku*.

sondern umgekehrt das Adjektiv als einen besonderen Typus des Stativs ansehen[9]. Ohne weiteres verständlich ist die Entwicklung des Stativs zum Perfektum (Knudtzon, Sarauw, Bergsträßer). Wie aber bei solchen Verben, die ihrer Bedeutung nach keinen Stativ bilden können, insbesondere beim Typus *iaqtul : qatal?*[10] Daß es sich hier um eine, sei es nach Analogie vom Typus *labaš* (Knudtzon), sei es durch Ablaut zu Thema *qtul* entstandene Neubildung des Westsemitischen (Bergsträßer) handelt, ist unwahrscheinlich. Es liegt vielmehr, wie B. mit Recht gegen Bg. einwendet, wahrscheinlich eine alte, gemeinsemitische Bildung vor (s. obige Tabelle sub 4). Der Typus *iaqūm : qām* zeigt, daß im Hebr. (und Aram.), im Gegensatz zum Akk., wo sich für den Stativ auf der ganzen Linie das Thema *kašid* durchgesetzt hat, das Ablautthema (s. unten sub D) als Stativ (sogar als adjektivischer) dient, das gleiche Thema, welches im Akk. mittels Praefigierung das „Praesens" (Durativ) bildet. Ein solcher Stativ ist aber bei Verben wie „töten" der Bedeutung wegen unmöglich. Wäre ein fientischer Durativ des [972] Typus *i̯aqatal* für das Hebr. nachzuweisen, so wäre *qatal* leicht zu erklären aus der Proportion *ialabaš : labaš* = *iaqām : qām* = *iaqatal :* x. Diese Proportion wäre gleichzeitig mit der Entstehung der Perfekt-Bedeutung in Funktion getreten. Da aber ein solcher Durativ für das Westsem. nicht sicher nachzuweisen ist, so werden wir vielleicht uralte Verquickung der Stativ- mit der Perfekt-Bedeutung annehmen müssen, welche schon das Bildungsprinzip beherrscht.

C. Priorität des Imperfekts? Aus Abschnitt B geht hervor,

[9] Für alle hier behandelten Fragen bereite ich eine ausführliche Darstellung in einer Arbeit über das akk. Verbum vor, eine Art Auszug daraus in diesem Jahrgang der ›Islamica‹ [= Islamica 2, 1926, 355–372, wieder abgedruckt in Libelli CXLII, 1965/74, 1–19].

[10] Recht ungereimt ist die B.sche Annahme eines alten Adjektivs *qatal* = „einer, der (einmal) getötet hat". Denn 1. zeigt keine Sprache eine Spur davon (etwas völlig anderes ist das Gewohnheitsadjektiv *gannāb*, das mit dem fientischen Durativ des Akk. nachweislich zusammenhängt); 2. der Umstand, daß A. getötet hat, reicht überhaupt zur Bildung eines Qualifikativs von A. nicht aus. Keine semitische Sprache hat dergleichen gebildet, und hier soll ein solcher Qualifikativ gebildet worden sein, ehe noch die Sprache eine Ausdrucksform für „A. hat getötet" gefunden hat.

daß wir einen Dualismus Fiens: Stativ (der durchaus zum Verb gehört) als uranfänglich betrachten müssen[11]. Unmöglich vom Stativ zu trennen ist aber im Akk. dessen Schwesterbildung, der fientische Durativ *ikašad*. Wollen wir das Fehlen dieser Konjugationsart im Westsem. erklären, so gibt es zwei Möglichkeiten: 1. Sie ist völlig verlorengegangen. Dafür könnte das Äth.-Südarab. sprechen, wo bei der Tätigkeitsklasse des Verbums (*jᶜnager*, hauptsächlich bei dieser Klasse hatte der fientische Durativ Bedeutung) offenbar die Funktion als Aktionsart verloren und nur die indikativische sich erhalten hat. Das gleiche Motiv, Verlust der Denkform der „objektiven Zeit", konnte im Westsem. zu gänzlichem Verschwinden dieser Konjugationsart geführt haben[12]. 2. Das Akk. (und eine diesem verwandte Dialektgruppe, zu der das Südarab.-Äth. gehört) hat zu Fiens und Stativ einen Mitteltypus geschaffen, *ikašad*. Dies ist mir weniger wahrscheinlich, was hier aber nicht ausgeführt werden kann. – Je nach der Entscheidung über diese zwei Möglichkeiten muß die Bedeutungsverschiebung von *iaqtul* erklärt werden.

D. Der Ablaut beim sem. Verbum. Durch die Beobachtung eines formalen Prinzips bei der Bildung von *iašlam* zu *šalim*, von *qatal* zu *iaqtul* hat Bg. eine Entdeckung gemacht, die für das gesamte Konjugationsschema des Sem. von Bedeutung ist. Hier gilt es zunächst, eine klare Terminologie zu schaffen: [973] In einem Beispiel wie akk. *illik* „er geht (auf die Straße)" und *illak* „er geht (auf der Straße)" wird durch den Vokalwechsel eine Differenzierung der Bedeutung bewirkt. Wir wollen annehmen, daß dieses mit

[11] Auf die Urtümlichkeit dieses Dualismus weist auch der Umstand hin, daß bei zwei korrespondierenden Aktionsarten, die ein Vorgangsbegriff vereinigt und von denen die eine stativisch, die andere fientisch ist (Beispiel: sitzen, sich setzen), keine sem. Sprache verschiedene Wurzeln ausgebildet hat. Hier waren diese beiden Bedeutungen ursprünglich auf verschiedene Themen der gleichen Wurzel verteilt.

[12] Reste des fientischen Durativs kann man im Westsem. nicht sicher nachweisen. Dafür ließe sich anführen das Gewohnheitsadjektiv *gannāb* und vereinzelte Piᶜel des Hebr. wie *iᵉzammer*, *iᵉdabber*, in denen vielleicht verkappte Durative stecken (vgl. akk. *izammur*). Daß sekundär in eingeschränktem Gebrauch wieder Aktionsarten sich entwickelt haben, ist kein Gegenargument.

gegensätzlichem Vokal versehene Wortpaar von Urzeit in der Sprache vorhanden ist. Eine Schicht von Sprechenden dehnt nun diese Differenzierungsart in mechanischer Weise auf andere Wurzeltypen aus und erzeugt so ein „Differenzierungsschema". (Die „Polarität", welche mit unserer Erscheinung das Moment der Gegensätzlichkeit innerhalb eines Wortpaares gemeinsam hat, möchte ich dagegen auf den reziproken Gegensatz beschränkt wissen. Sie ist stets ausdrückbar durch die Proportion $a : b = b_1 : a_1$, Beispiel s. unten sub E.) Das Differenzierungsschema beim semitischen Verb nenne ich nach dem Vorbilde des Germanischen „Ablaut". Nun ergeben sich folgende Regeln: a) Ähnlich wie im Hamitischen gibt es auch im Semitischen starre und vokalverändernde (ablautende) Wurzeln; b) der Ablaut geht stets von *i* oder *u* zu *a*; c) ursprünglich *a*-haltige Wurzeln sind starr; d) im Akk. besteht Ablautverhältnis nur zwischen „Prät." und „Präsens", entsprechend im Westsemitischen normalerweise zwischen Imperfekt und Perfekt, beim Typus *šalim, qatun* aber auch zwischen Perfekt und Imperfekt; e) manche Themen sind in einer Einzelsprache starr, in der anderen ablautend, so *qatun* im Hebr. ablautend, im Arab. starr; Piʿel und Hifʿīl im Hebr. und Aram. starr, in den anderen Sprachen ablautend; f) eine andere thematische Änderung als den Ablaut in obiger Abgrenzung kennen die sem. Sprachen nicht.

E. Die tempora consecutiva des Hebräischen wurden von B. früher durch Mischung zwischen jungem und archaischem Sprachgebrauch erklärt[13]. Diese Erklärung hat Bg. bezüglich des Typus *hālak u̯ai̯i̯iqtol* übernommen, zu dem der Typus *iēlēk u̯ᵉqātal* nach der Proportion $a : b = b_1 : a_1$ (Polarität, s. sub D) hinzutrat. Daß von den Sprechenden hier wirklich nur ein rein formales Schema angewendet wurde; daß in *uᵉqātal,* wenn es innerhalb dieses Schemas gebraucht wird, ebensowenig die Zeitbedeutung dieses Themas durchschimmert, wie etwa in dem polaren Schema der Zahlworte die Bedeutung des „Feminin"-Zeichens *t* noch irgendwie bewußt ist, dieser Sachverhalt wird wohl von jedermann zugegeben werden. Eine andere Frage ist es aber, ob die Polarität hier wirklich einen neuen Typus zeugend oder nur einen vorhandenen

[13] Für B.s jetzige Erklärung s. unten sub G.

verallgemeinernd und schematisierend aufgetreten ist. Ihre Le-[974]gitimation als zeugendes Prinzip der Sprache muß jedenfalls noch nachgewiesen werden. Die Erklärung des Schemas *hālak u̯ai̯i̯iqtol* aus Sprachmischung hat nicht nur prinzipielle Bedenken: ebenso wie die angebliche archaische Futurbedeutung von *halak* nur einer überaus fraglichen Erklärungshypothese entstammt[14], so ist es mir auch zweifelhaft, ob jemals hebr. *i̯iqtol* präterital war, denn diese Bedeutung ist im Akk. durchaus sekundär und darf nicht in ursemitische Zeit verlegt werden. Suchen wir daher nach einer inneren Erklärung, so finden wir in anderen Sprachen Parallelen für folgenden Gebrauch: die Nachzeitigkeit eines Vorganges speziell beim Erzählungsfortgang wird durch das Nebeneinanderstellen gegensätzlicher Zeitstufen ausgedrückt. So akk. *illikma iktašad,* wobei freilich die Reihe aaab(bb) und nicht wie im Hebr. abb usf. lautet. Hier ist die Entstehung des Schemas klar: *iktašad* ist ein Präsens (als Zeitstufe), das dem Präteritum gegenübergestellt wird, um die Nachzeitigkeit auszudrücken. Ebenso im Šilḥ: Hier wird das Fiens angewendet, „um ein an der Spitze des Satzes stehendes erzählendes Faktum ... weiterzuführen" (Stumme, Handbuch des Schilḥischen von Tazerwalt, S. 60); im Suaheli: „Wenn in der Erzählung mehrere Imperfekta, alle oder nur das letzte durch die Konjunktion ‚und' angeschlossen aufeinanderfolgen, so gebraucht man für das zweite Imperfektum und die folgenden eine besondere Form der Vergangenheit" (Seidel, Praktische Gramm. der Suaheli-Sprache, S. 29). Für die Entstehung von *hālak u̯ai̯i̯iqtol* kann man dem Akk. analog eine Gegensätzlichkeit der Zeitstufen (Präteritum und Präsens) annehmen, vielleicht aber auch einen Gegensatz des Aspektes: zuständlich und eintretend. Wie dem auch sei: in demselben Maße, wie man sich der Zeitstufen- bzw. Aspektbedeutung von *u̯ai̯i̯iqtol* nicht mehr bewußt war und nur noch das Schema Nachzeitigkeit = Gegensatz der „tempora" apperzipierte, konnte man dieses Schema auch umkehren und dadurch die polare Entsprechung schaffen.

F. Das Problem der schwachen Verba leidet vielleicht noch etwas unter seiner Geschichte aus einer Zeit, wo man sich von dem

[14] Siehe oben Sp. 970, Anm. 3 [hier S. 439, Anm. 6, Anm. d. Red.].

Begriff der Konsonantenwurzel noch nicht befreit hatte. B. dringt energisch darauf, hier vokalhaltige Wurzeln zu finden. Dies ist durchaus zu billigen, das Rezept B.s freilich, das jeweilige Imperfekt-Thema einfach für die Urwurzel zu erklären, kann ich nicht gutheißen. Hier sind viel kompliziertere Wege ein-[975]zuschlagen, wie ich es versucht habe[15]. Ob ein ursprünglich kurzer oder langer Vokal zwischen den beiden Konsonanten steht, darauf kommt es in der Tat nicht so stark an. Mir erscheint die Erkenntnis besonderer Bildungs- und Bedeutungsklassen, die sich unmöglich in die Schemata des starken Verbums fügen, am wichtigsten. Im einzelnen: die Verba med. gem. lassen sich überhaupt nicht einheitlich beurteilen, da hier drei Klassen ineinandergeflossen sind, die aber im Hebr. noch deutlich isoliert sind. Durchaus recht geben muß ich B. gegenüber Bg. hinsichtlich der langvokaligen Ansetzung der med. *u̯*, in der Erklärung von *mēt* aus *mau̯it* und von *bōš* aus *bāš*. *qām* scheint mir nicht so unerklärlich, daß man zu einer Entlehnung aus einer über das Urkanaanäische sich lagernden Sprache von Eindringlingen die Zuflucht nehmen müßte (dazu s. sub G.). *qām* steht zu *māqōm* (aus *maqām*) im gleichen Verhältnis wie *qātal* zu *dābār*. In beiden Fällen hat die geschlossene Silbe den ursprünglichen Vokal unverändert gelassen. Dieses *qām* der 3. Person Pf. hat das damit identische „Partizip" *qām* vor dem Übergang in *ō* bewahrt (ebenso wie *šālēm* als 3. Pf. und „Partizip" im Grunde identisch und gleichlautend sind). Gerade umgekehrt liegt es nicht nur bei *ṭōb*, wo die Bildung des Pf. vom Adjektiv ausgegangen ist, sondern auch bei *nākōn*, wo gleichfalls zu dem Adjektiv das Perfektum hinzugebildet wurde[16]. Zu diesem Adjektiv-Typus vgl. *nābōn*, dem kein Perfektum zur Seite steht. Dieses Nifʿal ist durchaus nicht paradigmatisch, da die Verba med. *u̯* im allgemeinen kein Nifʿal bilden, sondern beschränkt sich auf wenige Beispiele, die mit *nākōn* eine Bedeutungsgruppe bilden, wie z. B. *nāmōt*. Auch *gēr* neben *gār* muß nicht durch Sprachmischung, sondern kann durch Bedeutungsverschiedenheit erklärt werden,

[15] Siehe den Sp. 971, Anm. 2 [hier S. 440, Anm. 9, Anm. d. Red.] angekündigten Artikel.

[16] Ebenso ist bei *mēt* sicher das Perfektum vom Adjektiv aus gebildet.

die man etwa als Dauer- gegenüber Übergangszustand bestimmen kann.

G. Die Sprachmischung innerhalb des Hebräischen muß ich mit Bg. strikte ablehnen. Wenn Lautgesetze Ausnahmen zeigen, die ein ganzes Paradigma *(qām, śām)* oder eine ganze häufige Nominalklasse *(gannāb)*[17] umfassen, so wird es kaum möglich sein, für eine solche den Grammatiker beunruhigende Erscheinung Sprachmischung als Erklärungshypothese ein-[976]zuführen. Denn daß die Fremdsprache gerade in diesem säuberlich abgegrenzten Umfange die sprachgesetzlich richtigen Formen spurlos entwurzeln kann, dies anzunehmen setzt wohl ein Übermaß an Hypothesengläubigkeit voraus. Überall gibt sich das Überlagern einer Fremdsprache als Aufpfropfung des fremden Sprachgutes zu erkennen, wofür ja die semitischen Mischsprachen (Aram. + Akkad. im Neubabylonischen, Hebr. + Aram.) die naheliegende Parallele liefern, was wir aber im Hebr. nicht finden können. Dieses ist nicht ein Akk. mit darübergelagertem Westsemitisch, sondern seiner Struktur und seinem Lexikon nach zum Westsemitischen gehörig, aber durch eine große Anzahl von „Isoglossen" mit dem Akk. verbunden. Nach dem sub E. Gesagten ist es wohl überflüssig, es als unmöglich zu erklären, daß der polare Typus der Nachzeitigkeit dadurch entstanden ist, daß von den beiden hier nebeneinandertretenden gegensätzlichen tempora das eine der Eigen-, das andere der Fremdsprache entnommen wurde. Hier hat B. seine Vorliebe dafür, syntaktische Erscheinungen nach Art eines Additionsexempels zu erklären, offenbar irregeführt. Selbst wenn B. hinsichtlich der Herkunft des Sprachmaterials hier recht hätte, so wäre damit die Erscheinung selbst noch nicht erklärt.

Anhangsweise sei hingewiesen auf Pontus Leander, Zwei Sachverständige für hebräische Sprachwissenschaft. Eine kleine Erwiderung, Halle 1925.

Mit Recht beschwert sich L. über zwei Kritiker, die zwar wenig Erfahrung in sprachwissenschaftlichen Dingen, dafür aber ein um so sichereres

[17] Es ist durchaus möglich, den Typus *gannāb* auf *qattal*, nicht *qattāl* zurückzuführen, beide finden sich im Akk., der erste als Adjektiv (Gewohnheit), der zweite als Substantiv (Beruf). Im Hebr. könnte der erste, in den übrigen semitischen Sprachen der zweite durchgedrungen sein.

Urteil über diese haben. Die eine der Kritiken ist in dieser Zeitschrift 1925, Sp. 240, erschienen. Es muß zugegeben werden, daß es unmöglich ist, Kritiker zu finden, die sowohl im Hebräischen zu Hause als in Fragen der Sprachwissenschaft beschlagen sind. Aber wenn sie um des ersten Vorzuges willen zu Kritikern bestellt worden sind, dann sollten sie innerhalb ihrer Sphäre bleiben.

Wolfram von Soden, Bibel und Alter Orient. Altorientalische Beiträge zum Alten Testament, hrsg. von Hans-Peter Müller, Berlin, New York: de Gruyter 1985 (Beiheft zur Zeitschrift für die alttestamentliche Wissenschaft, 162), S. 36–50. (Erstmals veröffentlicht in: Wiener Zeitschrift für die Kunde des Morgenlandes 56 [1960], S. 177–191.)

ZUR EINTEILUNG DER SEMITISCHEN SPRACHEN

Von Wolfram von Soden

Die uns bekannten semitischen Sprachen wurden seit der Entzifferung der babylonischen Keilschrift meist in fünf Gruppen eingeteilt, nämlich das Akkadische, Kanaanäische, Aramäische, (Nord-) Arabische und Südarabisch-Äthiopische. Dabei wurde das erstere als Ostsemitisch den als westsemitisch bezeichneten übrigen Sprachen gegenübergestellt; bei diesen wurden die beiden letzten Gruppen als Südsemitisch vom Nordwestsemitischen des Kanaanäischen und Aramäischen unterschieden. Das Stemma, in dem man diese Beziehungen der Sprachgruppen des Semitischen zueinander gern darstellte, wurde schon vor Jahrzehnten dadurch etwas fragwürdig, daß wichtige Isoglossen sichtbar wurden, die gerade dem Stemma nach einander fernerstehenden Sprachen verbanden; dazu gehört z. B. der dem Akkadischen und Äthiopischen gemeinsame Gebrauch des Präsens *jaqattal*, das den anderen Sprachgruppen früh verlorenging. B. Landsberger zog daher noch vor dem Bekanntwerden des Ugaritischen vor, diese fünf Gruppen kreisförmig so anzuordnen, daß das Südarabisch-Äthiopische vom Akkadischen und Nordarabischen flankiert wurde, das Kanaanäische aber vom Akkadischen und Aramäischen, das seinerseits zum Nordarabischen überleitete. Die Einreihung der bekannten Einzelsprachen je in eine dieser fünf Gruppen erschien lange nicht problematisch.

Schwierigkeiten machte zuerst das Nordwestsemitische. Hans Bauer folgerte aus seiner Auffassung der sog. Tempora des Semitischen (zuerst in: Die Tempora im Semitischen, Berlin 1910), daß im (Alt-)Hebräischen eine Sprachenmischung zwischen Kanaanäisch und Aramäisch vorliegen müsse. Diese These wird, mehr oder minder modifiziert, auch heute noch oft vertreten und z. T. durch historische Argumente gestützt. Ihre Kritik muß bei dem Ausgangspunkt Bauers, dem Problem der sog. Tempora, ansetzen und soll an anderer Stelle unternommen werden [vgl. jetzt meinen Beitrag: Tempus und Modus im älteren Semitischen, S. 463–493 dieses Bandes]. Eine weitere Schwierigkeit wurde [178] [37] sichtbar, als es nicht gelang, alle frühen nordwestsemitischen Inschriften eindeutig als kanaanäisch-phönikisch oder als altaramäisch zu klassifizieren. J. Friedrich zog daraus die Folgerung (Phönizisch-Punische Grammatik, 1951, S. 153 ff.), daß man „eine besondere westsemitische Sprache“ von Ja'udi in Nordsyrien, bezeugt nur im 8. Jahrhundert vor Christus, ansetzen müsse, deren Eigentümlichkeiten er a. a. O. kurz skizziert. Andere rechneten in solchen Inschriften nur mit Einflüssen der älteren phönikischen Schriftsprache auf das Aramäische, das damals mit den phönikischen Buchstaben zuerst geschrieben wurde.

Schließlich entstand eine ganz neue Situation, als vor 30 Jahren die ugaritischen Denkmäler entziffert wurden. Während manche das Ugaritische bedenkenlos als Altkanaanäisch in das herkömmliche Schema einordnen (so anfangs auch C. H. Gordon), sehen andere in ihm eine weitere westsemitische Sprache (so jetzt auch C. H. Gordon in: Ugaritic Manual, 1955, S. 123), die dann eine sechste semitische Sprachgruppe mit besonders nahen Beziehungen zum Kanaanäischen und Akkadischen vertreten würde. Klarheit über die strittigen Fragen zu gewinnen ist bekanntlich vor allem deswegen sehr schwierig, weil die ugaritische Schrift mit Ausnahme der drei Alef-Zeichen vokallos ist und das verfügbare Schrifttum nur einen geringen Umfang hat. Ungeklärt ist u. a. noch, ob es im Ugaritischen ein Präsens des Typs *jaqattal* gab oder nicht.

Vor die hier notgedrungen nur ganz knapp angedeuteten Probleme sah sich auch der Semitist der Universität Rom, Sabatino Moscati, bei seinen Studien zum ältesten Nordwestsemitischen gestellt. Während er nun noch vor wenigen Jahren im wesentlichen der eingangs skizzierten communis opinio anhing (z. B. in seiner Geschichte und Kultur der semitischen Völker, 2. Aufl. 1955), ist er seither zu einer anderen Auffassung gelangt, die er, von Zeitschriftenartikeln abgesehen (s. Riv. d. Studi Or. [= RSO] 31 [1956], 229–234, und, auf englisch, The Journal of Bible and Religion 24 [1956], 245–254), in dem Buch vertritt, von dem wir hier auszugehen haben[1]. Kurz gesagt, bestreitet er jetzt die Berechtigung einer auch für das 2. und frühe 1. vorchr. Jahrtausend gültigen Unterscheidung von Kanaanäisch und Aramäisch innerhalb des Nordwestsemitischen. Es erscheint nur konsequent, daß er neuestens (in [179] [38] RSO 34 [1959], 33–39) auch die Berechtigung bestreitet, das Südsemitische in der herkömmlichen Weise in Nordarabisch und Südarabisch-Äthiopisch aufzuteilen, da nicht alle erkennbaren Isoglossen diese Aufteilung befürworten. Nach ihm hätten wir es also nur mit den drei großen Gruppen der Akkader, Nordwestsemiten und Südsemiten zu tun, wenn wir die Frage der Zugehörigkeit der Berbersprachen zum Semitischen, die O. Rössler z. B. in ZA 50 (1952), 121–150 verficht, einmal beiseite lassen, da sie nicht ohne Einbeziehung des Semiten-Hamiten-Problems behandelt werden kann.

M.s Fragestellung ist zunächst historisch und knüpft damit an die älteren Darstellungen des gleichen Themas durch Fr. Böhl (Kanaanäer und Hebräer, Leipzig 1913) und B. Maisler (Untersuchungen zur alten Geschichte und Ethnologie Syriens und Palästinas, Gießen 1930) an. Die Frage ist: Wann kamen die Semiten nach Syrien-Palästina? Man antwortet meist: um 3000 v. Chr. Nun hat man in Syrien nach unserer Kenntnis im 3. Jahrtausend noch nicht geschrieben. Semitisch geschriebene Quellen können also erst im 2. Jahrtausend einsetzen. Da man aus den stellenweise reichlich verfügbaren Bodenfunden aus dem 3. Jahrtausend nach allen Erfahrungen auf anderen Gebieten nicht ohne weiteres auf bestimmte Bevölkerungen schließen kann, können wir eindeutige Hinweise auf eine semitische Besiedlung Syriens vor 2000 also nur bei den Nachbarvölkern suchen, von denen im 3. Jahrtausend nur Ägypten und Babylonien schon schrieben und daher im vollen Licht der Geschichte stehen. Außerdem erscheint eine Überprüfung der ältesten geographischen Bezeichnungen angezeigt. Als ein Beweis für das Vorhandensein von Semiten in Syrien vor 2000 gelten z. B. weithin ägyptische Fremdvölkerdarstellungen aus dem Alten Reich (etwa 2850–

[1] I Predecessori d'Israele. Studi sulle più antiche genti semitiche in Siria e Palestina (Università di Roma, Studi Orientali pubblicati a cura della Scuola Orientale, Vol. IV), Roma 1956.

2200 nach der von M. angenommenen Chronologie). Es sind vor allem sechs Bilder, die M. hier erneut abbildet, auf denen man Semiten findet. M. hat m. E. recht, wenn er diesen jede Beweiskraft abspricht; wissen wir doch gar nicht, ob die Semiten sich damals anthropologisch von nichtsemitischen Bevölkerungselementen in Syrien so deutlich unterschieden, daß das in den Darstellungen zum Ausdruck kommen müßte. Die schon für das 3. Jahrtausend vorauszusetzende Bevölkerungsmischung verhindert ja auch in Babylonien trotz der Fülle der erhaltenen Bildwerke eine sichere Unterscheidung von Sumerern und Semiten in allen Fällen.

Anschließend (S. 28ff.) prüft M. die nach seiner Meinung sicher [180] [39] alten topographischen Bezeichnungen, wobei das Prinzip für die Auswahl nicht recht ersichtlich ist; das innere Syrien von Damaskus bis Aleppo bleibt jedenfalls außer Betracht. Ein beträchtlicher Teil der Namen wirkt unsemitisch, andere sind nur vielleicht semitisch, da man auch mit nachträglicher Semitisierung fremder Namen rechnen muß, wofür es überall in der Welt zahllose Analogien gibt. M. schließt aus den Namen, daß Semiten sehr wahrscheinlich um 2000 im Lande waren, ohne daß deren Sprache näher gekennzeichnet werden kann, doch lassen die Namen auch auf ältere nichtsemitische Volksgruppen als Namengeber schließen. Hier ist darauf hinzuweisen, daß die Bedeutung der Fluß-, Berg- und Ortsnamen für unser Problem gering ist, wie ein Blick auf Babylonien zeigt. Dort sind die meisten Namen dieser Art im 3. Jahrtausend weder sumerisch noch akkadisch und würden uns, wenn wir aus ihnen Schlüsse auf die Bevölkerung in dieser Zeit ableiten wollten, sehr in die Irre führen. Manche Namen können einige tausend Jahre älter sein als ihre erste Bezeugung, wenn die Siedlung entsprechend alt ist. Andererseits werden Orte, die nach einer Zerstörung durch Natur- oder Kriegskatastrophen lange unbewohnt bleiben, bei der Neubesiedlung oft neu benannt; die Namen ermöglichen dann keinen Schluß auf die Sprache früherer Bewohner[2].

[2] Als Neubenennung haben wir z. B. vielleicht den Namen der uralten Stadt Jericho aufzufassen, die nach Ausweis der Ausgrabungen vor der Besitznahme durch den israelitischen Stamm Benjamin lange wüst dalag bzw. ein kleines Dorf ohne Stadtmauer war. Die Benjaminiten der Mari-Briefe

Von den geographischen Namen, die es in Syrien um 2000 gegeben haben muß, kennen wir übrigens nur einen verschwindend kleinen Bruchteil.

Der Hauptteil des Buches befaßt sich mit den viel, aber leider durchaus nicht immer im gleichen Sinn gebrauchten Bezeichnungen Kanaanäer und Amoriter (S. 42–74, 75–126). In beiden Kapiteln geht es in erster Linie um die Termini als solche. So werden für den Landesnamen Kanaan nacheinander die akkadischen Belege (nur in den [181] [40] Amarnabriefen und der Idrimi-Inschrift aus Alalaḫ), sechs ägyptische und der einzige ugaritische Beleg sowie die Bibelstellen und hellenistische Zeugnisse vorgeführt. Dann wird auf die den Urkunden aus Nuzi zu entnehmende Bedeutung des nichtsemitischen Namens (Land des roten Purpurs, also sinngleich mit Phönikien!) hingewiesen, der «questione linguistica» aber nur ein kurzer Abschnitt (S. 70/2) gewidmet, der jetzt durch den Aufsatz ›Il Semitico di Nord-Ouest‹ in ›Studi orient. in onore de G. Levi Della Vida‹ (II, S. 202–221) ergänzt wird. Das Ergebnis ist, daß die Ableitung einer Sprachgruppenbezeichnung aus dem erst um 1500 v. Chr. bezeugten Landesnamen Kanaan an sich unzweckmäßig sei, für das 2. Jahrtausend aber ganz unberechtigt, weil die von vielen – nicht allen! – als kanaanäisch zusammengefaßten nordwestsemitischen Sprachen – außer dem Ugaritischen ziemlich dürftig bezeugt! – noch keine innerhalb des Nordwestsemitischen nur ihnen eigentümlichen Gemeinsamkeiten aufwiesen. Wir werden auf diese Frage noch zurückkommen müssen.

Das Kapitel über die Amoriter ist für den Teil, der die sumerisch-

hatten nämlich unter anderen einen Unterstamm mit dem Namen Jariḫû (s. J. R. Kupper, Les nomades en Mésopotamie au temps des rois de Mari, 1957, S. 49ff.). Wenn, wie mir nach wie vor wahrscheinlich ist, der Stamm Benjamin aus jener älteren Stammesgruppe, die in der Ḫammurabi-Zeit um Ḫarrān herum zeltete, hervorgegangen ist (s. Welt des Orients I 197f.), erscheint es als gut möglich, daß die Jariḫû der neubesiedelten Stadt ihren Namen gegeben haben. Wenn diese natürlich nicht beweisbare Vermutung zutrifft, wäre der alte Name von Jericho ganz unbekannt. – Zu S. 29: Der Antilibanos hieß altbabylonisch Saria (s. Th. Bauer, JNES 16 [1957], 260); der Name ist also sicher nicht semitisch.

akkadischen Quellen bis zum Untergang der 1. Dynastie von Babylon behandelt, infolge seither erschienener, wesentlich ausführlicherer Behandlungen durch Assyriologen schon weithin überholt; denn außer J. R. Kupper in seinem S. 451, Anm. 2 genannten Buch, S. 147–247, befaßte sich auch D. O. Edzard in seinem gleichzeitig (1957) erschienenen Buch ›Die „zweite Zwischenzeit" Babyloniens‹ vor allem in Teil I (S. 30–69) sehr eingehend mit diesen (unter der sumerischen Bezeichnung MAR.TU). Zu ganz eindeutigen Ergebnissen kommt infolge der oft unklaren Terminologie der alten Texte keine dieser Untersuchungen; wir müssen auch darauf noch zurückkommen. M. behandelt darüber hinaus noch den Begriff *Amurru* in den Amarna-Briefen und, ganz knapp, in den hethitischen und jüngeren Quellen. Er erkennt richtig, daß *Amurru* in allen diesen ein geographischer oder politischer Begriff, nie aber ein ethnischer ist. Schließlich behandelt er auf S. 116 ff. noch die ägyptischen Erwähnungen von *ỉmr* und die semitischen Namen in ägyptischer Schreibweise in den sog. Ächtungstexten sowie den in keiner Weise klar umschriebenen Begriff *ʾemorī* des Alten Testaments. Ergänzungen bietet sein Artikel ›La questione degli Amorrei‹ (Accademia Nazionale dei Lincei, Rend., Serie VIII, vol. XIII 7–12 [1959], S. 356–365). Als Bezeichnung für eine bestimmte Sprache oder Volksgruppe empfiehlt sich der Begriff Amoriter wenig, da dieser im Altertum schon [182] [41] so mehrdeutige Begriff von der modernen Wissenschaft noch weit mehr mit sehr verschiedenen Inhalten gefüllt wurde; populäre Geschichtswerke der Hitlerzeit machten aus ihnen in völligem Mißverstehen der Tatsachen sogar bisweilen Arier!

Uns geht es hier nicht in erster Linie um Fragen der Terminologie. Viele längst eingebürgerte Termini sind, wenn man ihrer Herkunft nachgeht, höchst problematisch. Dieses gilt vor allem auch für Semiten bzw. semitisch und Hamiten bzw. hamitisch, da die Völkertafel der Genesis (Kap. 10), der diese Begriffe entnommen sind, zu den Nachkommen Sems und Hams bekanntlich etliche nicht-semitische bzw. nicht-hamitische Völker und Stämme zählt. Wir brauchen unsere Begriffe nicht vor der Terminologie des alten Orients zu rechtfertigen; sie sollten nur für uns einen eindeutigen Inhalt haben oder, wo das noch nicht der Fall ist, möglichst bald gewinnen. M.s Hinweis, daß die im Bereich des Nordwestsemitischen gebrauchten Termini dieser Eindeutigkeit meist ermangeln, ist sehr berechtigt; Ursache ist aber weniger die Unzweckmäßigkeit einzelner Termini als die Unklarheit über die in historische Begriffe zu fassenden Tatbestände. Unnötige Änderungen eingeführter Termini erschweren nur die Arbeit an der Aufklärung der Tatsachen, auf die es allein ankommt. Ich möchte mich daher den Umbenennungsvorschlägen M.s nicht anschließen.

Es kann nicht die Aufgabe dieses kurzen Aufsatzes sein, die vielen noch bestehenden Unklarheiten wegzuräumen; soweit die verfügbaren Quellen das überhaupt gestatten, kann das nur in einer sehr sorgfältig vorbereiteten, umfangreichen Monographie geschehen. Mir liegt hier nur daran, vor der von M. vorgeschlagenen allzu großen Vereinfachung des Begriffssystems zu warnen. Wir brauchen ein differenziertes Begriffssystem, wenn wir die geschichtliche Wirklichkeit so genau wie erreichbar beschreiben wollen. Der Aufstellung eines solchen vorzuarbeiten, ist die Aufgabe der folgenden Überlegungen, die nicht Ergebnisse noch ausstehender Untersuchungen vorwegnehmen wollen.

Der Begriff Nordwestsemiten (NWSem.) ist zunächst ein historischer und umfaßt die Semiten, die vor dem Einsetzen der ersten Araber-Einfälle im 9. vorchr. Jahrhundert nach Mesopotamien, Syrien und Palästina kamen. Wann kamen die ersten von ihnen? Als ältestes Zeugnis für sie gilt ein Siegel (s. JEA 7 [1921], 196–199), das in Keilschrift einen Kanaanäer *Ia*$_8$*-ki-in-ilum* und in Hieroglyphen einen Pharaonennamen nennt, der wohl am ehesten der des Amenemhet I. (1991–72) [183] [42] ist. Wenn diese Datierung richtig ist – daß einer von zwei Königen gleichen Vornamens der unbedeutenden 13. Dynastie Ägyptens gemeint ist, hat wenig für sich –, müßte man um 2000 schon in Phönikien – der Fundort des Siegels ist unbekannt – Keilschrift in syrisch-mesopotamischer Schreibweise, für die der Lautwert *ia*$_8$ kennzeichnend ist, geschrieben haben. Die erste Einwanderung von NWSem. läge also wahrscheinlich wesentlich früher. Für noch viel frühere Semiteneinbrüche sprechen die folgenden Erwägungen: Die ersten Semiteneinfälle nach Babylonien und Ägypten (zur Zeit der Reichsgründung) dürften kaum später als um 3000 anzusetzen sein. Sollte die damalige Semitenexpansion anders als spätere nur auf Babylonien und Ägypten gezielt, den Norden und Westen des „fruchtbaren Halbmonds“ aber ganz verschont haben? Das wäre nur glaubhaft, wenn diese Gebiete damals viel stärkere Abwehrkräfte entfaltet hätten als die beiden ältesten Zentren altorientalischer Kultur und Staatsbildung; das ist aber höchst unwahrscheinlich. Wenn damals Semiten nach Syrien kamen, so war ihre Sprache vermutlich dem ältesten Akkadischen, über das wir freilich sehr wenig wissen, verwandt. Ein solches hypothetisches Westakkadisch dürfte auf die späteren nwsem. Sprachen irgendwie eingewirkt haben; wir haben keine Mittel, solche Einwirkungen zu erkennen, können aber ebensowenig abstreiten, daß es sie gegeben hat.

Wesentlich schwieriger schon für Babylonien zu beantworten ist die Frage nach weiteren Semiteneinbrüchen während des 3. Jahrtausends. Ihrer Erörterung vorausgehen muß eine Besinnung darüber, wie wir uns überhaupt solche Einbrüche vorzustellen haben. Es gibt vor allem zwei Theorien, die den Wechsel zwischen Zeiten vieler Einbrüche und solchen, in denen sie selten sind oder fehlen, erklären wollen. Die eine ist die Wellentheorie. Nach ihr gibt es Perioden, in denen sich die semitischen Stämme in Arabien im ganzen mit ihrem Wohnraum dort begnügen, weil der kärgliche Bodenertrag und die Gewinne aus dem Durchgangshandel ihre Nahrungsbedürfnisse leidlich befriedigen. Wächst dann die Bevölkerung und stagniert der Handel, so müssen ganze Stämme neuen Nahrungsraum suchen, wenn sie nicht hungern oder verhungern wollen. Sie brechen dann in die Länder des fruchtbaren Halbmonds ein und setzen sich, wenn sie deren Widerstand überwinden können, dort fest. Geht es ihnen dort gut, kommen andere Stämme nach, um am Wohlstand dort auch teilzuhaben. Die Zurückbleibenden können sich dann ausbreiten und haben wieder ausreichenden Raum, so daß [184] [43] der Druck auf das Kulturland nachläßt oder aufhört. Man spricht dann von der akkadischen, kanaanäischen, aramäischen oder arabischen Welle bzw. von jeweils zwei oder mehr Einbruchswellen dieser Semitengruppen.

Die andere Theorie ist die Infiltrationstheorie. Nach ihr versuchen die Stämme am Rande des Kulturlandes dauernd, in diesem nicht nur zu plündern, sondern auch Fuß zu fassen. Ob das Erfolg hat, hängt weniger von der Stärke des Druckes der Nomadenstämme ab als von der größeren oder geringeren Kraft der Staaten des Kulturlandes, diesem Druck zu widerstehen. Wo ein starker Staat ist, werden die Stämme nicht nur abgewiesen, sondern oft auch noch aus den als Sicherungszonen für das Kulturland angesehenen Gebieten hinausgedrängt. Sie suchen dann andere Stellen, wo sie weniger Widerstand finden. Wenn diese Auffassung richtig ist, dürften wir von kanaanäischen, aramäischen usw. Einbruchswellen nicht sprechen, da sich die kanaanäischen usw. Volksgruppen erst im Kulturland aus neu Hinzugekommenen und länger Ansässigen gebildet hätten. M. neigt, wenn ich recht sehe, dieser Theorie zu.

Die Betrachtung der Semiteneinbrüche, die wir auf Grund der Quellen einigermaßen überblicken können, rechtfertigen m. E. weder die eine noch die andere Theorie ganz. Um 2000 war der Druck der sog. Ostkanaanäer so stark, daß auch das sumerische Reich von Ur III ihm nicht gewachsen war. Andererseits führte der Zusammenbruch des Ḫammurabi-Reichs nicht zu neuen größeren Einbrüchen, weil damals die Nomaden jedenfalls im Osten nicht mit stärkeren Kräften gegen das Kulturland vorstießen. Wir werden also für manche Zeiträume vor allem mit der allmählichen Infiltration kleiner Gruppen oder einzelner Familien rechnen müssen, zu anderen Zeiten aber auch mit Einbruchsversuchen großer Stammesgruppen.

Kehren wir nun von diesen Erwägungen zum 3. Jahrtausend zurück, so darf es schon a priori als unwahrscheinlich gelten, daß es vom Beginn dieses Jahrtausends, über das wir auch im Orient noch so wenig wissen, bis zu seinem Ende keine größeren Semiteneinbrüche im fruchtbaren Halbmond gegeben haben soll. Halten wir aber solche Einbrüche für wahrscheinlich, so steht in keiner Weise fest, daß die Sprachen von in der Mitte des Jahrtausends ins Kulturland gekommenen Semitenstämmen entweder zum akkadischen Zweig gehörten oder nwsem. im üblichen Sinn des Wortes waren. Wir müssen vielmehr durchaus damit rechnen, daß es noch ganz andere Semitensprachen gegeben hat, auch wenn diese [185] [44] vielleicht nie zu Literatursprachen wurden. In der „klassischen" Einteilung der indogermanischen Sprachen vor etwa 50 Jahren war für die seither bekannt gewordenen Sprachen der hethitischen Gruppe und das Tocharische auch kein Platz, und man hat in manchem umlernen müssen, als es galt, diese „neuen" Sprachgruppen einzuordnen. Die Semitistik wiederum wurde vor 30 Jahren durch das Ugaritische in manchem vor eine neue Situation gestellt, und das zu einer Zeit, als etliche Semitisten noch nicht einmal das jetzt seit über 100 Jahren bekannte Akkadische recht verarbeitet hatten. Was berechtigt uns angesichts solcher Überraschungen zu der Annahme, daß wir schon alle semitischen Sprachgruppen, die es einmal gegeben hat, kennen?

Ich habe nun in den letzten Jahren erneut die Überzeugung gewonnen, daß wir uns für das 3. Jahrtausend jedenfalls in Babylonien und Mesopotamien durchaus nicht auf theoretische Erwägungen, wie wir sie eben gepflogen haben, beschränken müssen. Es spricht vielmehr sehr viel dafür, daß in der Mitte dieses Jahrtausends in der Tat große Semitengruppen in diese Länder kamen, die weder akkadische Dialekte – im weitesten Sinn dieses Wortes – noch eine nwsem. Sprache sprachen. Nur wenn wir die dadurch bewirkte Verstärkung des semitischen Elements in Vorderasien in Rechnung stellen, wird die explosionsartige Expansion der Akkader unter Sargon und Naram-Suen von Akkade nach 2400 verständlich. Der Hauptgott dieser Semiten war Dagan, dessen Kult in Syrien-Palästina noch viele Jahrhunderte lang in bestimmten Gegenden feststellbar ist, während Dagan in Babylonien und Assyrien nur als Hypostase des Ellil später noch eine bescheidene Rolle spielte. In dem Sammelbändchen ›Aufstieg und Untergang der Großreiche des Altertums‹ (hrsg. von W. F. Müller, Stuttgart 1958) habe ich auf S. 47ff. für diese Semiten die Bezeichnung Altamoriter vorgeschlagen, da eine besser zu begründende Bezeichnung vorläufig nicht verfügbar ist und der einfache Name Amoriter, wie wir schon sahen, viel zu vieldeutig ist. Die Rechtfertigung dieser Bezeichnung liegt in der Tatsache, daß Teile dieser Semiten von den Akkadern Amurrum-Leute (von den Sumerern Martu-Leute) genannt wurden, ohne daß man diesen Namen nur für sie gebraucht hätte. B. Landsberger hatte bereits 1923 diese semitische Gruppe erkannt (s. ZA 35, 236ff.; etwas ausführlicher Th. Bauer, Die Ostkanaanäer, 1926, S. 2ff., 83ff.), bezeichnete ihre aus Namen zu erschließende Sprache aber damals noch als einen akkadischen Dialekt. Er hat mit der [186] [45] Unterscheidung dieser Gruppe von den sog. Ostkanaanäern mehr Widerspruch als Zustimmung erfahren, wobei der Widerstand durchaus nicht nur die gewählten Bezeichnungen, sondern auch die sprachlichen und historischen Abgrenzungen im Auge hatte. Es ist völlig unmöglich, hier die Fülle der seither zu diesen Fragen geäußerten Auffassungen auch nur aufzuzählen; die wichtigsten nennt J. R. Kupper, Les nomades, S. 147ff. Zu den Gegnern zählt auch S. Moscati, ferner noch in allerneuesten Äußerungen A. Goetze und I. J. Gelb. Ersterer besprach in: Journal of Semitic Studies (JSS) IV (1959), 142ff. Kuppers genanntes Buch und ergänzte diese Besprechung soeben durch den Aufsatz ›Amurrite Names in Ur III and Early Isin Texts‹ (ebd., S. 193ff.). Goetze glaubt dort, Landsberger mit dem durch zahlreiche Belege gestützten Hinweis widerlegen zu können, daß die Babylonier zu den Martu/Amurrum-Leuten sowohl Träger der (alt-)amoritischen Namen wie Träger (ost-)kanaanäischer Namen gerechnet haben. Dieser Hinweis hätte nur dann Beweiskraft, wenn wir in den Amurrum-Leuten eine sprachliche oder ethnische Einheit sehen müßten. Wie ich kürzlich in anderem Zusammenhang in BiOr. XVI (1959), S. 131ff. feststellte, haben die Babylonier aber in der Regel nicht Volksbegriffe geprägt, sondern die Menschen nach ihren Wohnsitzen oder auch ihren sozialen Ordnungen unterschieden. Auch Amurrum-Leute ist, wie schon erwähnt, primär ein geographischer Begriff und meint die Bewohner von Amurrum, wird dann aber auch zur Bezeichnung einer bestimmten Klasse gebraucht; weder auf die umstrittene Lage des Landes Amurrum um 2000 noch auf den sozialen Status der Amurrum-Leute brauche ich hier einzugehen. Goetzes sehr verdienstliche Materialsammlung besagt also durchaus nicht, daß alle angeführten Namen nach Meinung der Babylonier derselben Sprache angehörten; ein Blick auf seine Liste zeigt ja auch nur zu deutlich, daß diese Namen wohl alle semitisch, aber schwer aus einer einzigen Sprache zu erklären sind. Damit aber verliert diese Liste wegen der nicht durchgeführten Klärung des Begriffs Amurrum ihre Beweiskraft in der Auseinandersetzung mit Landsbergers Auffassungen.

Auf sehr umfassende Materialsammlungen stützt sich I. J. Gelb. Auch er faßt die altamoritischen und die (ost-)kanaanäischen

Namen unter der Bezeichnung amoritisch als Einheit, hat aber in einer großen Monographie versucht, die Eigentümlichkeiten dieser Sprache genau festzustellen; das seit Th. Bauers Ostkanaanäerbuch vor allem durch die Ausgrabungen in Māri, Alalaḫ, Ugarit und im Dijala-Gebiet verviel-[187] [46]fachte Material erfordert ja dringend eine neue Bearbeitung. Von seinem Buch liegt vorläufig allerdings nur ein italienischer Vorbericht vor (La Lingua degli Amoriti, Accademia Nazionale dei Lincei, Rend. Serie VIII, vol. XIII, 3–4, 1958), der auf 22 Seiten eine ganz knappe Einführung und eine äußerst gedrängte Zusammenfassung des wichtigsten Materials ohne jede Angabe von Belegstellen bietet. Wenn auch ein abschließendes Urteil bis zum Erscheinen des Buches selbst zurückgestellt werden muß, so darf ich doch schon jetzt darauf hinweisen, daß das vorgelegte Namenmaterial sprachlich durchaus nicht einheitlich wirkt. Ich kann mir schwer vorstellen, daß das Verbalpräfix für die 3. Person bei demselben Verbum einmal *i-* und einmal *ja-* sein soll oder daß beim Determinativpronomen (Absatz 3. 1. 2) die Formen *ḏū* und *šū* in derselben Sprache nebeneinanderstehen. Ähnliche Einwendungen habe ich gegen beträchtliche Teile des überaus reichen Sprachmaterials zu machen, das Gelbs für alle Assyriologen unentbehrliches Glossary of Old Akkadian (Chicago 1954) enthält. Auch hier würde ich nicht nur die auf S. 313ff. verzeichneten "Names possibly Akkadian" größtenteils ausscheiden, sondern auch viele andere, die teilweise jetzt auch vom Chicago Assyrian Dictionary (CAD) als akkadisch behandelt werden. Eine altakkadische Grammatik, die alle dort genannten Namen in gleicher Weise zu berücksichtigen versucht, würde oft zu recht widersprüchlichen Feststellungen kommen müssen, die sich auch durch den sicher richtigen Hinweis, daß es im Altakkadischen Dialektverschiedenheiten gegeben hat, nicht befriedigend erklären lassen.

Ich bin der Überzeugung, daß ein großer Teil des von Goetze, Gelb, Moscati und anderen als „amoritisch", „syrianisch" oder nwsem. bezeichneten Sprachmaterials auszusondern ist und mit einer sehr großen Zahl von vermeintlich altakkadischen oder altbabylonischen Namen zusammen gründlich untersucht werden muß. Das Ergebnis dieser gewiß sehr schwierigen Untersuchung wird sein, daß wir lernen, das Altamoritische (nach der von mir vorgeschlagenen Terminologie) sowohl gegen das Akkadische wie gegen das frühe Kanaanäische (Amoritisch, Syrianisch) abzugrenzen. Wahrscheinlich werden sich dabei innerhalb des arbeitshypothetisch zunächst als Einheit angesprochenen Altamoritischen auch mehr oder minder erhebliche Dialektunterschiede aufweisen lassen. Ja, es ist möglich, daß es überhaupt nicht gelingt, alle diese Namen aus einer Sprache zu erklären; die Sprachenfrage könnte noch komplizierter sein, als es derzeit den Anschein hat. Zeitliche [188] [47] und örtliche Unterschiede werden beachtet werden müssen; denn von der Akkade-Zeit bis zum Ausgang der altbabylonischen Zeit zählen wir rund 800 Jahre, und der Bereich dieser Namen umfaßt Babylonien, Mesopotamien und Syrien bis hin nach Alalaḫ sowie wahrscheinlich auch Assyrien. Eine saubere Scheidung zwischen akkadischen, altamoritischen und kanaanäischen Namen in jedem Fall wird sicher nicht möglich sein, da nicht nur zahlreiche Wortwurzeln, sondern auch manche Bildungselemente (z. B. die Endung *-ānum*) allen drei Sprachen oder doch zwei von ihnen gemeinsam sind. Nicht akkadisch ist z. B. auch ein beträchtlicher Teil der zuerst von H. Holma (Die assyrisch-babylonischen Personennamen der Form *quttulu*, Helsinki 1941) untersuchten Namen nach der Nominalform *purrusu*. Denn in ihnen treffen wir oft Wortwurzeln, die dem akkadischen Wörterbuch nach unserer Kenntnis sonst fremd sind und lediglich auf Grund dieser Namen nicht bedenkenlos in es eingeführt werden dürfen (so oft auch im CAD). Hier muß von Fall zu Fall sorgfältig geprüft werden, aus welcher Sprache der Name erklärt werden kann. Besonders zahlreich bezeugt sind die (wahrscheinlich) altamoritischen Namen in den altbabylonischen Texten aus dem Dijala-Gebiet, vor allem in den in JCS IX von R. Harris herausgegebenen Urkunden aus Tutub; ich denke, um nur wenige Beispiele zu nennen, da etwa an Namen wie in Nr. 4 dort *Ba-zi-nu-um* und *Ku-ku-súm*, in Nr. 5 *Ba-ak-ši-šum*, *Ḫu-ud-ḫu-du-um*, *Nu-uk-ra-nu-um* usw., in Nr. 42 *Ar-ta-nu-um* und viele ähnliche. Außerhalb der Personen- und Ortsnamen könnten sich auch einige aus dem Akkadischen mindestens heute nicht verständlich zu machende Wendungen in altakkadischen und altbabylonischen Briefen und Urkunden eines Tages als altamoritisch entpuppen. Schließlich muß wenigstens die Frage gestellt werden, ob nicht auch das Ugaritische eine mehr oder minder stark kanaanäisch beeinflußte altamoritische Sprache war; eine Antwort darauf könnte erst nach Vorliegen der hier geforderten Namenuntersuchungen versucht werden. Sollte sie positiv ausfallen, würde sie erweisen, daß man doch zu Recht auch schon im frühen 3. Jahrtausend mit Semiten in Syrien und Phönikien gerechnet hat; viel für sich hat diese Annahme ja auch jetzt schon.

Ich meine, daß diese Überlegungen es einleuchtend machen werden, warum der Vorschlag S. Moscatis, die semitischen Sprachen nur noch in die drei großen Gruppen Ost-, Nordwest- und Südsemitisch einzuteilen, wegen der in ihm liegenden Gefahr, komplizierte Tatbestände zu sehr zu vereinfachen, mir durchaus nicht empfehlenswert erscheint. [189] [48]

Nicht ganz zu eigen machen kann ich mir auch die andere These M.s, nach der eine Unterscheidung zwischen der kanaanäischen Sprachgruppe (Phönizisch-Punisch, Hebräisch, Moabitisch) und der aramäischen erst für das 1. vorchr. Jahrtausend berechtigt sein soll (vgl. dazu besonders seinen schon genannten Aufsatz in: Stud. or. Levi Della Vida II, S. 202–221). M. hat sicher recht, wenn er sich dagegen wehrt, diese Unterscheidung mit zu großer Selbstverständlichkeit weit in die für diese beiden Sprachgruppen prähistorische Zeit (vor 1500 bzw. 2000) zurückzuprojizieren. Auf der anderen Seite aber arbeitet er angesichts der außerordentlich dürftigen Überlieferung des Früharamäischen vor etwa 700 doch zu sehr mit argumenta e silentio. Wir haben z. B. derzeit kein Mittel, festzustellen, wann und wo im Aramäischen der bestimmte Artikel *-ā*, der sog. Status emphaticus, zuerst ausgebildet wurde. Die aus den Inschriften erkennbaren Eigentümlichkeiten des frühen Altaramäischen stellt G. Garbini in seiner Schrift ›L' Aramaico antico‹ (Atti della Accad. Naz. dei Lincei, Memorie, Serie VIII, vol. VII, Fasc. 5, S. 237–285) mit allen Belegstellen wesentlich genauer dar als M., dessen allzu summarische Angaben a. a. O. doch teilweise mißverständlich sind. M. geht z. B. auf die lexikalischen Unterschiede zwischen Aramäisch und den kanaanäischen Sprachen kaum ein, obwohl neben den grammatischen Gesichtspunkten auch diese Beachtung verdienen. Geschichtlich liegt es so, daß nach der – gewiß lückenhaften! – akkadischen Überlieferung den Jahrhunderten starken Drucks der Kanaanäer auf Mesopotamien und Babylonien (etwa 2000–1700) etwa 300 Jahre zu folgen scheinen, während deren größere Nomadeneinbrüche aus Arabien anscheinend nicht erfolgt sind. Das spiegelt sich vor allem in der Namengebung: die kanaanäischen Namen werden in Babylonien zunächst – unter den letzten Königen der 1. Dynastie von Babylon – seltener und sind gegen Ende des 15. Jh., wo die Überlieferung in Babylonien und Assyrien wieder einsetzt, fast ganz verschwunden. Im 14. Jh. beginnen dann die Aramäereinbrüche zunächst nach Mesopotamien, das in der Zwischenzeit von den Churritern überflutet worden war. Wir wissen nicht, wie die Sprache dieser Aramäer beschaffen war, ehe die – für uns nur zum kleinen Teil greifbaren – Substrate im Kulturland auf sie einzuwirken begannen. Doch ist es höchst unwahrscheinlich, daß die Nomaden der Zeit um 1300 und später noch in etwa ebenso sprachen wie diejenigen, die zwischen 2000 und 1700 ins Kulturland einbrachen. Weitaus näher liegt die bisherige Annahme, daß bei [190] [49] ihnen mindestens einige den späteren Aramäersprachen gemeinsame Eigentümlichkeiten gegen Ende des 2. Jahrtausends bereits vorgeformt waren.

Die von M. und anderen beobachteten Kanaanismen in den ältesten aramäischen Inschriften lassen verschiedene Erklärungsmöglichkeiten offen. Sie können rein literarische Stilelemente sein, die aus örtlicher Überlieferung in die Inschriften übernommen wurden, vergleichbar etwa den vielen französischen Wendungen im Deutschen des 18. Jahrhunderts. Die sprachlichen Unterschiede, die zwischen aramäischen Inschriften aus verschiedenen Gegenden, vor allem denen aus Syrien und Assyrien beobachtet wurden, sind erst recht kein Argument gegen eine Verselbständigung des aramäischen Sprachzweiges schon vor der Zeit dieser frühesten Inschriften; denn in dem weiten Gebiet, in dem damals Aramäisch allein oder neben anderen Sprachen gesprochen wurde, muß man erhebliche Dialektunterschiede schon a priori postulieren, um so mehr als eine normierte Schriftsprache wie das spätere Reichsaramäische damals noch nicht ausgebildet war. Alle diese Erwägungen sind nicht neu, müssen aber doch hier noch einmal angedeutet werden, um vor einer vorzeitigen Preisgabe von Sprachgruppen-Unterscheidungen zu warnen, die sich mindestens als Arbeitshypothesen bewährt haben. So gewiß es in den Grenzgebieten zwischen dem kanaanäischen und dem aramäischen Sprachraum Vermischungen gegeben hat wie überall in Grenzgebieten, so wenig sehe ich vorläufig Gründe, die gewichtig genug sind, M.s Auffassungen zu rechtfertigen.

M.s weiterer, eingangs erwähnter Vorschlag, auch innerhalb des Südsemitischen auf die herkömmliche Unterscheidung zwischen (Nord-)Arabisch und Südarabisch-Äthiopisch zu verzichten, bedürfte einer wesentlich eingehenderen Begründung, als sie der kurze Artikel in RSO 34, 33–39 bieten konnte. Solange eine solche nicht gegeben wird, habe ich auch hier stärkste Bedenken gegen den Verzicht auf in der Arbeit bewährte Unterscheidungen. Es dürfte zweckmäßig sein, eine weitere Behandlung dieser Frage zurückzustellen, bis ausreichende Hilfsmittel für das Altsüdarabische und seine Dialekte zur Verfügung stehen.

Der für mich entscheidende Punkt dieser unvermeidlich sehr skizzenhaften Ausführungen ist, daß unsere Aufgabe in der Semitistik nicht darin besteht, die bekannten Sprachen zu möglichst wenigen, ganz großen Gruppen zusammenzufassen, sondern ganz im Gegenteil darin, [191] [50] möglichst scharf zu differenzieren. Dabei müssen wir damit rechnen, daß es mehr semitische Sprachen gegeben hat, als wir heute kennen oder schon ganz sicher nachgewiesen haben. Noch erkennbaren Resten solcher Sprachen, zu denen ich das sog. Altamoritische rechnen möchte, nachzuspüren, ist eine der wichtigsten Aufgaben der Semitistik für die nächste Zukunft.

[PS. Dieser Aufsatz wurde viele Jahre vor der ersten Erschließung des Eblaitischen geschrieben. Heute müßte in ihm manches etwas anders gesagt werden. W. von Soden.]

Originalbeitrag 1988.

TEMPUS UND MODUS IM ÄLTEREN SEMITISCHEN

Von WOLFRAM VON SODEN

Das Thema, über das ich vor über 30 Jahren einen damals improvisierten Vortrag hielt, wird hier auf Wunsch des Herausgebers des Bandes erneut aufgenommen, obwohl es sich nach Umfang und Gewicht für einen Aufsatz nur begrenzt eignet, da es eine umfangreiche Monographie erfordert. Eine solche müßte sich freilich auf Vorarbeiten mannigfacher Art stützen, an die ich nicht mehr herangehen kann. Daher ist es vielleicht nicht ohne Nutzen, wenn ich hier Überlegungen, die mich seit den ersten Vorarbeiten zu meinem ›Grundriß der akkadischen Grammatik‹ (= GAG) (Rom 1952/69) immer wieder beschäftigten, noch einmal in knapper Form, aber nicht nur stichwortartig[1], zusammenfasse und zur Diskussion stelle. Das kann allerdings nur gelingen, wenn aus der Fülle der Fragestellungen, die hier bedacht und diskutiert werden müßten, lediglich einige herausgegriffen werden. Damit sollen andere, die hier außer Betracht bleiben müssen, nicht als weniger gewichtig bezeichnet werden.

Nicht erörtert werden kann vor allem die sehr schwierige Frage, wie die Begriffe Tempus und Modus in ihrer Anwendung auf semitische Sprachen angemessen definiert werden können, ohne bei der so mannigfaltigen Verwendung der Tempus- und Modusformen ungebührlich zu vereinfachen. Eine mehr summarische Betrachtung kann z. B. Veränderungen in den Gebrauchsweisen der Formen innerhalb der Einzelsprachen nicht angemessen herausarbeiten. Deswegen muß es genügen, die jeweils verfügbaren Kategorien und die durch sie ermöglichten Differenzierungen des sprachlichen

[1] Im Auszug abgedruckt in: Bibel und Alter Orient. Altorientalische Beiträge zum Alten Testament von W. von Soden, hrsg. von H.-P. Müller, BZAW 162, Berlin–New York 1985, S. 32–35.

Ausdrucks zu erkennen und zu kennzeichnen. Von einer Übereinstimmung der Meinungen sind wir in diesen Bereichen oft noch weit entfernt.

Nicht eigens thematisiert werden kann hier die sehr wichtige Frage, wieweit die Tempora auch zum Ausdruck von Aspektkorrelationen dienen konnten. Dieser Frage müßte zunächst auf der Ebene der Einzelsprachen nachgegangen werden; dabei müßte das Verhältnis der grammatischen Kategorie der Aspekte zu der lexikalischen der Aktionsarten in die Überlegungen einbezogen werden. Eine sehr eingehende Diskussion auf diachronischer und synchronischer Ebene wäre dafür erforderlich. Hier muß ich zwecks Vereinfachung immer von Tempora sprechen, bestreite damit aber durchaus nicht, daß die Formen auch einen aspektuellen Charakter haben können [2].

Beiseite lassen muß ich schließlich die Ausdrucksmöglichkeiten für temporale und modale Kategorien in den Hamitensprachen.

[2] Eine Auseinandersetzung mit der kaum noch überschaubaren Literatur zum Themenkreis Tempora, Aspekte und Modi in den semitischen Sprachen ist hier nicht durchführbar. Sie könnte nur bei einer sehr viele Gesichtspunkte berücksichtigenden Argumentation sinnvoll und ergiebig sein und käme auch an einer Diskussion von Einzelbelegen nicht vorbei; nur eine Monographie könnte das leisten. Für eine umfassende Bibliographie fehlen mir die Sammlungen. Es muß hier genügen, jeweils eine Auswahl von Untersuchungen zu nennen, die mir, teilweise mit freundlicher Hilfe von H.-P. Müller, bekannt wurden. Die gängigen Grammatiken und Wörterbücher für die semitischen Sprachen darf ich hier als bekannt voraussetzen. Nur die Hauptsprachen können berücksichtigt werden. Für die Terminologie ist es bedauerlich, daß gängige linguistische Hilfsmittel wie z. B. Th. Lewandowski, Linguistisches Wörterbuch, 3 Bde., 4., neu bearbeitete Auflage, Heidelberg 1984, Termini, mit denen der Semitist dauernd arbeiten muß, weithin nicht einmal aufführen. – Eine Forschungsgeschichte, die vor allem die zwischen 1827 und 1954 erschienenen Arbeiten über das *hebräische* Verbalsystem, insbesondere das Verständnis des Waw-consecutivum, zu Worte kommen läßt und reiche Literaturangaben enthält, bietet L. McFall, The Enigma of the Hebrew Verbal System. Solutions from Ewald to the Present Day, Sheffield 1982. Vgl. auch die in Anm. 25 genannten Arbeiten mit ihren Literaturverzeichnissen, ferner J. Aro, Die Vokalisierung des Grundstamms im semitischen Verbum, Studia Orientalia XXXI, Helsinki 1964.

Daß es in einer weit zurückliegenden Zeit eine Art von semitisch-hamitischer Sprachgemeinschaft gegeben hat, wird heute wohl kaum bestritten. Sehr verschieden beurteilt wird aber die Frage, was und wieviel wir über diese aus den uns bekannten Einzelsprachen erschließen können[3]. Annähernd 5000 Jahre zurückverfolgen können wir schließlich nur einzelne Semitensprachen und das eine Sonderstellung einnehmende Altägyptische; die anderen Hamitensprachen kennen wir ganz überwiegend nur aus sehr neuer Zeit und auch da teilweise nur aufgrund unzureichender Sprachaufnahmen. Leidlich zuverlässige Rückschlüsse auf eine ferne Vergangenheit sind deshalb nur sehr beschränkt möglich. Schon für Rückschlüsse auf das sog. Protosemitische, das man früher meist weniger gut Ursemitisch nannte, sind die Möglichkeiten begrenzt; diese müssen gleichwohl mit der gebotenen Vorsicht genutzt werden, auch wenn man da zu mehr als Hypothesen von ungleichem Gewicht oft nicht gelangen kann. Auch hier können wir nicht darauf verzichten, wenn wir über das bloße Nebeneinanderstellen von Formenbestand und Sprachgebrauch in den uns bekannten Sprachfamilien innerhalb des Semitischen[4] hinauskommen wollen, und jede diachronische Sprachbetrachtung muß das wollen.

I. Temporale und modale Kategorien im Protosemitischen

1. Vor dem Eintritt in Erwägungen zu Tempora und Modi im Protosemitischen empfiehlt sich ein kurzer Blick auf das Indogermanische[5]. Dabei fällt als erstes auf, daß dort, wenn die Indogerma-

[3] Für den gegenwärtigen Stand der Problematik verweise ich nur auf: Proceedings of the Fourth International Hamito-Semitic Congress, Marburg, 20–22 September 1983, edited by H. Jungraithmayr and W. W. Müller, Amsterdam–Philadelphia 1987.

[4] Unsere Terminologie für die Bezeichnung von größeren und kleineren Gruppen genealogisch zusammengehöriger Sprachen ist ganz unzureichend. Großgruppen wie das Indogermanische, Semitische usw. nenne ich „Sprachstämme“ und kleinere wie die romanischen, germanischen und viele andere „Sprachfamilien“.

[5] Für ganz kurze Zusammenfassungen vgl. H. Krahe, Indogermanische

nisten das richtig sehen, nicht nur eine erheblich größere Zahl von konsonantischen und vokalischen Phonemen sowie von nominalen Kasus zu beobachten ist, sondern auch ein größerer Bestand an temporalen und modalen Kategorien. Gewiß, in keiner der uns aufgrund der schriftlichen Überlieferung bekannten alten Literatursprachen finden sich alle diese Kategorien, aber in den meisten von ihnen doch ein sehr großer Teil. Lediglich in dem besonders früh schon im 2. vorchr. Jahrtausend geschriebenen Hethitischen und seinen Schwestersprachen ist der Kategorienbestand im Bereich der Tempora und Modi bereits auffällig stark reduziert. Nach den Ursachen dafür zu fragen ist hier nicht der geeignete Ort. Bei den an Kategorien besonders reichen Sprachen muß im Einzelfall auch mit der Möglichkeit gerechnet werden, daß aufgrund von Differenzierungen neue Kategorien ausgebildet wurden.

In der Semitistik spielten lange Zeit ältere Evolutionstheorien, nach denen frühe Entwicklungsstufen sich von den jüngeren durch weitaus geringere Differenzierungen unterschieden hätten, eine erhebliche Rolle. So sprach z. B. G. Bergsträßer noch 1929 von dem Kurzimperfekt des Typs *japrus* „als der einzigen aussagenden Verbalform“ [6], H. Bauer nannte diese Form daher meist „Aorist“, d. h. unbestimmte Form [7]. Auffassungen dieser Art sind nicht vereinbar mit Beobachtungen an Sprachen, die allenfalls in den Anfängen der Entwicklung zu Schriftsprachen stehen und daher noch nicht in Schulen gepflegt wurden. Manche von ihnen verfügen für bestimmte Bereiche über eine erstaunliche Fülle von Differenzierungsmöglichkeiten nicht nur im Bereich des Wortschatzes. Fehlen

Sprachwissenschaft I.II, 6. Aufl., Berlin–New York 1985, und M. Mayrhofer, Sanskrit-Grammatik mit sprachvergleichenden Erläuterungen, 3. (nach der 2.), durchgesehene Auflage, Berlin–New York 1978; beide: Sammlung Göschen, Band 59/64 bzw. 1158.

[6] Hebräische Grammatik, II. Teil: Verbum, Leipzig 1929, Nachdruck Hildesheim 1962, § 3b.

[7] So z. B. in H. Bauer–P. Leander, Historische Grammatik der Hebräischen Sprache I, Halle 1922, Nachdruck Hildesheim 1965. Neuestens nimmt R. Voigt, Die infirmen Verbaltypen des Arabischen und das Biradikalismus-Problem, Stuttgart 1988, S. 119ff., diesen, wie mir scheint, sehr wenig geeigneten Terminus wieder auf.

kann es dann allerdings manchmal an deutlichen Abgrenzungen der Kategorien gegeneinander, wie wir sie bei Schriftsprachen kennen, die über viele Generationen in Schulen gelehrt wurden. Bei diesen gehen dann im Zuge grammatischer Systembildungen manche alte Differenzierungen verloren, weil sie nunmehr entbehrlich erscheinen; bei bestimmten Wörtern oder Wortgruppen können sie gleichwohl noch lange fortleben. Wenn wir uns dessen bewußt sind, müssen wir mit der Möglichkeit rechnen, daß es im Protosemitischen auch grammatische Kategorien gab, die sich in keiner der uns bekannten Einzelsprachen wiederfinden. Wir müssen dabei freilich in Erinnerung behalten, daß bei allen großen Sprachstämmen von Zeit zu Zeit Sprachen wieder aufgefunden werden, über die bis dahin nichts oder nur ganz wenig bekannt war; solche Sprachen können uns nötigen, unsere Vorstellungen von bestimmten Sprachstämmen erheblich zu modifizieren.

2. Sicher uralt ist im Semitischen die nur mit Affixen konjugierende Zustandsform des Typs *pari/a/us* im Grundstamm. Adjektive und, seltener, Substantive können also sowohl dekliniert als auch, oft nur in bestimmten Formkategorien, konjugiert werden; vgl. etwa akkadisch *damiq* „es ist, war gut", *idmiq* „es wurde gut", *udammiq* „er machte gut" usw. gegenüber den nur im Stativ zu konjugierenden Substantiven wie z. B. *šar* „er ist, war König", *šarrāku* „ich bin, war König" usw. Alle Stativformen können gegenwärtige und vergangene Zustände bezeichnen, zukünftige aber wohl nur sehr selten. Vorläufig nicht geklärt ist die Frage, ob der Stativ protosemitisch auch schon von transitiven Tätigkeitsverben in aktivischem oder passivischem Sinn gebildet werden konnte; man kann da für positive und negative Antworten Argumente finden[8]. Sehr bedeutsam ist die Tatsache, daß es eine Art von Stativ auch im Altägyptischen gibt; die dafür sehr oft gewählte Bezeich-

[8] Derzeit fehlen noch umfassende Untersuchungen über den Gebrauch des Stativs im 3. Jahrt. im Altakkadischen Babyloniens, im Eblaitischen und in einer vorläufig fast nur durch Namen bezeugten weiteren frühsemitischen Sprache Mesopotamiens (s. S. 474). Solange sie nicht vorliegen, sieht man von Vermutungen zum Tempusgebrauch im Protosemitischen besser ab. Vgl. jetzt, auch zum Stand der Diskussion, J. Huehnergard, „Stative", Predicative Form, Pseudo-Verb, JNES 46 (1987), S. 215–232.

nung „Pseudo-Partizip“ ist allerdings denkbar unglücklich und sollte ganz aufgegeben werden. E. Graefe sagt jetzt „Stativ“[9].

Eine Modusdifferenzierung durch Anfügung besonderer Affixe an die Personalafformative hat es beim Stativ wohl nie gegeben. Die Unterscheidung von Aussage- und Wunschformen war wohl immer nur mit Hilfe vorangestellter Partikeln möglich, *lū* oder *la* für den positiven Wunsch, der für den Bereich des Stativs auch den Imperativ abdecken mußte, und *lā* für den negativen Wunsch und das Verbot. Wir dürfen Wunschformen des Stativs gewiß auch schon für das Protosemitische ansetzen, sollten aber allzu konkrete Aussagen darüber vermeiden.

Ebenfalls wohl schon protosemitisch sind Stative mindestens von einem Teil der abgeleiteten Verbalstämme wie dem Dopplungsstamm mit Faktitiv-Funktion, dem Kausativ mit den Präfixen *śa-* oder *ha-*, einem Teil der Stämme mit in- oder präfigiertem *t* sowie teilweise den N-Stämmen, sofern diese nicht nur als Passiv-Formen zum G-Stamm, sondern z. B. ingressiv gebraucht wurden. Auf zu spezifizierte Aussagen sollte auch hier verzichtet werden. Vorwiegend hatten diese Stative wohl eine passivische Funktion.

Als Stative konjugiert werden konnten gewiß nicht alle Substantive. Unter den Adjektiven bilden die Aktiv-Partizipien eine Sondergruppe; von ihnen wurden Stative selbst in den historischen Einzelsprachen nur in beschränktem Ausmaß gebildet. Ähnlich steht es bei den adjektivischen Ordinalzahlen, die einzelsprachlich nach verschiedenen Nominalformen gebildet werden. Stativformen von Kardinalzahlen, die eine besondere Kategorie zwischen den Substantiven und den Adjektiven darstellen, gab es vermutlich nicht[10].

3. Die Ausgangsform für die Präformativkonjugationen war der Imperativ mit den Grundstammformen *purus, piris* und seltener *pa/iras*. Die Aussageformen werden mit pronominalen Präformativen gebildet, deren Vokale *a*, *i* und *u* sein können. Daß die Sprache je-

[9] In seinem Buch: Mittelägyptische Grammatik für Anfänger, 2. Auflage, Wiesbaden 1988.

[10] Vgl. zu den Kardinalzahlen V. Brugnatelli, Questioni di morfologia e sintassi dei numerali cardinali semitici, Firenze 1982, mit Literaturverzeichnis.

mals mit einer tempusindifferenten Grundform *japru/is* bzw. *jipras* allein auskam, ist schwer vorstellbar; diese diente vielmehr schon sehr früh vor allem als Präteritum und nach den Partikeln *lū/li-/la-* als Wunschform. Was sie innerhalb einer Aspekt-Opposition zusätzlich ausdrücken konnte, wird sich für das Protosemitische kaum jemals ausmachen lassen. Von der Grundform wurden ähnlich wie in einigen Hamitensprachen, gewiß lange vor der Ausbildung der uns bekannten Einzelsprachen, zwei weitere Formen mit vorwiegend Präsens-Futur-Funktion abgeleitet: (1) durch Anfügung des Vokals *-u* im Indikativ das Imperfekt-Präsens des Typs *japrusu* usw. und (2) durch Einfügung eines betonten *a* vor dem gelängten zweiten Radikal das Durativ-Präsens *japarras* usw. Die kanaanäischen Sprachen lassen noch erkennen, daß beide Präsensbildungen wohl mit verschiedenen Funktionen ursprünglich nebeneinander verwendet wurden, ehe entweder die eine oder die andere ungebräuchlich wurde. Im Gegensatz zu den Angaben in vielen Grammatiken war die Präformativkonjugation also mindestens zweistufig und teilweise sogar dreistufig ausgebildet.

Nur für das Imperfekt-Präsens sicher bezeugt ist die Modusdifferenzierung, bei der neben den Indikativ *japrusu* der Subjunktiv *japrusa* trat. Erwarten sollte man eine Modusunterscheidung bei beiden Präsensbildungen. Es läßt sich daher nicht ausschließen, daß es neben dem Indikativ *japarras* auch einmal einen Subjunktiv gegeben hat, wie immer man diesen gebildet haben mag. Die fehlenden Vokale bei der altsemitischen Buchstabenschrift könnten eine Ursache dafür sein, daß uns möglicherweise nicht alle Formenkategorien, die es einmal gab, bekannt sind.

Wichtig ist, daß die in den Einzelsprachen als Kurzimperfekt, Jussiv, Apocopat usw. bezeichneten Formen keine Modi neben der Indikativ-Subjunktiv-Opposition *japrusu : japrusa* darstellen, sondern mit dem akkadischen Präteritum identische Tempusformen, die im Laufe der Zeit auf einen Teil der ursprünglichen Gebrauchsweisen reduziert wurden, als das westsemitische Perfekt immer mehr Funktionen des Präteritums übernahm. Das wird an den Einzelsprachen noch aufzuzeigen sein. Offenbar eine Neubildung stellt das akkadische *-ta-*Perfekt *iptaras, uptarris* usw. dar.

4. Zu beachten sind noch einige Parallelentwicklungen im For-

mengebrauch in den Einzelsprachen, darunter vor allem: a) Die Vergangenheitsformen Präteritum, akkadisch *iptaras/is* und das westsemitische Afformativperfekt, werden nicht-präterital gebraucht α) in Bedingungssätzen und deren Nachsätzen; β) für positive und negative Wünsche im Prekativ mit *lū* bzw. dem *li-/la*-Präfix, im akkadischen Vetitiv *ē taprus* und westsemitisch im Jussiv, dem Perfectum propheticum usw.; hier finden sich nur weitaus seltener Präsensformen wie der akkadische Prohibitiv *lā taparras*; γ) im sogenannten Koinzidenzfall (so E. Koschmieder[11]) wie z. B. akkadisch *aṭṭarad* oder *aṭrud*, äthiopisch *fannōkū* „hiermit schicke ich", hebräisch *bērakti* 'ōtō „hiermit segne ich ihn" usw. b) Die Gegenwartsformen werden auch gebraucht α) für unvollendete Handlungen in der Vergangenheit (vgl. z. B. das Präsens nach akkadisch *lāma* „bevor" und das Imperfekt nach hebräisch *b^{e}ṭäräm* „bevor"); β) in den vor allem akkadischen und, noch häufiger, arabischen Zustandssätzen, zu denen im Hebräischen die Imperfekt-Sätze nach *'āz* „damals" zu stellen sind; γ) für wiederholte Handlungen in der Vergangenheit (vgl. akkadisch *ušebbil* „er pflegte zu senden", hebräisch *tilbašnā* „sie pflegten sich zu kleiden" usw.). c) Für den (wieder nach E. Koschmieder so genannten) Extratemporalis[12] z. B. in Sprichwörtern und ähnlichen Aussagen wie „wer sucht, der findet" ist der Tempusgebrauch nicht einheitlich; denn hier steht dem akkadischen Präsens das äthiopische Perfekt gegenüber. Vgl. ferner hebräisch *ṣippōr māṣ^{e}'ā bait* „ein Vogel findet eine Behausung" Ps 84,4. Die hier angesprochenen Erscheinungen bedürfen noch eingehender sprachvergleichender Untersuchungen.

5. Die in diesem Zusammenhang unproblematischen, nur für positive Befehle gebrauchten Imperative werden im folgenden in der Regel nicht besonders erwähnt. Nicht notwendig ist es meistens auch, neben den Grundstämmen auf die abgeleiteten Verbalstämme noch besonders einzugehen.

[11] Vgl. E. Koschmieder, Zur Bestimmung der Funktionen grammatischer Kategorien, zuletzt in: Koschmieder, Beiträge zur allgemeinen Syntax, 1965, 6–69, bes. 26–34. – Diese Bezeichnung hat sich offenbar nicht durchgesetzt; eine andere habe ich aber bisher nicht gefunden.

[12] Auch für diese Bezeichnung gilt das in Anm. 11 Gesagte.

II. Tempora und Modi in den semitischen Einzelsprachen

1. Das Akkadische (Babylonisch und Assyrisch)

a) Der Stativ *paris,* seltener *parus* und *paras,* wird noch nicht als Perfekt gebraucht. Bei fientischen transitiven Verben kann er passivisch und, in Zustandsaussagen, aktivisch verwendet werden; vgl. *ṣabit* „er ist, war gepackt", aber auch „er hält, hielt gepackt". Der passivische Gebrauch ist bei den Faktitiv- und Kausativstämmen das Normale, wobei Ausnahmen allerdings nicht ganz selten begegnen (vgl. GAG § 77e und z. B. altbabylonisch *šu-bu-lu* „(die) sie zum Absenden bereithielten" YBT 13, 328,6f.). Besonderheiten und stilistische Feinheiten beim aktivischen Gebrauch bedürfen noch auf breiterer Basis der Untersuchung. Wenn vom passivischen N-Stamm ein Stativ gebildet wird, hat dieser oft einen anderen Sinn als der viel häufigere Stativ des Grundstamms; vgl. dazu vorläufig GAG § 90a und die Wörterbücher zu *labāšu* „sich bekleiden" und *lapātu* „eingreifen". Der Stativ ist auch bei den iterativen *-tan-*Stämmen bezeugt sowie bei den reziproken Gt-Stämmen und dem „lexikalischen" Št-Stamm (vgl. GAG § 91 ff. und die Wörterbücher z. B. zu *labāšu, ṣabātu* und *šakānu*).

Der ebenfalls nicht auf eine Zeitstufe festgelegte Stativ von Adjektiven kann in den Wörterbüchern als Verbalform (so zumeist im AHw.) oder als ein Prädikativ des Adjektivs eingeordnet werden (so ganz überwiegend im CAD); vom Sprachbau her ist beides sinnvoll. Eine Sonderstellung im Semitischen nimmt das Akkadische hier dadurch ein, daß es vor allem in der Literatur sehr oft Stativformen von Substantiven, zumeist Personenbezeichnungen, bildet; vgl. GAG § 77a und z. B. *ulālāku* „ich bin ein Schwächling"; bei Feminina bleibt das *-t-* vor den Stativendungen weg z. B. in *kallāku* „ich bin eine Schwiegertochter". Für Tiere vgl. *barbarat* „sie ist eine Wölfin", für Sachen *agurrat* „(das Ziegelwerk) ist backsteinverblendet". Ein ungewöhnlicher Sonderfall ist altbab. *dīʾāku* „ich war *dī'um*-krank" in dem Brief AbB 10, 185,7 (sic!), das dem sehr häufigen *marṣāku* „ich bin, war krank" nachgebildet ist.

b) Von den für das Protosemitische vorauszusetzenden Präformativkonjugationen hat das Akkadische das Imperfekt-Präsens *jaq-*

tulu und den dazu gehörigen Subjunktiv *jaqtula* schon so früh verloren, daß beide Formen – bisher wenigstens! – auch in den frühesten Texten nicht mehr vorkommen. Das Durativ-Präsens *iparras/iparris*, seltener *iparrus*, bleibt dort also die einzige Kategorie mit den in GAG § 78d.e (mit Nachtrag in der 2. Auflage des GAG, Rom 1969) aufgeführten verschiedenen Verwendungsweisen; zu ihnen gehören auch das in vielen Sprachen verbreitete heischende Präsens als eine Befehlsform und der Prohibitiv nach *lā* sowie die Kennzeichnung von regelmäßigen oder unvollendeten Handlungen in der Vergangenheit. In Dichtungen können mit Hilfe des Präsens längst vergangene Handlungen besonders lebendig als noch für die Gegenwart bedeutsam geschildert werden.

c) Der Gebrauch des Präteritums *iprus/ipris/ipras* auch im Vordersatz von Bedingungssätzen sowie in den Wunschformen des Prekativs *lipru/i/as* und des Vetitivs *ai iprus, ē taprus* usw.[13] ist noch nicht durch ein Perfekt der Afformativkonjugation eingeschränkt, wohl aber durch die Neubildung des *t*-Perfekts *iptara/i/us*, die offenbar durch das Sumerische beeinflußt wurde. Von der auch sonst feststellbaren Verwendung für den Separativ bei Verben der Bewegung aus gewann *-ta-* auf diese Weise neue Funktionen, die wir bei keiner anderen semitischen Sprache kennen[14]; vgl. GAG § 80 mit Nachträgen in der 2. Auflage auch zu den erheblichen Dialektunterschieden im Gebrauch dieses Perfekts. Neben der Kennzeichnung der soeben erst vollendeten Handlung und der Nachzeitigkeit in der Vergangenheit steht in jüngerer Zeit die Verwendung als Behauptungsform in Hauptsätzen im Gegensatz zum konstatierenden

[13] Mit den Wunschformen und dem Subordinativ/Subjunktiv befaßt sich eingehend D. O. Edzard, Die Modi beim älteren akkadischen Verbum, Or. NS 42 (1973), S. 121–141; einleitend werden dort die Schwierigkeiten behandelt, die einer für das Akkadische angemessenen Definition des Begriffes Modus im Wege stehen.

[14] Vgl. meinen Aufsatz: Das akkadische *t*-Perfekt in Haupt- und Nebensätzen und sumerische Verbalformen mit den Präfixen ba-, imma- und u-, Assyriological Studies 16 (1965) (Studies in Honor of Benno Landsberger), S. 103–110. Es handelt sich hier wie in Anm. 15 um eine der sogenannten Sprachbunderscheinungen, die genealogisch nicht verwandte Sprachen miteinander verbinden.

Präteritum. Das Akkadische verfügt damit im temporalen und aspektuellen Bereich über besonders reiche Differenzierungsmöglichkeiten.

d) Anstelle des verlorengegangenen Subjunktivs wurde für Relativsätze und Nebensätze nach Subjunktionen eine Abhängigkeitsform ausgebildet, die meistens wieder Subjunktiv genannt wurde und noch wird, aber korrekter Subordinativ heißen sollte[15]. Die Endung ist *-u*, altakkadisch auch *-a*, assyrisch jedoch *-(u-)ni*[16]. Die Kategorie des Subordinativs wurde gewiß unter dem Einfluß des vielfältig genutzten sumerischen Nominalisierungsaffixes *-a* ausgebildet, hatte aber nur teilweise ähnliche Funktionen. Babylonisch trat das *-u* im Stativ meist nur an die Grundform *paris* an. Das assyrische *-ni* konnte in Nominalsätzen auch Substantiven angefügt werden, um diese Sätze als abhängig zu kennzeichnen. Eine echt modale Funktion hatte der Subjunktiv in eidlichen Aussagen; vgl. dazu im einzelnen GAG § 185.

e) Nur dem Akkadischen eigentümlich ist schließlich der mit den Dativformen der Pronominalsuffixe der 1. Person Sing. *-a(m)* und *-ni(m)* „mir" gebildete Ventiv (vgl. dazu GAG § 82), der mit dem westsemitischen Energicus auf *-an(na)* usw. gewiß nicht herkunftsgleich ist, weil die Funktionen zu verschieden sind. Einen zwischensprachlichen Wechsel von *n* und *m* gibt es in gewissen Grenzen schon, auch im Indogermanischen[17].

2. Das Eblaitische und verwandte Sprachen

Erst seit 1975 kennen wir als eine wohl dem Nordsemitischen zuzurechnende Sprache der Mitte des 3. Jahrtausends das Eblaitische

[15] Die neue Benennung schlug ich vor in: Der akkadische Subordinativ-Subjunktiv, ZA 63 (1973), S. 56–58. Als Modus kann man diese Form höchstens in einem sehr weiten Sinn des Wortes bezeichnen.

[16] Altakkadisch und altbabylonisch in Mari und anderen Randgebieten findet sich statt *-ni* mehrfach *-na* (vgl. AHw. 693a).

[17] Mehrere Fälle und auch das Energicus-Problem bespricht mein Beitrag zur Festschrift für Karlheinz Deller in: AOAT 20 (1988), S. 259–275: Sonderfälle der regressiven Assimilation von *l*, *m* und *n* an stimmlose Konsonanten im Akkadischen.

Nordsyriens und einige nur aus Namen zu erschließende verwandte Dialekte. In den bisher bekannten Keilschrifttexten werden Verbalformen außerhalb der Namen leider meistens mit Sumerogrammen geschrieben; deswegen ist unsere Kenntnis des eblaitischen Verbums derzeit noch ganz unzureichend[18].

An dieser Stelle müssen einige wenige Hinweise genügen, da ganz unsichere Vermutungen hier nicht diskutiert werden können. Eindeutig bezeugt sind der gemeinsemitische Stativ, das Präteritum und, wenn auch vorläufig nur schwach, das Durativ-Präsens *ja/iparras.* Ein Grund für letzteres ist, daß in Satznamen auch im Akkadischen Präsensformen vergleichsweise wenig vorkommen[19]. Die von einigen für eine Weiterbildung des Stativs zu einem Perfekt auch von transitiven Verben aufgeführten Zeugnisse sind in ihrer Interpretation zu unsicher, als daß sie das Gewicht einer so weitgehenden Annahme tragen könnten; denn zu viele Keilschriftzeichen geben die Konsonanten nicht eindeutig wieder, weil z. B. GA als *ga*, *ka* und *qa* gelesen werden kann. Ob die Präformativ-Konjugation auch Modi unterschied, ist noch unbekannt, wegen des Akkadischen aber ganz unwahrscheinlich[20].

Die Sprache Mesopotamiens im 3. Jahrtausend, vor dem Eindringen der Kanaanäer, die vor allem durch Namen und Texte aus Mari bezeugt ist, unterschied sich in manchem sowohl vom Eblaitischen als auch vom Akkadischen. Eingehende Untersuchungen zu dieser nord- oder nordostsemitischen Sprache fehlen noch.

[18] Außerhalb kurzer grammatischer Skizzen gibt es noch keine Zusammenstellung eblaitischer Verbalformen, die alle Textausgaben bis 1987 berücksichtigt. Die Keilschrift wurde in Ebla von den Sumerern übernommen, aber manchen, nicht unwesentlichen Änderungen unterworfen.

[19] Vgl. J. J. Stamm, Die akkadische Namengebung, Leipzig 1939, Nachdruck Darmstadt 1968, S. 95f. und 195ff.

[20] Über die Stellung des Eblaitischen innerhalb des Semitischen gibt es noch verschiedene Meinungen. Die bisher bekannten Tatsachen zeigen, daß die Unterschiede sowohl gegenüber dem – als einziges gleichzeitigen – Akkadischen als auch gegenüber dem Kanaanäischen und dem Ugaritischen beträchtlich sind.

3. Die kanaanäische Sprachfamilie

a) Das Frühkanaanäische oder Amurritische der Zeit von etwa 2100–1500 ist uns durch sehr viele Namen, eine erhebliche Zahl von kanaanäischen Fremd- und Lehnwörtern sowie andere Kanaanismen in babylonischen Texten aus Babylonien und, noch mehr, aus Mari sowie in geringerem Ausmaß aus Syrien bezeugt. Eine umfassende Aufarbeitung und Auswertung der Quellen für dieses Kanaanäische steht noch aus[21]. Daher können auch hier nur einige vorläufige Hinweise gegeben werden, die sich später sicher noch vermehren und präzisieren lassen. Berücksichtigung erfordert dabei, daß kanaanäische Verben in den Texten oft in babylonischen Flexionsformen erscheinen, die von den kanaanäischen nicht immer eindeutig unterscheidbar sind. In den Namen finden sich, ähnlich wie in gleichzeitigen babylonischen Namen, fast nur Verbalformen im Stativ und im Präteritum; lediglich von einigen Verben ultimae *ī* begegnen auch Präsensformen wie *jabanni, jaḫatti* usw.[22]. Eine plausible Erklärung dafür gibt es noch nicht. Ob das Amurritische auch Präsensformen des Typs *jaqtulu* mit einem Subjunktiv *jaqtula* kannte, lassen die derzeit bekannten Texte m. W. noch nicht erkennen. Die wenigen etwa gleichzeitigen Inschriften aus Gubla/Byblos sind noch nicht entziffert[23].

[21] Vgl. vorläufig H. B. Huffmon, Amorite Personal Names in the Mari Texts, Baltimore 1965. Umfassender geplant war I. J. Gelb, Computer-Aided Analysis of Amorite; wegen des Todes von Ignace J. Gelb erschien davon nur der erste Band als Assyriological Studies No. 21, Chicago 1980, der neben den amurritischen auch viele akkadische und früh-nordsemitische Namen verzeichnet. Durch neue Textausgaben ist inzwischen die Zahl der bekannten Namen wieder stark angewachsen.

[22] Vgl. hierzu W. von Soden, Präsensformen in frühkanaanäischen Personennamen (Miscellanea Babylonica. Mélanges offerts à Maurice Birot), Paris 1985, S. 307–310.

[23] Auch M. Dietrich und O. Loretz, Die Keilalphabete: Die phönizisch-kanaanäischen und altarabischen Alphabete in Ugarit, Münster 1988, behandeln die Byblosinschriften noch als unentziffert; eine weiterführende Studie soll geplant sein. Seit M. Dunand, Byblia Grammata, Paris 1945, wurden neue Inschriften nicht gefunden.

b) Viele kanaanäische Wörter und Formen enthalten die Amarna-Briefe des 14. Jahrhunderts, unter ihnen besonders die des Fürsten Rib-Addi von Gubla. Nach ihnen war damals neben dem alten Stativ schon das Afformativ-Perfekt *qatal(a)* als neue Vergangenheitsform fientischer Verben getreten. Ausgangspunkt für die Herausbildung dieser neuen Kategorie war der Gebrauch des Stativs als Aktiv in akkadischen Formen wie *ṣabit* „er hält, hielt gepackt", die im Kanaanäischen oder zunächst nur in einer kanaanäischen Sprache von einer uns unbekannten Zeit an nicht nur in stativischem Sinn verwendet wurden. Als zweiter Vokal trat dabei das *a* an die Stelle des *i*, sofern wir unterstellen dürfen, daß *qatil* auch bei transitiven Verben gegenüber *qatal* den älteren Bildungstyp darstellte[24].

Bei den Präformativkonjugationen lassen sich aus der Mischsprache der Briefe nur beschränkt Schlüsse auf das Kanaanäische der Amarnazeit ziehen. Das Präteritum ist gut bezeugt; das Durativ-Präsens begegnet aber z. B. bei *nad/tānu* „geben" nur noch selten. Dafür erscheinen vor allem in Gubla sehr oft Präsensformen nach dem Schema *ja/iqtul(u)* im Indikativ und *ja/iqtula* im Subjunktiv, wie das W. L. Moran in Or. NS 29 (1960), 1–19 ("Early Canaanite *yaqtula*") aufgezeigt hat; das gleiche wurde für das Ugaritische festgestellt (s. S. 480). Die in den Briefen oft anzutreffenden *t*-Perfektformen hingegen sind sicher babylonisch.

c) Nach der Amarnazeit wurde in Syrien-Palästina allenfalls noch ganz vereinzelt in Keilschrift geschrieben. Die sich nun durchset-

[24] Über das Verhältnis von Stativ und Perfekt ist sehr viel geschrieben worden. Nur als Beispiel nenne ich I. J. Gelb, The Origin of the West Semitic *qatala* Morpheme, Symbolae linguisticae in honorem Georgii Kuryłowicz, Wrocław–Warszawa–Kraków 1965, S. 72–80. H.-P. Müller ist neuerdings mehrfach für ein viel höheres Alter des Perfekts *qatal(a)* eingetreten; ich nenne nur: Wie alt ist das jungsemitische Perfekt? Zum semitisch-ägyptischen Sprachvergleich, in: Studien zur altägyptischen Kultur 11 (1984) (Festschrift Wolfgang Helck), S. 365–379. Das Für und Wider bedarf hier weiterer gründlicher Diskussion, für die eine bessere Aufarbeitung des eblaitischen Materials eine unabdingbare Voraussetzung ist. Vorläufig wiegt der Einwand schwer, daß das Frühkanaanäische der Mari-Zeit ein Perfekt *qatal* offenbar nicht kannte, was bei einem sehr hohen Alter der Kategorie kaum verständlich gemacht werden könnte.

zende phönizische Buchstabenschrift schreibt zwar die Konsonanten viel exakter, nicht aber die langen und kurzen Vokale. Die matres lectionis für die Langvokale *ā*, *ī/ē* und *ū/ō*, die sich in aramäischen und moabitischen Inschriften schon im 9. Jahrhundert finden, wurden von den Phöniziern nur sehr zögernd übernommen. Die Vokalbuchstaben im Alten Testament, die viel spätere Vokalisierung des Textes und andere Hilfen klären zwar sehr viel, lassen aber doch einige wichtige Fragen offen, die in der Forschung nicht überall gleich beantwortet werden. Mit den hier unvermeidlichen starken Vereinfachungen und der Ausklammerung von Fragen vor allem zu den Aspekten[25] läßt sich etwa das Folgende sagen:

d) Die Afformativkonjugation behält im Hebräischen und Phönizischen die Doppelfunktion des alten Stativs und des jüngeren Perfekts. Die teilweise wohl auch stilbedingten Gebrauchsweisen des Perfekts sind sehr vielfältig, wie im einzelnen den ausführlicheren Grammatiken zu entnehmen ist. Wichtige Funktionen des in seiner Verwendung rückläufigen Präteritums wie z. B. die des Narrativs, des Koinzidenzfalls, des Extratemporalis[26] und andere, die in Begriffen schwer erfaßbar sind, übernahm weithin das Perfekt. Als Wunschform wird dieses ohne eine Wunschpartikel gebraucht. Eine noch nicht zureichend beschriebene Sonderverwendung stellt das präsentisch-futurische Perfectum consecutivum nach *wᵉ*- dar, das gewiß mit dem Perfekt des Wunsches zusammenzustellen ist und auch ohne vorangehendes *wᵉ*- bezeugt ist. Schon altsemitisch ist der Gebrauch von Vergangenheitsformen in Bedingungssätzen[27].

[25] Nur zwei Titel seien hier genannt: P. Kustár, Aspekt im Hebräischen, Basel 1972, und A. Loprieno, Das Verbalsystem im Ägyptischen und im Semitischen: Zur Grundlegung einer Aspekttheorie, Wiesbaden 1986, mit Literaturverzeichnis. Die Frage ist erlaubt: Kann es „eine Aspekttheorie" solcher Art überhaupt geben?

[26] Für diese Begriffe s. o. S. 470 mit Anm. 11f.

[27] Keinen überzeugenden Beleg gibt es m. E. bisher für die Verwendung des Perfekts zur Konjugation von Substantiven nach Art akkadischer Stativformen wie *ulālāku* (s. S. 471). H.-P. Müller nennt in ZAW 96 (1984), S. 252, dafür nur aus dem sehr schwierigen Vers Jer 50, 24 *jāqoštī*, das m. W. immer als Perfekt verstanden wurde, (s. zuletzt H. Ringgren, ThWAT III 866), als einen weiteren Beleg für *jāqōš* „Fallensteller"; in BZ 1983, S. 46

e) Bei der Präformativkonjugation müssen wir unterscheiden:

α) Reste des alten Durativ-Präsens des Typs *jaqattal* bei einigen Verben, die eine Zeitlang andauernde Handlungen bezeichnen. Die Hauptbeispiele dafür sind *j*^{e}*dabbēr* „er spricht" (akkadisch *idabbub*), *j*^{e}*zammēr* „er singt" (akkadisch *izammur*) und *j*^{e}*kassǟ* „er bedeckt". Wegen des lautlichen Zusammenfalls von *ja-* und *ju-* in Vorvortonsilben wurden diese Präsentia früh als Piʿel-Formen verstanden und durch entsprechende Perfektformen, Infinitive und Partizipien in das Piʿel-Schema überführt (vgl. *dibbär*, *zammēr* und *m*^{e}*-kassǟ*); Qal-Formen des Partizips wie *dōbēr*, *kōsǟ* und *kāsūi* blieben aber daneben noch lange im Gebrauch und zeigen, daß *j*^{e}*dabbēr* usw. ursprünglich Präsensformen des Qal waren. Nur ein Teil der alten Präsensformen ist im Bibeltext heute noch sicher erkennbar.

β) Das Imperfekt-Präsens des Typs *jaqtulu* hatte, entsprechend dem Verlust der kurzen Kasusendungen *-u*, *-a* und *-i*, schon früh den Auslaut *-u* verloren; das gleiche geschah mit dem *-a* des Subjunktiv/Finalis *jaqtula*. Beide Formen fielen beim Grundstamm des starken Verbums lautlich auch mit dem alten Präteritum/Narrativ weithin zusammen, nicht jedoch beim Hifʿīl und großen Gruppen der schwachen Verben. Die Inkonsequenzen bei der Setzung der Vokalbuchstaben *w* und *j* und weitere bei der masoretischen Vokalisation sind allerdings sehr zahlreich. Anders als nach unserer Kenntnis im Phönizischen, das ja nur ziemlich dürftig bezeugt ist, bleibt im Hebräischen noch lange ein bemerkenswerter Reichtum an temporalen und modalen Ausdrucksmöglichkeiten bestehen. Das Präteritum ist mit wenigen Ausnahmen[28] allerdings auf das Kurzimperfekt nach dem sog. *waw*-consecutivum beschränkt, das wahrscheinlich auf ein altes *wan-* zurückgeht und eine konservierende Funktion hat. Wie seit alters ist das Präteritum als Jussiv zu-

wird die Form *ʾorū* 1 Sam 14,29 nicht vom Verbum *ʾwr*, sondern unmittelbar von *ʾōr* „Licht" abgeleitet. Für die Ansetzung der neuen Kategorie „Perfekt von Substantiven" im Hebräischen reichen zwei so unsichere Stellen gewiß nicht aus.

[28] Neben dem bekannten *ʾiwwålæd* „ich wurde geboren" nennt H.-P. Müller in BZ 1983, 42 noch einige weitere Beispiele, vor allem aus dem Hiobbuch, also einer verhältnismäßig späten Dichtung.

gleich eine Wunschform[29], die durch prohibitives *'al* verneint wird. Daneben steht in mancherlei Funktionen das vorwiegend präsentisch-futurische Imperfekt mit dem jetzt auch als Finalis bezeichneten alten Subjunktiv. Teilweise Vergangenheitsfunktion für unvollendete Handlungen hat das Imperfekt nach *'āz* „damals" und *bᵉṭärām* „bevor". Mit dem Affix *-(än-)nā* wird es zum sog. Energicus erweitert (s. o. S. 473 zum akkadischen Ventiv).

f) Syntaktisch zu einer finiten Verbalform entwickelt hat sich der Infinitivus absolutus, der in der Form *qatāl(i)* > *qātōl* für alle Verbalstämme gebraucht wird und für Einzelheiten seiner Verwendung noch weiterer Untersuchungen bedarf. Er begegnet bisweilen auch schon in den Amarna-Briefen und im Ugaritischen.

g) In spät-nachexilischer Zeit war die Verwendung des Kurzimperfekts nach *waw* consecutivum stark rückläufig und weithin auf erstarrte Formen wie *waj-jōmär* „da sagte er" beschränkt[30]. Dafür wurde das aktive Partizip immer mehr auch prädikativ gebraucht, und zwar nicht nur in Schilderungen von Zuständen, sondern auch als Hinweis auf den kursiven Aspekt bei Verben, die Handlungen oder Vorgänge bezeichnen. Das Aktiv-Partizip wurde dadurch mit Substantiven, Namen oder Personalpronomina als Subjekt zu einer neuen finiten Verbalform neben den noch verbliebenen alten; die Ausdrucksmöglichkeiten der Sprache wurden dadurch erheblich reicher. Die Gebrauchsunterschiede zwischen den älteren und jüngeren Stücken des Alten Testaments wurden m. W. bisher noch nicht genauer dargestellt[31]; für das Aramäische vgl. S. 483. Von einer Beschränkung auf Zweistufigkeit im temporalen Bereich kann also beim Althebräischen zu keiner Zeit die Rede sein.

[29] Im Phönizischen geht die Wunsch-Partikel *l* voraus.

[30] Ein Wiederaufleben des Gebrauchs dieses Tempus wurde im Hebräischen von Qumrān beobachtet; man darf das wohl als einen Archaismus ansehen.

[31] Eine besonders häufige Verwendung des Partizips als Verbum finitum fiel mir in den Josephserzählungen auf; aber auch in anderen Genesiserzählungen finden sich Beispiele. – Der Versuch einer diachronischen Grammatik des Hebräischen, der allerdings teilweise im Skizzenhaften verbleibt, liegt vor in: E. Y. Kutscher (ed. R. Kutscher), A History of the Hebrew Language, Jerusalem–Leiden 1982.

h) Häufig wird das Aktiv-Partizip auch als Subjekt zu insbesondere dem Perfekt von *hājā* „sein“ verwendet; damit entstand das älteste zusammengesetzte Tempus.

Das in vielem durch das Aramäische stark beeinflußte nachbiblische Hebräische kann hier nicht mehr behandelt werden[32].

4. Das Ugaritische

a) Das Ugaritische ist uns, von wenigen Texten in babylonischer Keilschrift abgesehen, nur in der ugaritischen Konsonanten-Keilschrift überliefert. Da mit dieser auch hurritische Texte geschrieben wurden, hat sie drei ᵓAlef-Zeichen ausgebildet für die Silben ᵓ*a*/*â*, ᵓ*i*/*î*/*ê* und ᵓ*u*/*û*/*ô*[33]. Nur dank dieser Tatsache wurden Kasus- und Modusendungen für uns erkennbar. Welche Stellung das Ugaritische zwischen dem Nordsemitischen vor allem des 3. Jahrtausends (vgl. S. 474 zum Eblaitischen) und dem frühen Kanaanäischen einnimmt, ist noch umstritten. Jedenfalls dürfen wir Formen in Konsonantenschrift nicht ohne weiteres nach dem Kanaanäischen der Amarnazeit oder dem Hebräischen vokalisieren, wie das oft geschehen ist.

b) Soweit bisher erkennbar, gab es im Ugaritischen die Afformativkonjugation des alten Stativs und des an die Stelle des Präteritums *jaqtu*/*i*/*al* getretenen Perfekts *qata*/*i*/*ul*. Nicht nachgewiesen ist das futurische Perfektum consecutivum des Hebräischen nach *wᵉ*-. Das Haupttempus der Präformativkonjugation ist das Imperfekt *jaqtu*/*i*/*alu*, dessen auslautendes *-u* im Indikativ offenbar wie im Byblischen der Amarna-Briefe noch (überwiegend?) erhalten war; ebenfalls erhalten war (zumeist?) die Subjunktivendung *-a*. Dazu kam ein sog. Energicus, der im Konsonantentext entweder als *-n* oder als *-nn* geschrieben wird. Das alte Präteritum hingegen ist nur noch in der Wunschform des Jussivs erhalten, die nicht als ein Modus des Präteritums anzusehen ist, weil die Vergangenheitsfor-

32 Auf Besonderheiten des fast nur unvokalisiert überlieferten Phönizischen und Punischen hier näher einzugehen ist nicht möglich.

33 Vgl. dazu jetzt ausführlich das in Anm. 23 genannte neue Buch.

men fast immer auch als Wunschformen und in Vordersätzen von Bedingungssätzen gebraucht wurden. Der positive Wunsch wird durch *l (lū? la?)* vor dem Jussiv gekennzeichnet, der negative durch *ʾal*. Eine umfassende Untersuchung dieses Problemfeldes bietet jetzt E. Verreet, Modi Ugaritici (Orientalia Lovaniensia Analecta 27), Leuven 1989[34].

5. Die aramäische Sprachfamilie

a) Die derzeit ältesten aramäischen Inschriften stammen aus dem 9. Jahrhundert v. Chr. Von Aramäern und Aḫlamu (wohl **ʾaġlām* „Jungmannschaft") ist aber in Keilschrifttexten schon einige 100 Jahre früher die Rede. Daß auch diese schon wenigstens zum Teil Aramäisch sprachen, kann nur vermutet werden. Es ist bisweilen in Frage gestellt worden, ob wir die Aramäersprachen neben den kanaanäischen als eine eigene semitische Sprachfamilie ansehen dürfen. Das Problem kann hier nicht angemessen erörtert werden. Ich meine aber, daß die Gründe für die Unterscheidung von zwei Sprachfamilien das weitaus stärkere Gewicht haben, auch wenn die Unterschiede innerhalb des Nordwestsemitischen erheblich geringer sind als die innerhalb des Südwestsemitischen.

Das Altaramäische im engeren Sinn des Wortes vor etwa 520 v. Chr. ist uns durch eine kleinere Zahl von nichtvokalisierten Inschriften aus Syrien und Mesopotamien überliefert. Dazu kommen in Keilschrift, also mit Kennzeichnung der Vokale *a, i, u* und, seltener, *ê* und *ai*, viele Lehn- und Fremdwörter im Babylonischen und Assyrischen der Zeit nach etwa 800 und außerdem sehr viele Namen; letztere wurden, wohl wegen der Schwierigkeit, aramäische und phönizische Namen immer richtig zu unterscheiden, noch nie umfassend gesammelt und ausgewertet. Das Reichsaramäische, eine der Verwaltungssprachen des Achämenidenreichs und einiger Nach-

[34] Vgl. hierzu noch E. Verreet, Beobachtungen zum ugaritischen Verbalsystem I–IV, UF 16 (1984), S. 307–321; 17 (1985), S. 319–344; 18 (1986), S. 363–386; 19 (1987), S. 337–353; ders., Abriß des ugaritischen Verbalsystems, UF 18 (1986), 75–82.

folgestaaten, ist zusätzlich durch viele Papyri und Lederrollen vor allem aus Ägypten bezeugt sowie durch Teile der Bücher Esra und Daniel im Alten Testament, die viel später durch die Masoreten vokalisiert wurden; eine alle Quellen erfassende Grammatik dieser Sprache gibt es noch nicht[35]. Auch für unser Thema müssen wichtige Fragen offenbleiben.

b) Die Afformativkonjugation wird als Stativ verwendet und bei fientischen Verben als Perfekt ganz ähnlich wie im Kanaanäischen. Letzteres begegnet auch im Vordersatz von Bedingungssätzen, nicht aber als Wunschform, soweit bisher erkennbar ist, und demnach auch nicht nach *w* als ein Präsens-Futur, ist in seinen Funktionen also eingeengt auch im Vergleich mit dem Arabischen.

c) Bei der Präformativkonjugation ist von dem alten Durativ-Präsens des Typs *jaqattal* usw. keine sichere Spur mehr zu erkennen. Daß das Präteritum lange im Gebrauch war, geht aus der Verwendung des Kurzimperfekts als Jussiv in Wunschformen mit und ohne *la-* eindeutig hervor; vgl. altaramäisches *lʾklw* „sie sollen essen" und Restformen im Reichsaramäischen wie vor allem *lehᵉwē* „er, es sei!" und *linṭor* (in Keilschrift *li-in-tár*) „er schütze", einzelne weitere Bildungen auch aus noch späterer Zeit (s. S. 483). Bezeugt ist auch der negative Jussiv nach *ʾal*. Soweit erkennbar, nur im Indikativ noch gebräuchlich ist das Imperfekt mit verschiedenen Verwendungsweisen. Zur Kennzeichnung von notwendig vorausgehenden Handlungen nach *ʾᵉḏain/bēḏain* „dann" vor einer Aussage im Perfekt steht das Imperfekt ganz ähnlich wie nach *ʾāz* „damals" im

[35] Die 1969 erschienenen Altaramäische Grammatik von R. Degen (Wiesbaden) bedarf heute etlicher Ergänzungen aufgrund der 1979 gefundenen aramäisch-assyrischen Stele von Fecherije (assyrisch *Sikāni*), die von Ali Abou-Assaf zuerst in MDOG 113 (1981), S. 3–22 und dann zusammen mit P. Bordreuil und A. R. Millard als Buch (La statue de Tell Fekherye et son inscription bilingue assyro-araméenne, Paris 1982) umfassend bearbeitet wurde (Datum wahrscheinlich etwa 825 v. Chr.). Das Altaramäische Syriens und das Ostmesopotamiens stimmten danach nicht in allem überein. Die neue Stele kennt abweichend von den anderen Texten den Jussiv als Wunschform nur nach einem präfigierten *l-* wie später im Reichsaramäischen. Wiederum anders als in Syrien gebraucht die Stele schon den Infinitiv Peʿal mit *m*-Präfix wie in der jüngeren Sprache.

Hebräischen (s. S. 479) vielleicht im Sinne eines vorausweisenden Aspekts.

d) Der für das gesamte jüngere Aramäische so charakteristische Gebrauch des aktiven Partizips als finite Verbalform (teilweise nach *ʾiṯai* „ist") für den kursiven Aspekt findet sich erst im Reichsaramäischen nach 500 und in größerem Ausmaß nur in den Bibeltexten, muß also wohl als Entlehnung aus dem Hebräischen oder einer damit nah verwandten Sprache gelten. Durch das Partizip als Prädikat wird im Aramäischen die Dreistufigkeit beim Verbum in neuer Weise wiederhergestellt. Den Infinitivus absolutus als Prädikat gibt es jedoch nicht.

e) Eine Unterscheidung zwischen Ost- und Westaramäisch ist erst von der Zeit des römischen Kaiserreichs an sinnvoll und auch dann nur von sehr begrenzter Bedeutung für den Sprachbau. Die großen Literatursprachen des Syrischen, des Talmud-Aramäischen und des Mandäischen gehören zum Ostaramäischen. Beim Verbum ist ihnen gemeinsam, daß das Partizip nun durch die enklitische Anfügung der Subjektspronomina zu einer zweiten Afformativkonjugation neben dem Perfekt wurde; als einzige Präformativkonjugation bleibt das Imperfekt ohne Unterscheidung von Indikativ und Subjunktiv, neben dem der Jussiv nicht mehr als eine selbständige Kategorie steht, weil er lautlich ganz mit dem Imperfekt zusammengefallen ist.

f) Vom Jussiv mit *l*-Präfix als einer Wunschform des älteren Aramäischen (s. Nr. 5c) haben sich im Westaramäischen Palästinas noch einige Restformen erhalten[36]. Das alte Präfix der 3. Person *j*- wurde im Syrischen, Mandäischen und oft auch im Talmud durch *n*- ersetzt, das im Talmud mit einem vielleicht auf die Wunschpartikel *l* zurückgehenden *l*- wechselt. Wie häufig dieses *l*- dort vorkommt, konnte ich nicht feststellen.

[36] Für Beispiele vgl. G. Dalman, Grammatik des jüdisch-palästinischen Aramäisch, 2. Aufl., Leipzig 1905, Nachdruck Darmstadt 1960, § 61c.d; H. Bauer und P. Leander, Grammatik des Biblisch-Aramäischen, Halle 1927, Nachdruck Hildesheim 1969, § 47d.f. *läh^{e}wē* im Reichsaramäischen des AT auch als Imperfektform wurde gewiß gewählt, um jede Verwechslungsmöglichkeit mit dem Tetragramm *jhwh* auszuschließen.

g) Alle drei jüngeren Sprachen bilden zusammengesetzte Tempora mit dem meist durch Elision des *w* oder des *h* verkürzten Verbum *hwā*/*h*ᵃ*wā* „sein". Die Verbindung des Perfekts mit dem enklitischen *(h)wā* hat die Funktion eines Plusquamperfekts. Nach dem Imperfekt steht das Hilfsverbum besonders oft in abhängigen Sätzen.

h) Das Palmyrenische, das Nabatäische und die neuaramäischen Sprachen müssen hier außer Betracht bleiben. Für eine vergleichende Grammatik der aramäischen Sprachen als Voraussetzung einer klareren Herausarbeitung der Unterschiede zwischen den Einzelsprachen gibt es noch kaum Ansätze.

6. Das Altsüdarabische

a) Die altsüdarabischen Inschriften der Zeit zwischen etwa 800 v. Chr. und 600 n. Chr. wurden in der südsemitischen Sonderform der altsemitischen Buchstabenschrift geschrieben, die Kurzvokale und *ā* nie kennzeichnet, wohl aber teilweise *ī*/*ē* durch *j* und *ū*/*ō* durch *w*. Das Erkennen von Tempus- und Modusformen der Verben stößt daher auf sehr große Schwierigkeiten, die mit Hilfe der Sprachvergleichung allenfalls teilweise zu lösen sind. Der wichtigste und durch Hilfsmittel am besten erschlossene Dialekt ist das Sabäische; weitere Hauptdialekte sind das Minäische, das Qatabanische und das Hadramautische. Wir gehen hier vom Sabäischen aus; ein kurzer Hinweis auf das neusüdarabische Mehri wird von Nutzen sein.

b) Es ist derzeit noch weithin üblich, etwas unreflektiert zu unterstellen, daß für das Südarabische dieselben temporalen und modalen Kategorien anzusetzen sind wie für das Nordarabische; Hinweise auf die Existenz noch anderer Kategorien im Äthiopischen und Akkadischen fand ich nicht. Die Afformativkonjugation nennt man Perfekt, ohne auf den viel älteren Stativ zu verweisen. Bei der Präformativkonjugation spricht man von Imperfekt und Jussiv, obwohl manche Formen auch als Durativ-Präsentia des Typs *jaqatta/i/ul* oder als Präterita des Typs *jaqtu/i/al* gelesen werden könnten. Da die beiden neuen Wörterbücher des Sabäischen[37] immer nur einzelne Belege aufführen, ist es bei keinem der häufig bezeugten Verben – und nur von diesen könnte man ausgehen! – möglich, den Gebrauch der Tempora genau anzusehen. Das Vorkommen von Präsens- und Präteritumformen kann derzeit daher weder konstatiert noch bestritten werden. Da ein Jussiv *jqtl*, oft mit der proklitischen Wunschpartikel *l-*, eindeutig nachgewiesen ist und noch im Mehri die archaische Präteritalform *jiḥōm* „er wollte" festgestellt wurde, muß das Altsüdarabische zu irgendeiner Zeit auch ein Präteritum gekannt haben; für das Äthiopische vgl. dazu S. 487. Für ein vielleicht einmal bildbares Durativ-Präsens kann man derzeit nur auf den äthiopischen „Indikativ" *jĕqattĕl* verweisen. Die Moduskategorie Subjunktiv/Finalis konnte bisher, wenn ich recht sehe, noch nicht eindeutig nachgewiesen werden.

c) Ein Infinitivus absolutus in der Funktion eines Satzprädikats ist gut bezeugt vor allem in Reihen koordinierter Sätze nach einem Perfekt oder Imperfekt im jeweils ersten Satz. Der Sprachgebrauch ist hier weithin ein anderer als beim hebräischen Infinitivus absolutus (s. dazu S. 479). Die Ausdrucksmöglichkeiten im temporalen Bereich hat diese Kategorie spürbar bereichert. Die unvokalisierte Schrift kann die Unterscheidung von Perfekta und Infinitiven manchmal erschweren.

7. Das Äthiopische (Geʿez)

a) Der Name Äthiopisch wird gebraucht (1) für die alte Literatursprache Geʿez und (2) als ein Sammelbegriff für die äthiopische Sprachgruppe innerhalb des Südarabisch-Äthiopischen, zu der noch das Amharische, das Tigre, das Tigrinja und einige Sprachen mit nur noch kleinen Sprechergruppen gehören. Alle werden in der aus der altsüdarabischen Konsonantenschrift entwickelten äthio-

37 A. F. L. Beeston–M. A. Ghul–W. W. Müller–J. Ryckmans, Dictionnaire sabéen *(anglais–français–arabe)*, Louvain-la-Neuve–Beyrouth 1982, und J. Copeland-Biella, Dictionary of South Arabic. Sabaean Dialect, Harvard Semitic Studies 35, Chico 1982. – Vgl. auch A. F. L. Beeston, Sabaic Grammar, JSS Monograph No. 6, Manchester 1984.

pischen Schrift geschrieben, die unter dem Einfluß der indischen Devanagari-Schrift den ohne Zusatz *Xa/ä* zu lesenden Konsonanten die Langvokale *ū*, *ī*, *ā*, *ē* und *ō* einfügte. Dreideutig ist der sog. 6. Vokal: er kann ein betontes *ĕ* (< *ĭ* und *ŭ*), das unbetonte *ĕ* und die Vokallosigkeit bezeichnen[37a]. Für das richtige Erkennen von Tempus- und Modusformen sind die Vokalzeichen sehr wichtig. Die anderen Sprachen fügten mehrere weitere Buchstaben hinzu. Als lebendige Sprache wurde das Geʿez außerhalb des kirchlichen Gebrauchs schon seit Jahrhunderten immer mehr von den eingangs genannten Sprachen abgelöst.

b) Die Afformativkonjugation verbindet wie im gesamten Westsemitischen die Funktionen des Stativs (*lábsa* „er ist, war bekleidet") mit denen des Perfekts (*qatála* „er tötete"). In temporalen Nebensätzen fungiert das Perfekt auch als Futurum exactum zum Ausdruck der Vorzeitigkeit; seine Verwendung in Bedingungssätzen ist die auch sonst übliche. Ein Perfectum propheticum findet sich in Bibeltexten[38].

c) Die Präformativkonjugation bildet den Indikativ nach dem Muster des akkadischen Präsens (*jĕqattĕl*[39]), leitet den Subjunktiv aber wie sonst im Westsemitischen von dem Imperfekt *jaqtu/i/alu* ab, dessen Indikativ im Äthiopischen wie im Akkadischen aufgegeben wurde. Wie alle kurzen Auslautvokale fiel auch das *-a* des Subjunktivs ab; dadurch fiel dieser lautlich mit dem Jussiv **jaqtul* zu *jĕqtĕl*[40] zusammen; die beiden Kategorien wurden aber (gegen die mir bekannten Grammatiken) weiterhin klar auseinandergehalten. Erst das Amharische gab dann den Subjunktiv auch als Kategorie ganz auf. Daß diese Deutung der äthiopischen Formen richtig ist,

[37a] Statt *ĕ* wird in Umschriften auch ə gebraucht.

[38] Vgl. A. Dillmann–C. Bezold, Grammatik der äthiopischen Sprache, 2. Aufl., Leipzig 1899, § 88, vor allem auf S. 153.

[39] Die äthiopische Schrift kennt kein Zeichen für die Konsonantenverdoppelung, richtiger -länge. Das Präsens (Indikativ) wird daher oft *jĕqatĕl* umschrieben. Wie im Akkadischen ist jedoch auch hier eine Umschrift *jĕqattĕl* das Korrektere, auch wenn die Konsonantenlänge nicht immer hörbar gewesen sein mag.

[40] *jĕqtĕl* kann auch für ursprüngliches *jaqtil* stehen. Erhalten bleibt jedoch das *a* des Subjunktivs intransitiver Verben; zu *labsa* gehört also *jĕlbas*.

beweist das so viel gebrauchte unregelmäßige Verbum *bĕhla* „sprechen", das als einziges noch das alte Präteritum voll bewahrt hat; es lautet im Singular, stark verkürzt, *jĕbē* und im Plural *jĕbēlū*. Diesem Präteritum steht der Subjunktiv *jĕbal* gegenüber und als wiederum verkürzter Indikativ des Präsens *jĕbĕl* < **jĕbĕhhĕl*. Ähnlich steht bei *kĕhla* „können" der Indikativ *jĕkĕl* < **jĕkĕhhĕl* neben dem Subjunktiv *jĕkhal*. Das äthiopische Tempus- und Modussystem steht also zwischen dem des Akkadischen und dem des Arabischen. Ein historischer Erklärungsversuch dafür wäre heute noch zu spekulativ[41].

d) Bemerkenswert reich ausgebaut sind im Äthiopischen die mit den zu Hilfsverben gewordenen Verben *hallō* „sein" und *kōna* „sein" zusammengesetzten zusätzlichen Tempora. Als alte Stative sind *hallō* und *kōna* nicht auf den Gebrauch als Perfekta beschränkt, sondern haben auch die Funktion von Präsentia. *hallō* wird als Dopplungsstamm behandelt. Vor einem Perfekt können beide Verben (nur im Perfekt) die Dauer einer Handlung oder die Vorvergangenheit ausdrücken, vor dem Präsens-Indikativ den Habitativ.

e) Auf das Gegenüber von Indikativ und Subjunktiv bei den abgeleiteten Stämmen des Verbums kann ich hier nicht eingehen, möchte aber doch das eine erwähnen: Beim Dopplungsstamm wird zu *faṣṣama* „er vollendete" zwar der zu erwartende Subjunktiv *jĕfaṣṣĕm* gebildet, der Indikativ aber von der im Äthiopischen nicht paradigmatischen Stammform *qaitala* suppliert; **jĕfaiṣĕm* wird dann zu *jĕfēṣĕm* durch Monophthongisierung. *faiʿala* und *fauʿala* gehören ja im Nordarabischen zu den zahlreichen selteneren Stammformen des Verbums[42]. Weitere Untersuchungen können

[41] Am nächsten liegt die Vermutung, daß die Vorfahren der Akkader und die der Äthiopier irgendwann und irgendwo einmal benachbarte Wohnsitze hatten.

[42] Da *faiʿala* und *fauʿala* mit den entsprechenden Impf.-, Inf.- usw. Formen nur bei einer ziemlich kleinen Zahl von Verben bezeugt sind, nehmen die meisten arabischen Grammatiken sie nicht unter die mit Zahlen versehenen Stammformen auf. In den Lexika erscheinen sie als eigene, vierradikalige Lemmata.

vielleicht diese merkwürdige Supplierung im Äthiopischen verständlich machen.

8. Das (Nord-)Arabische

a) Das (Nord-)Arabische ist der Hauptvertreter des Jungsemitischen. Aus der von Beduinendichtern schon lange vor dem Islam sorgfältig gepflegten Sprache, die in Mekka und Medina zur Sprache des Qurʾān wurde, schufen arabische Philologen der frühen Abbasidenzeit nach 750 die grammatisch bis in kleinste Einzelheiten geregelte Kunstsprache der *ʿarabīja,* das klassische Arabische. Sie hat sich als Schriftsprache mit geringen Änderungen in der islamischen Welt bis heute gehalten und wurde zu einer der wichtigsten Weltsprachen. Nur auf sie kann sich diese ganz knappe Skizzierung des Tempus- und Modusgebrauchs stützen. Für die arabische Dialektologie liegt in W. Fischer–O. Jastrow, ›Handbuch der arabischen Dialekte‹ (PLO N.S. XVI, Wiesbaden 1980) ein Standardwerk vor.

b) Die Afformativkonjugation verbindet wie nachakkadisch überall die stativische Funktion – Vokalisierungstypen *ḥasuna* „er ist, war schön" und *salima* „er ist, war heil" – mit der perfektischen (Typ *kataba* „er schrieb", seltener *ʿalima* „er wußte, weiß"). Die Grammatiker sehen als Hauptfunktion die perfektische *(ʾal-māḍī)* an. Es wird weiterhin auch in Bedingungssätzen und als Wunschform gebraucht, um hier nur die wichtigsten Funktionen zu nennen.

c) In der Präformativkonjugation ist das alte Durativ-Präsens *jaqattal* ganz verschwunden; einzelne alte Präsentia wurden in den Dopplungsstamm (II. Form) überführt (z. B. *ġannā* „er sang", *kallama* „er redete zu")[43]. Für das Imperfekt mit Subjunktiv und Jussiv fiel den Grammatikern nur die Verlegenheitsbezeichnung *ʾal-muḍāriʿ* „das Ähnliche (sc. mit dem deklinierten Nomen)" ein, die nichts besagt. An die Stelle des *u*-Auslauts im Indikativ des Imperfekts *jafʿu/i/alu* tritt im Modus Subjunktiv das *-a* wie im Ugaritischen und dem damit gleichzeitigen Kanaanäischen der Amarna-

[43] Ein erheblicher Teil dieser Dopplungsstämme (II. Form) ist gewiß denominiert.

briefe vor dem Abfall kurzer Auslautvokale im Kanaanäischen und im Aramäischen danach. Der Indikativ bezeichnet vorwiegend Vorgänge in der Gegenwart oder Zukunft, im letzten Fall oft nach der Partikel *sa(ufa)*, aber z. B. gleichzeitige Handlungen auch in der Vergangenheit, vor allem in den so mannigfach gebrauchten Zustandssätzen. Der Subjunktiv kennzeichnet in Nebensätzen z. B. nach *ʾan* „daß" und *ḥattā* „bis" vorwiegend beabsichtigte Handlungen. Vom Imperfekt wird außerdem auch ein Energicus mit der Endung *-an(na)* gebildet. Das alte Präteritum wird als Jussiv oder, in Übersetzung von arabisch *ǧuzʾ* „Abgeteiltes", Apocopat nur noch nach der Negation *lam* als echte Vergangenheitsform gebraucht; in Bedingungssätzen wechselt es mit dem Perfekt. Positive Wünsche bezeichnet es nach *li-*, negative bzw. Verbote nach *lā*.

d) Zusammengesetzte Tempora werden vor allem mit dem Perfekt und dem Imperfekt von *kāna* „sein" gebildet. Das Perfekt *kāna* bezeichnet vor einem Perfekt vor allem die Vorvergangenheit, vor dem Imperfekt andauernde oder wiederholt eintretende Vorgänge in der Vergangenheit[44]. *jakūnu* vor einem Perfekt bildet Ausdrücke mit Futurum-exactum-Bedeutung oder im Sinn eines Konditionalis. Nicht im strengen Sinn hierher gehören Ausdrücke für den Beginn einer Handlung wie *ǧaʿala* oder *ʾaḫaḏa jafʿalu*, *ẓalla jaktubu* „er fuhr fort zu schreiben" und andere. Lexikalische und grammatische Kategorien sind hier oft kaum auseinanderzuhalten. Für eine mannigfache Nuancierung des verbalen Ausdrucks bestehen dadurch jedoch zahlreiche Möglichkeiten.

e) Anders als in den aramäischen Sprachen seit der Achämenidenzeit hat sich das Aktiv-Partizip im Schriftarabischen nicht zu einer zusätzlichen Tempus-Form entwickelt, auch wenn es als Prädikat von Nominalsätzen für mannigfach differenzierte Zustandsaussagen verwendet werden konnte und damit dem Imperfekt vergleichbare Funktionen erfüllt[45]. Vergleichende Untersuchungen etwa

[44] Vgl. zu letzteren N. Nebes, Funktionsanalyse von *kāna yafʿalu*, Hildesheim 1982, mit Ausblicken auf die Tempus- und Aspektproblematik.

[45] Was mit dem Aktiv-Partizip als Prädikat im einzelnen ausgesagt werden konnte, ist nach den Beispielen in den Grammatiken recht verschieden und war oft durch die Bedeutung des jeweiligen Verbums mitbestimmt; ich kann hier nicht näher darauf eingehen.

zum Syrischen und Arabischen könnten zu weiteren Erkenntnissen verhelfen[46].

III. Schlußbemerkungen

In dieser Skizze ging es hauptsächlich darum, die in den aufgrund des gegenwärtigen Überlieferungsstandes für uns wichtigsten älteren semitischen Literatursprachen verfügbaren Tempus- und Moduskategorien vorzuführen, ihren Gebrauch ganz knapp zu kennzeichnen und sie, wo es notwendig erschien, etwas anders als sonst meist üblich einzuordnen. Die eingehende Darstellung des Formengebrauchs ist Sache der Grammatiken der Einzelsprachen. Diese sollten, sofern sie nicht nur Elementargrammatiken sind, mehr als bisher auch auf andere Semitensprachen verweisen, da ohne das manches nicht ausreichend verständlich gemacht werden kann.

Das Protosemitische, das zunächst kurz zu behandeln war, ist kein Ursemitisch im strengen Sinn dieses Terminus[47], das es einige tausend Jahre vor der ersten Schrifterfindung einmal gegeben haben mag; wir können darüber doch nur sehr wenig aussagen. Es erübrigte sich daher, auf oft diskutierte Fragen einzugehen wie etwa die nach dem Alter des Verbums im Vergleich mit den Gegenstandsbenennungen; aber auch die für uns nicht lösbare Frage, ob die Afformativ- oder die Präformativkonjugation einmal ohne die andere den verbalen Bereich beherrschte, mußte unerörtert bleiben, da sie uns in allzuweit zurückliegende Zeiten geführt hätte und damit in wenig fruchtbare Spekulationen. Das Protosemitische ist wie andere Proto-Sprachen keine irgendwann und irgendwo anzusiedelnde historische Größe, sondern eine Hilfskonstruktion für die Sprachvergleichung auf diachronischer Ebene, auf die wir nicht verzichten können, die wir aber auch nicht überbewerten dürfen. Als

[46] Solche Untersuchungen müßten neben der Syntax auch den Wechsel der durch sehr verschiedene Faktoren bestimmten Stilformen mitbedenken.

[47] Es würde jede Diskussion sehr erleichtern, wenn die Begriffe Protosemitisch und Ursemitisch nicht wahlweise benutzt würden, sondern zur Abgrenzung verschiedener Entwicklungsstufen der Vor-Sprachen gegeneinander.

protosemitisch können nicht nur grammatische Kategorien und Wörter gelten, die sich in allen oder den meisten historischen Sprachen finden; denn sehr altes Sprachgut kann sich auch nur in wenigen oder gar nur einer Sprache erhalten haben[48]. Jede neu bekannt werdende Sprache wird auch unsere Vorstellungen vom Protosemitischen in irgendeiner Weise beeinflussen.

Bei der Afformativkonjugation, die keine echten Modi kennt, muß gesagt werden, daß es bis etwa zur Mitte des 2. Jahrtausends gesicherte Zeugnisse nur für den Stativ gibt, der von Zustandsverben und von Handlungsverben gebildet wird – bei im letzten Fall in den abgeleiteten Stämmen und im Grundstamm ganz überwiegend passivischem Gebrauch. Substantive konnten lange nur im Stativ konjugiert werden; bei voller Konjugation sprechen wir von denominierten Verben, die es lange Zeit nur in sehr geringer Zahl gab[49]. Der Stativ wie das jüngere Perfekt konnte mit voranstehenden Wunschpartikeln und ohne sie immer auch als Wunschform gebraucht werden; als Modi bezeichnet man die Wunschformen besser nicht.

Die Bezeugung der drei Tempora der Präformativkonjugation ist, wie oben aufgezeigt, recht ungleich. Während das Präteritum als Ausdrucksmittel für positive und negative Wünsche, also als Jussiv, Prekativ, Vetitiv usw., in allen älteren Sprachen voll im Gebrauch blieb, behielt es als Aussageform nach der Herausbildung des (Afformativ-)Perfekts später nur jeweils einen Teil seiner Funktionen und auch diese nicht überall. Eine Hauptursache dafür war der infolge des immer mehr zunehmenden Abfalls kurzer Auslautvokale eingetretene[50] lautliche Zusammenfall mit dem Imperfekt-Präsens im Indikativ; dadurch konnte sich das Perfekt als Narrativ

[48] Es kann auch ganz verlorengehen und gleichwohl in einer für uns dann zumeist nicht mehr erkennbaren Weise weiterwirken.

[49] Zu den ganz wenigen schon protosemitischen denominierten Verben dürften z. B. die von *baitu* „Zelt, Haus" und *baʿlu/bēlu* „Herr" abgeleiteten Verben gehören. Voreinzelsprachliche Denominierungen von Verwandtschaftsbezeichnungen gab es m. W. nicht.

[50] Bei einigen Gruppen schwacher Verben blieb die Unterscheidbarkeit der beiden Modi sowie von Imperfekt-Präsens und Präteritum/Jussiv noch sehr lange erhalten.

weithin durchsetzen. Das Imperfekt-Präsens und das Durativ-Präsens wurden nur selten wie im ältesten Hebräischen[51] nebeneinander gebraucht; im Akkadischen und Eblaitischen fehlte das erstere ganz und im Westsemitischen zumeist das letztere. Das Äthiopische hat das Durativ-Präsens als Indikativ und das kürzere Imperfekt als Subjunktiv; letzteres fiel dabei lautlich zuallermeist mit dem Jussiv zusammen; Jussiv und Subjunktiv behielten aber ihre Funktionen. Die Indikativ-Subjunktiv/Finalis-Opposition findet sich fast nur beim Imperfekt; der akkadische Subordinativ des Eides (s. S. 473) liegt vielleicht nicht auf derselben Ebene. Eine modusartige Kategorie ist noch der sog. Energicus auf *-an(na)* im Westsemitischen, der mit dem Ventiv des Akkadischen, wie oben gezeigt, nicht zusammengestellt werden kann. Eine akkadische Sonderbildung ist auch der Subordinativ auf *-u* bzw. *-ni.*

Das aktive Partizip in Verbum-finitum-Funktion wurde, wenn ich recht sehe, zuerst im Hebräischen ausgebildet und seit der Achämenidenzeit immer mehr auch im Aramäischen, sehr oft mit affigierten verkürzten Subjekt-Pronomina, als dritte tempusartige Form verwendet. Als Verbum finitum verwendet wird im Hebräischen und, nicht ganz in gleicher Weise, im Altsüdarabischen auch der Infinitivus absolutus[52].

Zusammengesetzte Tempora vor allem mit Formen der Verba für „sein" und „werden" finden sich in im einzelnen verschiedenen Verwendungsweisen in den westsemitischen Sprachen außer dem frühen Kanaanäischen und dem Altsüdarabischen, besonders stark ausgeprägt im Arabischen. Während solche Tempora in den indogermanischen Sprachen vielfach für verlorengegangene alte Tempora eintreten, bereichern sie im Semitischen vor allem die Ausdrucksmöglichkeiten im temporalen bzw. aspektuellen Bereich.

In den hier vorliegenden, zwangsläufig nur summarischen Ausführungen ging es mir zunächst um eine bessere Abgrenzung der

[51] Vgl. oben S. 478 zu *jᵉdabbär, jᵉzammēr* usw.

[52] Immer noch ganz vereinzelt stehen da einige neuassyrische Beispiele für Infinitive als Satzprädikat; vgl. GAG § 150l zu *maḫāri* „ich empfing" usw. Der im Nachtrag dazu erwähnte heischende Infinitiv anstelle eines Imperativs ist etwas anderes und in manchen Sprachen anzutreffen.

Kategorien Tempus(-Aspekt) und Modus gegeneinander. Ebenso wichtig ist es aber zu betonen, daß frühere Auffassungen, nach denen die Tempusformen im älteren Semitischen weithin nur geringe Möglichkeiten zur Differenzierung boten, der Nachprüfung nicht standhalten. Die Möglichkeiten sind vielmehr keineswegs ärmlich, auch wenn sie in den alten indogermanischen Sprachen und im Ural-Altaischen noch erheblich reicher waren und teilweise noch sind.

BIBLIOGRAPHIE

Von Timothy J. G. Doherty

Die thematische Gliederung dieser Bibliographie spiegelt weitgehend die des vorliegenden Bandes wider. Hinzugekommen sind die Abschnitte: ›Allgemeine und themenübergreifende Werke‹, ›Gesetze und Recht‹, ›Weitere Bücher des AT‹, ›Literaturgeschichte‹ und ›Babel-Bibel-Streit‹. Jeder Abschnitt enthält neben Werken, die speziell eine Interaktion zwischen Mesopotamien und Israel zum Thema haben, auch ausgewählte Beiträge mit allgemeinem, einführendem Charakter, die sich auf nur einen der beiden Bereiche beziehen, dazu wenige Hauptwerke des jeweiligen Themengebiets. Die Bibliographie stellt eine Auswahl dar und kann deswegen keinen Anspruch auf Vollständigkeit erheben. Die Abkürzungen folgen dem Theologischen Wörterbuch zum Alten Testament VI/1–2, 1987, p. xvii–xxviii, bzw. der Zeitschrift für Althebraistik I, 1988, S. 2–16.

I. Allgemeine und themenübergreifende Werke

Adamson, P. B.: Human Diseases and Deaths in the Ancient Near East, in: WO 13 (1982), 5–14.

Albright, W. F.: The Ancient Near East and the Religion of Israel, in: JBL 59 (1940), 85–112.

Alt, Albrecht: Kleine Schriften zur Geschichte des Volkes Israel I–III, München ^{4}1968/77, ^{2}1968 (^{1}1953–59).

Amiet, P.: Les civilisations antiques du Proche-Orient, Paris 1971 («Que sais-je?» 185).

–: Vorderer Orient, in: Handbuch der Formen- und Stilkunde, Antike, hrsg. v. Jean Hirschen, Stuttgart/Berlin 1981 (= Grammaire des formes et des styles: Antiquité. Moyen-Orient, Fribourg 1981, 11–173 [übers. v. Thomas Mertl]), 9–177.

Andrae, W.: Das wiedererstandene Assur, hrsg. v. B. Hrouda, München ^{2}1977 (^{1}1938).

Anthes, R.: s. Kramer, S. N.

Bakon, Shimon: Mesopotamia and Israel, in: Dor le-Dor 9 (1982), 23–34.

Barnett, Richard D.: Illustrations of Old Testament History, London ^{2}1977 (^{1}1966).

Bernhardt, K.-H.: Die Umwelt des Alten Testaments, I. Die Quellen und ihre Erforschung, Berlin 1967.

Beyerlin, W. (Hrsg.): Religionsgeschichtliches Textbuch zum Alten Testament, Göttingen ^{2}1985 (^{1}1975) (ATD.E 1).

Borst, Arno: Der Turmbau von Babel. Geschichte der Meinungen über Ursprung und Vielfalt der Sprachen und Völker, I. Fundamente und Aufbau, Stuttgart 1957, bes. S. 74–89 [sprachwiss. Arbeit].

Briend, J.: Israel y Judá en los textos del Próximo Oriente Antiguo, Estella/Navarra 1982 (Documentos en Torno a la Biblia 4).

Buccellati, Giorgio: «Bibbia e Oriente», in: BibO 8 (FS Rinaldi) (1966), 151–156.

CAH = The Cambridge Ancient History I–III, hrsg. v. I. Edwards, C. Gadd, N. Hammond, J. Burry, S. Cook, F. Adcock, Cambridge, 1970–1976, New Edition.

Caquot, A.: s. Labat, R.

Cassuto, U.: Biblical and Oriental Studies, II. Bible and Ancient Oriental Texts, Jerusalem 1975.

Cazelles, H.: De Mari à Qumrân. L'Ancien Testament. Son milieu. Ses Écrits. Ses relectures juives (FS J. Coppers), Gembloux/Paris 1969 (BiblEThL 24).

–: Les nouvelles études sur Sumer (Alster) et Mari (Marzal) nous aident-elles à situer les origines de la sagesse israélite?, in: La Sagesse de l'Ancien Testament, hrsg. v. M. Gilbert, Louvain 1979 (BiblEThL 51), 17–27.

Clapham, Lynn: Mythopoetic Antecedents of the Biblical World-View and their Transformation in the Early Israelite Thought, in: Magnalia Dei. The Mighty Acts of God (FS G. E. Wright), hrsg. v. Frank Moore Cross et al., Garden City, N.Y. 1976, 108–119.

Daum, Werner: Ursemitische Religion, Stuttgart/Berlin/Köln/Mainz 1985.

Dennefeld, L.: Ancien testament et ancien orient. Chronique de récentes publications, in: RScR 10 (1930), 664–675.

Dhorme, É.: La Bible et l'Assyriologie, in: ÉTR 34 (1959), 59–77.

Donner, H.: Einführung in die biblische Landes- und Altertumskunde, Darmstadt ^{2}1988 (^{1}1976) (Einführungen. Die Theologie).

Driver, G. R.: Semitic Writing. From Pictograph to Alphabeth, hrsg. v. S. A. Hopkins, London ^{3}1976 (^{1}1944).

Dvorak, Rudolf: s. Hunger, H.

Ebeling, Erich: s. Knudtzon, J. A.

Eißfeldt, O.: Kleine Schriften I–VI, hrsg. v. R. Sellheim u. F. Maass, Tübingen I 1962; II 1963; III 1966; IV 1968; V 1973; VI 1979.

Eißfeldt, O., J. Hempel et al.: Religionsgeschichte des Alten Orients, Leiden 1964 (HO I, 8, 1).

Encyclopaedia Judaica. Band 1–16, hrsg. v. Cecil Roth et al., Jerusalem 1971–1972.

Finegan, Jack: Archaeological History of the Ancient Middle East, Boulder, CO. 1979.

Fischer Weltgeschichte 2–4 (= „Die Altorientalischen Reiche I–III"), hrsg. v. Elena Cassin, Jean Bottéro u. Jean Vercoutter, Frankfurt a. M. 1965–1967.

Frankfort, H., T. Jacobsen et al.: Frühlicht des Geistes: Wandlung des Weltbildes im Alten Orient, Stuttgart 1954 (Urban Bücher 9) (= The Intellectual Adventure of Ancient Man, An Essay on Speculative Thought in the Ancient Near East, Chicago 1946 [übers. v. Peter Düllberg]).

Frankfort, H., T. Jacobsen et al.: Alter Orient. Mythos und Wirklichkeit, Stuttgart/Berlin ^{2}1981 [^{1}1954 = „Frühlicht des Geistes", s. dort].

Freydank, H.: s. Jepsen, Alfred.

Friedrich, Johannes: Entzifferung verschollener Schriften und Sprachen, Berlin ^{2}1966 (^{1}1954) (Verständliche Wissenschaft 51).

–: Geschichte der Schrift. Unter besonderer Berücksichtigung ihrer geistigen Entwicklung, Heidelberg 1966.

Gordon, C. H.: Geschichtliche Grundlagen des Alten Testaments, Einsiedeln 1956 (= Introduction to Old Testament Times, Ventor N. J. [übers. v. Hans Marfurt]).

Gray, J.: Mythologie des Nahen Ostens, Wiesbaden 1969 (= Near Eastern Mythology. Mesopotamia, Canaan, Israel, Feltham 1969 [übers. v. Julia Schlechta]).

Gunkel, H.: Reden und Aufsätze, Göttingen 1913.

Hallo, W. W.: Antediluvian Cities, in: JCS 23 (1970/71), 57–67.

Harrison, R. K. (Hrsg.): Major Cities of the Biblical World, Nashville 1985.

Heintz, J.-G.: Bible et Orient. Méthode et perspectives de recherche documentaire en exégèse biblique: application, les textes de Mari, d'El-Armana et de l'Ancien Testament, Strasbourg 1978.

Hempel, J.: s. Eißfeldt, O.

Hunger, H., Rudolf Dvorak: Ephemeriden von Sonne, Mond und hellen Planeten von –1000 bis –601, Wien 1981 (Öst. Akad. d. Wiss., Phil.-hist. Kl., Denkschr. 155).

Itschaky, Moshe: The Structure and Citation Patterns of the International Research Literature of Biblical and Ancient Near-East Studies. A Bibliometric Approach to the Development of a Discipline (Diss.), Rutgers Univ. 1979.

Jean, Ch.-F.: La Bible et les récits Babyloniens, Paris 1933.

Jepsen, Alfred (Hrsg.), H. Freydank et al.: Von Sinuhe bis Nebukadnezar. Dokumente aus der Umwelt des Alten Testaments, Stuttgart/München 1975.

Jeremias, Alfred: Handbuch der altorientalischen Geisteskultur, Berlin/Leipzig ²1929.

Jirku, Anton: Das Alte Testament im Rahmen der altorientalischen Kulturen, Leipzig 1926.

–: Altorientalischer Kommentar zum Alten Testament, Hildesheim 1972 [Neudruck = 1923].

Kaiser, Otto: s. Texte aus der Umwelt des Alten Testaments.

Kessler, Martin: Israel and Babylon, in: The Bible Today 74 (1974), 128–133.

Kitchen, K. A.: Alter Orient und Altes Testament, Wuppertal 1965 (= Ancient Orient and Old Testament, Downers Grove, Ill. 1975) (= 1966, der vorläuf. Veröffentlichung eines maschinenschriftlichen Manuskripts [übers. v. Ilse Fuhr]).

Knudtzon, J. A., Otto Weber, Erich Ebeling: Die El-Armana-Tafeln. Mit Einleitung und Erläuterung (I. Die Texte; II. Anmerkungen und Register), Leipzig 1907–1915 (VAB 2/1–2).

Kramer, S. N.: Sumerian Mythology. A Study of Spiritual and Literary Achievement in the Third Millennium B. C., Philadelphia, Pa. ³1972 (¹1944) (Memoirs of the American Philosophical Society 21).

Kramer, S. N., R. Anthes et al.: Mythologies in the Ancient World, Garden City, N.Y. 1961.

Kramer, S. N.: s. Pritchard, J. B.

Labat, R., A. Caquot et al.: Les religions du Proche-Orient asiatique, Paris 1970.

Lambert, W. G.: Assyrien und Israel, in: TRE IV (1979), 265–277.

–: Babylonien und Israel, in: TRE V (1980), 67–79.

–: Interchange of Ideas Between Southern Mesopotamia and Syria-Palestine as Seen in Literature, in: Mesopotamien und seine Nachbarn (25. Rencontre Assyriologique), hrsg. von H.-J. Nissen u. J. Renger, Berlin 1982 (Berliner Beiträge zum Vorderen Orient 1), 311–316.

Landsberger, Benno: Die Eigenbegrifflichkeit der babylonischen Welt, in: Islamica 2 (1926), 355–372 (= Libelli 142, Darmstadt 1965, 1–18 [Nachdruck mit Nachwort]).

Liagre Böhl, F. M. Th. de: Babel und Bibel I–II, in: JEOL Deel VI (Nos. 16–19 [1959–1966]) (1967), 103–118, 125–140.

Lloyd, Seton: The Archaeology of Mesopotamia. From the Old Stone Age to the Persian Conquest, London ²1984.

Löhr, Max: Israel und die Kultur des alten Vorderasien, in: Der Morgen 1 (1925), 625–637.

Malamat, Abraham: Mari and the Early Israelite Experience, Oxford 1989 (Schweich Lectures on Biblical Archaeology 1984).

Michaeli, F.: Textes de la Bible et de l'Ancient Orient, Neuchâtel 1961.

Moscati, S.: Die Kulturen des Alten Orients, München 1962 (= Il profilo dell'Oriente Mediterraneo, Rom 1956 [übers. v. Hans Hinterhäuser]).

Muscarella, O. W.: Archäologie zur Bibel. Kunstschätze aus den biblischen Ländern, Ausstellung 1979, Mainz 1981.

Noth, M.: Die Welt des Alten Testaments. Einführung in die Grenzgebiete der alttestamentlichen Wissenschaft, Berlin ⁴1962 (¹1940).

Oppenheim, A. L.: Ancient Mesopotamia. Portrait of a Dead Civilization, hrsg. v. Erica Reiner, Chicago 1977.

Parrot, A.: 1. Sintflut und Arche Noahs – 2. Der Turmbau von Babel – 3. Ninive und das Alte Testament, Zollikon-Zürich 1955 (Bibel und Archäologie I/1–3) (= Ders., 1. Déluge et Arche de Noé – 2. La Tour de Babel – 3. Ninive et l'Ancien Testament [Cahiers d'archéologie biblique I/1–3], Neuchâtel 1953 [übers. v. E. Jenni]).

–: Babylon und das Alte Testament, Zollikon-Zürich 1957 (Bibel und Archäologie III/2) (= Ders., Babylone et l'Ancien Testament [Cahiers d'archéologie biblique 8], Neuchâtel 1956 [übers. v. Marc-René Jung u. E. Jenni]).

Paul, S. M.: Classifications of Wine in Mesopotamian and Rabbinic Sources, in: IEJ 25 (1975), 42–44.

Postgate, N.: The First Empires. The Making of the Past, Oxford 1977.

Pritchard, J. B. (Hrsg.): The Ancient Near East in Pictures Relating to the Old Testament (2nd Edition with Supplement), Princeton, N.J. ²1969.

–: Ancient Near Eastern Texts Relating to the Old Testament (3rd Edition with Supplement), Princeton, N.J. ³1969.

–: The Ancient Near East. A New Anthology of Texts and Pictures, Princeton 1975.

Pritchard, J. B., S. N. Kramer et al.: Alltagsleben in biblischer Zeit, Luzern/Frankfurt a. M. 1974 (Ein National-Geographic-Buch) (= Everyday Life in Bible Times, Washington 1974 [übers. v. H. Kube u. R. Schnieper]).

Propyläen-Weltgeschichte I–II (I. Vorgeschichte, Frühe Hochkulturen; II. Hochkulturen des mittleren und östlichen Asiens), hrsg. v. Golo Mann u. Alfred Heuß, Berlin/Frankfurt a. M./Wien 1961 f.

Ramlot, M.-L.: Israël et l'Orient, in: Revue Thomiste 62 (1962), 589–629.

Reallexikon der Assyriologie und vorderasiatischen Archäologie [= RLA], hrsg. v. E. Ebeling, B. Meissner, E. Weidner, W. v. Soden u. D. O. Edzard, Berlin/(Leipzig)/New York 1928 ff.

Ringgren, H.: Remarks of the Method of Comparative Mythology, in: Near Eastern Studies (FS W. F. Albright), hrsg. v. H. Goedicke, Baltimore/London 1971, 407–411.

–: Die Religionen des Alten Orients, Göttingen 1979 (ATD.E Sonderband).

Röllig, W. (Hrsg.): Altorientalische Literaturen, Wiesbaden 1978 (Neues Handbuch der Literaturwissenschaft 1).

Rüthy, A. E.: Keilschriftforschung und Altes Testament, in: IKZ 32 (1942), 1–27.

Saeculum Weltgeschichte I, Ursprung und Frühkulturen – Primäre Zentren der Hochkultur – Weltgeschichtliche Berührungszonen, hrsg. v. H. Franke, H. Hoffmann et al., Freiburg/Basel/Wien 1965.

Schrader, E.: Die Keilinschriften und das Alte Testament, hrsg. v. H. Zimmern u. H. Winckler, Berlin [3]1903.

Schulz, Matthias: Die Bibel und das alte Assyrien, Berlin [2]1964.

Shinan, Avigdor (Hrsg.): Proceedings of the Sixth World Congress of Jewish Studies. Vol. I, Jerusalem 1977.

Sitarz, E.: Kulturen am Rand der Bibel. Sachbuch über Völker und Götter im Geschichtsfeld Israels, Stuttgart 1983.

Soden, Wolfram von: Leistung und Grenze sumerischer und babylonischer Wissenschaft, Darmstadt 1965 [Nachdruck = [2]1936] (Libelli 142), 21–133.

–: Sprache, Denken und Begriffsbildung im Alten Orient, Mainz/Wiesbaden 1974 (AAWL.M, geistes- u. sozialwiss. Klasse, 1973/6).

–: Babylonisch-assyrische Religion, in: TRE V (1980), 79–89.

–: Bibel und Alter Orient. Altorientalische Beiträge zum Alten Testament, hrsg. v. H.-P. Müller, Berlin/New York 1985 (BZAW 162).

Soggin, J. A.: Old Testament and Oriental Studies, Rome 1975 (BietOr 29).

Speiser, E. A.: "The Rivers of Paradise", in: FS J. Friedrich, hrsg. v. R. von Kienle et al., Heidelberg 1959, 473–485.

–: Oriental and Biblical Studies. Collected Writings of E. A. Speiser, hrsg. v. J. J. Finkelstein u. Moshe Greenberg, Philadelphia 1967.

Tadmor, H.: Nineveh, Calah and Israel. On Assyriology and the Origins of Biblical Archaeology, in: Biblical Archaeology Today. Proceedings of the International Congress on Biblical Archaeology 1984, hrsg. v. Janet Amitai et al., Jerusalem 1984, 260–268.

Texte aus der Umwelt des Alten Testaments [= TUAT] Iff., hrsg. v. Otto Kaiser, Gütersloh 1982ff.

Vaux, R. de: Bible et Orient, Paris 1967.

Wäfler, M.: Nicht-Assyrer neuassyrischer Darstellung, Kevelaer/Neukirchen-Vluyn 1975 (AOAT 26).

Weber, Otto: s. Knudtzon, J. A.

Wiseman, D. J. (Hrsg.): Peoples of Old Testament Times, Oxford 1973.

Wörterbuch der Mythologie I, Götter und Mythen im Vorderen Orient, hrsg. v. H. W. Haussig, Stuttgart 1965.

II. Geschichte und Kultur

Ackroyd, Peter R.: Israel under Babylon and Persia, Oxford 1970 (NCB.OT 4).

Albright, W. F.: The Old Testament and the Archaeology of the Ancient East, in: Old Testament and Modern Study. A Generation of Discovery and Research, hrsg. v. H. H. Rowley, Oxford 1951, 27–47.

–: Die Bibel im Lichte der Altertumsforschung. Ein Bericht über die Arbeit eines Jahrhunderts, Stuttgart [2]1959 ([1]1957) (= Ders., Recent Discoveries in Bible Lands, New York [2]1955 ([1]1936) [übers. v. D. Th. Schlatter]).

Anbar, Moshé: La distribution géographique des Bini-Yamina d'après les archives royales de Mari, in: Miscellanea Babylonica. Mélanges offerts à Maurice Birot, hrsg. v. J.-M. Durand u. J.-R. Kupper, Paris 1985, 17–24.

Astour, Michael C.: Political and Cosmic Symbolism in Genesis 14 and Its Babylonian Sources, in: Biblical Motifs. Origins and Transformations, hrsg. v. Alexander Altmann, Cambridge, Mass. 1966 (Studies and Texts III), 65–112.

–: 841 B.C.: The First Assyrian Invasion of Israel, in: JAOS 91 (1971), 383–389.

Barnett, Richard D.: Ancient Ivories in the Middle East, Jerusalem 1982 (Qedem 14).

Barnouin, M.: Les recensements du livre des Nombres et l'astronomie babylonienne, in: VT 27 (1977), 280–303.

Bartson, L. J.: s. Hammond, Mason.

Becking, B.: The Two Neo-Assyrian Documents from Gezer in their Historical Context, in: JEOL 27 (1981/82), 76–89.

Begrich, Gerhard: Der wirtschaftliche Einfluß Assyriens auf Südsyrien und Palästina (Diss.), Berlin 1975.

Begrich, Joachim: Der syrisch-ephriamitische Krieg und die weltpolitischen Zusammenhänge, in: Gesammelte Studien zum Alten Testament, hrsg. v. W. Zimmerli, München 1964 (Theologische Bücherei 21), 99–120.

Beltz, Walter: Das Tor der Götter. Altvorderasiatische Mythologie, Berlin 1978.

Bennett, C.-M.: Some Reflections on Neo-Assyrian Influence in Transjordan, in: Archaeology in the Levant (FS K. Kenyon), hrsg. v. R. Moorey u. P. Parr, Westminster 1978, 164–171.

–: Neo-Assyrian Influence in Transjordan, in: Studies in the History and Archaeology of Jordan I, hrsg. v. Adnan Hadidi, Amman 1982, 181–187.

Bernhardt, K.-H.: Elemente mythischen Stils in der alttestamentlichen Geschichtsdarstellung, in: WZ Rostock 12 (1963), 295–297.

Biran, A. (Hrsg.): Temples and High Places in Biblical Times, Jerusalem 1981.

Bleibtreu, Erika: Rollsiegel aus dem Vorderen Orient. Zur Steinschneidekunst zwischen etwa 3200 und 400 v. Chr., Wien 1981.

Bodenheimer, F. S.: Animal and Man in Bible Lands, Leiden 1960 (Collection de travaux de l'Académie Internationale d'Histoire des Sciences 10).

Böhl, F. M. Th.: Älteste keilinschriftliche Erwähnungen der Stadt Jerusalem und ihrer Göttin?, in: AcOr (Danica) 1 (1923), 76–80.

Böhl, F. M. Th.: s. auch Liagre Böhl, F. M. Th. de.

Bonkamp, B.: Die Bibel im Lichte der Keilschriftforschung, Recklinghausen 1939.

Bonnet, Hans: Die Waffen der Völker des Alten Orients, Leipzig 1977 [Neudruck = 1926].

Boochs, Wolfgang: Die Finanzverwaltung im Altertum, Sankt Augustin 1985.

Brentjes, Burchard: Alte Siegelkunst des Vorderen Orients, Leipzig 1983.

Briant, P.: État et pasteurs au Moyen-Orient ancien, Cambridge/Paris 1982 (Collection production pastorale et société).

Brice, W. C. (Hrsg.): The Environmental History of the Near and Middle East Since the Last Ice Age, New York/London/San Francisco 1978.

Brinkmann, J. A.: Foreign Relations of Babylonia from 1600 to 625 B.C. The Documentary Evidence, in: AJA 76 (1972), 271–281.

Bruzzone, G. Battista: Storia biblica e calendario, in: BibO 28 (1986), 33–40.

Buccellati, Giorgio: La „carriera“ di David e quella di Idrimi, re di Alalac, in: BibO 4 (1962), 95–99.
–: Cities and Nations of Ancient Syria. An Essay on Political Institutions with Special Reference to the Israelite Kingdoms, Rom 1967 (StSem 26).
Bulbach, S. W.: Judah in the Reign of Manasseh as Evidenced in Texts during the Neo-Assyrian Period and in the Archaeology of the Iron Age (Diss.), New York/Ann Arbor 1981.
Cameron, G. G.: The Babylonian Scientist and His Hebrew Colleague, in: BA 7 (1944), 21–29, 32–40.
Cansdale, G. S.: Animals of Bible Lands, Exeter 1970.
Castellino, G. R.: Les origines de la civilisation selon les textes bibliques et les textes cunéiformes, in: Volume du congrès Strasbourg 1956, Leiden 1957 (VTS 4), 116–137.
Cazelles, H.: Mari et l'Ancien Testament, in: La civilisation de Mari (RAI XV), hrsg. v. J. R. Kupper, Paris 1967, 73–90.
Cogan, M.: Imperialism and Religion. Assyria, Judah and Israel in the Eighth and Seventh Centuries B.C.E., Missoula, Montana 1974 (SBL, Mon. Ser. 19).
Colinet, Constanze: s. Schmidt-Colinet, Constanze.
Collins, O. E.: The stem *znh* and Prostitution in the Hebrew Bible (Diss.), Brandeis Univ. 1977.
Coogan, M. D.: Life in the Diaspora. Jews at Nippur in the Fifth Century B.C., in: BA 37 (1974), 6–12.
–: More Yahwistic Names in the Murashu Documents, in: JSJ 7 (1976), 199–200.
–: West Semitic Names in the Murašû Documents, Missoula, Montana 1976 (HSM 7).
Coppens, J.: s. Petitjean, A.
Decroix, J.: Musique. Instruments et chant dans le Proche-Orient ancien, in: Bible et Terre Sainte 165 (1974), 6–17.
Deimel, A.: Veteris Testamenti Chronologia monumentis Babylonico-Assyriis illustrata, Rom 1912 (Scripta Pontificii Instituti Biblici).
Dhorme, É.: Études bibliques et orientales. Recueil Édouard Dhorme, Paris 1951.
–: Les origines mésopotamiennes d'Israël, in: ÉTR 34 (1959), 78–100.
Diakonoff, I. M.: The Structure of Near Eastern Society before the Middle of the 2nd Millennium B.C. in: Oikumene 3, Budapest 1982, 7–100.
Donner, H.: Völker und Staaten des Alten Orients bis zum Aufkommen der Perser, in: Geschichte des Volkes Israel und seiner Nachbarn in Grundzügen: Teil 2, Göttingen 1986 (ATD.E 4/2), 359–369 [und vorliegender Band S. 50–60].

Donner, H.: Völker und Staaten des Alten Orients in der 1. Hälfte des 1. Jahrtausends v. Chr. bis zum Ende des neuassyrischen Großreiches, in: Geschichte des Volkes Israel und seiner Nachbarn in Grundzügen: Teil 2, Göttingen 1986 (ATD.E 4/2), 287–303 [und vorliegender Band S. 33–49].

DuBuit, M.: Quelques contacts bibliques dans les archives royales de Mari, in: RB 66 (1959), 576–581.

Dürr, L.: Das Erziehungswesen im Alten Testament und im antiken Orient, Leipzig 1932 (MVAeG 36/2).

Ephᶜal, I.: The Western Minorities in Babylonia in the 6th–5th Centuries B.C. Maintenance and Cohesion in: OrNS 47 (1978), 74–90.

–: Assyrian Dominion in Palestine, in: The Age of the Monarchies: Political History, hrsg. v. Abraham Malamat, Jerusalem 1979 (The World History of the Jewish People 4/1), 276–289.

Farbridge, M. H.: Studies in Biblical and Semitic Symbolism, New York 1970 [Neudruck = 1923].

Fensham, F. C.: Malediction and Benediction in Ancient Near Eastern Vassal-Treaties and the Old Testament, in: ZAW 74 (1962), 1–9.

–: Ordeal by Battle in the Ancient Near East and the Old Testament, in: Studi in onore di E. Volterra VI, Milano 1971, 127–135.

Finegan, Jack: Handbook of Biblical Chronology. Principles of Time Reckoning in the Ancient World and Problems of Chronology in the Bible, Princeton, N.J. 1964.

Fisher, Eugene J.: Cultic Prostitution in the Ancient Near East? A Reassessment, in: BTB 6 (1976), 225–236.

Fishman, Joshua: The Sociolinguistic 'Normalization' of the Jewish People, in: Linguistic and literary studies 4 (FS Archibald Hill), hrsg. v. M. A. Jazayery, The Hague 1979 (Trends in Linguistics 10), 223–331.

Fohrer, G.: Geschichte Israels. Von den Anfängen bis zur Gegenwart, Heidelberg ^{4}1985 (^{1}1977) (Uni-Taschenbücher 708).

Forte, Elisabeth: s. Williams-Forte, Elisabeth.

Frankena, R.: Some Remarks on the Semitic Background of Chapters XXIX–XXXI of the Book of Genesis, in: The Witness of Tradition (OTS 17), Leiden 1972, 53–64.

Frankfort, H.: Kingship and the Gods. A Study of Ancient Near Eastern Religion as the Integration of Society and Nature, Chicago ^{2}1955 (^{1}1948).

Frick, Frank S.: The City in Ancient Israel, Missoula, Montana 1977 (SBL.DissSer 36).

Fritz, Volkmar: Die Paläste während der assyrischen, babylonischen und persischen Vorherrschaft in Palästina, in: MDOG 111 (1979), 63–74.

–: Paläste während der Bronze- und Eisenzeit in Palästina, in: ZDPV 99 (1983), 1–42.

–: Die syrische Bauform des Hilani und die Frage seiner Verbreitung, in: Damaszener Mitteilungen 1 (1983), 43–58.
Galling, Kurt: Die israelitische Staatsverfassung in ihrer vorderorientalischen Umwelt, in: AO 28/3–4, Leipzig 1929.
Garbini, Giovanni: Concezione antropologica nelle culture extra-bibliche, in: L'antropologia biblica, hrsg. v. G. De Gennaro, Napoli 1979/81 (Studio biblico aquilano. 3° corso monografico), 389–408.
Garelli, P., V. Nikiprowetzky: Le Proche-Orient Asiatique. Les Empires Mésopotamiens – Israël, Paris 1974 (Nouvelle Clio 2 *bis*).
Gelb, Ignace J.: Comparative Method in the Study of the Society and Economy of the Ancient Near East, in: Rocznik Orientalistyczny 41 (= FS R. Ranoszek) (1979/80), 29–36.
Gerstenblith, Patty: The Levant at the Beginning of the Middle Bronze Age, Winona Lake 1983 (ASOR Diss. Series 5).
Gese, Hartmut: Geschichtliches Denken im Alten Orient und im Alten Testament, in: ZThK 55 (1958), 127–145 [= Ders., Vom Sinai zum Zion. Alttestamentliche Beiträge zur biblischen Theologie, München 1974, 81–98].
Geyer, John B.: 2 Kings XVIII 14–16 and the Annals of Sennacherib, in: VT 21 (1971), 604–606.
Gibson, J. C. L.: Life and Society at Mari and in Old Israel, in: Transactions of the Glasgow University Oriental Society 18 (1959/60), 15–29.
–: Light from Mari on the Patriarchs, in: JSS 7 (1962), 44–62.
Goedicke, H., J. J. M. Roberts (Hrsg.): Unity and Diversity. Essays in the History, Language, and Religion of the Ancient Near East, Baltimore/London 1975 (JohnsHopkNESt 7).
Gordon, C. H.: Biblical Customs and the Nuzi Tablets, in: BA 3 (1940), 1–12.
–: Abraham of Ur, in: Hebrew and Semitic Studies (FS G. R. Driver), hrsg. v. D. W. Thomas u. W. D. McHardy, Oxford 1963, 77–84.
Gorelick, Leonard, Elisabeth Williams-Forte (Hrsg.): Ancient Seals and the Bible, Malibu 1983 (Monographic Journals of the Near East. Occasional Papers on the Near East 2/1).
Gorelick, Leonard: s. Gwinnett, A. John.
Gössmann, F.: Planetarium Babylonicum oder die sumerisch-babylonischen Stern-namen [sic!], Rom 1950 (Šumerisches Lexikon IV/2).
Gottwald, N. K.: The Tribes of Yahweh. A Sociology of the Religion of Liberated Israel 1250–1050 B.C.E., Maryknoll, N.Y. 1979.
Gross, H.: Die Idee des ewigen und allgemeinen Weltfriedens im Alten Orient und im Alten Testament, Trier 1956 (TTS 7).
Gruber, Mayer I.: Aspects of Nonverbal Communication in the Ancient Near East, Rom 1980 (Studia Pohl 12/I–II).

Gunneweg, Antonius H. J.: Geschichte Israels bis Bar Kochba, Stuttgart/Berlin ^{5}1984 (Theologische Wissenschaft 2).

Gwinnett, A. John, Leonard Gorelick: Seal Manufacture in the Land of the Bible. Recent Findings, in: Ancient Seals and the Bible, hrsg. v. L. Gorelick u. E. Williams-Forte, Malibu 1983, 44–49.

Hallo, W. W.: From Qarqar to Carchemish. Assyria and Israel in the Light of New Discoveries, in: BA 23 (1960), 34–61.

–: New Moons and Sabbaths. A Case-study in the Constrastive Approach, in: HUCA 48 (1977), 1–18.

–: Biblical History in its Near Eastern Setting. The Contextual Approach, in: Scripture in Context. Essays on the Comparative Method, hrsg. v. Carl D. Evans et al., Pittsburgh 1980 (Pittsburgh Theological Monograph Series 34), 1–26.

Hammond, Mason, L. J. Bartson: The City in the Ancient World, Cambridge, Mass. 1972.

Harice, H. K.: The Concern for the Widow and the Fatherless in the Ancient Near East. A Case Study in Old Testament Ethics, Diss. Yale University 1979.

Hasel, Gerhard F.: The Four World Empires of Daniel 2 against its Near Eastern Environment, in: JSOT 12 (1979), 17–30.

Hawkins, J. D. (Hrsg.): Trade in the Ancient Near East. 23. Rencontre Assyriologique 1976, London 1977 (= Iraq 39).

Hennessy, J. B.: The Foreign Relations of Palestine during The Early Bronze Age, London 1967 (Colt Archaeol. Publ. 1).

Herrmann, Siegfried: Geschichte Israels in alttestamentlicher Zeit, München ^{2}1980 (^{1}1973).

Hofer, J.: Zur Phänomenologie des Sakralraumes und sein Symbolismus im Alten Orient (Diss.), Wien 1970.

Hollenbach, P. W.: The Constitution of Human Community in Two Ancient Civilizations, in: Biblical Literature, 1974 Proceedings, hrsg. v. F. O. France, Florida 1974.

Honor, Leo L.: Sennacherib's Invasion of Palestine. A Critical Source Study, New York 1966 (Contributions to Oriental History and Philology 12).

Horn, Siegfried H.: The Babylonian Chronicle and the Ancient Calendar of the Kingdom of Judah, in: AUSSt 5 (1967), 12–27.

Hutter, Manfred: Hiskija, König von Juda. Ein Beitrag zur judäischen Geschichte in assyrischer Zeit, Graz 1982 (Grazer theologische Studien 6).

Hyatt, J. Philip: New Light on Nebuchadrezzar and Judean History, in: JBL 75 (1956), 277–284.

Jacobsen, T.: s. Frankfort, H.

Jastrow, M.: Hebrew and Babylonian Traditions, London/Leipsic [sic!] 1914.
Jensen, P.: Assyrisch-babylonische Geschichte in der israelitischen Königssage, in: ZA 35 (1924), 81–98.
Jeremias, Alfred: Das Alte Testament im Lichte des Alten Orients, Leipzig [4]1930.
Jirku, Anton: Der Kampf um Syrien-Palästina im orientalischen Altertum, Leipzig 1926 (AO 25/4).
Kalluveettil, Paul: Declaration and Covenant. A Comprehensive Review of Covenant Formulae from the Old Testament and the Ancient Near East, Rom 1982 (AnBibl 88).
Kempinski, A.: The Rise of an Urban Culture. The Urbanization of Palestine in the Early Bronze Age 3000–2150 B.C., Jerusalem 1978 (Israel Ethnographic Society Studies 4).
–: Syrien und Palästina (Kanaan) in der letzten Phase der Mittelbronze IIB-Zeit (1650–1570 v. Chr.), Wiesbaden 1983 (ÄAT 4).
Kinnier Wilson, J. V.: Medicine in the Land and Times of the Old Testament, in: Studies in the Period of David and Solomon and other Essays, hrsg. v. Tomoo Ishida, Tokyo 1982, 337–365.
Kitchen, K. A.: The Bible in its World. Archaeology and the Bible Today, Exeter 1977.
Klein, Hans: Natur und Recht. Israels Umgang mit dem Hochzeitsbrauchtum seiner Umwelt, in: ThZ 37 (1981), 3–18.
Klengel, Horst: Benjaminiten und Hanäer zur Zeit der Könige von Mari (Diss. Humboldt-Universität, Berlin), Berlin 1958.
–: Geschichte Syriens im 2. Jahrtausend v. u. Z. I–III, Berlin 1965–1970 (Veröffentlichungen der Deutschen Akad. d. Wiss. zu Berlin, Inst. f. Orientforschung 40).
–: Zwischen Zelt und Palast. Die Begegnung von Nomaden und Seßhaften im alten Vorderasien, Leipzig/Wien 1972.
–: Handel und Händler im Alten Orient, Wien/Köln/Graz (Leipzig) 1979.
–: Geschichte und Kultur Altsyriens, Wien/München 1980.
Kœnig, Jean: Tradition iahviste et influence babylonienne à l'aurore du judaïsme, in: RHR 173/461 (1968), 1–42; RHR 173/462, 133–72.
Krecher, Joachim, Hans-Peter Müller: Vergangenheitsinteresse in Mesopotamien und Israel, in: Saeculum 26 (1975), 13–44.
Kupper, J.-R.: Les nomades en Mésopotamie au temps des rois de Mari, Paris 1957 (Bibliothèque de la Faculté de Philosophie et Lettres de l'Université de Liège 142).
Larue, G. A.: Babylon and the Bible, Grand Rapids 1969 (Baker Studies in Biblical Archaeology 8).

Levine, Louis D.: Menahem and Tiglath-Pileser. A New Synchronism, in: BASOR 206 (1972), 40–42.
Lewy, H.: Assyro-Babylonian and Israelite Measures of Capacity and Rates of Seeding, in: JAOS 64 (1944), 65–73.
Liagre Böhl, F. M. Th. de: Babylonische Traditionen und das AT, in: Die Religion in Geschichte und Gegenwart I, Tübingen [3]1956, 822–827.
Liagre Böhl, F. M. Th. de: s. auch Böhl, F. M. Th.
Lindsay, John: The Babylonian Kings and Edom, 605–550 B.C., in: PEQ 108 (1976), 23–39.
Lipiński, E.: An Assyro-Israelite Alliance in 842/841 B.C.E.?, in: Sixth World Congress of Jewish Studies, Vol. I, hrsg. v. A. Shinan, Jerusalem 1977, 273–278.
Lipiński, E. (Hrsg.): State and Temple Economy in the Ancient Near East I–II, Louvain 1979 (OLA 5–6).
Loretz, Oswald: Habiru – Hebräer. Eine sozio-linguistische Studie über die Herkunft des Gentiliziums *ʿibrî* vom Appellativum *ḫabiru*, Berlin 1984 (BZAW 160).
Luckenbill, D. D.: On Israels Origins, in: AJTh 22 (1918), 24–53.
Lurker, Manfred: Der Baum im Alten Orient. Ein Beitrag zur Symbolgeschichte, in: Beiträge zu Geschichte, Kultur und Religion des Alten Orients (FS E. Unger), hrsg. v. Manfred Lurker, Baden-Baden 1971, 147–175.
Machinist, Peter: Assyria and its Image in the First Isaiah, in: JAOS 103 (1983), 719–737.
Malamat, Abraham: Mari and the Bible. Some Patterns of Tribal Organization and Institutions, in: JAOS 82 (1962), 143–150.
–: Aspects of Tribal Societies in Mari and Israel, in: La civilisation de Mari (RAI XV), hrsg. v. J. R. Kupper, Paris 1967, 129–138.
–: Northern Canaan and the Mari Texts, in: Near Eastern Archaeology in the Twentieth Century (FS N. Glueck), hrsg. v. James A. Sanders, Garden City, N.Y. 1970, 164–177.
–: The Twilight of Judah. In the Egyptian-Babylonian Maelstrom, in: Congress Volume, Edinburgh 1974, Leiden 1975 (VTS 28), 123–145.
–: *ummatum* in Old Babylonian Texts and its Ugaritic and Biblical Counterparts, in: UF 11 (1979), 527–536.
–: "Silver, Gold and Precious Stones from Hazor". Trade and Trouble in a New Mari Document, in: JJS 33 (1982), 71–79.
–: Die Frühgeschichte Israels. Eine methodologische Studie, in: ThZ 39 (1983), 1–16.
–: Mari and Early Israel, in: Biblical Archaeology Today. Proceedings of the International Congress on Biblical Archaeology 1984, hrsg. v. Janet Amitai et al., Jerusalem 1984, 235–243.

Mellaart, James: The Origins and Development of Cities in the Near East, in: Janus: Essays in Ancient and Modern Studies, hrsg. v. Louis L. Orlin, Ann Arbor 1975, 5–22.

Mendelsohn, I.: Slavery in the Ancient Near East. A Comparative Study of Slavery in Babylonia, Assyria, Syria, and Palestine, from the Middle of the Third Millennium to the End of the First Millennium, New York 1949.

Merli, D.: Le «guerre di sterminio» nell'antichità orientale e biblica, in: BibO 9 (1967), 53–68.

Merrillees, R. S.: Trade and Transcendence in the Bronze Age Levant, Göteborg 1974 (Studies in Mediterranean Archaeology 39).

Metzger, Martin: Gottheit, Berg und Vegetation in vorderorientalischer Bildtradition, in: ZDPV 99 (1983), 54–94.

Moortgat, A.: Tammuz. Der Unsterblichkeitsglaube in der altorientalischen Bildkunst, Berlin 1949.

Moscati, S.: Geschichte und Kultur der semitischen Völker, Stuttgart ^{2}1955 (= Storia e civiltà dei Semiti, Bari 1949 [übers. v. E. Kümmerer]).

Muffs, Yochanan: Joy and Love as Metaphorical Expressions of Willingness and Spontaneity in Cuneiform, Ancient Hebrew, and Related Literatures. Divine Investitures in the Midrash in the Light of Neo-Babylonian Royal Grants, in: Christianity, Judaism and other Greco-Roman Cults (FS Morton Smith), hrsg. v. Jacob Neusner, Leiden 1975 (StJLA 12/3), 1–36.

Müller, Hans-Peter: s. Krecher, Joachim.

Muntingh, L. M.: Israelite-Amorite Political Relations during the Second Millennium B.C. in the Light of Near Eastern Politics. A Study of Relevant Amorite, Akkadian and Hebrew Concepts, in: Atti del Secondo Congresso Internazionale di linguistica Camito-Semitica, hrsg. v. P. Fronzaroli, Florenz 1978 (QuadSem 5), 211–236.

Na$^{\supset}$aman, N.: Sennacherib's Campaign to Judah and the Date of the *lmlk* Stamps, in: VT 29 (1979), 61–86.

–: East-West Diplomatic Relations in the Days of Zimrilim, in: RA 75 (1981), 171–172.

Nielsen, Eduard: Ass and Ox in the Old Testament, in: Studia orientalia Ioanni Pedersen, Hauniae 1953, 263–274.

Nikiprowetzky, V.: s. Garelli, P.

Nissen, Hans J.: Grundzüge einer Geschichte der Frühzeit des Vorderen Orients, Darmstadt 1983 (Grundzüge 52).

North, Robert: A History of Biblical Map Making, Wiesbaden 1979 (TAVO Beih. B 32).

Noth, M.: Gott, König, Volk im Alten Testament. Eine methodologische

Auseinandersetzung mit einer gegenwärtigen Forschungsrichtung, in: ZThK 47 (1950), 157–191 [= Ders., Gesammelte Studien zum Alten Testament (I), München ²1960 (¹1957) (Theologische Bücherei 6), 188–229 [und vorliegender Band S. 157–197].

Moth, M.: Das alttestamentliche Bundschließen im Lichte eines Mari-Textes, in: Annuaire de l'Institut de Philologie et d'Histoire Orientales et Slaves XIII (FS I. Lévy), Bruxelles 1955, 433–444 [= Ders., Gesammelte Studien zum Alten Testament (I), München ²1960 (¹1957) (Theologische Bücherei 6), 142–154].

–: Die Ursprünge des alten Israel im Lichte neuer Quellen, Köln/Opladen 1961 (Veröffentlichungen der Arbeitsgemeinschaft für Forschung des Landes Nordrhein-Westfalen, Heft 94) [= Ders., Aufsätze zur biblischen Landes- und Altertumskunde 2, hrsg. v. H. W. Wolff, Neukirchen-Vluyn 1971, 245–272].

–: Geschichte Israels, Göttingen ¹⁰1986 (¹1950).

Nötscher, F.: „Neue" babylonische Chroniken und Altes Testament, in: BZ (NF) 1 (1957), 110–114.

Otzen, B.: Israel Under the Assyrians, in: Power and Propaganda, hrsg. v. M. Larsen 1979 (Mesopotamia 7), 251–261.

Parrot, A.: Mari, in: Archaeology and Old Testament Study, hrsg. v. D. Winton, Oxford 1967, 136–144.

–: Archéologie mariote et Ancien Testament, in: RHPhR 57 (1977), 353–356.

Patai, Raphael: Sitte und Sippe in Bibel und Orient, Frankfurt a. M. 1962.

Petitjean, A., J. Coppens: Mari et l'Ancien Testament, in: De Mari à Qumrân, hrsg. v. H. Cazelles, Gembloux/Paris 1969 (BiblEThL 24), 3–13 [weiterführende Literaturangaben].

Reade, Julian: Mesopotamian Guidelines for Biblical Chronology, Malibu 1981 (SyrMesSt 4/1).

Ringgren, H.: Word and Wisdom. Studies in the Hypostatization of Divine Qualities and Functions in the Ancient Near East, Lund 1947.

–: The Impact of the Ancient Near East on Israelite Tradition, in: Tradition and Theology in the Old Testament, hrsg. v. D. A. Knight, Philadelphia 1977, 31–46.

Roberts, J. M. M.: s. Goedicke, H.

Saggs, H. W. F.: The Greatness that was Babylon. A Sketch of the Ancient Civilization of the Tigris-Euphrates Valley, London 1962.

–: Assyriology and the Study of the Old Testament. An Inaugural Lecture, Cardiff 1969.

Schmid, H. H.: *šalôm*. „Frieden" im Alten Orient und im Alten Testament, in: SBS 51, Stuttgart 1971.

–: Altorientalische Welt in der alttestamentlichen Theologie. Sechs Aufsätze, Zürich 1974.

–: Die Steine und das Wort. Fug und Unfug biblischer Archäologie, Zürich 1975.

Schmidt-Colinet, Constanze: Die Musikinstrumente in der Kunst des Alten Orients, Bonn 1981 (Archäologisch-philologische Studien: Abhandlung zur Kunst-, Musik- und Literaturwissenschaft 312).

Schneider, N.: Die Keilschrifturkunden der Ur III-Archive und die Bibel, in: Miscellanea biblica et orientalia (FS A. Miller), hrsg. v. Adalberti Metzinger, Rom 1950/51 (StAns 27–28), 453–475.

Schnitzler, Ludwig: Der „Gute Hirte“ im Alten Orient und in der Bibel, in: Antaios 6 (1965), 258–274.

Schubert, Paul: The Twentieth-Century West and the Ancient Near East, in: The Idea of History in the Ancient Near East, New Haven/London 1955 (AOS 38), 311–355.

Schulte, Hannelis: Die Entstehung der Geschichtsschreibung im Alten Israel, Berlin/New York 1972 (BZAW 128).

Seibert, Ilse: Die Frau im Alten Orient, Leipzig 1973.

Selman, M. J.: The Social Environment of the Patriarchs, in: TynB 27 (1976), 114–136.

Seters, John van: s. Van Seters, John.

Silver, Morris: Economic Structures of the Ancient Near East, London/Sydney 1985.

Smith, Morton: On the Differences between the Culture of Israel and the Major Cultures of the Ancient Near East, in: JANES 5 (1973), 389–395.

Soden, Wolfram von: Zweisprachigkeit in der geistigen Kultur Babyloniens, Wien 1960 (Sitzungsberichte der Österreichischen Akad. d. Wiss., Phil.-hist. Kl. 235, 1).

–: Alter Orient und Altes Testament. Grundsätzliche Erwägungen zu einem neuen Buch, in: WO 4 (1967/68), 38–47 [= Ders., Bibel und Alter Orient, 99–108].

–: Sanherib vor Jerusalem 701 v. Chr., in: Antike und Universalgeschichte (FS H. E. Stier), Münster 1972, 43–51 [= Ders., Bibel und Alter Orient, 149–157].

–: Tempelstadt und Metropolis im Alten Orient, in: Die Stadt. Gestalt und Wandel bis zum industriellen Zeitalter, hrsg. v. Heinz Stoob, Köln/Wien 1979 (Städtewesen 1), 37–82.

Soggin, J. A.: Ein außerbiblisches Zeugnis für die Chronologie des Jᵉhôᵓāš/Jôᵓāš, König von Israel, in: VT 20 (1970), 366–368.

Speiser, E. A.: Ancient Mesopotamia, in: The Idea of History in the Ancient Near East, New Haven/London 1955 (AOS 38), 35–76.

Speiser, E. A.: The Biblical Idea of History in its Common Near Eastern Setting, in: IEJ 7 (1957), 201–216.
–: Census and Ritual Expiation in Mari and Israel, in: BASOR 149 (1958), 17–25.
Spieckermann, Hermann: Juda unter Assur in der Sargonidenzeit, Göttingen 1982 (FRLANT 129).
Stamm, J. J.: Kulturelle Leistungen der Sumerer und ihrer Nachwirkungen im Alten Orient, in: ThZ 2 (1946), 1–22.
–: Beiträge zur hebräischen und altorientalischen Namenkunde. Zu seinem 70. Geburtstag hrsg. von Ernst Jenni und Martin A. Klopfenstein, Fribourg/Göttingen 1980 (OBO 30).
Stol, M.: Zwangerschap en geboorte bij de babyloniërs en in de Bijbel, Leiden 1983 (MEOL 23).
Stolper, Matthew W.: A Note on Yahwistic Personal Names in the Murašû Texts, in: BASOR 222 (1976), 25–28.
Stolz, F.: Rausch, Religion und Realität in Israel und seiner Umwelt, in: VT 26 (1976), 170–186.
Tadmor, H.: Assyria and the West. The Ninth Century and its Aftermath, in: Unity and Diversity, hrsg. v. H. Goedicke u. J. J. M. Roberts, Baltimore/London 1975 (JohnsHopkNESt 7), 36–48.
Thiel, Winfried: Die Anfänge von Landwirtschaft und Bodenrecht in der Frühzeit Alt-Israels, in: AoF 7 (1980), 127–141.
–: Die soziale Entwicklung Israels in vorstaatlicher Zeit, Neukirchen-Vluyn ^{2}1985 (^{1}1980).
Thompson, John A.: Non-Biblical Covenants in the Ancient Near East and their Relevance for Understanding the Covenant Motif in the Old Testament, in: ABR 8 (1960), 38–45.
–: The Significance of the Ancient Near Eastern Treaty Pattern, in: The Tyndale House Bulletin 13 (1963), 1–6.
–: The Ancient Near Eastern Treaties and the Old Testament, London 1964.
Thompson, T. L.: The Historicity of the Patriarchal Narratives. The Quest for the Historical Abraham, Berlin/New York 1974 (BZAW 133).
Ullendorff, Edward: The Knowledge of Languages in the Old Testament, in: BJRL 44 (1961/62), 455–465.
Ussishkin, David: The Destruction of Lachish by Sennacherib and the Dating of the Royal Judean Storage Jars, in: Tel Aviv 4 (1977), 28–60.
–: The Battle at Lachish, Israel, in: Arch 33/1 (1980), 56–59.
–: The Conquest of Lachish by Sennacherib, Tel Aviv 1982 (Publ. of the Inst. Archaeology 6).
Van Seters, John: In Search of History. Historiography in the Ancient World and the Origins of Biblical History, New Haven/London 1983.

Vattioni, Francesco: Nuovi aspetti del problema dei patriarchi biblici, in: Aug 4 (1964), 331–357.
Vogels, W.: Covenants between Israel and the Nations, in: Église et théologie 4 (1973), 171–196.
Vogt, E.: Die neubabylonische Chronik über die Schlacht bei Karkemisch und die Einnahme von Jerusalem, in: Volume du congrès Strasbourg 1956, Leiden 1957 (VTS 4), 67–96 [= Ders., Nova chronica babylonica de pugna apud Karkemiš et expugnatione Ierusalem, in: Bibl 37 (1956), 389–397].
–: Die Texte Tiglat-Pilesers III. über die Eroberung Palästinas, in: Bibl 45 (1964), 348–354.
Wallis, G.: Eine Parallele zu Richter 19, 29ff. und I Sam. 11, 5ff. aus dem Briefarchiv von Mari, in: ZAW 64 (1952), 57–61.
Weidner, E. F.: Jojachin, König von Juda, in babylonischen Keilschrifttexten, in: Mélanges Syriens 2 (1939), 923–935.
Weinfeld, Moshe: Traces of Assyrian Treaty Formulae in Deuteronomy, in: Bibl 46 (1965), 417–427.
–: 'Justice and Righteousness' in Ancient Israel against the Background of "Social Reforms" in the Ancient Near East, in: Mesopotamien und seine Nachbarn (25. Rencontre Assyriologique), hrsg. v. H.-J. Nissen u. J. Renger, Berlin 1982 (Berliner Beiträge zum Vorderen Orient 1), 491–519.
–: Divine Intervention in War in Ancient Israel and in the Ancient Near East, in: History, Historiography and Interpretation. Studies in Biblical and Cuneiform Literatures, hrsg. v. H. Tadmor u. M. Weinfeld, Jerusalem 1983, 121–147.
Wilkie, J. M.: Nabonidus and the Later Jewish Exiles, in: JThSt (New Series) 2 (1951), 36–44.
Williams-Forte, Elisabeth: s. Gorelick, Leonard.
Wilson, Robert R.: The Old Testament Genealogies in Recent Research, in: JBL 94 (1975), 169–189.
Winter, U.: Frau und Göttin. Exegetische und ikonographische Studien zum weiblichen Gottesbild im Alten Israel und in dessen Umwelt, Fribourg/Göttingen 1983 (OBO 53).
Yamauchi, Edwin M.: Cultic Prostitution. A Case Study in Cultural Diffusion, in: Orient and Occident (FS C. H. Gordon), hrsg. v. Harry A. Hoffner Jr., Kevelaer/Neukirchen-Vluyn 1973 (AOAT 22), 213–222.
Yaron, Kalman: The Symbols of Nature in Israel and in the Ancient Near East, in: Dor le-Dor 9 (1981), 132–138.
Yoffee, Norman: Explaining Trade in Ancient Western Asia, Malibu 1981 (MANE 2/2).

Zaccagnini, C.: The Enemy in the Neo-Assyrian Royal Inscriptions. The "Ethnographic" Description, in: Mesopotamien und seine Nachbarn (25. Rencontre Assyriologique), hrsg. v. H.-J. Nissen u. J. Renger, Berlin 1982 (Berliner Beiträge zum Vorderen Orient 1), 409–424.
–: Patterns of Mobility among Ancient Near Eastern Craftsmen, in: JNES 42 (1983), 245–264.
Zadok, R.: Phoenicians, Philistines, and Moabites in Mesopotamia, in: BASOR 230 (1978), 57–65 [weiterführende Literaturangaben].
–: West Semitic Toponyms in Assyrian and Babylonian Sources, in: Studies in the Bible and the Ancient Near East (FS S. E. Loewenstamm), hrsg. v. Y. Avishur u. Joshua Blau, Jerusalem 1978, 163–179.
–: The Jews in Babylonia During the Chaldean and Achaemenian Periods. According to the Babylonian Sources, Haifa 1979.
–: On Some Foreign Population Groups in First-Millennium Babylonia, in: Tel Aviv 6 (1979), 164–181.
–: Notes on the Early History of the Israelites and Judeans in Mesopotamia, in: OrNS 51 (1982), 391–393.

III. Gesetze und Recht

Ben-Barak, Zafrira: Inheritance by Daughters in the Ancient Near East, in: JSS 25 (1980), 22–33.
Blau, L.: Bekämpfung altorientalischer Rechtsformeln durch die Rabbinen des Talmuds, in: MGWJ 69 (1925), 139–144.
Boecker, Hans Jochen: Recht und Gesetz im Alten Testament und im Alten Orient, Neukirchen-Vluyn 1976 (Neukirchener Studienbücher 10).
Bottéro, Jean: Le problème du mal et de la justice divine à Babylone et dans la Bible, L'Arbresle 1976 (Recherches et documents du Cercle Thomas More 14).
Bracker, H.-D.: Das Gesetz Israels, verglichen mit den altorientalischen Gesetzen der Babylonier, der Hethiter und der Assyrer, Hamburg 1962.
Brauner, Roland A.: Some Aspects of Offense and Penalty in the Bible and the Literature of the Ancient Near East, in: Gratz College Annual of Jewish Studies 3 (1974), 9–18.
Burrows, M.: The Ancient Oriental Background of Hebrew Levirate Marriage, in: BASOR 77 (1940), 2–15.
Cardellini, Innocenzo: Die biblischen „Sklaven"-Gesetze im Lichte des keilschriftlichen Sklavenrechts. Ein Beitrag zur Tradition, Überlieferung und Redaktion der alttestamentlichen Rechtstexte, Bonn 1981 (BBB 55).

Cruveilhier, P.: Le lévirat chez les Hébreux et chez les Assyriens, in: RB 34 (1925), 524–546.

David, Martin: The Codex Hammurabi and its Relation to the Provisions of Law in Exodus, in: OTS 7 (1950), 149–178.

Donner, H.: Adoption oder Legitimation? Erwägungen zur Adoption im Alten Testament auf dem Hintergrund der altorientalischen Rechte, in: OrAnt 8 (1969), 87–119.

Edwards, Chilperic: The Hammurapi Code and the Sinaitic Legislation, London [3]1921 ([1]1904).

Fensham, F. C.: Das Nicht-Haftbar-Sein im Bundesbuch im Lichte der altorientalischen Rechtstexte, in: JNWSL 8 (1980), 17–34.

Greengus, Samuel: Sisterhood Adoption at Nuzi and "Wife-Sister" in Genesis, in: HUCA 46 (1975), 5–31.

Gustavs, A.: Parallelen zu alttestamentlichen Gesetzesbestimmungen in akkadischer Weisheitsliteratur, in: ZAW 48 (1930), 231–232.

Hejcl, J.: Das alttestamentliche Zinsverbot im Lichte der ethnologischen Jurisprudenz sowie des altorientalischen Zinswesens, 1907 (BSt 12), 305–402.

Jeremias, Johannes: Moses und Hammurabi, Leipzig [2]1903.

Johag, Ingeborg: *ṭwb* – Terminus technicus in Vertrags- und Bündnisformularen des Alten Orients und des Alten Testaments, in: Bausteine biblischer Theologie (FS G. J. Botterweck), hrsg. v. H.-J. Fabry, Köln/Bonn 1977 (BBB 50), 3–23.

Kornfeld, Walter: L'adultère dans l'Orient antique, in: RB 57 (1950), 92–109.

Kutsch, E.: Salbung als Rechtsakt im Alten Testament und im Alten Orient, Berlin 1963 (BZAW 87).

Lagrange, M.-J.: L'Homicide d'après le Code de Hammourabi et d'après la Bible, in: RB 13 (1916), 440–471.

Loewenstamm, S. E.: The Phrase "X (or) X plus one" in Biblical and Old Oriental Laws, in: Bibl 53 (1972), 543.

MacDonald, Elisabeth M.: The Position of Women as Reflected in Semitic Codes of Law, Toronto 1931 (University of Toronto Studies, Oriental Series 1).

Magnetti, Donald L.: The Oath in the Old Testament in the Light of Related Terms in the Legal and Covenantal Context of the Ancient Near East (Diss.), Baltimore 1969.

Malamat, Abraham: The Ban in Mari and the Bible, in: Biblical Essays: Proceedings of the ninth Meeting of „Die Ou-Testamentiese Werkgemeenskap in Siud-Afrika", Pretoria 1966, 40–49.

Marcus, David: Civil Liberties under Israelite and Mesopotamian Kings, in: JANES 10 (1978), 53–60.

Mendenhall, G. E.: Ancient Oriental and Biblical Law, in: BA 17 (1954), 26–46.
–: Recht und Bund in Israel und dem Alten Vordern Orient, Zürich 1960 (ThSt 64).
Neufeld, Edward: Inalienability of Mobile and Immobile Pledges in the Laws of the Bible, in: RIDA 9 (1962), 33–44.
Paul, S. M.: Unrecognized Biblical Legal Idioms in the Light of Comparative Akkadian Expressions, in: RB 86 (1979), 231–239.
Price, I. M.: The Laws of Deposit in Early Babylonia and the Old Testament, in: JAOS 47 (1927), 250–255.
Puukko, A. F.: Die altassyrischen und hethitischen Gesetze und das Alte Testament, in: FS K. Tallqvist, Helsinki 1925 (StOr 1), 125–166.
Rothstein, J. W.: Moses und das Gesetz, I. Gesetzgebung in Israel und Babel (Moses und Hammurabi), in: Biblische Zeit- und Streitfragen 6/9, Berlin 1911.
Skweres, D. E.: Das Motiv der Strafgrunderfragung in biblischen und neuassyrischen Texten, in: BZ 14 (1970), 181–197.
Smith, J. M. Powis: The Origin and History of Hebrew Law. Tracing Hebrew Law from the Decalogue to the Priestly Codes with Comparisons with the Hittite, Assyrian, and Babylonian Codes, Chicago 1960 [Neudruck = 1931].
Sonsino, Rifat: Motive Clauses in Hebrew Law. Biblical Forms and Near Eastern Parallels, Chico, Calif. 1980 (SBL.DissSer 45).
Stadler, G.: Privateigentum in Israel und im Alten Orient (Diss. Fachbereich Ev. Theol., Univ. Mainz), Mainz 1975.
Stamm, J. J.: Fremde, Flüchtlinge und ihr Schutz im alten Israel und in seiner Umwelt, in: Der Flüchtling in der Weltgeschichte, hrsg. v. A. Mercier, Bern 1974, 31–66.
Szlechter, E.: Le prêt dans l'Ancien Testament et dans les Codes mésopotamiens d'avant Hammourabi, in: RHPhR 35 (1955), 16–25.
Weinfeld, Moshe: The Covenant of Grant in the Old Testament and in the Ancient Near East, in: JAOS 90 (1970), 184–203.
–: Covenant Terminology in the Ancient Near East and its Influence on the West, in: JAOS 93 (1973), 190–199.
–: Judge and Officer in Ancient Israel and in the Ancient Near East, in: Israel Oriental Studies 7 (1977), 65–88.
Westbrook, Raymond: The Law of the Biblical Levirate, in: RIDA 24 (1977), 65–87.
–: Biblical and Cuneiform Law Codes, in: RB 92 (1985), 247–264.
Wiseman, D. M.: Murder in Mesopotamia, in: Iraq 36 (1974), 249–260.

Yaron, Reuven: The Middle Assyrian Laws and the Bible, in: Bibl 51 (1970), 549–557.

IV. Schöpfung und Sintflut

Bailey, John A.: Initiation and the Primal Woman in Gilgamesh and Genesis 2–3, in: JBL 89 (1970), 137–150.
Brandon, S. G. F.: Creation Legends of the Ancient Near East, London 1963.
Briend, J. (Hrsg.): La création du monde et de l'homme d'après les textes du Proche-Orient ancien, Paris 1981 (Supplément au Cahier Évangile 38, Documents autour de la Bible).
Cagni, Luigi: La destinazione dell'uomo al lavoro secondo Genesi 2 e secondo le fonti sumero-accadiche, in: AION 34 (= NS 24) (1974), 31–44.
–: Il mito babilonese di Atramḫasis. Mondo divino, creazione e destino dell'uomo, peccato e deluvio, in: RivBiblIt 23 (1975), 225–259.
Casalis, M.: The Dry and the Wet. A Semiological Analysis of Creation and Flood Myths, in: Semiotica 17 (1976), 35–67.
Clark, W. M.: The Flood and the Structure of Pre-patriachal History, in: ZAW 83 (1971), 184–211.
DeLano, Joan Heuer: The "Exegesis" of *Enuma elish* and Genesis 1, 1875–1975. A Study in Interpretation (Diss.), Marquette University, Milwaukee, WI. 1985.
Eliade, M. (Hrsg.): Die Schöpfungsmythen. Ägypter, Sumerer, Hurriter, Hethiter, Kanaaniter und Israeliten, Darmstadt 1980 [Neudruck = 1964] (Quellen des Alten Orients, Schöpfungsmythen I) (= La naissance du Monde I, Paris [übers. v. E. Klein]).
Fisher, E.: *Gilgamesh* and Genesis. The Flood Story in Context, in: CBQ 32 (1970), 392–402.
Fritz, Volkmar: „Solange die Erde steht". Vom Sinn der jahwistischen Fluterzählung in Gen 6–8, in: ZAW 94 (1982), 599–614.
Frymer-Kensky, T.: The Atrahasis Epic and its Significance for our Understanding of Genesis 1–9, in: BA 40 (1977), 147–155.
Gunkel, H.: Schöpfung und Chaos in Urzeit und Endzeit. Eine religionsgeschichtliche Untersuchung über Gen 1 und Ap John 12, Göttingen ²1921 (¹1895; Neudruck Ann Arbor, Michigan 1980).
Hanson, P. D.: Rebellion in Heaven, Azalel, and Euhemeristic Heroes in 1 Henoch 6–11, in: JBL 96 (1977), 195–233.
Hasel, Gerhard F.: The Significance of the Cosmology in Genesis I in Relation to Ancient Near Eastern Parallels, in: AUSSt 10 (1972), 1–20.

Heidel, A.: The Babylonian Genesis. The Story of Creation, Chicago [4]1965.
Kapelrud, Arvid S.: The Mythological Features in Genesis Chapter I and the Author's Intentions, in: VT 24 (1974), 178–186.
Kensky, T.: s. Frymer-Kensky, T.
Kikawada, I. M.: Literary Convention of the Primeval History, in: AJBI 1 (1975), 3–21.
–: The Double Creation of Mankind in *Enki and Ninmah, Atrahasis* I 1–351 and *Genesis* 1–2, in: Iraq 45 (1983), 43–45.
King, L. W.: The Seven Tablets of Creation, or the Babylonian and Assyrian Legends Concerning the Creation of the World and of Mankind I–II, New York 1976 [Neudruck = 1902].
Kümmel, Hans Martin: Bemerkungen zu den altorientalischen Berichten von der Menschenschöpfung, in: WO 7 (1973/74), 25–38.
Labat, R.: Le poème babylonien de la création, Paris 1935.
Lambert, W. G.: A New Look at the Babylonian Background of Genesis, in: JThSt 16 (1965), 287–300 [und vorliegender Band S. 94–113].
–: The Flood in Sumerian, Babylonian and Biblical Sources, in: Bulletin. The Society for Mesopotamian Studies 5, Toronto 1983, 27–40.
–: Old Testament Mythology and its Ancient Near Eastern Context, in: Congress Volume Jerusalem 1986, hrsg. von J. A. Emerton, Leiden 1988 (SVT 40), 144–156.
Lambert, W. G., A. R. Millard: Atra-ḫasīs. The Babylonian Story of the Flood, Oxford 1969.
Lang, Bernhard: Ein babylonisches Motiv in Israels Schöpfungsmythologie (Jer 27, 5–6), in: BZ 27 (1983), 236–237.
Langdon, S.: The Sumero-Babylonian Origin of the Legend of Adam, in: ExpT 43 (1931/32), 45.
Liebermann, S. R.: The Eve Motif in the Ancient Near East and Classical Greek Sources (Diss.), Boston 1975.
Lukas, F.: Der babylonische und der biblische Weltentstehungsbericht, Leipzig/Berlin [2]1903.
Maag, Victor: Sumerische und babylonische Mythen von der Erschaffung des Menschen, in: Kultur, Kulturkontakt und Religion. Gesammelte Studien zur allgemeinen und alttestamentlichen Religionsgeschichte, hrsg. v. H. H. Schmid u. O. H. Steck, Göttingen/Zürich 1980, 38–59 (= Asiatische Studien 8 [1954], 85–106).
Major, Wilfred: s. O'Brien, Joan.
Matouš, L.: Die Urgeschichte der Menschheit im Atramḫasīs-Epos und in der Genesis, in: ArOr 37 (1969), 1–7 [+ Korrekturzusatz S. 148].
Millard, A. R.: s. Lambert, W. G.

Molin, G.: Das Motiv vom Chaoskampf im Alten Orient und in den Traditionen Jerusalems und Israels, in: Memoria Jerusalem (FS F. Sauer), hrsg. v. J. B. Bauer u. J. Marböck, Graz 1977, 13–28.
Moscati, S.: La battaglia tra Babilonia e la Bibbia. Il racconto della creazione del mondo, in: Ricerche Religiose 18 (1947), 311–326.
Müller, Hans-Peter: Mythische Elemente in der jahwistischen Schöpfungserzählung, in: ZThK 69 (1972), 259–289 [und vorliegender Band S. 114–153].
–: Erkenntnis und Verfehlung. Prototypen und Antitypen zu Gen 2–3, in: Glaube und Toleranz. Das theologische Erbe der Aufklärung, hrsg. v. T. Rendtorff, Gütersloh 1982, 191–210.
–: Das Motiv für die Sintflut. Die hermeneutische Funktion des Mythos und seiner Analyse, in: ZAW 97 (1985), 295–316.
–: Babylonischer und biblischer Mythos von Menschenschöpfung und Sintflut, in: Vom alten zum neuen Adam. Urzeitmythos und Heilsgeschichte, hrsg. v. W. Strolz, Freiburg 1986, 43–68.
–: Eine neue babylonische Menschenschöpfungserzählung im Licht keilschriftlicher und biblischer Parallelen. Zur Wirklichkeitsauffassung im Mythos, in: OrNS 58 (1989), 61–85.
O'Brien, Joan, Wilfred Major: In the Beginning. Creation Myths from Ancient Mesopotamia, Israel and Greece, Chicago 1982 (American Acad. of Religion. Aids for the Study of Religion Series 11).
Oden, Robert A. Jr.: Divine Aspirations in Atrahasis and in Genesis 1–11, in: ZAW 93 (1981), 197–216.
Petersen, David L.: The Yahwist on the Flood, in: VT 26 (1976), 438–446.
Pettinato, G.: Die Bestrafung des Menschengeschlechts durch die Sintflut. Die erste Tafel des Atramḫasīs-Epos eröffnet eine neue Einsicht in die Motivation dieser Strafe, in: OrNS 37 (1968), 165–200.
–: Das altorientalische Menschenbild und die sumerischen und akkadischen Schöpfungsmythen, Heidelberg 1971 (AHAW, Phil.-hist. Kl. 1971, 1).
Soden, Wolfram von: Der Mensch bescheidet sich nicht. Überlegungen zu Schöpfungserzählungen in Babylonien und Israel, in: Symbolae biblicae et mesopotamicae (FS F. M. Th. de Liagre Böhl), hrsg. v. M. A. Beek et al., Leiden 1973, 349–358 [= Ders., Bibel und Alter Orient, 165–173].
Sollberger, Edmond: The Babylonian Legend of the Flood, London 1962.
Thieme, Karl: Nimrod, Kusch und Babel. Zum universalhistorischen Ertrag der „Biblischen Urgeschichte", in: Historisches Jahrbuch 74 (1955), 1–11.
Waltke, Bruce K.: The Creation Account in Genesis 1, 1–3 [I–V], in: BS 132 (1975), 25–36, 136–144, 216–228, 327–342; BS 133 (1976), 28–42.
Williams, A. J.: The Significance of the Genesis Three Serpent with Ref-

erence to the Old Testament an Ancient Near Eastern Tradition (Diss.), Manchester 1973.
Woolley, L.: Stories of the Creation and the Flood, in: PEQ 88 (1956), 14–21.
Zimmern, H.: Biblische und babylonische Urgeschichte, Leipzig [3]1903 (AO 2/3).

V. Königtum

Ben-Barak, Zafrira: Succession to the Throne in Israel and in Assyria, in: OrLovPer 17 (1986), 85–100.
Bernhardt, K.-H.: Das Problem der altorientalischen Königsideologie im Alten Testament. Unter besonderer Berücksichtigung der Geschichte der Psalmenexegese dargestellt und kritisch gewürdigt, Leiden 1961 (VTS 8).
Bronner, Leah Leila: King and Commoner in Proverbs and Near Eastern Sources, in: Dor le-Dor 10 (1981/82), 210–219, 259.
Buber, Martin: Königtum Gottes, Heidelberg [3]1956 (bes. S. 37–50).
Cazelles, H.: De l'idéologie royale, in: JANES 5 (1973), 59–73.
Donner, H.: Art und Herkunft des Amtes der Königinmutter im Alten Testament, in: FS J. Friedrich, hrsg. v. R. von Kienle et al., Heidelberg 1959, 105–145.
Evans, Carl D.: Naram-Sin and Jeroboam. The Archetypal *Unheilsherrscher* in Mesopotamian and Biblical Historiography, in: Scripture in Context, II. More Essays on the Comparative Method, hrsg. v. W. W. Hallo et al., Winona Lake 1983, 97–125.
Gadd, C. J.: Ideas of Divine Rule in the Ancient Near East. The Schweich Lectures of the British Academy 1945, London 1948.
Hooke, S. H. (Hrsg.): Myth, Ritual and Kingship. Essays on the Theory and Practice of Kingship in the Ancient Near East and in Israel, Oxford 1958.
Malamat, Abraham: Kingship and Council in Israel and Sumer. A Parallel, in: JNES 22 (1963), 247–253.
Mazabow, Gerald: The Early Israelite Monarchy against its Ancient Near Eastern Background, Diss. University of South Africa 1978.
Sauren, H.: L'intronisation du roi en Israël à la lumière d'une lettre de Mari, in: OrLovPer 2 (1971), 5–12.
Seligman, Brenda Z.: Studies in Semitic Kingship, in BSOS 3 (1923/25), 51–68, 263–279.
Soden, Wolfram von: Herrscher im Alten Orient, Berlin 1954 (Verständliche Wissenschaft 54).
Waldman, Nahum M.: A Biblical Echo of Mesopotamian Royal Rhetoric, in: Essays on the Occasion of the 70th Anniversary of the Dropsie

College, hrsg. v. Abraham Katsh u. Leon Nemoy, Philadelphia 1979, 449–455.
Westermann, Claus: Das sakrale Königtum in seinen Erscheinungsformen und seiner Geschichte, in: Ders., Forschung am Alten Testament, Gesammelte Studien II, München 1974 (Theologische Bücherei 55), 290–308 (= Sacred Kingship, in: Encyclopaedia Britannica. Macropaedia 1974, vol. XVI, Chicago 1974, 118–122).
Widengren, Geo: The King and the Tree of Life in Ancient Near Eastern Religion. King and Saviour IV, Uppsala 1951 (ÅUU 1951/4).

VI. Prophetie

Calderini, Oliviera: Considerazioni sul *nāśî*ᵓ ebraico, il *naši biltim* babilonese e il *nāšû* assiro, in: BibO 21 (1979), 273–281.
Carena, Omar: Il resto di Israele. Studio storico-comparativo delle iscrizioni reali assire e dei testi profetici sul tema del resto, Bologna 1985 (Supplementi alla Rivista Biblica 13).
Childs, B. S.: Isaiah and the Assyrian Crisis, London 1967 (SBT, Second Series 3).
Craghan, John F.: Mari and its Prophets. The Contributions of Mari to the Understanding of Biblical Prophecy, in: BTB 5 (1975), 32–55.
Dietrich, M.: Prophetie in den Keilschrifttexten, in: JARG 1 (1973), 15–44.
Dossin, G.: Sur le prophétisme à Mari, in: La divination en Mésopotamie ancienne et dans les régions voisines, hrsg. v. J. Nougayrol, Paris 1966 (Bibliothèque des Centres d'Études supérieures spécialisés), 77–86.
Dürr, L.: Die Wertung des göttlichen Wortes im Alten Testament und im antiken Orient, Leipzig 1938 (MVAeG 42/1).
Ellermeier, F.: Prophetie in Mari und Israel, Herzberg 1968 (TheOrAr 1).
Gottwald, N. K.: All The Kingdoms of the Earth. Israelite Prophecy and International Relations in the Ancient Near East, New York/Evanston/London 1964.
Guillaume, A.: Prophétie et divination, Paris 1941.
Hayes, J. H.: Prophetism at Mari and Old Testament Parallels, in: Trinity University Studies in Religion 9 (1967–69), 31–41.
–: The Usages of Oracles Against Foreign Nations in Ancient Israel, in: JBL 87 (1968), 81–92.
Heintz, J.-G.: Oracles prophétiques et „guerre sainte“ selon les archives royales de Mari et l'Ancien Testament, in: Congress Volume Rome 1968, Leiden 1969 (VTS 17), 112–138 [weiterführende Literaturangaben].
–: Prophetie in Mari und Israel, in: Bibl 52 (1971), 543–555.

Heintz, J.-G.: Langage prophétique et „style de cour“ selon *Archives Royales de Mari X* et l'Ancien Testament, in: Sem 22 (1972), 5–12.

–: Prophétisme et guerre sainte selon les archives royales de Mari et l'Ancien Testament, in: ÉTR 56 (1981), 47–49.

Hirsch, Hans: Prophetismus im Alten Orient, in: Bibel und zeitgemäßer Glaube, I. Altes Testament, hrsg. v. Karl Schubert, Klosterneuburg 1965, 159–169.

Holladay, John S. Jr.: Assyrian Statecraft and the Prophets of Israel, in: HThR 63 (1970), 29–51.

Koch, K.: Die Briefe "profetischen" Inhalts aus Mari. Bemerkungen zu Gattung und Sitz im Leben, in: UF 4 (1972), 53–77 [= Ders., Studien zur alttestamentlichen und altorientalischen Religionsgeschichte, Göttingen 1988, 153–188].

Liagre Böhl, F. M. Th. de: Prophetentum und stellvertretendes Leiden in Assyrien und Israel, in: Opera minora. Studies en bijdragen op assyriologisch en oudtestamentisch terrien, Groningen/Djakarta 1953, 63–80, 480–483 (= Profetisme en Plaatsvervangenel Lijden in Assyrië en Israël, NedThT 4 [1949–50], 81–91, 161–176).

Malamat, Abraham: Prophetic Revelations in New Documents from Mari and the Bible, in: Volume du congrès Genève 1965, Leiden 1966 (VTS 15), 207–227.

–: Mari and the Bible. A Collection of Studies, Jerusalem [3]1977.

–: A Mari Prophecy and Nathan's Dynastic Oracle, in: Prophecy: Essays presented to Georg Fohrer on his sixty-fifth birthday, hrsg. v. J. A. Emerton, Berlin/New York 1980 (BZAW 150), 68–82.

–: A Forerunner of Biblical Prophecies, in: Ancient Israelite Religion. Essays in Honor of F. M. Cross, hrsg. von P. D. Müller et al., Philadelphia 1987, 33–52.

–: Parallels Between the New Prophecies from Mari and Biblical Prophecies. I. *Predicting the Death of a Royal Infant*; II. *Material Remuneration for Prophet Services,* in: N.A.B.U. 3 (1989), Nr. 88f. (S. 61–63).

Noort, Edward: Untersuchungen zum Gottesbescheid in Mari. Die „Mariprophetie“ in der alttestamentlichen Forschung, Kevelaer/Neukirchen-Vluyn 1977 (AOAT 202).

Nötscher, F.: Prophetie im Umkreis des alten Israel, in: BZ 10 (1966), 161–197 [und vorliegender Band S. 214–258].

Polley, Max E.: Hebrew Prophecy Within the Council of Yahweh, Examined in its Ancient Near Eastern Setting, in: Scripture in Context. Essays on the Comparative Method, hrsg. v. Carl D. Evans et al., Pittsburgh 1980 (Pittsburgh Theological Monograph Series 34), 141–156.

Ringgren, H.: Prophecy in the Ancient Near East, in: Israel's Prophetic

Tradition (FS Peter R. Ackroyd), hrsg. v. R. Coggins et al., Cambridge 1982, 1–11.
Ross, James F.: Prophecy in Hamath, Israel, and Mari, in: HThR 63 (1970), 1–28.
Schmitt, A.: Prophetischer Gottesbescheid in Mari und Israel. Eine Strukturuntersuchung, Stuttgart 1982 (BWANT 114).
Schmökel, H.: Gottes Wort in Mari und Israel, in: ThLZ 76 (1951), 54–58.
Shaw, M. W.: Revelation in the Ancient Near East. Its Agents and Media, in: Studies in Revelation and the Bible, hrsg. v. M. W. Shaw, Indianapolis 1971, 3–17.
Soden, Wolfram von: Verkündigung des Gotteswillens durch prophetisches Wort in den altbabylonischen Briefen aus Mâri, in: WO 1/5 (1950), 397–403 [= Ders., Bibel und Alter Orient, 19–31, und vorliegender Band, S. 201–213].
Wächter, Ludwig: Prophetie in der Umwelt des Alten Testaments, in: Von Bileam bis Jesaja, hrsg. v. G. Wallis, Berlin 1984, 9–31.
Walters, Stanley D.: Prophecy in Mari and Israel, in: JBL 89 (1970), 78–81.
Weinfeld, Moshe: Ancient Near Eastern Patterns in Prophetic Literature, in: VT 27 (1977), 178–195.
–: Mesopotamian Prophecy, in: Shnaton 3 (1978/9), 263–276.
Westermann, Claus: Die Mari-Briefe und die Prophetie in Israel, in: Ders., Forschung am Alten Testament, Gesammelte Studien (I), München 1964 (Theologische Bücherei 24), 171–188.

VII. Kult, „Handerhebungsgebete“ (šu-ila)

Albertz, R.: Persönliche Frömmigkeit und offizielle Religion. Religionsinterner Pluralismus in Israel und Babylon, Stuttgart 1978 (CThM Reihe A, Band 9).
Albrektson, Bertil: History and the Gods. An Essay on the Idea of Historical Events as Divine Manifestations in the Ancient Near East and in Israel, Lund 1967 (CB, OT Series 1).
Bertholet, A.: Zu den babylonischen und israelitischen Unterweltsvorstellungen, in: Oriental Studies (FS P. Haupt), hrsg. v. Cyrus Adler u. Aaron Ember, Baltimore/Leipzig 1926, 9–18.
Bottéro, Jean: Du polythéisme babylonien au monothéisme d’Israël. L’ancien Orient, la Bible et le Dieu unique, in: Recherches et documents du Centre Thomas More 31, L’Arbresle 1981, 1–18.
Buren, E. Douglas Van: s. Van Buren, E. Douglas.
Caquot, A.: La religion d’Israël des origines à la captivité de Babylone, in:

Histoire des religions, I. Les Religions Antiques, hrsg. v. H.-C. Puech, Paris 1970, 359–461.

Castellino, G. R.: Le lamentazioni individuali e gli inni in Babylonia e in Israele. Raffrontati riguardo alla forma e al contenuto, Torino 1939.

–: Lamentazioni individuali accadiche ed ebraiche, in: Salesianum 10 (1948), 145–162.

Davies, T. Witton: Magic, Divination, and Demonology among the Hebrews and their Neighbors. Including an Examination of Biblical References of the Biblical Terms, New York 1969 [Neudruck = 1898].

Deimel, A.: Pantheon Babylonicum. Nomina Deorum e textibus cuneiformibus excerpta et ordine alphabetico distributa, Rom 1914.

–: Pantheon Babylonicum oder Keilschriftkatalog der babylonischen Götternamen, Rom 1950 (Šumerisches Lexikon IV/1).

Delcor, M.: Études bibliques et orientales de religions comparées, Leiden 1979.

Dijk, J. J. A. van: Le motif cosmique dans la pensée sumérienne, in: AcOr (Danica) 28 (1964/65), 1–59.

Ebeling, Erich (Hrsg.): Die akkadische Gebetsserie „Handerhebung", Berlin 1953 (Deutsche Akademie der Wissenschaften zu Berlin, Institut für Orientforschung. Veröffentlichung Nr. 20).

Eißfeldt, O.: Israels Religion und die Religionen seiner Umwelt, in: Neue Zeitschrift für Theologie und Religionsphilosophie 9 (1967), 8–27 [= Ders., Kleine Schriften V, 1–20].

Fensham, F. C.: *Peḥâ* in the Old Testament and the Ancient Near East, in: OTWSA 19 (1976), 44–52.

Frankfort, H.: The Problem of Similarity in the Ancient Near Eastern Religions. The Frazer Lecture 1950, Oxford 1951.

Gamper, A.: Gott als Richter in Mesopotamien und im Alten Testament. Zum Verständnis einer Gebetsbitte, Innsbruck 1966.

Genge, H.: Zum „Lebensbaum" in den Keilschriftkulturen, in: AcOr (Danica) 33 (1971), 321–334.

Gerstenberger, E.: Der bittende Mensch. Bittritual und Klagelied des Einzelnen im Alten Testament, Neukirchen-Vluyn 1980 (WMANT 51) [vgl. vorliegender Band S. 372–380].

Green, Alberto R. W.: The Role of Human Sacrifice in the Ancient Near East, Missoula, Montana 1975 (ASOR Diss. Series 1).

Hallo, W. W.: Biblical Abominations and Sumerian Taboos, in: JQR 76 (1985), 21–40.

Hanson, P. D.: Jewish Apocalyptic against its Near Eastern Environment, in: RB 78 (1971), 31–58.

Harrelson, Walter: The Significance of Cosmology in the Ancient Near

East, in: Translating and Understanding the Old Testament (FS H. Gordon May), hrsg. v. H. T. Frank u. W. L. Reed, Nashville/New York 1970, 237–252.
Hehn, J.: Die biblische und die babylonische Gottesidee. Die israelitische Gottesauffassung im Lichte der altorientalischen Religionsgeschichte, Leipzig 1913.
Heimpel, W.: A Catalog of Near Eastern Venus Deities, in: SMS 4/3, Malibu 1982, 9–22.
Hirsch, Hans: Gott der Väter, in: AfO 21 (1966), 56–58.
Hörig, Monika: Dea Syria. Studien zur religiösen Tradition der Fruchtbarkeitsgöttin in Vorderasien, Kevelaer/Neukirchen-Vluyn 1979 (AOAT 208).
Janowski, B.: Sühne als Heilsgeschehen. Studien zur Sühnetheologie der Priesterschrift und zur Wurzel *KPR* im Alten Orient und im Alten Testament, Neukirchen-Vluyn 1982 (WMANT 55).
Jeremias, Johannes: Der Gottesberg. Ein Beitrag zum Verständnis der biblischen Symbolsprache (Diss.), Gütersloh 1919.
Keel, O. (Hrsg.): Monotheismus im Alten Israel und seiner Umwelt, Fribourg 1980 (BB 14).
Kramer, S. N.: The Sacred Marriage Rite. Aspects of Faith, Myth, and Ritual in Ancient Sumer, Bloomington/London 1969.
Kreuzer, S.: Der lebendige Gott. Bedeutung, Herkunft und Entwicklung einer alttestamentlichen Gottesbezeichnung, Stuttgart 1983 (BWANT 116).
Lambert, W. G.: Destiny and Divine Intervention in Babylon and Israel, in: OTS 17 (1972), 64–72.
–: The Historical Development of the Mesopotamian Pantheon. A Study in Sophisticated Polytheism, in: Unity and Diversity, hrsg. v. H. Goedicke u. J. J. M. Roberts, Baltimore 1975 (JohnsHopkNESt 7), 191–200.
–: The Background of Jewish Apocalyptic. The Ethel M. Wood Lecture Feb. 1977, London 1978.
Loretz, Oswald: Jahwe und El. Zu J. Ratzinger, *Einführungen in das Christentum*, in: BiKi 24 (1969), 53–59.
Maag, Victor: Alttestamentliche Anthropogonie in ihrem Verhältnis zur altorientalischen Mythologie, in: Kultur, Kulturkontakt und Religion. Gesammelte Studien zur allgemeinen und alttestamentlichen Religionsgeschichte, hrsg. v. H. H. Schmid u. O. H. Steck, Göttingen/Zürich 1980, 60–89 (= Asiatische Studien 9 [1955], 15–44, und vorliegender Band S. 63–93).
Mathew, P. C.: The Cultus of the Ancient Near Eastern Semites. Its Principles and Theology, Trichur/Kerala 1983 (Semitic Theological Series 1).

Mayer, Werner: Untersuchungen zur Formensprache der babylonischen „Gebetsbeschwörungen", Rom 1976 (Studia Pohl, Series Major 5).
McKay, John: Religion in Judah under the Assyrians, 732–609 B.C., London 1973 (SBT, Second Series, 26).
Milgrom, J.: The Alleged Wave-Offering in Israel and in the Ancient Near East, in: IEJ 22 (1972), 33–38.
Moran, William L.: The Ancient Near Eastern Background of the Love of God in Deuteronomy, in: CBQ 25 (1963), 77–87.
Morgenstern, Julian: The Cultic Setting of the "Enthronement Psalms", in: HUCA 35 (1964), 1–42.
Nötscher, F.: „Das Angesicht Gottes schauen" nach biblischer und babylonischer Auffassung, Darmstadt 1969 [Neudruck = 1924].
–: Altorientalischer und alttestamentlicher Auferstehungsglauben, hrsg. v. J. Scharbert, Darmstadt 1970 [Neudruck = 1926].
Oberhuber, Karl: Zum Problem der „Heiligen Hochzeit" im Bereich des Alten Orients, in: Studien zur Sprachwissenschaft und Kulturkunde (FS W. Brandenstein), Innsbruck 1968 (Innsbrucker Beiträge zur Kulturwissenschaft 14), 269–275.
Prevot, Dominique: Le monde des morts en Mésopotamie, Diss. Sorbonne, Paris 1981.
Ries, J., H. Sauren et al. (Hrsg.): L'expression du sacré dans les grandes religions, I. Proche-Orient ancien et traditions bibliques, Louvain-la-Neuve 1978 (Homo Religiosus 1).
Ringgren, H.: Israel's Place among the Religions of the Ancient Near East, in: Studies in the Religion of Ancient Israel, Leiden 1972 (VTS 23), 1–8.
Roberts, J. J. M.: Divine Freedom and Cultic Manipulation in Israel and Mesopotamia, in: Unity and Diversity, hrsg. v. H. Goedicke u. J. M. M. Roberts, Baltimore/London 1975 (JohnsHopkNESt 7), 181–190.
Rosenberg, Alfons (Hrsg.): Der babylonische Turm. Aufbruch ins Maßlose, München 1975.
Sabourin, L.: A Bibliography of Sacrifice in the Bible and the Ancient Near East, in: S. Lyonnet – L. Sabourin: *Sin, Redemption,* and *Sacrifice. A Biblical and Patristic Study,* Rom 1970 (AnBibl 48), 297–333.
Saggs, H. W. F.: The Encounter with the Divine in Mesopotamia and Israel, London 1978 (Jordan Lectures 12, 1976).
Sauren, H.: s. Ries, J.
Scharbert, J.: Solidarität in Segen und Fluch im Alten Testament und in seiner Umwelt, 1. Väterfluch und Vätersegen, Bonn 1958 (BBB 14).
–: Heilsmittler im Alten Testament und im Alten Orient, Freiburg/Basel/Wien 1964 (QD 23/24).

Schmidtke, Friedrich: Träume, Orakel und Totengeister als Künder der Zukunft in Israel und Babylonien, in: BZ 11 (1967), 240–246.
Schneider, N.: Die religiöse Umwelt Abrahams in Mesopotamien, in: Miscellanea Biblica B. Ubach, hrsg. v. Romualdo M. Díaz, Montisserrati 1953 (Scripta et Documenta 1), 49–67.
Schrade, Hubert: Der verborgene Gott. Gottesbild und Gottesvorstellung in Israel und im Alten Orient, Stuttgart 1949.
Smith, Morton: The Common Theology of the Ancient Near East, in: JBL 71 (1952), 135–148.
Smith, W. Robertson: Die Religion der Semiten, Darmstadt 1967 (= Ders., Lectures on the Religion of the Semites, hrsg. v. T. O. Beidelman, Chicago 1974 [übers. v. R. Stübbe]).
Stolz, F.: Strukturen und Figuren im Kult von Jerusalem. Studien zur altorientalischen, vor- und frühisraelitischen Religion, Berlin 1970 (BZAW 118).
Toorn, Karel van der: Sin and Sanction in Israel and Mesopotamia. A Comparative Study, Assen/Maastricht 1985 (Studia Semitica Neerlandica 22).
Van Buren, E. Douglas: The Sacred Marriage in Early Times in Mesopotamia, in: OrNS 13 (1944), 1–72.
Vorländer, H.: Mein Gott. Die Vorstellungen vom persönlichen Gott im Alten Orient und im Alten Testament, Kevelaer/Neukirchen-Vluyn 1975 (AOAT 23).
Wächter, Ludwig: Unterweltsvorstellung und Unterweltsnamen in Babylonien, Israel und Ugarit, in: MIO 15 (1969), 327–336.
Weiher, E. von: Der babylonische Gott Nergal, Kevelaer/Neukirchen-Vluyn 1971 (AOAT 11).
Weinfeld, Moshe: Cult Centralization in Israel in the Light of a Neo-Babylonian Analogy, in: JNES 23 (1964), 202–212.
Weippert, M.: „Heiliger Krieg" in Israel und Assyrien. Kritische Anmerkungen zu Gerhard von Rads Konzept des „Heiligen Krieges im alten Israel", in: ZAW 84 (1972), 460–493 [und vorliegender Band S. 259–300].
Westermann, Claus: Das Verhältnis des Jahweglaubens zu den außerisraelitischen Religionen, in: Ders., Forschung am Alten Testament. Gesammelte Studien (I), München 1964 (Theologische Bücherei 24), 189–218.
–: Sinn und Grenze religionsgeschichtlicher Parallelen, in: ThLZ 90 (1965), 489–496 [= Ders., Forschung am Alten Testament. Gesammelte Studien II, hrsg. v. R. Albertz u. E. Ruprecht, München 1974 (Theologische Bücherei 55), 84–95].
Wright, G. R. H.: Dumuzi at the Court of David, in: Numen 28 (1981), 54–63.
Yamauchi, Edwin M.: Tammuz and the Bible, in: JBL 84 (1965), 283–290.

VIII. Das „Hiobproblem"

Albertson, R. G.: Job and Ancient Near Eastern Wisdom Literature, in: Scripture in Context, II. More Essays on the Comparative Method, hrsg. v. W. W. Hallo et al., Winona Lake 1983, 213–230.

Gray, J.: The Book of Job in the Context of Near Eastern Literature, in: ZAW 82 (1970), 251–269.

Keel, O.: Jahwes Entgegnung an Ijob. Eine Deutung von Ijob 38–41 vor dem Hintergrund der zeitgenössischen Bildkunst, Göttingen 1978 (FRLANT 121).

Kuhl, Curt: Neuere Literarkritik des Buches Hiob, in: ThR 21 (1953), 163–205, 257–317 [Literaturbericht mit Bibliographie].

–: Vom Hiobbuch und seinen Problemen, in: ThR 22 (1954), 261–316.

Kuschke, A.: Altbabylonische Texte zum Thema „Der leidende Gerechte", ThLZ 81 (1956), 69–75.

Müller, Hans-Peter: Das Hiobproblem. Seine Stellung und Entstehung im Alten Orient und im Alten Testament, Darmstadt ²1988 (¹1978) (EdF 84) [Literaturbericht mit Bibliographie].

–: Keilschriftliche Parallelen zum biblischen Hiobbuch. Möglichkeit und Grenze des Vergleichs, in: OrNS 47 (1978), 360–375 [und vorliegender Band S. 400–419].

Preuß, Horst Dietrich: Jahwes Antwort auf Hiob und die sogenannte Hiobliteratur des alten Vorderen Orients, in: Beiträge zur alttestamentlichen Theologie (FS W. Zimmerli), hrsg. v. Herbert Donner et al., Göttingen 1977, 323–343.

Soden, Wolfram von: Das Fragen nach der Gerechtigkeit Gottes im Alten Orient, in: MDOG 96 (1965), 41–59 [= Ders., Bibel und Alter Orient, 57–75].

Stamm, J. J.: Die Theodizee in Babylon und Israel, in: JEOL 9 (1944), 99–107 [und vorliegender Band S. 383–399].

–: Das Leiden des Unschuldigen in Babylon und Israel, Zürich 1946 (AThANT 10).

IX. Weitere Bücher des Alten Testaments, Einzelnes

Andreasen, Niels-Erik: Genesis 14 in its Near Eastern Context, in: Scripture in Context. Essays on the Comparative Method, hrsg. v. Carl D. Evans et al., Pittsburgh 1980 (Pittsburgh Theological Monograph Series 34), 59–77.

Borger, R.: Die Beschwörungsserie *bīt mēseri* und die Himmelfahrt Henochs, in: JNES 33 (1974), 183–196.

Declor, M.: Astarté et la fécondité des troupeaux en Deut. 7, 13 et parallèles, in: UF 6 (1974), 7–14.

Dohmen, Christoph: Ps 19 und sein altorientalischer Hintergrund, in: Bibl 64 (1983), 501–517.

Dommershausen, W.: Nabonid im Buche Daniel, Mainz 1964.

Fensham, F. C.: Nebukadrezzar in the Book of Jeremiah, in: JNWSL 10 (1982), 53–65.

Galling, Kurt: Jesaia 21 im Lichte der neuen Nabonidtexte, in: Tradition und Situation (FS A. Weiser), hrsg. v. E. Würthwein u. O. Kaiser, Göttingen 1963, 49–62.

Garfinkel, Stephen Paul: Studies in Akkadian Influences in the Book of Ezechiel, Diss. Columbia University 1983.

Grelot, P.: Un parallèle babylonien d'Isaïe LX et du Psaume LXXII, in: VT 7 (1957), 319–321.

Huehnergard, John: Biblical Notes on Some New Akkadian Texts from Emar (Syria), in: CBQ 47 (1985), 428–434.

Hurowitz, Victor: The Priestly Account of Building the Tabernacle, in: JAOS 105 (1984), 21–30.

Joines, Karen Randolph: The Serpent in Gen 3, in: ZAW 87 (1975), 1–11.

König, E.: Babylonisierungsversuche in der neuesten Psalmenauslegung, in: Allgemeine evangelisch-lutherische Kirchenzeitung 59/18 (1926), 410–412.

Lawrence, Paul J. N.: Assyrian Nobles and the Book of Jonah, in: TynB 37 (1986), 121–132.

Loretz, Oswald: Altorientalischer Hintergrund sowie inner- und nachbiblische Entwicklung des aaronitischen Segens (Num 6, 24–26), in: UF 10 (1978), 115–119.

Miller, J. W.: God as father in the Bible and the father image in several contemporary ancient Near Eastern myths. A Comparison, in: Studies in Religion/Sciences religieuses 14, Waterloo, Ontario 1985, 347–354.

Nikel, J.: Das Alte Testament im Lichte der altorientalischen Forschung I–II, Münster [3]1910/11 (Biblische Zeitfragen 2/3 [I] dass. 2/7 [II]).

Paul, S. M.: Studies in the Book of the Covenant in the Light of Cuneiform and Biblical Law, Leiden 1970 (VTS 18).

Ploeg, J. van der: Psalm XIX and some of its Problems, in: JEOL Deel VI (Nos. 16–19 [1959–1966]) (1967), 193–201.

Ringgren, H.: Hohes Lied und hieros gamos, in: ZAW 65 (1953), 300–302.

Schmökel, H.: Heilige Hochzeit und Hoheslied, Wiesbaden 1956 (AKM 32/1).

Tournay, R.: A propos des babylonismes d'Ézéchiel, in: RB 68 (1961), 388–393.
Weinfeld, Moshe: Gen. 7:11, 8:1–2 Against the Background of Ancient Near Eastern Tradition, in: WO 9 (1977/78), 242–248.

X. Sprachforschung

Barr, James: Comparative Philology and the Text of the Old Testament, Oxford 1968.
–: Bibelexegese und moderne Semantik, München 1965 (= The Semantics of Biblical Language, Oxford 1961 [übers. v. E. Gerstenberger]).
–: Semitic Philology and the Interpretation of the Old Testament, in: Tradition and Interpretation, hrsg. v. G. W. Anderson, Oxford 1979, 31–64.
Bergsträßer, Gotthelf: Mitteilungen zur hebräischen Grammatik, in: OLZ 26 (1923), 253–260, 477–481.
Bordreuil, Pierre: Les noms propres transjordaniens de l'Ostracon de Nimroud, in: RHPhR 59 (1979), 313–317.
Brenner, Athalya: Colour Terms in the Old Testament, Sheffield 1982 (JSOT, Supp. 21).
Brongers, H. A.: Die Zehnerzahl in der Bibel und in ihrer Umwelt, in: Studia biblica et semitica (FS Th. Ch. Vriezen), hrsg. v. W. C. van Unnik u. A. S. van der Woude, Wageningen 1966, 30–45.
–: Die metaphorische Verwendung von Termini für die Kleidung von Göttern und Menschen in der Bibel und im Alten Orient, in: Von Kanaan bis Kerala (FS J. Ploeg), hrsg. v. W. C. Delsman et al., Kevelaer/Neukirchen-Vluyn 1982 (AOAT 211), 61–74.
Brugnatelli, Vermondo: Questioni di morfologia e sintassi dei numerali cardinali semitici, Florenz 1982 (Publicazioni della Facoltà di Lettere e Filosofia dell'Università di Milano 93, Sezione a cura dell'Istituto di Glottologia 7).
Cohen, Harold R.: Biblical Hapax Legomena in the Light of Akkadian and Ugaritic, Missoula, Montana 1978 (SBL Dissertation Series 37).
Coogan, M. D.: Patterns in Jewish Personal Names in the Babylonian Diaspora, in: JSJ 4 (1973), 183–191.
Deimel, A.: Einiges zur hebräischen und akkadischen Grammatik, in: Or. Series Prior 28 (1928), 3–24.
Diem, Werner: Die Entwicklung des Derivationsmorphems der *t*-Stämme im Semitischen, in: ZDMG 132 (1982), 29–84.
Donald, T.: The Semantic Field of Rich and Poor in the Wisdom Literature of Hebrew and Akkadian, in: OrAnt 3 (1964), 27–41.

–: Parallelism in Akkadian, Hebrew, and Ugaritic (Diss.), Manchester 1966.
Ellenbogen, Maximilian: Foreign Words in the Old Testament. Their Origin and Etymology, London 1962.
Finet, A.: Réflexions sur l'onomastique de Mari et le dieu des Hébreux, in: Mélanges Armand Abel, Band 3, hrsg. v. A. Destrée, Leiden 1978, 64–78.
Fronzaroli, Pelio: Studi sul lessico comune semitico: I. Oggetto e metodo della ricerca; II. Anatomia e fisiologia in: AANLR Ser. 8 Band 19 (1964), I 155–172; II 243–280.
Gal, Amikam: Embedded Non-Sentence Nexuses in Semitic Languages, in: ZDMG 133 (1983), 18–23.
Garbini, Giovanni: Le lingue semitiche. Studi di storia linguistica, Napoli ^{2}1984.
Gelb, I. J.: The Origin of the West Semitic *qatala* Morphem, in: Symbolae linguisticae in honorem Georgii Kuryłowicz, hrsg. v. Adam Heinz et al., Wrocław/Warszawa/Kraków 1965, 72–80.
Goshen-Gottstein, M. (Hrsg.): Comparative Semitic Linguistics. A Students' Reader, Jerusalem 1976.
Gottstein, M.: s. Goshen-Gottstein, M.
Held, Moshe: Pits and Pitfalls in Akkadian and Biblical Hebrew, in: JANES 5 (1973), 173–190.
Huehnergard, John: Asseverative **la* and Hypothetical **lu/law* in Semitic, in: JAOS 103 (1983), 569–593.
Jean, Ch.-F.: Les noms propres de personnes dans les lettres de Mari et dans les plus anciens textes du Pentateuque, in: RHPhR 35 (1955), 121–128.
Jenni, E.: „Fliehen" im akkadischen und im hebräischen Sprachgebrauch, in: OrNS 46 (1978), 351–359.
Kutscher, Eduard Y.: A History of the Hebrew Language, hrsg. v. Raphael Kutscher, Jerusalem/Leiden 1982.
Lancellotti, Angelo: Il vocalismo ebraico; Aderenza alla struttura semitica di fondo e coerenza interna di un sistema in: Studii Biblici Franciscani, Liber Annuus 33 (1983), 15–52.
Landersdorfer, S.: Sumerisches Sprachgut im Alten Testament. Eine biblisch-lexikalische Studie, hrsg. v. R. Kittel, Leipzig 1916 (BWAT 21).
Landsberger, Benno: Prinzipienfragen der semitischen, speziell der hebräischen Grammatik, in: OLZ 29 (1926), 967–976 [und vorliegender Band S. 435–446].
Langdon, S.: Babylonian and Hebrew Musical Terms, in: JRAS (1921), 169–191.
Levi della Vida, Giorgio (Hrsg.): Linguistica semitica. Presente e futuro, Rom 1961 (StSem 4).
Levine, B. A.: Assyriology and Hebrew Philology. A Methodological

Reexamination, in: Mesopotamien und seine Nachbarn (25. Rencontre Assyriologique), hrsg. v. H.-J. Nissen u. J. Renger, Berlin 1982 (Berliner Beiträge zum Vorderen Orient 1), 521–530.

McFall, Leslie: The Enigma of the Hebrew Verbal System. Solutions from Ewald to the present Day, Sheffield 1982 (Historic Texts and Interpreters in Biblical Scholarship 2).

Meyer, Rudolf: Das hebräische Verbalsystem im Lichte der gegenwärtigen Forschung, in: Congress Volume Oxford 1959, Leiden 1960, (VTS 7), 309–317.

Millard, A. R.: Assyrian Royal Names in Biblical Hebrew, in: JSS 21 (1976), 1–14.

Moscati, S., et al.: An Introduction to the Comparative Grammar of the Semitic Languages. Phonology and Morphology, Wiesbaden ^{3}1980 (^{1}1964) (Porta Linguarum Orientalium NS VI).

Müller, Hans-Peter: Zur Geschichte des hebräischen Verbs. Diachronie der Konjugationsthemen, in: BZ 27 (1983), 34–57.

–: Assertorische und kreatorische Funktion im althebräischen und semitischen Verbalsystem, in: Aula Orientalis 2, Barcelona 1984, 113–125.

–: Die Konjugation von Nomina im Althebräischen, in: ZAW 96 (1984), 245–263.

–: Ergativelemente im akkadischen und althebräischen Verbalsystem, in: Bibl 66 (1985), 385–417.

–: Polysemie im semitischen und hebräischen Konjugationssystem, in: OrNS 55 (1986), 365–389.

–: Das Bedeutungspotential der Afformativkonjugation, in: Zeitschrift für Althebraistik 1 (1988), 9–33, 159–190.

–: Die Konstruktionen mit *hinnē* „siehe“ und ihr sprachgeschichtlicher Hintergrund, ZAH 2 (1989), 45–76.

–: Zur Theorie der historisch vergleichenden Grammatik, dargestellt am sprachgeschichtlichen Kontext des Althebräischen, in: Semitic Studies in Honor of Wolf Leslau, hrsg. von A. S. Kaye (im Druck).

Naveh, Joseph: Early History of the Alphabet. An Introduction to West Semitic Epigraphy and Palaeography, Leiden 1982.

Niehr, Herbert: Herrschen und Richten. Die Wurzel *špṭ* im Alten Orient und im Alten Testament, Würzburg 1986 (FzB 54).

Noth, M.: Mari und Israel. Eine Personennamenstudie, in: Aufsätze zur biblischen Landes- und Altertumskunde 2, hrsg. v. H. W. Wolff, Neukirchen-Vluyn 1971, 213–233.

–: Die israelitischen Personennamen im Rahmen der gemeinsemitischen Namengebung, Hildesheim/New York 1980 [Neudruck = 1928] (BWANT III, 10).

Oelsner, Joachim: Benennung und Funktion der Körperteile im hebräischen Alten Testament (Diss.), Leipzig 1960.

Priebatsch, H. Y.: Der Weg des semitischen Perfekts, in: UF 10 (1978), 337–347.

Rinaldi, G.: Le lingue semitiche. Introduzione generale storica e bibliografica alla filologia e glottologia semitica, Torino 1954 (Sintesi dell'Oriente e della Bibbia 1).

Rundgren, Frithiof: Principia linguistica semitica, in: OrS 29 (1980), 32–102.

Sarauw, C.: Das altsemitische Tempussystem, in: Festschrift Vilhelm Thomsen zur Vollendung des 70. Lebensjahres am 25. Januar 1912 dargebracht von Freunden und Schülern, hrsg. v. E. Kuhn, Leipzig 1912, 59–69 [und vorliegender Band S. 423–434].

Schäfer, Gerd: „König der Könige" – „Lied der Lieder". Studien zum paronomastischen Intensitätsgenitiv, Heidelberg 1974.

Schottroff, W.: „Gedenken" im Alten Orient und im Alten Testament. Die Wurzel *zākar* im semitischen Sprachkreis, Neukirchen-Vluyn 1964 (WMANT 15).

Schulte, Hannelis: Was Sprache verrät. Untersuchungen zur hebräischen Sprache des 9./8. Jh. v. Chr. in ihrem sozialen und religiösen Umfeld (Diss.), Heidelberg 1982.

Siedl, S. H.: Gedanken zum Tempussystem im Hebräischen und Akkadischen, Wiesbaden 1971.

Soden, Wolfram von: Zur Einteilung der semitischen Sprachen, in: WZKM 56 (1960), 177–191 [Ders., Bibel und Alter Orient, 36–50 und vorliegender Band S. 447–462].

–: Jahwe „Er ist", „Er erweist sich", in: WO 3 (1964/66), 177–187 [= Ders., Bibel und Alter Orient, 78–88].

–: *n* als Wurzelaugment im Semitischen, in: Studia orientalia in memoriam Caroli Brockelmann (= WZHW 17/2–3) (1968), 175–184 [= Ders., Bibel und Alter Orient, 109–121].

–: *Mirjām* – Maria „(Gottes-)Geschenk", in: UF 2 (1970), 269–272 [= Ders., Bibel und Alter Orient, 129–133].

–: Die Wörter für Leben und Tod im Akkadischen und Semitischen, in: Vorträge gehalten auf der 28. Rencontre Assyriologique Internationale in Wien, hrsg. v. H. Hirsch u. H. Hunger, Horn 1982 (AfO Beiheft 19), 1–7.

–: Zu den semitischen und akkadischen Kardinalzahlen und ihrer Konstruktion, in: ZA 73 (1983), 82–91.

–: Tempus und Modus im Semitischen, in: Babylonien und Israel. Historische, religiöse und sprachliche Beziehungen [vorliegender Band 463–493].

Stamm, J. J.: Die akkadische Namengebung, Darmstadt [2]1968 ([1]1939) (MVAeG 44).
–: Beiträge zur hebräischen und altorientalischen Namenkunde, hrsg. v. E. Jenni u. M. Klopfenstein, Fribourg/Göttingen 1980 (OBO 30).
Steiner, Gerd: Das Bedeutungsfeld „Tod" in den Sprachen des Alten Orients, in: OrNS 51 (1982), 239–248.
–: Der Begriff „Leben" in den Vorstellungen des Alten Orients, in: Vorträge gehalten auf der 28. Rencontre Assyriologique Internationale in Wien, hrsg. v. H. Hirsch u. H. Hunger, Horn 1982 (AfO Beiheft 19), 144–150.
Teixidor, J.: Les tablettes d'Arslan Tash au Musée d'Alep, in: Aula Orientalis 1 (1983), 105–108.
Ullendorff, Edward: Comparative Semitics, in: Current Trends in Linguistics 6, hrsg. v. Thomas A. Sebeok, The Hague/Paris 1971, 261–273.
Zadok, R.: On West Semites in Babylonia during the Chaldean and Achaemenian Periods. An Onomastic Study, Jerusalem 1977.

XI. Literaturgeschichte

Albertz, R.: Die Kulturarbeit im Atramḫasīs[-Epos] im Vergleich zur biblischen Urgeschichte, in: Werden und Wirken des Alten Testaments (FS C. Westermann), hrsg. v. R. Albertz et al., Göttingen/Neukirchen-Vluyn 1980, 38–57.
Andreasen, Niels-Erik: Adam and Adapa. Two Anthropological Characters, in: AUSSt 19 (1981), 179–194.
Assmann, Jan, Walter Burkert, Fritz Stolz: Funktionen und Leistungen des Mythos. Drei altorientalische Beispiele, Fribourg/Göttingen 1982 (OBO 48).
Barth, H.: Die Jesaja-Worte in der Josiazeit. Israel und Assur als Thema einer produktiven Neuinterpretation der Jesajaüberlieferung, Neukirchen-Vluyn 1977.
Begrich, Gerhard: Die Vertrauensäußerungen im israelitischen Klagelied des Einzelnen und in seinem babylonischen Gegenstück, in: Gesammelte Studien zum Alten Testament, hrsg. v. W. Zimmerli, München 1964 (Theologische Bücherei 21), 168–216 [und vorliegender Band S. 316–371].
Behr, J. W.: The Writings of Deutero-Isaiah and the Neo-Babylonian Royal Inscriptions. A Comparison of the Language and Style (Diss.), Pretoria 1937.
Berlin, Adele: Shared Rhetorical Features in Biblical and Sumerian Literature, in: JANES 10 (1978), 35–42.
Blacker, Carmen, Michael Loewe (Hrsg.): Weltformeln der Frühzeit. Die

Kosmologien der Alten Kulturvölker, Köln 1975 (= Ancient Cosmologies, London 1974 [übers. v. Jochen Eggert]).
Bryce, Glendon E.: Omen-Wisdom in Ancient Israel, in: JBL 94 (1975), 19–37.
Buccellati, Giorgio: Adapa, Genesis, and the Notion of Faith, in: UF 5 (1973), 61–66.
Burkert, Walter: s. Assmann, Jan.
Cagni, Luigi: Misteri a Babilonia? Esempi della tematica del „dio in vicenda" nell'antica Mesopotamia, in: La soteriologia dei culti orientali nell'Impero Romano, hrsg. v. Ugo Bianchi u. Maarten J. Vermaseren, Leiden 1982 (Études préliminaires aux religions orientales dans l'Empire romain 92), 565–608.
Casalis, M.: Structure et sens. Essai sur quelques mythes mésopotamiens et hébraïques, Paris-Nanterre 1969 (Thèse 3e cycle, Lettres).
Coats, George W.: The Joseph Story and Ancient Wisdom. A Reappraisal, in: CBQ 35 (1973), 285–297.
Coogan, M. C.: The Storm God and the Sea. An Ancient Near Eastern Myth and it's Transformations, in: The Bible Today 79 (1975), 457–464.
Cumming, Charles Gordon: The Assyrian and Hebrew Hymns of Praise, New York 1966 [Neudruck = 1934].
Dalglish, Edward R.: Psalm Fifty-One in the Light of Ancient Near Eastern Patternism, Leiden 1962.
Dhorme, É.: L'Emploi métaphorique des noms de parties du corps en hébreu et en akkadien, Paris 1963.
Dürr, L.: Literaturbericht. Beziehungen zum Alten Orient und zum israelitisch-jüdischen Kult, in: Jahrbuch für Liturgiewissenschaft 9 (1929), 219–229.
–: Psalm 110 im Lichte der neueren altorientalischen Forschung, Münster 1929.
–: Literaturbericht. Beziehungen zum Alten Orient und zum israelitisch-jüdischen Kult, in: Jahrbuch für Liturgiewissenschaft 10 (1930), 256–283.
Fensham, F. C.: Widow, Orphan, and the Poor in the Ancient Near Eastern Legal and Wisdom Literature, in: JNES 21 (1962), 129–139.
Funk, S. (Hrsg.): Bibel und Babel, Darmstadt 1972 [Neudruck = 1913] (Monumenta Talmudica 1).
Geller, M. J.: The Šurpu Incantations and Lev. V 1–5, in: JSS 25 (1980), 181–192.
Gnuse, R. K.: The Dream Theophany of Samuel. Its Structure in Relation to Ancient Near Eastern Dreams and its Theological Significance, Lanham, MD 1984.

Gonçalves, Francolino J.: L'expédition de Sennachérib en Palestine dans la littérature hébraïque ancienne, Louvain-la-Neuve 1986 (Publications de l'Institut Orientaliste de Louvain 34).

Gordon, Edmund I.: Sumerian Proverbs. Glimpses of Everyday Life in Ancient Mesopotamia, Philadelphia, Pa. 1959.

–: A New Look at the Wisdom of Sumer and Akkad, in: BiOr 17 (1960), 122–152.

Gordon, Edmund I.: s. Kramer, S. N.

Grayson, A. K., John Van Seters: The Childless Wife in Assyria and the Stories of Genesis, in: OrNS 44 (1975), 485–486.

Gressmann, H. (Hrsg.): Altorientalische Bilder zum Alten Testament, Berlin/Leipzig ^{2}1927 (Altorientalische Texte und Bilder zum Alten Testament 2).

–: Altorientalische Texte zum Alten Testament, Berlin 1970 [Neudruck = ^{2}1926] (Altorientalische Texte und Bilder zum Alten Testament 1).

Hallo, W. W.: "As the seal upon thine arm". Glyptic Metaphors in the Biblical World, in: Ancient Seals and the Bible, hrsg. v. L. Gorelick u. E. Williams-Forte, Malibu 1983, 7–17 [weiterführende Literaturangaben].

Hartman, T. C.: Some Thoughts on the Sumerian King List and Genesis 5 and 11B, in: JBL 91 (1972), 25–32.

Heidel, A.: The Gilgamesh Epic and Old Testament Parallels, Chicago ^{7}1970 (^{1}1946).

Heintz, J.-G.: Lettres royales à la divinité en Mésopotamie et en Israël antiques. Esquisse d'un genre littéraire, in: RHR 181 (1972), 111–113.

Hutter, Manfred: Altorientalische Vorstellungen von der Unterwelt. Literar- und religionsgeschichtliche Überlegungen zu „Nergal und Ereškigal", Fribourg/Göttingen 1985 (OBO 63).

Irvin, Dorothy: Mytharion. The Comparison of Tales from the Old Testament and the Ancient Near East, Kevelaer/Neukirchen-Vluyn 1978 (AOAT 32).

Jacobsen, T.: The Sumerian King List, Chicago 1939 (AS 11).

Jensen, P.: Das Gilgamesch-Epos in der Weltliteratur I–II, Straßburg/Marburg a. L. 1906–1928.

Joines, Karen Randolph: Serpent Symbolism in the Old Testament. A Linguistic, Archaeological and Literary Study, Haddonfield, N.J. 1974.

Keel, O.: Die Welt der altorientalischen Bildsymbolik und das Alte Testament. Am Beispiel der Psalmen, Köln/Neukirchen-Vluyn ^{2}1977.

–: Das Böcklein in der Milch seiner Mutter und Verwandtes. Im Lichte eines altorientalischen Bildmotivs, Fribourg/Göttingen 1980 (OBO 33).

King, L. W.: Legends of Babylon and Egypt in Relation to Hebrew Tradition, London 1918.

Kitchen, K. A.: Proverbs and Wisdom Books of the Ancient Near East. The History of a Literary Form, in: TynB 28 (1977), 69–114.

Knutson, F. Brent: Literary Parallels between the Texts of *Le Palais royal d'Ugarit* IV and the Hebrew Bible, Diss. Claremont Grad School, 1970.

Kramer, S. N.: Man's Golden Age. A Sumerian Parallel to Genesis XI, 1, in: JAOS 63 (1943), 191–194.

–: The Biblical "Song of Songs" and the Sumerian Love Songs, in: Expedition 5/1 (1962), 25–31.

Kramer, S. N., E. I. Gordon: Biblical Parallels from Sumerian Literature. Special Exhibit in Honor of the American Jewish Tercentenary (1654–1954), Philadelphia, Pa. 1954.

Kraus, F. R.: Zur Liste der älteren Könige von Babylonien, in: ZA 50 (1952), 29–60.

Lambert, W. G.: Babylonien Wisdom Literature, Oxford 1960.

–: Interchange of Ideas between Southern Mesopotamia and Syria-Palestine as seen in Literature, in: Mesopotamien und seine Nachbarn (25. Rencontre Assyriologique), hrsg. v. H.-J. Nissen u. J. Renger, Berlin 1982 (Berliner Beiträge zum Vorderen Orient 1), 311–316.

Langdon, S.: Babylonian Wisdom, containing the Poem of the Righteous Sufferer, the Dialogue of Pessimism, the Book of Proverbs and the supposed Rules of Monthly Diet, London/Paris 1923.

Liagre Böhl, F. M. Th. de: Bijbelse en Babylonische dichtkunst. Een metrisch Onderzoek, in: JEOL 15 (1957/58), 133–152.

–: Het Gilgamesj-Epos. Nationaal Heldengedicht van Babylonië, Amsterdam 1958.

Lichtenstein, Murray H.: The Poetry of Poetic Justice. A Comparative Study in Biblical Imagery, in: JANES 5 (1973), 255–265.

Lipiński, E.: On the Comparison of Is 55:10, in: VT 23 (1973), 246–247.

–: Le récit de 1 Rois XII, 1–19 à la lumière de l'ancien usage de l'hébreu et de nouveaux textes de Mari, in: VT 24 (1974), 430–437.

Loewe, Michael: s. Blacker, Carmen.

Loewenstamm, S. E.: Comparative Studies in Biblical and Ancient Oriental Literatures, Kevelaer/Neukirchen-Vluyn 1980 (AOAT 204).

Loretz, Oswald: Qohelet und der Alte Orient. Untersuchungen zu Stil und theologischer Thematik des Buches Qohelet, Freiburg/Basel/Wien 1964.

McCarter, P. Kyle: The River Ordeal in Israelite Literature, in: HThR 66 (1973), 403–412.

McCarthy, D. J.: Treaty and Covenant. A Study in Form in the Ancient Oriental Documents and in the Old Testament, Rom ^{2}1978 (AnBibl 21A).

Machinist, Peter: Literature as Politics. The Tukulti-Ninurta Epic and the Bible, in: CBQ 38 (1976), 455–482.
Marzal, A.: Gleanings from the Wisdom of Mari, Rome 1976 (Studia Pohl 11).
Morrison, Martha A.: The Jacob and Laban Narrative in the Light of Near Eastern Sources, in: BA 46 (1983), 155–164.
Müller, Hans-Peter: Gilgameschs Trauergesang um Enkidu und die Gattung der Totenklage, in: ZA 68 (1978), 233–250.
–: Was ist mythisches Erzählen? Der altbabylonische Mythos von Adapa und die biblische Geschichte vom Sündenfall, in: Antiker Mythos in unseren Märchen, hrsg. v. W. Siegmund, Kassel 1984, 148–158.
Na᾿aman, N.: Sennacherib's "Letter to God" on His Campaign to Judah, in: BASOR 214 (1974), 25–39.
Nel, P.: The Concept of "Father" in the Wisdom Literature of the Ancient Near East, in: JNWSL 5 (1977), 53–66.
Oberhuber, Karl (Hrsg.): Das Gilgamesch-Epos, Darmstadt 1977 (WdF 215).
Olivier, J. P. J.: Schools and Wisdom Literature, in: JNWSL 4 (1975), 49–60.
Oppenheim, A. L.: The Interpretation of Dreams in the Ancient Near East. With a Translation of an Assyrian Dream-Book, Philadelphia, Pa. 1956 (Transactions of the American Philosophical Society N.Ser. 46/3).
Perdue, Leo G.: Wisdom and Cult. A Critical Analysis of the Views of Cult in the Wisdom Literatures of Israel and the Ancient Near East, Missoula, Montana 1977 (SBL.DissSer 30).
Peterson, S. L.: Babylonian Literary Influence on Deutero-Isaiah. A Bibliographic and Critical Study (Diss.), Vanderbilt University 1975.
Price, I. M., et al.: The Monuments and the Old Testament. Light from the Near East on the Scriptures, Philadelphia 1958, Revised Edition.
Rast, Walter E.: Cakes for the Queen of Heaven, in: Scripture in History & Theology (FS J. C. Rylaarsdam), hrsg. v. A. L. Merrill u. T. W. Overholt, Pittsburgh 1977 (Pittsburgh Theological Monograph Series 17), 167–180.
Ringgren, H.: Akkadian Apocalypses, in: Apocalypticism in the Mediterranean World and the Near East, hrsg. v. David Hellholm, Tübingen 1983, 379–386.
Ruppert, Lothar: Klagelieder in Israel und Babylonien. Verschiedene Deutungen der Gewalt, in: Gewalt und Gewaltlosigkeit im Alten Testament, hrsg. v. Norbert Lohfink, Freiburg/Basel/Wien 1983 (QD 96), 111–158.
Sack, Ronald H.: Amel Marduk, 562–560 B.C. A Study Based on Cunei-

form, Old Testament, Greek, Latin and Rabbinical Sources; With Plates, Kevelaer/Neukirchen-Vluyn 1972 (AOATS 4).
–: Nergal-šarra-uṣur, King of Babylon as seen in the Cuneiform, Greek, Latin and Hebrew Sources, in: ZA 68 (1978), 129–149.
–: The Nabonidus Legend, in: RA 77 (1983), 59–67.
Sasson, Jack M. (Hrsg.): Oriental Wisdom. Six Essays on the Sapiential Traditions of Eastern Civilisations, in: JAOS 101/1 (1981), 1–131.
Schmid, H. H.: Wesen und Geschichte der Weisheit. Eine Untersuchung zur altorientalischen und israelitischen Weisheitsliteratur, Berlin 1966 (BZAW 101).
Schneider, Vera: Gilgamesch und die drei Gerechten der Bibel, in: Antaios 6 (1965), 355–372.
Schott, Albert: s. Soden, Wolfram von.
Schrader, E. (Hrsg.): Keilinschriftliche Bibliothek. Sammlung von assyrischen und babylonischen Texten in Umschrift und Übersetzung I–VI, Frankfurt a. M. 1970 [Neudruck = 1889–1915].
Seters, John van: s. Van Seters, John.
Seybold, Klaus: Der Turmbau zu Babel. Zur Entstehung von Genesis XI 1–9, in: VT 26 (1976), 453–479.
Soden, Wolfram von: Etemenanki vor Asarhaddon nach der Erzählung vom Turmbau zu Babel und dem Erra-Mythos, in: UF 3 (1971), 253–263 [= Ders., Bibel und Alter Orient, 134–147].
–: Verschlüsselte Kritik an Salomo in der Urgeschichte des Jahwisten?, in: WO 7 (1973/74), 228–240 [= Ders., Bibel und Alter Orient, 174–186].
–: Mottoverse zu Beginn babylonischer und antiker Epen, Mottosätze in der Bibel, in: UF 14 (1982), 235–239 [= Ders., Bibel und Alter Orient, 206–212].
Soden, Wolfram von, Albert Schott: Das Gilgamesch-Epos, Stuttgart ^{3}1982 (^{1}1958) (Reclams Universal-Bibliothek Nr. 7235[2]).
Stamm, J. J.: Das Gilgamesch-Epos und seine Vorgeschichte, in: Asiatische Studien 6 (1952), 9–29.
Stolz, Fritz: s. Assmann, Jan.
Stummer, F.: Die Psalmengattungen im Lichte der altorientalischen Hymnenliteratur, in: JSOR 8 (1924), 123–134 [und vorliegender Band S. 303–315.].
–: Sumerisch-akkadische Parallelen zum Aufbau alttestamentlicher Psalmen, New York/London 1968 [Nachdruck = Paderborn 1922] (Studien zur Geschichte und Kultur des Altertums, Band 11/1–2).
Tigay, Jeffery Howard: Literary-Critical Studies in the Gilgamesh Epic. An Assyriological Contribution to Biblical Literary Criticism (Diss.), Yale University 1971.
Torczyner, H.: Lachish, I. The Lachish Letters, London/New York/

Toronto 1938 (The Wellcome Archaeological Research Expedition to the Near East).
Ungnad, A.: Keilinschriftliche Beiträge zum Buch Esra und Ester, in: ZAW 58 (1940/41), 240–244.
Van Seters, John: s. Grayson, A. K.
Vargyas, P.: Le cylindre Rassam et la Bible. Les parallèles du Dt. 29, 23–26, in: Oikumene 3, Budapest 1982, 157–162.
Waltke, Bruce K.: The Book of Proverbs and Ancient Wisdom Literature, in: BS 136/543 (1979), 221–238.
Watson, W. G. E.: Splitting Hairs in Israel and Babylon, in: Irish Biblical Studies 4 (1982), 193–197.
Westhuizen, J. P. van der: Assonance in Biblical and Babylonian Hymns of Praise, in: Semitics 7 (1980), 81–101.
Widengren, G.: The Accadian and Hebrew Psalms of Lamentation as Religious Documents. A Comparative Study, Stockholm 1937.
Wiseman, D. J.: Israel's Literary Neighbours in the 13th Century B.C., in: JNWSL 5 (1977), 77–91.

XII. „Babel-Bibel-Streit"

Der „Babel-Bibel-Streit" entstand 1902 zunächst aufgrund eines Vortrages von Friedrich Delitzsch mit dem Titel ›Babel als Interpret und Illustrator der Bibel‹, gehalten am 13. Januar 1902 in der Singakademie zu Berlin (s. unten). Bis September 1903 erschienen dazu allein in deutscher Sprache über 1600 Meldungen und Meinungsäußerungen (Delitzsch, Babel und Bibel. Ein Rückblick und Ausblick, S. 3 [s. unten]). Der „Streit" und die dazu erschienenen Schriften haben an Bedeutung nicht verloren, denn sie dokumentieren einen konzentrierten Ausbruch in der bis heute noch schwelenden Auseinandersetzung zwischen der wissenschaftlich-kritischen Exegese und einer dogmatisch-fundamentalistischen Bibelauslegung. Viele der damals verwendeten Argumente werden von beiden Fronten jetzt noch immer wieder als „neu" hervorgebracht. (Vgl. dazu O. Loretz, Hebräer in Ebla? Eine Fehlanzeige zu *ʿibrî* „Hebräer" und dem „Hebräer Abram" [Gen 14, 13], in: Studies on the Language of Ebla, hrsg. v. P. Fronzaroli, Florenz 1984 [QuadSem 13], 253–281, bes. 253.) Dieser Abschnitt führt die damals meist diskutierten Beiträge auf, nebst wenigen Rückblicken und Zusammenfassungen.

Bahr, H.: Die babylonischen Bußpsalmen und das Alte Testament. Zum Streit um Bibel und Babel, Leipzig 1903.

Bani, V.: Bibel und Babel. La Bibbia considerata alla nuova luce dei documenti assiro-babilonesi, Rom 1904.

Barth, J.: Babel und israelitisches Religionswesen, Berlin 1902.

Beer, G.: Kritik über Beiträge zum „Babel-Bibel-Streit", in: DLZ (1904), 1413–1433.

Bezold, C.: Die babylonisch-assyrischen Keilinschriften und ihre Bedeutung für das Alte Testament. Ein assyriologischer Beitrag zur Babel-Bibel-Frage, Tübingen 1904.

–: Zur Babel-Bibel-Frage, in: DLZ 1907/16, 965–969.

Budde, Karl: Das Alte Testament und die Ausgrabungen. Ein Beitrag zum Streit um Babel und Bibel, Gießen ²1903.

–: Was soll die Gemeinde aus dem Streit um Babel und Bibel lernen? Ein Vortrag, Tübingen 1903.

Clay, A. T.: Amurru, the Home of the Northern Semites. A Study Showing that the Religion and Culture of Israel are not of Babylonian Origin, Philadelphia 1909.

Davis, J. D.: „Babel und Bibel" Controversy and related Literature, in: The Princeton Theological Review 2 (1903), 150–155.

Delitzsch, Friedrich: Babel und Bibel. Ein Vortrag, Leipzig 1902.

–: Babel und Bibel. Zweiter Vortrag. Mit einem Vorwort „zur Klärung", Stuttgart 1903.

–: Babel und Bibel. Ein Rückblick und Ausblick, Stuttgart 1904.

–: Babel und Bibel. Dritter (Schluß-)Vortrag, Stuttgart 1905.

–: Die große Täuschung. Kritische Betrachtungen zu den alttestamentlichen Berichten über Israels Eindringen in Kanaan, die Gottesoffenbarung vom Sinai und die Wirksamkeit der Propheten, Stuttgart/Berlin 1920.

Dieckmann, C.: Das Gilgamis-Epos in seiner Bedeutung für Bibel und Babel, Leipzig 1902.

Diettrich, G.: Die neuesten Angriffe auf die religiösen und sittlichen Vorstellungen des Alten Testaments. Ein Vortrag aus dem Kampfe um Babel und Bibel, Gießen 1903.

Döller, J.: Bibel und Babel oder Babel und Bibel? Eine Entgegnung auf Prof. Delitzsch's „Babel und Bibel", Paderborn 1903.

Gall, A. von: Die alttestamentliche Wissenschaft und die keilinschriftliche Forschung, in: ARW 5 (1902), 289–339.

Gasser, J. C.: Babel und Bibel in gemeinfaßlicher Weise beleuchtet, Schaffhausen 1903.

Giesebrecht, Friedrich: Friede für Babel und Bibel, Königsberg ²1903.

Goldschmied, Leopold: Der Kampf um Babel-Bibel im Lichte des Judentums, Frankfurt 1903.

Grimme, H.: „Unbewiesenes". Bemerkungen eines Philologen zu Fr. Delitzsch's Babel und Bibel I–II, Münster 1903.

Gunkel, Hermann: Israel und Babylonien. Der Einfluß Babyloniens auf die israelitische Religion, Göttingen 1903.

Harnack, Adolf: Der Brief Sr. Majestät des Kaisers an den Admiral Hollmann, in: Preußische Jahrbücher 111 (1903), 584–589.

Hehn, J.: Babel-Bibel-Litteratur, in: ThR 3 (1904), 353–359.

Heyn, J.: Zum Streit um Babel und Bibel, Greifswald 1903.

Hommel, F.: Die altorientalischen Denkmäler und das Alte Testament. Eine Erwiderung auf Prof. Fr. Delitzsch's „Babel und Bibel", Berlin ^{2}1903.

Jensen, P.: Babel und Bibel, in: Die christliche Welt 16/21 (1902), 487–494.

–: Moses, Jesus, Paulus. Drei Varianten des babylonischen Gottmenschen Gilgamesch. Eine Anklage wider die Theologen, ein Appell auch an die Laien, Frankfurt ^{3}1910 (^{2}1909).

Jeremias, Alfred: Im Kampfe um Babel und Bibel. Ein Wort zur Verständigung und Abwehr, Leipzig ^{4}1903.

–: Die Panbabylonisten, der Alte Orient und die aegyptische Religion, hrsg. v. A. Jeremias u. H. Winckler, Leipzig 1907 (Im Kampfe um den Alten Orient. Wehr- und Streitschriften 1).

–: Der Einfluß Babyloniens auf das Verständnis des Alten Testaments, in: Biblische Zeit- und Streitfragen 4/2, Berlin 1908.

Jeremias, Johannes: Altorientalisches im Alten Testament, in: Die Reformation 3 (1904), 49–53.

Johanning, K.: Der Babel-Bibel-Streit. Eine forschungsgeschichtliche Studie, Frankfurt a. M./Bern 1988 (EHS Theologische Reihe 23, 343).

Kaiser Wilhelm II.: Ein Handschreiben seiner Majestät Kaiser Wilhelms des Zweiten an das Vorstandsmitglied der Deutschen Orientgesellschaft, Admiral Hollmann, datiert 15. Februar 1903, in: Die Grenzboten 62/8 (1903) (Februar 19), 493–496.

Kittel, R.: Die babylonischen Ausgrabungen und die biblische Urgeschichte, Leipzig ^{2}1902.

–: Der Babel-Bibel-Streit und die Offenbarungsfrage. Ein Verzicht auf Verständigung, Leipzig 1903.

Kniesche, W.: Bibel und Babel, El und Bel. Eine Replik auf Friedrich Delitzschs Babel und Bibel, Westend-Berlin 1902.

Köberle, J.: Babylonische Kultur und biblische Religion. Ein erweiterter Vortrag, München 1903.

König, E.: Bibel und Babel. Eine kulturgeschichtliche Skizze, Berlin ^{10}1903.

–: Im Kampf um das Alte Testament, III. Die Babel-Bibel-Frage und die wissenschaftliche Methode, Gr.-Lichterfelde 1904.

–: Die babylonische Gefangenschaft der Bibel als beendet erwiesen, Stuttgart 1905 (Christentum und Zeitgeist. Hefte zu ›Glauben und Wissen‹ 5).

–: Im Kampfe um das Alte Testament, IV. „Altorientalische Weltanschauung" und das Alte Testament. Letztes Hauptproblem der Babel-Bibel-Debatte, Berlin 1905.

Kugler, Franz Xaver: Babylon und Christentum, Erstes Heft. Delitzschs Angriffe auf das Alte Testament, Freiburg 1903.

Lehmann, C. F.: Babyloniens Kulturmission einst und jetzt. Ein Wort der Ablenkung und Aufklärung zum Babel-Bibel-Streit, Leipzig 1903.

Löhr, Max: Babel und die biblische Urgeschichte. Vortrag gehalten in der Schlesischen Gesellschaft für vaterländische Kultur am 28. Februar 1903, Breslau 1903.

Meyer, S.: Contra Delitzsch! Die Babel-Hypothesen widerlegt, Frankfurt a. M. 1903.

Münz, Wilhelm: „Es werde Licht". Eine Aufklärung über Bibel und Babel, Breslau 1903.

Nikel, J.: Die Aufgaben der Exegese gegenüber der Assyriologie, in: BZ 1 (1903), 32–42, 114–128.

–: Zur Verständigung über „Bibel und Babel", Breslau 1903.

–: Alte und neue Angriffe auf das Alte Testament. Ein Rückblick und Ausblick, Münster 1908 (Biblische Zeitfragen 1/1).

Nowack, W.: Altes Testament. Religionsgeschichte, in: ThRu 9 (1906), 87–106.

Oettli, Samuel: Der Kampf um Bibel und Babel. Ein religionsgeschichtlicher Vortrag, Leipzig [4]1903.

Oppert, J.: Jahveh?, in: ZA 17 (1903), 291–304.

Porges: Bibelkunde und Babelfunde. Eine kritische Besprechung von Friedrich Delitzsch's Babel und Bibel, Leipzig 1903.

Reimanus, jun.: Babel und Bibel. Resultate der neuesten Bibelforschung als Widerlegung und Antwort auf den Brief des Kaiser Wilhelm II. an Admiral von Hollmann, Leipzig 1903.

Rosenthal, Ludwig A.: Babel und Bibel oder Babel gegen Bibel? Ein Wort zur Klärung, Berlin 1902.

–: Bibel trotz Babel! Beleuchtung des zweiten Delitzsch'schen Vortrages und seiner neuesten Äußerung „Zur Klärung", Leipzig 1903.

Schieler: Ein zweiter Vortrag über die Babel- und Bibelfrage, Danzig 1903.

Schmidt, G.: Babel und Bibel. Apologetischer Vortrag, Königsberg 1903.

Schwartzkopff, P.: Die Weiterbildung der Religion: Ein Kaiserwort. Ein Beitrag zur Verständigung über „Babel und Bibel" vom religionsge-

schichtlichen und religionsphilosophischen Standpunkte aus, Schkeuditz 1903.
Thieme, Karl: Der Offenbarungsglaube im Streit um Babel und Bibel. Ein Wort zur Orientierung, Leipzig 1903.
Volck, W.: Zum Kampf um Bibel und Babel. Noch ein Wort zur Verständigung und Abwehr, Rostock 1903.
Volz, P.: Zur Babel-Bibel-Literatur, in: ThLZ 29. Jahrgang Nr. 7–9 (1904), 193–196, 217–222, 249–251.
Weber, Otto: Theologie und Assyriologie im Streite um Babel und Bibel, Leipzig 1904.
Weber, T.: Kaiser Wilhelm II. an Admiral Hollmann über „Babel und Bibel", Gotha 1903.
Winckler, Hugo: Der alte Orient und die Bibel. Anhang: Babel und Bibel – Bibel und Babel, Leipzig 1905.
–: Die jüngsten Kämpfe wider den Panbabylonismus, hrsg. v. A. Jeremias u. H. Winckler, Leipzig 1907 (Im Kampfe um den Alten Orient. Wehr- und Streitschriften 2).
Zimmern, H.: Keilinschriften und Bibel nach ihrem religionsgeschichtlichen Zusammenhang. Ein Leitfaden zur Orientierung im sog. Babel-Bibel-Streit mit Einbeziehung auch der neutestamentlichen Probleme, Berlin 1903.
–: Zum babylonischen Neujahrsfest, BSGW 58 (1906), 126–156.
Zorell, F.: Zur Frage über „Babel und Bibel", in: Frankfurter zeitgenössische Broschüren 22/11, Frankfurt 1902, 343–378.